国家出版基金项目
NATIONAL PUBLICATION FOUNDATION

中国非物质文化遗产项目与资源

图谱集

蔡丰明 主编

上海社会科学院出版社
SHANGHAI ACADEMY OF SOCIAL SCIENCES PRESS

本书为国家哲学社会科学基金重大项目
"我国非物质文化遗产名录体系与资源图谱研究"成果

| 主编简介 |

蔡丰明

1951年生于上海。上海社会科学院文学研究所研究员,上海社会科学院民俗与非物质文化遗产研究中心常务副主任,中国民俗学会理事,上海民间文艺家协会副主席,上海市非物质文化遗产保护工作专家委员会委员。

出版《江南民间社戏》《上海都市民俗》《吴越文化的越海东传与流布》《城市语境中的民俗保护:当代上海城市民俗文化遗产保护与利用研究》《非物质文化遗产图谱编制理论与方法》《上海城市民俗史》等学术著作十多部,发表《城市庙会:人性本质的释放与张扬》《上海海洋文化特色的形成发展及其民俗表征》《上海非物质文化遗产的资源特点及其在文化产业发展中的作用》等学术论文八十余篇。

承担国家哲学社会科学基金重大项目"我国非物质文化遗产名录体系与资源图谱研究",以及上海哲学社会科学基金项目"上海都市民俗研究""吴越文化东传与流布""城市语境中的民俗保护""上海城市民俗史""城市民俗文化产业研究"等多项。研究领域为民俗学、民间文化与非物质文化遗产保护、公共文化服务与体系建设、社区发展与文化产业等。

编纂人员

总纂：蔡丰明

民间传说卷：毕旭玲　余红艳　张秋红

传统节日卷：李宏利　朱　红　苏长鸿　王　蕾
　　　　　　亓明曼　韦明杏　施　钰

手工纺织技艺卷：黄江平　王海冬　周奥扬　凌凡子
　　　　　　　　吴雯婷　亓明曼　李　雯

民间剪纸卷：李　柯　林　静　曾　澜　陈文媛

GIS 地图制作：河北师范大学资源与环境科学学院地理信息科学系

软件图表制作：夏蔚晨　牛颖颖　王家铭　谢灵君
　　　　　　　程　珊

手绘画稿制作：刘为民　殷恩光

序

"非物质文化遗产"是一个在20世纪90年代末联合国教科文组织提出的学术概念，其内涵是指人类所创造的各种具有深厚历史积淀与群体传承基础的，通过语言、行为、活动等一些"非物态"的形式所表现出来的文化表达形式及文化载体（空间）。

1997年11月，联合国教科文组织第29次全体会议通过了《人类口头和非物质遗产代表作宣言》（Proclamation of Masterpieces of the Oral and Intangible Heritage of Humanity）。2003年10月，联合国教科文组织第32届大会又通过了对世界非物质文化遗产保护具有重要意义的《保护非物质文化遗产公约》（Convention for the Safeguarding of the Intangible Cultural Heritage），对非物质文化遗产的概念作了进一步的界定。在我国，非物质文化遗产资源的蕴藏量极为丰富，截至2010年，我国非遗资源中被列入普查统计的总量就已达到87万项。这些资源散布在960多万平方千米的整个中华大地，江河湖海，高山平原，村落城镇，街衢巷陌，无处没有非遗资源的身影。

面对浩如烟海、规模庞大、分布广阔的非物质文化遗产资源储藏，当前迫切需要进行的一项工作就是对这些资源进行整理与归纳。积极开展对非遗资源的整理与归纳工作，不仅可以使大量的非遗资源得到更好的保护与保存，也可以使各具特色的地域文化资源更好地纳入中华民族的统一文化体系之中，成为国家实现多元文化管理的一个重要组成部分。其中有关非遗资源图谱的编制是整个非遗资源整理工作中的一个重要组成部分，也是一项主要以图为对象来进行整理、归纳与研究的基础性工作。

"图谱"一词本是一个中国化的概念，最初的意义是指一种由一系列的图所构成的谱系资料。中国传统的图谱，主要包括了"图"（即图像与图形）与"谱"（即按一定关系而组成的某种系列）两个方面。"图"是指用手绘线描的方式塑造形象的表现方式，其功能是摹形状物，具体形象地反映客观事物的特点，使读者一看便知，一看就懂，主要表现对象有人物、动物、植物、食物、药物、建筑、武术动作等；"谱"是指将某些事物按一定关系而组成某种系列的表现方式，其功能是按类而著，条理分明，使事物之间体现出一种清晰的内在逻辑关系。在图谱概念中，"谱"主要又特指将某些"图"按照一定关系而组成的一种系列体系，如"仕女图谱"便是一幅幅按照仕女形象而编制成的谱系图像，"饮茶图谱"便是一幅幅按照饮茶程序而编制成的谱系图像，等等。严格来说，单独存在的"图"或"谱"都不是真正意义上的图谱，只有当"图"与"谱"二者结合的时候，才能真正体现完整的图谱概念。

传统意义上的中国古代图谱，主要是一种以手绘线描的方式对具体的事物与人物进行摹形状物的表达形式，其鲜明的特点就是写实性，从这个意义上说，中国传统的图谱

也就是一种按照一定的规则编排而成的"图画"。依托于现代先进科技手段而形成的中国现代图谱，则是一种在古代图谱的基础上发展、衍化出来，然而又对古代图谱有着许多突破与超越的新型图谱形式。与古代图谱相比，现代图谱的内涵与功能都已有了很大程度的拓展。现代图谱已经成为一种具有直观性、集聚性特点的文化表达方式与科学研究方法，它可以通过各种先进的科学技术手段，如照相技术、信息技术、多媒体技术等的运用，达到对于事物内在本质的直接把握（与通过语言形式的转换不同），起到实在的指导社会实践的作用。现代图谱虽然仍然以"图"与"谱"作为图谱制作中基本的成分，但是其内涵又不仅仅限于这两种基本的成分，在现代图谱中，各种图像、图案、图表、图形等资源信息都被予以系统的编排，并辅以简洁文字，创造性地处理复杂信息，并使其达到简洁化、可视化、系统化的效果。显而易见，这与古代那种"看图说话"式的简单图谱编制方式已经有了根本性的不同。总之，现代图谱的制作与表达方式已经逐渐与具象的图像和图画相脱离，而信息、数据等抽象元素的成分则逐渐增加，从而使其逐渐发展成为一种展示与说明各种特定信息、数据及其背后意义的载体与手段。

为具有现代学科意义的非物质文化遗产编制图谱，是一项具有很强创新性与挑战性的研究工作，也是当前我国非遗研究领域迫切希望实现的一种现实需求。所谓非遗图谱，简单而言就是通过科学的手段，将非遗资源的各种要素（包括非遗资源的内容、形式、类型、传承、分布、社会影响等）以及与非遗资源有关的各种信息与数据进行图谱化处理，使非遗资源变成一种具有直观明了、信息集聚、各资源要素之间呈现一定关联性特点的可视化表现形式，具体方法主要包括对非物质文化遗产资源进行图形化、谱系化、信息化、数字化，等等。编制非遗图谱，一方面可以使大量的非遗资源以一种非常直观的形态展现在人们的面前，另一方面又可以把大量的非遗资源列入一种"谱系化"的体系中去进行考量，以使各种资源之间反映出诸如承接、递进、变化、交互等多种逻辑关系。正是这些特点，使得这项研究具有鲜明的创新性与学科前沿性。

本书是一项有关中国非物质文化遗产图谱编制方面的探索性成果。编者试图通过系统的图谱化手段，包括资料搜集、信息处理、数据统计、图像图形绘制等，对我国蕴藏丰富、门类众多的非遗资源进行整体性的图谱化展示，并在此基础上创造出一套符合中国非物质文化遗产特点、适应中国非物质文化遗产整理与保护需要的图谱编制方法体系。这一成果的开拓性意义在于：它摆脱了以前非遗研究成果大多偏重于文字叙述或者理论阐释的窠臼，以直观形象、简洁明了的"可视化"方式，系统展现我国非遗资源的内容形式、表现特点、流传分布、生态背景、传承脉络等的状况，使人们可以通过快捷方便的浏览方式，在十分短暂的时间内便能对我国非遗资源的整体情况具有一个较为全面的了解。

我国非遗资源蕴藏丰富，门类众多，要想对其进行全方位的图谱编制实属不易。在本书中，编者主要根据"类别选择"的原则，在我国现有的非遗分类体系中选择某些小类进行图谱化编制，并将其做成对整个非遗图谱编制体系具有参考意义的非遗资源图谱样本，而并不涉及我国非遗资源的所有门类。这一做法的好处是可以对非遗资源中的某些门类进行较为深入的图谱化研究，同时可以避免本项成果研究中资料搜集上的不足。

本书的整体编撰体例是：先根据我国文化部规定的非遗代表性项目名录分类体系中的二级分类来确定若干非遗图谱样本的品种（本书选取民间文学类的民间传说、民间习俗类的传统节日、手工技艺类的手工纺织技艺、民间美术类的民间剪纸四种作为样本），然后在每种样本中，根据研究范围与层面的大小将所有的图谱分为三个部分，即全国性非物质文化遗产项目与资源图谱、地区性非物质文化遗产项目与资源图谱，以及典型性非物质文化遗产项目图谱。其中全国性非物质文化遗产项目与资源图谱主要展现我国至2012年年底以前被列入国家级与省、自治区、直辖市级非遗保护名录体系的非遗项目与资源的内容、数量、类别、分布情况；地区性非物质文化遗产项目与资源图谱主要展现我国部分省市区（县）至2012年年底以前被列入国家级以及本省市及本区县级非遗名录体系的非遗项目与资源的内容、数量、类别、分布、传承情况；典型性非遗项目图谱则主要展现个别典型的非物质文化遗产项目的历史、内容、分布、传承、社会影响情况。编者希望通过对这种多层面的非遗图谱形式的研究与编制，为我国非遗图谱的编制工作提供一种具有较高参考价值的样本，对我国非遗图谱编制的实践起到一定的示范作用。

非遗图谱作为一种对非遗资源进行系统整理、分析、研究与展示的工具，其内容可以涉及与非遗资源有关的各个方面，诸如非遗资源的历史渊源、内容形式、形态特点、地域分布、传承脉络、功能价值、生态背景、社会影响等，它们都可以通过图谱化的手段来进行表现与展示。在本书中，我们将表现内容的重点放在近年来我国非遗资源存在的现状以及我国政府对于非遗资源所进行的保护名录体系建设方面，希望通过对这些与非遗项目与资源保护有关的图谱内容的编制与展现，使人们更好地认识当前我国非遗资源存在的现状以及对于非遗资源的保护情况，更好地促进今后对于非遗资源的保护工作。

从这样的研究取向出发，被纳入本书中的重点考察对象主要包括以下几个方面：

（1）非遗代表性项目。设立非遗代表性项目制度是联合国教科文组织自2001年以后所采取的一项非遗保护措施，2005年，我国政府也启动了我国自己的非物质文化遗产代表作名录申报制度，凡是被列入非遗代表作名录体系中的非遗项目，可以确定其在非遗领域中的代表性身份，同时可以得到政府的扶持与资助。因此，通过制作图谱的形式来展示目前我国非遗代表性项目的数量、类型、分布、传承等情况，将能较为清楚地反映当前我国非遗保护工作的特点，以及各种重要非遗资源的现存情况。

（2）一般非遗资源。一般非遗资源是指那些广泛存在于民众的社会生活之中，具有一定的历史文化价值，但尚未被列入非物质文化遗产保护名录体系中的原生态非遗对象，也可简称为"资源"。与那些已被列为非遗保护对象的非遗项目相比，它们可能尚未受到同样程度的重视，却是非遗保护项目产生的重要基础。而且，经过一定的挖掘与提炼以后，许多一般非遗资源也可以变成重要的非遗保护项目。

（3）非遗传承人与传承关系。非物质文化遗产与物质文化遗产相比有一个重要的区别，那就是非物质文化遗产主要是以人作为传承主体来进行传承的，因此，传承人与传承关系在非遗保护与传承过程中的作用显得非常重要。在我国传统的非遗传承机制中，传承人的关系主要表现为三种形式：一是家族传承，即祖传父，父传子，子传孙；二是师徒传承，即师傅传徒弟，徒弟再传下一代徒弟；三是社会传承，即没有一个固定的传承人，许多人在一起相互学习，相互传承。这几种传承关系，在本书的编撰中都有所体现。

（4）同非遗项目与资源相关的其他信息。这类信息主要包括非遗项目与资源产生的村落、遗址、商店、作坊，制作非遗项目与资源所需要的工具、材料，与非遗项目与资源相关的文物、作品、产品、故事、传说、戏曲、工艺品、组织、机构，等等。诸如此类的信息，虽然不是非遗项目或资源本身，但却与非遗项目本体有着千丝万缕的联系，它们与非遗项目本体一起铸就了非遗文化立体性与综合性的特点。值得指出的是，在以往的许多非遗研究成果中，往往只重视对于非遗项目本体的研究，却忽略了这些与非遗项目本体有着密切关系的相关信息，致使其研究成果往往显得较为平面化与单一化。

本书中的非遗图谱在形式上主要分为以下几种：

（1）非遗项目与资源类型图谱。此类图谱主要反映非遗项目与资源的分类特点，表现形式上先根据一定的分类标准（如内容、功能、级别等）对非遗资源进行具体的分类，再用不同颜色、长度与图形对这些不同的类别进行图谱化表现。

（2）非遗项目与资源分布图谱。此类图谱主要反映非遗项目与资源的地域分布状况，表现形式上主要是在地图上运用各种颜色与符号对非遗项目及其相关信息的具体位置进行标注，以显示非遗项目与资源的分布格局及地域特点。

（3）非遗项目与资源标识图谱。此类图谱主要反映非遗项目与资源的内容特点，表现形式上采用传统图谱制作的写实手法，将非遗项目与资源中的典型内容及重要特点进行特写性的描绘，然后将其按照一定的序列编排成谱。

（4）非遗项目与资源传承图谱。此类图谱主要反映非遗项目与资源传承人的具体状况（包括姓名、地区等）以及传承关系，表现形式上主要是通过树形图谱等表达方式，确立传承人在非遗传承中的主要身份，描述各代传承人之间的代际关系。

（5）非遗项目与资源演进图谱。此类图谱主要反映非遗项目与资源在一定的历史过程中演变发展的状况，以及各个时期不同的特点，表现形式上主要是采用不同的色块与符号构建具有层递关系的图形谱系，以使非遗资源各个时期的特点得以清晰展现。

（6）非遗项目与资源社会影响图谱。此类图谱主要反映非遗项目与资源在长期的流传过程中所产生的重要社会影响，表现形式上主要采用以某一非遗项目与资源为中心，向外拓展辐射到各个社会文化领域，如小说、戏曲、传说、绘画、工艺品、纪念物等层面的方式，构成一种辐射形的图谱形态。

以上几种表现形式，在本书每个样本的各个部分中都有较为充分的体现。

作为主要以图谱的形式编制而成的非物质文化遗产研究成果，本书具有许多方面的鲜明特色。

其一是直观性。由于采用了图像、图形、图示等大量具有现代图谱特点的图谱化表现形式，因而本书具有鲜明的直观性特点，例如读者通过对图谱中三四个图形的快速阅读，便可以清楚地了解某一非遗项目传承人的姓名、身份、级别、批次，以及相互之间的传承关系，对这一传承脉络产生一种整体的把握，这是一般以文字叙述为主的研究成果所难以达到的。

其二是集聚性。非遗图谱是一种经过一定的整理、选择、提炼，以及图谱化处理以后所形成的系统性研究成果，因此，当它们被集中地汇总到一张非遗图谱中的时候，就会使这张非遗图谱体现出信息集聚、知识含量高的特点。例如在传统节日类非遗项目分布图中，可以将全国 100 多个国家级传统节日非遗项目集中在一张地图中得以呈现，各个节日的名称、族属、流传地域都可以在这张图中一览无余。

其三是关联性。关联性是图谱作品的一个重要特点，也是图谱作品区别于其他作品的一个重要标志。所谓关联性，就是指在图谱作品中各种图像、图形之间存在着一定的逻辑关系，由此而组成了一种独特的"图形谱系"。例如在非遗历史演进图谱中，所有图像与图形都是按照一定的历史时间顺序编制而成的，而在非遗内容标识图谱中，所有图像则都是按照一定的情节发展顺序或者操作工程顺序编制而成的。

其四是地域性。本书具有非常鲜明的地域性特色，我们在对于非遗项目与资源的选择与编制过程中，极为重视其地域性差异，并努力通过各种地域性分布图与资源信息图等形式对这些非遗项目与资源的地域性特点进行具体的呈现。出于充分凸显地域性特点的考虑，本书不但选编了一部分省、直辖市、自治区的非遗资源图谱，而且还选编了一部分地级市及区县、乡镇的非遗资源图谱，以使非遗资源的地域性特色能够在本书中得到充分体现。

其五是"全息性"。前已说明，本书所关注的内容对象，并不仅仅局限在非遗项目及资源本身，还关注与非遗项目及资源相关的其他信息，包括遗址、文物、展览馆、陈列馆、代表作品、研究组织、活动组织，等等。编者把这些相关信息看作与非遗项目及资源密切相关的重要组成部分，它们或是非遗项目与资源产生的土壤，或是非遗项目与资源依赖的工具，或是非遗项目与资源所产生的结果，因此在图谱编制中同样有着较为充分的反映。

本书力求体现科学、系统、规范的编撰原则，在编撰方法上主要遵循如下几个程序：

（1）资料采集。为了能够使我国非物质文化遗产项目与资源的总体情况在图谱作品中得到充分的反映，我们极为重视对于非遗资料与信息的采集工作，除了从大量的书籍、论文、研究报告，以及各种官方网站发布的信息中获取非物质文化遗产资料以外，还十分注重实地调查材料。课题组曾经先后赴江苏、浙江、河北、河南、陕西、辽宁、广西、广东、云南、贵州、海南等 10 多个省份以及 30 多个区县进行非遗资源考察，考察所得的大部分资料被融入了图谱编撰的成果之中，有的还被写成调查报告。

（2）分析研究。在占有大量原始资料的基础上，编者对其进行了较为细致的分析、归纳、整合、提炼等研究工作，并在此基础上创制设计了一些专门的分析研究方法。其中较为常用的主要有两种，一种是"非遗项目资源一览表"，另一种是"非遗资源信息详情描述"。前者采用表格的形式，将某一地区非遗项目与资源的名称、级别、批次、传承人、流传地区、保护单位、组织机构、相关信息等内容按次序分别排列，形成具有

较高信息容量的非遗资源信息集成表；后者采用文字的形式，对已被列入非遗项目资源一览表中的非遗资源信息（包括非遗资源的历史渊源、主要特点、生态背景、人物事迹等）进行细化深入的描述，对未能列入非遗项目资源一览表中的一些其他信息内容进行补充与说明。它们是非遗图谱制作的重要后台资料，可对非遗图谱制作起到一定的丰富与完善作用。

（3）图谱绘制。图谱绘制是本书编写过程中最为重要的一个环节，也是对所有采集的非遗资料实现图谱化的具体过程。它又可分为"图化"与"谱化"两个部分。所谓"图化"，是指在非遗图谱编制中运用一定的图像、图形、图示、图表等来反映非遗资源形态、内容、特点等各种基本要素的实施过程。在本书编制设计的非遗图谱中，既有一部分具有手绘线描、造型写实特点的传统图谱（如非遗内容标识图谱），也有一部分具有归纳抽象、统计分类特点的现代图谱（如非遗项目类型图谱、非遗传承人图谱等），还有一部分体现现代信息科学技术特点的GIS地学图谱（如非遗项目分布图谱）。它们是各种图谱形式在非遗资源图谱领域中的综合运用，也是编者在非遗图谱编制实践中的一种大胆探索。所谓"谱化"（亦即"谱系化"），是指对非遗图形中所呈现的各种非遗资源要素和资源信息按照一定的逻辑关系和顺序进行排列，使其形成一种由一定的关系而构成的次序系列的表现方式。在本书中，各种非遗资源之间的谱系关系主要表现为推衍式谱系、空间式谱系、并列式谱系、辐射式谱系、层递式谱系、交互式谱系等几种，它们是根据不同的非遗资源关系而形成的。例如在非遗内容标识图谱中，主要体现了一种推衍式的谱系关系；而在非遗传承人图谱中，则主要体现了一种层递式的谱系关系。

（4）文字说明。在本书中，文字主要是作为一种辅助的形式而被运用的，其作用主要不是阐释，而是说明。它们与图谱互为表里，相辅相成，以起到全面反映我国非遗资源在历史渊源、地域分布、内容特点、表现形式、传承脉络、社会影响等各方面情况的作用。

本书的编撰与出版，既是时代的一种需要，也是人类社会发展的一种必然。在当今世界已经逐渐形成巨大的文化遗产保护洪流之时，我们作为中国新时代的知识分子，必须拿出百倍的信心与勇气去投入这个文化保护的伟大事业之中，以展现中华民族灿烂辉煌的历史文化，以弘扬中华民族包容睿智的民族品格。或许也正是因为这一点，才使我们在从事非物质文化遗产图谱编制的工作中，有了更多的向往与期待，有了更强的动力与信心。

凡 例

1. 本书所入编的非遗项目及相关信息，时间均以2012年年底前进入国家级与省市级非遗保护名录体系中的项目为限，2012年年底之后的项目及相关信息不在本书入编范围之内（少数特例会有专门说明）。

2. 本书中的地区性非遗项目图谱选点数量为每类9项[一般为5省2市2县（含县级市），个别的为5省2市1县1镇]。选点基本原则是：资源丰富，形式多样，区域平衡，汉族与其他民族兼顾。

3. 本书中的典型性非遗项目图谱选点数量为每类1项，选点的基本原则一是该项目为国家级非遗项目，二是该项目在同类项目中具有一定的典型性，三是该项目本身内涵较为丰富。

4. 本书所涉及的非遗对象，除了已被列入我国非遗保护名录体系的非遗项目以外，还包括一部分尚未被列入非遗保护名录体系，但却具有较高历史文化价值及较大社会影响的一般资源，这部分以被列入我国非遗保护名录体系的非遗项目为重点。

5. 在本书的非遗项目分布图中，非遗项目的标注点一般为该项目的申报地，如果该项目有多个申报地，则在地图上用同一项目名称分别标注。

6. 在本书的非遗传承人分布图中，对已经进入国家级、省市级、区县级代表性传承人名录者全数收录，对没有进入国家级、省市级、区县级代表性传承人名录但有一定社会影响的一般传承人选择性收录。

7. 在本书的非遗项目分布图中，对政府现已公布的部分非遗项目名称作了一定简化，如"端午节·罗店划龙船习俗"简化为"罗店划龙船"，"元宵节·九曲黄河阵灯俗"简化为"九曲黄河阵"，等等。

8. 本书所涉及的行政区划，凡2012年之后有变动的，不再作调整。

目 录

序 ······ 03

凡例 ······ 09

【民间传说卷】

概述 ………… 03

第一编 全国民间传说项目与资源图谱

一 全国民间传说项目与资源类型图
（一）民间传说项目内容类型图 ………… 9
（二）民间传说项目功能类型图 ………… 10
（三）民间传说项目保护级别类型图 ………… 11

二 全国民间传说项目与资源分布图
（一）全国国家级民间传说项目分布图 ………… 17
（二）全国特色民间传说项目分布图（选录） ………… 18

三 全国国家级民间传说项目内容标识图
（一）全国第一批国家级民间传说项目内容标识图 ……… 23
（二）全国第二批国家级民间传说项目内容标识图 ……… 29
（三）全国第三批国家级民间传说项目内容标识图 ……… 49

第二编 地区民间传说项目与资源图谱（选录）

一 陕西省
（一）陕西省民间传说项目与相关信息分布图 ………… 74
（二）陕西省民间传说传承谱系图（选录） ………… 77

二 江苏省
（一）江苏省民间传说项目与相关信息分布图 ………… 80
（二）江苏省民间传说传承谱系图（选录） ………… 83

三 湖南省
（一）湖南省民间传说项目与相关信息分布图 ………… 85
（二）湖南省民间传说传承谱系图（选录） ………… 88

四 河南省

（一）河南省民间传说项目与相关信息分布图 ⋯⋯⋯⋯ 91

（二）河南省民间传说传承谱系图（选录） ⋯⋯⋯⋯ 94

五 河北省

（一）河北省民间传说项目与相关信息分布图 ⋯⋯⋯⋯ 100

（二）河北省民间传说传承谱系图（选录） ⋯⋯⋯⋯ 103

六 绍兴市

（一）绍兴市民间传说项目与相关信息分布图 ⋯⋯⋯⋯ 106

（二）绍兴市民间传说传承谱系图（选录） ⋯⋯⋯⋯ 109

七 嘉兴市

（一）嘉兴市民间传说项目与相关信息分布图 ⋯⋯⋯⋯ 113

（二）嘉兴市民间传说传承谱系图（选录） ⋯⋯⋯⋯ 116

八 海盐县

（一）海盐县民间传说项目与资源分布图 ⋯⋯⋯⋯ 118

（二）海盐县民间传说传承人分布图 ⋯⋯⋯⋯ 119

（三）海盐县民间传说相关信息分布图 ⋯⋯⋯⋯ 120

九 夏县

（一）夏县民间传说项目与资源分布图 ⋯⋯⋯⋯ 122

（二）夏县民间传说传承人分布图 ⋯⋯⋯⋯ 123

（三）夏县民间传说相关信息分布图 ⋯⋯⋯⋯ 124

第三编 民间传说典型项目——白蛇传图谱

一 白蛇传历史演进图 ⋯⋯⋯⋯ 126

二 白蛇传项目与资源分布图 ⋯⋯⋯⋯ 128

三 白蛇传内容标识图 ⋯⋯⋯⋯ 132

四 白蛇传社会影响图 ⋯⋯⋯⋯ 143

【传统节日卷】

概述 151

第一编 全国传统节日项目与资源图谱

一 全国传统节日项目与资源类型图
（一）传统节日项目内容类型图 157
（二）传统节日项目功能类型图 158
（三）传统节日项目保护级别类型图 159

二 全国传统节日项目与资源分布图
（一）全国国家级传统节日项目分布图 165
（二）全国特色传统节日习俗项目分布图（选录）......... 166

三 全国国家级传统节日项目内容标识图
（一）全国第一批国家级传统节日项目内容标识图 171
（二）全国第二批国家级传统节日项目内容标识图 210
（三）全国第三批国家级传统节日项目内容标识图 240

第二编 地区传统节日项目与资源图谱（选录）

一 浙江省
（一）浙江省传统节日项目与相关信息分布图 272
（二）浙江省传统节日传承谱系图（选录）......... 275

二 福建省
（一）福建省传统节日项目与相关信息分布图 278
（二）福建省传统节日传承谱系图（选录）......... 281

三 山西省
（一）山西省传统节日项目与相关信息分布图 284
（二）山西省传统节日传承谱系图（选录）......... 287

四　云南省

(一) 云南省传统节日项目与相关信息分布图 …… 289

(二) 云南省传统节日传承谱系图（选录） …… 292

五　黑龙江省

(一) 黑龙江省传统节日项目与相关信息分布图 …… 294

(二) 黑龙江省传统节日传承谱系图（选录） …… 297

六　贺州市

(一) 贺州市传统节日项目与相关信息分布图 …… 299

(二) 贺州市传统节日传承谱系图（选录） …… 303

七　恩施州

(一) 恩施州传统节日项目与相关信息分布图 …… 305

(二) 恩施州传统节日传承谱系图（选录） …… 309

八　凯里市

(一) 凯里市传统节日资源与相关信息分布图 …… 311

(二) 凯里市传统节日传承谱系图（选录） …… 315

九　香格里拉县

(一) 香格里拉县传统节日项目与相关信息分布图 …… 317

(二) 香格里拉县传统节日传承谱系图（选录） …… 321

第三编　传统节日典型项目——中秋节图谱

一　中秋节历史演进图 …… 323

二　中秋节项目与资源分布图 …… 324

三　中秋节内容标识图 …… 329

四　中秋节月饼制作技艺传承谱系图（选录） …… 339

五　中秋节社会影响图 …… 340

【手工纺织技艺卷】

概述 ······ 349

第一编 全国手工纺织技艺项目与资源图谱

一 全国手工纺织技艺项目与资源类型图
（一）手工纺织技艺项目技艺类型图 ······ 355
（二）手工纺织技艺项目织物类型图 ······ 357
（三）手工纺织技艺项目保护级别类型图 ······ 358

二 全国手工纺织技艺项目与资源分布图
（一）全国国家级手工纺织技艺项目分布图 ······ 363
（二）全国特色手工纺织技艺项目分布图（选录） ······ 364

三 全国国家级手工纺织技艺项目内容标识图
（一）全国第一批国家级手工纺织技艺项目内容标识图 ······ 369
（二）全国第二批国家级手工纺织技艺项目内容标识图 ······ 386
（三）全国第三批国家级手工纺织技艺项目内容标识图 ······ 406

第二编 地区手工纺织技艺项目与资源图谱（选录）

一 浙江省
（一）浙江省手工纺织技艺项目与相关信息分布图 ······ 417
（二）浙江省手工纺织技艺传承谱系图（选录） ······ 422

二 江苏省
（一）江苏省手工纺织技艺项目与相关信息分布图 ······ 424
（二）江苏省手工纺织技艺传承谱系图（选录） ······ 429

三 河北省
（一）河北省手工纺织技艺项目与相关信息分布图 ······ 431
（二）河北省手工纺织技艺传承谱系图（选录） ······ 435

四 贵州省

(一) 贵州省手工纺织技艺项目与相关信息分布图 ……… 438

(二) 贵州省手工纺织技艺传承谱系图（选录） ……… 443

五 云南省

(一) 云南省手工纺织技艺项目与相关信息分布图 ……… 446

(二) 云南省手工纺织技艺传承谱系图（选录） ……… 451

六 湖州市

(一) 湖州市手工纺织技艺项目与相关信息分布图 ……… 453

(二) 湖州市手工纺织技艺传承谱系图（选录） ……… 456

七 南通市

(一) 南通市手工纺织技艺项目与相关信息分布图 ……… 458

(二) 南通市手工纺织技艺传承谱系图（选录） ……… 462

八 魏县

(一) 魏县手工纺织技艺项目与相关信息分布图 ……… 465

(二) 魏县手工纺织技艺传承谱系图（选录） ……… 469

九 乐东黎族自治县

(一) 乐东黎族自治县手工纺织技艺项目与相关信息分布图 ……… 471

(二) 乐东黎族自治县手工纺织技艺传承谱系图（选录） ……… 474

第三编 手工纺织技艺典型项目——乌泥泾手工棉纺织技艺图谱

一 乌泥泾手工棉纺织技艺历史演进图 ……… 477

二 乌泥泾手工棉纺织技艺项目与相关信息分布图 ……… 478

三 乌泥泾手工棉纺织技艺流程标识图 ……… 485

(一) 捍弹纺织流程标识图 ……… 485

(二) 药斑布印染流程标识图 ……… 502

四 乌泥泾手工棉纺织技艺传承谱系图 ……… 511

五 乌泥泾手工棉纺织技艺社会影响图 ……… 514

民间剪纸卷

概述 523

第一编 全国民间剪纸项目与资源图谱

一　全国民间剪纸项目与资源类型图
（一）民间剪纸项目题材类型图 529
（二）民间剪纸项目功能类型图 530
（三）民间剪纸项目风格类型图 531
（四）民间剪纸项目技艺类型图 532
（五）民间剪纸项目保护级别类型图 533

二　全国民间剪纸项目与资源分布图
（一）全国国家级民间剪纸项目分布图 538
（二）全国特色民间剪纸项目分布图（选录） 539

三　全国国家级民间剪纸项目内容标识图
（一）全国第一批国家级民间剪纸项目内容标识图 544
（二）全国第一批国家级民间剪纸扩展项目内容标识图 554
（三）全国第二批国家级民间剪纸扩展项目内容标识图 585

第二编 地区民间剪纸项目与资源图谱（选录）

一　陕西省
（一）陕西省民间剪纸项目与相关信息分布图 591
（二）陕西省民间剪纸传承谱系图（选录） 597

二　山东省
（一）山东省民间剪纸项目与相关信息分布图 600
（二）山东省民间剪纸传承谱系图（选录） 605

三　浙江省
（一）浙江省民间剪纸项目与相关信息分布图 608
（二）浙江省民间剪纸传承谱系图（选录） 613

四 山西省
(一) 山西省民间剪纸项目与相关信息分布图 …… 615
(二) 山西省民间剪纸传承谱系图（选录） …… 621

五 辽宁省
(一) 辽宁省民间剪纸项目与相关信息分布图 …… 623
(二) 辽宁省民间剪纸传承谱系图（选录） …… 628

六 徐州市
(一) 徐州市民间剪纸项目与相关信息分布图 …… 631
(二) 徐州市民间剪纸传承谱系图（选录） …… 633

七 佛山市
(一) 佛山市民间剪纸项目与相关信息分布图 …… 636
(二) 佛山市民间剪纸传承谱系图（选录） …… 641

八 延川县
(一) 延川县民间剪纸项目与相关信息分布图 …… 643
(二) 延川县民间剪纸传承谱系图（选录） …… 645

九 颛桥镇
(一) 颛桥镇民间剪纸项目与相关信息分布图 …… 648
(二) 颛桥镇民间剪纸传承谱系图（选录） …… 650

第三编 民间剪纸典型项目——蔚县剪纸图谱

一 蔚县剪纸历史演进图 …… 652
二 蔚县剪纸项目与资源分布图 …… 653
三 蔚县剪纸内容标识图 …… 659
四 蔚县剪纸工艺流程图 …… 664
五 蔚县剪纸传承谱系图 …… 675
六 蔚县剪纸社会影响图 …… 679

主要参考文献 …… 683
鸣谢单位 …… 694
后记 …… 695

民间传说卷

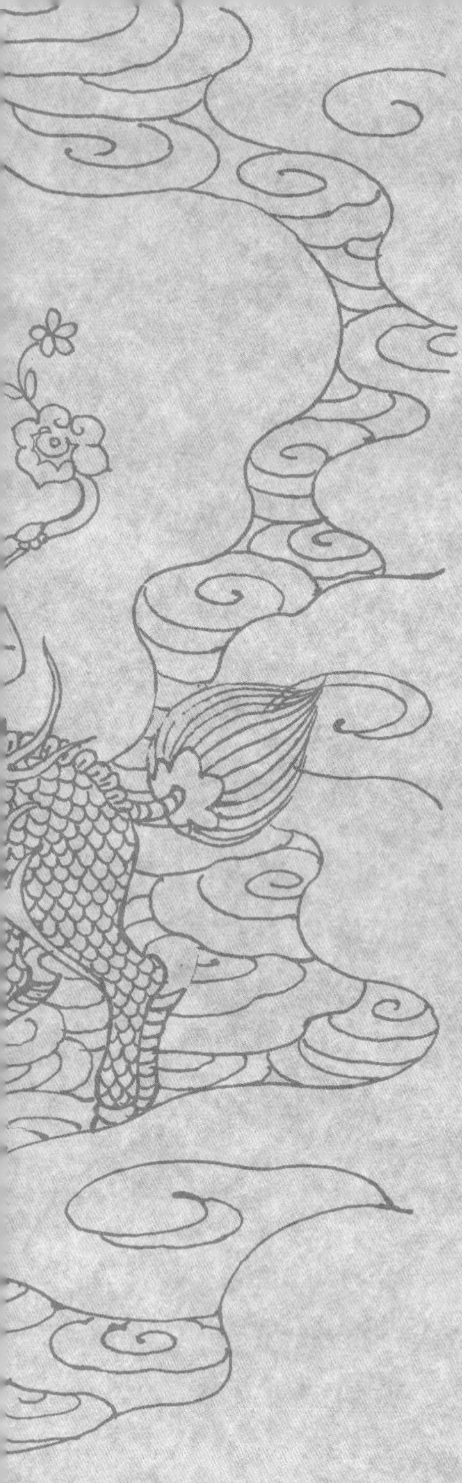

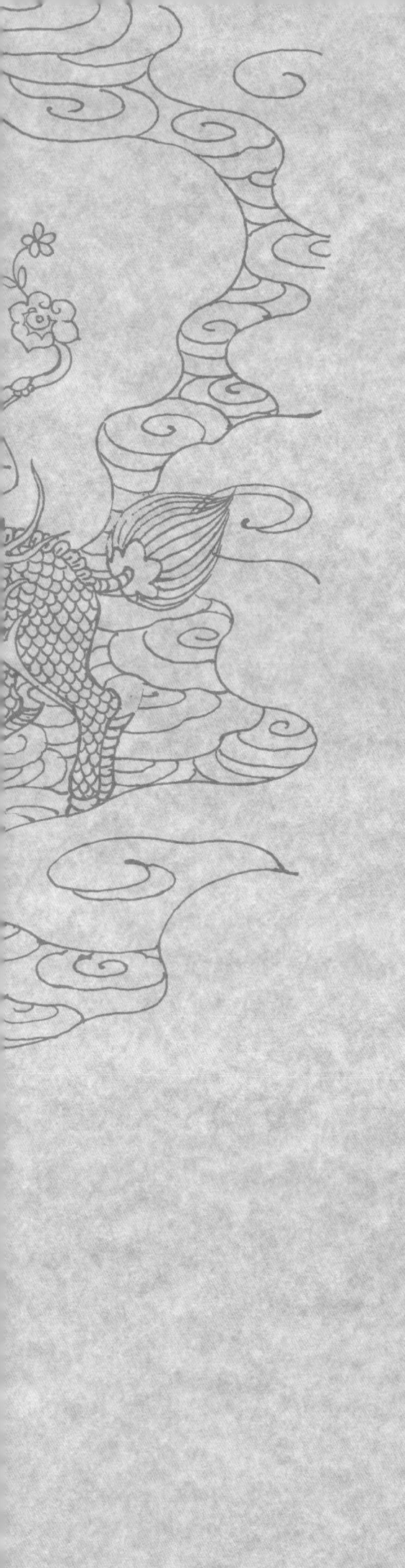

概 述

　　民间传说是一种由民众口头创作和传播，与特定历史人物、历史事件、地方风物、社会习俗有关的民间文学样式。中国民间传说源远流长，它的产生有多重途径，其中一部分民间传说源自神话。当原始神话逐渐脱离了信仰和仪式，其作品中的主人公的神性转化成人性，内容被赋予越来越多的现实生活元素以后，这部分神话就逐渐转变为传说。比如我国古代的大禹传说、防风传说等，最早就是源于原始时代的大禹神话与防风神话。另一部分民间传说则是一些历史人物或历史事件世俗化的结果。我国有着丰富的历史资源，民众喜好把自己喜欢的历史人物或者历史事件朝着好的方面修饰，把自己厌恶的人物朝着坏的方面丑化。在这一世俗化过程中，原本平实枯燥的史实便逐渐变成了有声有色的传说。比如岳飞传说、戚继光抗倭传说等，就是在当地民众对抗金名将岳飞、民族英雄戚继光的赞颂、褒扬的基础上产生的。另外还有一些民间传说则是来自对现实生活的传奇化的加工和艺术想象，现实生活由此成为具有感染力和艺术性的民间传说，例如不少地方风物传说就属此列。

　　根据内容的不同，中国民间传说大致可分为人物传说、史事传说、地方风物传说、社会风俗传说、动植物传说、鬼精怪神兽传说等几大类型。人物传说主要以某个人物为中心，围绕该人物展开故事情节，叙述其生平事迹，刻画其人物形象，这一类型的传说有刘邦传说、陶朱公传说、鲁班传说、西施传说等。史事传说主要以一定的历史事件为中心展开故事情节，分别从不同的侧面和角度叙述该历史事件的起因、过程、冲突、高潮以及结局，这一类型的传说有各地流传的抵抗金兵的传说、李自成起义的传说、抗日战争的传说等。地方风物传说是关于某一地区山川、风物等的解释性传说。它的基本特点就是通过生动的故事情节说明解释自然物或人工物的来历、特征、命名原因，这一类型的传说有镜泊湖传说、六尺巷传说、桂林山水传说等。社会风俗传说是关于年节风俗、婚姻习俗、民间娱乐习俗等民间习俗的解释说明性传说，这一类型的传说有端午节的传说、闹洞房的传说、泼水节的传说等。动植物传说是解释动植物的名称、习性或特征的由来的传说，该类传说往往借生动有趣的故事情节，表现民众的道德观念和人生哲理。鬼精怪神兽传说是以鬼、精怪、神兽等具有超自然能力的非人类为主角的传说，如狐仙传说等。

在我国，民间传说深受广大民众的喜爱，有关民间传说的研究也取得了很多成果，但是长期以来，它们却往往只是作为一种民间文学样式而进入人们的视野，很少有人从更为宏观的，同时更具有文化保护意义的文化遗产层面去认识与发掘它的价值。直至2005年我国政府实施非物质文化遗产保护工程以后，民间传说才被作为非物质文化遗产中的一个重要门类而受到更多的关注与重视。在非物质文化遗产保护的学术领域中，民间传说已经不再是一般的文学作品，而是一种具有深厚的历史文化积淀，集中体现广大民众的思想情感、审美情趣与生存智慧，可以为当代社会所保护、传承与利用的文化遗产资源。因此，民间传说对于当代人而言，也更具有了现实性的价值与意义。从一般的民间文学样式到更具宏观意义的文化遗产资源，应该说是民间传说价值取向在当代社会中所完成的一种重要的历史性跨越。

从非物质文化遗产的价值取向出发，当代社会对于民间传说所采取的一种重要保护手段就是将其资源化与项目化。所谓民间传说的资源化，就是在深入普查的基础上，对各类民间传说进行筛选与整理，然后确立可以作为保护对象的初级名录。所谓民间传说的项目化，就是在已经确立的民间传说资源初级名录的基础上，对这些资源进行筛选与整理，然后选择其中一部分具有较高历史文化价值和一定代表性意义的民间传说资源进入非物质文化遗产代表性项目保护名录体系。而这些被列入非物质文化遗产代表性项目保护名录体系中的民间传说资源，就是所谓的民间传说项目。

要想较为理想地实现民间传说的非遗资源化与项目化，首先是要厘清民间传说所属区域，然后梳理其历史渊源，分析其构成的基本内容，搜集传说的相关遗迹、古迹及衍生作品等信息，整理传说的传承方式及传承谱系，分析传说的濒危状况，并在其基础上制订相关的项目管理计划与资源保护计划。目前，我国各地民间传说的非遗资源化与项目化水平并不均衡。相对而言，江苏、浙江、河南、陕西、山东、山西等省的民间传说非遗资源化与项目化的水平较高，已公布的传说类非遗项目数量较多，而贵州、云南、西藏、宁夏以及上海、天津等省、市、自治区的民间传说非遗资源化与项目化的水平较低，有些省市所公布的保护名录中几乎没有传说类非遗项目。实际上，在一些传说类非遗项目稀少的地区，同样流传着丰富的民间传说，只是这些传说作品还未能转化为非遗资源。

我国的民间传说除了具有一般非遗资源所共同的一些特点，如活态性、传承性、流变性、综合性、民族性、地域性之外，还具有一些自身的独特性。其一是真实性。民间传说往往具有一个源自真实历史的核心，或历史人物，或历史事件，或风俗、风物、特产等，因此民众在讲述传说时，会有意无意地强调其内容的可信性。其二是传奇性。民间传说虽然有一定的历史真实性，但是它与真实的历史又有不同，民

间传说往往具有传奇色彩，或借助超自然的人与物，或借助别出心裁的夸张与想象，让人觉得不可思议。其三是地方性。民间传说往往具有浓郁的地方特色和乡土韵味。各地传说类非遗资源都使用具有浓郁特色的方言进行讲述，具有独特的乡土韵味。其四是在地性。民间传说在讲述时，往往与当地的历史人物、山水风物、习俗制度结合起来，成为一种本土知识。

从传承方式上来看，民间传说主要是以集体传承为主，其最主要的传承主体就是该传说发生地的居民。除了集体传承以外，民间传说也有一部分以家族或者个人身份出现的传承人，如一些讲述传说的民间艺人，或者民间传说的搜集整理者，等等。比如镇江市丹徒区流传的董永传说，其中一条传承脉络就在丹徒上党槐荫村傅氏家族内部。槐荫村为传说中的董永故里，有大槐树、董永亭、七仙桥等相关纪念物，董永传说在槐荫村的村民间世代流传，尤以村中大姓傅氏民众为主。传说类非遗项目的传承人，往往与传说的纪念物、遗址或文物等有一定关系。比如上述董永传说的传承脉络之一就位于被誉为董永故里的槐荫村。又如陕西省张骞传说在城固县博望镇的一条传承脉络就始于为张骞守墓的黎姓守墓人与何姓守墓人，守墓人家族世代传承，张骞的传说也在守墓人家族中世代相传。

但总的看来，民间传说在传承方式上很少以家族或者师徒关系的方式而得以维系。由于民间传说主要是以某一地域（村、镇）内民众中善讲者为代表，传说的传承往往就在日常生活的接触中完成，他们之间一般没有师徒关系，也并非一个家族内部的成员，因此其传承方式并非其他非遗形式中常见的家族传承或师徒传承，而只是一种社会传承。如浙江省嘉兴市何文秀传说，其传承人主要分布于袁花镇、盐官镇与丁桥镇，这些传承人之间没有明确的家族关系或师徒关系，传说的传承大都靠日常生活中的口耳相传，因此实际上就是一种社会传承的方式。

民间传说作为非物质文化遗产的形态之一，其产生和传播明显依附于某些物质形态，包括与这些传说相关的村落、文物、遗址，以及各种楼台庙宇、寺社庵观、山川河流、宅门户院等。尤其是在人物传说中，这一情况更为明显。比如浙江省绍兴市流传的王羲之传说，在当地能够找到大量的相关"物证"。例如绍兴市的一则有关王羲之的民间传说中讲述：相传曾有位僧人造访王羲之宅，这期间王羲之丢失了最喜爱的明珠，便疑心僧人窃取。僧人冤屈难辩，饿死以明志。不久，明珠在王羲之家的白鹅腹中被发现。王羲之懊悔之至，便舍宅为佛寺，并亲笔题写匾额"戒珠寺"。如今，这座由王羲之故居改建的戒珠寺仍是绍兴当地一景。在戒珠寺不远处有一桥名"题扇桥"，也与王羲之传说相关。当地的一则王羲之传说中讲述：王羲之因同情一个卖扇子的老婆婆，便在她的扇子上题字，借助王右军的大名，扇子很快被抢购一空。王羲之在扇子上题字的桥便被称为"题扇桥"。如今，"题扇桥"依然可以在绍兴市里找到。由于传说与其纪念物密不可分，因此后人往往总是会依据已有的传说，修建或者重建人文景观，比如历史上的黄鹤楼虽然屡次损毁，但因为黄鹤楼传说影响极大，又数次重修。黄鹤楼的数次重修反过来也促进了传说本身的流传。

民间传说具有较高的文学、历史、语言价值及艺术审美价值，它们寄托着民众对历史人物与历史事件的评价，是民众历史观点与历史情感的重要载体，对于构建完整的历史有着重要意义。它们传递着一个地方或是一个民族的精神风貌，有利于人们深刻理解乡土文化和民族精神，激发民众对故乡的认同感和归属感。它们还具有很强的实用功能，利用民间传说类的非遗资源来开展旅游事业及其他文化产业，往往能收到较好的效果。在21世纪的今天，加强对民间传说资源的保护传承，将会更加有利于维护我国传统文化和民族语言文化的多样性，有利于促进我国的文化创新和发展先进文化，有利于促进国家与地域文化的和谐发展。

第一编　全国民间传说项目与资源图谱

在我国，民间传说类的非物质文化遗产资源储量非常丰富，在各级非物质文化遗产名录中，民间传说类非遗项目所占比例很高。以国家级传说类非遗名录为例，第一批国家级非物质文化遗产名录共518项，其中传说类项目6项，占第一批国家级名录1.16%；第二批国家级非物质文化遗产名录共510项，其中传说类项目20项，占第二批国家级名录的3.92%；第三批国家级非物质文化遗产名录共191项，其中传说类项目24项，占第三批国家级名录的12.57%。前三批国家级非物质文化遗产名录共计1219项，其中的传说类项目50项，占前三批国家级非物质文化遗产名录总量的4.1%。在各省市级非物质文化遗产名录中，民间传说类的项目数量及占比也相当高。以数量列前五名的山东省、浙江省、山西省为例，截至2013年6月，山东省拥有省级传说类非物质文化遗产项目51项，占省级非物质文化遗产项目总量的32.69%；浙江省拥有省级传说类非物质文化遗产项目44项，占省级非物质文化遗产项目总量的28.20%；山西省拥有省级传说类非物质文化遗产项目35项，占省级非物质文化遗产项目总量的41.18%。

在本书中，我们主要将我国的民间传说分为七大类型，即人物传说、史事传说、地方风物传说、社会风俗传说、动植物传说、鬼精怪神兽传说和综合传说。其中人物传说数量最多，具体又包括了始祖传说、爱国将领及英雄传说、帝王将相传说、先贤传说、文人传说、清官传说、名医传说、能工巧匠传说、商贾传说、神仙道佛传说、名女传说、爱情传说、孝子孝妇传说、趣味人物传说等14个小类型。在51则[1]民间传说类的国家级非物质文化遗产名录中，人物类传说有39则，占全部传说总量的76.47%。省市级传说也是如此。仍以山东省、浙江省、山西省为例，山东省人物传说类非物质文化遗产项目有42项，占全部传说类项目的82.35%。浙江省人物传说类非物质文化遗产项目有35项，占全部传说类项目的79.55%。山西省人物传说类非物质文化遗产项目有25项，占全部传说类项目的71.43%。除了人物传说以外，诸如史事传说、地方风物传说、社会风俗传说、动植物传说、鬼精怪神兽传说等，在我国非遗名录体系中也有一定比例。史事传说包括了农民起义传说、反抗外来侵略者传说、历史战争与革命战争传说、民族起源传说、氏

---

[1] 根据国务院2011年5月23日国发〔2011〕14号文件公布的第三批国家级非物质文化遗产名录的通知，第三批国家级非物质文化遗产名录中的民间传说项目共24项，但其中编号为"Ⅰ-103"的"牡丹传说"从内容上主要可以分为"曹州牡丹传说"和"武则天贬牡丹传说"两种，前者为爱情传说，后者则为植物传说，本书将"牡丹传说"作为两项分别予以统计，因此本书所统计的第三批国家级非物质文化遗产名录中的民间传说项目为25项。根据国务院公布的国发〔2006〕18号文件、国发〔2008〕19号文件以及国发〔2011〕14号文件，前三批国家级非物质文化遗产名录中的传说类项目共计50项，基于本书将第三批中的"牡丹传说"作为两项统计，本书所统计的国家级非物质文化遗产名录中的传说类项目也因此增加至51项。

族礼仪传说等五个小类；地方风物传说包括了山川传说、名胜古迹传说、乡土特产传说、地名传说、地方灵异传说五个小类；社会风俗传说包括了岁时节日传说、宗教性习俗传说、娱乐活动传说、日常习俗传说四个小类；动植物传说包括了动物传说和植物传说两个小类；鬼精怪神兽传说则包括了鬼传说、精怪传说、神兽传说三个小类。除了以上几类外，综合传说是为了打包申报的传说类项目而特别列出的一类，列入综合传说类的民间传说项目所涵盖的传说内容和数量都相当多，难以从内容对其分类，因而专门另立一类。

本书中除了从内容对民间传说资源进行分类外，也从功能的角度对其进行了分类，主要分为传承记录类、教化类、解释类、娱乐类、讽刺类和褒扬类六大类型。当然，大多数传说往往是数种功能兼而有之，一个传说可能既有解释的功能，也有传承记录的功能，所以从功能角度对传说资源进行分类，是以传说的主要功能作为分类标准的。传承记录类传说是指那些主要用以记录民众所获知的各种知识、经验和所创造的各种文化的传说；教化类传说是指那些以教育和模塑民众为主要功能的传说；解释类传说是指那些主要对实物实事的名称、特征的由来做出解释的传说，反映了民众的世界观、人生观、思想情绪、社会道德和理想等；娱乐类传说是指那些主要满足民众精神生活需要的传说，大都内容轻松，能起到调节精神的作用；讽刺类传说是指以揭露矛盾的手法否定假恶丑的一类传说，讽刺的矛头不仅限于个人，还可以是群体和集团等；褒扬类传说是指以肯定、赞扬和赞颂为主要内容的一类传说。

就单项传说类非物质文化遗产资源来看，它们往往都是跨省市分布的。本书以烂柯山传说、西王母传说、彭祖传说、妈祖传说、孟姜女传说为例，分析了这五项特色民间传说的跨地域分布。总的来说，这些传说的分布地域可以分为集中地与扩布地两种。集中地是传说最早产生和流传的地区，是传说流传的中心，扩布地是传说开始大范围流传以后所流经的地区。当然，传说的集中地与流布地的分野并非特别清晰，只能进行大致的划分。

经过长期流传，传说类资源形成了较为稳定的情节，某些中心情节已经成为该传说的标志，比如白蛇传传说中的"游湖借伞"，梁祝传说中的"十八相送"，孟姜女传说中的"哭倒长城"，西施传说中的"西施浣纱"等。这些中心情节甚至可以独立于传说之外，成为戏剧影视等文艺作品的主要题材。基于这些中心情节的代表性，本书将这些情节画面化，为每一则国家级传说项目绘制了标识图谱，使其成为每一则传说的标志。

一 全国民间传说项目与资源类型图

（一）民间传说项目内容类型图

人物传说	代表性项目
始祖传说	防风神话传说、大禹传说、虞舜传说、廪君传说
爱国将领及英雄传说	梅王传说、苗族杨家将故事、巴将军传说、刘永福传说
帝王将相传说	临城赵云故里传说、康熙与大庙的传说、赵氏孤儿传说、管仲的传说
先贤传说	孔子诞生传说、卞和献玉传说、伯牙子期传说、屈原传说
文人传说	李白在安陆的传说、车胤囊萤照读的故事、曹雪芹传说、竹林七贤传说
清官传说	包公故事、狄仁杰的传说、海瑞传说、永新石灰脑传说
名医传说	药王孙思邈传说、扁鹊传说、李时珍传说
能工巧匠传说	鲁班传说、奚仲造车传说、盐宗夙沙氏煮海成盐传说、龙亭蔡伦造纸传说
商贾传说	陶朱公传说、石海的传说、王泰来的传说
神仙道佛传说	寒山拾得传说、彭祖传说、二郎神传说、济公传说
名女传说	赵五娘传说、江梅妃传说、王昭君传说、木兰传说
爱情传说	白蛇传传说、牛郎织女传说、梁山伯与祝英台传说、柳毅传书传说
孝子孝妇传说	东海孝妇传说、安安送米传说、内丘县郭巨孝文化、丁兰刻木传说
趣味人物传说	杞人忧天传说、东方朔民间传说、李佬人传说、吴癞子传说
史事传说	**代表性项目**
农民起义传说	李闯王传说、东乡白莲教传说、杨幺的民间故事
反抗外来侵略者传说	崖门海战流传故事
历史战争与革命战争传说	垓下民间传说、辽西古战场传说
民族起源传说	准格尔传说故事、敖汉传说故事
氏族礼仪传说	九台满族石氏家族萨满传说、乌拉陈汉军坛续传说故事
地方风物传说	**代表性项目**
山川传说	西湖民间故事、武当山传说、镜泊湖传说、烂柯山传说
名胜古迹传说	颐和园传说、圆明园传说、八达岭长城传说、黄鹤楼传说

乡土特产传说	景德镇民间故事——瓷窑的传说、合浦珠还民间传说、龙泉窑传说、泰和白凤仙子传说
地名传说	仁义胡同传说、六尺巷传说、望娘滩传说
地方灵异传说	河图洛书传说
社会风俗传说	**代表性项目**
岁时节日传说	长安斗门石婆庙七夕传说
宗教性习俗传说	无
娱乐活动传说	无
日常习俗传说	无
动植物传说	**代表性项目**
动物传说	美人鱼传说
植物传说	牡丹传说、武则天贬牡丹传说
鬼精怪神兽传说	**代表性项目**
鬼传说	无
精怪传说	白马拖缰传说、巫支祈传说
神兽传说	鱼跃龙门传说、桩巴龙传说、麒麟传说、秃尾巴老李传说
综合传说	**代表性项目**
	鄂温克族民间传说、傈僳族民间传说、巴文化传说、科尔沁蒙古族传说故事

图 1-1-1-1 民间传说项目内容类型图

（二）民间传说项目功能类型图

功能类型	代表性项目
传承记录类	九里山古战场传说、水漫泗州城传说、大禹传说、炎帝神农传说
教化类	达摩传说、观音传说、布袋和尚传说、六祖传说
解释类	黄鹤楼传说、武当山传说、景德镇民间故事——瓷窑的传说、西湖民间故事
娱乐类	彭祖传说、李佬人的传说、东方朔民间故事、杞人忧天传说
讽刺类	隋炀帝传说
褒扬类	刘邦传说、卞和献玉传说、东海孝妇传说、白蛇传传说

图 1-1-1-2 民间传说项目功能类型图

（三）民间传说项目保护级别类型图

1. 全国国家级民间传说项目数量与比例图

（1）全国国家级民间传说项目数量与比例图（共50项）①

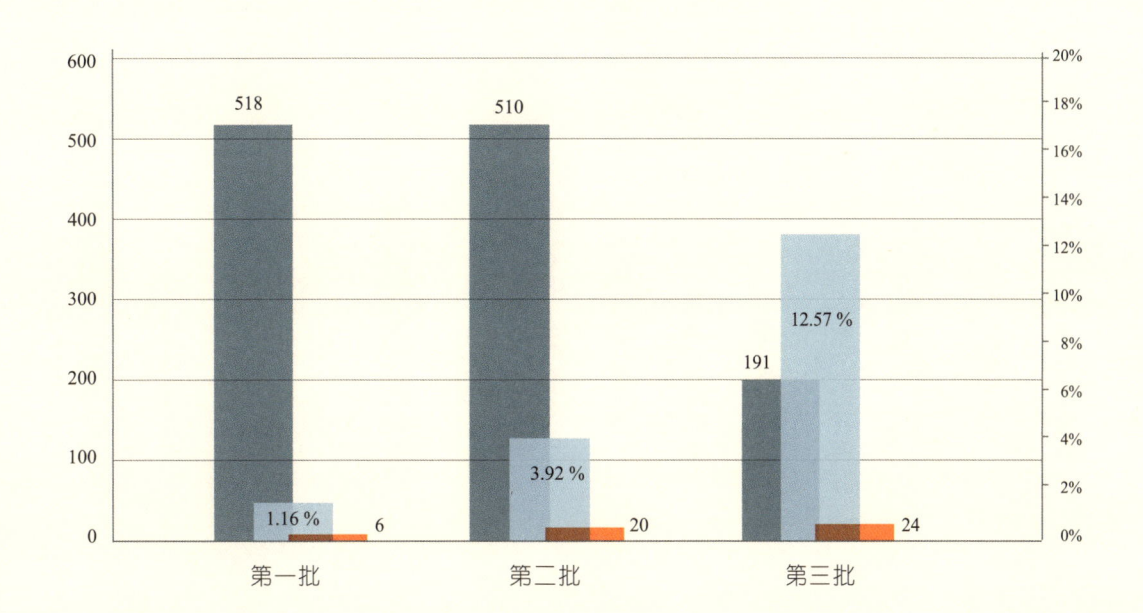

图表数据：
- 第一批：全国（国家级）非遗项目数 518，全国（国家级）民间传说非遗项目数 6，占比 1.16%
- 第二批：全国（国家级）非遗项目数 510，全国（国家级）民间传说非遗项目数 20，占比 3.92%
- 第三批：全国（国家级）非遗项目数 191，全国（国家级）民间传说非遗项目数 24，占比 12.57%

图例：
- 全国（国家级）非遗项目数
- 全国（国家级）民间传说非遗项目数
- 占全国（国家级）非遗项目数比例

图 1-1-1-3 全国国家级民间传说项目数量与比例图

---

① 本图中所有国家级扩展项目与打包项目均归并至国家级正项目中，不另作统计。

（2）全国国家级民间传说项目中各类型传说数量图（共51项）①

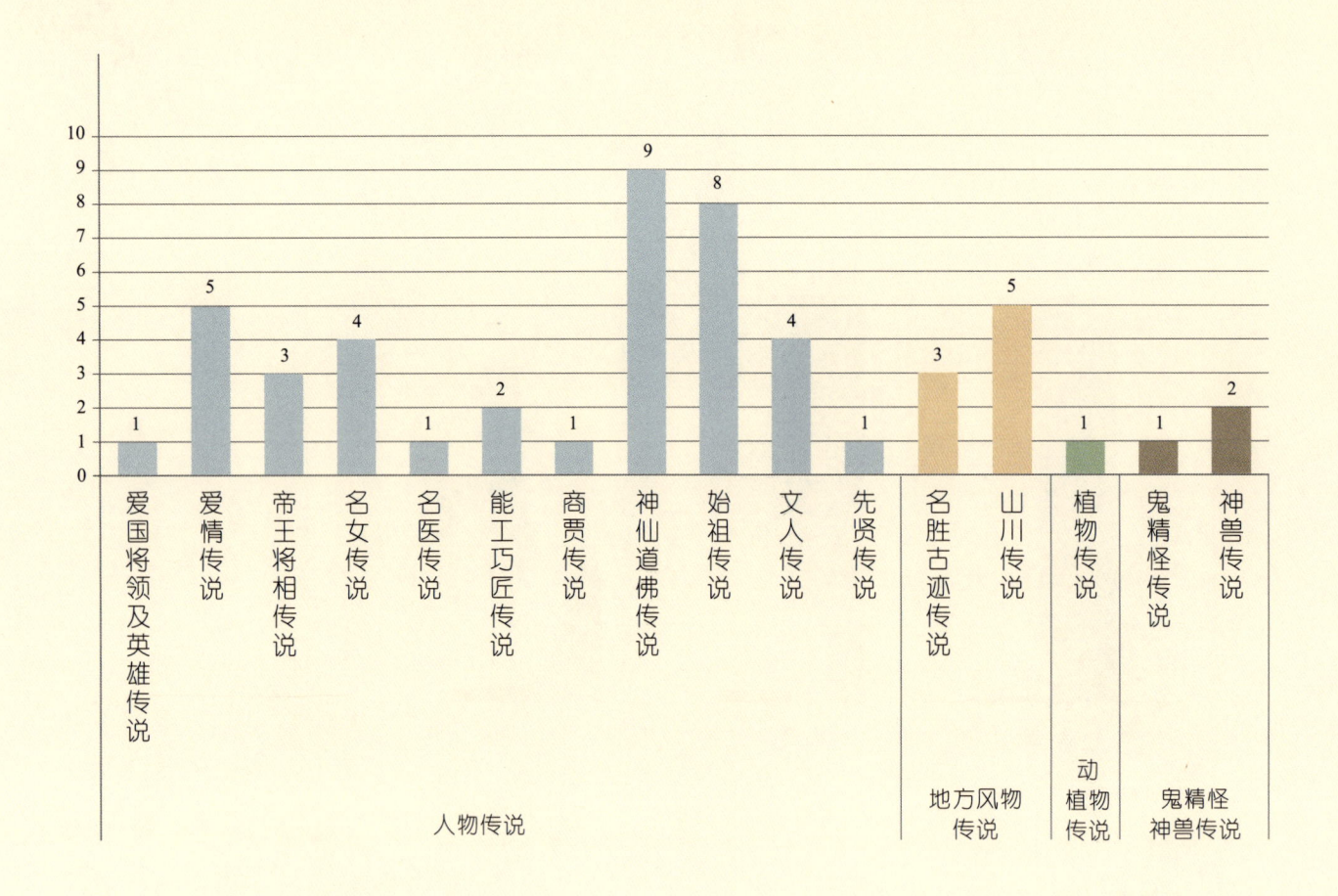

数据：
人物传说：
- 爱国将领及英雄传说：1
- 爱情传说：5
- 帝王将相传说：3
- 名女传说：4
- 名医传说：1
- 能工巧匠传说：2
- 商贾传说：1
- 神仙道佛传说：9
- 始祖传说：8
- 文人传说：4
- 先贤传说：1

地方风物传说：
- 名胜古迹传说：3
- 山川传说：5

动植物传说：
- 植物传说：1

鬼精怪神兽传说：
- 鬼精怪传说：1
- 神兽传说：2

图例：
- 人物传说
- 地方风物传说
- 动植物传说
- 鬼精怪神兽传说

图1-1-1-4 全国国家级民间传说项目中各类型传说数量图

① 国家级民间传说项目"牡丹传说"中的"曹州牡丹传说"为爱情传说，"武则天贬牡丹传说"则为植物传说，该项传说作为两项分别予以统计，所以本图中的前三批国家传说项目总数为51项。

中国非物质文化遗产项目与资源图谱集

（3）全国国家级民间传说项目中各类型传说比例图（共51项）

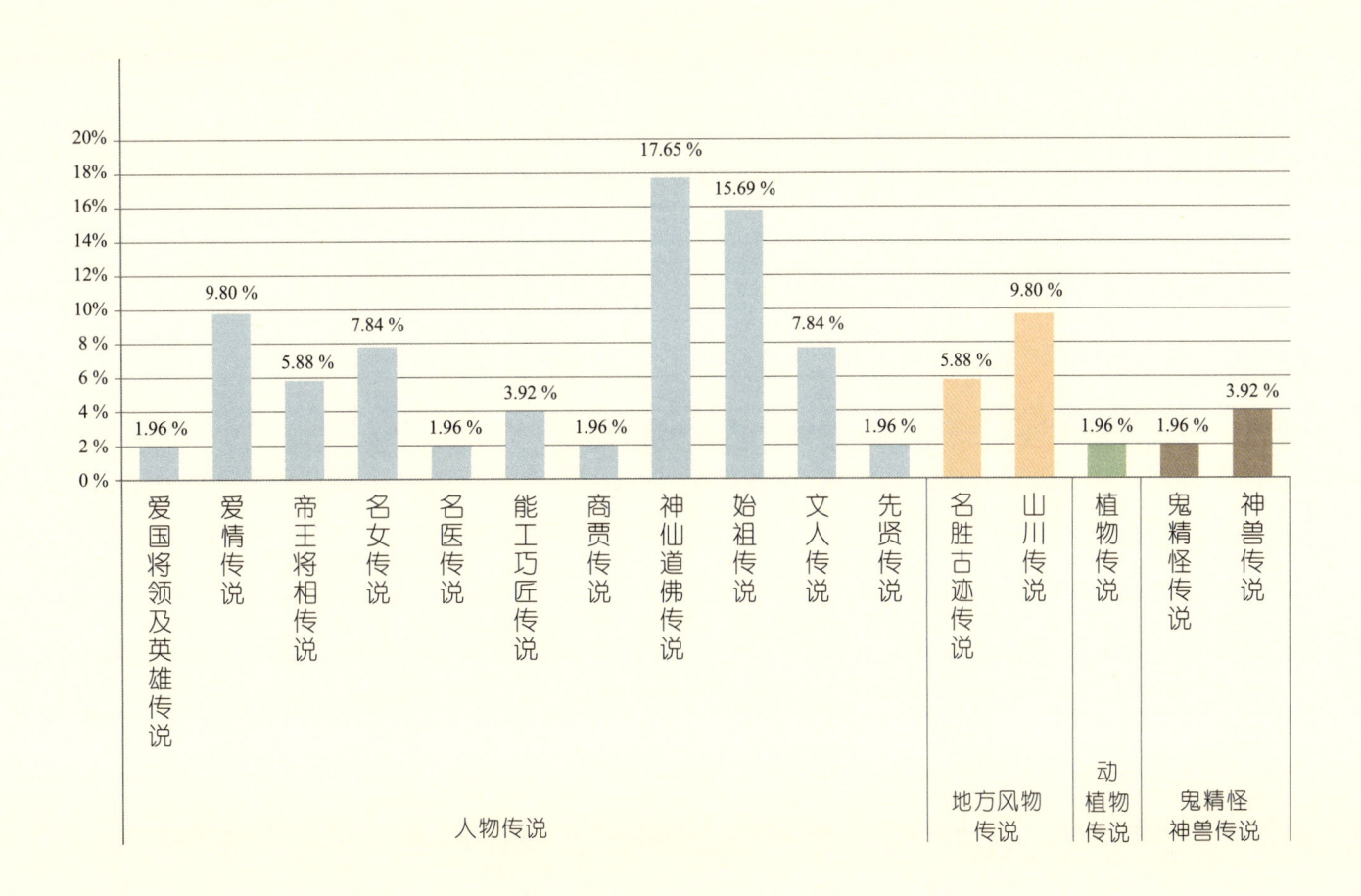

类型	比例
爱国将领及英雄传说	1.96%
爱情传说	9.80%
帝王将相传说	5.88%
名女传说	7.84%
名医传说	1.96%
能工巧匠传说	3.92%
商贾传说	1.96%
神仙道佛传说	17.65%
始祖传说	15.69%
文人传说	7.84%
先贤传说	1.96%
名胜古迹传说	5.88%
山川传说	9.80%
植物传说	1.96%
鬼精怪传说	1.96%
神兽传说	3.92%

图例：
- 人物传说
- 地方风物传说
- 动植物传说
- 鬼精怪神兽传说

图 1-1-1-5 全国国家级民间传说项目中各类型传说比例图（占全国国家级民间传说项目总量的比例）

2. 全国省市级民间传说项目数量与比例图

（1）全国省市级民间传说项目数量图（共401项）①

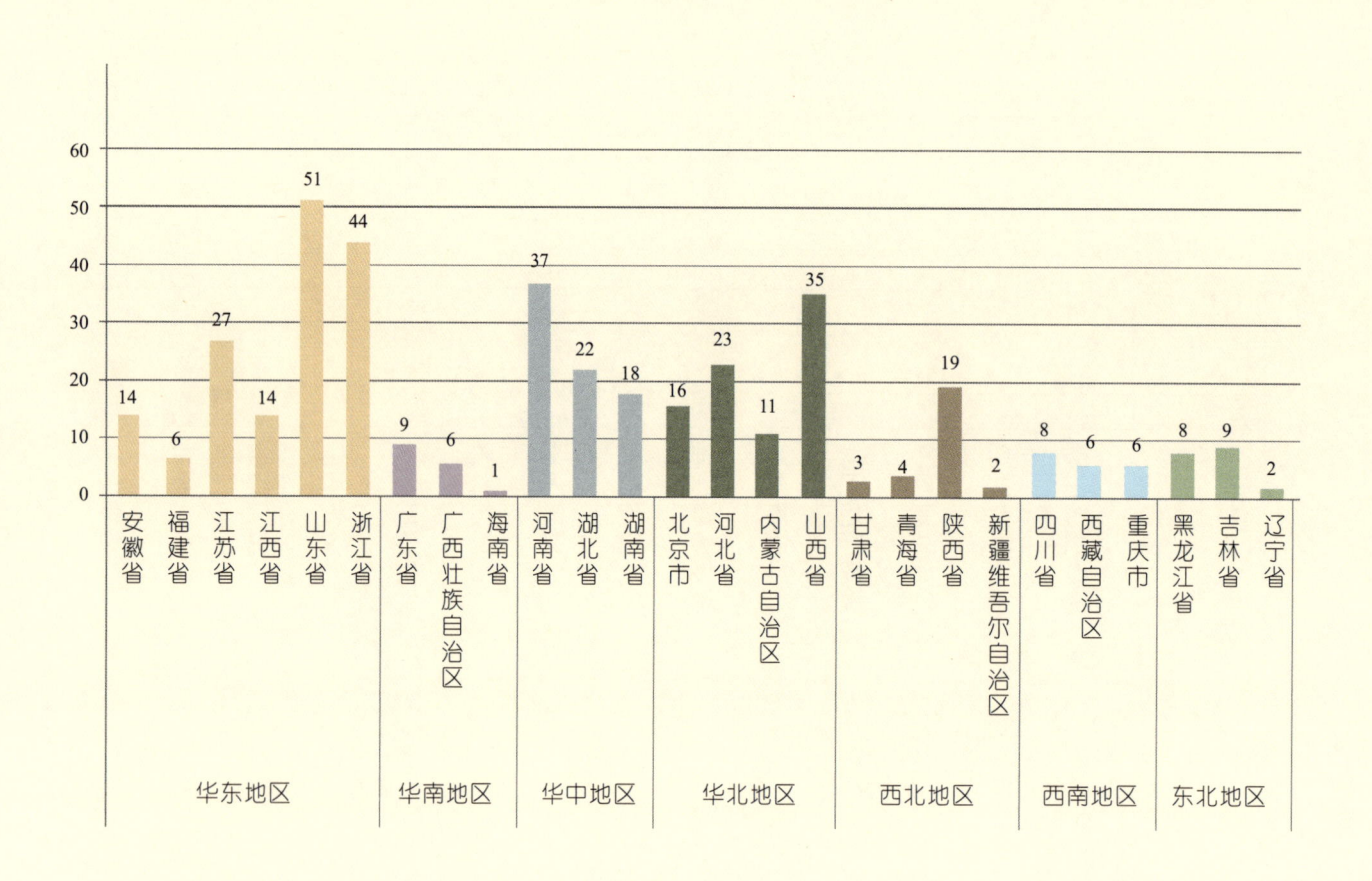

地区	省份	数量
华东地区	安徽省	14
华东地区	福建省	6
华东地区	江苏省	27
华东地区	江西省	14
华东地区	山东省	51
华东地区	浙江省	44
华南地区	广东省	9
华南地区	广西壮族自治区	6
华南地区	海南省	1
华中地区	河南省	37
华中地区	湖北省	22
华中地区	湖南省	18
华北地区	北京市	16
华北地区	河北省	23
华北地区	内蒙古自治区	11
华北地区	山西省	35
西北地区	甘肃省	3
西北地区	青海省	4
西北地区	陕西省	19
西北地区	新疆维吾尔自治区	2
西南地区	四川省	8
西南地区	西藏自治区	6
西南地区	重庆市	6
东北地区	黑龙江省	8
东北地区	吉林省	9
东北地区	辽宁省	2

图例：
- 华东地区
- 华南地区
- 华中地区
- 华北地区
- 西北地区
- 西南地区
- 东北地区

图 1-1-1-6 全国省市级民间传说项目数量图

---

① 本图对省市级（含后升格为国家级）的扩展项目与打包项目均按独立项目统计。

（2）全国省市级民间传说项目比例图[①]

地区	省份	比例
华东地区	安徽省	3.49%
华东地区	福建省	1.50%
华东地区	江苏省	6.73%
华东地区	江西省	3.49%
华东地区	山东省	12.72%
华东地区	浙江省	10.97%
华南地区	广东省	2.24%
华南地区	广西壮族自治区	1.50%
华南地区	海南省	0.25%
华中地区	河南省	9.23%
华中地区	湖北省	5.49%
华中地区	湖南省	4.49%
华北地区	北京市	3.99%
华北地区	河北省	5.74%
华北地区	内蒙古自治区	2.74%
华北地区	山西省	8.73%
西北地区	甘肃省	0.75%
西北地区	青海省	1.00%
西北地区	陕西省	4.74%
西北地区	新疆维吾尔自治区	0.50%
西南地区	四川省	2.00%
西南地区	西藏自治区	1.50%
西南地区	重庆市	1.50%
东北地区	黑龙江省	2.00%
东北地区	吉林省	2.24%
东北地区	辽宁省	0.50%

图 1-1-1-7 全国省市级民间传说项目比例图（占全国省市级民间传说项目总量的比例）

[①] 本图对省市级（含后升格为国家级）的扩展项目与打包项目均按独立项目统计。

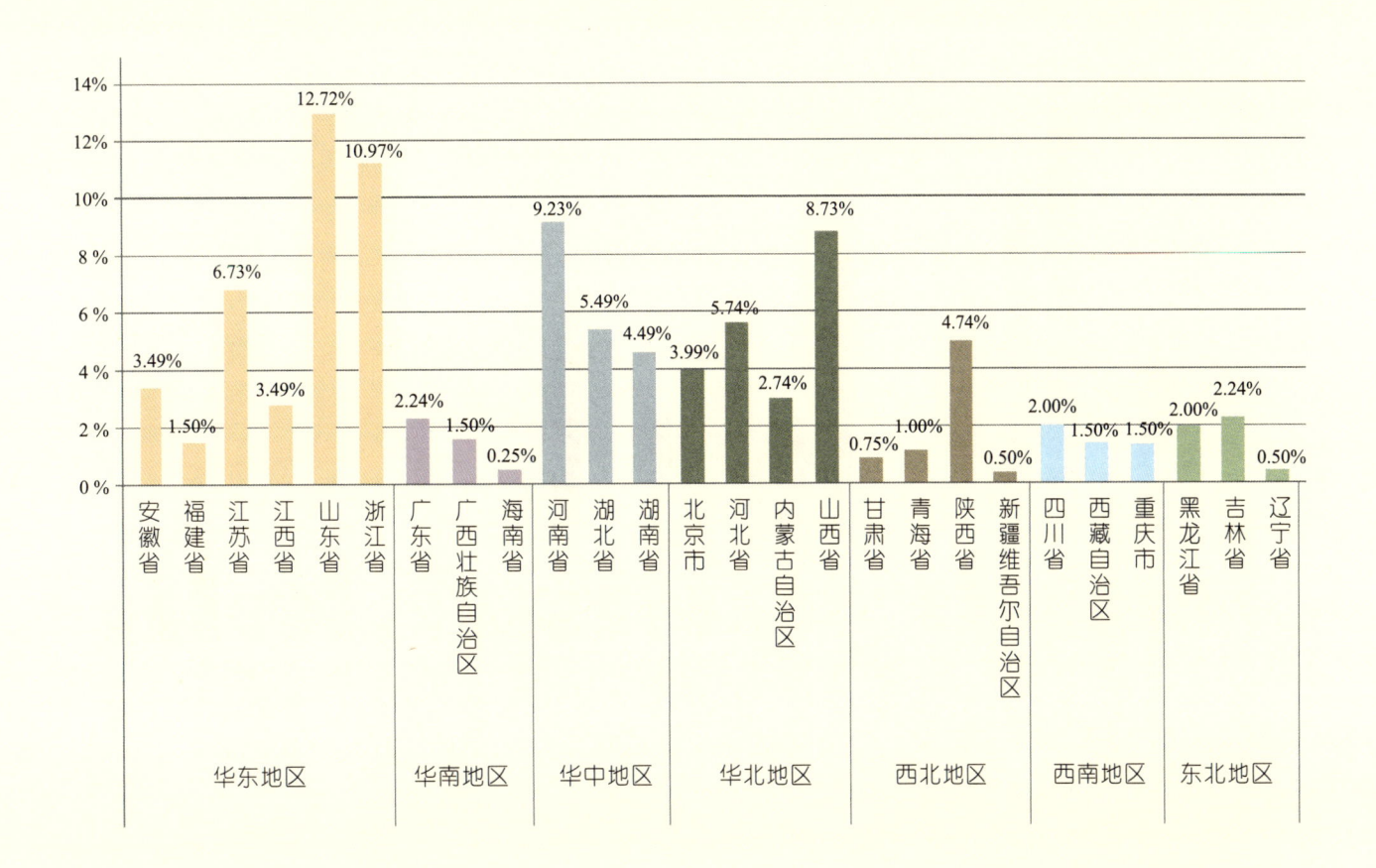

（3）全国省市级民间传说项目中各类型传说数量图 ①

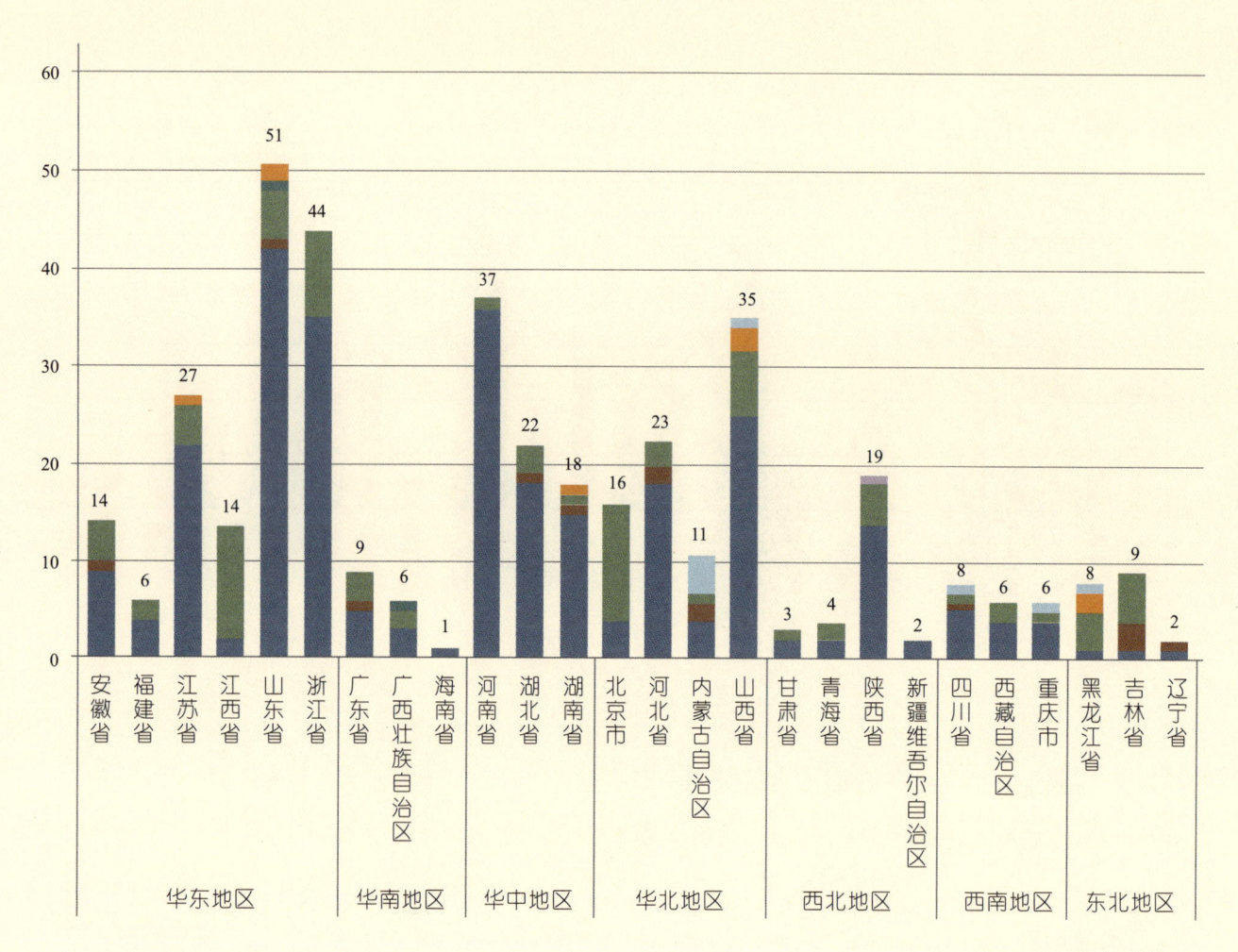

图 1-1-1-8 全国省市级民间传说项目中各类型传说数量图

图例：
- 综合传说
- 鬼精怪神兽传说
- 动植物传说
- 社会风俗传说
- 地方风物传说
- 史事传说
- 人物传说

① 本图对省市级（含后升格为国家级）的扩展项目与打包项目均按独立项目统计。

二 全国民间传说项目与资源分布图

（一）全国国家级民间传说项目分布图

全国国家级民间传说项目分布图

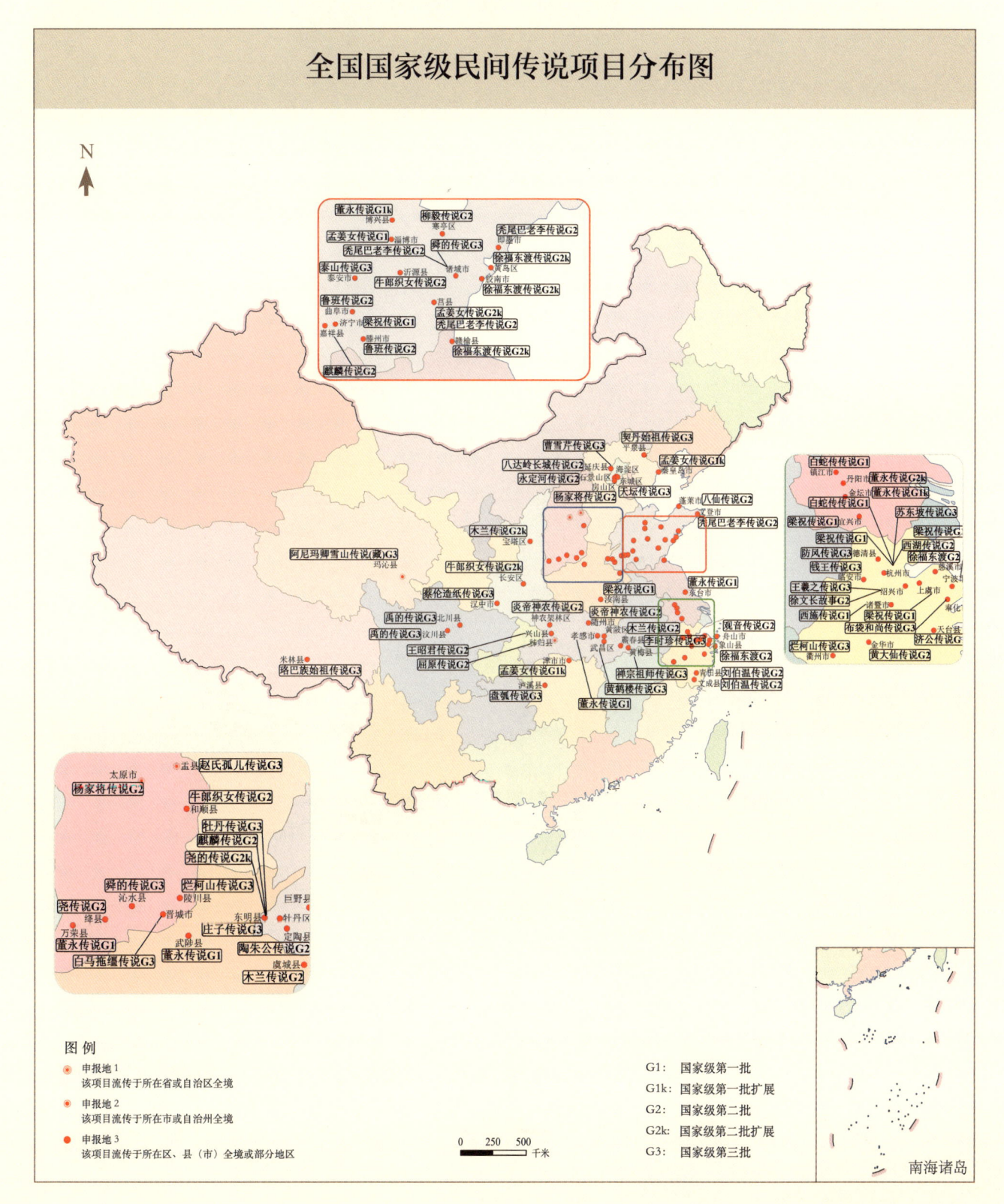

图例

- 申报地1　该项目流传于所在省或自治区全境
- 申报地2　该项目流传于所在市或自治州全境
- 申报地3　该项目流传于所在区、县（市）全境或部分地区

G1：国家级第一批
G1k：国家级第一批扩展
G2：国家级第二批
G2k：国家级第二批扩展
G3：国家级第三批

图1-1-2-1　全国国家级民间传说项目分布图

（二）全国特色民间传说项目分布图（选录）

烂柯山传说分布图

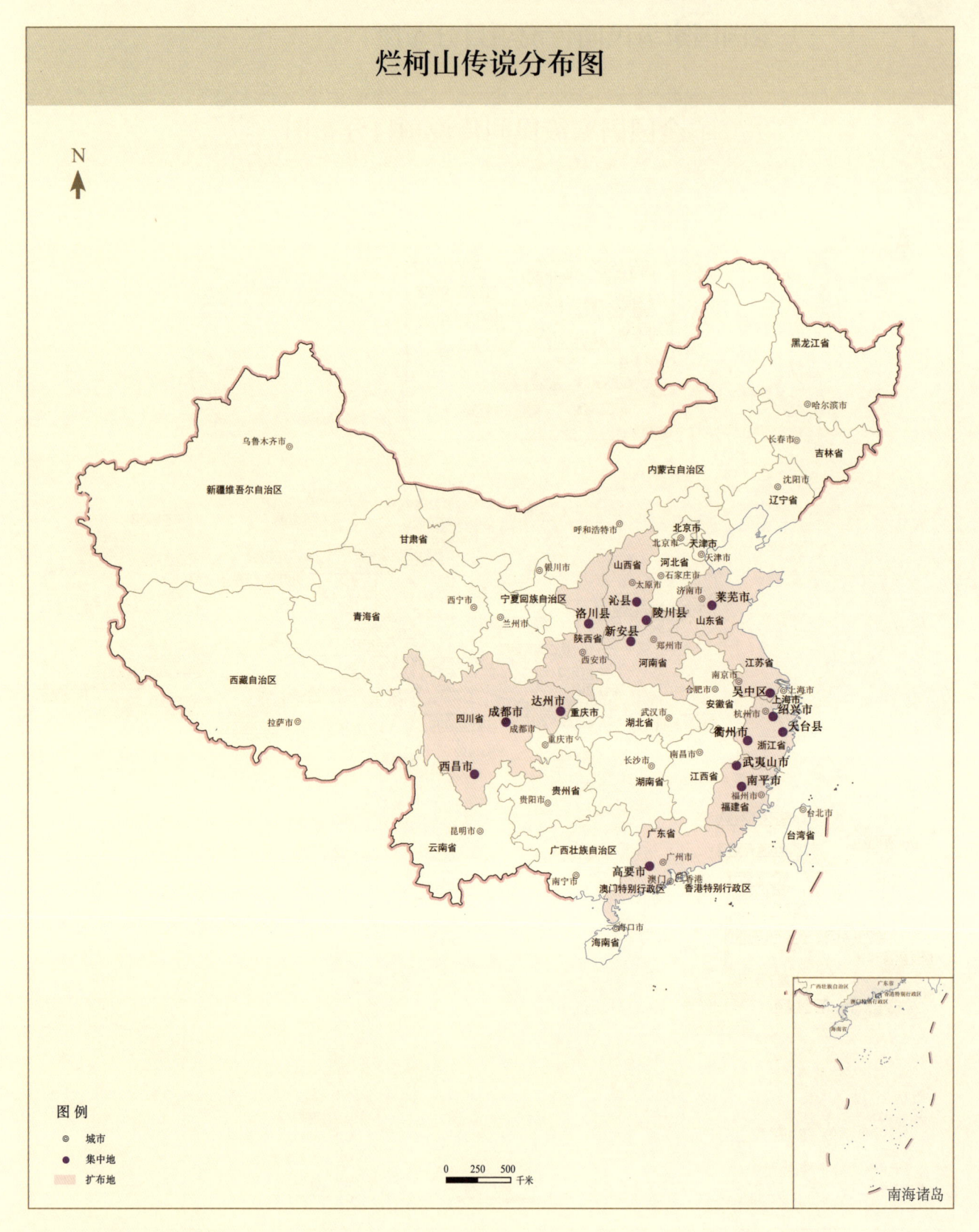

图 1-1-2-2 烂柯山传说分布图

妈祖传说分布图

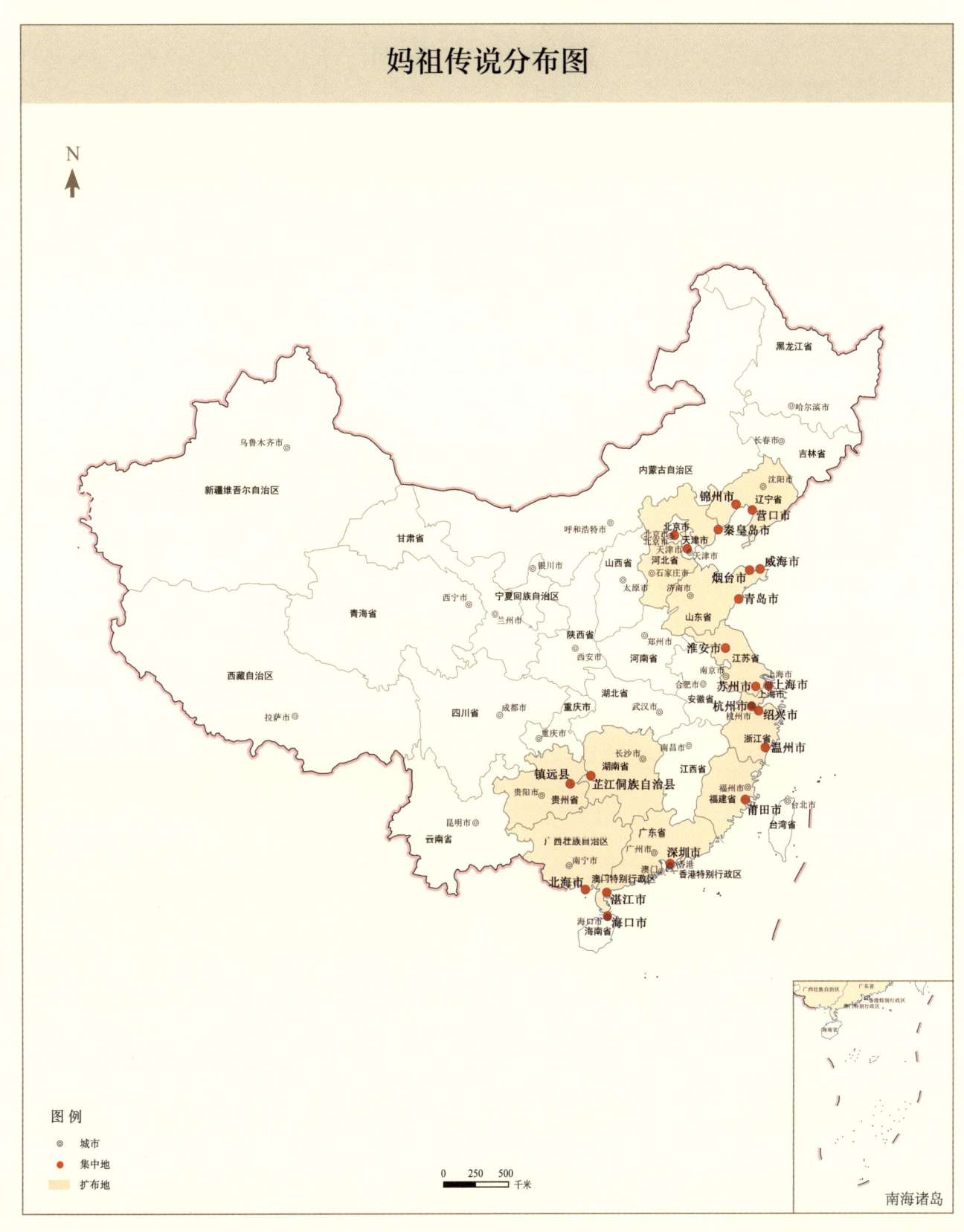

图 1-1-2-3 妈祖传说分布图

孟姜女传说分布图

图 1-1-2-4 孟姜女传说分布图

彭祖传说分布图

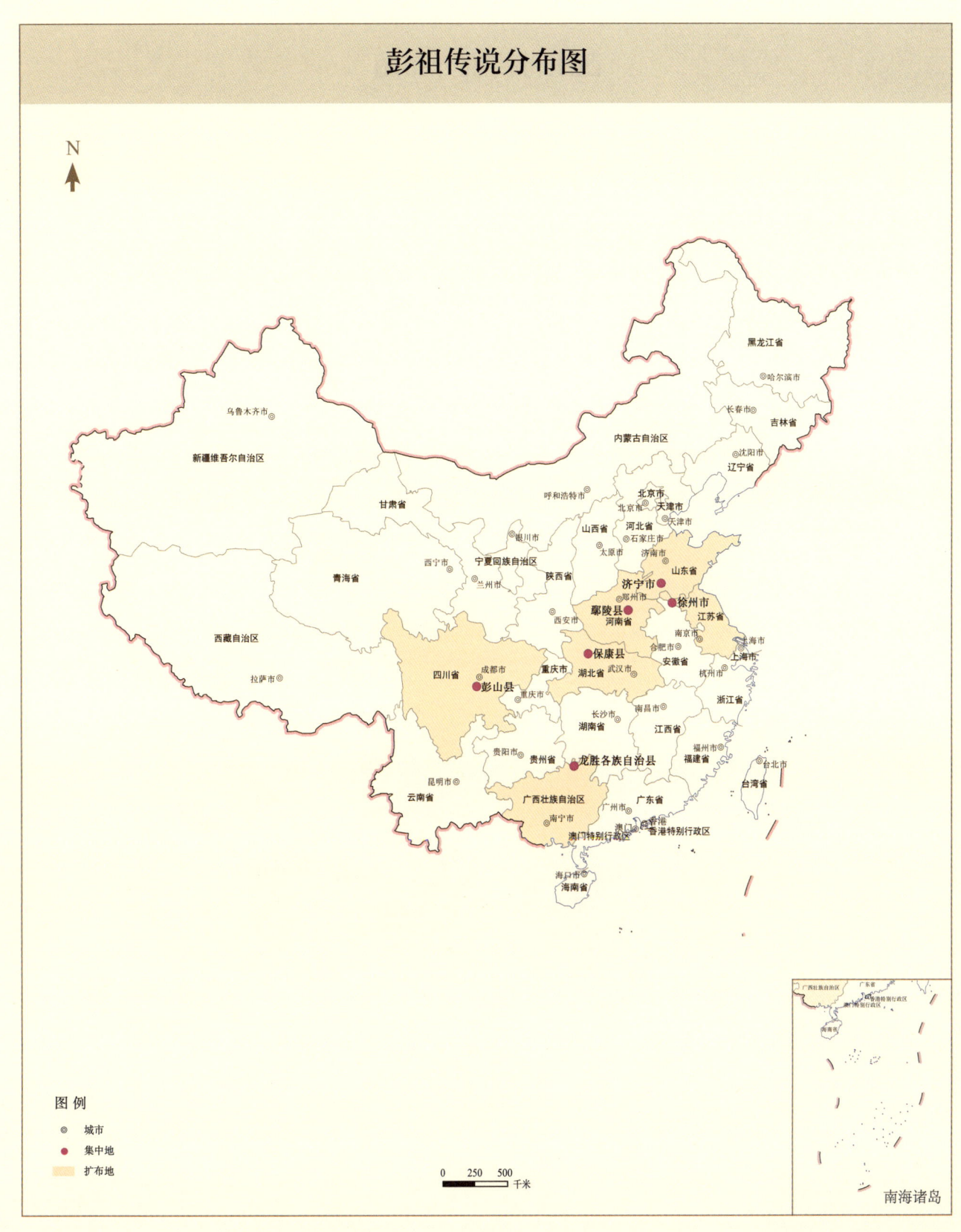

图 1-1-2-5 彭祖传说分布图

民间传说卷
第一编 全国民间传说项目与资源图谱

西王母传说分布图

图 1-1-2-6 西王母传说分布图

中国非物质文化遗产项目与资源图谱集

三 全国国家级民间传说项目内容标识图

（一）全国第一批国家级民间传说项目内容标识图

1. 白蛇传传说（江苏镇江市、浙江杭州市）①

白蛇传传说是我国四大传说之一，主要讲述由白蛇所变的白娘子与凡人许仙的恋爱婚姻故事。该传说肇始于唐五代时期，基本成型于南宋。明代冯梦龙编纂的拟话本《白娘子永镇雷峰塔》是该传说最早的较为完整的文本。从明清开始，白蛇传成为各种文艺形式的经典题材。该项目于2006年被列入第一批国家级非物质文化遗产名录。

图1-1-3-1 白蛇传传说

图为白蛇传传说中的典型情节——"游湖借伞"，叙述了传说中的男主人公许仙与女主人公白娘子在杭州西湖相遇的情景，拉开了两人爱情故事的序幕。

---

① 括号中的地区是指至2012年年底由国家或地方政府公布的该项目的保护地，下同。

2. 梁祝传说（浙江宁波市、杭州市，江苏宜兴市，山东济宁市，河南汝南县）

梁祝传说是我国的四大传说之一，主要讲述祝英台与梁山伯相爱而不能结合，最终身死化蝶的凄婉动人的爱情悲剧，表现了提倡求知、崇尚爱情、歌颂生命等鲜明主题。该传说在唐代已见诸文献记录，并逐渐辐射全国，还曾流传到朝鲜、越南、缅甸、日本、新加坡和印度尼西亚等国。20世纪后，根据传说改编的越剧《梁山伯与祝英台》、小提琴协奏曲《梁祝》、电影《梁山伯与祝英台》等各种文学艺术作品深入人心，并逐渐衍生出庞大的梁祝文化系统。该项目于2006年被列入第一批国家级非物质文化遗产名录。

图 1-1-3-2 梁祝传说

图为梁祝传说中典型故事情节——"十八相送"，叙述梁山伯送祝英台下山途中，祝英台借种种物象（如河边白鹅等）暗示自己为女子，对梁山伯深表爱慕之意，然而憨厚老实的梁山伯却不解其意，答非所问，以致引出许多笑话。

3. 孟姜女传说（山东淄博市，河北秦皇岛市，湖南津市市，山东莒县）

孟姜女传说是我国的四大传说之一，以孟姜女千里寻夫及孟姜女哭倒长城为中心情节，塑造了一位反抗暴恶势力、追求坚贞爱情的典型妇女形象。孟姜女传说渊源很早，在战国时期就已初现端倪，在唐代发展出较为完整的传说情节。孟姜女传说流布全国，影响深远，根据孟姜女传说改编的《孟姜女十二月花名》是我国流传最广、影响最深的传统民歌之一。现代学者顾颉刚曾在20世纪20年代初期对其做过系统研究，编有《孟姜女故事研究集》。该项目于2006年被列入第一批国家级非物质文化遗产名录。

图 1-1-3-3 孟姜女传说
图为孟姜女传说中的典型情节——"哭倒长城"，主要叙述孟姜女千里寻夫来到长城脚下，却被告知丈夫已经被筑入长城，她悲痛万分，日夜痛哭，最后修好的城墙被哭塌，露出了其夫的骸骨。

4. 董永传说（山西万荣县，江苏丹阳市、东台市，河南武陟县，湖北孝感市，山东博兴县）

董永是著名的二十四孝人物之一，董永传说是以"行孝"为主题，以"鹿车载父""卖身葬父"与"天女适嫁，助君偿债"等为主要情节的民间传说。该传说最早载于西汉刘向的《孝子传》，此后三国曹植的《灵芝篇》和东晋干宝的《搜神记》也都有相关记录。该传说长期在我国山西、江苏、河南、湖北、山东等地流传，对后世影响深远。其中的"天女适嫁，助君偿债"情节成为董永与七仙女传说故事嬗变的母本。该项目于2006年被列入第一批国家级非物质文化遗产名录。

图 1-1-3-4 董永传说

图为董永传说中的典型情节——"天女适嫁，助君偿债"，主要叙述天女受命下凡做了董永的妻子，帮助董永偿还债务后凌空飞走。

5. 西施传说（浙江诸暨市）

西施传说产生于春秋末期，最早的文字记录见于《墨子》和《孟子》等书。该传说以吴越争霸为历史背景，以西施一生传奇经历为主干，以"东施效颦"等人物传说、"白鱼潭"等地名传说、"香榧眼"等物产传说、"三江口水灯"等风俗传说为枝叶，从不同角度歌颂了西施的美丽、善良及奉献精神。随着流传范围的扩大，该传说还逐渐演绎出了曲艺、戏剧等多种形式，远播韩国、日本及新加坡等东南亚国家和地区。该项目于2006年被列入第一批国家级非物质文化遗产名录。

图 1-1-3-5 西施传说

图为西施传说中典型情节——"西施浣纱"。相传西施在河边浣纱时，水中的鱼儿被她的美貌所吸引，忘记了游动，渐渐沉入水底。

6. 济公传说（浙江天台县）

济公传说是以讲述南宋禅宗高僧道济事迹为原型而演变成的一种民间口头文学，内容涉及济公出世与济公癫狂济世、惩恶扬善、扶危济困、戏佞降魔等。济公传说广泛涉及生活的各个层面，内容丰富多样，反映了民众的喜怒哀乐，具有鲜明的人民性。该传说在南宋已开始流传，至明清已广泛流传于全国各地。济公传说情节的神奇性使其成为文学艺术的惯用素材，在小说、书画、雕塑、影视等领域都有生动体现。该项目于2006年被列入第一批国家级非物质文化遗产名录。

图 1-1-3-6 济公传说
图为济公传说中济公的典型形象——破帽破扇破鞋破衲衣，且狂嗜酒肉。

(二) 全国第二批国家级民间传说项目内容标识图

1. 八达岭长城传说（北京延庆县）

八达岭长城传说内容丰富，主要包括八达岭长城地区的人物传说、风物传说、岁时节令传说、风俗习惯传说，以及"八达岭"名称由来等传说。八达岭地区自古以来就是军事重地及交通要道，流传于当地民间的传说较为丰富。至明代，沿八达岭长城一线兴建八大屯兵山寨，此后的八达岭传说进入鼎盛时期。八达岭长城传说具有浓郁的神话色彩和传奇色彩，是中国长城文化的重要组成部分。该项目于2008年被列入第二批国家级非物质文化遗产名录。

图 1-1-3-7 八达岭长城传说

图为地势险峻、雄伟壮观的八达岭长城。该段长城位于北京市西北部的延庆县（今北京延庆区）境内，地势险峻，居高临下，是明代重要的军事关隘，也是首都北京的重要屏障。

2. 永定河传说（北京石景山区）

永定河传说具有浓厚的地方色彩，该传说以不同历史时期的民众治理永定河为主要内容，以"河挡挡河的传说""石经山和湿经山的传说""永定河镇水牛的传说""王老汉栽种河堤柳的传说""冯将军严惩老兵痞的传说""麻峪村由来的传说""刘娘府的传说"为代表，反映了永定河周边人民为制服水患，与大自然不懈抗争的斗志和精神，具有一定的现实意义和教育价值。该项目于2008年被列入第二批国家级非物质文化遗产名录。

图 1-1-3-8 永定河传说
图为永定河两岸民众远眺永定河及河上永定桥的情景。

3. 杨家将传说、穆桂英传说（北京房山区，山西省）

该传说以"杨四郎探母""杨五郎出家五台山""杨六郎探母""穆桂英挂帅""杨宗保穆柯寨招亲""杨排风大战韩昌""十二寡妇征西"等为主要内容，表现了保家抗敌、惩恶扬善、崇忠仇奸等主题思想。杨家将传说早在宋代便开始流传，宋元之际被改编为戏曲，明代又以小说、评书的形式在民间广泛流传。凝聚在该传说中的前仆后继、忠心报国的伟大精神，成为千百年来国人反抗侵略、保家卫国、追求和平美好希望的一种寄托，受到历代民众的推崇。该项目于2008年被列入第二批国家级非物质文化遗产名录。

图 1-1-3-9 杨家将传说、穆桂英传说
图为杨家将传说中最悲壮、惨烈的"血战金沙滩"一幕，表现了杨业虽然明知此战必败，但为了不辜负宋太宗的信任，依然慷慨出征，带领杨家将们奔赴战场的内容。

4. 尧的传说（山西绛县，山东菏泽市牡丹区）

尧的传说是以上古传说中的圣王——唐尧的品质和才智为主要内容的口头叙事作品，在汉晋时期的《帝王世纪》中就已有载录。内容主要包括尧制定历法传说、尧治洪水传说、尧禅让传说，以及尧与地方风物等，其中尧禅位于舜的传说是尧的传说中最为民众称道的内容。尧的传说具有高度的神圣性，通过历代社会的治道和实践，尧已经成为一种精神象征符号，对民族、国家的历史发展有深远的影响，并由此形成了帝尧文化。该项目于2008年被列入第二批国家级非物质文化遗产名录。

图 1-1-3-10 尧的传说

图为尧的传说中典型故事情节——"尧舜禅让"，表现了尧在位七十年后，经过重重考验，将帝位传给德才兼备的舜而非自己的儿子丹朱的内容。

5. 牛郎织女传说（山西和顺县，山东沂源县，陕西西安市长安区）

牛郎织女传说为我国四大民间传说之一，讲述了天上织女与凡人牛郎的爱情婚姻故事，也是我国最早的关于星辰的传说。牛郎织女传说起源很早，《诗经》中就有"牵牛""织女"两个星座的名称，东汉《古诗十九首》隐约透露了牵牛与织女的关系，南北朝的《述异记》中出现了该传说的雏形。牛郎织女传说流布全国，与之关联的"七夕节"是中国最有民族特色、最有代表性的传统节日。牛郎织女传说体现了农耕社会的审美趣味和审美理想，寄托了民众对坚贞爱情和婚姻自由的向往。该项目于2008年被列入第二批国家级非物质文化遗产名录。

图1-1-3-11 牛郎织女传说

图为牛郎织女传说中的典型情节——"鹊桥相会"，表现了农历七月初七，牛郎带着孩子在喜鹊搭成的桥上与织女相会的内容。

6. 西湖传说（浙江杭州市）

西湖传说是杭州最重要的历史文化资源之一，也是一组以杭州西湖为中心，充满地域色彩的风景名胜传说，其重要篇目包括断桥传说、玉龙与金凤传说、西湖得名传说、苏东坡与西湖传说等。"西湖"一词在唐代就已经出现，西湖传说也自那时开始得到流传。宋代，西湖因苏东坡"欲把西湖比西子，淡妆浓抹总相宜"的赞誉而声名远播，相关传说也丰富起来。该项目于2008年被列入第二批国家级非物质文化遗产名录。

图 1-1-3-12 西湖传说
图为西湖传说中的主人公玉龙与金凤在西湖上空飞翔而过的情景。

7. 刘伯温传说（浙江文成县、青田县）

刘伯温传说是关于明代历史人物刘基（字伯温）生平事迹的民间口头文学。该传说以刘基的一生经历为线索，主要内容包括对刘基智慧、道德的赞颂，对刘基惩恶扬善行为的赞颂，以及对其政治功绩的赞颂等。刘伯温传说最早在其在世时就已经产生，明初黄伯生在《刘公行状》中所记传说为见诸书面的最早记录。刘伯温传说主要以青田、文成等浙南地区为核心流传地，并流布浙东，辐射全国。该项目于2008年被列入第二批国家级非物质文化遗产名录。

图 1-1-3-13 刘伯温传说

图为刘伯温辅助朱元璋开国后的经典形象——身着官服，头带官帽，双手执笏，其身后是成千上万浴血奋战的明朝开国将士。

8. 黄大仙传说（浙江金华市）

黄大仙传说是关于晋代历史人物黄初平的生平事迹传说，产生于东晋时期，最早文字记载于东晋葛洪的《神仙传》。传说以黄初平修道、成仙、惩恶扬善等事迹为中心，以惩恶扬善、济困扶贫为主题，以黄大仙的生平事迹传说、自然景观传说、人文景观传说、民风民俗传说、土特产传说、显灵传说为主要内容，塑造了一位广受爱戴的仙道人物形象。该传说以浙江金华为中心流传于全国，流布至东南亚一带，甚至远播美国、加拿大、法国、澳大利亚诸国。该项目于2008年被列入第二批国家级非物质文化遗产名录。

图1-1-3-14 黄大仙传说
图为黄大仙坐像，头戴莲冠，美髯飘逸，左手抬起做剑诀手势，右手持拂尘。

9. 观音传说（浙江舟山市）

观音传说是在观音信仰广泛流传的背景下，以歌颂观音大慈大悲的善性和救苦救难的德行为主题的民间口头文学作品。观音传说起源很早，在南宋宝庆年间编纂的《昌国县志》中就有"梅岑山（今普陀山）观音宝陀寺"的记载，南宋乾道年间编纂的《四明图经》中有"日僧慧锷送观音"的记录，明清以来流传的观音灵异传说更多。观音传说还以话本、小说等体裁流布民间，著名的古典小说《西游记》《封神演义》中都载录了观音传说。该项目于2008年被列入第二批国家级非物质文化遗产名录。

图 1-1-3-15 观音传说

图为民间传说中观音的经典形象——杨柳观音。民间的杨柳观音形象为手持杨柳枝与净瓶，与佛教中左手结施无畏印、右手持杨柳枝的形象稍有差别，但同样有消灾除病的寓意。

10. 徐福东渡传说（浙江象山县、慈溪市，江苏赣榆县，山东胶南市、青岛市）

徐福东渡传说起源于秦代方士徐福受命秦始皇求仙不得而东渡日本的故事，其事迹在《史记》中就有记录。徐福东渡传说流传范围很广，不仅在国内有影响，在日本、韩国也得到了较为广泛的流传。徐福东渡传说反映了中华民族的祖先寻求海外世界、探索海洋秘密的幻想和愿望，也表现了徐福作为一个古代名士那种抱负宏远、足智多谋、博学不穷、敢于冒险等精神。徐福东渡事迹开启了我国对外文化交流的先河，该传说在中、日、韩三国的和平友好交往方面也具有重要意义。该项目于2008年被列入第二批国家级非物质文化遗产名录。

图 1-1-3-16 徐福东渡传说

图为徐福船队经过长途跋涉的海上航行后，率众登临海岛的画面。

11. 陶朱公传说（山东定陶县）

陶朱公传说是关于范蠡辞官离越后在定陶经商致富的故事，歌颂了范蠡仗义疏财、乐善好施的崇高品德。该传说在司马迁《史记·货殖列传》中就有相关记录。该传说内容丰富，既有关于其出身来历的传说，又有其经商致富和处世理家的传说，经商十八利、经商十八忌、陶朱公造秤、陶朱公名字的由来等是其中的重要内容。这些传说从不同角度反映了陶朱公的为人哲学和经商思想，也体现了人们发家致富的愿望。该项目于2008年被列入第二批国家级非物质文化遗产名录。

图 1-1-3-17 陶朱公传说

图为陶朱公离开越国后，泛舟五湖，经商成巨富的形象。"泛舟"是陶朱公传说中一个常见的情节，传说陶朱公晚年时还曾因救子而泛舟楚国。

12. 麒麟传说（山东巨野县、嘉祥县）

麒麟是古代传说中的祥瑞神兽。麒麟传说历史悠久，主要来源于"春秋三传"所记载的"西狩获麟"传说。该传说内容丰富，表达了人们喜爱吉祥、追求吉祥的愿望。主要流传在山东嘉祥、巨野及其周边地区，是一种富有地方特色和民族特色的口头文学作品，并在流传地逐渐衍生成为一种吉祥文化。该项目于2008年被列入第二批国家级非物质文化遗产名录。

图1-1-3-18 麒麟传说

图为麒麟传说中的孔子出生画面。传说孔子的母亲颜氏怀胎十月，路过尼山，忽然肚子疼痛即将临盆生产。此时天空一阵轰鸣，一只独角麒麟驮着一个白胖小儿驾着五彩祥云从天而降，独角麒麟撞进颜氏怀里，于是孔子就诞生了。

13. 鲁班传说（山东曲阜市、滕州市）

鲁班传说是在我国流传十分广泛的能工巧匠传说，传说以春秋末期鲁国的工匠——公输班为主角。最早记录鲁班事迹的是《墨子》，《礼记·檀弓》《风俗通义》《水经注》《述异记》《酉阳杂俎》等文献中也有记录。鲁班传说从内容上主要分为两类，一类是关于他发明创造的故事，一类是关于他修建各地著名桥梁、殿宇、寺庙等建筑的故事。鲁班传说流布很广，除了在汉族民众中传播外，还流传至白族、苗族、壮族、瑶族、彝族、土家族等少数民族。该项目于2008年被列入第二批国家级非物质文化遗产名录。

图 1-1-3-19 鲁班传说

图为鲁班传说的经典情节——鲁班凿虹梯，该情节最早见于清代《山西通志》卷十。虹梯关位于山西平顺连通河南林县（今林州市）的悬崖峭壁上，是晋豫交通的古道，险峻异常，相传为鲁班所凿。

14. 八仙传说（山东蓬莱市）

八仙传说是一组关于道家八位神仙的传说故事，八位神仙分别是：铁拐李、汉钟离、张果老、蓝采和、何仙姑、吕洞宾、韩湘子、曹国舅。八仙传说起源很早，最初见于史籍且确有其人的是初盛唐时道术之士张果。宋初吕洞宾传说得到广泛流传，金元时期杂剧等民间文艺的发展又促进了八仙传说的传播。但八仙中的具体八位人物一直到了明代中叶吴元泰的《东游记》和汤显祖的《邯郸梦》问世后才被正式确定下来。八仙过海传说是八仙传说中流传最广泛、知名度最高的内容。该项目于2008年被列入第二批国家级非物质文化遗产名录。

图1-1-3-20 八仙传说

图为八仙传说中的典型情节——八仙过海，表现了八仙赶赴蓬莱岛宴会时途经东海，各显神通漂洋过海的情景。

15. 秃尾巴老李的传说（山东即墨市、莒县、文登市、诸城市）

秃尾巴老李的传说最早见于清代康熙年间的《文登县志》"龙母庙"条，主要讲述一条叫作"秃尾巴老李"的龙投胎于山东民家，断尾后落户黑龙江，并护佑民众的故事。秃尾巴老李的传说在山东文登、即墨、诸城、莒县等地可谓家喻户晓，在黑龙江、陕西等地也广为流传，对地方民俗产生了很大的影响，形成了诸如文登市回龙山山会等民俗活动。秃尾巴老李的传说是中国几千年龙文化的传承和发展，是图腾文化的生动演绎，具有丰富的文化内涵和深厚的文化底蕴。该项目于2008年被列入第二批国家级非物质文化遗产名录。

图 1-1-3-21 秃尾巴老李的传说
图为秃尾巴老李的传说的典型情节——秃尾巴老李斗白龙，表现了秃尾巴老李为民除害、勇斗恶龙的内容。

16. 屈原传说（湖北秭归县）

屈原传说历史悠久，早在两千多年前就已产生，其传说源头最早可以追溯至东汉应劭的《风俗通》。屈原传说内涵深邃，蕴含着积极向上、开拓进取、团结拼搏、正道直行、热爱祖国、清正廉洁等方面的思想内容。在湖北秭归县，屈原传说世代流传，并遍布着与屈原传说相关的各种历史遗迹和历史建筑，如屈原故宅、屈子桥、屈原祠、屈原墓、屈原纪念馆等。屈原传说具有较高的文学价值、社会价值以及旅游价值。该项目于2008年被列入第二批国家级非物质文化遗产名录。

图1-1-3-22 屈原传说

图为屈原传说的典型情节——屈原投江，表现了屈原得知楚国都城被秦军攻破以后，悲愤之中写下绝笔《怀沙》，然后自投汨罗江的内容。

17. 王昭君传说（湖北兴山县）

王昭君传说产生于两千多年前的汉代，《后汉书·南匈奴列传》中出现了该传说的雏形。传说以王昭君出生、成长、入宫、出塞和亲等情节为主要内容，描绘了她传奇的人生经历。湖北兴山是王昭君的故乡，王昭君的传说广泛流传。王昭君传说不仅存在于民间口头文学，还存在于诗歌、小说、散文、戏剧、电视剧、唱词和理论著作等诸多载体中，呈现出一种五彩缤纷的昭君文化现象。王昭君是美的化身、和平的使者、民族团结的象征，其传说代表了人类社会和睦相处、共同发展的主题。该项目于2008年被列入第二批国家级非物质文化遗产名录。

图 1-1-3-23 王昭君传说

图为王昭君传说的典型情节——昭君出塞，表现了王昭君入宫后自请出塞和亲，使匈奴与汉朝联姻，带来了半个世纪的和平友好局面的内容。

18. 炎帝神农传说（湖北随州市、神农架林区）

炎帝神农传说源自原始社会的炎帝神话。炎帝为我国上古五帝之一，与伏羲、轩辕、尧、舜并称。炎帝神农传说中的有关内容在《史记》等史籍中均有记载，主要包括炎帝的诞生、发明农耕、种植五谷、尝百草、驱百病、造五弦琴、称帝及拓疆等。炎帝神农的传说主要流传于随州市的厉山镇及其周围地区。经过历代流传，这些传说沉淀于当地的民俗和历史遗迹中。随州地区不仅有神农洞、神农宅、神农井、神农碑、神农像，还有神农纪念馆、炎帝神农祭祀大典、烈山炎帝神农节等。该项目于2008年被列入第二批国家级非物质文化遗产名录。

图 1-1-3-24 炎帝神农传说

图为炎帝神农传说的典型情节——神农尝百草，表现了神农遍尝百草为民众寻找良方，但最终不幸被断肠草毒死的内容。

19. 木兰传说（湖北武汉市黄陂区，河南虞城县，陕西延安市宝塔区）

木兰传说在民间广泛流传，早在南北朝时期就以叙事诗《木兰辞》的形式被记录下来。传说围绕着花木兰出生、少年木兰、替父从军、塞外征战、立功凯旋、皇上封赏、辞官回乡、悲剧情爱、终老故里等主要情节展开，塑造了替父从军的巾帼英雄花木兰的形象。木兰传说突出了"忠孝"主题，体现了中华民族凝聚力中最动人心魄的"家国情怀"，具有很大影响力，其主要情节为后世戏曲、影视等文艺作品所吸收，形成了多彩的木兰文化。该项目于2008年被列入第二批国家级非物质文化遗产名录。

图1-1-3-25 木兰传说

图为木兰传说的典型情节——木兰还乡，故事叙述战争结束后，花木兰回乡脱下战袍，换上女装，同伴们才知道共同战斗十二年的战友竟是一位女子。

20. 徐文长故事（浙江绍兴市）

徐文长故事既是文人传说，也是机智人物故事，产生于明代中晚期，至今绵延不绝。其情节主要以明代杰出的画家、书法家、文学家、戏剧家徐文长的品行气质、逸闻趣事为基础，又吸纳了大量的机智人物故事情节，由民间口头创作积累而成，故事内容丰富，数量庞大。徐文长故事以绍兴为中心广泛分布于越地，流布于全国，具有流传历史悠久性、流传地域广泛性、故事内容丰富性、创作手法多元性、流播方式多样性等特征，是越地民间文学的缩影。该项目于2008年被列入第二批国家级非物质文化遗产名录。

图 1-1-3-26 徐文长故事
图为机智人物徐文长形象。

（三）全国第三批国家级民间传说项目内容标识图

1. 天坛传说（北京东城区）

　　天坛传说诞生自明代，在明清以后的北京地区广泛流传。其内容大致分为建坛传说、景物传说、天坛故事、坛根儿传说，以及与天坛有关的人物传说，反映了长期处于农耕社会中的民众对风调雨顺、国泰民安等生活理想的希冀和诉求。由于天坛建筑与祭祀活动蕴含着天地沟通的神圣寓意，因此围绕天坛和祭祀而产生的民间口头传说既有神圣性，也有世俗性，圣与俗的统一是天坛传说的一个显著特点。该项目于2011年被列入第三批国家级非物质文化遗产名录。

图1-1-3-27 天坛传说

图为天坛的建筑外观。天坛是圜丘、祈谷两坛的总称，有坛墙两重，形成内外坛，坛墙南方北圆，象征天圆地方。

2. 曹雪芹传说（北京海淀区）

曹雪芹是伟大的文学家、艺术家，他创作的长篇小说《红楼梦》是我国古典小说史上的高峰，也是文学史上的奇迹。曹雪芹去世后，其传说得到了进一步强化，并与北京当地的风土人情结合紧密，在流传过程中又不断被提炼加工，使之更富于传奇色彩。曹雪芹传说的内容涉及曹雪芹的生平经历、性格为人、生活状态、才华品貌，《红楼梦》的创作、流传，以及北京地区的名山胜水、风土民情等。该项目于2011年被列入第三批国家级非物质文化遗产名录。

图 1-1-3-28 曹雪芹传说

图为曹雪芹传说中的情节——曹雪芹制风筝，表现了曹雪芹擅制风筝，且无偿将技艺传给朋友，助其发家致富的内容。

3. 契丹始祖传说（河北平泉县）

契丹是我国北方一个古老的民族，共存在一千多年，并建立了曾经强盛一时的辽朝。契丹始祖传说历史悠久，《辽史》中就有"神人乘白马"的记录，长期以来主要以口传形式流传于河北平泉及周边地区。当地至今还留存有反映契丹历史的大长公主墓、石羊石虎辽古墓群、辽枢密院副使窦景庸墓等古迹以及相关的出土文物。契丹始祖传说也对平泉当地的社会风俗产生很大影响，例如当地男糊白马女糊青牛的丧葬习俗即来源于此。契丹始祖传说具有鲜明的群众性、民间传承性和地域特征。该项目于2011年被列入第三批国家级非物质文化遗产名录。

图 1-1-3-29 契丹始祖传说
图为契丹始祖传说的典型情节——神人乘白马，表现了天女驾青牛与神人在木叶山相遇并结为配偶的内容。

4. 赵氏孤儿传说（山西盂县）

赵氏孤儿传说最早见于《左传》，此后在《大元大一统志》《太原志》《大明一统志》等文献中也均有记载。传说以程婴携孤逃避追杀、救孤育孤为重点内容。赵氏孤儿传说所代表的忠义精神是我国传统文化精髓之一，因此该传说后来成为许多作家文学创作的素材，并在民间广为传播。元代剧作家纪君祥最早把它改编成戏剧作品《赵氏孤儿》，成为中国十大悲剧之首。18世纪时，法国作家伏尔泰将其译成话剧《中国孤儿》在欧洲上演，引起轰动，成为我国最早走出国门的古典戏剧作品。该项目于2011年被列入第三批国家级非物质文化遗产名录。

图1-1-3-30 赵氏孤儿传说

图为赵氏孤儿传说中的典型情节——屠岸贾夺婴。程婴与公孙杵臼为救赵氏孤儿，定下计策用自己的儿子换下赵氏孤儿并将其藏匿深山。屠岸贾追至公孙杵臼家后，搜出程婴之子将其当场摔死。

中国非物质文化遗产项目与资源图谱集

5. 白马拖缰传说（山西晋城市）

白马拖缰传说发源于山西晋城白马寺山和白马禅寺，流播于晋城城区及周边地区，至今已有两千余年的历史。该传说内容主要有三种类型：（1）神话传说类，作品有《白马将军的传说》等；（2）佛教传说类，作品有《白马寺山石佛窟的传说》等；（3）历史传说类，作品有《长平之战之白马拖缰的故事》等。这些传说均以"白马舍生取义"为主线，富有强烈的地方特色与佛教文化色彩。该传说在《泽州府志》《晋城县志》等地方文献中均有记载。该项目于2011年被列入第三批国家级非物质文化遗产名录。

图1-1-3-31 白马拖缰传说

图为白马拖缰传说中的典型情节——白马少年。财主得知少年拥有神马想将其占为己有，便与家丁合谋半夜前去盗马，结果被白马踢翻在地。少年从睡梦中惊醒，跃上马背，与白马一起腾空而去。

6. 舜的传说（山西沁水县，山东诸城市）

舜的传说主要以山西沁水西部历山地区和山东诸城为中心，扩展至全国各地。内容主要包括舜耕治历山传说、舜的生活和婚姻传说、舜与当地植物及地名渊源传说等。目前，在沁水县西部历山地区，代表性传承人主要有仝海青、仝玉珍、徐红斌、王祥龙等。传说遗迹主要有舜帝庙（山西沁水）、舜庙（山东诸城）等，在传说的保护地，还经常举办中国大舜文化节。该项目于2011年被列入第三批国家级非物质文化遗产名录。

图 1-1-3-32 舜的传说
图为舜的传说中的典型情节——舜耕历山，叙述舜遭陷害，被其父赶出家门后，在历山开荒种地谋生，出现了大象为其刨地、小鸟为其除杂草害虫的"象耕鸟耘"奇事等内容。

7. 禹的传说（四川汶川县、北川羌族自治县）

禹的传说在我国流传十分广泛，内容主要以大禹治水、为民谋利、战天斗地的开拓进取精神为核心。在汶川县境内，该传说主要分布在北部羌族聚居区、岷江河谷的威州镇、龙溪镇、雁门乡、克枯乡等地，其情节有"石纽出世""背岭导江"以及"古树吞碑"等，歌颂和赞美了大禹不凡的成长经历以及功业成就，让后人受到鼓舞和教育。禹的传说在岷江上游流传至今，并与《史记》等典籍记载相印证。该项目于2011年被列入第三批国家级非物质文化遗产名录。

图 1-1-3-33 禹的传说

图为禹的传说中的典型情节——大禹治水，表现了禹带领人们用疏导的方法，把洪水引进江河和海洋，终于战胜洪灾的内容。后人因其治水功绩，称之为"大禹"。

8. 防风传说（浙江德清县）

防风传说是古代防风神话的活态延续，其中心区域在浙江德清县三合乡境内封、禺二山之间及周边地区。尤其是在三合乡，以防风为主体的神话传说内容丰富，其作品有与尧、禹相关的传说如尧封防风国、大禹找防风；有与当地地理风貌相关的传说如防风塔、防风井；还有融入当地俗神"四弟相公""樊兴王"的传说如四弟相公护险塘等。防风神话被誉为我国神话学界继中原神话、云南岩画、纳西族祭天古歌后又一珍贵发现，具有很高的民间口头文学价值和学术研究价值。该项目于2011年被列入第三批国家级非物质文化遗产名录。

图 1-1-3-34 防风传说
图为防风传说的典型情节——防风赴会，表现了防风氏在赴大禹的庆功会途中遭遇苕溪河泛洪，因指挥部下打捞落水的百姓耽误了会期，最后被大禹所杀的内容。

9. 盘瓠传说（湖南泸溪县）

盘瓠与辛女神话传说简称盘瓠传说，发祥于湖南湘西土家族苗族自治州泸溪县，流传于湘西苗族地区和黔东北苗族地区以及我国东南部。盘瓠传说源远流长，约产生于母系社会向父系社会过渡时期，最早见诸文字的是范晔的《后汉书》，在此后的《搜神记》《荆楚岁时记》等书中，均有关于"神母犬父"故事的记载。泸溪县作为盘瓠文化事象的发祥地，除了民间口头传说外，还有大量的地貌实体与传说相关联，而且还保留着多种多样的盘瓠崇拜民俗事象以及物态化的文化遗存。该项目于2011年被列入第三批国家级非物质文化遗产名录。

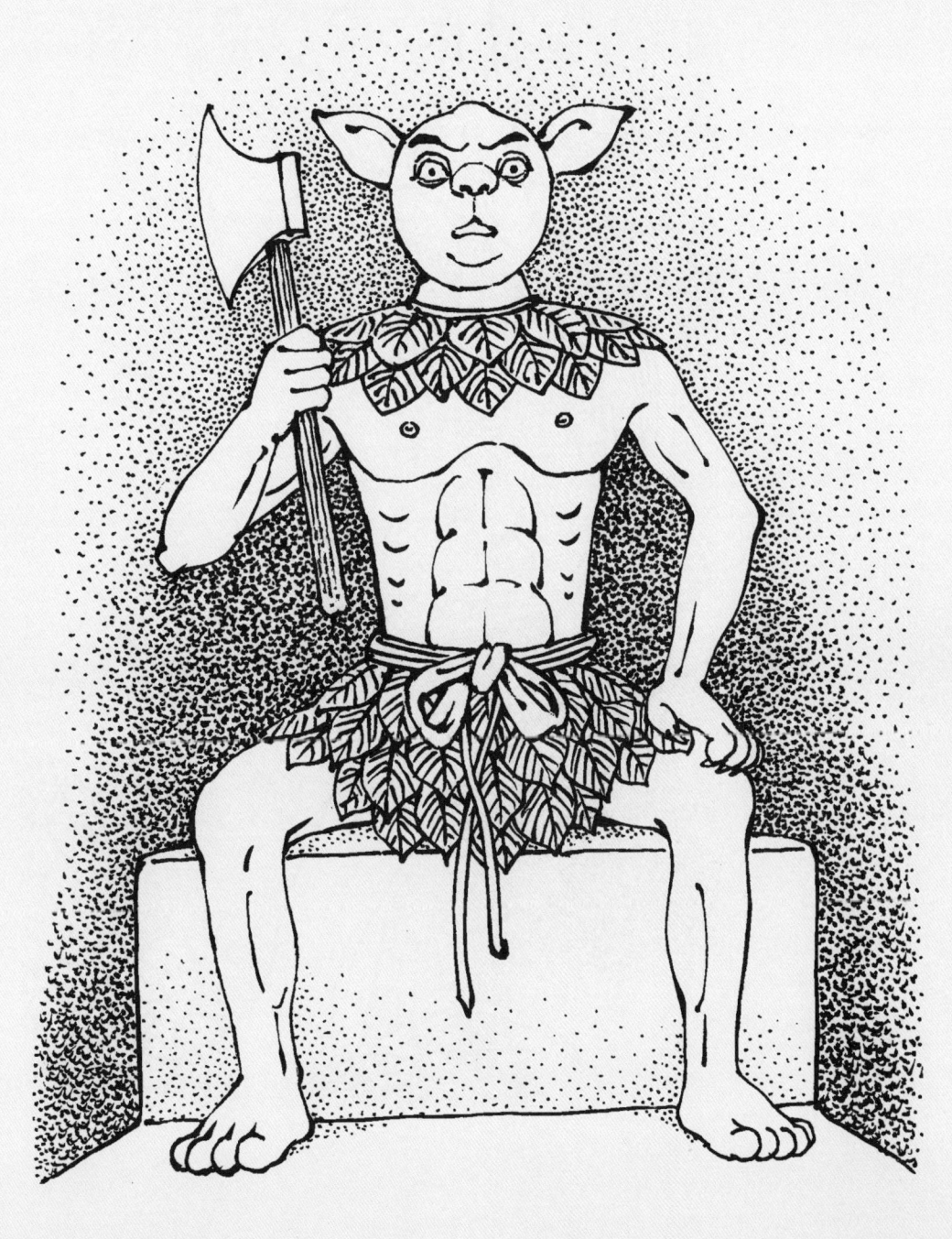

图 1-1-3-35 盘瓠传说
图为常见的盘瓠坐像——狗首人身，身着叶衣，手持斧头。

10. 庄子传说（山东东明县）

庄子传说起源于山东东明地区，距今已有2300多年的历史。早在战国时期，庄子传说便开始流传，内容涉及庄子的出身，庄子对政治、自然、人生的原则态度，以及与庄子有关的特殊物品的来历等。在东明地区，至今仍留有杨日升重修庄子观碑、漆园遗址、南华山遗址、登云桥碑、庄子观、庄子墓等遗迹。庄子传说在当地影响深远，受庄子"以天地为棺椁"传说的影响，东明县庄寨村至今还仍有"亡后不厚葬、亲人莫悲伤"的风俗。该项目于2011年被列入第三批国家级非物质文化遗产名录。

图1-1-3-36 庄子传说

图为庄子传说中的典型情节——庄子梦蝶，出于《庄子·齐物论》。传说庄子在梦中变化为蝴蝶，梦醒后蝴蝶又复化为己。通过对这一事件的描述与探讨，庄子提出了人不可能确切地区分真实与虚幻和生死物化的观点。

11. 柳毅传书传说（山东潍坊市寒亭区）

柳毅传书传说是我国历史上流传最久的民间传说之一，最早见于唐人陈翰所编《异闻集·柳毅传》，内容讲述落第书生柳毅路过陕西泾河，遇见洞庭龙女牧羊荒郊。龙女自述在泾河夫家备受虐待，要求柳毅传书解救，柳毅慨然允诺。龙女得救后思慕柳毅，后经许多曲折，二人终于结为夫妇。传说以山东潍坊市寒亭区为中心，流传至全国各地。当前，潍坊市寒亭区有"柳毅山文化旅游景区"，以稳定的传说景观形态为传说的传承奠定了基础。该项目于2011年被列入第三批国家级非物质文化遗产名录。

图 1-1-3-37 柳毅传书传说
图为柳毅传说的典型情节——龙女牧羊，表现了洞庭湖龙宫三公主远嫁泾水龙王十太子后，被翁姑欺凌至江边放牧的内容。

12. 禅宗祖师传说（湖北黄梅县）

　　禅宗祖师传说产生于隋唐时期，在《武德传灯录》《续高僧传》《红楼梦》等文献和作品中都有记录。传说的主要内容是关于禅宗四祖道信、五祖弘忍、六祖慧能在黄梅修行并传承衣钵的故事。禅宗祖师传说产生于湖北黄梅，并远播世界各地，是具有世界影响的传说。禅宗祖师传说具有生活化、平民化、理想化、乡土化的特点，在当地衍生出"三月三庙会""洗九朝""吃芥菜粑"等习俗，并在音乐、绘画、舞蹈、工艺等多种民间艺术表现形式中有所渗透。该项目于2011年被列入第三批国家级非物质文化遗产名录。

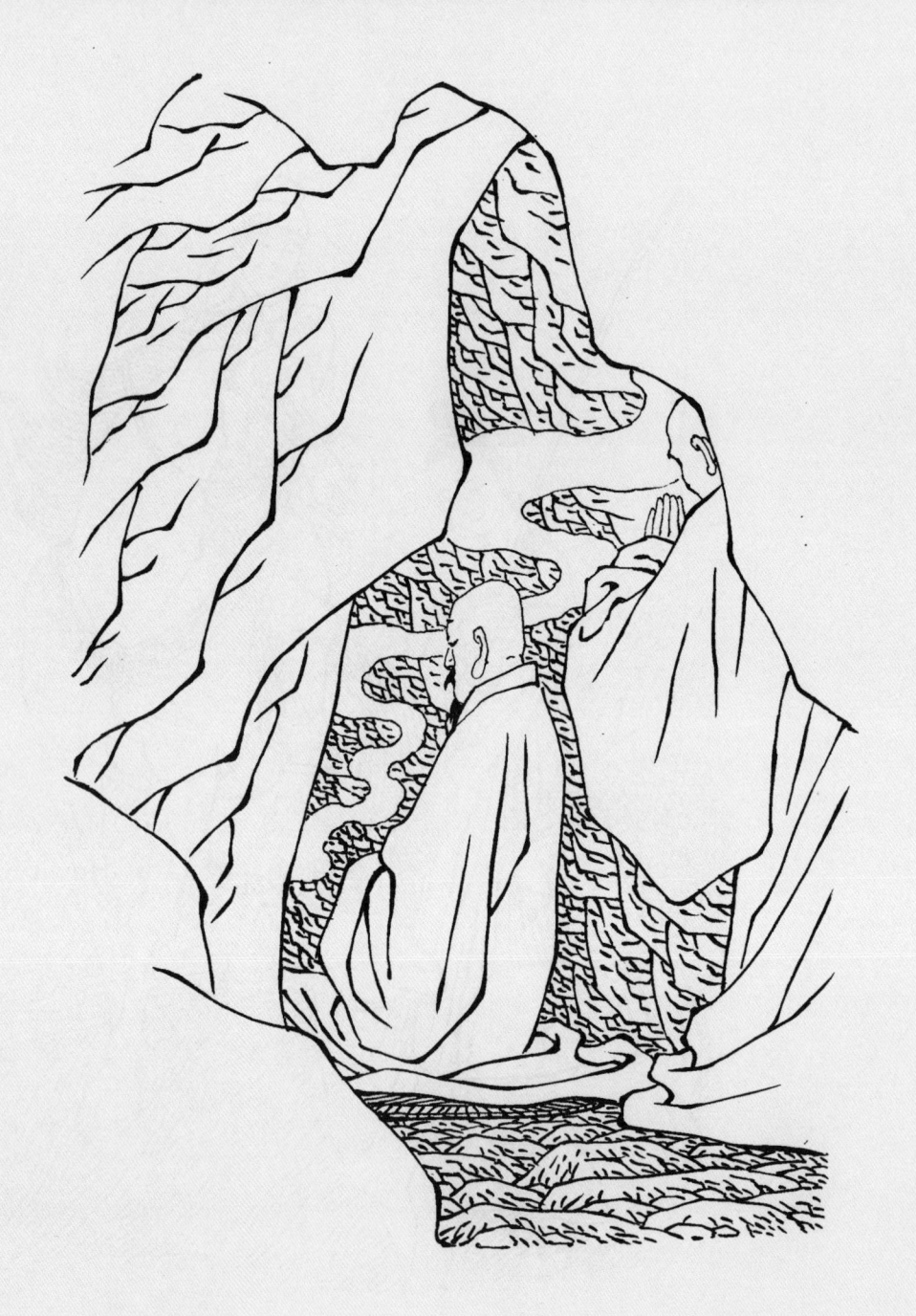

图 1-1-3-38 禅宗祖师传说
图为禅宗祖师传说的典型情节——达摩面壁。相传达摩曾在嵩山西麓五乳峰的石洞中面壁九年修性坐禅。

13. 布袋和尚传说（浙江奉化市）

布袋和尚传说起于五代，在流传的过程中，其内容情节日益丰富。传说布袋和尚是弥勒佛的千万化身之一，平日以杖肩荷布袋云游四方，以禅机点化世人。他乐善好施，身怀绝技，除暴安良，让众生离苦得乐。布袋和尚传说的主要内容有身世来历、童年趣事、出家圆寂、解危济困、抑恶扬善、僧俗和谐等六个方面。由于汉传佛教将布袋和尚作为弥勒佛的化身，增加了布袋和尚传说的影响力。该传说以浙江奉化为中心，在浙江、福建等地广泛流传，并传播到日本、韩国等国家和地区。该项目于2011年被列入第三批国家级非物质文化遗产名录。

图 1-1-3-39 布袋和尚传说
图为布袋和尚传说中布袋和尚的经典形象——身材矮胖，面容含笑，经年袒露着大肚子，以杖肩荷布袋。

14. 钱王传说（浙江临安市）

钱王传说是以吴越国王钱镠生平事迹衍化而成的民间传说故事，最先起源于钱王家乡临安，后来逐渐以临安为中心，扩展到全国各地直至海外。钱王传说内容丰富，主要有钱王生平、家世传说，钱王见义勇为、智勇过人传说，钱王艰苦创业、建功立业传说，钱王除暴安良、关心百姓疾苦传说，还有一批钱王与当地风物、风俗的传说等。近年来，钱王传说被大量创作成戏剧、电影、电视剧，在民众中产生很大影响，并造成回流，又在一定程度上推动了口头传说的传播。该项目于2011年被列入第三批国家级非物质文化遗产名录。

图 1-1-3-40 钱王传说

图为钱王传说的典型情节——钱王射潮，表现了钱镠为了压制经常泛滥的钱塘潮水，在午夜子时向涌潮射出五箭，从此潮水不再侵犯的内容。

15. 苏东坡传说（浙江杭州市）

　　苏东坡传说早在宋元时已产生，传说主要以杭州为中心，广泛流传于浙江、江苏两省。苏东坡传说大致可分成三类：一类讲述他爱护百姓，凡事能设身处地为百姓着想，帮助百姓排忧解难；一类渲染他的才气，讲述他才思敏捷，出口成章，留下一连串佳话；还有一类则与地方风物相关。以苏东坡传说为内容的戏曲、影视等文艺作品深受人们喜爱。此外，诸如东坡肉、东坡纪念馆、西湖苏堤等各种物质文化载体，也以不同的形式强化了苏东坡传说的历史记忆。该项目于2011年被列入第三批国家级非物质文化遗产名录。

图1-1-3-41 苏东坡传说

图为苏东坡在竹林漫步读书的情景。相传苏东坡爱竹，在其屋舍周围遍植翠竹，曾有"宁可食无肉，不可居无竹"之语。

16. 王羲之传说（浙江绍兴市）

王羲之传说以王羲之的逸事趣闻为基础，主要分为王羲之学书作书类传说、钟情山水类传说、爱国爱民类传说、蔑视权贵类传说等。其中有许多传说还是一些成语、典故的出典，在民间文学界与文化艺术界具有重要影响。该传说以绍兴市为传说中心，辐射全国乃至流布海外。尤其是在绍兴地区，王羲之传说形成了一个庞大的传说故事群，并留存有兰亭、鹅池、墨池、戒珠寺、题扇桥、右军墓等诸多与传说相关的遗迹，具有重要的历史、人文、教育、艺术、民俗价值。该项目于2011年被列入第三批国家级非物质文化遗产名录。

图1-1-3-42 王羲之传说

图为王羲之传说的典型情节——王羲之爱鹅，表现了王羲之生性爱鹅，并想方设法求鹅，从鹅姿中追寻书法艺术的内容。

17. 李时珍传说（湖北蕲春县）

李时珍传说产生于明代，在民间流传极广，其范围主要以湖北蕲春为中心，流播至全国各地。李时珍传说在民间影响深远，蕲春及鄂东南的老中医和挖药人，几乎都能讲几个李时珍的传说故事，许多源于李时珍传说的民间俚语，至今还活在蕲州民众的口头。在鄂东南一带，许多民俗、医俗也渊源于李时珍传说。此外，李时珍传说还以电影、电视等文艺形式流传于世。该项目于2011年被列入第三批国家级非物质文化遗产名录。

图 1-1-3-43 李时珍传说

图为李时珍传说的典型情节——李时珍上山采药，表现了李时珍从太医院辞官后游历名山大川，采集各种草药，研究其药用性质，并由此写成巨著《本草纲目》的内容。

18. 蔡伦造纸传说（陕西汉中市）

蔡伦造纸传说形成于东汉时代，至今已有1900年左右的历史。在作为当时蔡伦的封地、葬地和造纸实验地的汉中市洋县龙亭及周边地区，有关蔡伦造纸的故事传说有十几种之多，如龙亭猪拱鸡鹋的传说、蔡伦舂纸浆的传说、龙亭母猪滩的传说、蔡伦与徒弟比赛揭纸传说等。传说分布点主要以龙亭故县为中心，呈放射状分布，主要传播点有5处，共有传承人135名。该项目于2011年被列入第三批国家级非物质文化遗产名录。

图 1-1-3-44 蔡伦造纸传说

图为蔡伦造纸传说的典型情节——蔡伦揭纸，表现了蔡伦发现从纸杳背面能较为容易地将纸揭下的内容。

19. 牡丹传说（山东菏泽市牡丹区）

牡丹传说起源于何时至今并无确凿记载。据传，隋代曹州就出现了著名花师齐鲁恒，"至明，曹州牡丹甲于海内"，曹州遂成为中国最大的牡丹栽培中心。牡丹传说以菏泽牡丹区为中心，向菏泽全市扩展，目前搜集的传说有 36 个左右，其内容主要是围绕菏泽牡丹的来历、与当地人物之间的故事展开。当前，菏泽牡丹传说与牡丹书画、菏泽牡丹旅游文化节、曹州牡丹园等其他文化形式一起，共同承担着维护牡丹传说传承发展的社会功能。该项目于 2011 年被列入第三批国家级非物质文化遗产名录。

图 1-1-3-45 牡丹传说

图为牡丹传说中的葛巾玉板传说，表现了牡丹仙子葛巾、玉板与人间爱花男子兄弟结为夫妻，后遭受质疑愤而返回仙界的爱情悲剧。

20. 泰山传说（山东泰安市）

泰山传说最早见于《山海经》，后在东汉《风俗通义》、晋代《搜神记》、唐代《集异记》等古籍中都有相关的记录。泰山传说起源于中国原始宗教中的自然崇拜，所以山川名胜传说成为泰山传说中最主要的内容。在泰山传说中，还保留了大量历代帝王封禅祭祀泰山留下的逸闻，以及与泰山相关的农民起义传说、历代文人传说、工匠鲁班传说等。目前，不少与泰山传说相关的遗迹依然留存，如李斯碑、张迁碑、衡方碑、东斜碑、天贶殿、王母池与吕祖洞等。该项目于2011年被列入第三批国家级非物质文化遗产名录。

图 1-1-3-46 泰山传说

图为泰山传说中的泰山圣母——碧霞元君的形象。传说中碧霞元君受玉帝之命，统率泰山岳府之天将神兵，照察人间一切善恶生死之事。

21. 黄鹤楼传说（湖北武汉市武昌区）

黄鹤楼传说最早见于公元502年左右的《南齐书·州郡志》，书中有"世传仙人子安乘黄鹤去"的记录。黄鹤楼传说还包括"辛氏修楼谢恩""吕洞宾骑鹤飞天""鲁班神工建楼""武状元建楼拜仙""胜象宝塔孔明灯""李白登楼夸崔颢""黄鹤楼上看翻船"等内容。黄鹤楼传说现已流布全国，并与诗词、文赋、楹联等文艺形式共同构成了丰富的黄鹤楼文化积淀，蕴含了深厚的仙道法术、民间智巧、文人流韵等文化内涵。该项目于2011年被列入第三批国家级非物质文化遗产名录。

图 1-1-3-47 黄鹤楼传说

图为黄鹤楼传说中的经典情节——吕洞宾骑鹤飞天，表现了鲁班帮吕洞宾实现了修建黄鹤楼的愿望后离去，吕洞宾吹着笛子，骑着鲁班留下的一只木鹤飞天的内容。

22. 烂柯山传说（山西陵川县，浙江衢州市）

烂柯山传说早在北魏郦道元的《水经注》中就已经出现，主要讲述一个樵夫进山砍柴，围观仙人下围棋，并由此成仙的故事。该传说在山西陵川、浙江衢州、广东肇庆、四川达县、陕西洛川、河南新安和山西武乡等地均有流传，尤以山西陵川和浙江衢州的传说为代表。烂柯山传说具有内容丰富、语言朴实、想象力强等特点，既反映了我国围棋文化的深奥、厚重与神秘，又寄寓了劳动人民对自然与生命的希冀与抗争。该项目于2011年被列入第三批国家级非物质文化遗产名录。

图1-1-3-48 烂柯山传说

图为烂柯山传说中的典型情节——王樵观棋，表现了王樵上山砍柴，遇到两老翁在桃花洞下棋，于是进洞观看，转眼已过八百年的内容。

23. 珞巴族始祖传说（西藏米林县）

据珞巴族始祖传说描述：天父和地母结合后，生子金东，金东又生子东日，东日生两子日尼、日洛，即阿巴达尼和阿巴达洛。阿巴达尼为珞巴族祖先，阿巴达洛为藏族祖先。珞巴族始祖传说就是阿巴达尼传说，主要内容包括祖先诞生、达尼娶妻、达尼遇难、二子遇难、盟誓立约、父子围鸟、划定地盘等。阿巴达尼传说以西藏米林为流传中心，在珞巴族的迦龙、崩尼、崩如、苏龙等部落都有流传。阿巴达尼传说是珞巴族人生活的有机组成部分，也是珞巴族人社会文化与民俗生活的一面镜子。该项目于2011年被列入第三批国家级非物质文化遗产名录。

图1-1-3-49 珞巴族始祖传说
图为珞巴族始祖传说的典型情节——达尼娶妻，表现了珞巴族始祖阿巴达尼婚配的内容。

24. 阿尼玛卿雪山传说（青海果洛藏族自治州）

阿尼玛卿雪山传说主要流播于以阿尼玛卿雪山周边为中心的青海果洛藏族自治州，传说主要由口头传说、藏戏表演、民间说唱、文字记录等形式组成，具有极强的地域性、民族性和群众性。在当地，该传说以被誉为"祖父大河神"的阿尼玛卿雪山神为主角，演绎出若干传说。传说阿尼玛卿雪山属马，每逢农历马年，藏区所有的神灵就要会集阿尼玛卿雪山，马年来此转山、朝拜，就等于朝拜了所有神山，因此具有不可思议的功德。该项目于2011年被列入第三批国家级非物质文化遗产名录。

图 1-1-3-50 阿尼玛卿雪山传说

图为阿尼玛卿雪山神的典型形象。传说中的阿尼玛卿雪山神是一位身骑高头白马，手捧摩尼包（一种宝物），一身正气的威武神灵形象。

第二编　地区民间传说项目与资源图谱（选录）

一　陕西省

陕西省位于中国内陆腹地，地处黄河和长江流域中部，地形南北高，中部低，自然区划上横跨北方与南方，是连接中国东、中部地区和西北、西南的重要省份。陕西省是中华文明的重要发祥地之一，上古时为雍州所在，是炎帝故里及黄帝的葬地。公元前11世纪以来，先后有周、秦、汉、唐等14个朝代在此建都。其悠久的历史、多姿的自然景观和人文景观孕育了丰富多彩的民间传说。

陕西省的民间传说类非物质文化遗产资源蕴藏非常丰富，几乎每个朝代都有相关的民间传说。例如上古时期的炎帝传说、黄帝传说、仓颉造字传说，周朝的农业始祖后稷传说、古豳国传说，战国时期的孟姜女传说，秦朝的吹箫引凤传说，西汉的张骞传说，东汉的龙亭蔡伦造纸传说，南北朝时期的花木兰传说、烂柯山传说、长安斗门石婆庙七夕传说，隋朝时的美水泉传说，唐朝时的柳毅传书传说、秦琼敬德门神传说、沉香传说、药王孙思邈传说，宋代的龙安茶传说、寒窑传说，民国时期的有关毛泽东等老一辈革命家活动的宝塔山传说，等等。民间传说一直贯穿着中华民族的发展过程，可以说，民间传说是民间记忆历史的重要方法。

陕西省离中原地区较近，曾经涌现出许多著名历史人物，很多历史事件也在此发生，因此在民间传说类的非物质文化遗产项目中以历史人物传说为最多，如炎帝传说、黄帝传说、花木兰传说、沉香传说等；其次为地方风物传说，如烂柯山传说、长安斗门石婆庙七夕传说等；也有部分为历史事件传说，如宝塔山传说等。

陕西省民间传说类非物质文化遗产项目传承较为有序，大部分项目有较为明确的传承谱系，其中既有家族传承、师徒传承，也有群体互传。如城固县张骞传说共有三代传承人，其中既有家族传承也有邻里互传，至今还有17人仍在进行传承活动。

陕西省非物质文化遗产民间传说项目都有相应的遗址、文物。为了保护和开发这些非遗资源项目，陕西省采取了多种保护和开发措施，如设立陈列馆，在博物馆进行收藏和展示，开展作品的搜集和开发，在中小学设立课程，建立主题公园，等等。这方面仓颉造字传说的保护和传承具有一定典型性。在该传说所在地洛南县，民间组织成立了仓颉艺术研究会，洛南县人民政府举办了仓颉文化艺术节，恢复已中断数十年的公祭仓颉活动，并投资300多万元建成仓颉园。

（一）陕西省民间传说项目与相关信息分布图

陕西省民间传说项目分布图

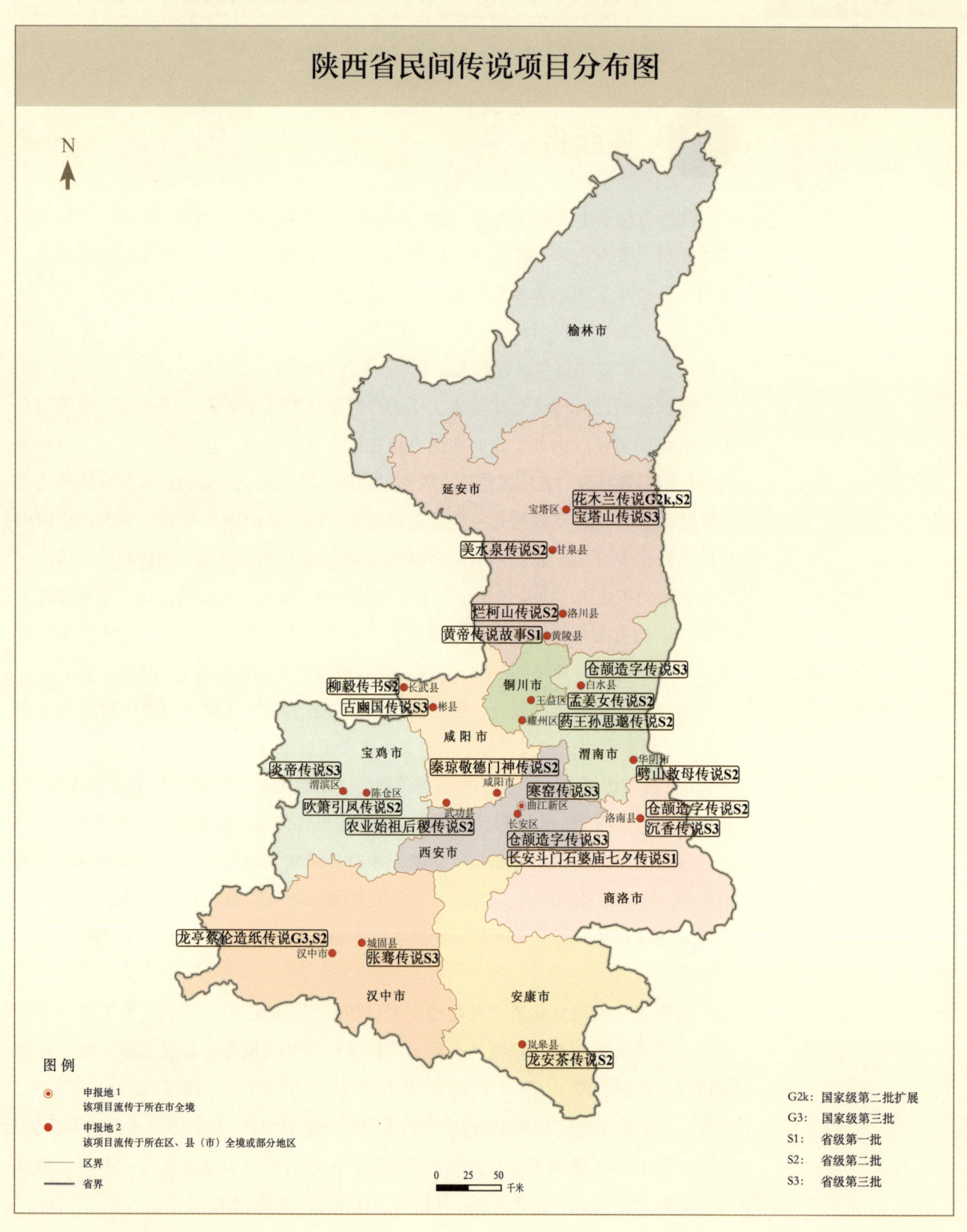

图 1-2-1-1 陕西省民间传说项目分布图

陕西省民间传说传承人分布图[①]

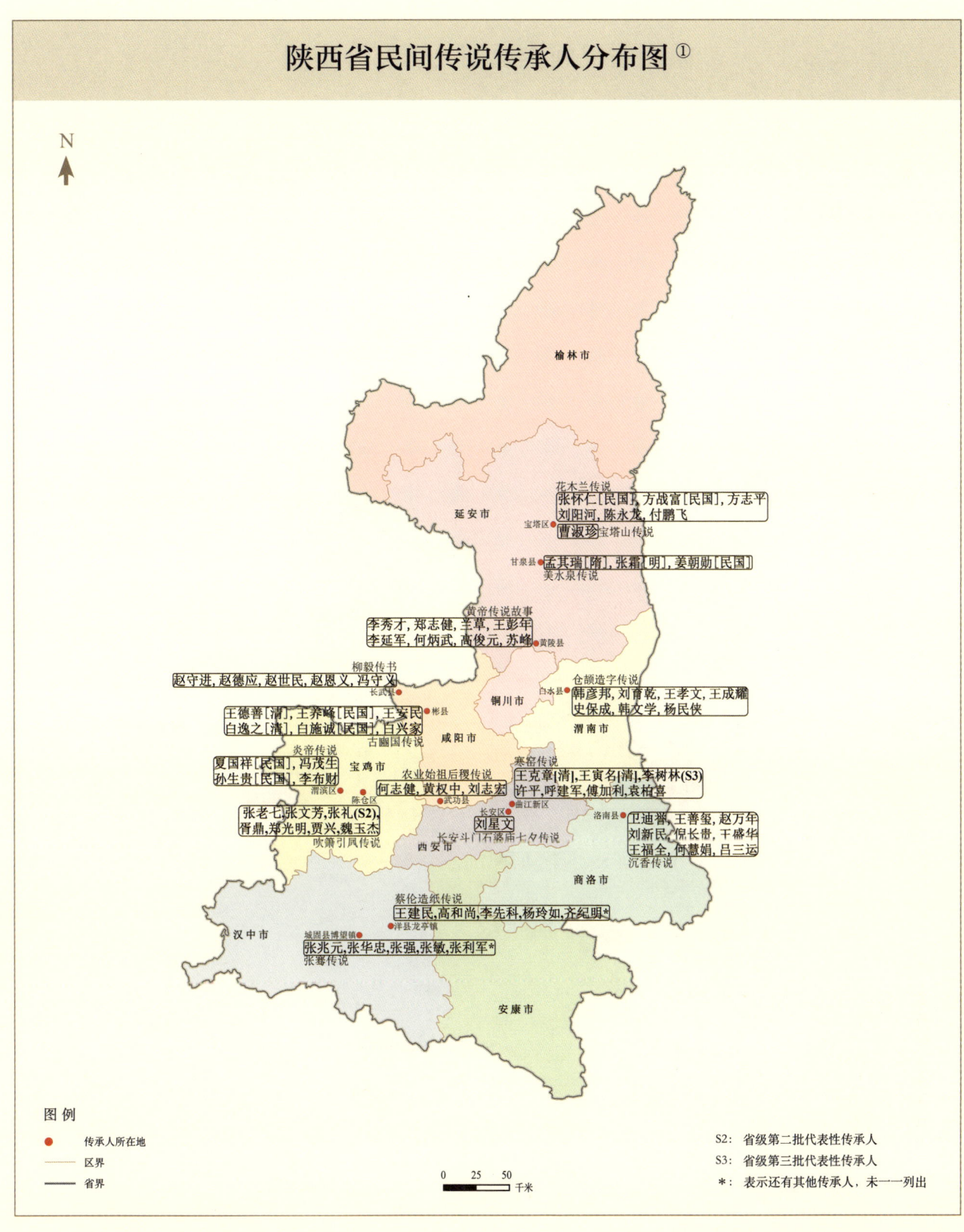

- 花木兰传说 宝塔区：张怀仁[民国],方战富[民国],方志平,刘阳河,陈永龙,付鹏飞
- 曹淑珍 宝塔山传说
- 美水泉传说 甘泉县：孟其瑞[隋],张霜[明],姜朝勋[民国]
- 黄帝传说故事 黄陵县：李秀才,郑志健,至草,王彭年,李延军,何炳武,高俊元,苏峰
- 柳毅传书 长武县：赵守进,赵德应,赵世民,赵恩义,冯守义
- 仓颉造字传说 白水县：韩彦邦,刘育乾,王孝文,王成耀,史保成,韩文学,杨民侠
- 古豳国传说 彬县：王德普[清],王养峰[民国],王安民,白逸之[清],白施诚[民国],白兴家
- 炎帝传说 渭滨区：夏国祥[民国],冯茂生,孙生贵[民国],李布财
- 农业始祖后稷传说 武功县：何建健,黄权中,刘志宏
- 寒窑传说 曲江新区：王克章[清],王寅名[清],李树林(S3),许平,呼建军,傅加利,袁柏喜
- 吹箫引凤传说 陈仓区：张老七,张文芳,张礼(S2),胥鼎,郑光明,贾兴,魏玉杰
- 长安斗门石婆庙七夕传说 长安区：刘星文
- 沉香传说 洛南县：卫迪器,王善玺,赵万年,刘新民,倪长贵,干盛华,王福全,何慧娟,吕三运
- 蔡伦造纸传说 洋县龙亭镇：王建民,高和尚,李先科,杨玲如,齐纪明*
- 张骞传说 城固县博望镇：张兆元,张华忠,张强,张敏,张利军*

图例

- ● 传承人所在地
- —— 区界
- —— 省界

0 25 50 千米

- S2：省级第二批代表性传承人
- S3：省级第三批代表性传承人
- *：表示还有其他传承人,未一一列出

图 1-2-1-2 陕西省民间传说传承人分布图

[①] 本图中的传承人是指至2012年年底陕西省被列入陕西省省级,以及部分具有较大社会影响的无级别民间传说类传承人。

民间传说卷
第二编 地区民间传说项目与资源图谱（选录）

陕西省民间传说相关信息分布图

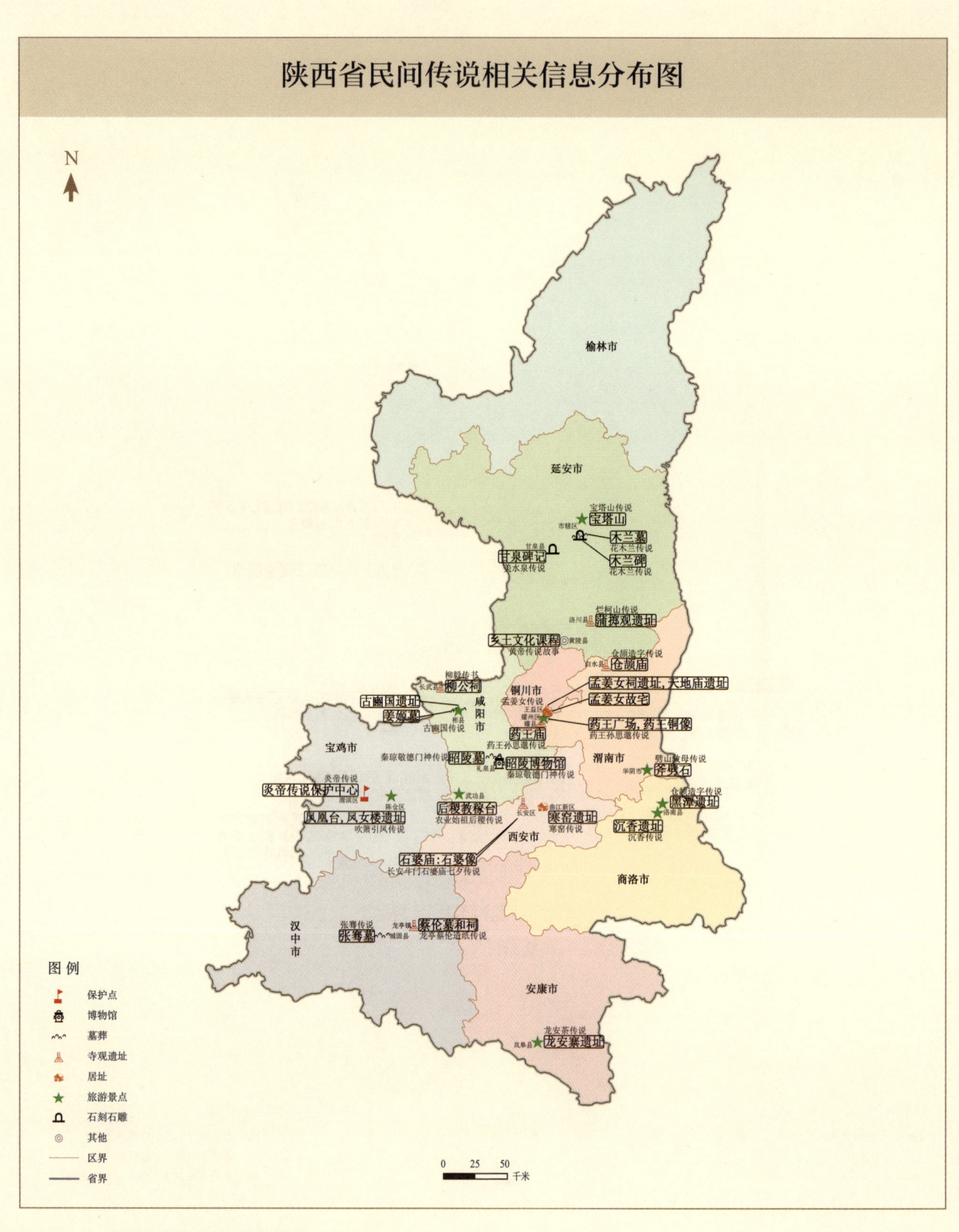

图 1-2-1-3 陕西省民间传说相关信息分布图

（二）陕西省民间传说传承谱系图（选录）

1. 陕西省曲江地区寒窑传说传承人谱系图

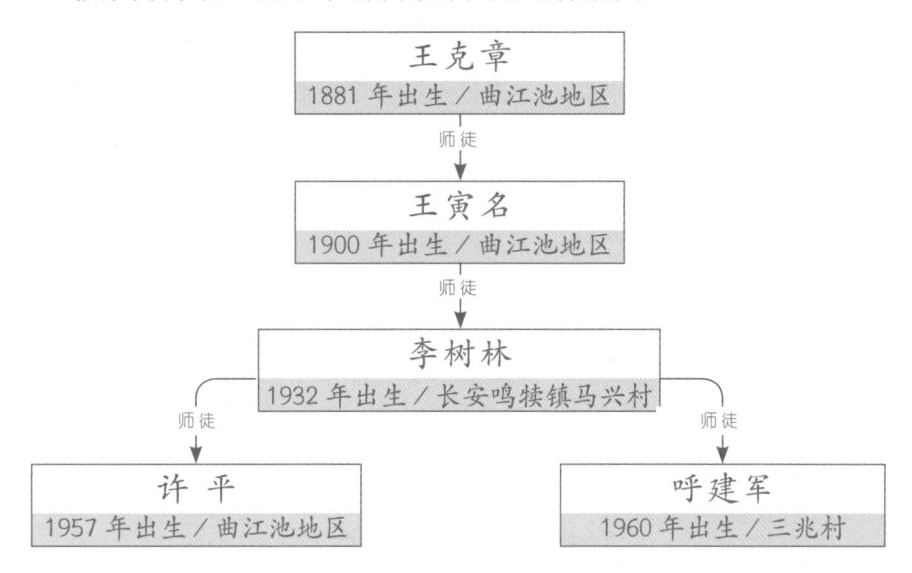

```
王克章
1881年出生／曲江池地区
    │ 师徒
    ▼
王寅名
1900年出生／曲江池地区
    │ 师徒
    ▼
李树林
1932年出生／长安鸣犊镇马兴村
   ┌────────┴────────┐
 师徒              师徒
   ▼                ▼
 许平             呼建军
1957年出生／曲江池地区   1960年出生／三兆村
```

图 1-2-1-4 陕西省曲江地区寒窑传说传承人谱系图

2. 陕西省城固县博望镇白岩村张骞传说传承人谱系图

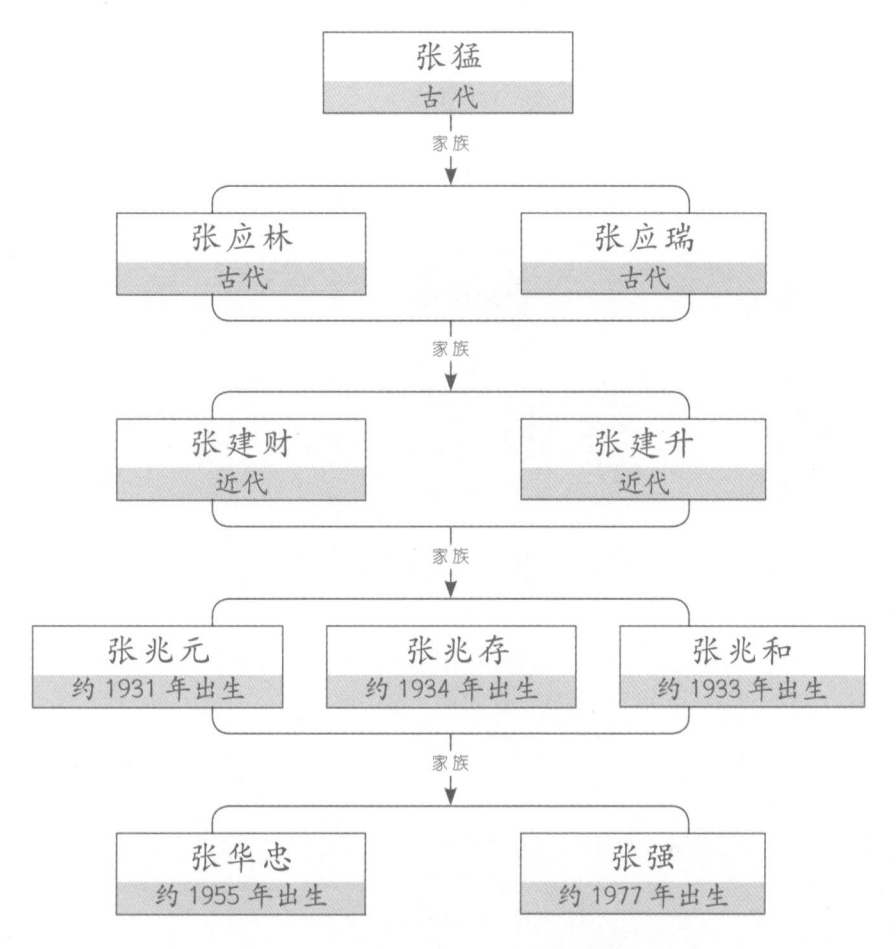

```
张猛
古代
 │ 家族
 ▼
┌─────────────┬─────────────┐
张应林          张应瑞
古代            古代
         │ 家族
         ▼
┌─────────────┬─────────────┐
张建财          张建升
近代            近代
         │ 家族
         ▼
┌──────────┬──────────┬──────────┐
张兆元       张兆存       张兆和
约1931年出生  约1934年出生  约1933年出生
         │ 家族
         ▼
┌─────────────┬─────────────┐
张华忠          张强
约1955年出生    约1977年出生
```

图 1-2-1-5 陕西省城固县博望镇白岩村张骞传说传承人谱系图

3. 陕西省城固县博望镇张骞传说传承人谱系图

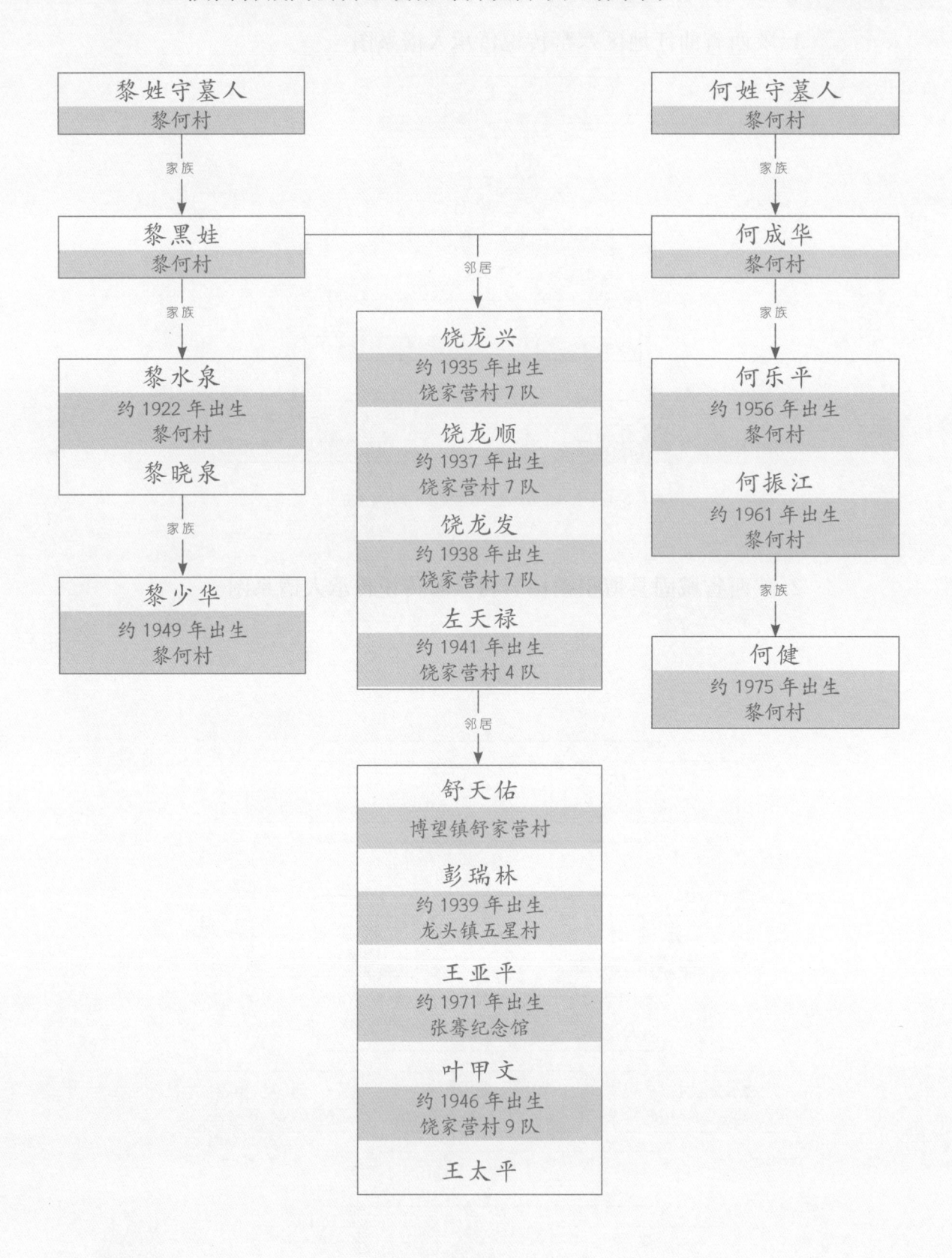

```
┌─────────────┐                                    ┌─────────────┐
│ 黎姓守墓人  │                                    │ 何姓守墓人  │
│   黎何村    │                                    │   黎何村    │
└──────┬──────┘                                    └──────┬──────┘
     家族                                               家族
       ↓                                                 ↓
┌─────────────┐                                    ┌─────────────┐
│   黎黑娃    │──────────────邻居──────────────────│   何成华    │
│   黎何村    │                                    │   黎何村    │
└──────┬──────┘                                    └──────┬──────┘
     家族                                               家族
       ↓                  ┌─────────────┐                ↓
┌─────────────┐           │   饶龙兴    │           ┌─────────────┐
│   黎水泉    │           │ 约1935年出生│           │   何乐平    │
│ 约1922年出生│           │ 饶家营村7队 │           │ 约1956年出生│
│   黎何村    │           ├─────────────┤           │   黎何村    │
├─────────────┤           │   饶龙顺    │           ├─────────────┤
│   黎晓泉    │           │ 约1937年出生│           │   何振江    │
└──────┬──────┘           │ 饶家营村7队 │           │ 约1961年出生│
     家族                 ├─────────────┤           │   黎何村    │
       ↓                  │   饶龙发    │           └──────┬──────┘
┌─────────────┐           │ 约1938年出生│                家族
│   黎少华    │           │ 饶家营村7队 │                  ↓
│ 约1949年出生│           ├─────────────┤           ┌─────────────┐
│   黎何村    │           │   左天禄    │           │    何健     │
└─────────────┘           │ 约1941年出生│           │ 约1975年出生│
                          │ 饶家营村4队 │           │   黎何村    │
                          └──────┬──────┘           └─────────────┘
                               邻居
                                 ↓
                          ┌─────────────┐
                          │   舒天佑    │
                          │博望镇舒家营村│
                          ├─────────────┤
                          │   彭瑞林    │
                          │ 约1939年出生│
                          │ 龙头镇五星村│
                          ├─────────────┤
                          │   王亚平    │
                          │ 约1971年出生│
                          │  张骞纪念馆 │
                          ├─────────────┤
                          │   叶甲文    │
                          │ 约1946年出生│
                          │ 饶家营村9队 │
                          ├─────────────┤
                          │   王太平    │
                          └─────────────┘
```

图 1-2-1-6 陕西省城固县博望镇张骞传说传承人谱系图

二 江苏省

江苏省位于中国东部沿海，地跨长江和淮河南北，地形以平原为主，河湖较多，京杭大运河贯穿全省。江苏是中国古代文明的发祥地之一，早在50万年前就有古人类在此活动。东吴以来，历经东晋、南朝、隋、唐、南唐、北宋、南宋，江苏地区经济文化得到繁荣发展，共拥有11座国家历史文化名城。吴文化、金陵文化、淮扬文化、中原文化等多元文化在此汇聚，孕育了江苏省极具丰富性和艺术性的民间传说。

江苏的民间传说类非物质文化遗产项目与资源在省内各地均有分布，就目前公布的省级非物质文化遗产名录看，它们较为集中地分布在徐州、连云港、南京、盐城、淮阴、镇江、常州等地。如徐州市的彭祖传说、九里古战场传说、汉王拔剑泉和马扒泉传说、刘邦传说、张道陵传说；连云港市的花果山传说、东海孝妇传说、徐福传说、二郎神传说；南京市的达摩传说、卞和献玉传说、伍子胥故事、崔致远与双女坟的故事，南京市、宿迁市的项羽故事；盐城市的沈拱山传说、董永传说、张士诚传说；淮安市的韩信传说、巫支祁传说、水漫泗州城传说；扬州市的隋炀帝传说、露筋娘娘传说；镇江市的白蛇传传说、华山畿传说；常州溧阳市的焦尾琴传说；无锡宜兴市的梁祝传说；苏州市的寒山拾得传说；宿迁沭阳县的虞姬传说；泰州兴化市、盐城大丰市的施耐庵与《水浒》传说；等等。

江苏省民间传说类非物质文化遗产项目内容丰富，从上古时期的彭祖传说、春秋时期的伍子胥故事，到秦朝徐福传说、西汉刘邦传说、项羽故事、虞姬传说，再到明初施耐庵与《水浒》传说，可以说，民间传说成为民间记忆历史的重要方式。江苏省的民间传说类型也十分丰富，既有人物传说，又有历史事件传说和地方风物传说，其中地方风物传说占了大部分。

江苏省的民间传说类非遗项目传承人散落在各个流传区域，有的传承人是相关文化管理部门的整理者与搜集者，代际传承关系并不明显，家族传承也非常少。在保护方面，江苏省对相关民间传说非遗项目都做了文物、遗址的保护，一些项目已经开展了大量的资料搜集工作，并设立了陈列馆和博物馆，部分较为成熟的项目已经开发为旅游景点。

江苏省的民间传说类非物质文化遗产是中华民族民间传说类非物质文化遗产的有机组成部分，富有文化、历史、科学、审美、教育等多重价值。

（一）江苏省民间传说项目与相关信息分布图

江苏省民间传说项目分布图

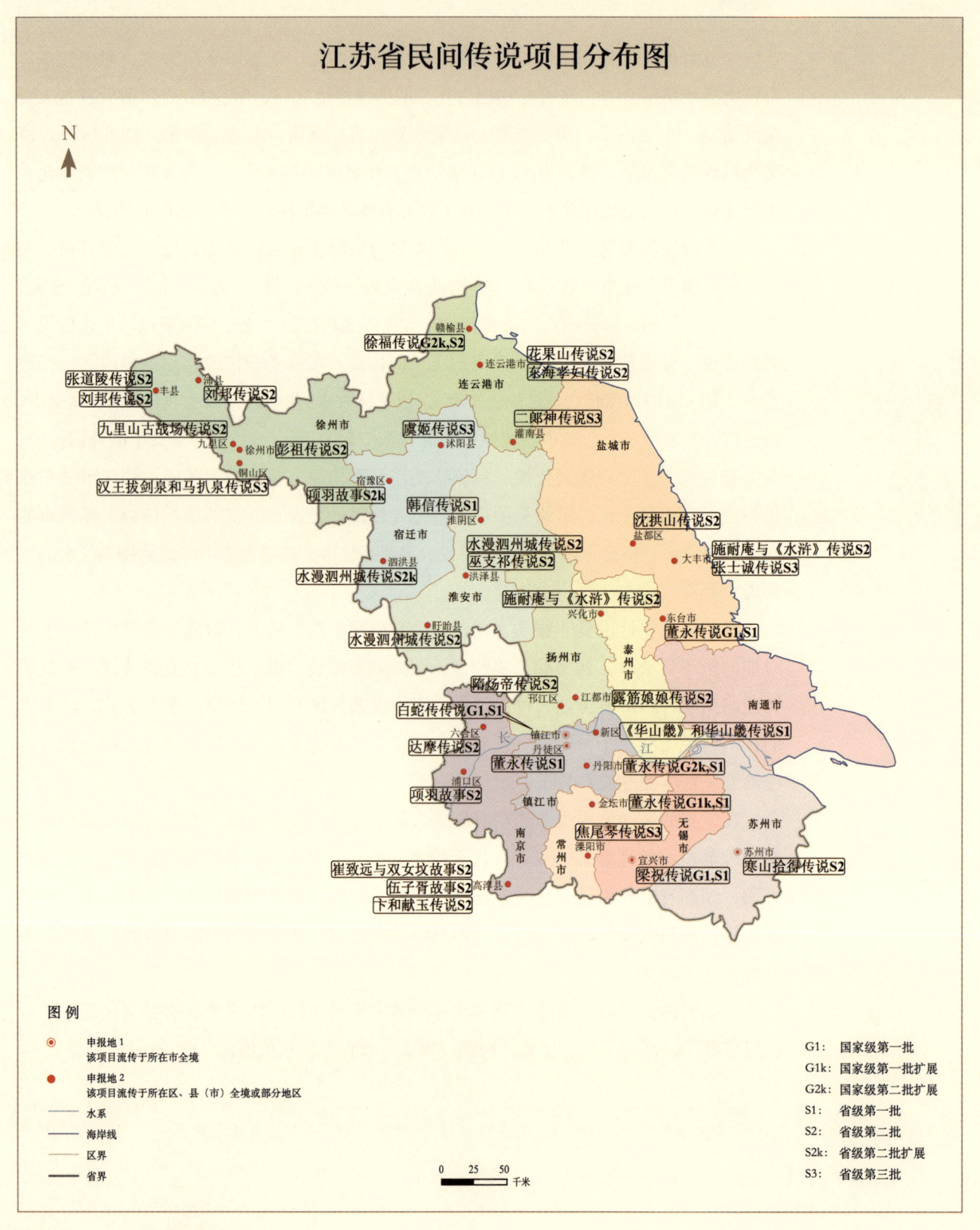

图 1-2-2-1 江苏省民间传说项目分布图

江苏省民间传说传承人分布图[1]

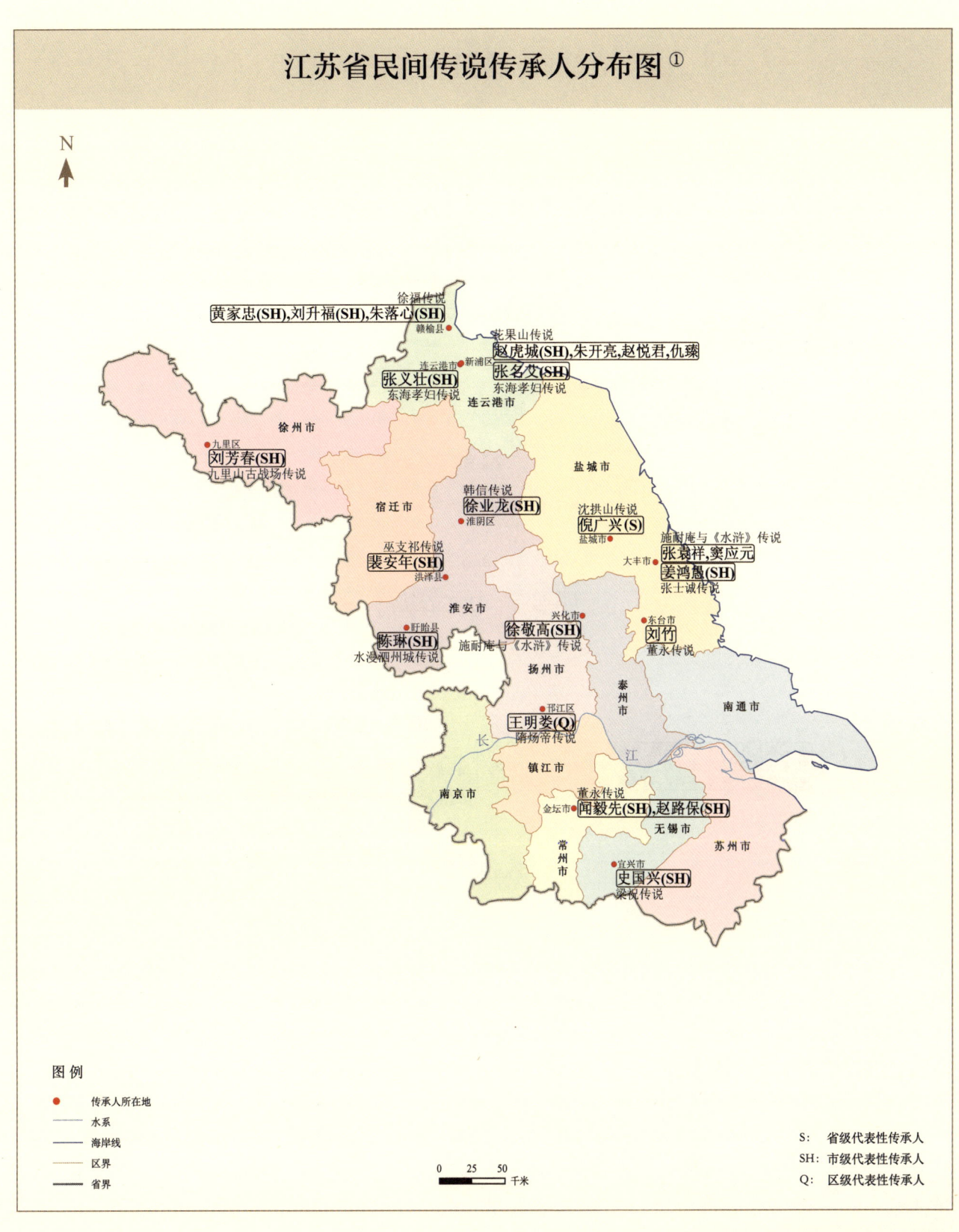

图 1-2-2-2 江苏省民间传说传承人分布图

[1] 本图中的传承人是指至2012年年底江苏省被列入江苏省省级、市区（县）级，以及部分具有较大社会影响的无级别民间传说类传承人。

民间传说卷
第二编 地区民间传说项目与资源图谱（选录）

江苏省民间传说相关信息分布图

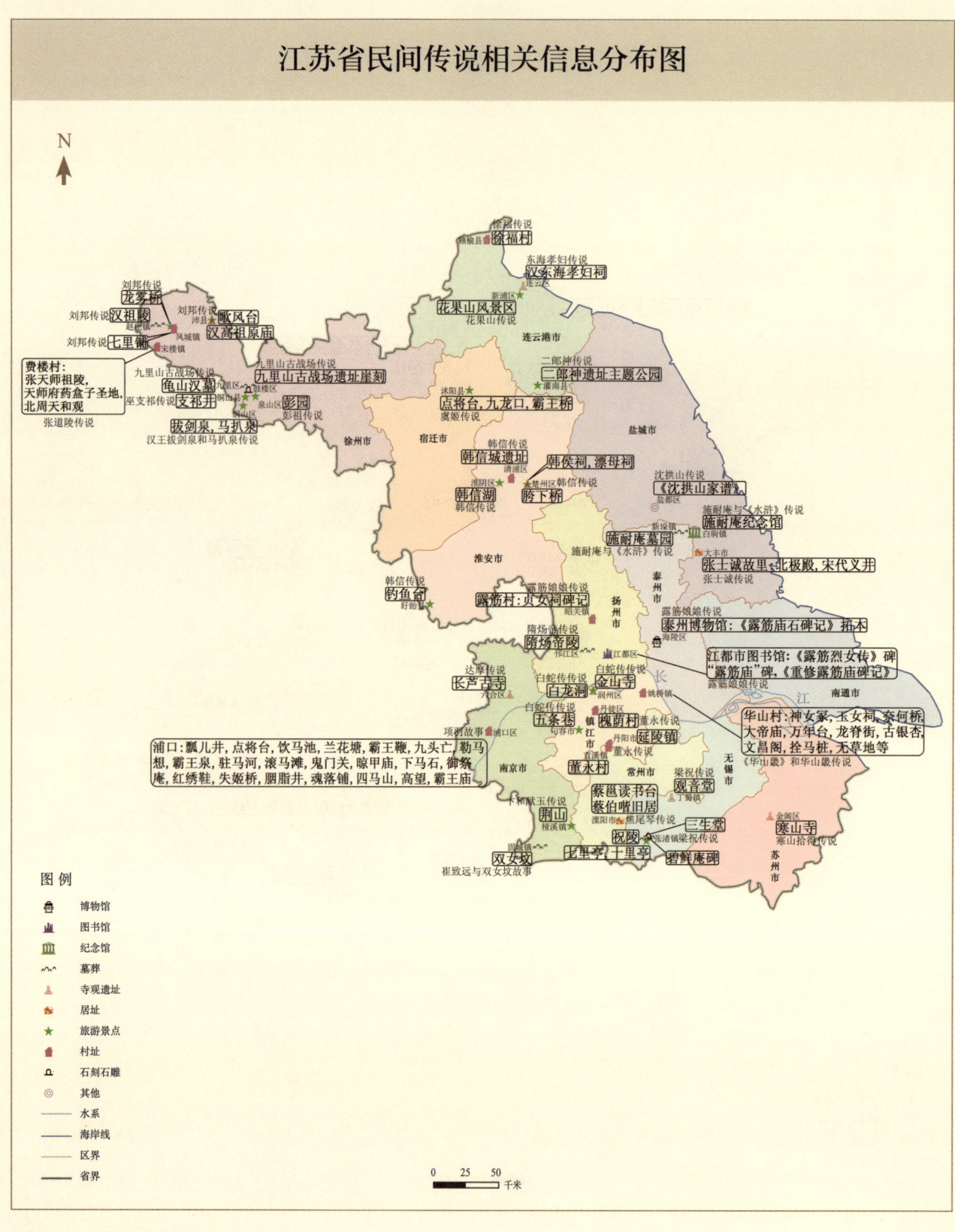

图 1-2-2-3 江苏省民间传说相关信息分布图

（二）江苏省民间传说传承谱系图（选录）

江苏镇江市丹徒区上党槐荫村董永传说传承人谱系图

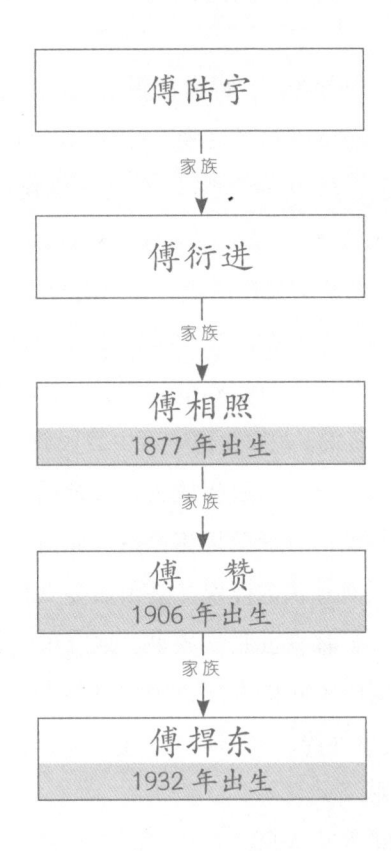

```
傅陆宇
  │ 家族
  ▼
傅衍进
  │ 家族
  ▼
傅相照
1877年出生
  │ 家族
  ▼
傅  赞
1906年出生
  │ 家族
  ▼
傅捍东
1932年出生
```

图 1-2-2-4 江苏镇江市丹徒区上党槐荫村董永传说传承人谱系图

三 湖南省

　　湖南地处长江中游地区，幅员辽阔，为我国东南腹地，物产富饶，素有"湖广熟，天下足"之誉，是著名的"鱼米之乡"。湖南省为先秦两汉时期楚国境地，可谓历史悠久、人文荟萃，"惟楚有才，于斯为盛"。作为多民族省份，湖南省共有汉族、土家族、苗族、瑶族、侗族等55个民族，是中国东南少数民族文化的重要发祥地之一。悠久的历史、多元的民族文化、独特的自然环境，给湖南留下了丰厚的民间传说资源。

　　湖南省民间传说类非物质文化遗产项目与资源主要集中在西北部，又以常德市、岳阳市和湘西土家族苗族自治州的民间传说为最。这些项目中大部分为人物传说，也有部分为地方风物传说。人物传说中有少数民族人物传说，如泸溪县的盘瓠与辛女传说、石门县桩巴龙传说、苗族杨家将故事；有神话人物传说，如蚩尤传说、舜帝与娥皇女英的传说、炎帝传说；有帝王将相传说，如梅王传说、杨幺的民间故事。其他人物传说还有苏仙传说、刘海砍樵传说、嘉山孟姜女传说、宋玉传说、柳毅传书传说、屈原传说、善卷传说、车胤囊萤照读故事。地方风物传说方面，则有桃花源传说、二酉藏书洞传说等。在这些民间传说项目中，以各类人物传说，尤其是神话、神仙人物传说最为丰富，而历史事件传说则非常少，这一现实主要是与湖南省在历史上地理位置偏远、远离政治中心有关。

　　在湖南省民间传说类非物质文化遗产项目与资源的传承人中，不乏一些谱系分明的传承脉络。如到20世纪50年代，杨幺的民间故事传承主系已经是第九代传人，传承人刘子英现在是湖南省第二批非物质文化遗产代表性传承人。

　　湖南省与民间传说类非遗项目相关的一些文物和遗址保存较为完善，例如与屈原传说相关的遗址，有始建于战国末年屈子祠，有位于汨罗市城北玉笥山东汨罗山顶的屈原墓、屈原碑林、屈原投江殉难处等。而善卷传说则文献资料记载有序，史料丰富。为了更好地开展保护和研究，湖南省部分市县还设立了相关项目的研究会，如津市市车胤研究会、花垣县蚩尤村中国蚩尤文化研究基地等。

　　湖南省的民间传说项目保存了较多汉族和少数民族上古时代的英雄传说和各类人物传说，具有深远的历史价值、审美价值、科学价值和文化价值。

（一）湖南省民间传说项目与相关信息分布图

湖南省民间传说项目分布图

图 1-2-3-1 湖南省民间传说项目分布图

民间传说卷
第二编 地区民间传说项目与资源图谱（选录）

湖南省民间传说传承人分布图①

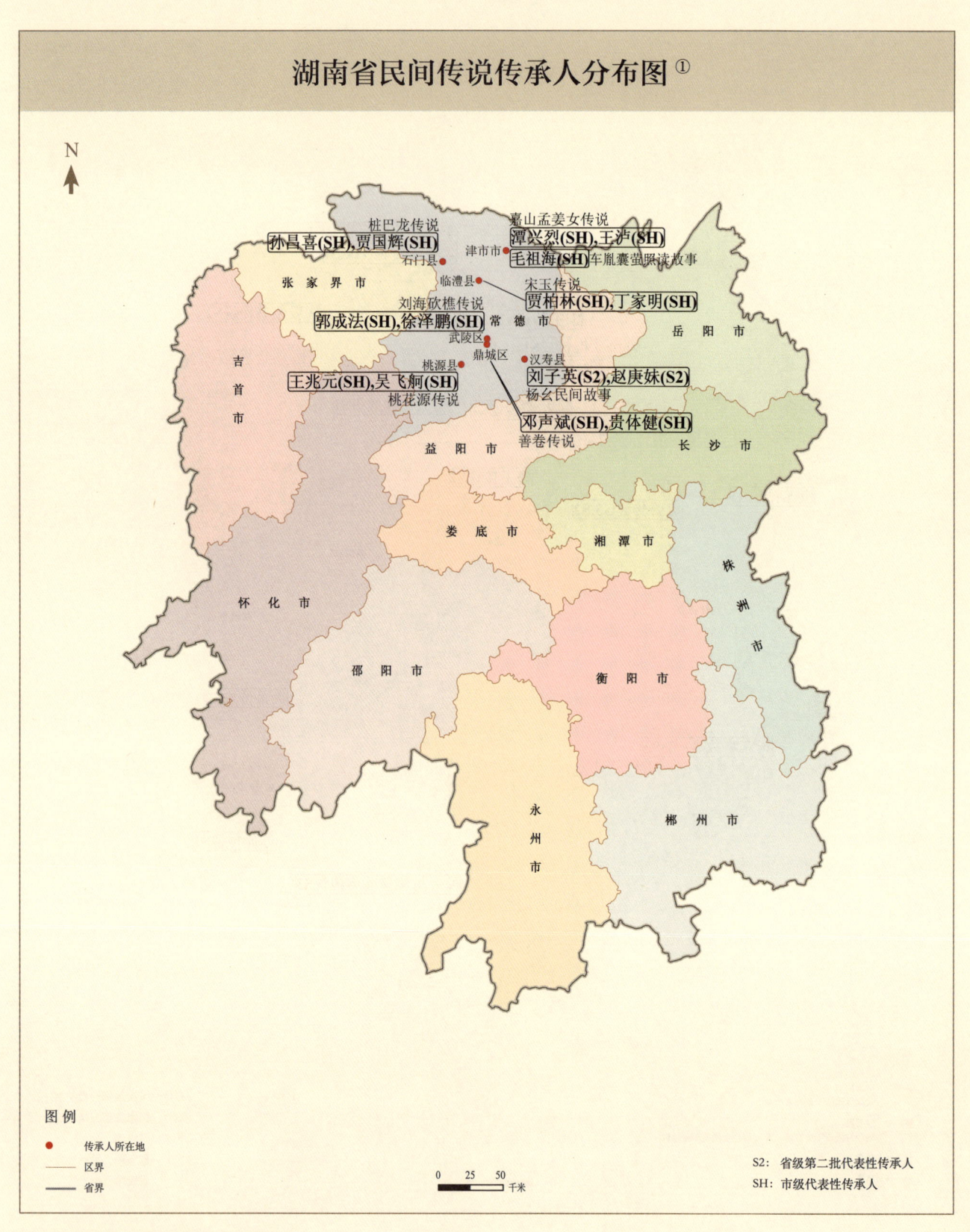

图 1-2-3-2 湖南省民间传说传承人分布图

① 本图中的传承人是指至2012年年底湖南省被列入湖南省省级、市区（县）级，以及部分具有较大社会影响的无级别民间传说类传承人。

湖南省民间传说相关信息分布图

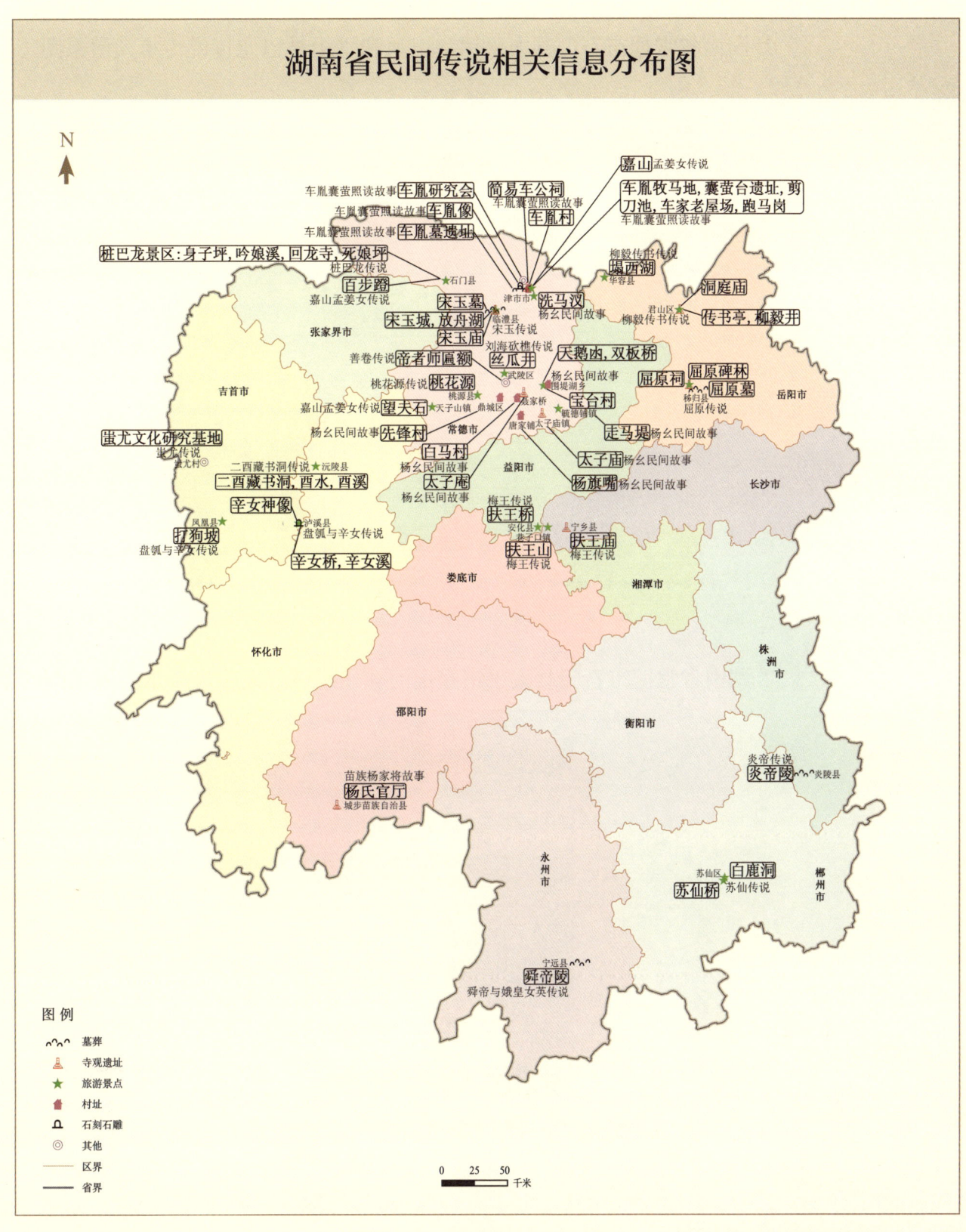

图 1-2-3-3 湖南省民间传说相关信息分布图

民间传说卷
第二编 地区民间传说项目与资源图谱（选录）

（二）湖南省民间传说传承谱系图（选录）

1. 湖南省常德市石门县太平镇穿山河和平组桩巴龙传说传承人谱系图（1）

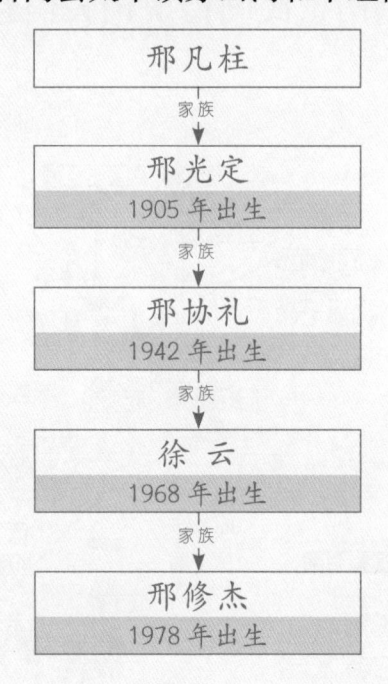

```
邢凡柱
  │ 家族
邢光定
1905年出生
  │ 家族
邢协礼
1942年出生
  │ 家族
徐 云
1968年出生
  │ 家族
邢修杰
1978年出生
```

图 1-2-3-4 湖南省常德市石门县太平镇穿山河和平组桩巴龙传说传承人谱系图（1）

2. 湖南省常德市石门县太平镇穿山河和平组桩巴龙传说传承人谱系图（2）

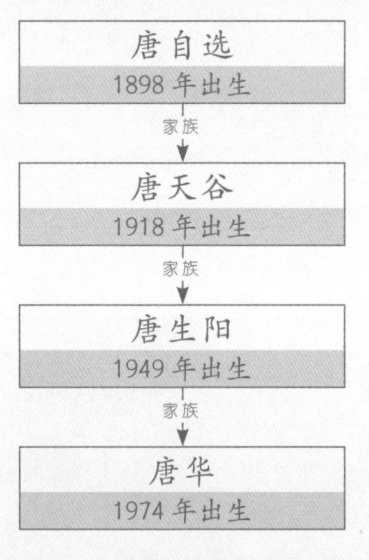

```
唐自选
1898年出生
  │ 家族
唐天谷
1918年出生
  │ 家族
唐生阳
1949年出生
  │ 家族
唐华
1974年出生
```

图 1-2-3-5 湖南省常德市石门县太平镇穿山河和平组桩巴龙传说传承人谱系图（2）

3. 湖南省常德市桃源县桃花源传说传承人谱系图

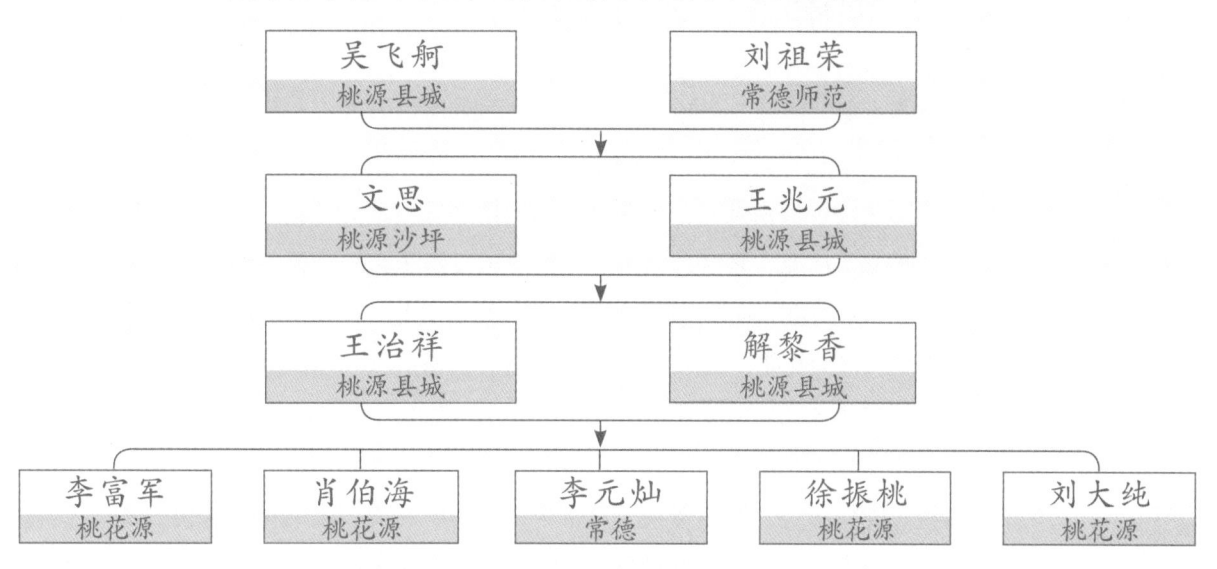

```
吴飞舸（桃源县城）     刘祖荣（常德师范）
            ↓
文思（桃源沙坪）       王兆元（桃源县城）
            ↓
王治祥（桃源县城）     解黎香（桃源县城）
            ↓
李富军    肖伯海    李元灿    徐振桃    刘大纯
桃花源    桃花源    常德      桃花源    桃花源
```

图 1-2-3-6 湖南省常德市桃源县桃花源传说传承人谱系图

4. 湖南省常德市汉寿县城及围堤湖乡"杨幺的民间故事"传承人谱系图

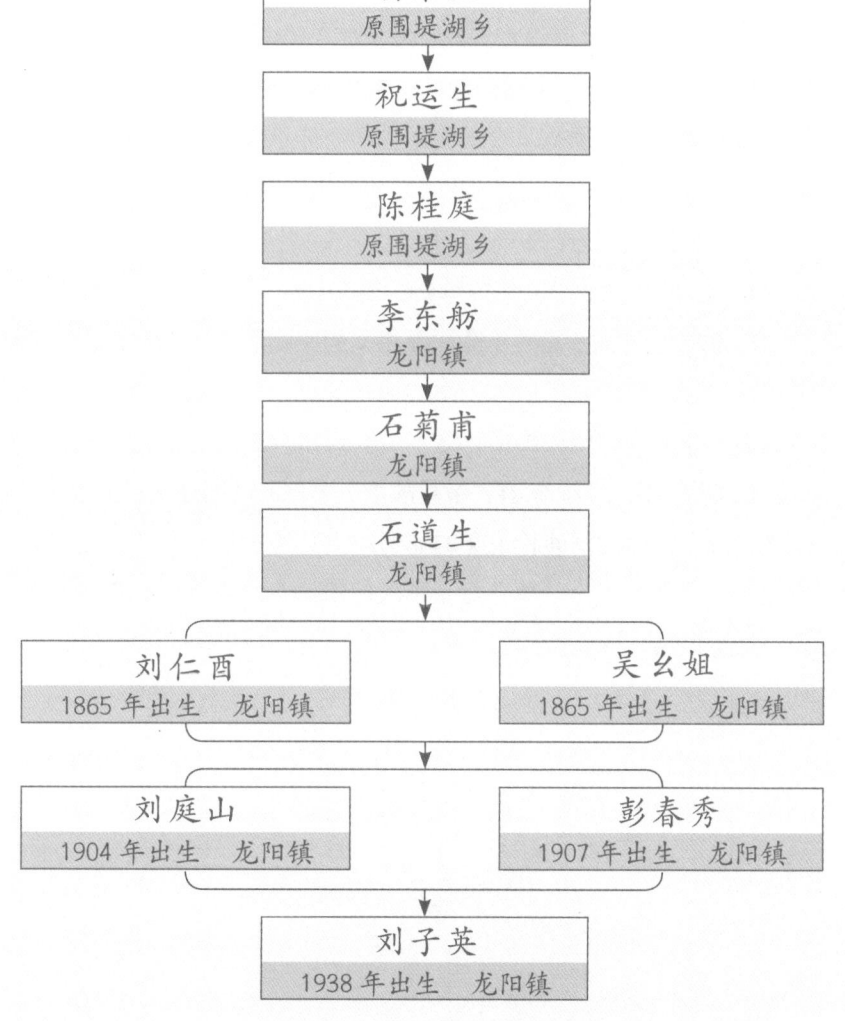

```
杨来宝（原围堤湖乡）
    ↓
祝运生（原围堤湖乡）
    ↓
陈桂庭（原围堤湖乡）
    ↓
李东舫（龙阳镇）
    ↓
石菊甫（龙阳镇）
    ↓
石道生（龙阳镇）
    ↓
刘仁酉（1865年出生 龙阳镇）    吴幺姐（1865年出生 龙阳镇）
    ↓
刘庭山（1904年出生 龙阳镇）    彭春秀（1907年出生 龙阳镇）
    ↓
刘子英（1938年出生 龙阳镇）
```

图 1-2-3-7 湖南省常德市汉寿县城及围堤湖乡"杨幺的民间故事"传承人谱系图

四 河南省

河南古称"中原",地处中国中东部,黄河中下游,是华夏文明和中华民族的核心发祥地,也是华夏历史文化的中心,曾居中国政治、经济、文化、交通中心地位长达五千年之久。河南拥有一批举世闻名的中华古都,如洛阳、开封、安阳、郑州等,道家、墨家、法家、名家、纵横家等思想也发源于此。中国多种博大精深的特色文化形态,如中原文化、河洛文化、汉字文化、姓氏文化、根亲文化、三商文化、礼仪文化、圣贤文化、诗词文化、武术文化、戏曲文化等,亦均在此融汇形成。

河南省历史悠久,文化积淀深厚,元代以前是中国历史的核心区域,民间传说类非物质文化遗产资源尤为丰富,例如上古时期有洛神传说、河图洛书传说、先蚕氏嫘祖传说、神农传说、许由传说、黄帝传说、帝舜传说、大禹神话传说、葛天氏传说、愚公移山传说;夏末商初有伊尹传说,周代有姜太公的传说、杞人忧天传说;春秋时期有老子传说、范蠡传说、赵氏孤儿传说;战国时期有列子传说;西汉时期有张良传说、王莽撵刘秀传说;东汉时期有丁兰刻木传说、陈实传说、董永与七仙女传说;魏晋南北朝时期有花木兰传说、钟繇传说、竹林七贤传说、梁山伯与祝英台传说、王祥卧冰传说、潘安传说、牛郎织女传说、妙善观音传说;唐代有柳毅传书传说、韩湘子传说、玄奘传说、韩愈传说、吴道子传说;南宋有白蛇闹许仙传说;明代有马文升传说,等等。

河南省民间传说类非物质文化遗产的传承方式主要以群体传承为主,也有一部分为家族传承。如吴道子传说的代表性传承人,有吴道子五十一代后裔吴光明、吴庚寅、吴政平,五十二代后裔吴娜,五十三代后裔吴铁中,等等。部分项目至今仍有活态传承,如由赵氏孤儿传说改编的怀梆戏《赵氏孤儿》,至今仍经常为温县三家庄怀梆剧团所演。

河南省与民间传说类非遗资源相关的文物和遗址为数众多,且保存较为完善,部分项目更是已经确立了较为全面的保护规划。如在大禹传说方面,目前河南登封市已经被国家命名为中国大禹文化之乡,登封市大禹故里文化研究会也已在登封祖家庄成立。在帝舜传说方面,素有"帝舜故里"之称的濮阳县则已开放了帝舜宫景区,等等。总之,现在河南省民间传说类的非物质文化遗产项目与资源正以其深厚的历史价值、文化价值和审美价值,越来越受到人们的关注与重视,其保护、传承和开发的力度也正在逐步加强。

（一）河南省民间传说项目与相关信息分布图

河南省民间传说项目分布图

图例
- 项目申报地
- 该项目流传于所在区、县（市）全境或部分地区
- 区界
- 省界

G1：国家级第一批
G2：国家级第二批
S1：省级第一批
S2：省级第二批
S3：省级第三批
Sk：省级扩展

图 1-2-4-1 河南省民间传说项目分布图

民间传说卷
第二编 地区民间传说项目与资源图谱（选录）

河南省民间传说传承人分布图①

图 1-2-4-2 河南省民间传说传承人分布图

① 本图中的传承人是指至 2012 年年底河南省被列入河南省省级、市区（县）级，以及部分具有较大社会影响的无级别民间传说类传承人。

中国非物质文化遗产项目与资源图谱集

河南省民间传说相关信息分布图

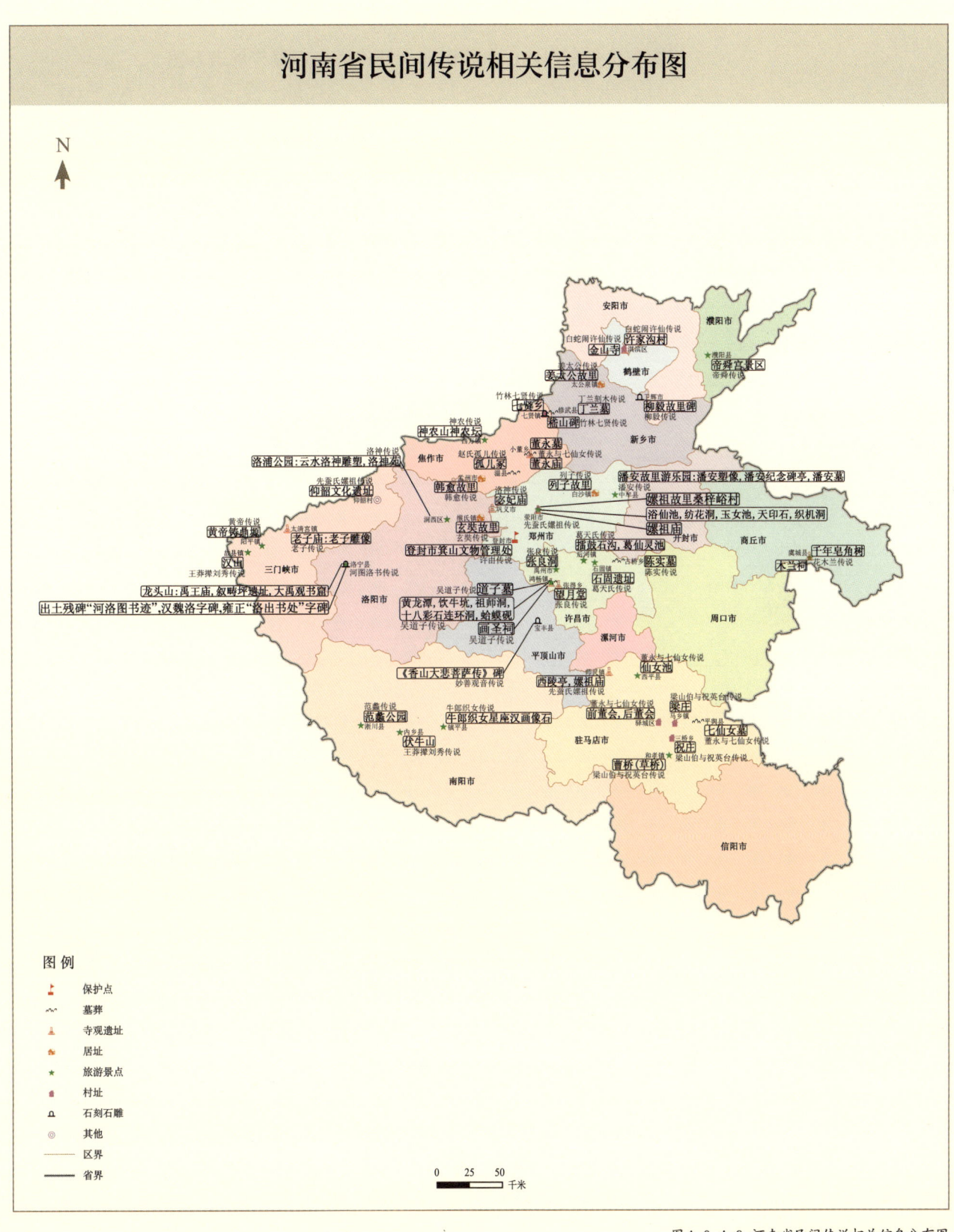

图例
- 保护点
- 墓葬
- 寺观遗址
- 居址
- 旅游景点
- 村址
- 石刻石雕
- 其他
- 区界
- 省界

图 1-2-4-3 河南省民间传说相关信息分布图

民间传说卷
第二编 地区民间传说项目与资源图谱（选录）

（二）河南省民间传说传承谱系图（选录）

1. 河南省禹州市马文升传说传承谱系图

（1）河南省禹州市古钧台东西街马文升传说马春发传承谱系图

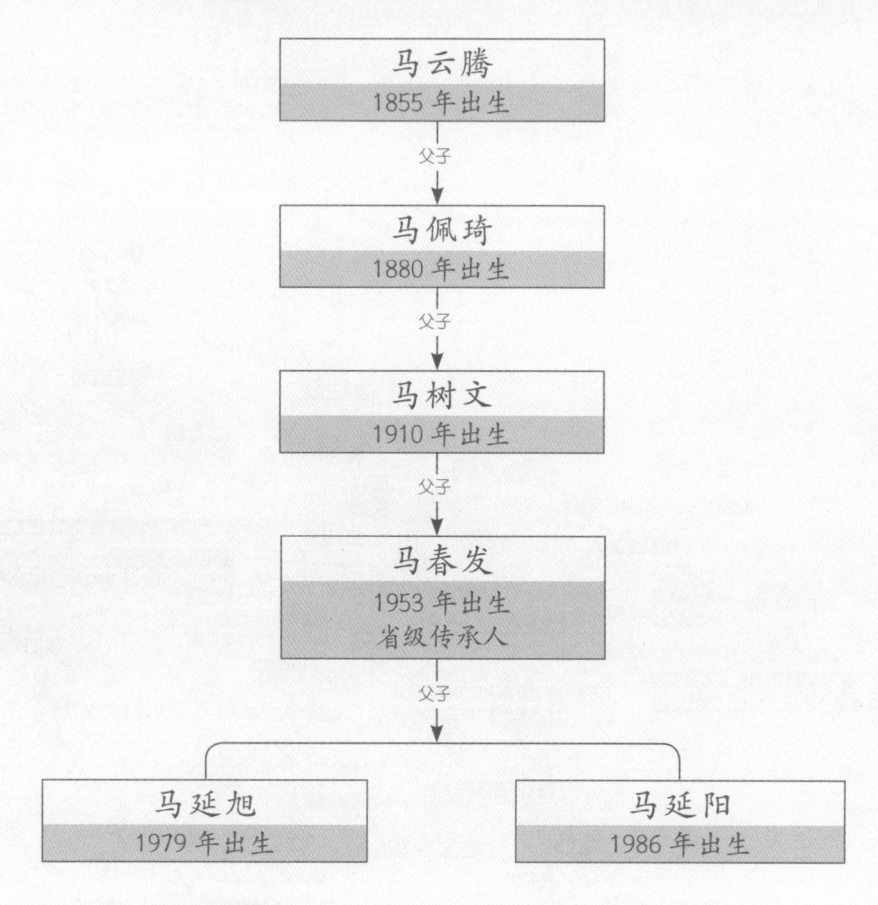

```
马云腾
1855年出生
    │父子
    ▼
马佩琦
1880年出生
    │父子
    ▼
马树文
1910年出生
    │父子
    ▼
马春发
1953年出生
省级传承人
    │父子
    ├──────────────┐
    ▼              ▼
马延旭          马延阳
1979年出生      1986年出生
```

图 1-2-4-4 河南省禹州市古钧台东西街马文升传说马春发传承谱系图

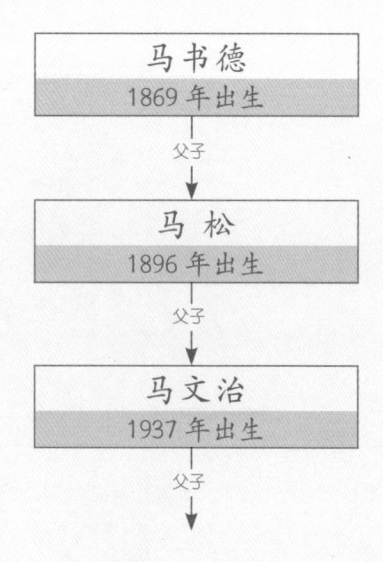

（2）河南省禹州市鸠山镇后地村马文升传说马贯章传承谱系图

```
马书德
1869年出生
    │父子
    ▼
马 松
1896年出生
    │父子
    ▼
马文治
1937年出生
    │父子
    ▼
```

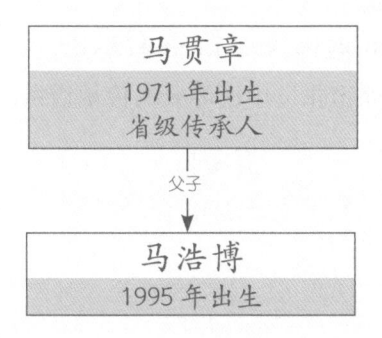

图1-2-4-5 河南省禹州市鸠山镇后地村马文升传说马贯章传承谱系图

（3）河南省禹州市颍河大街马文升传说马炎甫传承谱系图

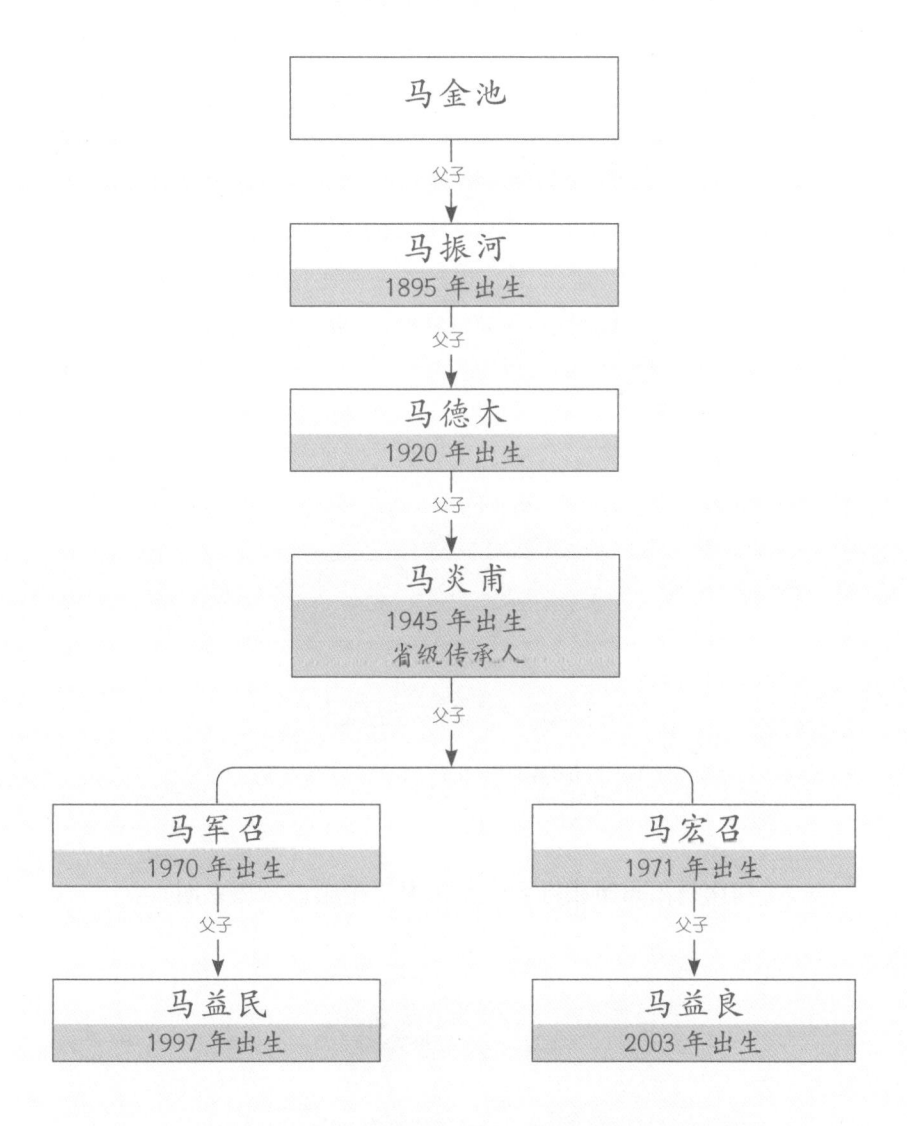

图1-2-4-6 河南省禹州市颍河大街马文升传说马炎甫传承谱系图

2. 河南省禹州市张良传说传承谱系图

（1）河南省禹州市张良传说苏岐瑞传承谱系图

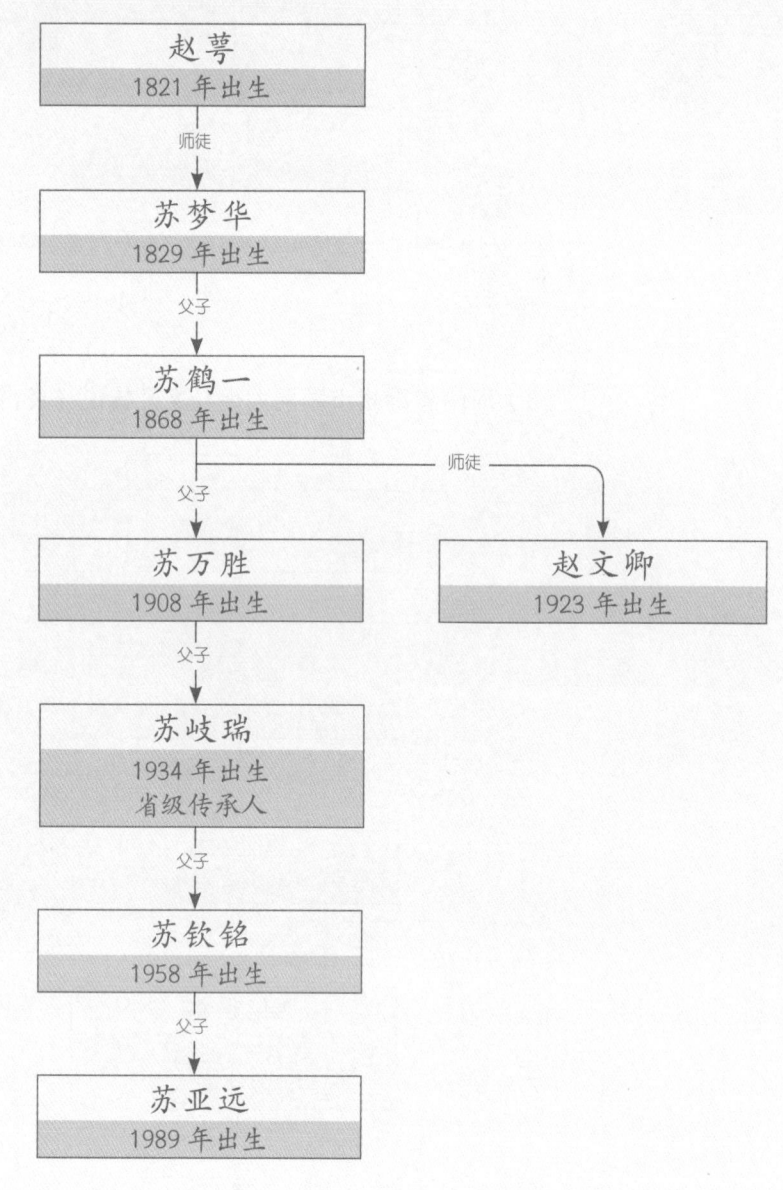

```
赵 萼
1821年出生
   │ 师徒
   ▼
苏梦华
1829年出生
   │ 父子
   ▼
苏鹤一
1868年出生
   │ 父子              师徒
   ▼                    ▼
苏万胜              赵文卿
1908年出生          1923年出生
   │ 父子
   ▼
苏岐瑞
1934年出生
省级传承人
   │ 父子
   ▼
苏钦铭
1958年出生
   │ 父子
   ▼
苏亚远
1989年出生
```

图1-2-4-7 河南省禹州市张良传说苏岐瑞传承谱系图

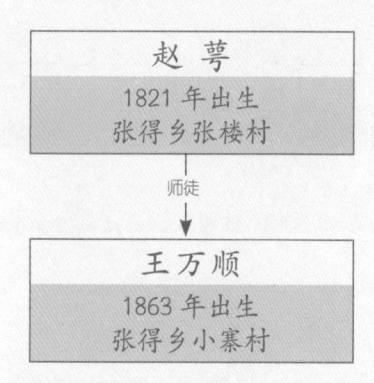

（2）河南省禹州市张得乡张良传说王国圃传承谱系图

```
赵 萼
1821年出生
张得乡张楼村
   │ 师徒
   ▼
王万顺
1863年出生
张得乡小寨村
```

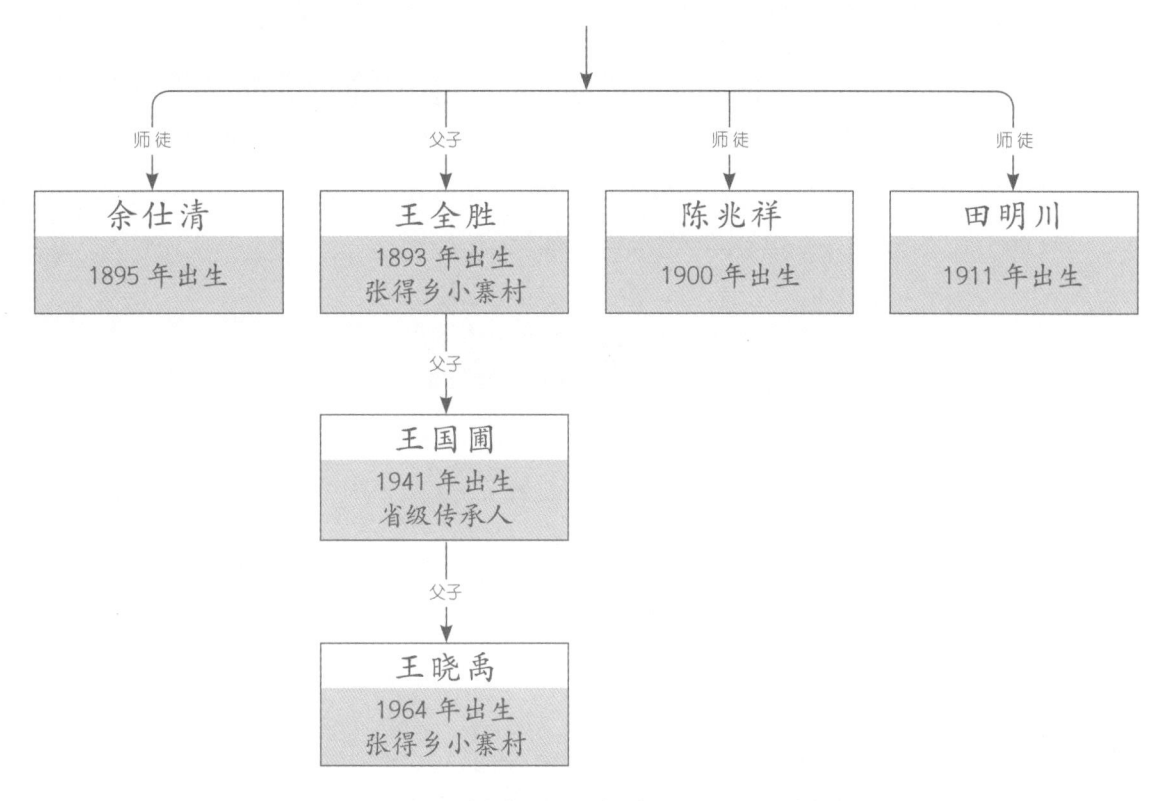

```
           ↓
  ┌────────┼────────┬────────┐
 师徒     父子     师徒     师徒
  ↓        ↓        ↓        ↓
┌──────┐ ┌──────┐ ┌──────┐ ┌──────┐
│余仕清│ │王全胜│ │陈兆祥│ │田明川│
│1895年│ │1893年│ │1900年│ │1911年│
│出生  │ │出生  │ │出生  │ │出生  │
│      │ │张得乡│ │      │ │      │
│      │ │小寨村│ │      │ │      │
└──────┘ └──────┘ └──────┘ └──────┘
            ↓ 父子
         ┌──────┐
         │王国圃│
         │1941年出生│
         │省级传承人│
         └──────┘
            ↓ 父子
         ┌──────┐
         │王晓禹│
         │1964年出生│
         │张得乡小寨村│
         └──────┘
```

图 1-2-4-8 河南省禹州市张得乡张良传说王国圃传承谱系图

（3）河南省禹州市张得乡张良传说杨国旗传承谱系图

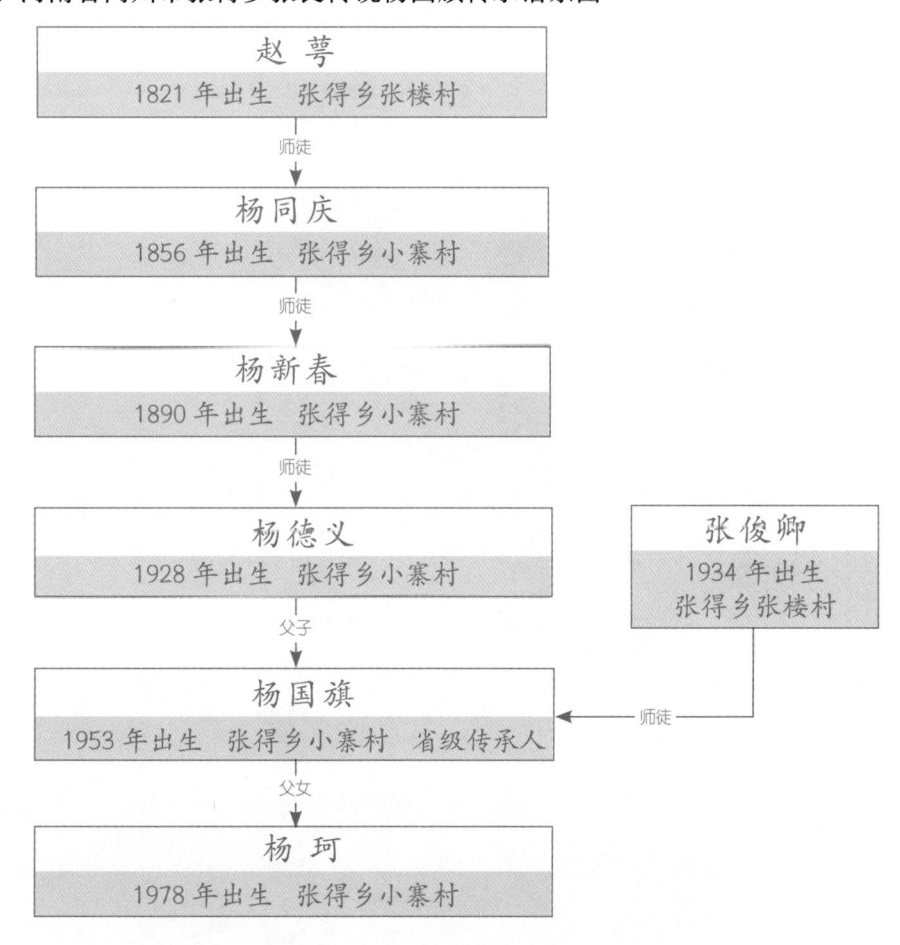

```
┌──────────────────────┐
│       赵 萼          │
│ 1821年出生 张得乡张楼村│
└──────────────────────┘
           ↓ 师徒
┌──────────────────────┐
│      杨同庆          │
│ 1856年出生 张得乡小寨村│
└──────────────────────┘
           ↓ 师徒
┌──────────────────────┐
│      杨新春          │
│ 1890年出生 张得乡小寨村│
└──────────────────────┘
           ↓ 师徒
┌──────────────────────┐                ┌──────────────┐
│      杨德义          │                │   张俊卿     │
│ 1928年出生 张得乡小寨村│                │ 1934年出生   │
└──────────────────────┘                │ 张得乡张楼村 │
           ↓ 父子                       └──────────────┘
┌──────────────────────┐                        │
│      杨国旗          │←────── 师徒 ──────────┘
│ 1953年出生 张得乡小寨村 省级传承人│
└──────────────────────┘
           ↓ 父女
┌──────────────────────┐
│       杨 珂          │
│ 1978年出生 张得乡小寨村│
└──────────────────────┘
```

图 1-2-4-9 河南省禹州市张得乡张良传说杨国旗传承谱系图

3.河南省禹州市鸿畅镇山底吴村吴道子传说吴铁中传承谱系图

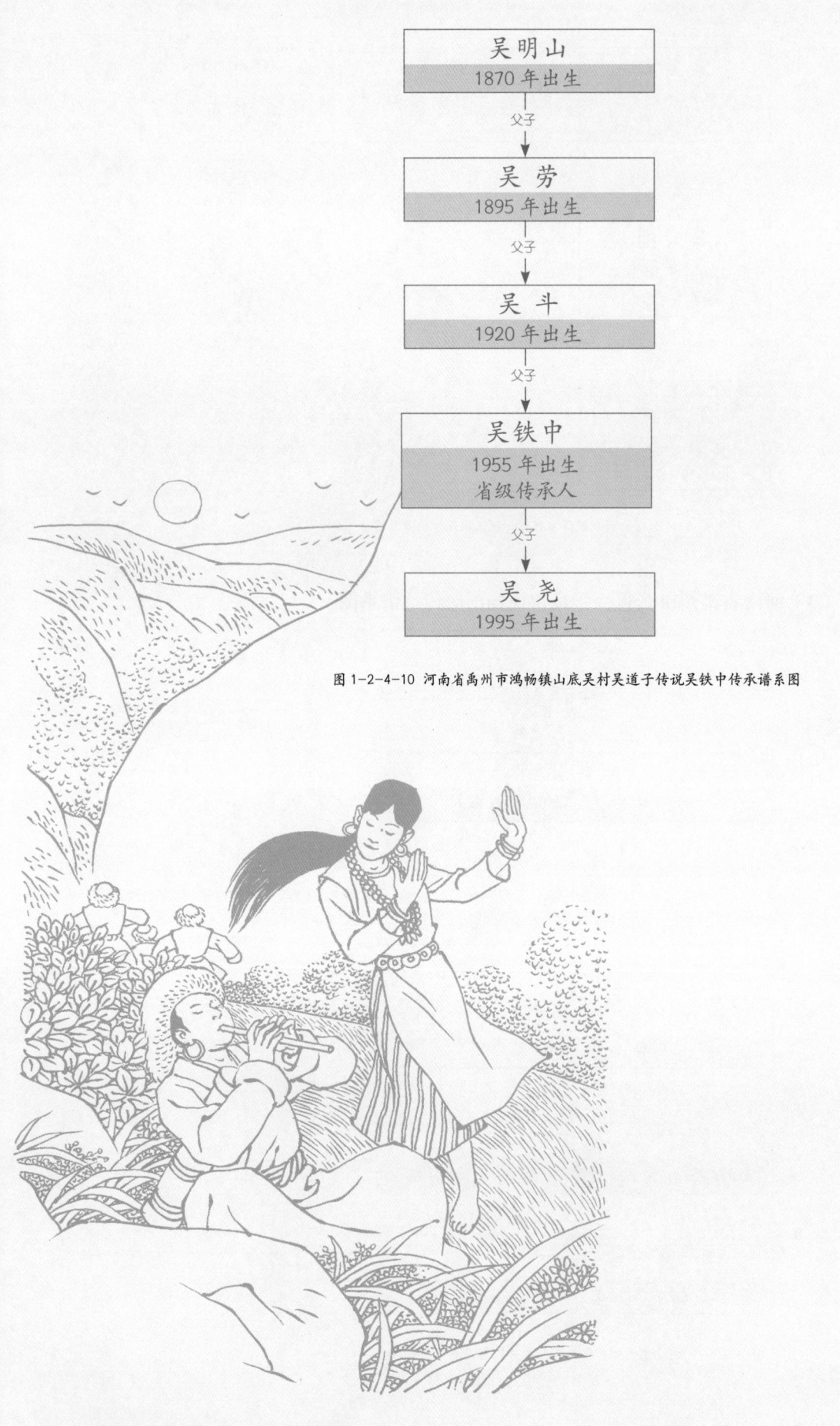

```
吴明山
1870年出生
   │父子
   ▼
吴 劳
1895年出生
   │父子
   ▼
吴 斗
1920年出生
   │父子
   ▼
吴铁中
1955年出生
省级传承人
   │父子
   ▼
吴 尧
1995年出生
```

图 1-2-4-10 河南省禹州市鸿畅镇山底吴村吴道子传说吴铁中传承谱系图

五 河北省

河北省地处华北，东临渤海，西部为太行山区，东北部是燕山山脉，西北部是军都山脉，最北部与内蒙古高原相接。河北省地形复杂，是中国兼有高原、山地、丘陵、平原、湖泊和海滨的省份。河北省也是中华文明的发源地之一，传说当年伏羲曾在邢台一带生活，黄帝曾在涿鹿大战蚩尤。战国时期河北大部分属于赵国和燕国，所以又被称为燕赵之地。作为京城通往外地的门户，河北省自古即是京畿要地。

河北省民间传说类非物质文化遗产项目主要分为三类，其中以人物传说和地方风物传说为主，历史事件传说则相对较少。在人物传说方面，有康熙与大庙传说、孟姜女故事传说、牛郎织女传说、伯夷和叔齐传说、契丹始祖传说、清河县武松与武大郎传说、杨家将传说、萧显写匾故事、内丘郭巨孝文化等；在地方风物传说方面，有平泉传说、仁义胡同传说、碣石山传说、柏乡汉牡丹传说、临城赵云故里传说、黄金台传说等；在历史事件传说方面，则有玄鸟生商的历史传说、李广射虎的历史传说、老马识途传说等。

河北省不但民间传说资源十分丰富，而且还保存了大量与这些民间传说相对应的古墓、祠堂、庙宇，有的至今还延续着传统庙会，有的已经开发成为公园，如邢台清河县境内有武松公园。邢台内丘县金店镇境内每年农历三月初六要举行郭巨庙庙会，届时数万民众聚集到金店镇祭祀缅怀孝子郭巨。地方风物类的民间传说已大多开发为主题公园或旅游景区，有的还建立了博物馆或陈列馆。如柏乡汉牡丹传说的发生地柏乡县北郝村弥陀寺，现已被开发为汉牡丹园。碣石山传说中的碣石山，现在也已经被开发成为旅游景区。另如唐山迁安市建昌营镇建昌营西街的仁义胡同，至今仍保护完好，并已设立了私人博物馆——建昌营仁义胡同纪念馆。

河北省的民间传说在传承方式上主要以群体传承为主。例如在昌黎县，几乎所有的老年人都能讲述二三十个关于碣石山的传说与故事，90% 的村民都能讲述其中的两到三个，其中又以苏连璧老人最为典型。

（一）河北省民间传说项目与相关信息分布图

河北省民间传说项目分布图

图 1-2-5-1 河北省民间传说项目分布图

G1k：国家级第一批扩展
G3：国家级第三批
S1：省级第一批
S2：省级第二批
S3：省级第三批

中国非物质文化遗产项目与资源图谱集

河北省民间传说传承人分布图①

图 1-2-5-2 河北省民间传说传承人分布图

① 本图中的传承人是指至2012年年底河北省被列入河北省省级,以及部分具有较大社会影响的无级别民间传说类传承人。

民间传说卷
第二编 地区民间传说项目与资源图谱(选录)

101

河北省民间传说相关信息分布图

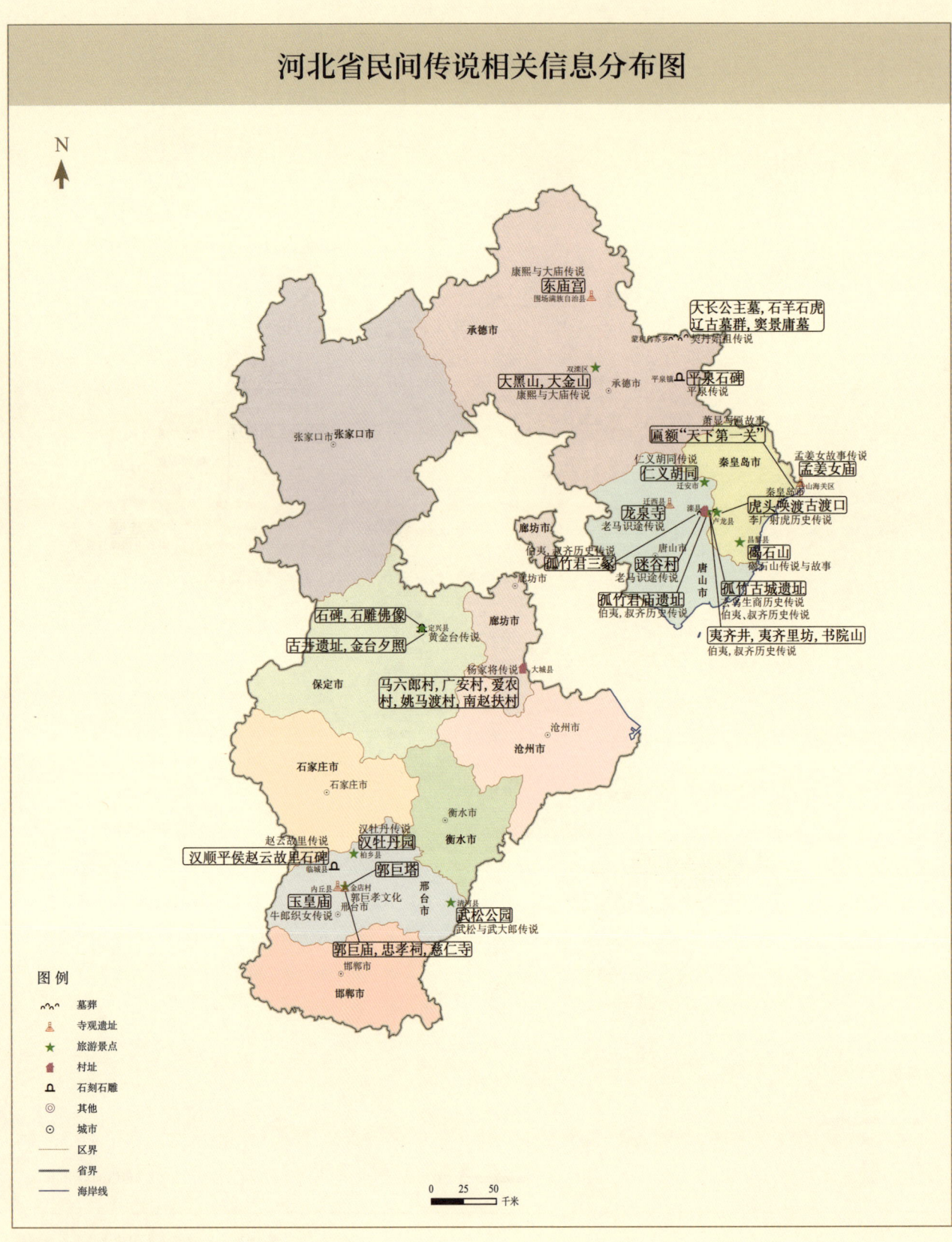

图 1-2-5-3 河北省民间传说相关信息分布图

（二）河北省民间传说传承谱系图（选录）

1. 河北省内丘县牛郎织女传说传承人谱系图

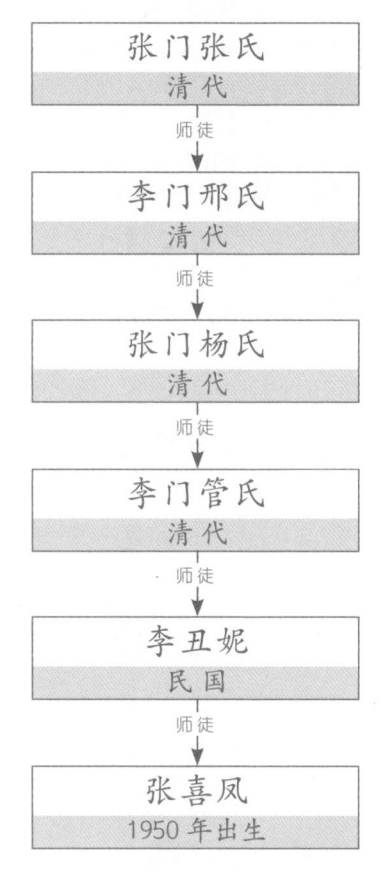

```
张门张氏
清代
  │ 师徒
  ▼
李门邢氏
清代
  │ 师徒
  ▼
张门杨氏
清代
  │ 师徒
  ▼
李门管氏
清代
  │ 师徒
  ▼
李丑妮
民国
  │ 师徒
  ▼
张喜凤
1950年出生
```

图 1-2-5-4 河北省内丘县牛郎织女传说传承人谱系图

2. 河北省内丘县郭巨埋儿传说传承人谱系图

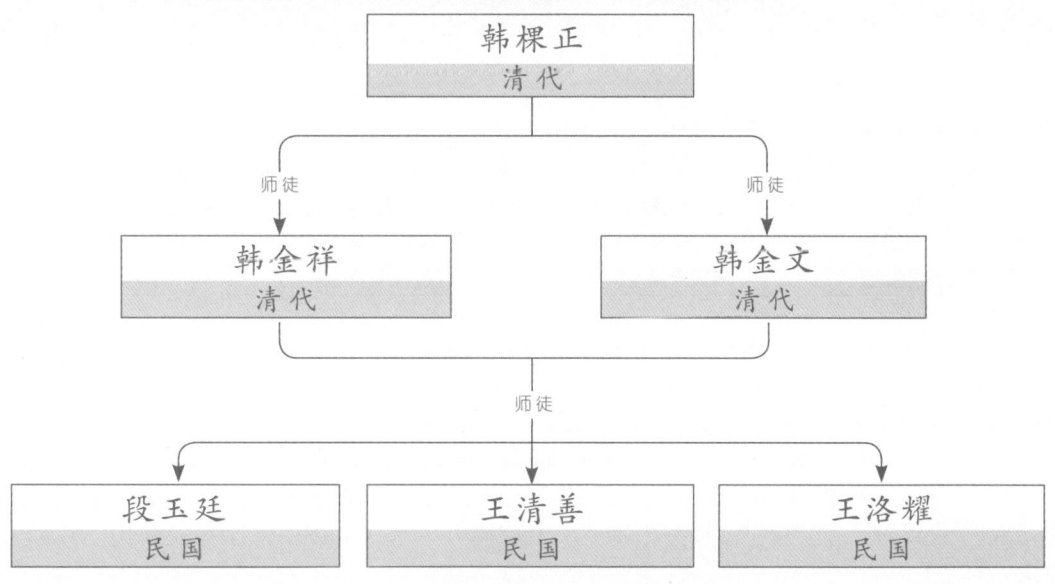

```
             韩棵正
             清代
         ┌────┴────┐
       师徒        师徒
         ▼          ▼
      韩金祥      韩金文
       清代        清代
         │
       师徒
    ┌────┼────┐
    ▼    ▼    ▼
  段玉廷 王清善 王洛耀
  民国   民国   民国
```

图 1-2-5-5 河北省内丘县郭巨埋儿传说传承人谱系图

3. 河北省灵寿县织女山牛郎织女传说传承人谱系图

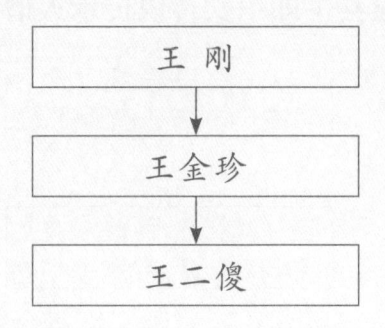

```
王 刚
 ↓
王金珍
 ↓
王二傻
```

图1-2-5-6 河北省灵寿县织女山牛郎织女传说传承人谱系图

4. 河北省平泉县平泉镇契丹始祖传说传承人谱系图

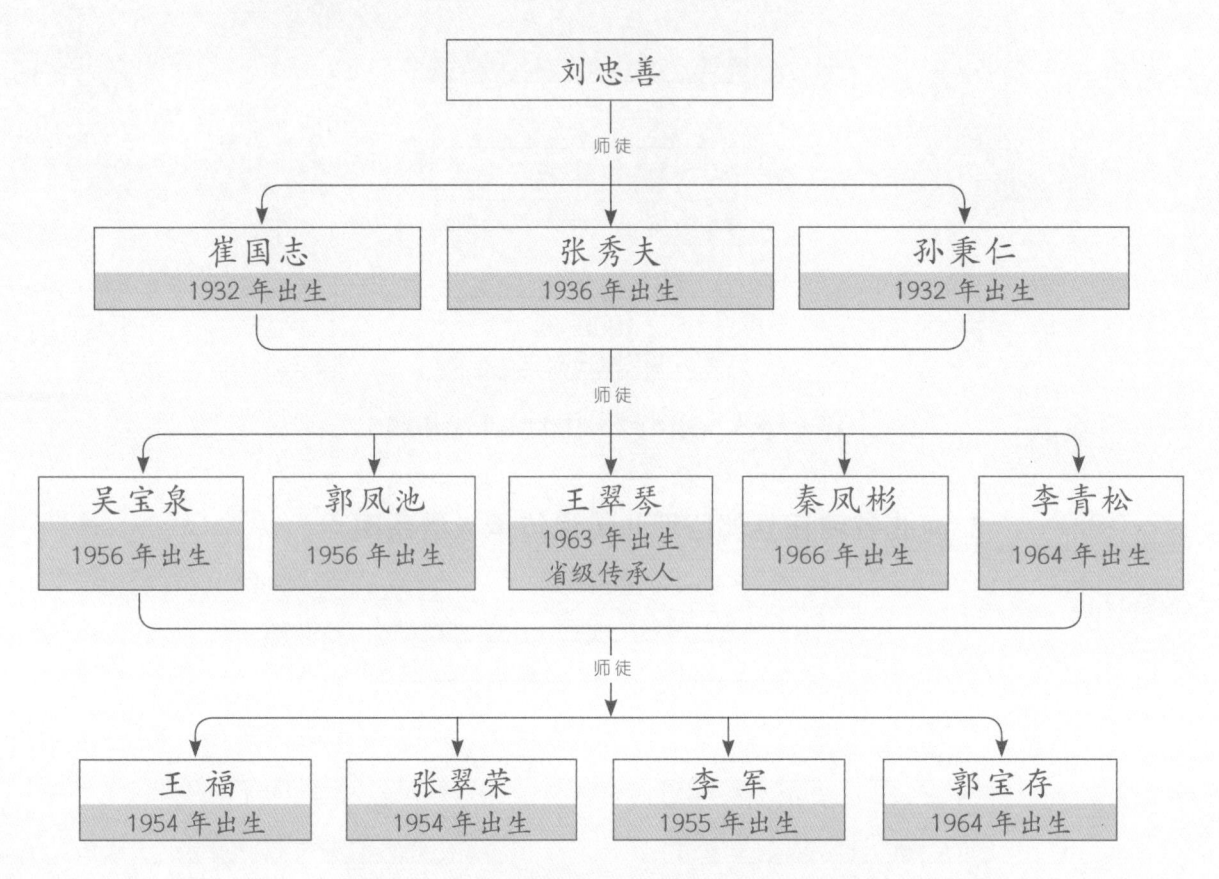

```
刘忠善
 │ 师徒
 ↓
崔国志          张秀夫          孙秉仁
1932年出生      1936年出生      1932年出生
         │ 师徒
         ↓
吴宝泉    郭凤池    王翠琴         秦凤彬    李青松
1956年出生 1956年出生 1963年出生    1966年出生 1964年出生
                  省级传承人
         │ 师徒
         ↓
王 福       张翠荣       李 军       郭宝存
1954年出生   1954年出生   1955年出生   1964年出生
```

图1-2-5-7 河北省平泉县平泉镇契丹始祖传说传承人谱系图

六 绍兴市

绍兴市位于浙江省中北部、杭州湾南岸，境内地貌类型多样，西部、中部、东部属山地丘陵，北部为绍虞平原，地势由西南向东北倾斜。从新石器时代中期的小黄山文化开始，绍兴至今已有约9000年历史。公元前490年，於越民族以今绍兴一带为中心建国，称越国，为春秋列国之一，是吴越文化的发祥地之一。绍兴是著名的水乡、桥乡、酒乡、书法之乡、名士之乡，自古素称"文物之邦、鱼米之乡"，是首批中国历史文化名城。

绍兴人文荟萃，素有"名士之乡"的美称，该地的民间传说类非遗项目也均以人物传说为主。从上古的虞舜传说、大禹传说，到明朝的徐文长的故事和乾隆皇帝游江南的传说等，体现了绍兴地域文化的鲜明特色。至2012年时，绍兴市共有市级民间传说类非遗项目10项，即绍兴市的大禹传说、句践传说、王羲之传说、乾隆皇帝游江南传说、董永传说、徐文长故事，新昌县的刘阮传说，上虞市的梁祝传说、虞舜传说和诸暨市的西施传说等。从地域分布格局上看，它们呈现了均等化的特点。

总观绍兴民间传说类非物质文化遗产的传承方式，既有一定的群体传承，也有一定的师徒传承。如诸暨市的西施传说，共有三条独立的师徒传承脉络：第一条脉络的传承人都居住在草塔镇平阔村，共传承7代；第二条师徒传承脉络共6代；第三条师徒传承脉络共5代。绍兴市徐文长故事的传承人也有三条传承脉络：第一条有2代，第二条为3代，第三条也有2代。代际之间基本上为家族传承或师徒传承。

绍兴地区的民间传说类非物质文化遗产项目均有保存较为完善的遗址或文物，并在此基础上形成了丰富多彩的人文景观。例如在新昌县城附近，至今还留有有关刘阮传说诸多遗址，如刘门山附近的刘门坞、刘门山（村）、采药径、阮公坛、迎仙阁、迎仙桥、惆怅溪、桃源洞，刘门山村旁刘阮庙，等等。在这些遗址中，有相当一部分已经开发成为旅游景区，如大禹陵、书圣故里、越王殿、刘阮庙、董永墓、徐文长故居，等等。在这些景区中，络绎不绝的游客往往会感受到一种巨大的民间传说的魅力。

绍兴地区丰富多彩的民间传说资源，具有许多当代社会有所缺失的文化特征与精神内涵，也具有发展旅游业的现实价值和潜在价值，因此，通过对于这些优秀的民间传说非遗资源的保护与利用，能够更好地将其转换成为推动当代绍兴文化发展的重要动力，给当代绍兴人民的生活与文化带来更加灿烂的明天。

（一）绍兴市民间传说项目与相关信息分布图

绍兴市民间传说项目与资源分布图①

图 1-2-6-1 绍兴市民间传说项目与资源分布图

---

① 本图中的项目与资源是指至2012年年底绍兴市被列入国家级、浙江省省级、绍兴市市级非物质文化遗产名录中的民间传说类非物质文化遗产项目，以及部分具有较大社会影响的无级别民间传说类非物质文化遗产资源。

绍兴市民间传说传承人分布图[①]

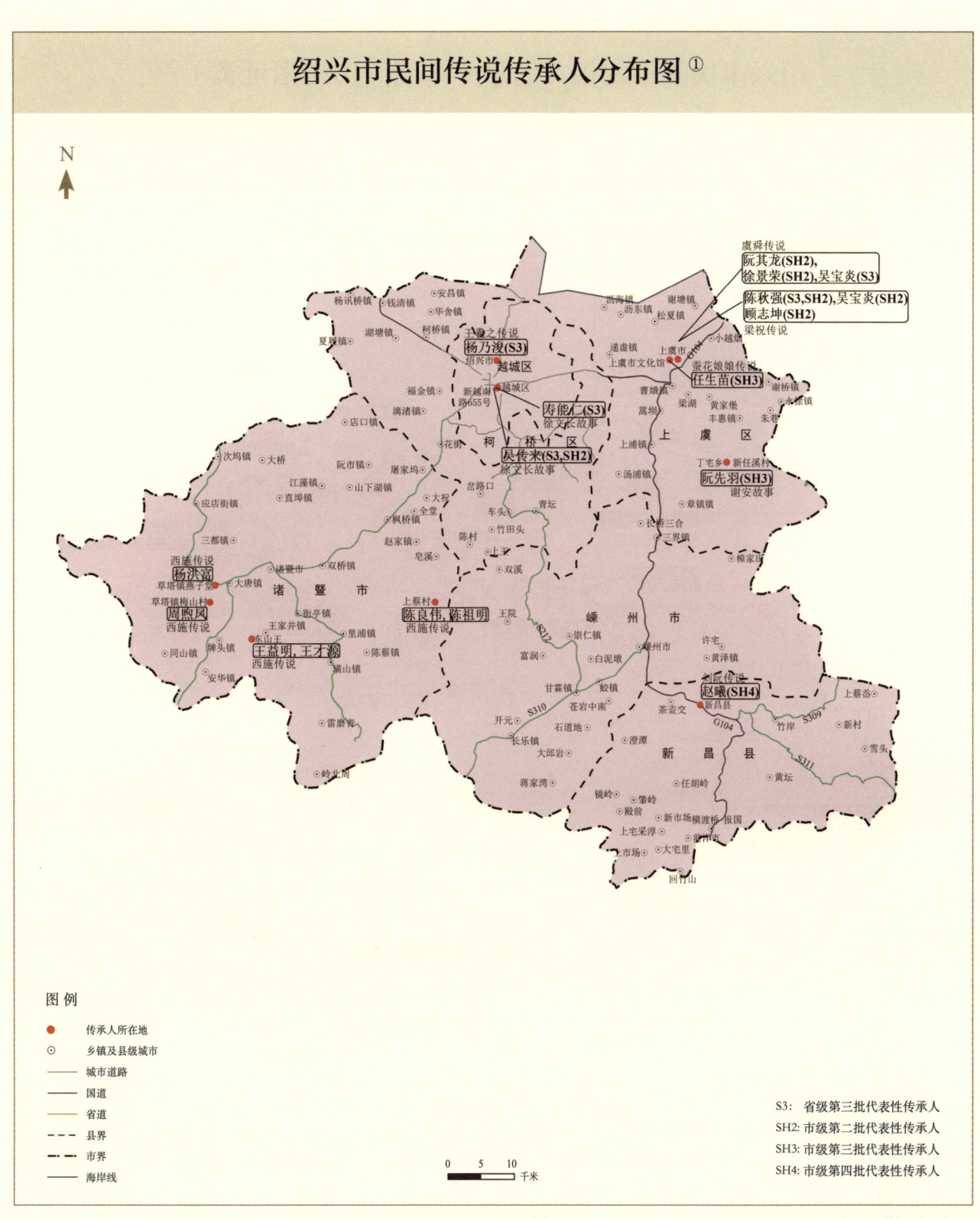

图 1-2-6-2 绍兴市民间传说传承人分布图

S3：省级第三批代表性传承人
SH2：市级第二批代表性传承人
SH3：市级第三批代表性传承人
SH4：市级第四批代表性传承人

[①] 本图中的传承人是指至2012年年底绍兴市被列入浙江省省级、绍兴市市级，以及部分具有较大社会影响的无级别民间传说类传承人。

民间传说卷
第二编 地区民间传说项目与资源图谱（选录）

绍兴市民间传说相关信息分布图（历史遗址类）

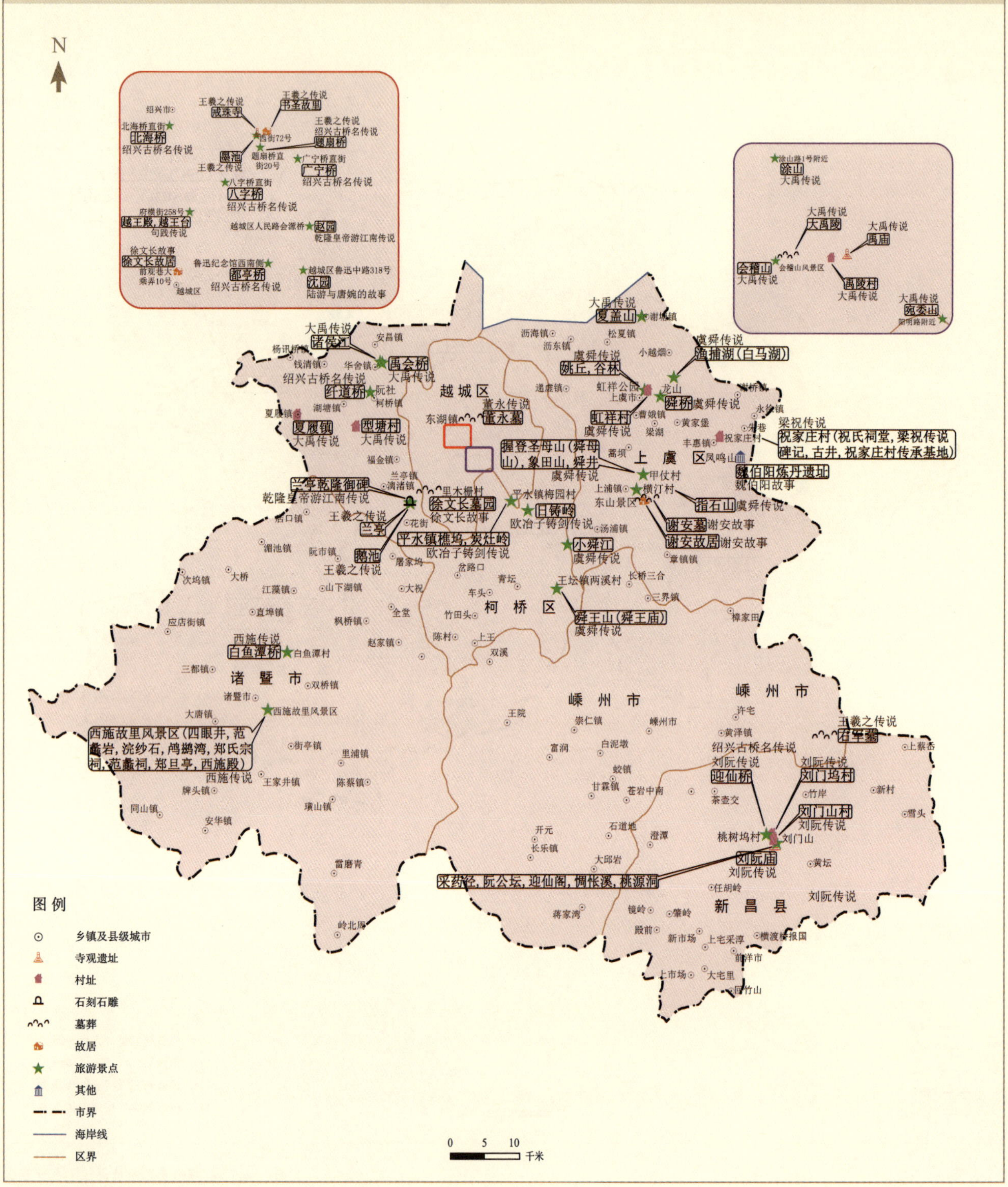

图 1-2-6-3 绍兴市民间传说相关信息分布图（历史遗址类）

（二）绍兴市民间传说传承谱系图（选录）

1.绍兴市诸暨西施传说传承谱系图

（1）绍兴市诸暨西施传说杨洪富传承谱系图

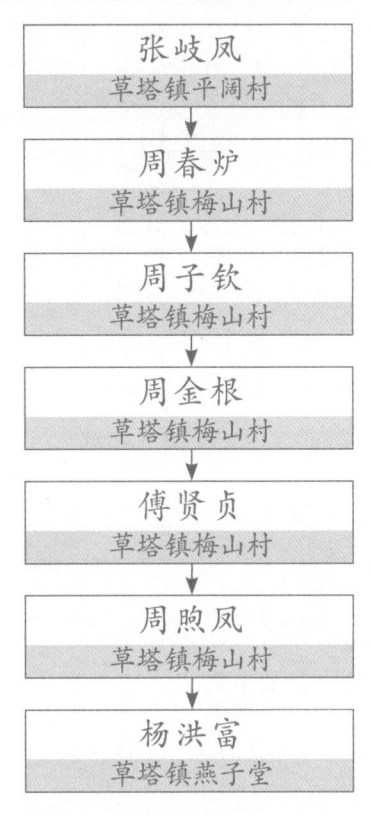

```
张岐凤
草塔镇平阔村
   ↓
周春炉
草塔镇梅山村
   ↓
周子钦
草塔镇梅山村
   ↓
周金根
草塔镇梅山村
   ↓
傅贤贞
草塔镇梅山村
   ↓
周煦凤
草塔镇梅山村
   ↓
杨洪富
草塔镇燕子堂
```

图 1-2-6-4 绍兴市诸暨西施传说杨洪富传承谱系图

（2）绍兴市诸暨西施传说王才源传承谱系图

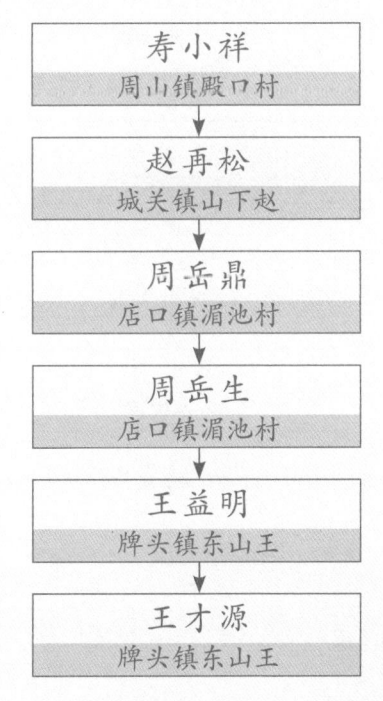

```
寿小祥
周山镇殿口村
   ↓
赵再松
城关镇山下赵
   ↓
周岳鼎
店口镇湄池村
   ↓
周岳生
店口镇湄池村
   ↓
王益明
牌头镇东山王
   ↓
王才源
牌头镇东山王
```

图 1-2-6-5 绍兴市诸暨西施传说王才源传承谱系图

（3）绍兴市诸暨西施传说陈良伟传承谱系图

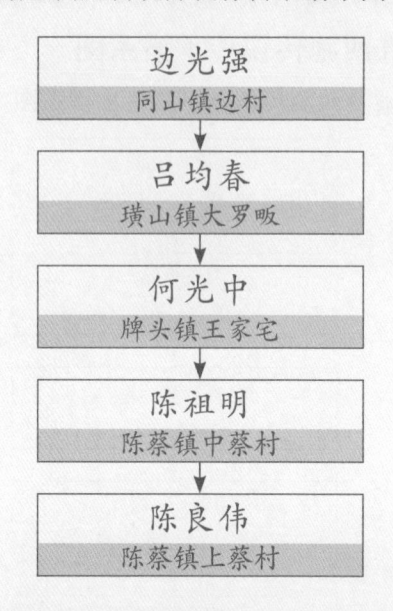

```
边光强
同山镇边村
  ↓
吕均春
璜山镇大罗畈
  ↓
何光中
牌头镇王家宅
  ↓
陈祖明
陈蔡镇中蔡村
  ↓
陈良伟
陈蔡镇上蔡村
```

图 1-2-6-6 绍兴市诸暨西施传说陈良伟传承谱系图

2. 绍兴市徐文长故事传承谱系图

（1）绍兴市徐文长故事陶成达传承谱系图

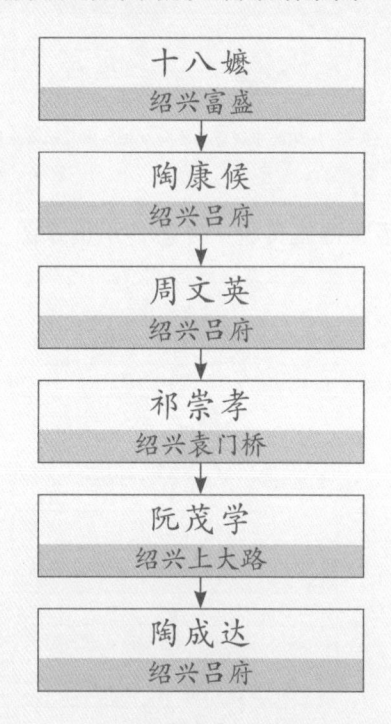

```
十八孃
绍兴富盛
  ↓
陶康候
绍兴吕府
  ↓
周文英
绍兴吕府
  ↓
祁崇孝
绍兴袁门桥
  ↓
阮茂学
绍兴上大路
  ↓
陶成达
绍兴吕府
```

图 1-2-6-7 绍兴市徐文长故事陶成达传承谱系图

（2）绍兴市徐文长故事吴传来传承谱系图

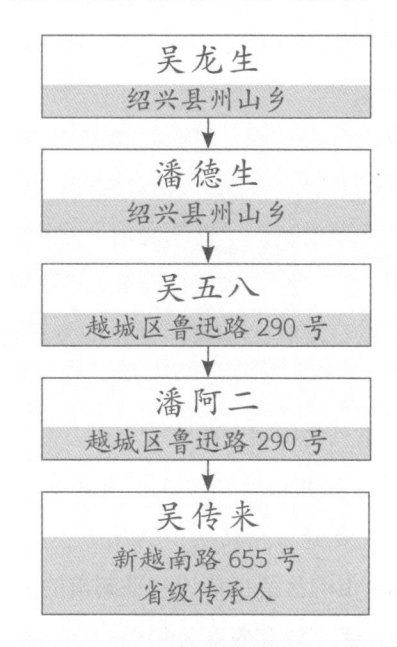

```
吴龙生
绍兴县州山乡
   ↓
潘德生
绍兴县州山乡
   ↓
吴五八
越城区鲁迅路290号
   ↓
潘阿二
越城区鲁迅路290号
   ↓
吴传来
新越南路655号
省级传承人
```

图 1-2-6-8 绍兴市徐文长故事吴传来传承谱系图

（3）绍兴市徐文长故事寿能仁传承谱系图

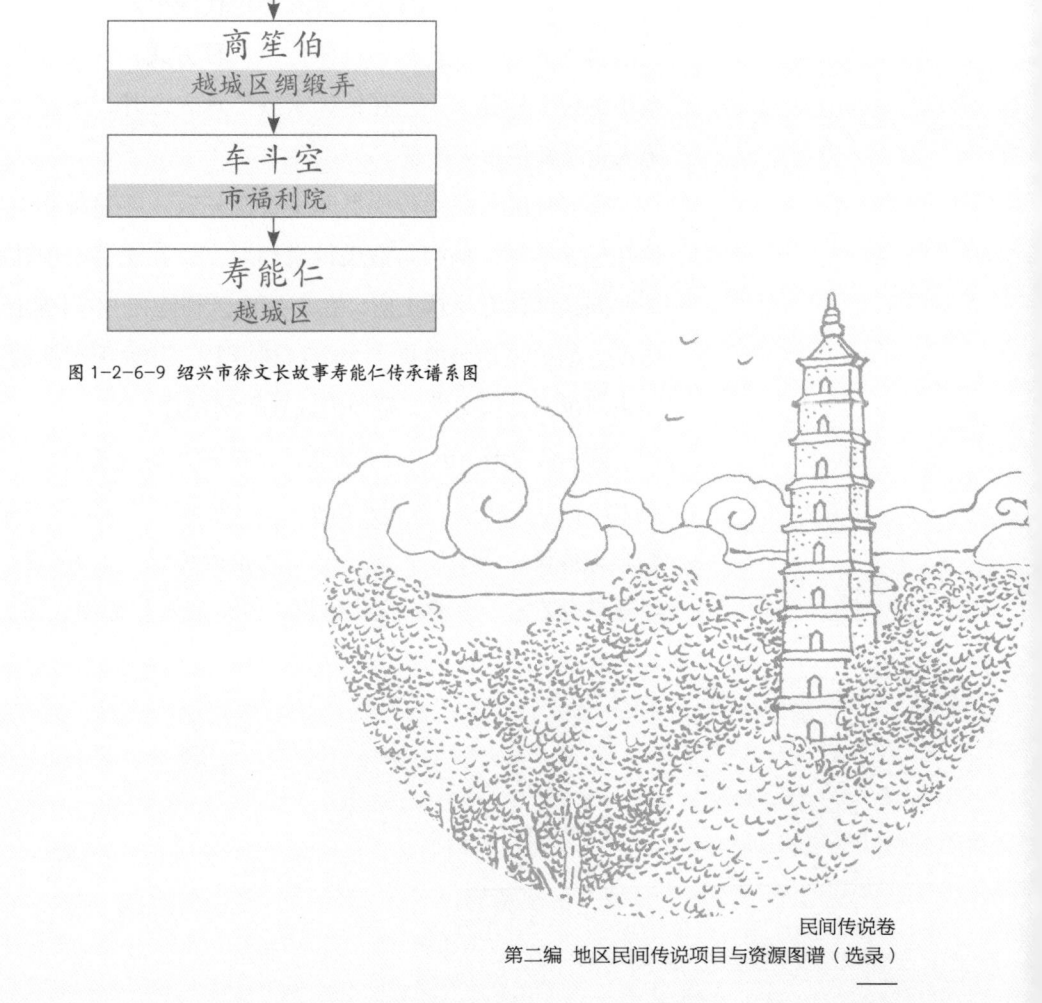

```
寿耕梅
越城区
   ↓
商笙伯
越城区绸缎弄
   ↓
车斗空
市福利院
   ↓
寿能仁
越城区
```

图 1-2-6-9 绍兴市徐文长故事寿能仁传承谱系图

七 嘉兴市

嘉兴市位于浙江省东北部、长江三角洲杭嘉湖平原腹心地带。嘉兴市东临大海，南倚钱塘江，西接天目之水，大运河纵贯境内，北扼太湖南走廊之咽喉，揽江、海、湖、河之形胜，素有"鱼米之乡""丝绸之府"之称。市境为太湖边的浅碟形洼地，地势由东南向西北倾斜，田、地、水交错分布，旱地栽桑、水田种粮、湖荡养鱼，水乡特色浓郁。嘉兴市是新石器时代马家浜文化的发祥地。春秋战国时期，此地名为长水，又称檇李，吴越两国在此风云角逐，因此嘉兴有"吴根越角"之称。嘉兴文化底蕴深厚，名人辈出，2011年被列为国家历史文化名城。

至2012年年底，嘉兴市已经建立了四批市级非物质文化遗产项目，其中民间传说项目为四项，它们主要分布在嘉兴市的几个县、市中，即海宁市的何文秀传说、海盐县的钱氏故事、桐乡市的吕留良传说、平湖市的陆稼书故事。宋元时嘉兴经济较发达，明宣德以后嘉兴地区手工业和农业发展较快，商品经济繁荣，棉布丝绸远销海外，有"衣被天下"的美誉。因此，嘉兴市的四个市级民间传说类非遗项目均为明清时期的人物传说，这与嘉兴宋元明清之际经济繁荣不无关系。

嘉兴地区的民间传说类非遗项目其传承方式主要是以群体传承为主。例如何文秀传说、吕留良传说和陆稼书传说等，主要由流传地区的群众口耳相传。目前，这些传承人大多存在着传承困难的问题。如何文秀传说的传承人主要是一些出生于20世纪二三十年代的老人，其次为四五十年代的中老年人，青年传承人至今还没有。海盐钱氏故事则兼有家族传承与群体传承两种方式，钱氏家族的主要成员均为其家族传承体系中的代表性传承人。在钱氏家族传承人之外，还有沈荡镇的林天顺、澉浦镇许懋汉等人也是其传承人代表。

嘉兴地区的民间传说类非遗资源均有一些遗址相对应，部分传说还有宗祠、纪念馆和纪念亭等。例如与钱氏传说相对应，在沈荡镇中钱村还保留着钱氏宗祠，在嘉兴南北湖景区建有吴越王庙，在嘉兴市区梅湾街96号建有钱氏清芬堂纪念馆。在何文秀传说方面，当地则搜集了大量口述资料，并发现了新的变异文本，由何文秀传说改编而来的越剧《何文秀》至今也还在民间演出。

除了各个县、市以外，嘉兴市区的民间传说资源也十分丰富，且富有江南水乡特色，如大禹锁五龙传说、南湖神泉水传说、鸳鸯湖传说、踏白船传说、烟雨楼传说、秀水传说、五彩螺传说、朱买臣传说、南湖无角菱传说、五芳斋粽子传说，等等。这些民间传说同样具有艺术、审美、文化价值，有待进一步挖掘、保护和开发。

（一）嘉兴市民间传说项目与相关信息分布图

嘉兴市民间传说项目与资源分布图

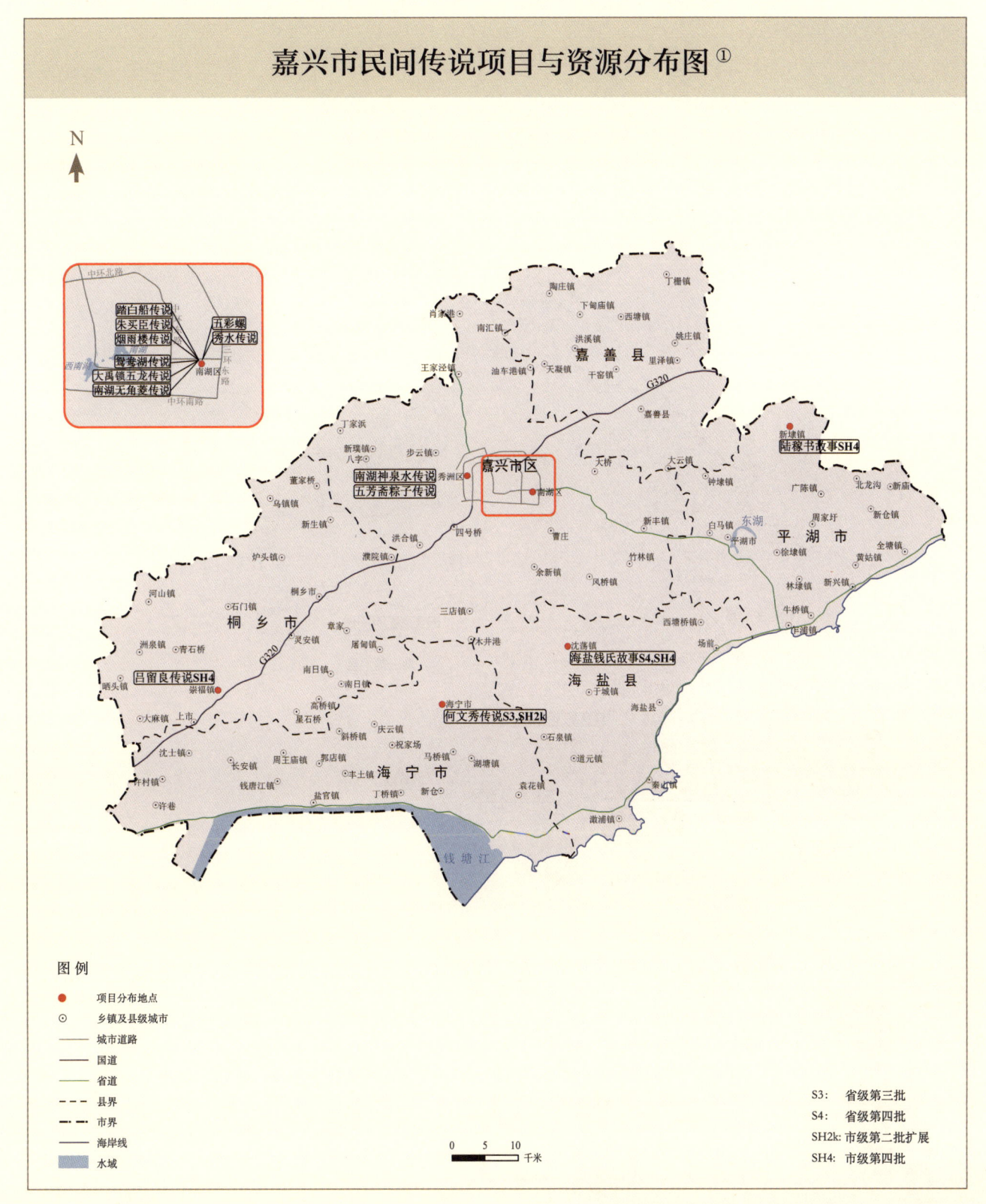

图 1-2-7-1 嘉兴市民间传说项目与资源分布图

① 本图中的项目与资源是指至2012年年底嘉兴市被列入浙江省省级、嘉兴市市级非物质文化遗产名录中的民间传说类非物质文化遗产项目，以及部分具有较大社会影响的无级别民间传说类非物质文化遗产资源。

民间传说卷
第二编 地区民间传说项目与资源图谱（选录）

嘉兴市民间传说传承人分布图[①]

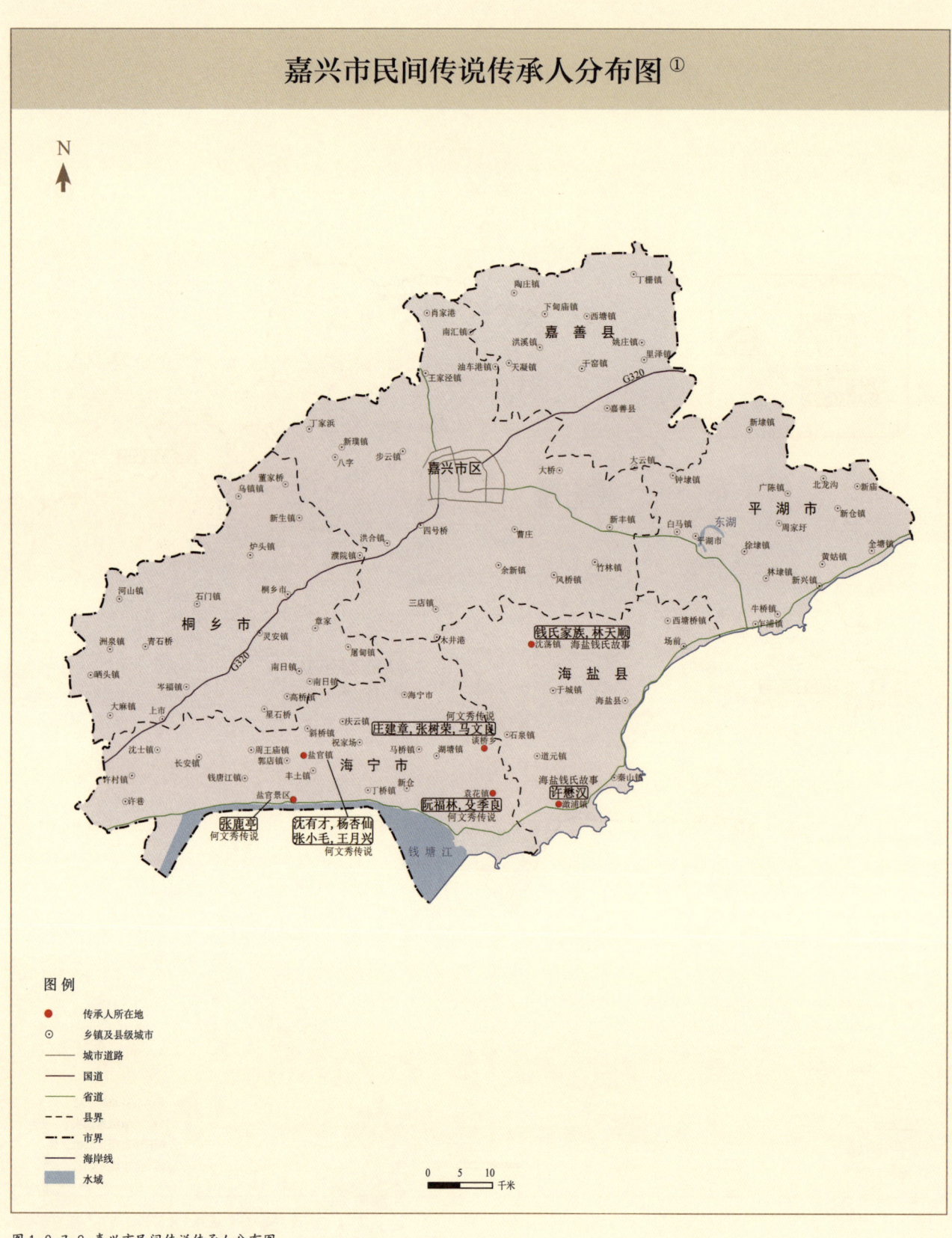

图 1-2-7-2 嘉兴市民间传说传承人分布图

[①] 本图中的传承人是指至2012年年底嘉兴市部分具有较大社会影响的无级别民间传说类传承人。

嘉兴市民间传说相关信息分布图

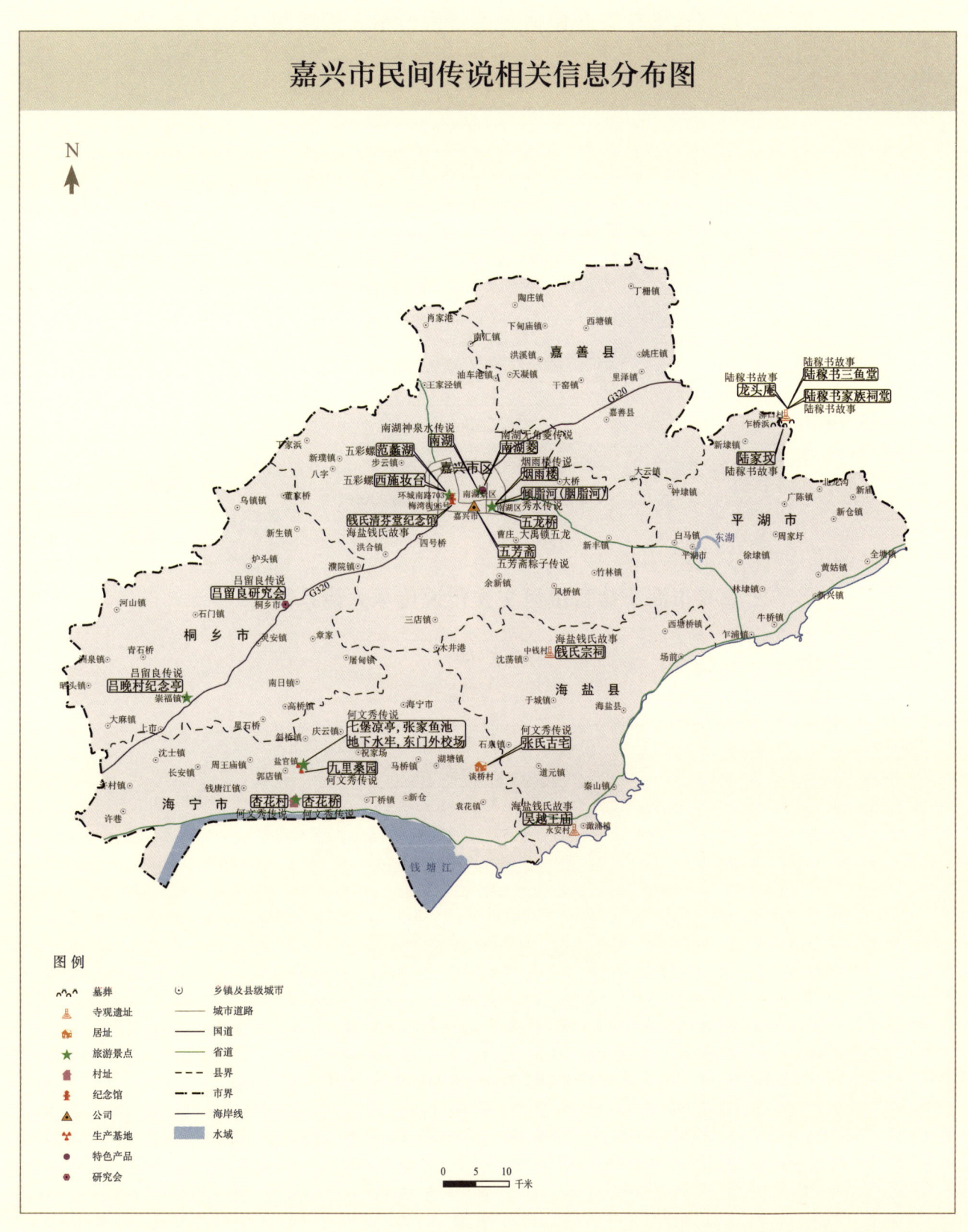

图 1-2-7-3 嘉兴市民间传说相关信息分布图

（二）嘉兴市民间传说传承谱系图（选录）

1. 嘉兴市海宁袁花镇何文秀传说传承人谱系图

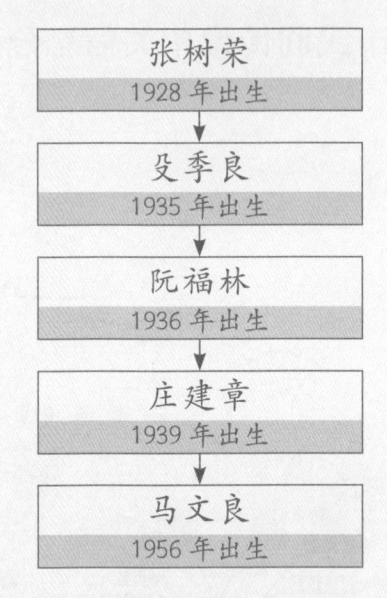

张树荣
1928 年出生
↓
殳季良
1935 年出生
↓
阮福林
1936 年出生
↓
庄建章
1939 年出生
↓
马文良
1956 年出生

图 1-2-7-4 嘉兴市海宁袁花镇何文秀传说传承人谱系图

2. 嘉兴市海宁盐官镇何文秀传说传承人谱系图

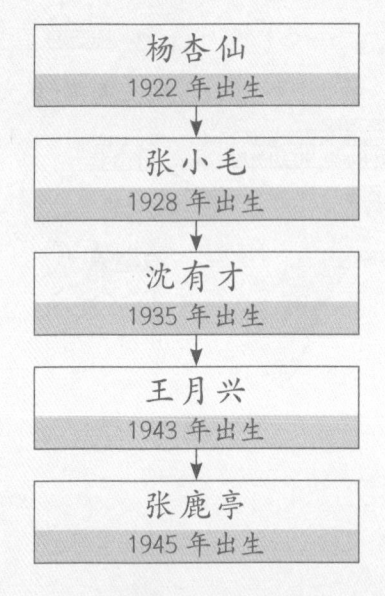

杨杏仙
1922 年出生
↓
张小毛
1928 年出生
↓
沈有才
1935 年出生
↓
王月兴
1943 年出生
↓
张鹿亭
1945 年出生

图 1-2-7-5 嘉兴市海宁盐官镇何文秀传说传承人谱系图

八 海盐县

海盐县位于浙江省北部富庶的杭嘉湖平原，东濒杭州湾，西南与海宁市毗邻，北与嘉兴秀洲区、平湖市接壤，属嘉兴地区。海盐是崧泽文化发祥地之一，五千多年前就有先民在此从事农牧渔猎活动。秦始皇二十五年（前222）置县，因"海滨广斥，盐田相望"而得名，是浙江最早建县的城市之一。海盐历代名人辈出，素以"鱼米之乡、丝绸之府、礼仪之邦、旅游之地"著称。

至2012年时，海盐县民间传说类非物质文化遗产项目共有三项，其中两项为人物传说，即秦山街道的秦始皇传说与沈荡镇的海盐钱氏故事；一项为地方风物传说，即沈荡镇的大桥传说。

海盐县民间传说类非物质文化遗产项目主要以群体传承为主，如秦始皇传说和沈荡镇的大桥传说，都是以群体传承的方式进行流传。宋太平兴国三年（978），吴越钱镠纳土归宋，至今海盐、澉浦、沈荡以及嘉兴市区的部分地区乃至全国、海外都流传着钱氏家族的传说。钱氏传说的传承则兼有家族传承和群体传承，现传承人主要是钱氏家族的主要成员，此外还有沈荡镇的林天顺、澉浦镇许懋汉等。

海盐县的民间传说类非物质文化遗产项目遗址保存不多，但是建立了较多相关的非遗展示基地、宗祠、纪念馆等，为进一步挖掘和保护民间传说资源奠定了基础。例如关于秦始皇的传说，至今保留的部分遗址有秦始皇驻兵的秦驻山、秦始皇驰道等，但传说中的秦始皇庙及碑牌已不存，秦始皇庙庙会也基本消失。另当地民间还有与秦始皇庙庙会相关的曲艺形式流传。沈荡大桥传说中的原石桥已拆除，代之以水泥桥，也称为"沈荡大桥"。海盐县目前正在秦山镇永兴村文溪坞建设"农耕文明展览馆"，该馆将成为包括传说在内的海盐非遗项目的展示基地。有关钱氏故事，沈荡镇中钱村还保留着钱氏宗祠，海盐南北湖景区内有吴越王庙，嘉兴市区梅湾街96号建有钱氏清芬堂纪念馆。

除了已被列为非遗保护项目的民间传说以外，文化底蕴深厚的海盐县还蕴藏着大量未列入非物质文化遗产项目的民间传说资源，其中较有代表性的传说资源有夜普陀传说、鹰窠顶传说、伍子胥镇妖传说、槜李传说、平顶山磨刀石和洗马池传说、青龙漾传说、狗屎香传说、丰山脱力药传说、魇魔桥传说、做魔殃传说、镇海石传说、彭城传说，等等。海盐县民间传说类非遗项目具有鲜明的地方特色，富有历史价值、审美价值和文化价值，是江南文化的有机组成部分，值得进一步挖掘、保护和开发。

（一）海盐县民间传说项目与资源分布图

海盐县民间传说项目与资源分布图[①]

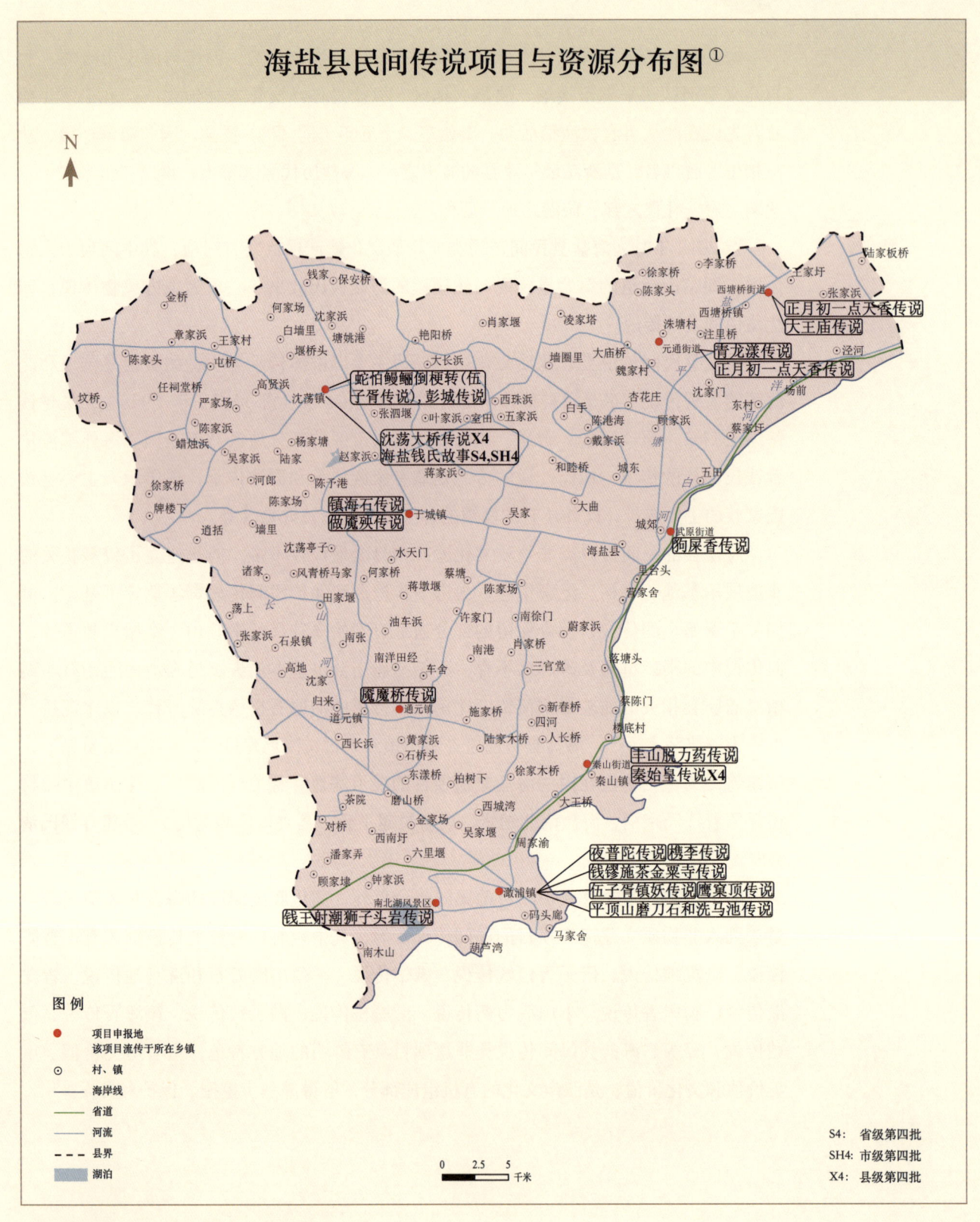

图 1-2-8-1 海盐县民间传说项目与资源分布图

[①] 本图中的项目与资源是指至2012年年底海盐县被列入浙江省省级、嘉兴市市级、海盐县县级非物质文化遗产名录中的民间传说类非物质文化遗产项目，以及部分具有较大社会影响的无级别民间传说类非物质文化遗产资源。

（二）海盐县民间传说传承人分布图

海盐县民间传说传承人分布图[①]

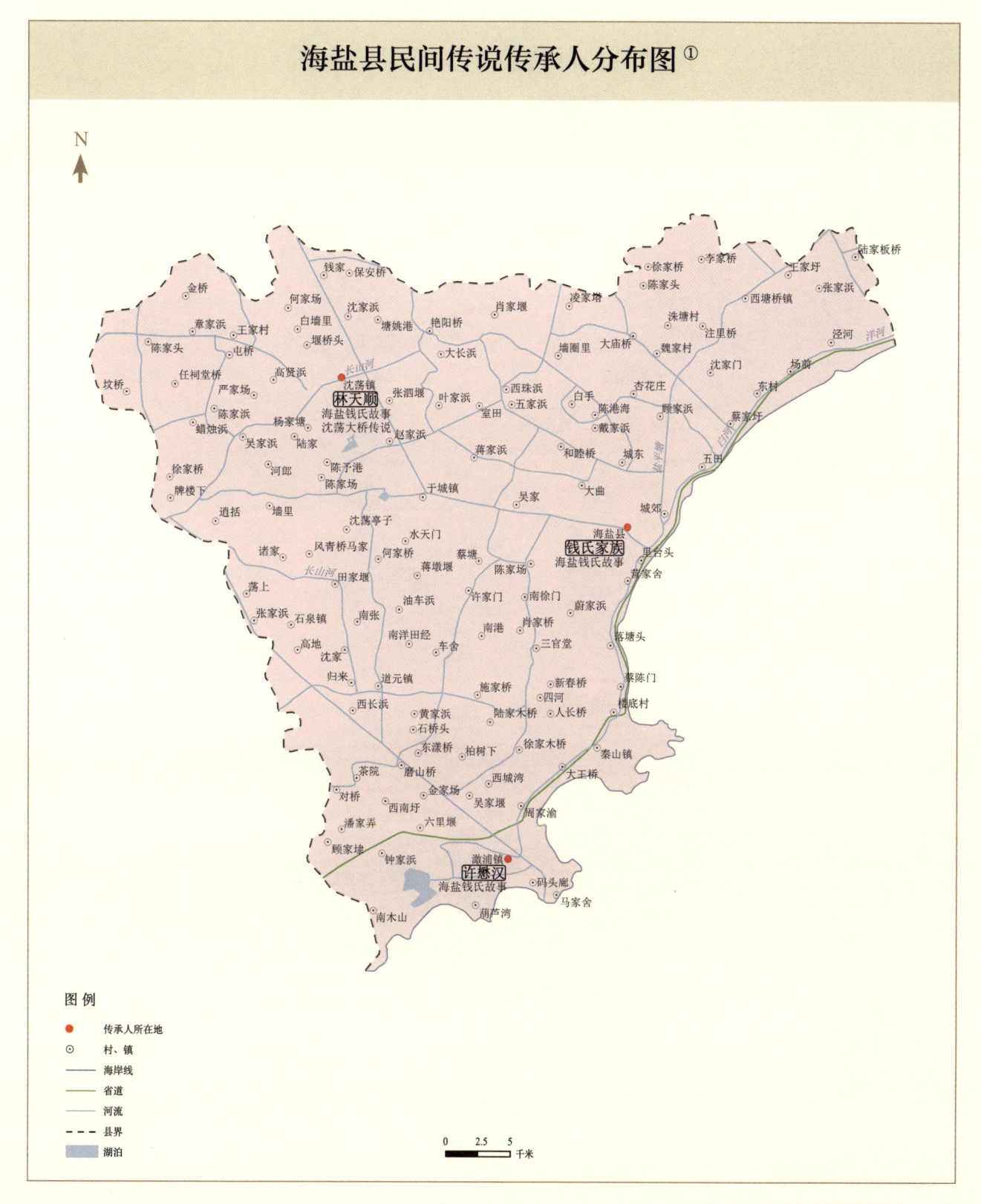

图 1-2-8-2 海盐县民间传说传承人分布图

[①] 本图中的传承人是指至2012年年底海盐县部分具有较大社会影响的无级别民间传说类传承人。

民间传说卷
第二编 地区民间传说项目与资源图谱（选录）

（三）海盐县民间传说相关信息分布图

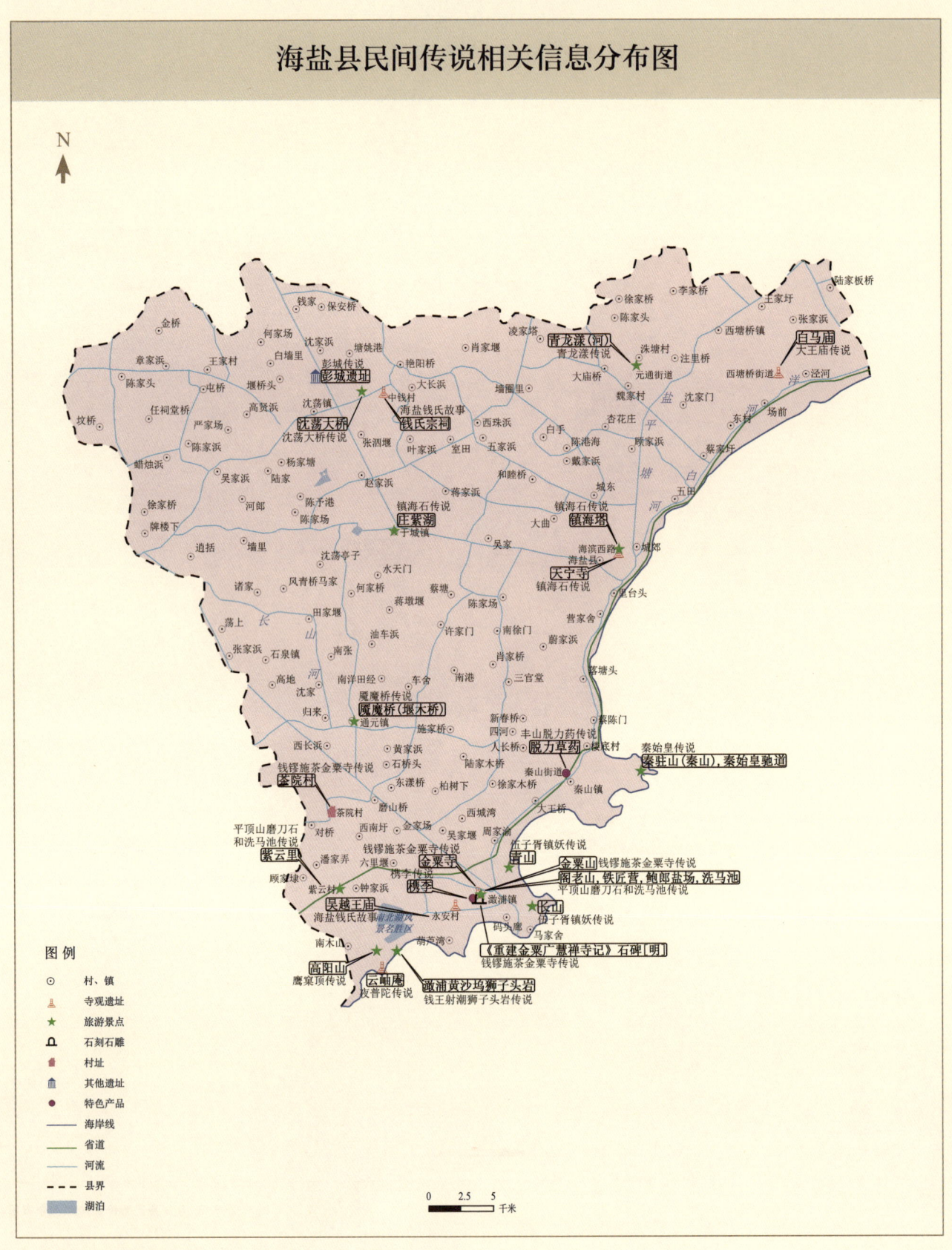

图 1-2-8-3 海盐县民间传说相关信息分布图

九 夏县

夏县位于山西省南部、运城市东北、中条山西麓。夏县境内山川相连，自然风光秀美，山区面积占到总面积的70%。夏县是革命老区，又是传统的农业县，古时称为安邑，因我国奴隶社会第一个王朝——夏朝在此建都而得名，号称"华夏第一都"，被誉为中华民族的发祥地之一。夏县历史悠久，人文荟萃，文物古迹较多，主要有司马光祖墓、禹王城遗址、堆云洞等。

夏县相传是嫘祖养蚕、大禹建都之地。其境内的传说类非遗资源历史悠久，最古老的莫过于源自上古神话的嫘祖、大禹等传说。夏县的传说类非遗资源以人物传说与地方风物传说为主要类型。人物传说中既有始祖传说，也有文人传说与名女传说，内容较为丰富。至2012年时，被列入山西省及运城市的传说类非遗项目有6项。

夏县民间传说类非遗项目的传承脉络以家族（村落）传承为主要方式，传承人大多为生活于同一村落的同姓村民。比如被列入第二批山西省非物质文化遗产名录的嫘祖养蚕传说的传承人，就是生活在郭尉乡的三位同姓乡民，而被列入第一批山西省非物质文化遗产名录的司马光传说的传承人，则几乎都是生活于司马村的村民。

如今，夏县传说类非遗项目与资源的相关纪念物保存较好，并形成了丰富的人文资源。比如与禹的传说有关的著名纪念物——位于禹王乡的禹王城遗址至今保存较好，是全国重点文物保护单位。该城址分为大城、中城、小城三部分，城北有夏桀的"酒池肉林"遗址。又如位于夏县城北15公里鸣条冈的司马光墓，现为全国重点文物保护单位，是司马光传说的重要载体。又如与嫘祖传说相对应，当地尉郭乡西阴村建有嫘祖庙和西阴遗址。20世纪20年代，李济还在西阴遗址发掘出半个人工切割的蚕茧标本。

发源于夏县的不少民间传说现已传播至全国各地，有些传说中所表达的理念与思想，甚至已经远远超出了一种地域民间文学的局限，从而发展成为中华民族优秀传统文化的一部分。例如司马光传说中以德治国的思想经过儒家的阐发与提炼以后，已经被作为一种体现"诚信、勤奋、机敏、善良"等美好品质的象征，成为中华民族宝贵的精神财富。

（一）夏县民间传说项目与资源分布图

夏县民间传说项目与资源分布图[①]

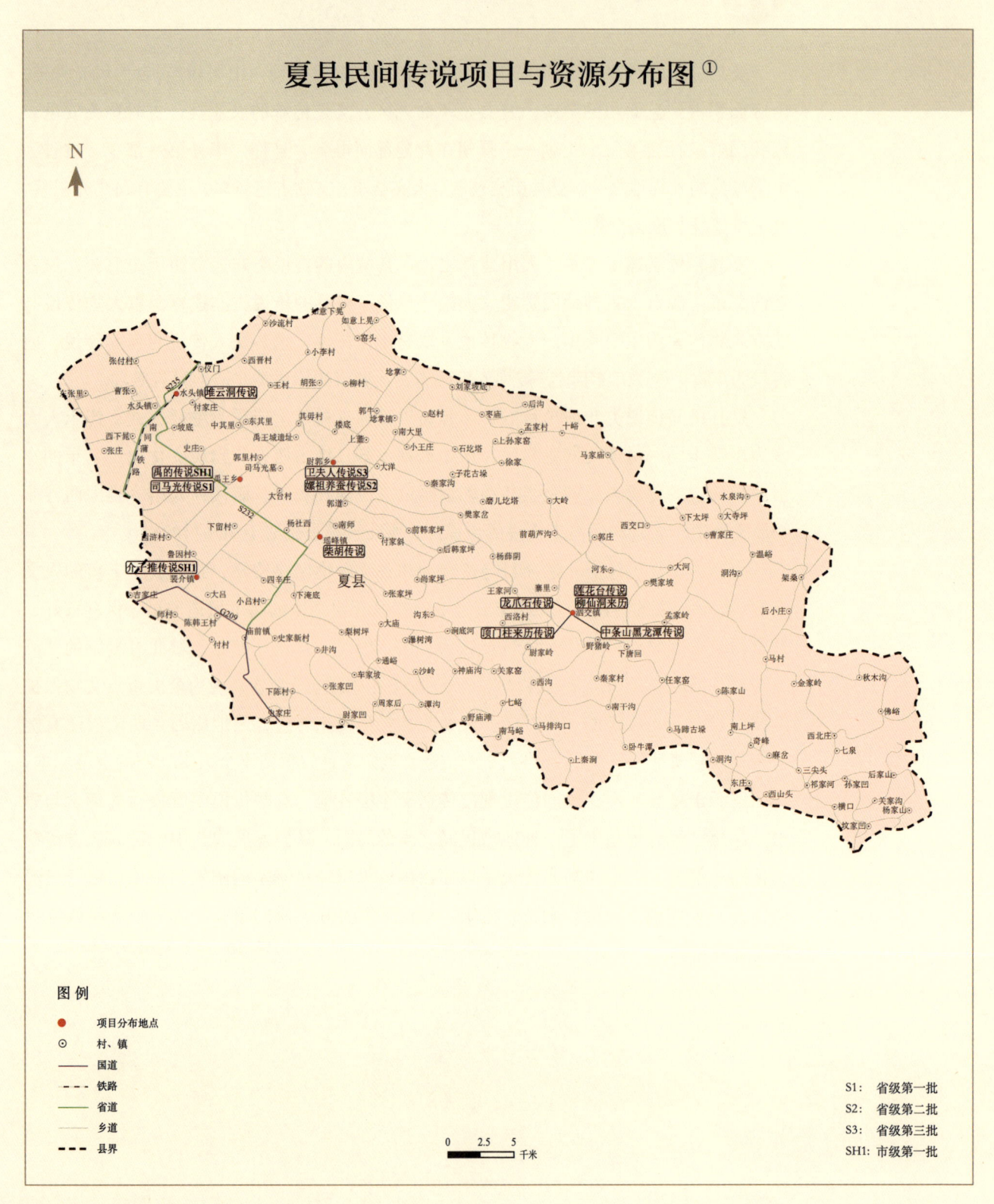

图1-2-9-1 夏县民间传说项目与资源分布图

[①] 本图中的项目与资源是指至2012年年底夏县被列入山西省省级、运城市市级非物质文化遗产名录中的民间传说类非物质文化遗产项目，以及部分具有较大社会影响的无级别民间传说类非物质文化遗产资源。

（二）夏县民间传说传承人分布图

夏县民间传说传承人分布图①

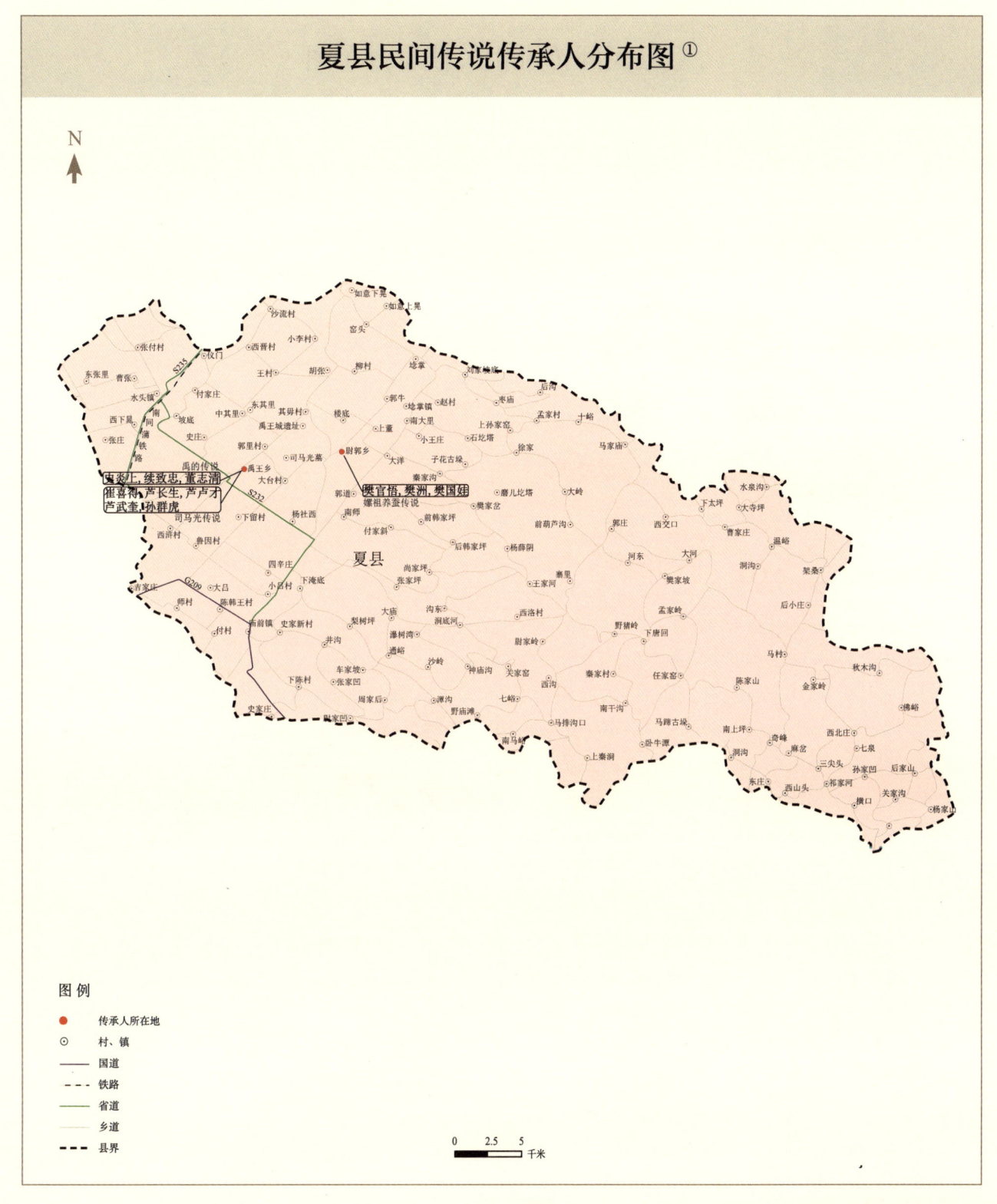

图 1-2-9-2 夏县民间传说传承人分布图

---

① 本图中的传承人是指至2012年年底夏县部分具有较大社会影响的无级别民间传说类传承人。

民间传说卷
第二编 地区民间传说项目与资源图谱（选录）

（三）夏县民间传说相关信息分布图

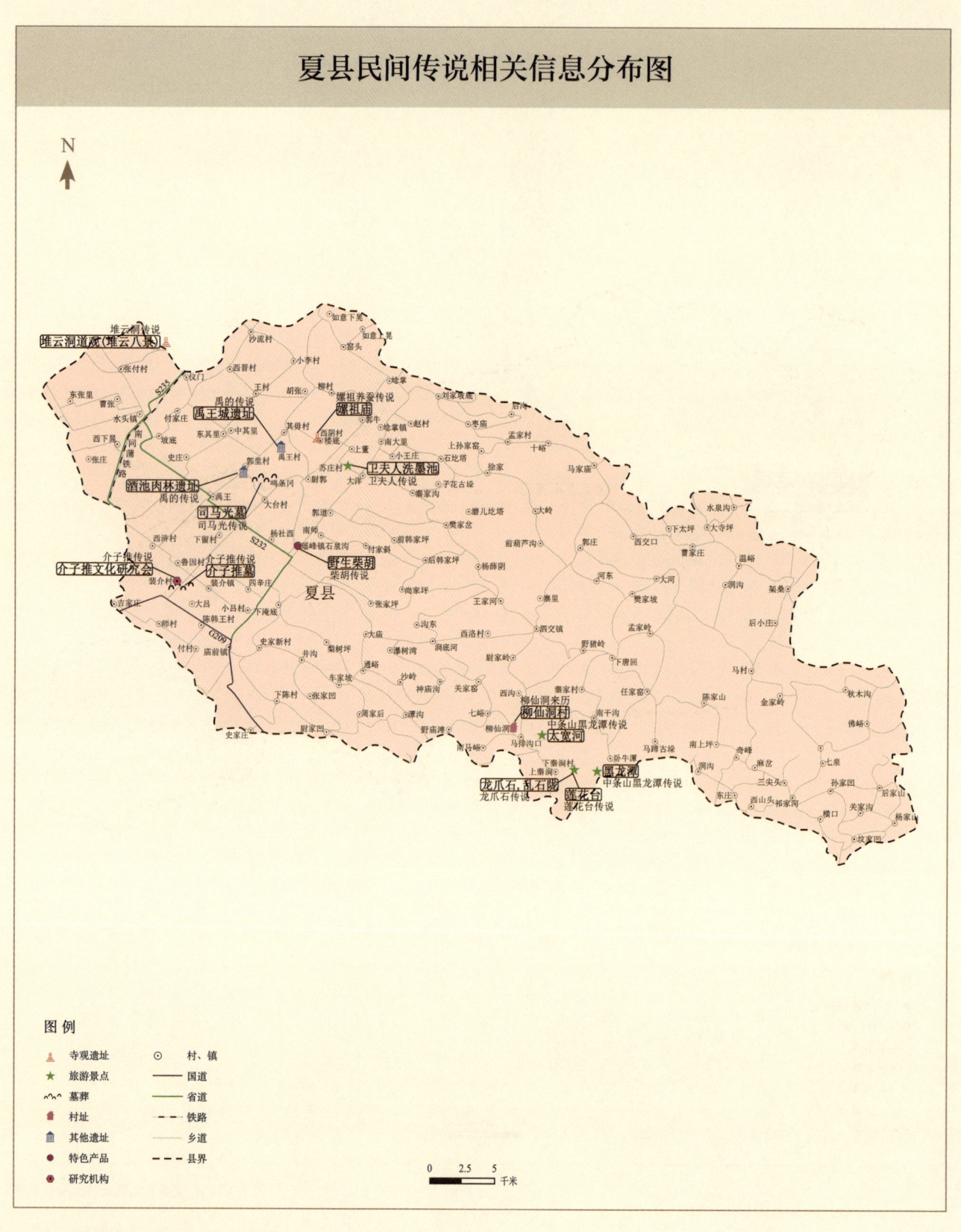

图1-2-9-3 夏县民间传说相关信息分布图

第三编　民间传说典型项目——白蛇传图谱

文献可考的白蛇传的雏形，最早可追溯至唐朝笔记小说《博异志》中记载的两则蛇精幻变成美妇色诱男子并致其丧命的故事——《李黄》《李琯》，宋话本《西湖三塔记》延续了这一主题，不同的是，叙事空间从长安被置换于杭州，男主人公从丧命演变为被道士相救。在这之后，明末冯梦龙拟话本《白娘子永镇雷峰塔》在民间口传与文人记录的基础上，将传说发生地域拓展至江南其他城市苏州、镇江，并使蛇精与凡人的关系升格至合法婚姻，从而在一定程度上淡化了蛇精的妖性，开启了一条白娘子努力做人的衍化道路。清代梨园将之搬上了戏曲舞台，并增加了一个具有历史转折意义的情节——白娘子生子得第，这一情节得到了清中叶方成培戏曲本《雷峰塔传奇》的继承，从此，使得白蛇在婚姻与生育的伦理道德框架中，呈现出更为人性的转化，并得到更多的同情与认可。这一情感倾向在"五四"崇尚自由、爱情的新文化思想的指引下，放大成追求爱情、婚姻自由的反封建话语，并在20世纪的上半叶，在诸位文人的共同努力下，尤其是田汉京剧本《白蛇传》的广泛影响下，被定型为革命抗争主题。在这一过程中，民间口传积极呼应文人创作，从而形成了20世纪"白蛇传"相对单一的美化白娘子，批驳法海阻碍、拆散他人婚姻的主题思想。

白蛇传以传说发生地杭州、镇江为传播中心，向全国各地扩展，并逐渐演变成为戏曲、说唱、影视等各种文艺样式。如今，在全国30多个地方曲艺中，均有白蛇传传说的相关剧目，如越剧、淮剧、扬剧、川剧、婺剧、昆曲、评剧、粤剧、锡剧、黄梅戏、秦腔、绍兴高腔、湘剧、河北梆子、同州梆子、吕剧、庐剧、滇剧，等等。此外，白蛇传也是杨柳青年画、杨家埠木版年画、上海木版年画、黄杨木雕、剪纸等民间艺术形式着重表现的对象，更是端午节饮雄黄酒习俗与节日传说的来由，在全国有着十分广泛的社会影响。除了口传与各种艺术媒介之外，全国与白蛇传相关的遗迹、景观也很多，尤其是在杭州西湖景区、镇江金山寺景区、峨眉山、鹤壁市淇滨区、北京青塔村、山西临猗县妙香寺、无锡东山南麓、丽水小赤壁、衢州大栲山等不同地区，都可以找到白蛇传的踪迹。它们作为传说的物质见证，起到了稳定传播传说的叙事功能。

目前，民间传说经典白蛇传除了以民间口传以及各种艺术媒体进行广泛传播之外，还在传说保护地设有传承基地与传承人。江苏镇江作为传说的保护地之一，设有江苏大学传承基地、蒋乔镇传承基地；浙江杭州设有省级传承人1位（莫高）；河南鹤壁主要传承人有4位（傅守让、许贵喜、黄金成、牛士亮）。

一 白蛇传历史演进图

1. 白蛇传作品历史发展源流图

唐代	唐传奇《李黄》《李琯》（均录于唐《博异志》、宋《太平广记》）
宋代	话本《西湖三塔记》（录于明洪楩《清平山堂话本》）
明代	拟话本《白娘子永镇雷峰塔》（录于明冯梦龙《警世通言》）
清代	传奇《雷峰塔》（黄图珌戏曲本、梨园旧抄本）、传奇《雷峰塔传奇》（方成培戏曲本）、弹词《义妖传》（陈遇乾本）
现代	小说《前后白蛇传》（梦花馆主）、独幕剧《白蛇》（高长虹）、独幕诗剧《白蛇与许仙》（向培良）、话剧《白娘娘》（顾一樵）、小说《雷峰塔的传说》（谢颂羔）、小说《新白蛇传》（秋翁）
当代	京剧《白蛇传》（田汉）；小说《青蛇》（李碧华）、《人间——重述白蛇传》（李锐、蒋韵）；电视剧《新白娘子传奇》《白蛇传》；电影《青蛇》

图 1-3-1-1 白蛇传作品历史发展源流图

2. 白蛇传人物形象变迁图

唐代	白蛇：以色诱人，吸其精血，害人性命。 李黄、李琯：已婚的官宦，贪恋美色，终致丧命。
宋代	白　蛇：寡妇，以色诱人，挖食心肝。 希宣赞：已婚官宦，并不好色，助人而引来祸事。 奚真人：除妖道士。
明代	白蛇：寡妇，出身官宦，不再害人，希望与许宣过人间夫妻生活。 许仙：未婚，生药铺学徒。软弱、摇摆。 法海：金山寺得道高僧，除妖人。 小青：青鱼，白娘子的忠心侍女。
清代	白蛇：寡妇，出身官宦。为爱冒死盗仙草，为爱一怒水漫金山，敢爱敢恨的真情女子。 许仙：几无变化。 法海：坚定的除妖人。 小青：由青鱼演变为青蛇。

现代	白蛇：追求爱情、婚姻自由的女性。 许仙：坚贞的爱情、婚姻守护者。 小青：女性自救的革命形象。 法海：破坏婚姻的守旧者。
当代	白蛇：追求爱情、婚姻自由的女性。 许仙：坚贞的爱情、婚姻守护者。 小青：渴望爱情与婚姻的形象。 法海：封建势力的卫道士。

图 1-3-1-2 白蛇传人物形象变迁图

3. 白蛇传核心情节演变图

唐代	地点：长安。 时间：唐元和二年。 情节：男子（李黄、李琯）留宿归来，或脑裂而卒，或化为血水。
宋代	地点：临安西湖。 时间：宋孝宗淳熙年间。 情节：男子（希宣赞）游湖救下迷路女孩卯奴，被其母引诱留宿，但其母食人心肝，男子两次逃脱两次被抓回，后其叔父奚真人相救并镇压三怪于西湖三塔中。
明代	地点：临安西湖、雷峰塔、苏州、镇江、金山寺。 时间：宋绍兴年间。 情节：男子（许仙）游湖初遇白娘子，一见倾心，私定终身，又因赠银事件被发配至苏州、镇江，自己开设药店，后白娘子被金山寺高僧法海镇压于雷峰塔下。
清代	情节：增加"端午"白蛇现形，引出白娘子勇盗仙草的内容；增加"水斗"，引出白娘子水漫金山的内容；增加"白娘生子得第"，进一步衬托出白蛇对爱情、婚姻的忠贞与守护。
现代	情节：进一步赞美白娘子对爱情、婚姻的追求，将矛盾的焦点投放在白娘与法海之间，法海演变为破坏婚姻、阻碍自由的封建卫道士，甚至出现了白蛇并非蛇类，而是人类的改本。
当代	情节：法海演化为革命斗争的对象，增添了白娘子保和堂施药的大爱情节，删去了状元祭塔，将结局改为小青推倒雷峰塔。同时，还出现了《青蛇》这样的以小青为主要表现对象的改本。

图 1-3-1-3 白蛇传核心情节演变图

二 白蛇传项目与资源分布图

白蛇传各省异文分布图

图例

异文流布数量
- · 1-2
- • 2-4
- ● 4-6
- ● 6-27
- ● 27-81

图1-3-2-1 白蛇传各省、市、自治区异文分布图

白蛇传主要传承人分布图

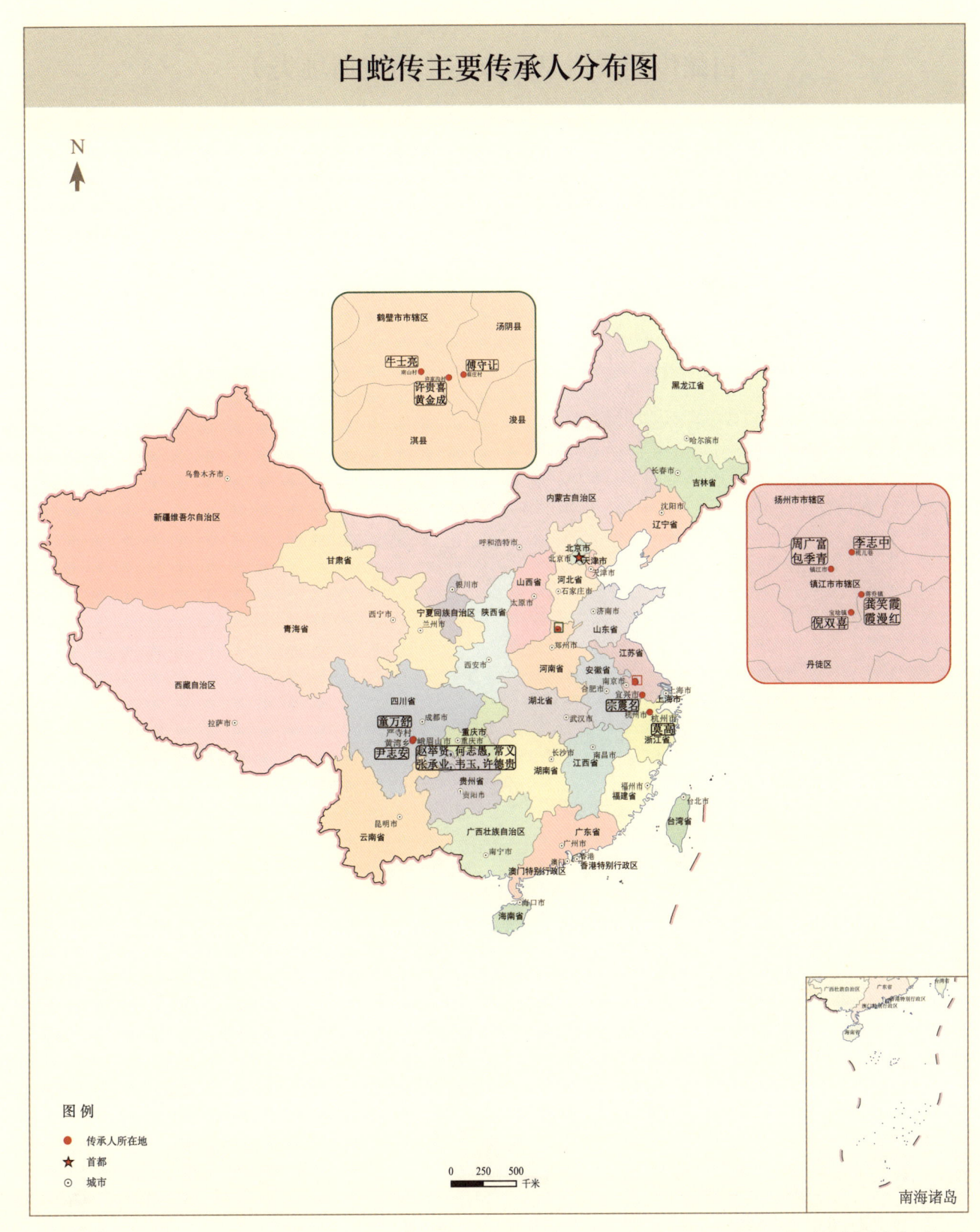

图 1-3-2-2 白蛇传主要传承人分布图

民间传说卷
第三编 民间传说典型项目——白蛇传图谱

白蛇传相关信息分布图（历史遗址类）

图 1-3-2-3　白蛇传相关信息分布图（历史遗址类）

中国非物质文化遗产项目与资源图谱集

镇江地区白蛇传相关信息分布图（陈列展示类、传承保护类）

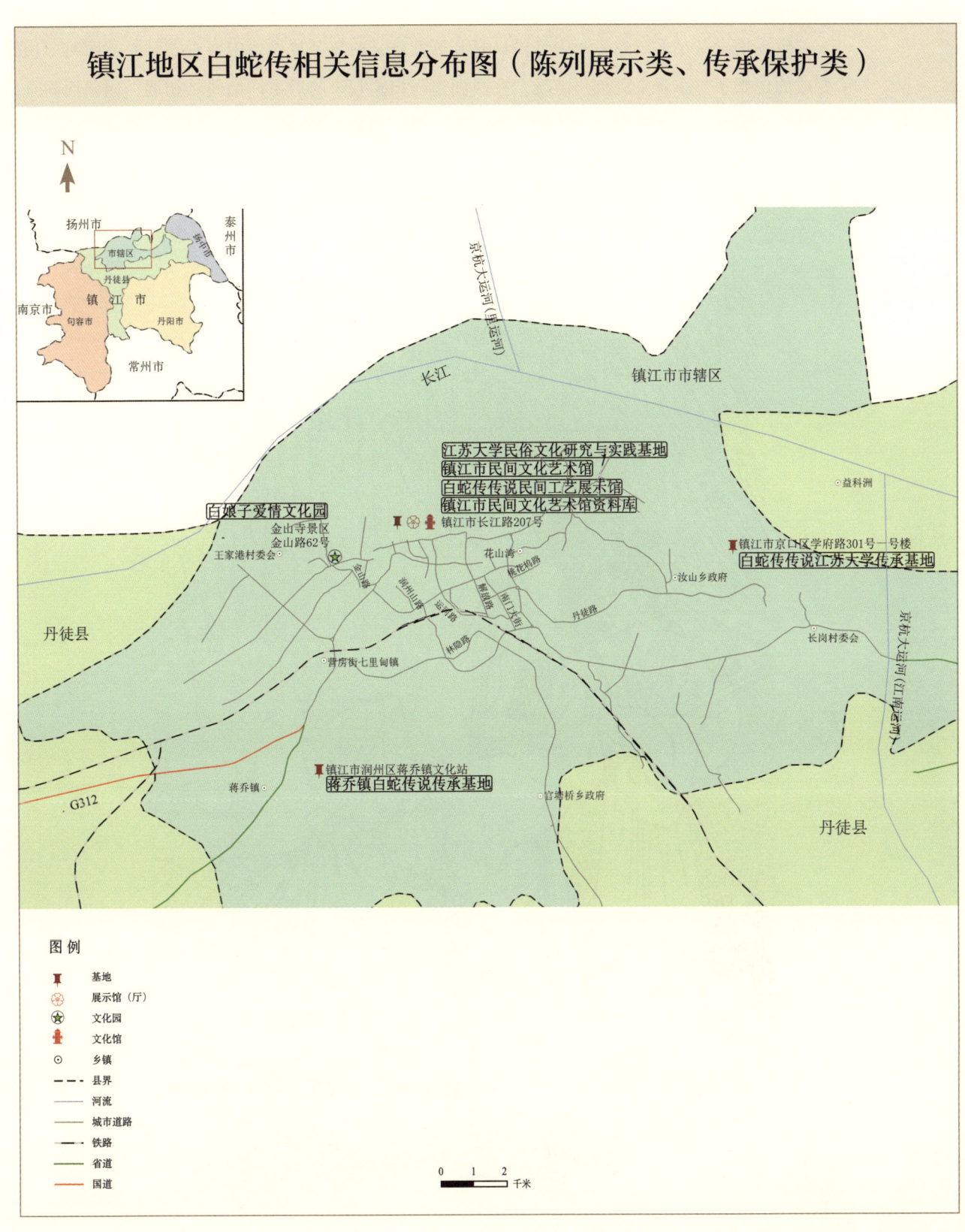

图 1-3-2-4 镇江地区白蛇传相关信息分布图（陈列展示类、传承保护类）

民间传说卷
第三编 民间传说典型项目——白蛇传图谱

三 白蛇传内容标识图

1. 游湖借伞

"游湖借伞"是《白蛇传》中一段具有开场性意义的情节片段,内容讲述某年清明时节由蛇精变成的白娘子与小青来到杭州游玩,在西湖边与扫墓归来的后生许仙偶然相遇,因雨而同舟共乘,二人一见倾心,自此演绎了一段"千年等一回"的绝世姻缘。

图 1-3-3-1 游湖借伞

2. 订盟结亲

"订盟结亲"是《白蛇传》故事发展过程中一个重要铺垫，也是《白蛇传》中变异较多的一段情节。内容讲述白娘子与许仙相识以后，主动取出盗取的银两让许仙作为提亲的费用，自此定下二人的亲事盟约。本段情节折射了明清时期江南婚姻注重钱财的风气，也为白娘子重情重义的人格特征进行了浓烈的渲染。后来在田汉编写的京剧《白蛇传》中，将白娘子所盗之银改定为钱塘县令所收受的赃银，更突出了白娘子正义者的形象。

图 1-3-3-2 订盟结亲

3. 保和堂开店

　　本段情节讲述许仙因受盗银牵连被发配镇江，白娘子携小青随后赶至，并帮助许仙在渡口码头开设了一家生药铺店，过起了一段平静而安稳的生活。这是传统民间传说中一种"补偿式"的表现方法，反映了人们希望对那些善良而苦难的下层民众进行某种补偿的心理愿望。"保和堂"之名直到清朝末年的《绣像白氏宝卷》中才首次出现，后因《白蛇传》故事的流传而成为一个颇负盛名的店家品牌。

图 1-3-3-3 保和堂开店

4. 端午惊变

"端午惊变"是《白蛇传》中一段关键性情节，也是把故事推向高潮的重要内容，首次出现于清方成培戏曲本《雷峰塔传奇》。内容讲述许仙听信法海之言，在端午日逼迫白娘子服饮雄黄酒以使其显现原形。

图 1-3-3-4 端午惊变

5. 盗仙草

"盗仙草"是塑造与展现白娘子美好品性的经典情节。内容讲述许仙因见到白娘子的原形昏死后，白娘子历经千辛万苦前去仙山盗草，几乎拼尽全力，终于救回了许仙的性命。在这一情节过程中，白娘子既表现了对于丈夫柔情似水的真爱，又表现了对于克服千难万险的坚毅勇气，因此历来深受人们的崇仰、赞美与喜爱，"盗仙草"的这段美丽而悲壮的故事，也因此而牢牢铭刻在无数中国民众的心中。

图 1-3-3-5 盗仙草

6. 水漫金山

"水漫金山"首次出现于清方成培《雷峰塔传奇》第二十五出"水斗",内容讲述许仙到金山寺还愿,被法海强留寺中,白娘子赶到金山寺向法海索取丈夫,并施展法力发动洪水,指挥虾兵蟹将与法海在寺门外斗法鏖战,由此而将故事情节推向了高潮。作为《白蛇传》中的核心母题,"水漫金山"是目前可见的民间文艺中演绎最多的白蛇传曲目之一。

图 1-3-3-6 水漫金山

7. 断桥重逢

"断桥重逢"是体现许、白、青三人鲜明性格特征的重要情节之一。内容讲述水漫金山后，三人在杭州西湖断桥重逢，小青见许仙后怒火中烧，拔剑欲刺，却被白娘子阻拦，而此时的许仙则是愧疚难当，后悔莫及。断桥重逢一节为《白蛇传》故事增添了一层凄美浪漫的色彩，也展现了传统女性的善良与宽容。"断桥相会""断桥重逢"之类的题材在后来的年画、手工艺品、地方戏曲等民间文艺形式中多有表现。

图 1-3-3-7 断桥重逢

8. 合钵

本段情节叙述断桥重逢后，白娘子在杭州产下一子。正当在为儿子满月庆贺时，法海突然现身，并以金钵罩住白娘子，最终将白娘子收入钵内。合钵也是变异较大的一段情节。如较早的版本中多由许仙亲自合钵，但后来的版本则变为由法海合钵，而许仙则与白娘子一起尽力反抗。因此，"合钵"实际上承载了许仙性格的演变以及进一步彰显白娘子人性之善的重要使命。

图 1-3-3-8 合钵

9. 镇塔

"镇塔"在冯本与黄本中均为白蛇传说的最终结局。内容描写白娘子被法海以金钵收服后，镇压于西湖畔的雷峰塔下。在冯本中，法海还在镇塔后留下了四句偈语："西湖水干，江湖不起。雷峰塔倒，白蛇出世。"镇塔一段，为雷峰塔增添了悲壮的传奇色彩，同时也反映了传统的"神定胜妖"的习俗观念。直至今日，杭州的雷峰塔依旧为人们所崇仰，为的正是对于白蛇传故事的纪念。

图 1-3-3-9 镇塔

10. 哭塔

"哭塔"是《白蛇传》中较晚形成的情节。内容讲述许仙、白娘子之子许仕林寒窗苦读十八载，终于得中状元，皇上准其来到塔前祭母，于是便产生了一段感天动地的哭塔故事。哭塔所表达的是中国传统文化中最为重要的孝道精神，许仕林以孝子的身份尝试救赎母亲的行为，一定程度上起到了伦理教化的积极意义，符合了传统时代民众的群体价值观，故而也成为地方戏曲中经常敷演的著名曲目之一。

图 1-3-3-10 哭塔

11. 倒塔

"倒塔"是田汉京剧《白蛇传》中首次增加的情节。内容讲述白娘子被压雷峰塔下后，小青回到峨眉山苦心修炼，最终战胜法海，并推倒雷峰塔救出白娘子。这一传说改本中的倒塔情节，为人们提供了一条女性解放自救的想象性路径，并进一步塑造了勇敢率真、重情重义的小青形象。

图 1-3-3-11 倒塔

四 白蛇传社会影响图

1. 白蛇传社会影响图（示意图）

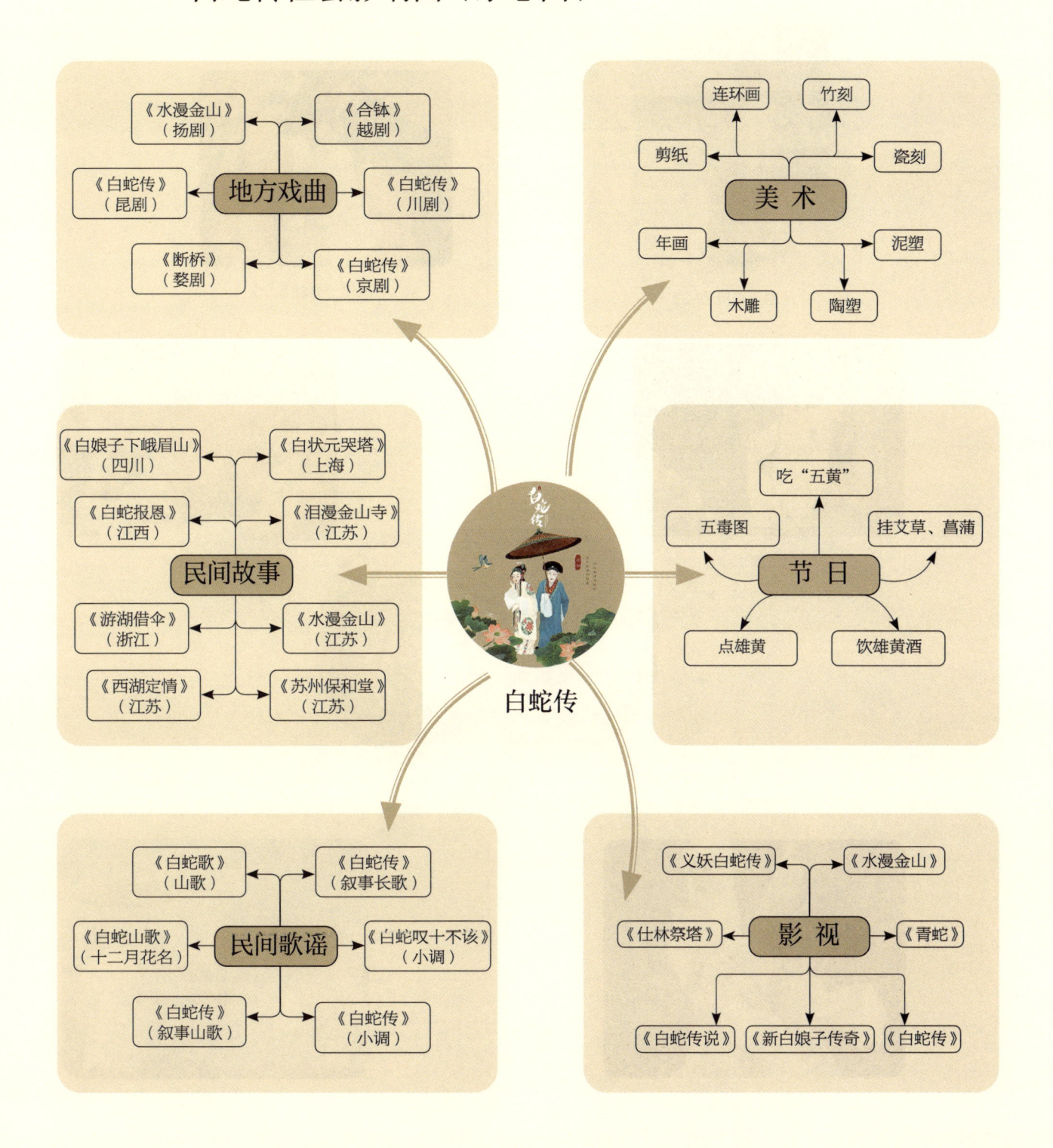

地方戏曲
- 《水漫金山》（扬剧）
- 《合钵》（越剧）
- 《白蛇传》（昆剧）
- 《白蛇传》（川剧）
- 《断桥》（婺剧）
- 《白蛇传》（京剧）

美术
- 连环画
- 竹刻
- 剪纸
- 瓷刻
- 年画
- 泥塑
- 木雕
- 陶塑

民间故事
- 《白娘子下峨眉山》（四川）
- 《白状元哭塔》（上海）
- 《白蛇报恩》（江西）
- 《泪漫金山寺》（江苏）
- 《游湖借伞》（浙江）
- 《水漫金山》（江苏）
- 《西湖定情》（江苏）
- 《苏州保和堂》（江苏）

节日
- 吃"五黄"
- 五毒图
- 挂艾草、菖蒲
- 点雄黄
- 饮雄黄酒

民间歌谣
- 《白蛇歌》（山歌）
- 《白蛇传》（叙事长歌）
- 《白蛇山歌》（十二月花名）
- 《白蛇叹十不该》（小调）
- 《白蛇传》（叙事山歌）
- 《白蛇传》（小调）

影视
- 《义妖白蛇传》
- 《水漫金山》
- 《仕林祭塔》
- 《青蛇》
- 《白蛇传说》
- 《新白娘子传奇》
- 《白蛇传》

中心：白蛇传

图 1-3-4-1 白蛇传社会影响图（示意图）

2. 白蛇传社会影响图（戏曲类）

扬剧《水漫金山》

越剧《合钵》

昆剧《白蛇传》

川剧《白蛇传》

白蛇传

婺剧《断桥》

京剧《白蛇传》

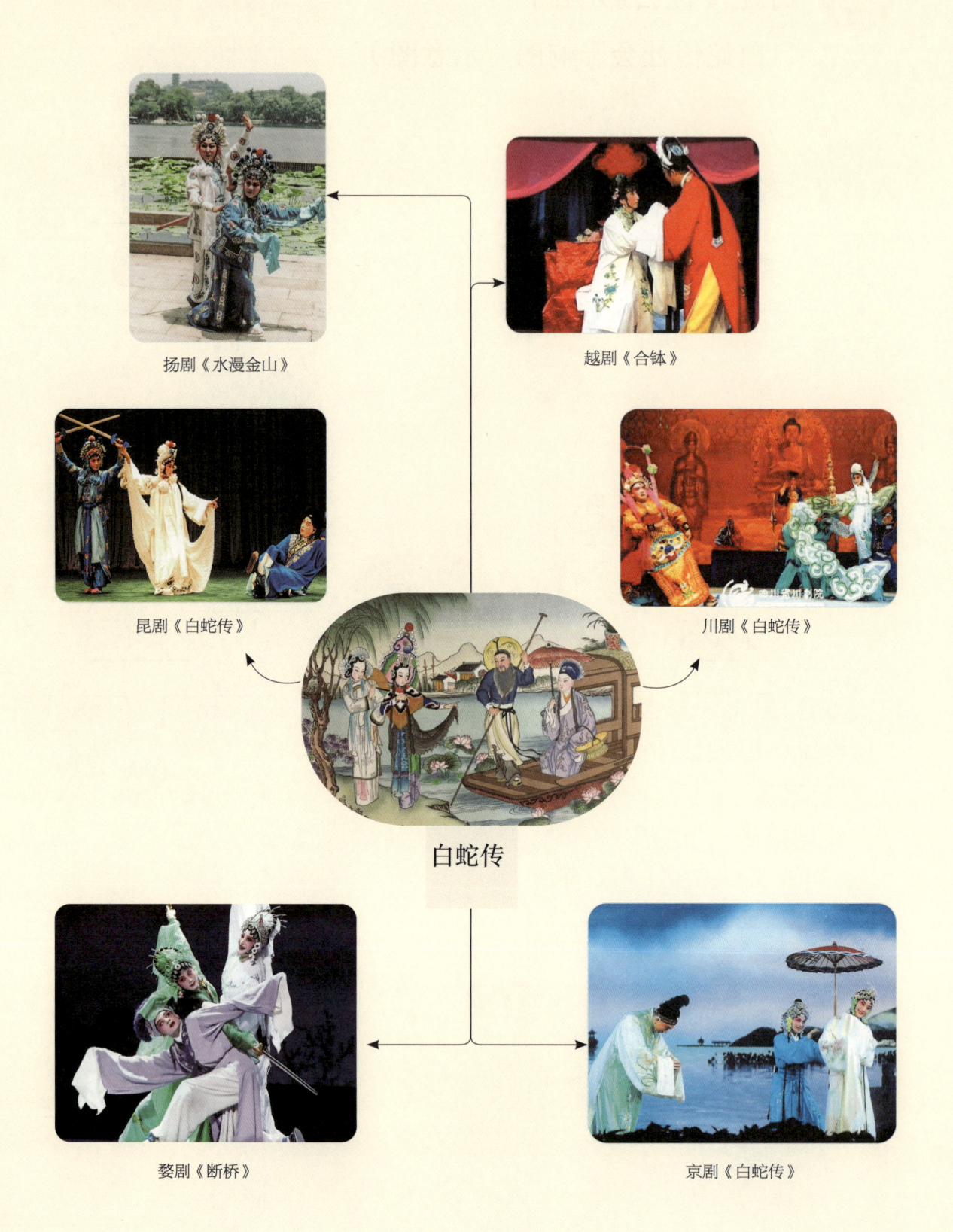

图 1-3-4-2 白蛇传社会影响图（戏曲类）

3. 白蛇传社会影响图（影视类）

电视剧《新白娘子传奇》

电视剧《白蛇传》

白蛇传

电影《白蛇传说》

电影《青蛇》

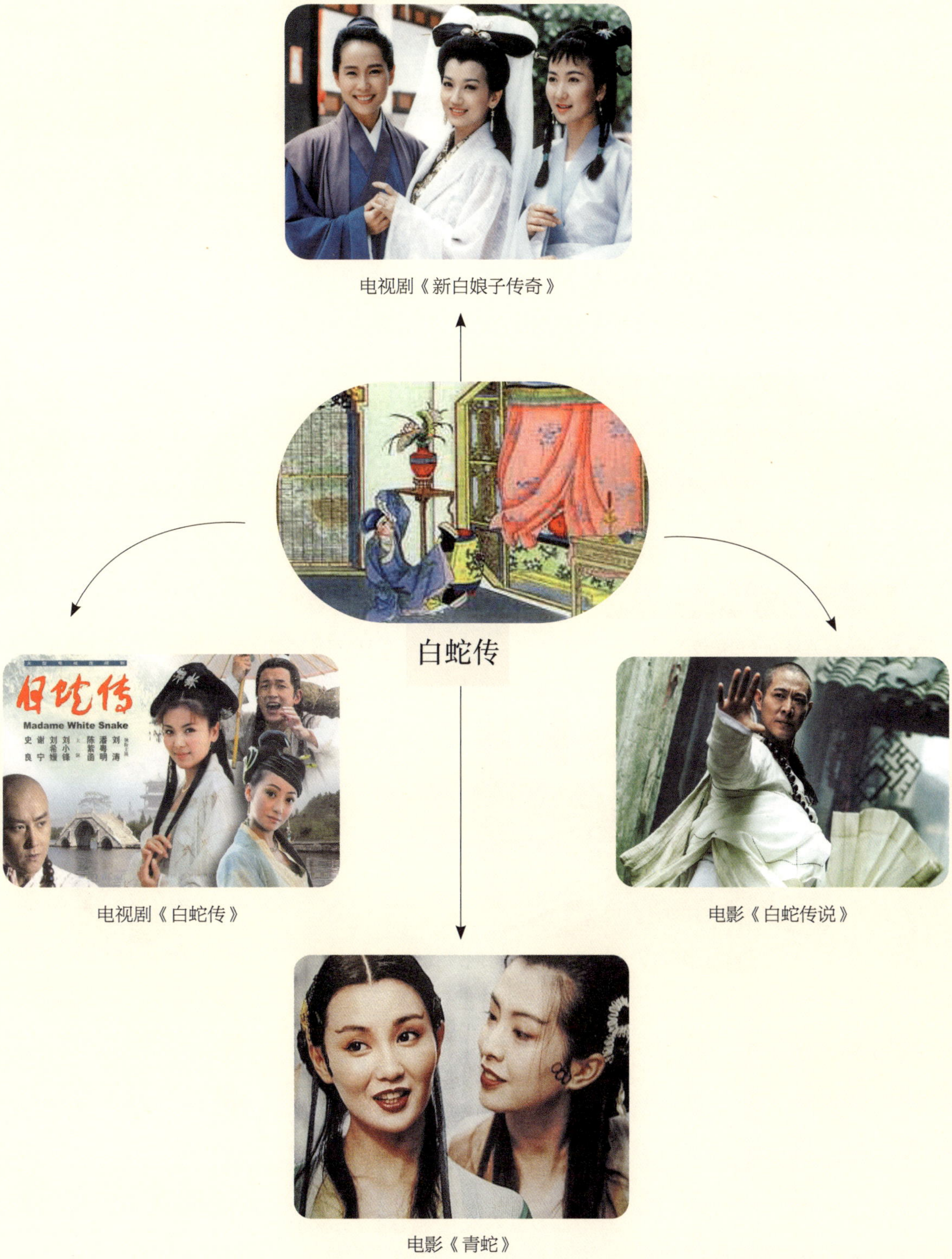

图 1-3-4-3 白蛇传社会影响图（影视类）

4. 白蛇传社会影响图（书画类）

杨柳青年画《盗仙草》

上海木版年画《白蛇传》

连环画《白蛇传》

白蛇传

武强年画《白美娘借伞》

杨柳青年画《开药铺》

连环画《白蛇传》

连环画《白蛇传》

图 1-3-4-4　白蛇传社会影响图（书画类）

5. 白蛇传社会影响图（工艺品类）

竹刻《盗仙草》

剪纸《游湖》

鼻烟壶《躲雨》（清道光瓷胎粉彩）

白蛇传

紫砂壶《水漫金山》

黄杨木雕《断桥》

陶塑《断桥》

惠山泥人《断桥》

图 1-3-4-5 白蛇传社会影响图（工艺品类）

6. 白蛇传社会影响图（节日类）

吃"五黄"

五毒图

白蛇传

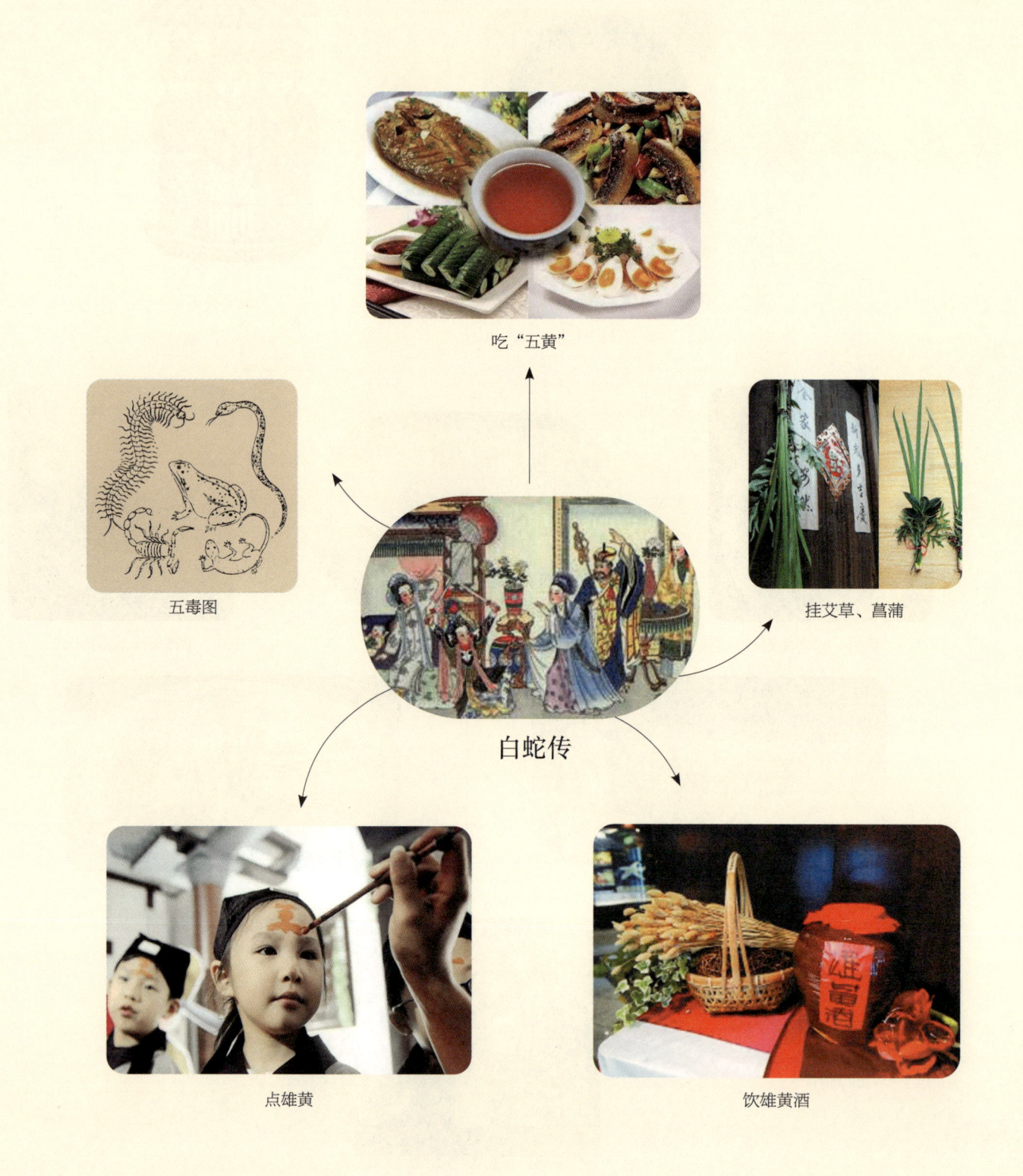

挂艾草、菖蒲

点雄黄

饮雄黄酒

图 1-3-4-6 白蛇传社会影响图（节日类）

中国非物质文化遗产项目与资源图谱集

148

传统节日卷

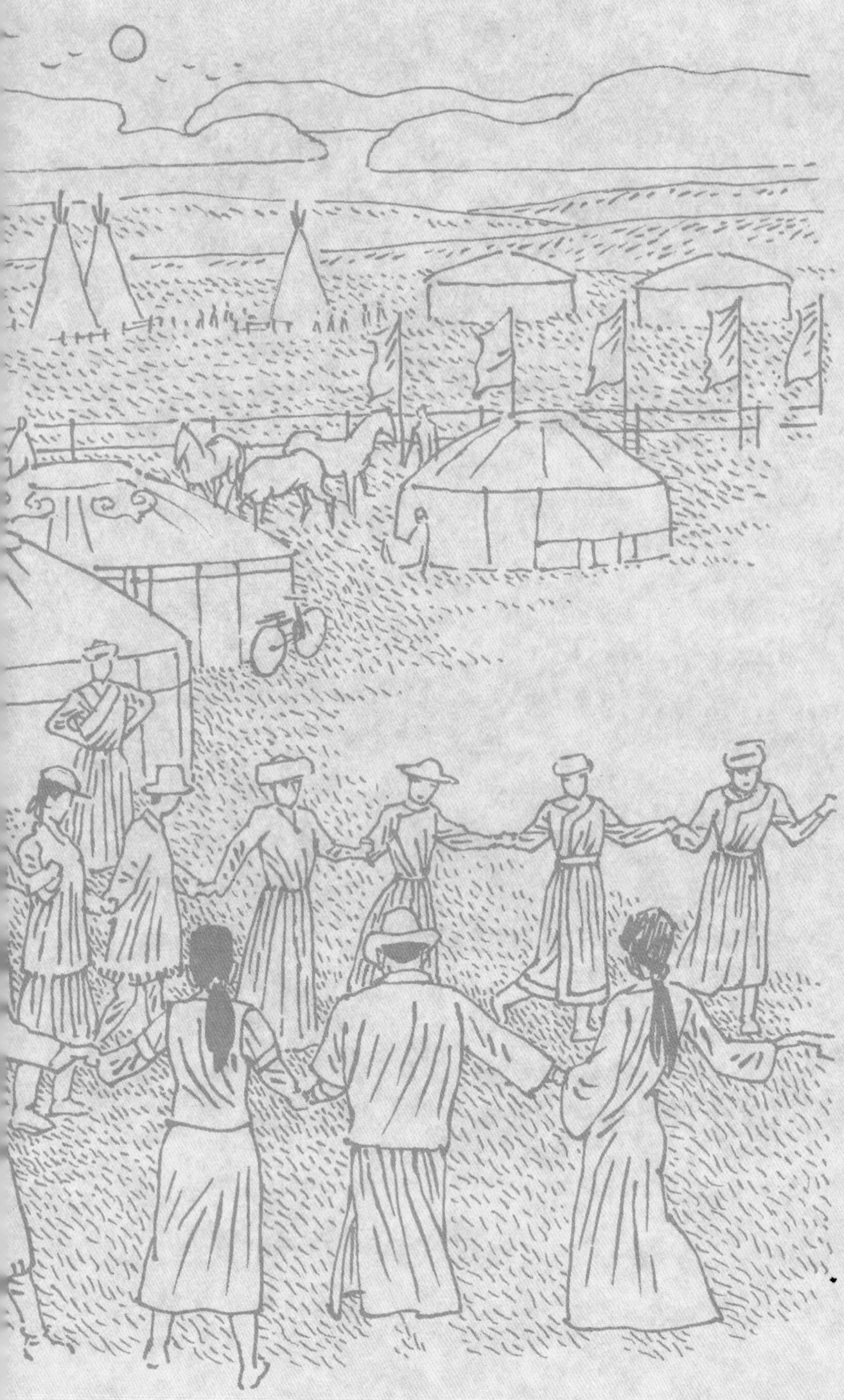

概 述

节日是人们根据生产、生活的需要而共同创造的具有周期性、群众性、地域性和相对稳定活动内容的特殊日子。据有关资料统计，我国56个民族从古到今有1700多个节日，其中少数民族民间节日为1200多个，汉族节日为500个左右。传统节日形式多样、内容丰富，是民俗文化的主要内容，也是我国重要的非物质文化遗产形式。

中国传统节日源远流长，许多节日元素早在远古时代已经出现了萌芽。例如流传至今的春节、上巳、端午、中秋、冬至等节日元素，早在先秦时代已经形成，但由于内容不够丰富，时间也没有固定，因此未能算得上是真正意义上的节日。先秦时期节日元素的特点是它们大都建立在原始崇拜的基础上，信仰色彩浓厚。例如春节起源于祭祀八蜡神，端午起源于祭祀水神，中秋起源于祭祀月亮神，等等。汉代是我国汉文化高度发展的重要时期，我国一些主要的传统节日，如除夕、元旦、元宵、上巳、寒食、端午、七夕、重阳等都已基本上定型。一些历史人物如屈原、介子推等也在此时期成为某些节日的纪念人物，取代了原始崇拜和信仰，增强了节俗的人情味和真实感。魏晋南北朝时期的社会与文化特征是民族大迁徙、大融合，由此促进了节日文化的融合与发展。北方游牧民族入主中原，为汉族的传统节俗文化中带入了许多杂技游艺的成分，如骑射、蹴鞠等。另外，宗教信仰与节日相结合，又使节日更加深入人心，并由此而推动了节日的传播和发展。唐宋时期，社会稳定、经济发展、文化繁荣，节日内容日益丰富多彩，把节日民俗活动推向了高峰。此时期民俗节日的一个重要特点，就是大量的民俗节日从禁忌迷信的神秘气氛中解脱出来，向礼仪性、娱乐性的方向发展，演变成为真正的良辰佳节。例如春节放爆竹由"驱鬼"演变为"娱乐欢庆"；元宵节的"祭神灯火"演变为"游艺观灯"；中秋的"祭月"演变为"赏月"；重阳节的"登高避灾"演变为"秋游赏菊"，等等。在节日风俗的演变中，还增添了许多文化娱乐活动，如放风筝、拔河等。唐宋以后，节日的发展比较平缓，辽、金、元时期，融入了一些少数民族习俗。明清时期的节日从总体上来说没有太大的变化。相比较而言，此时期的节日风俗更加讲究礼仪性和应酬性，如逢年过节，人们出于礼尚往来而互相拜访送礼。节日的游乐性特点继续发展，如元宵节观灯，明代由宋代的5天增加到10天，昼市夜灯，热闹异常。进入清代，又增加了舞狮、舞龙、旱船、高跷、秧歌、腰鼓等"百戏"活动。

在漫长的历史进程中，中国传统节日形成了众多的样态和丰富的类型。如果以其活动内容及文化内涵为标准来划分，大致可分为生产性节日、祭祀性节日、岁时性节日、社群性节日、社交娱乐性节日、纪念性节日、综合性节日等几个类别。在这些类别中，数量较多的是祭祀性节日、生产性节日和社交娱乐性节日。祭祀性节日反映出中国人的宗教信仰以及对祖先的崇敬，生产性节日体现了中国"以农为本""靠天吃饭"的社会特性，社交娱乐性节日则反映出中国人热爱生活、重视现世的文化心态。当然，在现实生活中，传统节日的类别实际上存在着许多交叉或者混合的现象，例如春节既有节气性的特征，也包含了祭祀、信仰、亲情伦理、人际交往、娱乐、饮食等文化意义，因此春节实际上是一个融有多种文化因素与内涵的综合性节日。

我国作为一个历史悠久的多民族国家，各民族的传统节日资源丰富，在各类节日活动与仪式中蕴藏着深厚的历史文化，集中反映了广大民众的风俗信仰、价值取向、审美情趣和生存智慧。传统节日是传统文化保护、传承和利用的重要文化遗产资源。自2003年10月联合国教科文组织出台《保护非物质文化遗产公约》以后，传统的民族节日（节庆）成为各国政府予以保护的重要非物质文化遗产形式。2006年5月20日，我国国务院发布了《关于公布第一批国家级非物质文化遗产名录的通知》，把春节、清明节、端午节、七夕节、中秋节、重阳节这六个传统节日、二十四节气以及若干个少数民族的节日列入第一批国家级非物质文化遗产名录。从此，这些节日项目受到了重点保护。

当代社会对传统节日所采取的一种重要保护手段就是将其资源化与项目化。所谓传统节日的资源化，就是在深入普查的基础上，对各类传统节日进行筛选与整理，然后确立可以作为保护对象的初级名录。所谓节日的项目化，就是在已经确立的传统节日资源初级名录基础上，对这些资源进行进一步的筛选与整理，然后确立若干具有较高历史文化价值和一定代表性意义的传统节日非遗项目，以及由这些项目所组成的非遗保护项目名录体系。

实现传统节日的非遗资源化与项目化，需要厘清传统节日的所属区域，然后梳理其历史渊源，分析其构成的基本内容，搜集节日的相关遗迹、古迹及衍生作品等信息，整理节日的传承方式及传承谱系，分析节日的濒危状况，并在其基础上制订相关的项目管理计划与资源保护计划。目前，我国各地传统节日的非遗资源化与项目化水平并不均衡。相对而言，云南、贵州、四川、广西、浙江、福建等地的传统节日非遗资源化与项目化的水平较高，已公布的节日类非遗项目数量较多，而辽宁、宁夏、河南、安徽等地的传统节日非遗资源化与项目化的水平较低，有些地区所公

布的保护名录中几乎没有节日类非遗项目。

中国传统节日类非遗资源除了具有一般非遗资源共同的一些特点，如独特性、活态性、传承性、流变性、综合性之外，还具有一些自身的特点。第一是农业文化特征。传统岁时节日总是伴随着一年四季的自然变化和农作物生产的需要，表现了鲜明的农业文化特色。如元旦前后的立春节，古人通过看风云、占天候，预测年岁丰歉；二月惊蛰节令到来时，民间有预防虫害、预占收成的习俗；三月清明、谷雨前后是春耕播种的大好季节，不少节日如踏青节、禹生日、麦王生日、龙王节、清明等节日活动都与祈求丰收有关。其他农忙月份也都有相应的传统节日。第二是风俗与礼俗相结合。每当重要节日来临时，人们都要祭拜祖先，以表达对祖先的怀念。如春节供奉祖宗牌位，寒食、清明扫墓等。对待死者"事死如生"之礼在节日祭祖中得到集中体现。清明祭扫本来是民间风俗，唐玄宗时列入礼典，变成了礼俗。通过把风俗上升为礼俗，以礼仪教化民众，加速了节日的传播和发展。第三是传承性与变异性相统一。中国传统节日一旦形成，便有一种相对独立性和稳定性而世世代代传承下去。有时社会条件虽然发生了变化，但仍然保留古老习俗，这是节日传承性的重要表现。当然，这并不意味着节日风俗是一成不变的，随着社会经济、文化条件的变化，节日风俗也会不断有所变化，有的遭淘汰，有的被更新。如汉代以前上巳节的祓禊习俗，魏晋以后变成了郊游活动。简言之，中国节日文化传承中有变异，变异中有发展，传承与变异相统一是中国节日的显著特点。第四是民族性与地区性融合。我国是以汉族为主体的多民族国家，汉族的传统节日，如春节、清明、端午、中秋等，在其他民族中也普遍流行。与此同时，汉族节日中也融入了其他民族的风俗，如春节在院内立灯笼杆，就是受了满族祭神杆的影响。节日中的许多游艺活动，如秋千、高跷、

传统节日卷
概述

153

骑射、杂技等，原来都是少数民族的习俗。此外，由于各少数民族历史和文化的差异，节日文化表现出鲜明的民族性和地区性特点，如蒙古族的那达慕大会，傣族的泼水节，彝族、白族、纳西族、布朗族的火把节等，这些节日都有其特殊意义和习俗，并与汉族节日共同构成了中华民族节日文化的大家庭。中国节日的这种跨民族、跨地区特征，是历史上民族节日风俗互相交流、融合的结果，也是各地区经济、文化交流互动的真实反映。

中国传统节日作为一种综合型的非遗项目，其传承方式主要以社会传承与集体传承为主。尤其是一些全国性的重要传统节日，如春节、清明节、端午节、中秋节、七夕节、重阳节等，基本上都是以集体的方式进行传承的。一些地方性的传统节日，其传承主体则主要是该地区的大多数居民，以及该地区的一些民间艺人与节日活动组织者。例如浙江省的五常龙舟胜会、石浦三月三、唐头古佛节、石塘小人节、前童元宵行会、嘉兴网船会，山西省的柳林盘子会、永济背冰、云丘山中和节、介休寒食清明习俗、怀仁旺火，福建省的枫亭元宵游灯、云霄开漳圣王巡安、中秋博饼、双华二月二歌会、双溪元宵灯会等，都是在某个特定的区域中进行传承的。

在非遗项目的传承过程中，有一部分人掌握着某些重要的核心技艺，并在传承过程中起着重要的上承下传作用，这些人就是所谓的非遗项目代表性传承人。从目前中国传统节日的传承情况看来，能够担当整个节日活动的策划、组织，并且在节日过程中承担主持工作的代表性传承人为数较少，但是能够在节日活动中承担某项具体技艺的实施与传承工作的代表性传承人却较为多见。例如浙江石塘小人节，其传承人为骆业生，25岁时师从民间扎制艺人金花师傅学习扎制纸亭技艺，此后在家自建作坊，至今已有50多年历史。在后来的扎制生涯中，他把这一手艺传给了儿媳妇谢海兰。2008年6月，骆业生被温岭市人民政府认定为纸亭制作的代表性传承人，并被授予传承人证书。2009年9月，他又被浙江省认定为省级非物质文化遗产项目——"小人节"的代表性传承人。当然，也有一些以整个节日活动项目的策划、组织为业的传承人及其传承谱系，如山西宁武马营净身节现已传承了四代，其传承谱系为：一代张存和（组织策划马营净身节纠首），二代张喜喜（张存和之子，纠首），三代张效良（马营净身节会首）、张八小（马营净身节会首），四代张银成（马营净身节主要组织者）、张英（现任会首）、宫志云（马营净身节组织者）、张永峰（马营净身节组织者）。

传统节日对于中国社会，尤其是中国民间社会的影响极大，它们与广大民众的生活紧密联系在一起，并且成为其文化娱乐、社会交往、情感表达、审美需求的一个不可或缺的组成部分。例如春节放爆竹、元宵赏花灯、端午划龙船等诸多节日娱乐活动，曾经给无数民众的生活带来过无穷的乐趣，使他们流连忘返，喜笑颜开。又如七夕乞巧、中秋赏月、重阳登高等诸多节俗形式，曾经激起无数民众对于天庭、月宫、仙境等神仙世界的丰富遐想，使他们对生活充满了憧憬与希望。有些节日还衍生出了许多美丽的神话故事与民间传说，例如鹊桥相会、嫦娥奔月、玉兔捣药、登高避灾等，极大地丰富了中国民众的精神生活与心灵世界。大量的节日习俗活动与节日传说故事，集聚汇合成一种强大的传统节日文化，影响着中华大地上的芸芸众生、祖祖辈辈。

除了习俗活动与传说故事以外，中国传统节日在其发展演变的过程中还衍生出了许多相关的文化形态，例如与节日相关的村落、遗址、文物、庙宇、集市等，如福建邵武河坊存有因抢酒节祭拜需要而制作的将军像及其夫人像等文物，浙江岱山岛存有古代祭祀海洋的祭坛遗址，等等。在当代社会中，随着大量传统节日被列入非物质文化遗产的保护行列，还出现了许多与传统节日相关的展示馆、陈列馆、保护组织、保护机构等文化保护部门，如浙江嘉兴建有作为端午习俗保护基地的民间收藏展示馆，黑龙江哈尔滨阿城区建有为保护山神节而设置的金源非遗传习所，等等。它们同样是中国传统节日文化的一个组成部分，并与传统节日的核心内容共同组成了一个庞大的节日文化体系。在本卷中，我们对于这些丰富的传统节日文化形态与资源信息都给予了真实的记录，并通过图谱的形式使其清晰明了地展现在人们的面前。

传统节日是传承民族文化的有效方式，也是建立文化自信的重要基础。对于当代社会而言，加强对传统节日的保护与传承，不仅可以使更多的人了解我国丰富的历史文化知识，提高对于中华民族的认同感与自信心，而且可以对当代社会的和谐稳定、繁荣发展起到很好的推动作用。在当代中国，要想调动民众的力量，就必须充分重视中华民族悠久深厚的历史文化传统，深入挖掘中国传统节日中所蕴藏的文化内涵与精神价值，以使我国千百年来所积淀的优良的民族精神与文化品格在当代人的身上得到更好的弘扬与光大。

第一编　全国传统节日项目与资源图谱

我国传统节日类非物质文化遗产资源数量众多，截至2012年年底，在国务院公布的三批国家级非遗项目中，传统节日类的项目共有63项，除了春节、清明、端午、七夕、中秋、重阳这六大节日外，其他各民族、区域性传统节日（包括节日民俗）共有57项；就省级而言，除了已命名的国家级项目外，各省共有传统节日类非遗项目180多项。另外，各地市县级非遗名录中的节日项目，以及尚未纳入代表性名录体系但已作为地方文化资源保存的节日类非遗资源更是数量巨大。

从这些节日的内容上看，大致可分为以下几种类型，即岁时性节日（如清明、端午、中秋、重阳），生产性节日（如农事节日、渔事节日、手工业节日、商贸节日），祭祀性节日（如神灵祭祀节日、祖先祭祀节日、先贤祭祀节日、鬼灵祭祀节日），纪念性节日（如地域性纪念节日、民族性纪念节日、人物性纪念节日），社群性节日（如女性节日、老人节日、儿童节日），社交娱乐性节日（如体育竞技节日、文艺表演节日、游戏娱乐节日），以及综合性节日（如春节、元宵、土家年），等等。在这些节日类型中，祭祀、祈福、禳灾、狂欢、竞技、娱乐、恋爱等成为节日的主要功能，仪式、音乐、舞蹈、手工技艺等成为节日展演的主要形式。

就区域分布的情况来看，目前我国的节日类非遗项目呈现出了一种非均衡性的特点，即南方比北方多，少数民族地区比汉族地区多，沿海地区比内陆地区多。在节日项目总量上，贵州、云南、广西、四川这西南四省（自治区）占去近一半，而中原地区节日类项目较少；就节日民俗而言，浙江、福建、广东这东南三省是主要集中地；而山东、西藏、新疆、内蒙古、海南、黑龙江这类沿海或边疆地区，特色节日较多。这是因为民俗节日非遗项目的申报常常以独特的民族性和独特的民俗内容为依据，少数民族地区族群众多，宗教信仰复杂，环境多变，酝酿了丰富多样的时间节律，因此民俗节日项目数量较多，而中原腹地作为汉文化的中心地带，民俗节日数量固定、节日内容相似，因此作为单一性的节日项目数量与品种较少；而作为汉文化边缘的沿海或边疆地带，则与汉文化具有一定的差异，因此也显示了节日内涵、节俗形式方面的较为多样的特点。

本编中有关传统节日类非遗项目的类型图谱与分布图谱，主要是根据2012年年底之前公布的传统节日类国家级非遗项目及省级非遗项目名录，按照批次、编号、区域、名称、保护单位、流传区域、传承人等信息进行图谱化的展示，直观地反映我国传统节日类非遗项目的类型特点与空间分布情况。本编中有关标识图谱的编制，是在对每项传统节日类非遗项目进行归纳提炼的基础上，用绘图的形式表达每项节日的核心内容和关键情节，以期直观地体现每项节日类非遗项目的内容特点。

一、全国传统节日项目与资源类型图

（一）传统节日项目内容类型图

内容类别		代表性项目
生产性节日	农事节日	塔吉克族引水节和播种节、朝鲜族农夫节、洗泥节、梅源开犁节
	渔事节日	渔民开洋、谢洋节，渔灯节，周戈庄上网节，清水江杀鱼节
	手工业节日	那桐农具节
	商贸节日	七里夺标民俗节、豆腐节
祭祀性节日	神灵祭祀节日	老佛节（江山老佛节）、俄罗斯族巴斯克节、雪顿节、拉萨萨嘎达瓦节
	祖先祭祀节日	新疆蒙古族祖拉节、瑶族盘王节、雷山苗族鼓藏节、侗族萨玛节
	先贤祭祀节日	清明节（介休寒食清明习俗）、端午节（屈原故里端午习俗）
	鬼灵祭祀节日	中元节——潮人盂兰胜会
综合性节日	综合节日	春节、端午节、元宵节、三月三
纪念性节日	地域性节日	水城南开三口塘苗族跳花节、云南苗族花山节、纳西族（摩梭族）转山节
	民族性节日	纳西二月八节、锡伯族西迁节、满族颁金节、瑶族婆王节
	人物性节日	东岙普渡节、七月十五汤和节
岁时性节日	岁时节日	中秋节、春节、查干萨日、六月六尝新节、宁德畲族三月三节俗
社群性节日	女性节日	七夕节（乞巧节）、羌族瓦尔俄足节、广元女儿节、苗族姊妹节
	老人节日	从江侗族老人节
	儿童节日	清镇瓜灯节、彝族"阿依蒙格"儿童节
社交娱乐性节日	体育竞技节日	蒙古族那达慕大会、那坡彝族挑弓节、信都龙舟节、赛马节
	文艺表演节日	瑶族耍歌堂、布依族查白歌节、景颇族目瑙纵歌节、苗族芦笙节
	游戏娱乐节日	水族卯节、苗族采花节、傣族泼水节

图 2-1-1-1 传统节日项目内容类型图

（二）传统节日项目功能类型图

功能类型	代表性项目
祈吉求祥类	白族绕三灵、阔时节、蒙古族祭敖包、郭尔罗斯祈月节、热贡六月会
文化娱乐类	京族哈节、宾阳炮龙节、苗族系列坡会群、瑶族阿宝节
协调人伦类	清明节、重阳节、七夕成人节
表达爱情类	苗族姊妹节、苗族茅人节、苗族采花节、小广侗族娶亲节
社会交际类	新山傈僳族约德节、鄂温克族瑟宾节、赫哲族乌日贡大会
卫生防御类	端午节（熏中药、挂香袋习俗）、端午节（五大连池药泉会）

图 2-1-1-2 传统节日项目功能类型图

（三）传统节日项目保护级别类型图

1. 全国国家级传统节日项目数量与比例图

（1）全国国家级传统节日项目数量与比例图（共 63 项）①

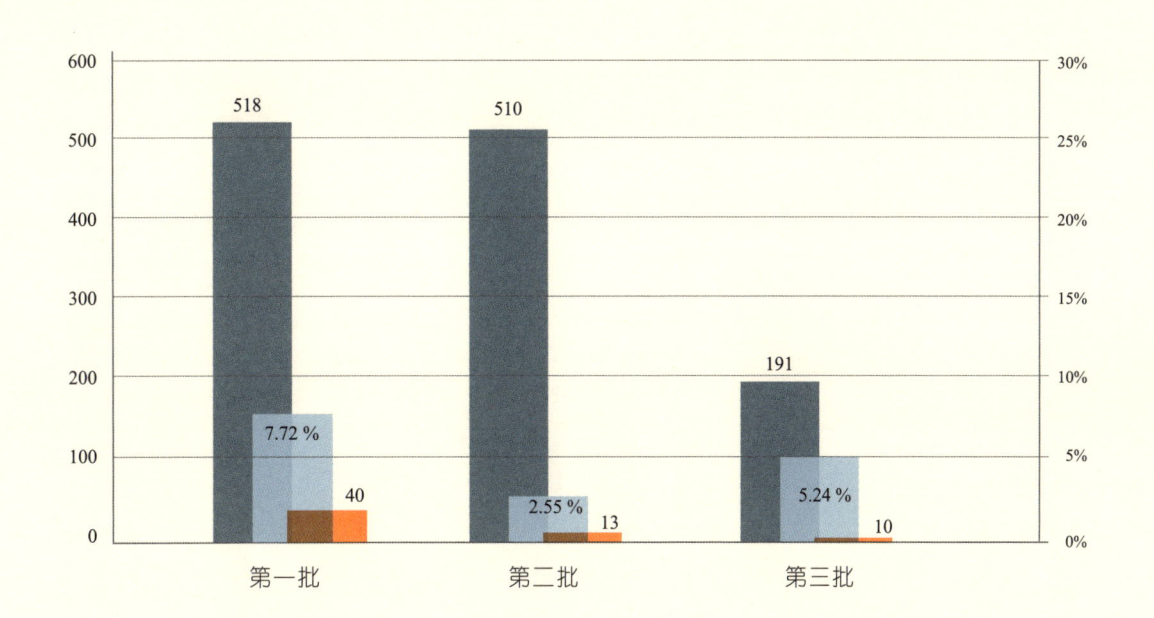

- 全国（国家级）非遗项目数
- 全国（国家级）传统节日非遗项目数
- 占全国（国家级）非遗项目数比例

图 2-1-1-3 全国国家级传统节日项目数量与比例图

---

① 本图中所有国家级扩展项目与打包项目均归并至国家级正项目中，不另作统计。

（2）全国国家级传统节日项目中各类型节日数量图（共63项）

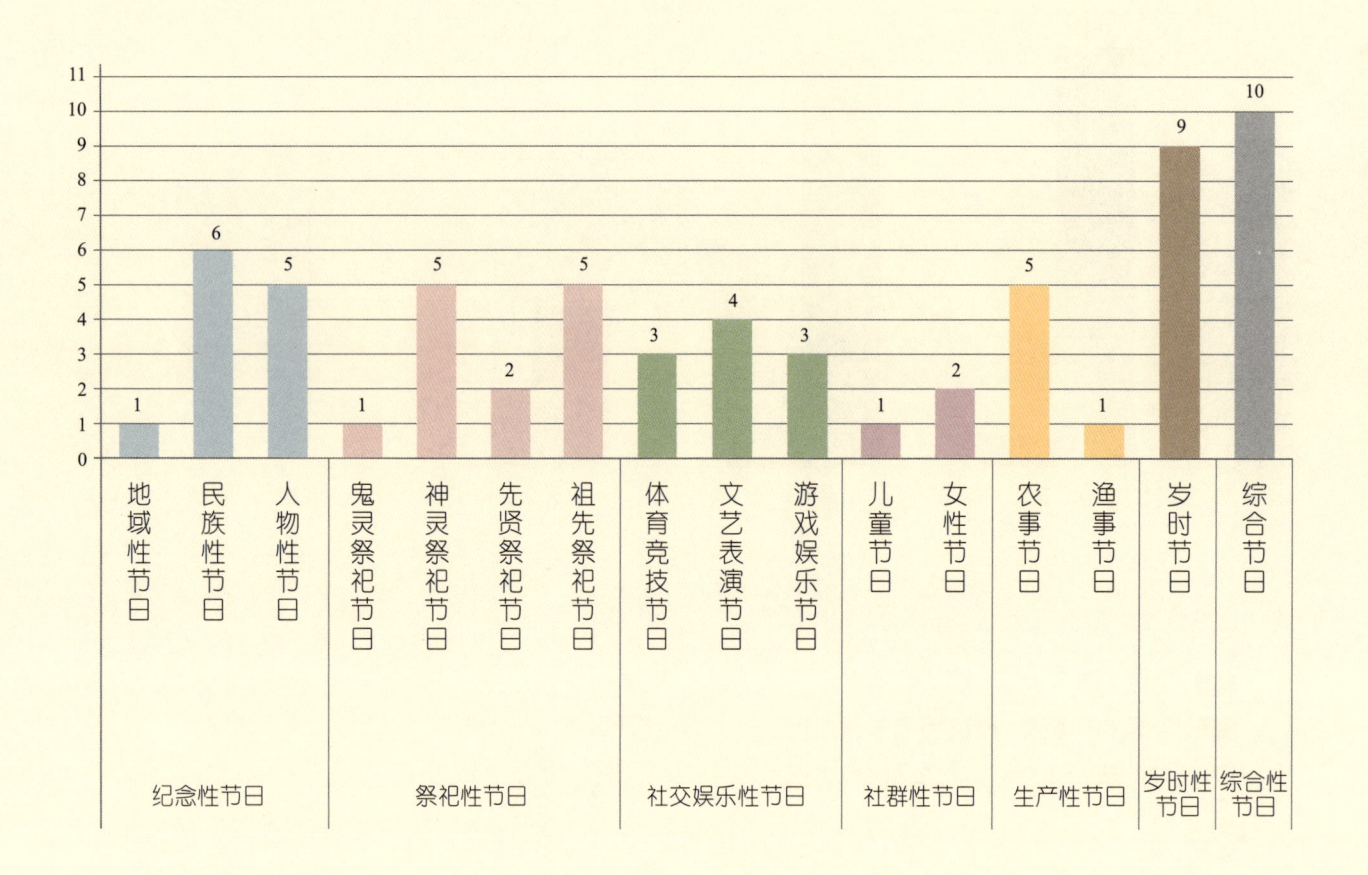

类别	子类	数量
纪念性节日	地域性节日	1
纪念性节日	民族性节日	6
纪念性节日	人物性节日	5
祭祀性节日	鬼灵祭祀节日	1
祭祀性节日	神灵祭祀节日	5
祭祀性节日	先贤祭祀节日	2
祭祀性节日	祖先祭祀节日	5
社交娱乐性节日	体育竞技节日	3
社交娱乐性节日	文艺表演节日	4
社交娱乐性节日	游戏娱乐节日	3
社群性节日	儿童节日	1
社群性节日	女性节日	2
生产性节日	农事节日	5
生产性节日	渔事节日	1
岁时性节日	岁时节日	9
综合性节日	综合节日	10

图 2-1-1-4 全国国家级传统节日项目中各类型节日数量图

(3) 全国国家级传统节日项目中各类型节日比例图（共63项）

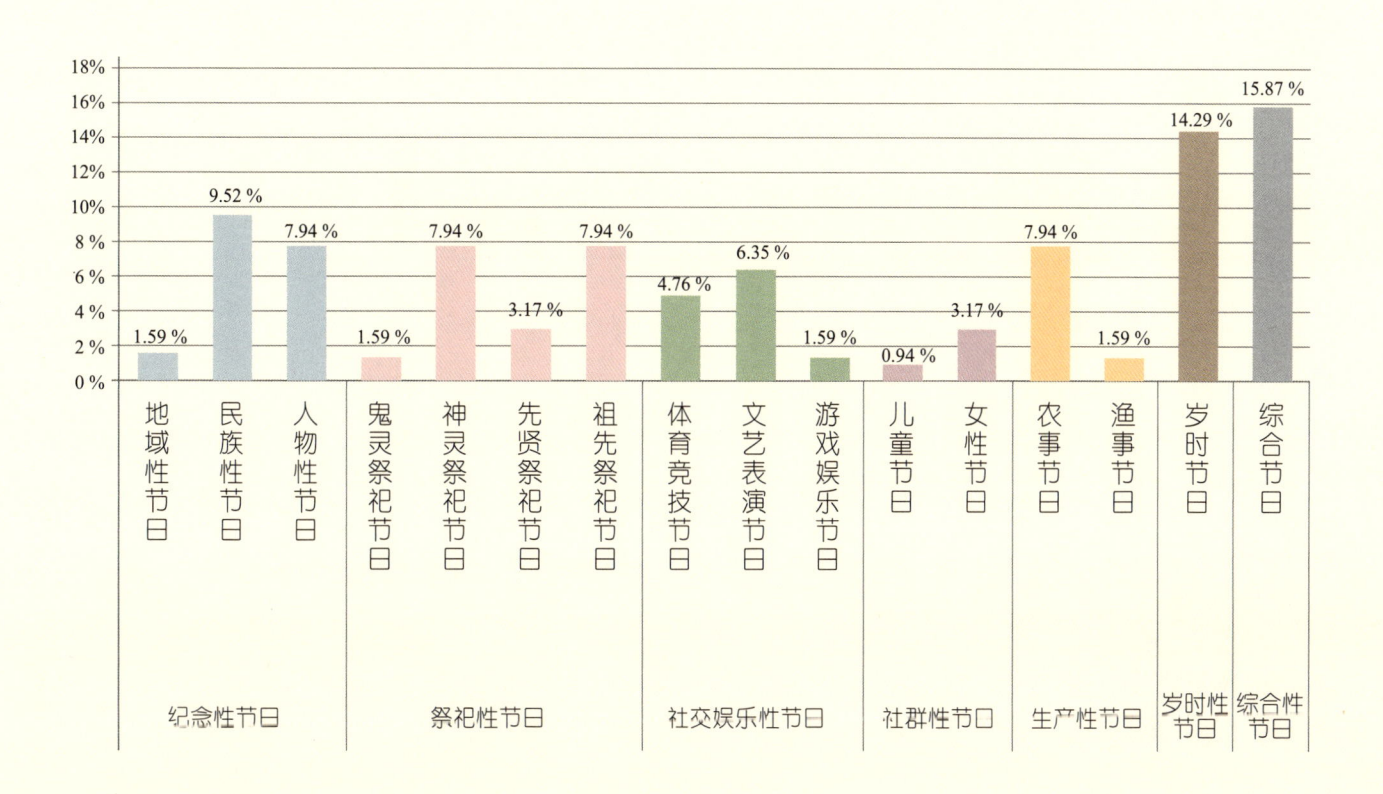

类型	比例
地域性节日（纪念性节日）	1.59%
民族性节日（纪念性节日）	9.52%
人物性节日（纪念性节日）	7.94%
鬼灵祭祀节日（祭祀性节日）	1.59%
神灵祭祀节日（祭祀性节日）	7.94%
先贤祭祀节日（祭祀性节日）	3.17%
祖先祭祀节日（祭祀性节日）	7.94%
体育竞技节日（社交娱乐性节日）	4.76%
文艺表演节日（社交娱乐性节日）	6.35%
游戏娱乐节日（社交娱乐性节日）	1.59%
儿童节日（社群性节日）	0.94%
女性节日（社群性节日）	3.17%
农事节日（生产性节日）	7.94%
渔事节日（生产性节日）	1.59%
岁时节日（岁时性节日）	14.29%
综合节日（综合性节日）	15.87%

图 2-1-1-5 全国国家级传统节日项目中各类型节日比例图（占全国国家级传统节日项目总量的比例）

2. 全国省市级传统节日项目数量与比例图

（1）全国省市级传统节日项目数量图（共249项）①

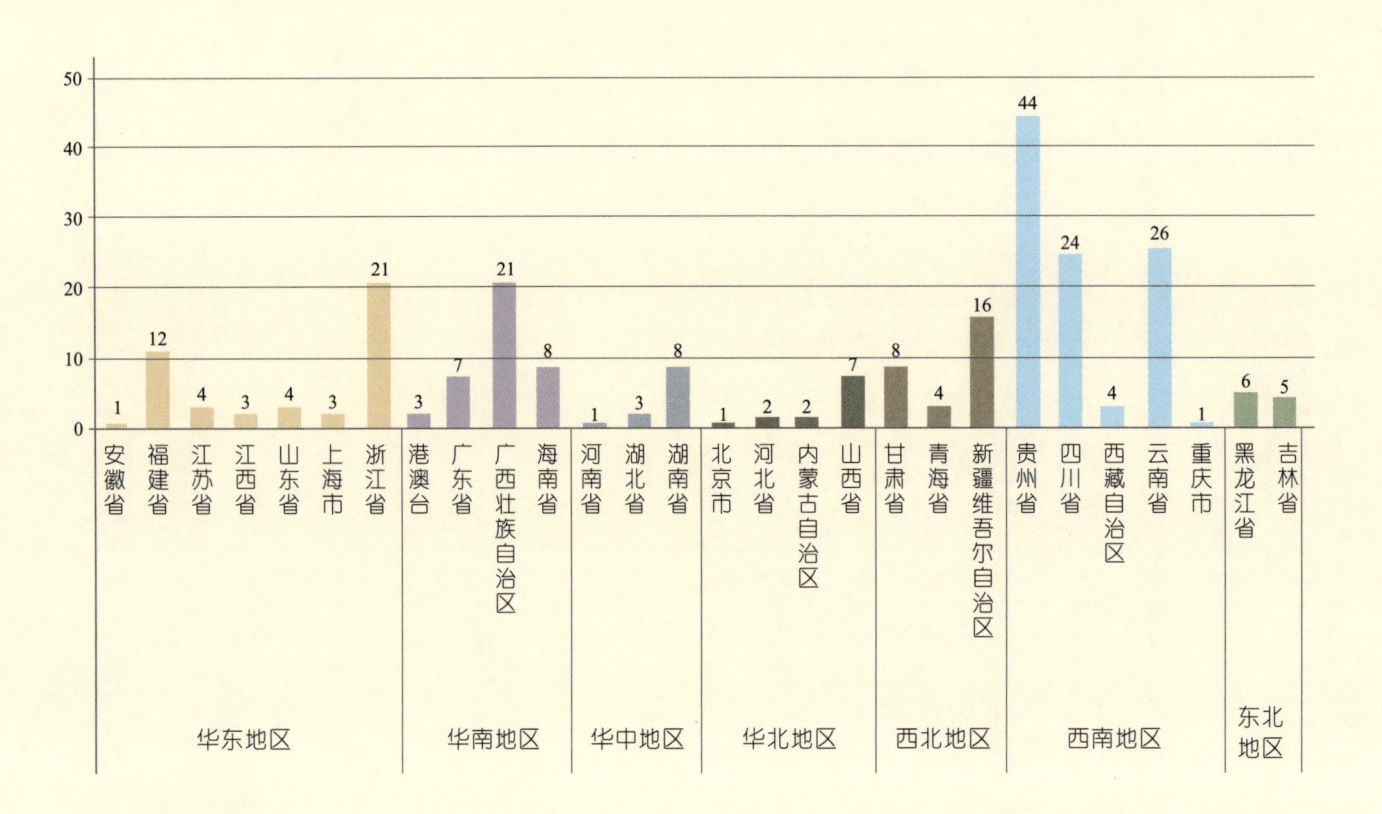

图 2-1-1-6 全国省市级传统节日项目数量图

地区	省市	数量
华东地区	安徽省	1
华东地区	福建省	12
华东地区	江苏省	4
华东地区	江西省	3
华东地区	山东省	4
华东地区	上海市	3
华东地区	浙江省	21
华南地区	港澳台	3
华南地区	广东省	7
华南地区	广西壮族自治区	21
华南地区	海南省	8
华中地区	河南省	1
华中地区	湖北省	3
华中地区	湖南省	8
华北地区	北京市	1
华北地区	河北省	2
华北地区	内蒙古自治区	2
华北地区	山西省	7
西北地区	甘肃省	8
西北地区	青海省	4
西北地区	新疆维吾尔自治区	16
西南地区	贵州省	44
西南地区	四川省	24
西南地区	西藏自治区	4
西南地区	云南省	26
西南地区	重庆市	1
东北地区	黑龙江省	6
东北地区	吉林省	5

图例：
- 华东地区
- 华南地区
- 华中地区
- 华北地区
- 西北地区
- 西南地区
- 东北地区

---

① 本图对省市级（含后升格为国家级）的扩展项目与打包项目均按独立项目统计。

（2）全国省市级传统节日项目比例图①

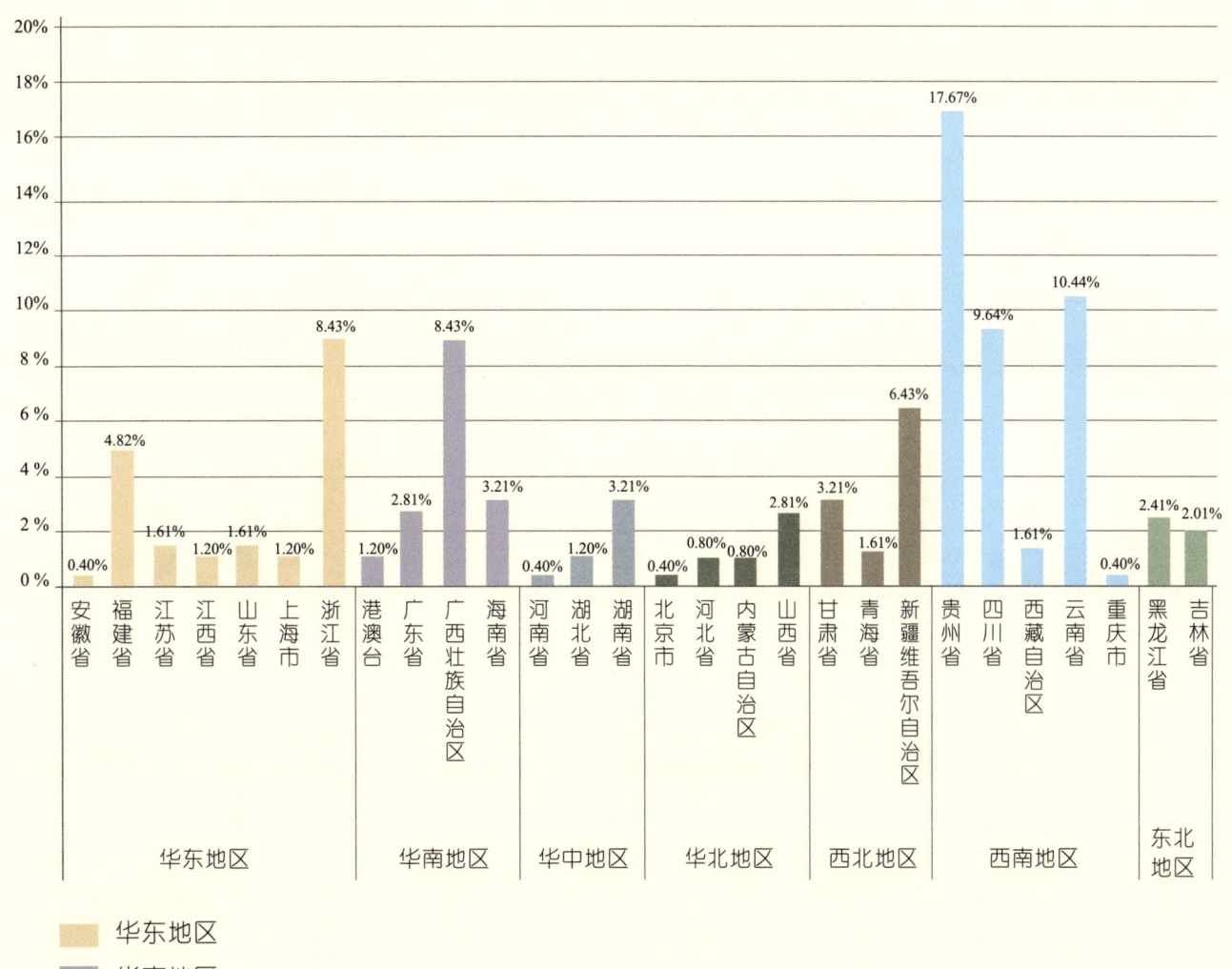

图 2-1-1-7　全国省市级传统节日项目比例图

地区	省市	比例
华东地区	安徽省	0.40%
华东地区	福建省	4.82%
华东地区	江苏省	1.61%
华东地区	江西省	1.20%
华东地区	山东省	1.61%
华东地区	上海市	1.20%
华东地区	浙江省	8.43%
华南地区	港澳台	1.20%
华南地区	广东省	2.81%
华南地区	广西壮族自治区	8.43%
华南地区	海南省	3.21%
华中地区	河南省	0.40%
华中地区	湖北省	1.20%
华中地区	湖南省	3.21%
华北地区	北京市	0.40%
华北地区	河北省	0.80%
华北地区	内蒙古自治区	0.80%
华北地区	山西省	2.81%
西北地区	甘肃省	3.21%
西北地区	青海省	1.61%
西北地区	新疆维吾尔自治区	6.43%
西南地区	贵州省	17.67%
西南地区	四川省	9.64%
西南地区	西藏自治区	1.61%
西南地区	云南省	10.44%
西南地区	重庆市	0.40%
东北地区	黑龙江省	2.41%
东北地区	吉林省	2.01%

① 本图对省市级（含后升格为国家级）的扩展项目与打包项目均按独立项目统计。

（3）全国省市级传统节日项目中各类型项目数量图①

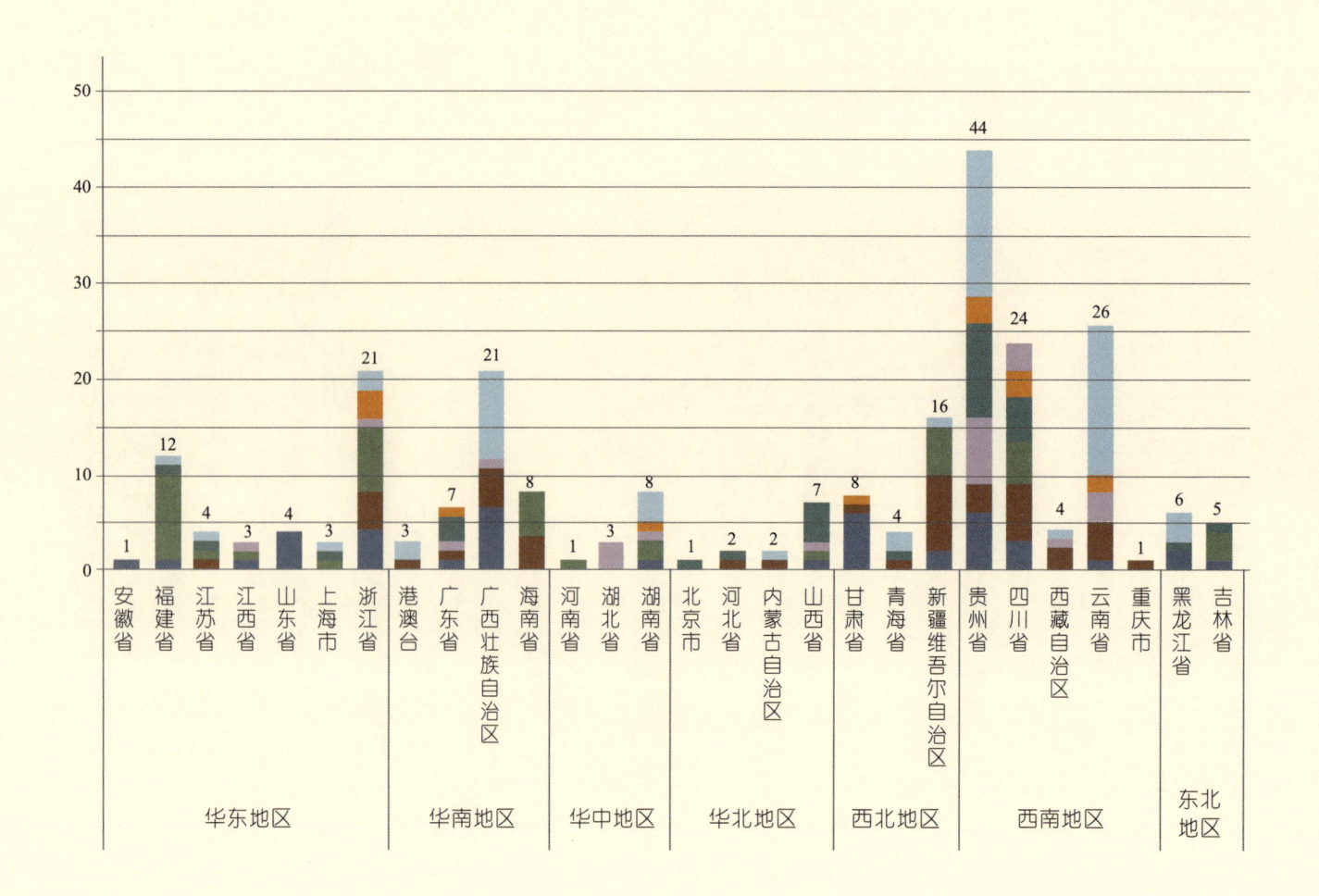

图 2-1-1-8　全国省市级传统节日项目中各类型项目数量图

图例：
- 社交娱乐性节日
- 社群性节日
- 岁时性节日
- 纪念性节日
- 综合性节日
- 祭祀性节日
- 生产性节日

① 本图对省市级（含后升格为国家级）的扩展项目与打包项目均按独立项目统计。

二 全国传统节日项目与资源分布图

（一）全国国家级传统节日项目分布图

全国国家级传统节日项目分布图①

图例：
- 申报地1 该项目流传于所在市或自治州全境
- 申报地2 该项目流传于所在区、县（市）全境或部分地区

G1：国家级第一批
G1k：国家级第一批扩展
G2：国家级第二批
G2k：国家级第二批扩展
G3：国家级第三批

图 2-1-2-1 全国国家级传统节日项目分布图

---

① 春节、清明节、端午节、中秋节、七夕节和重阳节流传于全国各地，本图中不再专门标注。

（二）全国特色传统节日习俗项目分布图（选录）

元宵节特色习俗分布图[①]

图 2-1-2-2 元宵节特色习俗分布图

[①] 本图中的项目是指至2012年年底由国务院与各省市政府公布的国家级与省市级传统节日（元宵节）类非物质文化遗产代表作名录项目，以及部分具有较大社会影响的无级别传统节日（元宵节）类非物质文化遗产资源。

中国非物质文化遗产项目与资源图谱集

端午节特色习俗分布图①

图 2-1-2-3 端午节特色习俗分布图

---

① 本图中的项目是指至 2012 年年底由国务院与各省市政府公布的国家级与省市级传统节日（端午节）类非物质文化遗产代表作名录项目，以及部分具有较大社会影响的无级别传统节日（端午节）类非物质文化遗产资源。

传统节日卷
第一编 全国传统节日项目与资源图谱

七夕节特色习俗分布图①

图 2-1-2-4 七夕节特色习俗分布图

① 本图中的项目是指至 2012 年年底由国务院与各省市政府公布的国家级与省市级传统节日（七夕节）类非物质文化遗产代表作名录项目，以及部分具有较大社会影响的无级别传统节日（七夕节）类非物质文化遗产资源。

开洋节、谢洋节特色习俗分布图①

图 2-1-2-5 开洋节、谢洋节特色习俗分布图

---

① 本图中的项目是指至 2012 年年底由国务院与各省市政府公布的国家级与省市级传统节日（开洋节、谢洋节）类非物质文化遗产代表作名录项目，以及部分具有较大社会影响的无级别传统节日（开洋节、谢洋节）类非物质文化遗产资源。

传统节日卷
第一编 全国传统节日项目与资源图谱

三月三特色习俗分布图①

图 2-1-2-6 三月三特色习俗分布图

① 本图中的项目是指至2012年年底由国务院与各省市政府公布的国家级与省市级传统节日（三月三）类非物质文化遗产代表作名录项目，以及部分具有较大社会影响的无级别传统节日（三月三）类非物质文化遗产资源。

中国非物质文化遗产项目与资源图谱集

三 全国国家级传统节日项目内容标识图

（一）全国第一批国家级传统节日项目内容标识图

1. 春节（全国）①

春节即农历新年，俗称"过年"，最早起源于蜡祭（祭祀农神），已有几千年的历史，时为农历正月初一至正月十五。春节是汉族最隆重的传统节日，也是中国少数民族、世界华人和许多东亚国家的传统佳节。其文化价值在于象征团结、兴旺，同时对来年寄予新的希望，是中华民族集体认同和中国文化的集中体现。春节在2006年被列入我国第一批国家级非物质文化遗产名录。

图 2-1-3-1 春节
图为春节除夕夜全家团聚放鞭炮的场景。

---

① 括号中的地区是指至2012年年底由国家或地方政府公布的该项目的保护地，下同。

2. 元宵节（全国）

元宵节亦称为上元节、小正月、元夕、小年或灯节，时为农历正月十五，最早起源于汉代，流传区域遍及全国各地。元宵节中最为重要的习俗活动是赏花灯与吃元宵，其他还有舞龙灯、耍狮子、猜灯谜、踩高跷、划旱船、扭秧歌、走百病、迎紫姑、逐鼠等习俗活动，表现了中华民族崇尚和谐、团圆、喜庆、热闹等文化心理。元宵节在2006年作为春节项目被列入我国第一批国家级非物质文化遗产名录。

图 2-1-3-2 元宵节
图为古代民众在元宵节时闹元宵、赏花灯的情景。

3. 清明节（全国）

　　清明是农历二十四节气之一，时为仲春与暮春之交（约公历4月5日前后），本是汉族传统民俗节气之一，流传区域遍及全国各地。春分之后，四野明净，大自然处处显示出勃勃生机，因此古人有清明踏青的习俗。后因寒食节与清明相接，于是原属寒食节中的主要习俗活动——扫墓，便逐渐变成了清明日扫墓。除了扫墓以外，清明节还有吃冷食、踏青、放风筝、荡秋千、插柳、蹴鞠、植树等特色习俗活动形式。其文化价值在于追思先祖、拥抱春天，也是中华民族家国情怀的体现。清明节在2006年被列入我国第一批国家级非物质文化遗产名录。

图 2-1-3-3 清明节
图为古代女子在清明节时荡秋千游戏取乐的情景。

4. 端午节（全国）

端午节又称端阳节、午日节、五月节等，时为每年农历五月初五，是汉族和许多少数民族的传统节日，流传区域遍及全国各地。端午节最早起源于先秦时代的水神祭祀与袚除邪祟，古人认为五月是毒月，这天邪佞当道，五毒并出，因此便产生了采草药、插艾草、点雄黄、佩香囊、系长命锁等习俗形式，后又加入了祭祀屈原、赛龙舟、包粽子等习俗活动。其文化价值除了传承民族生活智慧外，还具有纪念屈原和爱国主义教育等意义。端午节在2006年被列入我国第一批国家级非物质文化遗产名录。

图 2-1-3-4 端午节
图为古代端午节中赛龙舟情景。

5. 七夕节（全国）

七夕节又名乞巧节、七巧节或七姐诞，时为农历七月初七，本是汉族传统节日。该节日源自牛郎织女的传说。旧时女子每逢七夕都要向织女献祭，祈求自己能够心灵手巧、获得美满的姻缘，并由此而产生出穿针乞巧、蛛网卜巧、投针验巧、拜织女、拜魁星、吃巧果等习俗形式。另外，七夕节也是古人祈求子嗣的日子，故有种生求子等特有的习俗活动，在现代传承中又演化为鹊桥相会情人节。其文化价值在于展现中国女性心灵手巧的美德和智慧，同时是中华民族恋爱、婚姻文化的象征。七夕节在2006年被列入我国第一批国家级非物质文化遗产名录。

图 2-1-3-5 七夕节
图为古代七夕节女子祭月乞巧的场景。

6. 中秋节（全国）

中秋节俗称八月节、追月节、拜月节、女儿节或团圆节，时为农历八月十五，距今已有将近两千年的历史，流传区域遍及全国各地。这一天在天文意义上是月亮最大最圆的时候，因此节日主题主要围绕团圆而进行，其习俗主要有赏月、祭月、赏桂花、饮桂花酒、燃灯、猜灯谜、吃月饼等，另外还有嫦娥奔月、吴刚折桂、玉兔捣药等许多美丽动人的神话故事，表现了中华民族对月亮的信仰崇拜，以及对于家庭和睦团圆意义的追求。中秋节在 2006 年被列入我国第一批国家级非物质文化遗产名录。

图 2-1-3-6 中秋节
图为古代中秋之夜人们登楼赏月的情景。

中国非物质文化遗产项目与资源图谱集

7. 重阳节（全国）

重阳节时为每年农历九月初九，是一个杂糅多种民俗为一体而形成的汉族传统节日，起源于春秋战国时期，距今已有两千多年的历史。古人以九为尊，九九为阳数之最，所以叫重阳。重阳节的习俗主要有登高、赏菊、插茱萸、吃重阳糕、饮菊花酒等。唐王维有"遥知兄弟登高处，遍插茱萸少一人"之诗句，即是其证。其文化价值除了休闲、娱乐、健身以外，在今天又衍生出尊老、敬老等意蕴。重阳节在2006年被列入我国第一批国家级非物质文化遗产名录。

图 2-1-3-7 重阳节
图为古人在重阳节登高远眺的情景。

8. 锡伯族西迁节（新疆察布查尔锡伯自治县）

西迁节是锡伯族人民为纪念祖先戍边西迁而举行的纪念节日，时为农历四月十八，所以也叫"四一八节"。因有怀念亲人之意，故又叫"怀亲节"，距今已有200多年历史。主要流传区域在伊犁察布查尔锡伯自治县。西迁节的庆祝活动丰富多彩，主要包括野炊、射箭、比武、唱歌、跳舞等。特别是以独唱与合唱形式演唱锡伯族的西迁过程，成为西迁节最独特的文化表现形式。节日活动展示了我国少数民族为戍守边疆、建设祖国家园所作出的历史性贡献。西迁节在2006年被列入我国第一批国家级非物质文化遗产名录。

图 2-1-3-8 锡伯族西迁节
图为节日期间锡伯族人民身着民族服饰歌舞联欢的场景。

9. 塔吉克族引水节和播种节（新疆塔什库尔干塔吉克自治县）

塔吉克族播种节是塔吉克族的农事节日，塔吉克语称播种节为"哈莫孜瓦斯特"，主要流传于我国新疆塔什库尔干塔吉克自治县，至今已有几百年的历史。节日习俗主要有破冰引水，耕地播种，祭祀禳灾，祈求风调雨顺、庄稼丰收等，同时为庆贺引水成功，还有赛马、叼羊等许多娱乐活动。塔吉克族引水节和播种节在2006年被列入我国第一批国家非物质文化遗产名录。

图 2-1-3-9 塔吉克族引水节和播种节
图为节日期间塔吉克族人民在播种劳作的场景。

10. 黎族三月三 （海南五指山市）

黎族为百越族的一支，已有上千年的历史。黎族三月三是黎族最盛大的传统节日，也是黎族纪念先祖、庆祝新生、青年男女恋爱的节日，黎语称"孚念孚"，时为每年农历三月初三。主要习俗有杀猪祭祀、对歌、摔跤、拔河、射击、荡秋千等，尤其是黎族人在这一天要用跳"竹竿舞"的形式来庆祝节日。竹竿舞也叫跳竹竿，黎语意为"跳柴"，原是黎族一种古老的祭祀方式。节日活动展示了黎族古老而又充满生机的传统文化，同时体现了黎族祖先为开发海南岛作出的历史性贡献。黎族三月三在2006年被列入我国第一批国家级非物质文化遗产名录。

图 2-1-3-10 黎族三月三
图为节日期间黎族妇女用跳竹竿舞的方式庆祝节日。

11. 京族哈节（广西东兴市）

哈节，又称"唱哈节"，所谓"哈"或"唱哈"，即唱歌的意思，是京族的传统歌节。主要流行于广西京族居住区东兴市的万尾、巫头、山心地区。具体举办日期各地不同，但节日的形式与内容基本相同，主要围绕祈求农渔业丰收、五畜兴旺而进行。具体习俗活动有迎神、祭神、入席、送神、祭祀祖先、哈妹歌唱等，并有专门的表演场所——哈亭，展示了京族人民生产劳动、日常生活、宗教信仰等各种文化，亦有社交娱乐的社会功能。节日时整个地区的民众通宵达旦，歌舞不息。京族哈节在2006年被列入我国第一批国家级非物质文化遗产名录。

图 2-1-3-11 京族哈节
图为节日期间哈妹们在哈亭里演唱祭祀歌曲的场景。

12. 瑶族盘王节（广东韶关市、广西贺州市）

盘王节是瑶族祭祀祖先盘瓠的重大节日，每年的农历十月十六举行。盘王节主要流布于广西富川、钟山、八步、恭城，广东连州、连南、连山、乳源，湖南常宁、江华、江永等粤湘桂三省（自治区）十县。节日围绕狂欢祭祀而进行，以《盘王歌》为主演唱乐神歌，另有宰牲祭祀、打花棍、放花炮、唱戏、跳黄泥鼓舞和长鼓舞等习俗，展示了瑶族祭祖狂欢、娱神娱人的民族传统。瑶族盘王节于2006年被列入我国第一批国家级非物质文化遗产名录。

图2-1-3-12 瑶族盘王节
图为节日期间盘王祭祀的盛大场面。

13. 壮族蚂拐节（广西河池市）

蚂拐节，又叫"青蛙节""蛙婆节"，也叫"蚂拐歌会"，主要流行于广西西北部红水河流域东兰县境内的壮族之中。壮族民间认为掌管风雨的不是龙王，而是青蛙女神，因此每年正月初一至二月初期间要举行祭祀青蛙的活动，一般程序是找蚂拐（蛙）—祭蚂拐（装在小棺材）—游拜蚂拐（挨家逐户拜蚂拐）—丧蚂拐（同时开棺验看往年丧的蚂拐骨，测验骨色，黄为吉、黑即凶）—篝火铜鼓山歌会（草裙蒙面舞、蚂拐舞表演、赛铜鼓、对山歌）。壮族蚂拐节于2006年被列入我国第一批国家级非物质文化遗产名录。

图 2-1-3-13 壮族蚂拐节
图为蚂拐节中祭司带领壮族男性跳蚂拐舞祭祀蚂拐的场景。

14. 仫佬族依饭节（广西罗城仫佬族自治县）

依饭节是仫佬族人民最隆重的节日，传承至今已有500多年的历史。依饭节主题是祈神保佑丰收、人丁安泰，每逢闰年的冬至前后举行，持续3至5天。仪式主要由安坛、请圣、点牲、劝圣、唱牛哥、合兵和送圣等七个程序组成。活动由法师二人，一念经"请神"，一扮"神灵"，头戴面具，身穿法衣，边舞边唱，请三十六位神灵；然后把牛模型、谷穗分给各户置于香火上。届时村寨各户宾客盈门，几十里路以外的亲友都要纷纷前来祝贺。仫佬族依饭节于2006年被列入我国第一批国家级非物质文化遗产名录。

图 2-1-3-14 仫佬族依饭节
图为仫佬族人民在依饭节期间制作依饭的景象。

15. 苗族系列坡会（广西融水苗族自治县）

苗族系列坡会主要流传于广西壮族自治区融水苗族自治县四荣一带，至今已有一百多年历史。每年正月十六和八月十六分别举行，前者预祝丰收，后者庆祝丰收。主要习俗活动有芦笙赛、踩堂歌、斗马、斗鸟、赛马、舞狮、对唱山歌等。苗族系列坡会既是一个社交盛会，也是一个传统的民族体育运动会，届时除了苗族外，四周的壮、侗、瑶、汉等各族群众都会前来参加。苗族系列坡会于2006年被列入我国第一批国家级非物质文化遗产名录。

图 2-1-3-15 苗族系列坡会
图为苗族系列坡会期间苗族人民身着节日盛装、吹芦笙庆祝的场面。

16. 端午节·汨罗江畔端午习俗（湖南汨罗市）

汨罗江畔端午习俗是我国端午习俗中一种重要的地方性习俗形式，主要流传区域是湖南省汨罗市。节日期间的习俗活动除了一般的办家宴、吃粽子、插艾挂菖、喝雄黄酒、赛龙舟、观龙舟、回娘家、辞端午外，还有偷神木、雕龙头、唱赞词、龙舟下水、龙头上红、朝庙等一些独特的地方性习俗形式。其文化价值在于纪念伟大爱国诗人屈原，重现民族精神传统。汨罗江畔端午习俗于2006年被列入我国第一批国家级非物质文化遗产名录。

图2-1-3-16 端午节·汨罗江畔端午习俗
图为汨罗江畔男女老少端午观看龙舟竞渡的场景。

17. 瑶族耍歌堂（广东清远市连南瑶族自治县）

瑶族耍歌堂是连南排瑶一项具有纪念祖先、回忆历史、喜庆丰收、酬神还愿、传播知识等多重意义的传统节日民俗活动，也是排瑶男女谈情说爱与会亲结友的民间盛会，时间是在农历十月十六。耍歌堂分大歌堂和小歌堂：大歌堂历时三天，每十年举行一次；小歌堂历时一天，三年五载举行一次。举行耍歌堂时，具体活动内容由各排民众商议决定，主要仪式有游神大典、讴歌跳舞、过州过府、追打三怪、枪杀法真、酬神还愿等。节日展现了瑶族远古的民族文化和对幸福生活、爱情的向往。瑶族耍歌堂于2006年被列入我国第一批国家级非物质文化遗产名录。

图 2-1-3-17 瑶族耍歌堂
图为瑶族人民在节日期间吹牛角、击鼓起舞的场景。

18. 火把节·彝族火把节（四川凉山彝族自治州）

凉山彝族火把节是彝族太阳历的第二个星回节，于农历六月最热的时候举行。届时凉山彝族同胞要穿上节日的盛装，载歌载舞，举办声势浩大的选美活动和赛马、摔跤、射箭等比赛，并在夜晚点燃火把在旷野中游行，纪念他们心中的英雄。节庆期间，彝族男女青年或点燃松木制成的火把，到村寨田间活动，边走边把松香撒向火把照天祈年，除秽求吉；或唱歌、跳舞、赛马、斗牛、摔跤；或举行盛大的篝火晚会，彻夜狂欢，体现了彝族悠久的信俗传统与火热的文化性格。彝族火把节于2006年被列入我国第一批国家级非物质文化遗产名录。

图 2-1-3-18 火把节·彝族火把节
图为节日期间彝族同胞身着民族服饰、围绕火把载歌载舞的场景。

19. 羌族瓦尔俄足节（四川阿坝藏族羌族自治州）

羌族瓦尔俄足节是羌族妇女为祭祀天上的歌舞女神莎朗姐而举行的传统习俗活动。节日期间，凡本寨妇女，不分老幼，都会穿着鲜艳的民族服饰，佩戴银饰前往参加。节日前夜的活动程序是：制作祭祀女神的太阳馍馍、月亮馍馍和山形馍馍（舅舅陪同）—舅舅开坛、祝词—摆供品；节日当天的活动程序是：祭拜女神梁子（舅舅带领）—敬献、祭杀山羊仪式—舅舅唱经、酬神、祈神—领歌引舞—讲述歌舞女神莎朗姐故事—男人们烹饪、伺候—传送歌舞。羌族瓦尔俄足节于2006年被列入我国第一批国家级非物质文化遗产名录。

图 2-1-3-19 羌族瓦尔俄足节
图为节日期间青年男女身着民族服装、相聚一起倾诉心曲的场景。

20. 都江堰放水节（四川都江堰市）

放水节初始于"祀水"，因为都江堰修筑以前，沿江两岸水患很多，使得当地民众饱受水患之苦。为了祈求"水神"的保护，人们常常要在沿江"祀水"求平安。都江堰修筑成功后，后人为了纪念李冰父子，将以前祭祀改成"祀李冰"。唐朝清明节时，要在岷江岸边举行"春秋设牛戏"，这就是最早的放水节。公元978年，北宋政府正式将清明节这一天定为放水节。当地群众自发地组织举办二王庙庙会，节日内容包括祭祀李冰父子、砍杩槎放水、鸣炮放水等。都江堰放水节于2006年被列入我国第一批国家级非物质文化遗产名录。

图 2-1-3-20 都江堰放水节
图为节日期间当地民众开闸放水时的壮观场面。

21. 雷山苗族鼓藏节（贵州雷山县）

鼓藏节又叫祭鼓节，是苗族属一鼓（即一个支系）的支族祭祀本支族列祖列宗神灵的大典，俗称"吃鼓藏"。传统鼓藏节每12年举办一次，每次持续达4年之久，现在改为持续3年。苗族聚族而居，雷山苗族以血统宗族形成的地域组织"鼓社"为单位维系其生存发展。鼓藏节的程序大体如下：第一年，由民众选出五位精明能干的已婚男子为鼓藏头；第二年，在鼓藏头的领导下采购鼓牛，并完成接鼓、醒鼓和制单鼓的任务；第三年为正式吃鼓藏年。鼓藏节是苗族祖先信仰的体现。雷山苗族鼓藏节于2006年被列入我国第一批国家级非物质文化遗产名录。

图 2-1-3-21 雷山苗族鼓藏节
图为苗族鼓藏节中祭祀活动的盛大场面。

22. 水族端节（贵州三都水族自治县）

端节，水语称为"借端"。"端"，意为"岁首"或"新年"；"借"，意为"吃"。因此，端节亦可直译为"吃年"。又因水族的这个年节的日期以水历为准，水历把九月作为岁首，岁首要过年，端节就定在九月初九，通称"水年"，是水族辞旧迎新、祭祀祖先、庆贺丰收和预祝新的一年幸福美满的传统节日。节日当天，各家要摆设素席，各村寨还要举行"赶端坡"的娱乐交际活动。"端坡"会上，人们尽情地赛马、斗牛、斗鸟，进行各种歌舞活动。水族端节于2006年被列入我国第一批国家级非物质文化遗产名录。

图 2-1-3-22 水族端节
图为节日期间水族人民聚在一起举行长街宴的场景。

23. 布依族查白歌节（贵州兴义市顶效镇）

布依族查白歌节是贵州省西南兴义一带布依族一个纪念性的节日，每年农历六月廿一至廿三在兴义市顶效镇的查白场举行。该节是为纪念古时当地一对为民除害与抗暴殉情的男女青年查郎、白妹而得名。查白歌节主要的活动内容有歌节赛歌、访亲友、吃汤锅、赶表和祭山等，一般连续三天，第一天是高潮。查白歌节不仅是纪念性节日，更是布依青年谈情说爱和求婚择偶的独特时机。布依族查白歌节于2006年被列入我国第一批国家级非物质文化遗产名录。

图 2-1-3-23 布依族查白歌节
图为节日期间男女青年在一起表演生产舞蹈的场景。

24. 苗族姊妹节（贵州台江县）

苗族姊妹节又称"姊妹饭节"，是贵州台江县老屯、施洞一带苗族人民的传统节日，每年农历三月十五至十七举行。届时苗族青年男女穿上节日的盛装，聚集于榕江、杨家、偏寨，欢度这个极富民族特色的传统佳节。吃姊妹饭是这个节日的重要礼仪事项，姊妹饭还是姑娘们送给情侣以表达情意的信物。另外，下田捉鱼捞虾也是姊妹节活动之一。踩鼓是整个社区参与节日活动的重要方式，体现了苗族人民追求爱情的独特方式以及在社交、娱乐生活方面的民族特点。苗族姊妹节于2006年被列入我国第一批国家级非物质文化遗产名录。

图 2-1-3-24 苗族姊妹节
图为节日期间当地妇女相聚一起吃姊妹饭的场景。

25. 侗族萨玛节（贵州榕江县）

　　萨玛节又称"祭萨"，是南部侗族现存最古老的传统节日。"萨玛"可汉译为"大祖母（又称萨岁）"，她是整个侗族共同的祖先神灵的化身。侗族认为祖先神威巨大，至高无上，能赋予人们力量去战胜敌人、战胜自然，赢得村寨安乐、五谷丰登、人畜兴旺，因而对之虔诚崇拜，奉为侗族的社稷神。为了祭祀萨玛，人们在寨子中间的土坪上垒起土堆，作为祭坛和供奉祭祀萨玛的场所。有的侗寨还建有萨玛祠，每年农历正月、二月都要在此举行盛大的祭典。侗族萨玛节于2006年被列入我国第一批国家级非物质文化遗产名录。

图 2-1-3-25 侗族萨玛节
图为节日期间侗族妇女在萨玛祠前祭祀萨玛的场景。

26. 仡佬族毛龙节（贵州石阡县）

"仡佬毛龙"是石阡仡佬族世代流传下来的民间崇尚的表现形式，主要流传于贵州省石阡县龙井、汤山等乡镇的宴明、龙凤等仡佬族村寨，辐射于全县各地的侗、苗、土家等民族。仡佬族毛龙节起源于古代仡佬族的"竹王"崇拜和生殖崇拜，主要活动时间是在元宵节期间。其基本内容包括：（1）龙崇拜；（2）附属图腾信仰与民间信仰；（3）扎艺；（4）玩技；（5）念诵。其中龙崇拜是核心。仡佬族毛龙节是中国龙信仰的独特体现，该节于2006年被列入我国第一批国家级非物质文化遗产名录。

图 2-1-3-26 仡佬族毛龙节
图为节日期间仡佬人舞龙狂欢的场景。

27. 热贡六月会（青海同仁县）

热贡藏乡六月会距今已有400多年的历史，主要流传于黄南藏族自治州同仁县境内，在每年农历六月十五至廿八定期举办。主要活动有祭神、上口扦、上背扦、跳舞、爬龙杆、打龙鼓、法师开山等。热贡藏乡六月会的形式共分为三种类型：舞神、舞龙、舞军。场面恢宏壮观，舞姿潇洒粗犷，届时各村轮流举办，节日盛况空前。独特节奏的龙鼓、粗犷优美的舞姿、多彩华丽的服饰、神秘虔诚的祈祷，给喜庆丰收的热贡藏乡带来了欢乐和浪漫。热贡六月会于2006年被列入我国第一批国家级非物质文化遗产名录。

图 2-1-3-27 热贡六月会
图为节日期间藏民们击鼓锁口，举行祭祀仪式时的场面。

28. 土族纳顿节（青海民和回族土族自治县）

　　纳顿节是土族人民为喜庆丰收而举办的社交游乐节日，也称"庄稼人会""庆丰收会"等。"纳顿"是土语音译，意为"娱乐"。举行时间从夏末麦场结束（农历七月十二）开始，一直要持续到农历九月十五才告结束，历时近两个月，所以有人称纳顿节是"世界上最长的狂欢节"。纳顿节的正会由"跳会手""跳面具舞""跳法拉"三部分组成。该节特点十分鲜明，是一种具有乡人傩特点的民俗活动，以民间信仰为连接村落的纽带，流传历史久远。每次活动时间长，参与民众广泛。土族纳顿节于2006年被列入我国第一批国家级非物质文化遗产名录。

图 2-1-3-28 土族纳顿节
图为土族纳顿节中土族人跳傩舞时的场景。

29. 雪顿节（西藏）

雪顿节是西藏传统的节日，于每年藏历六月底七月初举办。雪顿节按藏语解释就是吃酸奶子的节日，因此又叫"酸奶节"。因为雪顿节期间有隆重热烈的藏戏演出和规模盛大的晒佛仪式，所以有人也称之为"藏戏节""晒佛节"。仪式中要将一幅500平方米左右、用五彩丝绸织就的巨大释迦牟尼像在法号声中铺开，信众会通过顶礼膜拜来表示自己虔诚的信仰。该节社会影响巨大，文化价值颇高，集中体现了藏民们的精神世界与信仰特点。雪顿节于2006年被列入我国第一批国家级非物质文化遗产名录。

图 2-1-3-29 雪顿节
图为节日期间巨大的佛像展示和信众们庆祝时的欢乐场景。

30. 傣族泼水节（云南西双版纳傣族自治州）

泼水节是傣族最隆重的节日，也是云南少数民族中影响面最大、参加人数最多的节日。泼水节是傣族的新年，相当于公历的四月中旬，一般持续3至7天。第一天傣语叫"麦日"，与农历的除夕相似；第二天傣语叫"恼日"（空日）；第三天叫"叭网玛"，意为岁首，人们把这一天视为最美好、最吉祥的日子。传统泼水节中的习俗活动主要有赛龙船、放高升、放孔明灯、泼水、丢包等，现今还增加了斗鸡、放气球、游园联欢等活动。傣族泼水节于2006年被列入我国第一批国家级非物质文化遗产名录。

图 2-1-3-30 傣族泼水节
图为傣族泼水节中人们相互泼水祈求祝福的欢乐场景。

中国非物质文化遗产项目与资源图谱集

31. 景颇族目瑙纵歌（云南陇川县）

目瑙纵歌又称"总戈"，意为"欢聚歌舞"，流传于云南省德宏傣族景颇族自治州的景颇族聚居区，是景颇族最为隆重的传统节日。每年正月十五前后，当地村寨便都要举办目瑙纵歌活动。届时景颇人身着节日盛装，成群结队，敲锣打鼓，兴高采烈地从四面八方涌入目瑙广场，欢快地唱歌跳舞。目瑙纵歌的一个重要标志是目瑙示栋，这是为了纪念景颇族先人首创目瑙纵歌而设立的祭坛。示栋竖立在目瑙纵歌舞场的中央，是景颇族群众心中最神圣、最崇敬的图腾。景颇族目瑙纵歌于2006年被列入我国第一批国家级非物质文化遗产名录。

图 2-1-3-31 景颇族目瑙纵歌
图为节日期间景颇族人翩翩起舞、欢度佳节的场景。

32. 独龙族卡雀哇节（云南贡山独龙族怒族自治县）

卡雀哇节是独龙族的独特节日，主要流传于怒江傈僳族自治州贡山独龙族怒族自治县。卡雀哇节一般都在头年的腊月底或次年的正月初举行，节期三天。其中最隆重、最欢乐的是"剽牛宴"。这天，族长要把牛拴在广场中央的木桩上，先由青年妇女将链珠挂在牛角上，接着一位勇猛强壮的小伙子手持锋利的竹矛，向牛腋部刺去，直到将牛刺倒死去。随后，人们就跳起"牛锅庄"舞，然后分吃牛肉。舞会结束，各家在舞场摆酒置菜，畅谈丰收的喜悦，展望幸福的未来。独龙族卡雀哇节于2006年被列入我国第一批国家级非物质文化遗产名录。

图 2-1-3-32 独龙族卡雀哇节
图为节日期间勇敢的独龙族小伙子剽牛时的场面。

33. 怒族仙女节（云南贡山独龙族怒族自治县）

怒族仙女节又称鲜花节，是云南省怒江傈僳族自治州贡山一带怒族人民的民间传统节日，主要流传于贡山县丙中洛乡的怒族聚居区，每年农历三月十五举行，延续时间为三天。节庆活动内容包括祭祀仙女洞、迎接圣水、歌舞求福、体育竞技等。举行祭祀仪式时，先燃起松烟，主祭者念祝词，随后大家叩头祈祷，以求仙女保佑。祭毕，各家各户设宴饮酒，青年男女则身着节日盛装，前往一空旷之地进行射箭比赛，同时，举办各种物资交流集会，吸引当地各民族群众前来购买。怒族仙女节于2006年被列入我国第一批国家级非物质文化遗产名录。

图2-1-3-33 怒族仙女节
图为怒族仙女节期间怒族民众抬仙女出巡时的场景。

34. 白族绕三灵（云南大理白族自治州）

"三灵"指三个地方，即位于大理古城西、三塔寺旁的佛都——崇圣寺，位于苍山脚下的庆洞村的神都——圣源寺，位于洱海西北岸的仙都——金奎寺。该节属农闲季节白族民间为求雨祈福、祭祀本主而举行的自娱性迎神赛会活动，时间是每年农历四月廿二至廿四。节日期间，男女都要插花戴朵，以村庄为单位，几十人至上百人不等，成群结队，近则数里、数十里，远则一二百里或更远，携带祭祀用具和简单的行李以及食品、炊具等，自发组成绕三灵祭拜队伍，从四面八方赴会。白族绕三灵于2006年被列入我国第一批国家级非物质文化遗产名录。

图 2-1-3-34 白族绕三灵
图为节日期间祭祀队伍出巡时的盛大场景。

35. 傈僳族刀杆节（云南泸水县）

　　刀杆节是居住在云南省怒江傈僳族自治州泸水县境内的傈僳族以及彝族的传统节日，每年正月十五举行。刀杆节这天，几名健壮男子先表演"蹈火"仪式。他们赤裸双脚，跳到烧红的火炭堆里，蹦跳翻滚，展示各种绝技。然后再把36把长刀刃口向上，分别用藤条横绑在两根20多米高的木杆上，组成一刀梯。表演者空手赤足，从快刀刃口攀上顶端，并在杆顶表演各种高难度动作。如今，这项惊险的传统祭奠仪式已演变为傈僳族人表演绝技的体育活动。傈僳族刀杆节于2006年被列入我国第一批国家级非物质文化遗产名录。

图 2-1-3-35 傈僳族刀杆节
图为节日期间傈僳族勇士在进行上刀梯表演时的精彩场景。

36. 鄂伦春族古伦木沓节（黑龙江鄂伦春族地区）

古伦木沓为鄂伦春语，意为祭祀火神。古伦木沓节由祭祀火神的仪式演变而来。自古以来，鄂伦春人每到年节或吉日，家家户户都要在自家门前燃起篝火，焚香跪拜祷告，以求火神保佑平安，长此以往，就形成了一种世代传承的古伦木沓节习俗。古伦木沓节活动一般在每年的春季举行，届时人们带着好酒好肉及帐篷等物，举家骑马到预定地点参加活动。节日期间，白天举行赛马、射箭、射击、摔跤等各种活动，夜间则拢上篝火，请萨满跳神，祭神祭祖。鄂伦春族古伦木沓节于2006年被列入我国第一批国家级非物质文化遗产名录。

图 2-1-3-36 鄂伦春族古伦木沓节
图为节日期间鄂伦春族人在举行祭祀火神仪式的场景。

37.端午节·西塞神舟会（湖北黄石市）

西塞神舟会是湖北黄石市西塞山区道士袱村民众庆贺端午节的传统盛会，主要活动有制作神舟、唱大戏、巡游、送神舟下水等。从每年农历四月初八佛祖诞生之日举行龙舟的开工仪式，扎制神舟，到五月初五子时由道士主持仪式为神舟开光，直到五月十五至十八的神舟会正式会期，整个活动历时40天，是目前国内端午节时间较长的祈福和祭祀活动。在正式会期中，当地民众要日日夜夜唱楚剧大戏，四面八方的乡民都要赶来向神舟许愿求福。西塞神舟会于2006年被列入我国第一批国家级非物质文化遗产名录。

图 2-1-3-37 端午节·西塞神舟会
图为节日期间神舟出巡时的场景。

38. 端午节·屈原故里端午习俗（湖北秭归县）

屈原故里秭归的端午习俗主要为纪念生于秭归乐平里的楚国三闾大夫屈原而举行，传承历史大致经过先秦时期的形成阶段、汉末魏晋时期的发展阶段，以及唐代以后的认同兴盛阶段，千百年来连绵不断。当地民间端午节一共要过三次，即农历五月初五为小端阳，五月十五为大端阳，五月二十五为末端阳，届时都有丰富的节日民俗活动，内容主要包括祭祀屈原、游江招魂、龙舟竞渡、农民骚坛诗社等。屈原故里端午习俗于2006年被列入我国第一批国家级非物质文化遗产名录。

图 2-1-3-38 端午节·屈原故里端午习俗
图为屈原故里民众在端午节举行祭祀屈原活动时的盛大场景。

39. 端午节·苏州端午习俗（江苏苏州市）

苏州端午习俗与其他地区有所不同，纪念的是春秋时期吴国名将伍子胥。端午节是苏州一年一度最为盛大的民间节日，具有一整套与当地自然气候条件、日常生产生活习惯及经济文化特征相适应的民俗活动，如包粽子、赛龙舟、挂菖蒲、挂香囊、挂钟馗像驱鬼等。苏州端午习俗于 2006 年被列入我国第一批国家级非物质文化遗产名录。2009 年，苏州端午习俗作为中国端午节的重要组成部分，被列入世界非物质文化遗产名录。

图 2-1-3-39 端午节·苏州端午习俗
图为苏州当地的妇女在端午节时给小孩挂香袋祈福禳灾的情景。

（二）全国第二批国家级传统节日项目内容标识图[①]

1. 清明节·溱潼会船（江苏姜堰市）

　　溱潼会船节源于宋代，主要流行于江苏里下河地区姜堰、兴化、东台市交界处的溱潼村，一般于清明节的第二天举行。相传当年山东义民张荣、贾虎曾于溱潼村阻击金兵，溱潼百姓助葬阵亡将士，并于每年清明节撑篙子船，争先扫墓，祭奠英魂，久而久之，便形成了撑会船的习俗。溱潼会船习俗于2008年被列为我国第一批国家级非物质文化遗产扩展名录。

图 2-1-3-40 清明节·溱潼会船
图为溱潼会船节期间村民们进行撑船竞赛时的盛大场面。

[①] 本部分包括列入全国第一批国家级传统节日扩展名录的项目。

2. 端午节·五常龙舟胜会（浙江杭州市余杭区五常区域）

五常龙舟胜会是浙江杭州西溪五常地区特有的一项端午节民俗庆典活动。相传，清乾隆皇帝南巡江南时曾经观赏过五常龙舟，并称之为龙舟胜会，自此，西溪五常龙舟胜会便声名远播。也有民间说法，明朝尚书洪钟隐居五常，在农闲之时的五月，将乡民们劳作用的小木舟配以龙头举行龙舟比赛，后则演变为闹龙舟。五常龙舟胜会活动的内容分为"喝龙船酒""请龙王""披红""赛龙舟""谢龙王"等。五常龙舟胜会延续至今已有500多年的历史，具有广泛的群众性。五常龙舟胜会于2008年被列入我国第一批国家级非物质文化遗产扩展名录。

图 2-1-3-41 端午节·五常龙舟胜会
图为五常龙舟胜会闹龙舟时你追我赶、奋力争夺的热闹场面。

3. 端午节·安海嗦啰嗹习俗（福建晋江市安海镇）

安海嗦啰嗹也称"采莲"，至今已有800多年的历史，据称这是古越族人的遗风，歌唱中的"嗦啰嗹"就是古越族人辟邪去灾的咒语。另有说法认为"嗦啰嗹"是因采莲活动而来。采莲时所唱的"采莲歌"中每唱一句歌词就要接唱一声"嗦啰嗹"，因而形成了"嗦啰嗹"的习俗。安海嗦啰嗹在中国端午节中颇有独特性，主要活动有焚香礼拜、采莲、敲锣打鼓等，另外还有三吴一元师祖青狮阵、下山后刣狮阵、火鼎公婆、女子拍胸舞、钱鼓舞、车鼓唱、采蚵舞，等等。安海嗦啰嗹习俗于2008年被列入我国第一批国家级非物质文化遗产扩展名录。

图 2-1-3-42 端午节·安海嗦啰嗹习俗
图为安海嗦啰嗹活动中的仪仗队伍：一位扮相邋遢不堪的"铺兵"，手举长杆红旗，一路如醉似癫，充当前导。随后有四人沿途敲锣打鼓，以助声势。队伍中有几名男扮女装的提花婆，最后由四人抬着一具木雕老龙头压阵。

4. 中秋节·中秋博饼（福建厦门市）

中秋博饼风俗主要流传于福建厦门一带，其成因与民族英雄郑成功有关。据传300多年前郑成功屯兵厦门，为了排解和宽慰士兵在中秋节时思念家乡亲人之苦，其部下洪旭发明了一种博饼游戏，让士兵赏月博饼。随后这一独特的游戏在民间广泛流传，发展成为一种有趣的民俗游戏。早年，博状元饼多为亲友或结拜兄弟姐妹间大家出钱，购买一两盒月饼，共同博之，谁得"状元"，来年中秋节便要赠送一盒月饼给大家博。中秋博饼习俗于2008年被列入我国第一批国家级非物质文化遗产扩展名录。

图 2-1-3-43 中秋节·中秋博饼
图为古代厦门民众在中秋节时进行博饼游戏的场面。

5. 中秋节·佛山秋色（广东佛山市）

佛山秋色是广东佛山民间在秋季举行的一种庆祝农业丰收的游行习俗活动，俗称"秋色赛会"或"秋色提灯会"，亦称"出秋色"。佛山秋色历史悠久，相传明代永乐年间（1403—1424）秋季丰收后的一个夜晚，一群孩童用茭笋壳扎成龙形，并在龙的身上插上香火，以竹竿舞动火龙，游舞街巷之中，深夜方休。此举被人所赞赏，后来内容日渐丰富，并逐渐发展成为具有浓厚地方特色的佛山秋色习俗活动。佛山秋色于2008年被列入我国第一批国家级非物质文化遗产扩展名录。

图 2-1-3-44 中秋节·佛山秋色
图为节日期间民众在祖庙前舞火龙时的壮观场面。

6. 端午节·罗店划龙船习俗（上海宝山区罗店镇）

明清时期，上海罗店地区常受风雨之害，当地乡民出于对现实灾难的恐惧，于是每逢岁时节令多做避邪消灾活动。罗店端午划龙船保持着江南古老的原始宗教等民俗形态，同时因人文环境的不尽相同而刻上了鲜明的地方烙印。主要活动内容有祭祀仪式、船体装饰、水上表演三个部分。以端午正日为始，通常要进行五到七天，这期间有立竿、出龙、点睛、接龙、送标、旺盆等各种活动。如今，罗店划龙船已经成为当地民间一种具有文艺娱乐特色的节庆民俗活动。该节日习俗于2008年被列入我国第一批国家级非物质文化遗产扩展名录。

图2-1-3-45 端午节·罗店划龙船习俗
图为罗店划龙船时赛手们在龙船首领的指挥下步调一致、奋力划桨、你争我夺的场面。

7. 塔塔尔族撒班节（新疆塔城地区、伊犁地区）

撒班节（也称"犁头节"）是新疆维吾尔自治区塔塔尔族特有的传统节日之一。按塔塔尔族习惯，每年完成春播后，便要举行一次群众性的集体庆祝活动，即所谓的撒班节。庆祝活动多在田头或野地进行，届时由村中有威望的长者主持，主要活动有摔跤、攀竿、唱歌、跳舞、赛跑、拔河、赛马等，优胜者将得到妇女们亲手纺织的手帕、围巾、刺绣衬衫等奖品。撒班节中最有特色的内容是对唱，成年人歌唱对丰收的渴望，青年人歌唱友谊与爱情。塔塔尔族撒班节于2008年被列入我国第二批国家级非物质文化遗产名录。

图 2-1-3-46 塔塔尔族撒班节
图为塔塔尔族人在撒班节中身着节日盛装载歌载舞的欢乐场面。

8. 宾阳炮龙节（广西南宁市宾阳县）

宾阳炮龙节是广西南宁宾阳一带汉族、壮族文化融合共生的综合性民族民间节庆活动，每年的正月十一举行，活动内容主要有游彩架、灯会、舞炮龙等。舞炮龙活动由会首发号施令，并制定龙路及各种规章制度。炮龙以龙珠、龙牌、锣鼓、文武场开路，照明及护龙队首尾随龙而进，火铳队则负责燃放火药，增加龙随云腾起之势。龙路过处，各家各户均要焚香迎龙备炮。各家炮龙均于当晚的七时在庙宇或社稷之处开光，届时由会首以鸡血点亮开光龙眼，然后万炮齐鸣，炮龙腾跃而起。宾阳炮龙节于2008年被列入我国第二批国家级非物质文化遗产名录。

图 2-1-3-47 宾阳炮龙节
图为宾阳炮龙节中人们舞炮龙巡游时热闹非凡的场面。

9. 苗族四月八姑娘节（湖南绥宁县、吉首市）

四月八姑娘节起源于北宋时期，其原始意义是为了纪念女英雄杨八妹，主要流传于湖南省绥宁、吉首地区。该节中的主要习俗活动有接出嫁女回娘家、兄弟背姐妹进堂屋、祭先祖神灵、祭狗祭牛、吃黑饭、赶菜、舂糍粑、耍龙舞狮、对山歌、吹木叶、爬藤、逗春牛、抬故事、跳傩舞、跳花跳月等。整个节日以吃黑饭、祭女祖为核心内容，彰显了崇尚女性的文化特色，展现了中国历史和民族文化中独特的女性精神。苗族四月八姑娘节于2008年被列入我国第二批国家级非物质文化遗产名录。

图 2-1-3-48 苗族四月八姑娘节
图为姑娘节中苗族女性们相聚在一起吃黑饭、唱民歌的欢乐场面。

10. 羌年（四川茂县、汶川县、理县、北川羌族自治县）

羌年为羌族的传统节日，又称小年，每年农历十月初一举行。一般为3到5天，有的羌族村寨要过到十月初十。按当地民间习俗，过羌年时要进行还愿，敬祭天神、山神和地盘寨神。届时家人团聚，各家各户用面粉做成鸡、羊、牛形状的祭品以祭祖，还要邀请亲友邻里到家里饮自酿的"砸酒"，边饮边歌。还有跳"锅庄舞""兰寿舞""皮鼓舞"和举行"推杆"比赛等活动。羌年于2008年被列入我国第二批国家级非物质文化遗产名录。

图 2-1-3-49 羌年
图为羌族人在羌年中跳锅庄舞庆祝节日的情景。

11. 苗族独木龙舟节（贵州台江县施洞镇）

苗族独木龙舟节是贵州省台江县施洞镇一带苗族民众的重要节日习俗之一，每年农历五月廿三至廿七举行。独木龙舟出发前，各寨在龙舟附近的河滩上先要举行祭祀活动。竞渡开始后，河面上锣鼓喧天，参赛者穿戴着鲜明亮丽的民族服饰站在两边的子舟上奋力划船，一边高声呼号，一边敲锣、打鼓、鸣炮，以壮声威。比赛结束后，亲友们要燃放鞭炮，把馈赠的鸭鹅挂满龙颈，然后各村寨宗族相聚一起"吃龙肉"，一直欢度到黄昏才唱着歌各自划船回家。苗族独木龙舟节于2008年被列入我国第二批国家级非物质文化遗产名录。

图 2-1-3-50 苗族独木龙舟节
图为苗族赛手们在进行独木龙舟比赛时激烈紧张的场面。

12. 苗族跳花节（贵州安顺市）

　　跳花节是贵州省安顺地区苗族人最为隆重的传统节日，传说由苗族英雄人物杨鲁兴起，至今安顺北门外跳花山仍以其名命名。苗语称跳花为"欧道"，意为"赶坡"。一般都在农历正月间举行。每个花坡跳花日期为三天。第一天栽花树，苗家人遥见花树而做准备，次日清晨空寨前往，第三日跳花结束，客人就近处苗寨食宿，饮酒吹笙，弄弦欢乐，通宵达旦。花树由寨老送至长期不生育者家中，不生育者见之大喜，要宴请宾客表示答谢。男女青年借此择偶，老人吹笙奏笛，以庆丰年。该节于2008年被列入我国第二批国家级非物质文化遗产名录。

图 2-1-3-51 苗族跳花节
图为节日期间苗族人民吹芦笙赶坡时的场景。

13. 苗年（贵州丹寨县、雷山县）

苗年是贵州清水江、都柳江流域一带苗族一年中最为重要的节日，其中以丹寨县和雷山县的苗年流传至今并保存较为完整。每年农历九月、十月或十一月的卯（兔）、丑（牛）日举行，节期三天。年前，各家各户便都要准备丰盛的年食，除了准备甜酒、粑粑、粉面等食品外，还要杀鸡宰猪、祭祖、开财门、敬年神。节日早起鸣放鞭炮，山区多用鸟枪在开门时连放三响，认为可驱邪。节日娱乐活动有"跳芦笙舞""跳场""跳年""跳月""斗牛""赛马""踩花山"等。该节于2008年被列入我国第二批国家级非物质文化遗产名录。

图 2-1-3-52 苗年
图为苗年中打糍粑过新年的场景。

14. 元宵节·永昌县卍字灯俗（甘肃金昌市永昌县）

卍字灯俗原为明朝洪武时北京地区流行的一种灯艺，最早产生于永昌县红山窑乡毛卜喇村，至今已有500年的历史。"卍"字是梵文，含义为吉祥之所集，是瑞相、万德吉祥的标志。卍字灯的灯艺制作包括裁剪、书画、灯谜等。灯场图谱的绘制及摆布科学而讲究。卍字灯俗表演时，按灯谱埋栽木杆，横竖各19排，每排19杆，间距一般为2米。杆与杆之间按图谱用幕布遮蔽，观灯者按特定路线行进，左旋右转，直到出口。闹灯时秧歌队每人手拿一盏1.5米高的花灯，顺道盘舞，热闹异常。该节于2008年被列入我国第二批国家级非物质文化遗产名录。

图2-1-3-53 元宵节·永昌县卍字灯俗
图为当地信众围绕卍字灯祭拜祈福的场景。

15. 元宵节·九曲黄河阵灯俗（青海乐都县七里店地区）

九曲黄河阵灯会是青海省乐都县七里店地区独有的一种元宵节民俗活动。自明万历三十六年（1608）兴起至今，经久不衰。其别具特色的表现形式，以及所营造的喜庆吉祥氛围深受百姓喜爱。按传统，该民俗活动于每年农历正月十四至十五举行，由当地七里店、七里店东、李家、水磨湾四个村子共同主办，届时每位村民都要出一盏灯。据《九曲黄河灯会记趣》记载：转灯时，先从城壕转起，转毕才能入城。该节于2008年被列入我国第二批国家级非物质文化遗产名录。

图 2-1-3-54 元宵节·九曲黄河阵灯俗
图为九曲黄河灯的灯阵形制。

16. 江孜达玛节（西藏江孜县）

江孜达玛节是一个具有藏族特色的传统节日，至今已有600多年历史。过去江孜达玛节主要在每年藏历四月十九日左右举行，主要活动有展佛、跳神、祭祀等。现在的达玛节时间则多在农闲的六月份举行。届时，当地农牧民身着节日盛装，喜气洋洋，从四面八方会集一起。活动内容主要有赛马、赛牦牛、射箭、足球、篮球、拔河、负重等。赛场上小伙们骑着不配鞍、打扮漂亮的剽悍骏马，策马扬鞭，风驰电掣，争雄斗胆，展现英姿，看后使人叫绝。该节于2008年被列入我国第二批国家级非物质文化遗产名录。

图 2-1-3-55 江孜达玛节
图为节日中藏族小伙子们策马扬鞭、竞争比赛的激烈场面。

17. 德昂族浇花节（云南德宏傣族景颇族自治州）

德昂族浇花节（又称泼水节）是一个把佛陀诞生、成道、涅槃三个日期合并在一起进行纪念的活动，于每年清明节后七天举行，为期三天。德昂族浇花节与傣族泼水节在形式上有些相同，但活动内容差异较大。主要内容为：第一天集体在寺院听佛爷诵经。第二天为佛像沐浴。第三天一早，每家的晚辈要准备一盆热水，端至堂屋中央，把家里的长辈请出来坐在堂上，叩头请他们原谅晚辈一年中不孝顺的地方。然后，晚辈为长辈洗手洗脚，同时互祝来年的和睦、吉祥。午后开始相互泼水。该节于2008年被列入我国第二批国家级非物质文化遗产名录。

图 2-1-3-56 德昂族浇花节
图为节日中人们手持水盆竞相浇花泼水的热闹场面。

18. 大理三月街（云南大理市）

"三月街"是大理白族民众的一个盛大节日，时为农历三月十五左右。相传隋末唐初时，恶魔罗刹盘踞大理，性情残暴，日食人眼三十六，民众苦不堪言。唐贞观年间（627—649），从西天来的观音大士制服了罗刹，观音大士怕罗刹卷土重来，于是在每年农历的三月十五至廿二来大理讲经说法，善男信女接踵而来。后来观音担心民众每年来听经受化，日久会耽误了农事生产，便劝导信徒们来赶会时带上农副产品进行交换，这样便逐步形成了定期举行的贸易集市。该节于2008年被列入我国第二批国家级非物质文化遗产名录。

图 2-1-3-57 大理三月街
图为大理民众在三月街欢庆节日时载歌载舞的热闹场面。

19. 畲族三月三（浙江景宁县）

畲族三月三又称"乌饭节""对歌节"，主要流传于浙江畲族聚居区。相传在唐代时，民族英雄雷万兴率众抗击敌军，被围困在山中。雷万兴动员畲民上山寻找食物，摘食乌稔果充饥，致使军威大振，于三月初三冲出重围。畲族后人为了表达对这位英雄的思念之情，就在农历三月初三这一天穿上民族盛装，对唱自编的山歌以表纪念。后来，农历三月初三成为畲族群众以歌会友、以歌传情的传统节日。该节于2008年被列入我国第二批国家级非物质文化遗产名录。

图 2-1-3-58 畲族三月三
图为畲族民众在三月三节日里围在一起吃乌饭的场景。

20. 渔民开洋节（浙江象山县石浦镇）

开洋节是浙江象山渔民在长期的耕海牧渔生产中形成的一种别具特色的民俗活动。开洋节的时间一般都在农历三月十五至廿三之间，所选时辰是在每天的涨潮时分。吉时一到，主祭人带领众船员去庙里祭祀天地神祇。此时红烛高烧，众船员在主祭人的带领下上香献爵，跪拜祝祷。礼成，请庙里菩萨上船，引路灯笼挂在船头，以驱邪保平安。至三月廿三，渔民们趁良辰吉日、顺风顺水之时，集体上船，在开船号声中，数十艘渔船鼓棹扬帆，乘风而行。整个仪式神圣而虔诚。该节于2008年被列入我国第二批国家级非物质文化遗产名录。

图 2-1-3-59 渔民开洋节
图为开洋节中渔民们抬着牺牲供品祭祀神灵的场面。

21. 谢洋节（浙江岱山县）

谢洋节是古代社会的渔民在取得渔业丰收后向大海表示感谢的一种祭祀活动，与开洋节有相类似的意义，也叫"祭海"。祭期为每年伏季休渔期。分官祭与民祭两种，定式讲究，程序完整。官祭的历史可追溯到秦朝的方士徐福，隋唐明清均有官祭的记载。民祭比较普遍，渔民以此为达到避灾祸的心愿。谢洋仪式中有大量的祭祀活动与民间文娱活动。谢洋节展示了东海渔民独特的龙王信仰与传统文化，对海洋渔业的保护与发展具有重要的意义。该节于2008年被列入我国第二批国家级非物质文化遗产名录。

图 2-1-3-60 谢洋节
图为谢洋节活动中盛大的祭祀仪式。

22. 元宵节·马尾—马祖元宵节俗（福建福州市马尾区）

相传很久以前，天上玉皇三太子因打抱不平而触犯天规，被贬下凡间，投生于一渔家，在东海岸边与讨海人同甘共苦。他乐善好施、扶困济贫，与龙王三太子发生打斗，惹怒玉帝，玉帝遂派天兵对他处于分尸三段的酷刑，其头被扔在黄岐半岛与马祖列岛之间的"马祖澳"。正月十一，玉皇三太子被半岛渔民抱回岸上，设坛祭典，尊为海神。后来元宵节闹海神灯的习俗便逐渐成为马尾与马祖人民祈求平安富足与和谐的象征。该节在福建马尾地区流传久远，影响广泛，于2008年被列入我国第二批国家级非物质文化遗产名录。

图 2-1-3-61 元宵节·马尾—马祖元宵节俗
图为节日中人们装扮成各种神灵人物形象在水部尚书府前巡游的场景。

23. 元宵节·泉州闹元宵习俗（福建泉州市）

　　泉州方言"灯""丁"同音，"出灯"就是"出丁"，寓意人丁兴旺。泉州元宵花灯习俗包括挂灯、送灯、观灯（赏灯）、点灯、游灯等，古代还有抢灯习俗。明代晋江人何乔远的《闽书》中对泉州闹元宵已有比较详细的记载。元宵前夕，家家户户在厅堂或门口挂花灯。有新嫁女的人家，要给亲家送红、白莲花灯和"观音送子灯"。元宵夜，男女老少成群结队上街赏灯。小孩手提春灯，点上灯火，走街串巷嬉戏"游灯"。其中最有泉州特色的是"火鼎公火鼎婆"等节目。该节于2008年被列入我国第二批国家级非物质文化遗产名录。

图 2-1-3-62 元宵节·泉州闹元宵习俗
图为节日期间当地艺人扮演成"火鼎公火鼎婆"形象庆祝元宵节的情景。

24. 元宵节·闽台东石灯俗（福建晋江市）

闽台东石灯俗约起源于明代。相传明太祖曾追封"三忠良"为"九龙三公"，东石每年灯节挂灯礼佛，后逐渐演变为新婚挂灯。迁徙台湾的晋江东石人将东石"三公爷"分灵过海，在台湾建庙供奉，现在台湾有20多处嘉应庙分炉。东石宫灯活动每年正月十三开始，为期三天。晋江东石挂宫灯时，台湾的东石乡亲要提前派人于正月十三回乡祭祀"三公爷"，并把代表过去一年内台湾乡亲新婚的宫灯带过来，再把故乡的宫灯捎回去，两地互报宫灯数，共祝子孙兴旺。闽台东石灯俗于2008年被列入我国第二批国家级非物质文化遗产名录。

图 2-1-3-63 元宵节·闽台东石灯俗
图为节日期间当地民众燃灯祭祀三公爷的场面。

25. 元宵节·枫亭元宵游灯习俗（福建仙游县枫亭镇）

枫亭元宵之夜游灯始于宋代，每年农历正月十三起，至十七结束。由福建省仙游县枫亭镇霞桥村和九社村青泽亭、学士街后垅自然村等三处薛姓村居民发起。游灯队伍出行时，礼炮三响，鸣锣清道，几十辆彩车披红缀花排列两旁开道，大红灯、手提灯、宫花灯、五色旗、龙虎旗、圣旗组成仪仗队，另有十音八乐队、女子腰鼓队奏出古雅悠扬的乐曲。精彩纷呈的彩灯争奇斗艳，各领风骚，其中"百戏彩架灯"是枫亭元宵游灯独有的特色艺术精品，让人叹为观止。枫亭元宵游灯习俗于2008年被列入我国第二批国家级非物质文化遗产名录。

图 2-1-3-64 元宵节·枫亭元宵游灯习俗
图为枫亭元宵游灯习俗中壮观的游灯场面。

26. 元宵节·闽西客家元宵节（福建龙岩市连城县）

闽西为客家人的祖籍地，是客家民系形成地之一。客家人在由北向南的长途跋涉和频繁迁徙中，把古老的中原文化习俗带到闽西，并与当地文化相互渗透，形成了独具特色的客家文化，元宵节庆习俗是其中重要的组成部分。客家元宵节中的"游大龙、走古事、赏花灯、烧炮"等习俗沿袭至今，仍保持着古老、自然的文化形态。闽西客家元宵节于2008年被列入我国第二批国家级非物质文化遗产名录。

图 2-1-3-65 元宵节·闽西客家元宵节
图为闽西客家元宵节中游大龙、燃花炮时的热闹场面。

27. 元宵节·敛巧饭习俗（北京怀柔区）

敛巧饭是北京怀柔区琉璃庙镇杨树底下村流传了180多年的古老节日习俗。每到正月十六前夕，村中的少女便要到各家敛收粮食、蔬菜，待到正月十六这天，便由成人妇女将其做熟，供全村人食用。煮饭时，锅内放入针线、铜钱等物，食到者便证明求到巧艺及财运。另外，在人们吃"敛巧饭"之前，要一边扬饭喂雀儿，一边口念吉祥之词，其寓意一是表示向叼啄谷种的雀儿谢恩，二是表示祈求来年丰收。饭后人们还要在冰上行走，曰"走百冰（病）"。元宵敛巧饭习俗于2008年被列入我国第二批国家级非物质文化遗产名录。

图2-1-3-66 元宵节·敛巧饭习俗
图为当地民众在元宵节时食敛巧饭、喂雀鸟的场面。

28. 元宵节·蔚县拜灯山习俗（河北蔚县）

蔚县元宵拜灯山习俗是一种当地民间流行的社火活动，一般于农历正月十五前后进行，经历了明朝嘉靖年间的孕育雏型期，明末清初的成型期，清末民初与民间社火、戏曲相结合的丰富完善期，以及新中国成立至今的发展期等几个阶段。活动内容有点灯山、拜灯山、耍社火、唱大戏等四部分。蔚县拜灯山习俗于2008年被列入我国第二批国家级非物质文化遗产名录。

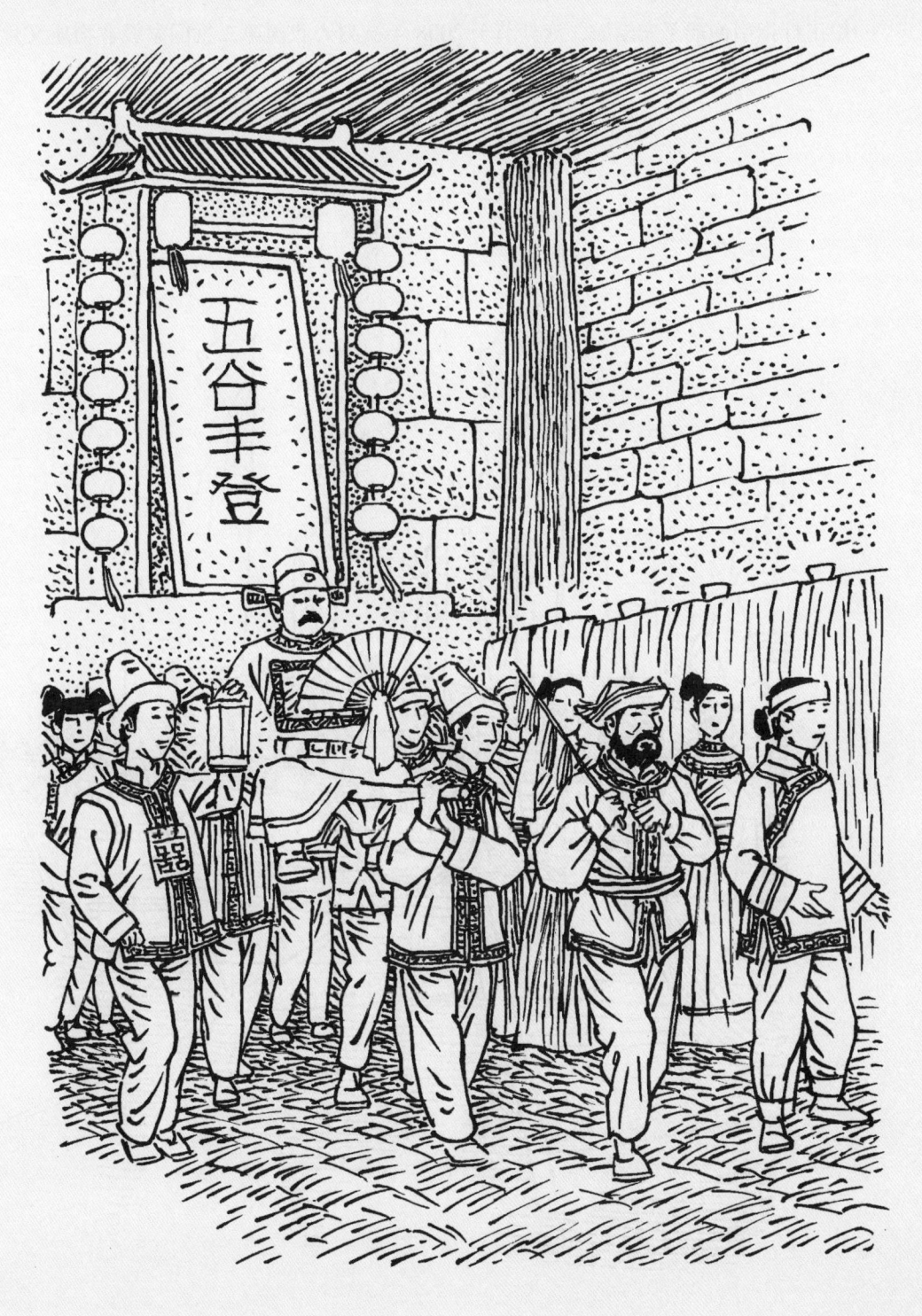

图 2-1-3-67 元宵节·蔚县拜灯山习俗
图为拜灯山时当地乡民们抬着灯官出巡的场景。

29. 渔灯节（山东烟台市）

渔灯节是山东烟台市沿海渔民特有的传统民俗节日，距今已有500多年的历史，主要流传于山后初家、芦洋、八角等十几个渔村。每年正月十三或十四午后，当地渔民便要以一家一户为单位，自发地从各自家里抬着祭品，打着彩旗，一路放着鞭炮，先到龙王庙或海神娘娘庙送灯、祭神，祈求鱼虾满舱，平安发财；再到渔船上祭船、祭海；最后到海边放灯，祈求海神娘娘用灯指引渔船平安返航。渔灯节于2008年被列入我国第二批国家级非物质文化遗产名录。

图 2-1-3-68 渔灯节
图为渔灯节中渔民们祭神祭船时的壮观景象。

30. 渔民开洋、谢洋节（山东荣成市、威海市）

以前每逢春汛渔船开洋捕捞之前或农历六月廿三鱼汛结束进入休渔期之后，山东荣成、威海一带的渔民便要举行盛大的祭海仪式，感谢以东海龙王为代表的海上诸神，俗称"谢龙水酒"或"行文书"。仪式一般在当地龙王宫、渔港码头或渔船上进行。现场放置龙王神位，摆桌置椅，燃香点烛，供以猪、羊、鹅等五牲及果素，渔民虔诚敬酒忏念祈福。礼仪定式讲究，程序严谨。仪式结束后，所有祭祀食物要由渔民们相聚共餐，以示有福同享。渔民开洋、谢洋节于2008年被列入我国第二批国家级非物质文化遗产名录。

图 2-1-3-69 渔民开洋、谢洋节
图为开洋节中当地民众在举行祭祀海神的仪式。

（三）全国第三批国家级传统节日项目内容标识图

1. 七夕节·天河乞巧习俗（广东广州市天河区）

农历七月初七广州天河有乞巧习俗，又称七巧节、女儿节、少女节等。广州天河地区的乞巧节相传明朝时已经形成，清末民初珠村举人潘名江有《珠村七夕吟》，生动地记录了当地珠村乞巧节的盛况。主要民俗活动有拜织女、拜魁星、吃巧果、七姐诞等，展示了华南一带女性节日的独特魅力。天河乞巧习俗于2011年被列入我国第三批国家级非物质文化遗产名录。

图 2-1-3-70 七夕节·天河乞巧习俗
图为天河乞巧节时民众搭天桥、捧人偶、举行乞巧接仙女活动的场面。

2. 彝族火把节（贵州毕节市赫章县）

贵州毕节市赫章县有夜郎故里之称，这里的火把节流传久远，在每年七月左右举行。火把节期间，各村寨以干松木和松明子扎成大火把竖立寨中，各家门前竖起小火把，入夜点燃，村寨一片通明。同时人们手持小型火把成群结队行进，将火把、松明子插于村边地头、田间地角、山岭田埂间。远处望去，火龙映天，蜿蜒起伏，十分动人。最后青年男女会聚广场，将许多火把堆成火塔，火焰熊熊，人们围成一圈，唱歌跳舞，一片欢腾，彻夜不息。彝族火把节于2011年被列入我国第三批国家级非物质文化遗产名录。

图 2-1-3-71 彝族火把节
图为火把节中民众高举火把围着篝火巡游时的壮观场景。

3. 圣水节·五大连池药泉会（黑龙江黑河市）

　　五大连池药泉会也被称为"圣水节"，五大连池因泉水富含矿物质，能健身祛病，故被称为"药泉"。五大连池药泉会在每年的五月初四、初五、初六三天举行，有着两百多年的信仰民俗传承基础，是黑龙江省达斡尔族、鄂伦春族、蒙古族、汉族等诸多民族特定历史时代的鲜明写照。庆典活动期间，当地各民族要举行各种传统仪式，并有圣水祭祀、抢子夜水、抹黑祈福、泉湖灯会、射猎饮水等各种民俗活动与传统歌舞、体育竞技表演。五大连池药泉会于2011年被列入我国第三批国家级非物质文化遗产名录。

图2-1-3-72 圣水节·五大连池药泉会
图为节日期间民众在药泉池中泡澡洗浴，以求平安的场面。

4. 春节·怀仁旺火习俗（山西怀仁县）

"生旺火"是山西北部地区的一种民间风俗。每逢除夕和元宵节期间，当地家家户户便都要在门前用一个大盆放上大块煤炭垒成塔状，盆里还要放上一些干柴，外面贴上大红字条，上写"旺气冲天"等字样。等到午夜十二点鞭炮齐鸣之时，各家便将自家的火炭点燃，此时火苗从无数小孔中喷出，状若浮图，既御寒，又壮观。男女老少都要来烤火，孩子们还要走街串巷，观看评论火堆大小。谁家的火堆大，着得旺，预示谁家的旺气也大。怀仁旺火习俗于2011年被列入我国第三批国家级非物质文化遗产名录。

图 2-1-3-73 春节·怀仁旺火习俗
图为节日中当地民众烧旺火、观旺火的生动场景。

5. 清明节·介休寒食清明习俗（山西介休市）

介休市地处汾河中游，是二十四节气的典型表现区域。该地清明习俗最早起源于春秋时期，在历史传承中，不断融入寒食节与上巳节中的一些习俗活动，以及民间关于介子推的历史风物传说，以此形成了具有鲜明地方特色的介休寒食清明习俗。其主要活动除了禁烟、吃冷食、祭祀、扫墓、插柳、踏春、荡秋千、放风筝、赏花、咏诗以外，还有许多颇具地方特色的民俗活动，如发黑豆芽、采柳芽、蒸面塑、戴柳圈、扫房顶、唱大戏等。介休寒食清明习俗于2011年被列入我国第三批国家级非物质文化遗产名录。

图 2-1-3-74 清明节·介休寒食清明习俗
图为节日期间当地民众制作的各种特色民俗食品，食品上还要插上一些吉祥人偶形象。

6. 元宵节·柳林盘子会（山西柳林县）

　　山西柳林县的盘子会是一种较为独特的元宵节俗。"盘子会"起源于古代搭棚祭神活动，所谓"盘子"，即古代"祭棚"的俗称。明代柳林镇地区商品经济发展迅速，原始的神棚不能适应民间宗教信仰活动，便有一些匠人模仿唐代"祭棚"的形式，将民间庙宇与神像按比例缩小制成"盘子"以供祭祀，并围绕"盘子"举行民俗文化活动，从正月十三至廿六，各街巷张灯结彩，遍搭彩盘、彩幔遮天，旺火耀目。柳林盘子会于2011年被列入我国第三批国家级非物质文化遗产名录。

图 2-1-3-75 元宵节·柳林盘子会
图为柳林盘子会中人们在祭盘前进行祭祀活动的场面。

7. 泽州中秋习俗（山西晋城市泽州县）

山西省晋城市泽州县每逢中秋节时有许多特色的习俗活动，一是祭月、拜月，也被当地人称为拜月婆婆；二是看望外祖母；三是赏月、吟诗、颂月；四是举行庙会。该地的珏山是祭月、拜月的极佳场所。祭月时在祭场中央设大香案，案上献有月饼、柿子、西瓜等供品，然后由道姑主持祭月仪式，包括燃烛、焚香、诵经、祭拜等。老百姓在中秋节既可以举家上山参加集体祭月，也可以以家庭为单位进行家祭，家庭祭月一般由当家主妇主持。泽州中秋习俗于2011年被列入我国第三批国家级非物质文化遗产名录。

图 2-1-3-76 泽州中秋习俗
图为当地妇女在中秋节时登上珏山进行祭月、拜月时的场景。

8. 重阳节·皇城村重阳习俗（山西阳城县）

　　山西省阳城县一带自古就有九月初九过重阳的习俗。重阳节时，阳城县皇城村、头南村、上伏村三村要同时举办三天重阳庙会，文人们的主要活动有采茱萸作佩、携榼登高、饮酒赋诗等；平民布衣则纷纷扶老携幼，佩戴茱萸出游。重阳庙会期间，当地各家各户要向老人敬酒祝拜，看望问候，尽孝献爱，彰显中国传统文化中关爱、敬重老人的优良美德。皇城村重阳习俗于2011年被列入我国第三批国家级非物质文化遗产名录。

图 2-1-3-77 重阳节·皇城村重阳习俗
图为古代皇城村人在重阳节时制作九层重阳糕、举杯互庆的场面。

9. 端午节·石狮端午闽台对渡习俗（福建石狮市）

石狮端午闽台对渡习俗流传于闽南文化集中的泉州地区，又叫蚶江海上泼水节，是全国乃至全世界独有的海上泼水民俗活动，现已延续了数百年，成为蚶江古渡的一大特色。每逢端午节期间，蚶江与台湾鹿港两地民众便要身着节日盛装，在海上驾船竞渡，追逐泼水，驱热消暑，祈求吉祥，并逐步演变为通过泼水来倾吐思念、交融之情的交流活动。石狮端午闽台对渡习俗于2011年被列入我国第三批国家级非物质文化遗产名录。

图 2-1-3-78 端午节·石狮端午闽台对渡习俗
图为节日中闽台两地民众在船上争相泼水取乐的场面。

10. 七夕节·石塘七夕习俗（浙江温岭市石塘镇）

我国闽南地区民间将七夕视为七娘妈的生日，因此每逢七夕时，当地许多家庭都要祭拜七娘妈，并祈求家中小孩能够健康平安成长，俗称"小人节"。浙江省温岭市石塘镇的先民大多于300多年前从闽南迁入，此习俗随之落地生根。到了七夕小人节那天，当地民众要将供桌摆放在自家门前，在中间放上纸做的彩亭或彩轿，点上香烛。上过三炷香后，家长要让小孩们在七娘妈神位前许愿，然后将彩亭或彩轿等放在铁镬中烧掉。该节日以儿童为对象，是节日文化中较为独特的类型。石塘七夕习俗于2011年被列入我国第三批国家级非物质文化遗产名录。

图 2-1-3-79 七夕节·石塘七夕习俗
图为石塘小人节中母亲摆设供品祭祀七娘妈，并向女儿赠送"小人"，以祈七娘妈保佑的场景。

11. 端午节·蒋村龙舟胜会（浙江杭州市西湖区蒋村）

浙江省杭州市西湖区蒋村龙舟竞渡历史悠久，约始于唐代，盛于南宋。据说清朝乾隆皇帝下江南时，在蒋村看到龙舟像赶集一样的景象，就御赐了"龙舟胜会"的封号给蒋村。蒋村龙舟的种类很多，有满天装、半天装、赤膊龙舟等。当地赛龙舟时，不是比龙舟的行驶速度是否快，而是比划桨下水是否整齐，看龙头下面出来的水花薄厚，以及水花是否能从龙舟的龙嘴吐出来等技巧，体现了蒋村龙舟赛的独特魅力。蒋村龙舟胜会于2011年被列入我国第三批国家级非物质文化遗产名录。

图 2-1-3-80 端午节·蒋村龙舟胜会
图为蒋村龙舟赛时各船鸣锣为号、奋力划桨、你争我夺的激烈比赛场面。

12. 端午节·嘉兴端午习俗（浙江嘉兴市）

浙江嘉兴民间对端午节一直较为重视，其习俗活动也是各种各样，较普遍的活动主要有四大类：一是规模盛大的祭祀伍子胥活动；二是龙舟竞渡、摇快船等娱乐习俗；三是裹粽子习俗；四是挂菖蒲、艾叶，燃熏苍术、白芷，佩香袋，吃"五黄"（黄瓜、黄鱼、黄鳝、黄泥蛋即咸鸭蛋、雄黄酒），吃"五白"（白干、白鳖、白菜、白切肉、白斩鸡），吃煨蛋等饮食习俗。嘉兴端午习俗具有浓厚的民俗性、鲜明的地域性和广泛的群众性等特点。该节日习俗于2011年被列入我国第三批国家级非物质文化遗产名录。

图 2-1-3-81 端午节·嘉兴端午习俗
图为端午节期间嘉兴地区的妇女们在教孩子包粽子的场景。

13. 元宵节·豫园灯会（上海黄浦区）

豫园灯会是上海地区最大的元宵灯会形式，传承历史悠久，展示内容丰富。清末思想家王韬在《瀛壖杂记》（1875年出版）中就有关于豫园元宵灯会的记载。当代豫园灯会主要以传统灯展结合现代科技理念创制而成，利用九曲桥的九曲长龙形状和特有水面条件，展现了传统灯彩文化的精彩景象，从而成为其有浓郁民族特色的文化活动。豫园灯会于2011年被列入我国第三批国家级非物质文化遗产名录。

图 2-1-3-82 元宵节·豫园灯会
图为上海豫园灯会举办当晚的热闹场景。

14. 重阳节·上蔡重阳习俗（河南上蔡县）

上蔡重阳节源于东汉上蔡人恒景为避祸消灾而于九月九日举家佩茱萸绛囊、登高于望河楼饮菊花酒，兴于两晋，盛于唐宋，经过近两千年的演变与发展，现已成为普天下期盼平安吉祥、健康长寿、尊老敬老的传统佳节。节日期间有重阳节登高、饮菊花酒、佩香囊、插茱萸等习俗，社会影响广泛，内容形式丰富。上蔡重阳习俗于2011年被列入我国第三批国家级非物质文化遗产名录。

图2-1-3-83 重阳节·上蔡重阳习俗
图为节日期间当地民众在上蔡蔡明园中举行祭祀活动的场景。

15. 春节·查干萨日（吉林前郭尔罗斯蒙古族自治县）

　　查干萨日即蒙古族的新年，也有称白节或白月的，这与奶食的洁白紧密相关。届时蒙古族人要把羊胸脯肉连同白哈达、肉末粥、黄油、酒等物作为祭品，然后由长辈点燃九盏小灯。仪式开始后，将祭品投入火中，口诵赞词，祈祷家人幸福，这称为"祭火"。祭火仪式结束后，全家开始进餐，并将剩余的祭品送予附近亲戚分享。祭火的时辰为傍晚时分。上祭品时，男人在前，女人在后，虔诚叩拜。如有条件，还要专请喇嘛祭火。查干萨日于2011年被列入我国第三批国家级非物质文化遗产名录。

图 2-1-3-84 春节·查干萨日
图为节日中蒙古族人在祭祀仪式上祭全羊、献哈达的场面。

16. 中秋节·秋夕（吉林延边朝鲜族自治州）

中秋节被朝鲜族称作秋夕。在朝鲜民族的历史上，秋夕曾经是乡里田家"一年最重之名节"，现在仍是朝鲜民族最重要的节日之一。秋夕这天，人们首先要到墓地割除坟上的杂草，而后陈设祭品，举行祭祀。秋夕节要宰牛，各家都要用刚收获的新谷做成打糕和松饼，请邻居共享酒宴。此外，各个屯、村都要举行秋千、跳板、摔跤等民俗体育活动，届时全村、全屯的人都会前往观看助威，气氛十分活跃。秋夕于2011年被列入我国第三批国家级非物质文化遗产名录。

图 2-1-3-85 中秋节·秋夕
图为朝鲜族民众秋夕时一起做打糕、吃打糕的情景。

17. 元宵节·上坂关公灯（江西南昌市湾里区）

中华民族有元宵节舞龙的习俗。江西南昌市湾里区罗亭镇上坂村、曹家村在元宵节的舞龙活动独具一格，它做工精细，造型别致，俗称"关公龙"，是为了纪念关公而设置的彩灯。其形制由形如"丰"字的灯头、灯尾和一条条插着三盏多棱角大灯笼的板凳组成。当地人称一条板凳为"一桥"，桥数越多意味龙身越长。每年的元宵节，当地每户人家便都会接上一桥。出灯时，龙头、龙尾由村里长老或有威望的村民撑持，前后左右则由几个身体健壮的青年护灯。上坂关公灯于2011年被列入我国第三批国家级非物质文化遗产名录。

图 2-1-3-86 元宵节·上坂关公灯
图为节日中罗亭镇上坂村、曹家村人手持板凳龙舞耍巡游时的壮观场面。

18. 端午节·大澳龙舟游涌（香港特别行政区）

　　大澳端午龙舟游涌节俗起源于19世纪，于每年端午节时在香港大屿山大澳地区举行。当时大澳发生瘟疫，当地渔民于端午节将各庙宇神像放在小艇上于水道巡游，结果瘟疫消除，后来龙舟游涌便成了当地民间习俗。现时这项活动包括扒艇行、鲜鱼行和合心堂。农历五月初四早上，人们前往杨侯古庙、新村天后庙、关帝庙、洪圣庙请来神像供奉祭祀，然后于端午节正日将神像放在龙舟上，巡游大澳内的各水道之中。届时沿岸居民都会焚香拜祭，最后将神像归还各庙宇。大澳端午龙舟游涌于2011年被列为第三批国家级非物质文化遗产。

图 2-1-3-87 端午节·大澳龙舟游涌
图为大澳端午龙舟竞渡场面。

19. 中秋节·大坑舞火龙（香港特别行政区）

大坑舞火龙是香港铜锣湾大坑地区的传统舞火龙习俗，最早出现于19世纪末。火龙于中秋节晚上6时左右先到大坑莲花宫点睛开光，接着到安庶庇街插香后起龙，再到浣纱街对嘉宾作致敬礼、打龙饼（喜结龙团），之后进行各街巡游，途径浣纱街、京街、新村街、铜锣湾道等。游街完毕后，到浣纱街拔香和重新插香，然后在浣纱街表演至10点左右。整个仪式可分为"火龙过桥""火龙缠双柱""彩灯火龙结团圆"三部分。大坑舞火龙节俗在香港地区影响广泛，于2011年被列入我国第三批国家级非物质文化遗产名录。

图 2-1-3-88 中秋节·大坑舞火龙
图为大坑舞火龙时人们手持火龙沿街巡游的热闹景象。

20. 诺茹孜节（新疆塔城地区）

"诺茹孜"一词来自古伊朗语，意为"春雨日"，在每年的3月21日，和春分时节一样，是表示春天到来的意思。届时维吾尔族、塔吉克族、塔塔尔族、哈萨克族、乌孜别克族等少数民族都要以歌舞、杂技等各种形式来进行庆祝。诺茹孜节当天最重要的活动就是煮"诺茹孜饭"，届时人们要将九种谷物、九种蔬菜及各种佐料放进架在露天的大锅里煮成稠粥，为当年的丰收祈福。诺茹孜节过后，繁忙的春耕生产就开始了。诺茹孜节于2011年被列入我国第三批国家级非物质文化遗产名录。

图 2-1-3-89 诺茹孜节
图为诺茹孜节中当地民众一起吃诺如孜饭的场景。

21. 土家年（湖南永顺县）

土家族春节过的是"赶年"，即比其他民族要提前一天或几天，即逢腊月大月二十九，逢腊月小月二十八过春节。届时劳作躬耕了一年的土家人要把平时节省下来的零花钱放到春节大大方方、气气派派地开销，把平时积累的山珍野味在年饭桌上一一亮相。除夕之夜，山寨万家灯火，火塘里大火熊熊，一家老小围着火塘取暖守岁到天明。正月初一凌晨，人们要抢先到院坝燃放烟花爆竹，谁放第一声爆竹，谁家来年就会风调雨顺、五谷丰登。土家年于2011年被列入我国第三批国家级非物质文化遗产名录。

图 2-1-3-90 土家年
图为土家年中人们忙碌着杀猪、打糍粑的场景。

22. 彝族年（四川凉山彝族自治州）

彝族年，彝语称为"库斯"（"库"即"年"，"斯"即"新"），是大小凉山彝族传统的祭祀兼庆贺性节日。"库斯"一般选定在农历十月，庄稼收割完毕的季节，历时三天。彝族年的前夜叫"觉罗基"，第一天叫"库斯"，第二天叫"朵博"，第三天叫"阿普机"。届时全家团聚，宰猪杀鸡，庆贺当年人丁兴旺，来年吉祥安康。彝族年于2011年被列入我国第三批国家级非物质文化遗产名录。

图 2-1-3-91 彝族年
图为彝族年期间人们敲锣打鼓、制作食物，庆祝新年的情景。

23. 布依族三月三（贵州贞丰县、望谟县）

布依族三月三是布依族人民在每年农历三月初三举办的传统节日，以祭祀社神和为祖先扫墓为主要形式，前后持续时间达三十天之久，流传于贵州布依族聚居区。届时每家都要做五彩的花米饭来祭祀社神和先祖，并通过"扫墓挂青"来感恩自然、祖先和社会，体现民族的团结友爱。布依族三月三于2011年被列入我国第三批国家级非物质文化遗产名录。

图 2-1-3-92 布依族三月三
图为布依族三月三时当地民众做五彩花饭的场景。

24. 侗年（贵州榕江县）

侗年是侗族的传统节日，各地侗族过侗年的时间先后不一，但大多是在农历十一月初一至十一间，也有的是在农历十月间进行。节日前一天，各家都要准备豆腐、鱼虾，并用酸水将其煮熟，经一夜冷却成"冻菜"，节日当天便以"冻菜"祭祀祖先。是日，侗家人还要准备好各种酸菜、冻鱼、糍粑以馈亲友，称为"吃杨粑"。等到过农历大年时，对方亲友要如数奉还，称为"还杨粑"。节日期间，各家都要杀猪宰羊，请客访友，宴饮作乐。侗年于2011年被列入我国第三批国家级非物质文化遗产名录。

图 2-1-3-93 侗年
图为身着节日盛装的侗族女孩在侗年中表演歌舞的场景。

25. 歌会·四十八寨歌节（贵州天柱县）

　　四十八寨歌节因最初流传于贵州与湖南交界的四十八个侗族、苗族村寨（贵州天柱占70%）而得名，是一个侗族、苗族人民群众聚众集会、玩山、唱歌、交友、恋爱的民族节日，其流传地区以贵州省天柱县为主，贵州省锦屏县、湖南省靖州县为次。每年农历七月十五，湘、黔两省数万名青年男女就会聚集在这里举行对歌活动。届时四十八寨各村各寨均要组队参加，有的村寨甚至会组成三到五个歌队参加对歌比赛。四十八寨歌节于2011年被列入我国第三批国家级非物质文化遗产名录。

图 2-1-3-94 歌会·四十八寨歌节
图为四十八寨歌节中男女青年对歌时的欢乐场景。

中国非物质文化遗产项目与资源图谱集

26. 藏历年（西藏拉萨市）

藏历新年是藏族人民的传统节日，从藏历元月一日开始，一直到十五日结束，持续十五天。新年的准备工作一般在前一年的十二月初就开始了，除了购置吃喝玩乐的年货外，当地家家户户都要制作一个名叫"切玛"的五谷斗，即为一个绘有彩色花纹的木盒，其左右分别盛放炒麦粒和酥油拌成的糌粑，上面插上青稞穗和酥油塑制的彩花，还要用水浸泡一碗青稞种子，使其在新年时节长出一两寸长的青苗。切玛和麦苗供奉在神案正中，祈祷来年五谷丰登。藏历年于2011年被列入我国第三批国家级非物质文化遗产名录。

图 2-1-3-95 藏历年
图为藏历新年中藏民们手捧切玛、种子和麦苗供奉神灵的情景。

27. 鄂温克族瑟宾节（黑龙江讷河市）

瑟宾节是鄂温克族最重要的传统节日，每年农历五月中下旬择日举行。届时部落里的男女老幼都会穿上节日盛装，相聚河谷草滩，共度佳节。瑟宾节的活动从祭祀开始。祭祀一般由家族、部落头领或部落的萨满主持，以祈求风调雨顺、四季平安。祭祀仪式后，歌舞与竞技活动相继展开。篝火晚会是瑟宾节的最后一项内容，也是节日的高潮，届时家族或部落里的男女老少乘着酒兴，围着篝火跳起篝火舞（又叫圈舞），极尽欢乐。鄂温克族瑟宾节于2011年被列入我国第三批国家级非物质文化遗产名录。

图 2-1-3-96 鄂温克族瑟宾节
图为瑟宾节期间鄂温克人身着节日盛装，在草原上翩翩起舞、庆祝新年的场景。

28. 俄罗斯族巴斯克节（内蒙古额尔古纳市）

俄罗斯族一年中最隆重、最热闹的节日是"耶稣复活节"，俄语称"巴斯克节"，其隆重程度不亚于汉族的春节。节日到来之前，人们便要开始忙碌起来，男女老少都要精心打扮一番。过去有教堂时，巴斯克节前夕要做彻夜弥撒。在没有教堂的地方，人们则在圣像前点起小蜡烛。当晚，家家灯光闪烁，彻夜通明。长者要向儿童赠送礼品，青壮年男女要到长者那里请安祝福。节日通常要持续七天。届时人们备下酒菜，相邀聚会，轮流做东，热闹非凡。俄罗斯族巴斯克节于2011年被列入我国第三批国家级非物质文化遗产名录。

图 2-1-3-97 俄罗斯族巴斯克节
图为巴斯克节中俄罗斯族人摆宴席、斗彩蛋、饮酒庆祝的情景。

29. 中和节·永济背冰（山西永济市）

"背冰"是山西省永济地区一种民间社火活动，也是一项民间的祭祀仪式。举行活动的时间是农历二月初二，也就是我国民间所谓的"龙头节"。据说如果这天的背冰活动搞得热火朝天，就能感动龙王爷，本年便可风调雨顺、五谷丰登。背冰活动的主要内容是社火舞蹈，动作简练，容易学习，体现出一种天不怕地不怕的精神。永济长旺村的男子都能参与其中。这一节日独特的背冰习俗活动在世界范围内都极为罕见。永济背冰于2011年被列入我国第三批国家级非物质文化遗产名录。

图 2-1-3-98 中和节·永济背冰
图为中和节永济地区的男子背冰巡游时的场景。

30. 中和节·云丘山中和节（山西乡宁县）

中和节是唐德宗在贞元五年（789）制定的节日。山西省云丘山中和节从农历二月初一开始，届时四面八方的乡民摩肩接踵上云丘山朝山拜顶，举旗幡、擎灯笼、扭秧歌、唱山曲、抬驾楼、打花鼓，到云丘山的土地庙及各个庙宇里祭祀拜神。朝山的青年男女还有持鞭杆、擎花篮、拜神塔、朝牝门、摸娃娃、吃枣花等习俗，其寓意是祈求生育繁衍。云丘山中和节是人们迎接播种的生产节，也是放纵情怀的狂欢节，体现了人与自然的和谐统一。云丘山中和节于2011年被列入我国第三批国家级非物质文化遗产名录。

图 2-1-3-99 中和节·云丘山中和节
图为中和节时人们成群结队登上山顶，到庙里祭拜天地的场景。

31. 中元节·潮人盂兰胜会（香港特别行政区）

  盂兰胜会中的"盂兰"一词是由梵文译过来的，意为"救倒悬"，即救度亡魂倒悬之苦，是一种于每年农历七月十五举行超度历代宗亲的仪式。在香港，盂兰胜会活动十分兴盛，至今已有一百多年的历史。潮人盂兰胜会于每年农历七月初一起举行，至七月底止。如今，盂兰胜会在香港岛、九龙、新界各区几乎都有举办，团体有六十多个。地点设于公园、广场或球场等宽阔的场所，主要活动内容有请神仪式、神功戏、派平安米等，社会影响十分广泛。潮人盂兰胜会于2011年被列入我国第三批国家级非物质文化遗产名录。

图 2-1-3-100 中元节·潮人盂兰胜会
图为香港市民在盂兰胜会上虔诚祈祷的场景。

第二编　地区传统节日项目与资源图谱（选录）

一　浙江省

　　浙江文化属于典型的东南文化区，其历史源头是吴越文化，范围包括江浙及其附近地区。早在六七千年前的新石器时代，这里就产生了河姆渡文化和良渚文化。春秋战国时期，吴越地区的文化独具异彩。自唐宋以来，随着我国经济政治中心从黄河流域转向江南，文化中心也随之移向到了江南地区，其间经过了吴越文化与中原文化的三次大融合。近代以来，浙江沿海一带一直受到西方工业文明的熏陶，并形成了本地文化与西洋文化的广泛交流，在我国各地域文化区中特色鲜明，独领风骚。

　　作为一个文化大省，浙江省的非遗资源非常丰富，其中有相当一部分是属于传统节日类的非遗资源，至 2012 年年底，浙江省被列入国家级与省级非遗名录体系中的传统节日类非遗项目已有 33 项，内容覆盖了传统节日的各种类型，如生产性节日有梅源开犁节、保苗节、大溪边祈水节；祭祀性节日有开洋节、谢洋节、老佛节；社群性节日有女儿节、七夕成人节、衢北重阳节；纪念性节日有东岙普渡节、潮神节；岁时性节日有畲族三月三、石浦三月三；社交娱乐性节日有花朝节、抢猪节、蒋村龙舟胜会，等等。因浙江地形特征及其文化生态背景，当地的传统节日表现出兼具中原、海洋和少数民族文化的特色。如因海岸线长表现出海洋文化的特点，浙江的开洋节和谢洋节在全国范围内独树一帜。又如因地形多山，少数民族聚居等地理特点，浙江省的传统节日中便有了畲族三月三等具有少数民族特点的节日。当然，由于长期与中原文化的交流及相互渗透，浙江的传统节日中也有许多源自中原地区的节日，如元宵节、端午节等。

　　自 2003 年 10 月 24 日被确定为全国非遗保护综合试点省份以来，浙江全省上下致力于保护非物质文化遗产，同时在全省 11 个市和 90 个县（市、区）均建立了非遗保护中心，实现了非遗工作机构全覆盖。自 2005 年以来，浙江省先后建立了一批非遗教学基地、传承基地、文化生态区、非遗景区、展示场馆等，还举办了大量的非遗文化节庆活动。尤其是在对传承人及其技艺的保护方面，成为浙江省非遗保护的核心。至 2010 年，浙江省已确立省级非遗传承人 740 人（2010 年统计数据）。就 33 项传统节日类非遗项目来说，有的传承谱系非常完整，如江山老佛节，其传承人从 1938 年至 2008 年都有明确的记载；再如五常端午龙舟胜会，其传承人有把舵、划桨、踩艄等不同的分工。

（一）浙江省传统节日项目与相关信息分布图

浙江省传统节日项目分布图

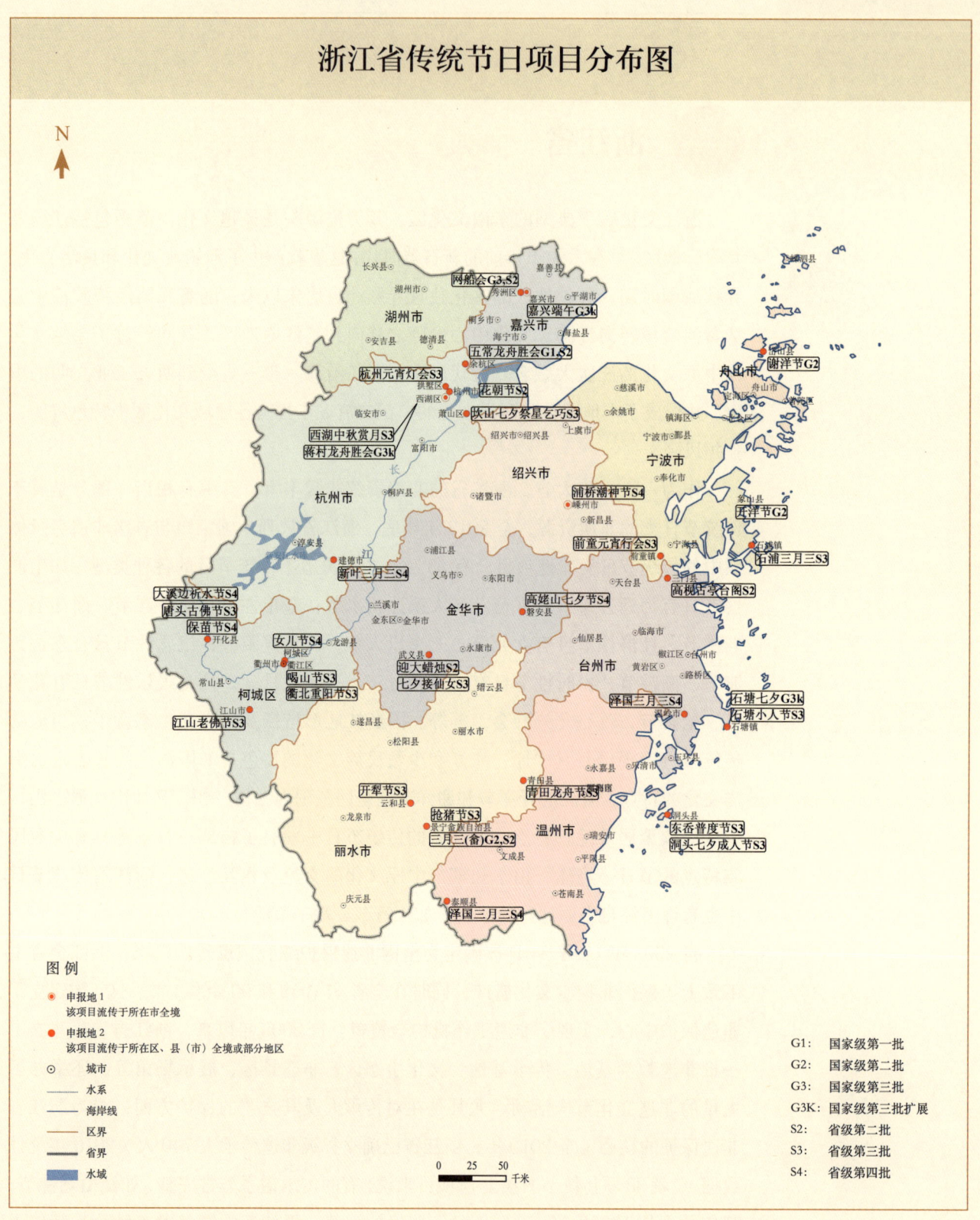

图 2-2-1-1 浙江省传统节日项目分布图

浙江省传统节日传承人分布图[1]

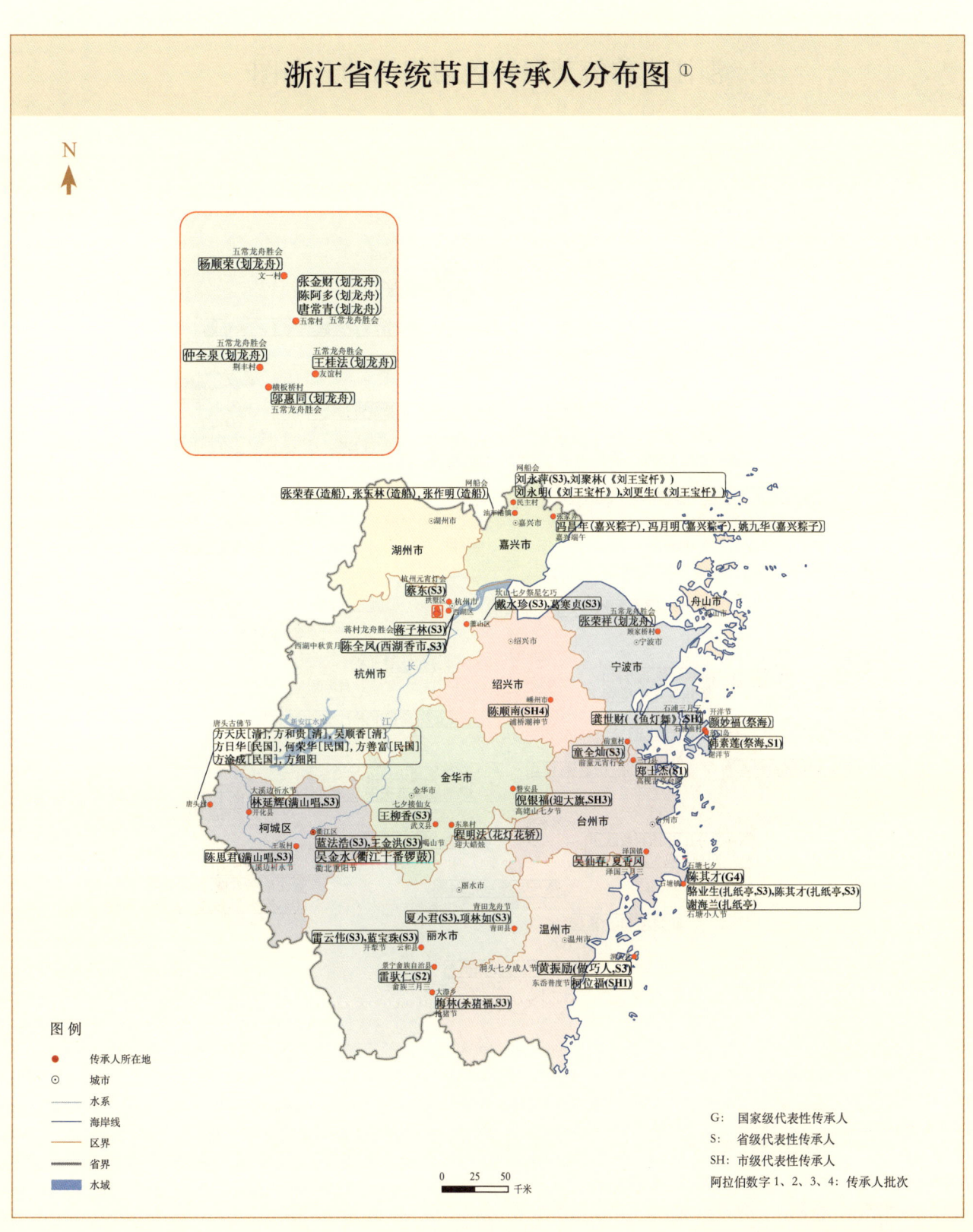

图 2-2-1-2 浙江省传统节日传承人分布图

---

[1] 本图中的传承人是指至2012年年底浙江省被列入国家级、浙江省省级与各市区（县）级，以及部分具有较大社会影响的无级别传统节日传承人。

传统节日卷
第二编 地区传统节日项目与资源图谱（选录）

浙江省传统节日特色习俗活动分布图

图 2-2-1-3 浙江省传统节日特色习俗活动分布图

中国非物质文化遗产项目与资源图谱集

（二）浙江省传统节日传承谱系图（选录）

1. 浙江省开化县苏庄镇唐头村古佛节传承人谱系图

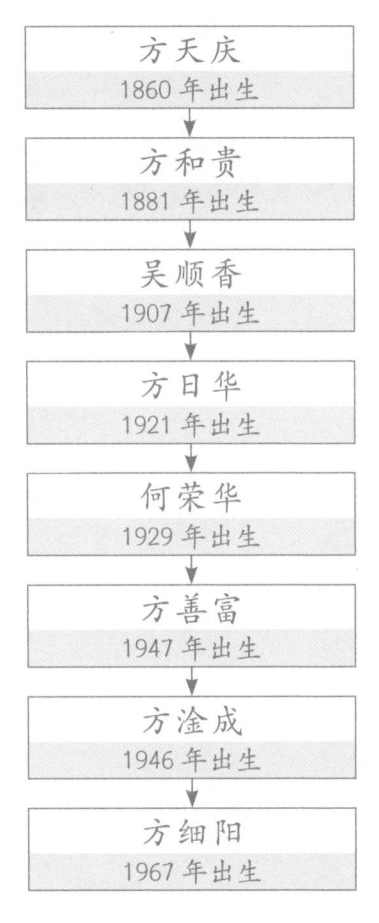

```
方天庆
1860 年出生
    ↓
方和贵
1881 年出生
    ↓
吴顺香
1907 年出生
    ↓
方日华
1921 年出生
    ↓
何荣华
1929 年出生
    ↓
方善富
1947 年出生
    ↓
方淦成
1946 年出生
    ↓
方细阳
1967 年出生
```

图 2-2-1-4 浙江省开化县苏庄镇唐头村古佛节传承人谱系图

2. 浙江省温岭县石塘镇小人节扎制纸亭技艺骆业生传承谱系图

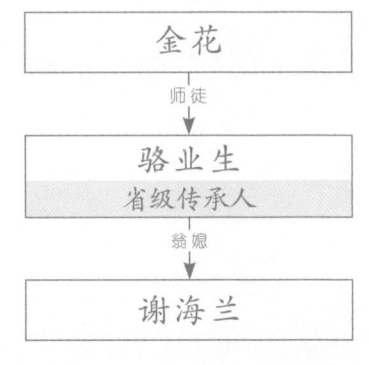

```
金花
 ↓（师徒）
骆业生
省级传承人
 ↓（翁媳）
谢海兰
```

图 2-2-1-5 浙江省温岭县石塘镇小人节扎制纸亭技艺骆业生传承谱系图

3. 浙江省嘉兴市秀洲区油车港镇胜丰村圣堂港造船制作技艺张氏家族传承谱系图

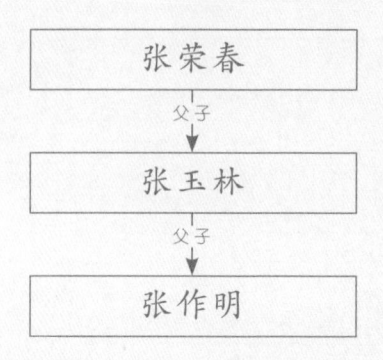

```
张荣春
 │ 父子
张玉林
 │ 父子
张作明
```

图 2-2-1-6 浙江省嘉兴市秀洲区油车港镇胜丰村圣堂港造船制作技艺张氏家族传承谱系图

4. 浙江省杭州市余杭区五常闲林镇风云湾龙舟胜会点鼓师沈氏家族传承谱系图

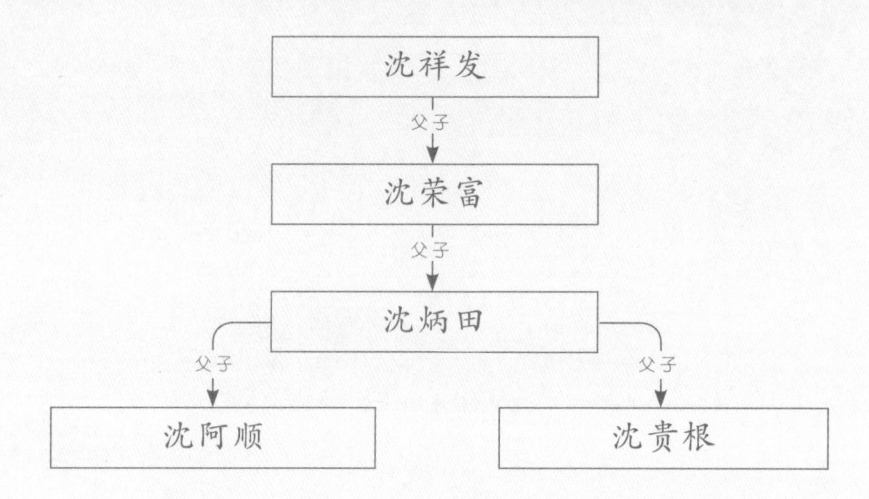

```
      沈祥发
       │ 父子
      沈荣富
       │ 父子
      沈炳田
      ┌──┴──┐
    父子     父子
     │       │
   沈阿顺   沈贵根
```

图 2-2-1-7 浙江省杭州市余杭区五常闲林镇风云湾龙舟胜会点鼓师沈氏家族传承谱系图

5. 浙江省杭州市余杭区五常仓前镇葛巷村龙舟胜会龙船制造师徒传承谱系图

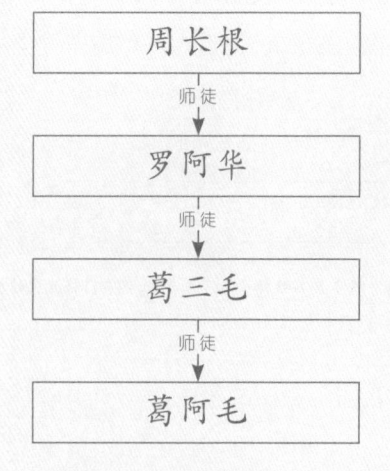

```
周长根
 │ 师徒
罗阿华
 │ 师徒
葛三毛
 │ 师徒
葛阿毛
```

图 2-2-1-8 浙江省杭州市余杭区五常仓前镇葛巷村龙舟胜会龙船制造师徒传承谱系图

二 福建省

福建历史悠久，原始社会时期福建地区就有人类活动，他们属于古越族的一支，被称为"东越"，他们创造了可与仰韶文化、河姆渡文化相媲美的昙石山文化。战国时期，越国为楚国所败，越国的一些王族南逃至福建和浙江南部，其后裔与福建的闽族人融合，成为"闽越人"。三国时因造船业和航海技术发达，福建成为孙吴的一个水军基地和对外通商口岸。南宋和元代，福建泉州成为世界上最大商港之一，与100多个国家和地区有通商关系，形成了著名的"海上丝绸之路"。明代郑和七下西洋多次在福建驻泊，招募水手，修造船舶，从福建扬帆出海。清同治五年（1866），在马尾创办的福州船政局和中国第一所海军学校，成为中国近代海军和造船工业的摇篮。

福建是我国文化遗产大省，在非遗的保护与传承方面，福建也走出了自己的特色。至2012年，福建共有7个非物质文化遗产项目入选联合国教科文组织非遗项目，其中包括南音、妈祖信俗等，《福建省木偶戏传承人培养计划》则入选联合国教科文组织非遗保护优秀实践名册。在传承人方面，福建全省共有省级非物质文化遗产项目代表性传承人411名，其中109名为国家级非物质文化遗产项目代表性传承人。

至2012年年底，福建省国家级及省级的传统节日类非遗项目共有13项，其中3项为端午节特色习俗活动，6项为元宵节特色习俗活动，2项为畲族传统节日特色习俗活动，另外还有2项分别为中秋节（中秋博饼）和邵武河坊抢酒节。同一节日具有不同的特色习俗活动内容是福建节日的特点，从中可感知到中原传统文化与海洋文化的碰撞与融合。福建省传统节日的类型较为丰富多样，其中既有社交娱乐性节日，如元宵节（游灯、节庆等习俗）、端午节（石狮蚶江端午闽台对渡、安海嗦啰嗹习俗）、中秋博饼、畲族二月二歌会；也有祭祀性节日，如元宵节（马尾·马祖节俗、云霄开漳圣王巡安）、邵武河坊抢酒节；还有一些岁时性节日，如三月三节俗等。在传承人方面，福建省的传统节日类非遗项目代表性传承人大多集中在一些节日特色才艺与技艺制作领域，例如芷溪花灯制作者黄世平、泉州花灯制作者蔡炳汉、花盆菜头灯制作者吴可为、畲族民歌歌手雷仙梅、双华二月二歌会歌手蓝春娥等。他们大多是由于擅长某一技艺或才艺而被纳入相关的传统节日习俗活动之中，并被命名为与这些节日习俗活动相关的代表性传承人。

近年来，福建省依托本省的一些非遗项目积极推进海峡两岸之间的文化交流合作，并取得了积极的成果。例如妈祖信俗、吴真（慈济宫）信俗、三平祖师信俗、关帝信俗、郑成功（国姓爷）信俗等民间信仰活动，在福建和台湾两地都有着深厚的群众基础，这几年来，福建省举办的这些信俗活动已经实现常态化、规模化，两岸之间的祭祀祭典活动，以及宫庙之间的联系交流合作也日益频繁，并受到广大信众的欢迎。台湾各地的民间信俗活动也经常邀请福建组团加盟，如台湾举办的郑成功文化节、国际妈祖观光文化节，以及许多宫庙的祭祀典礼，福建省文化厅及相关部门都提供了大力支持。

（一）福建省传统节日项目与相关信息分布图

福建省传统节日项目分布图

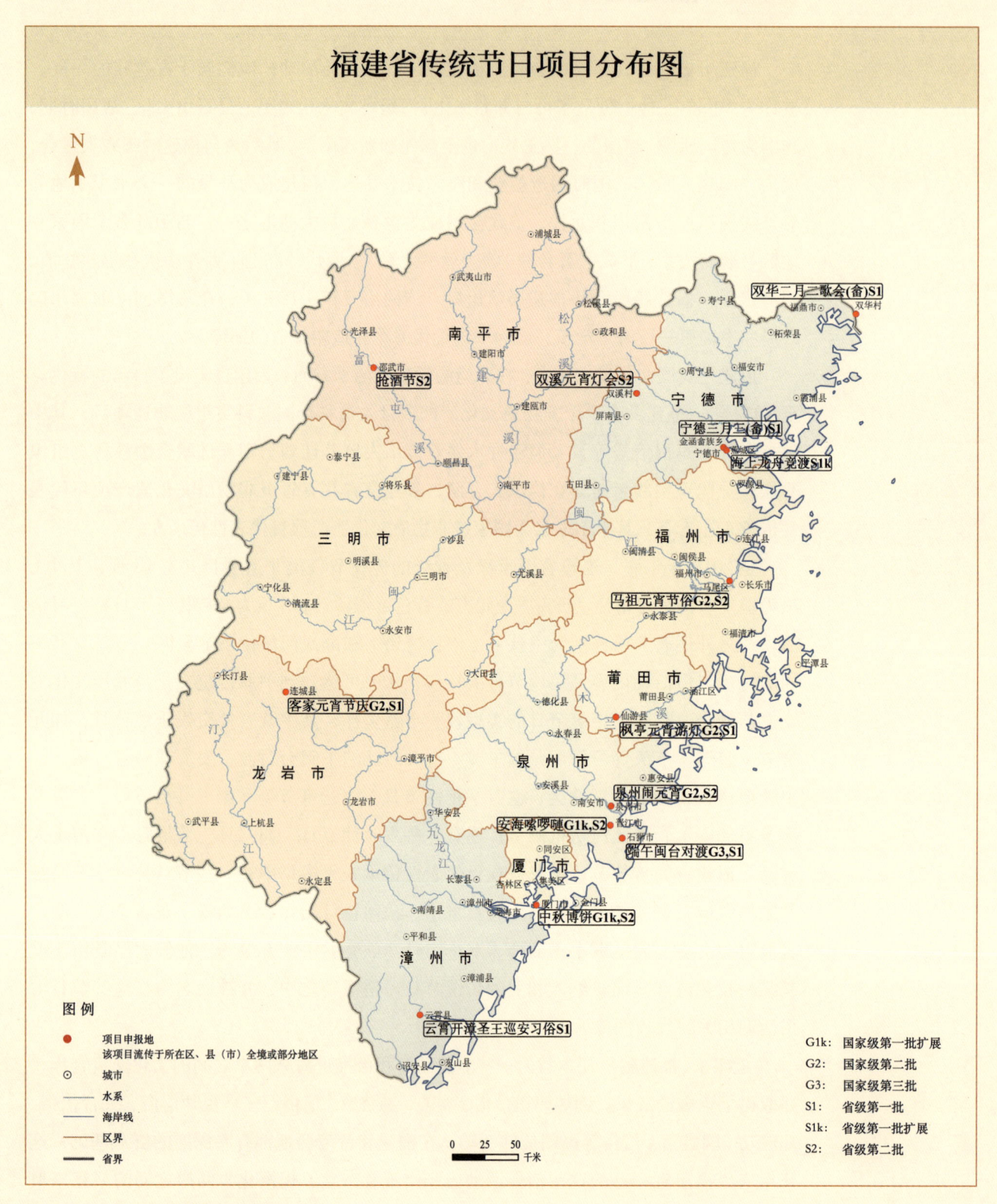

图 2-2-2-1 福建省传统节日项目分布图

福建省传统节日传承人分布图①

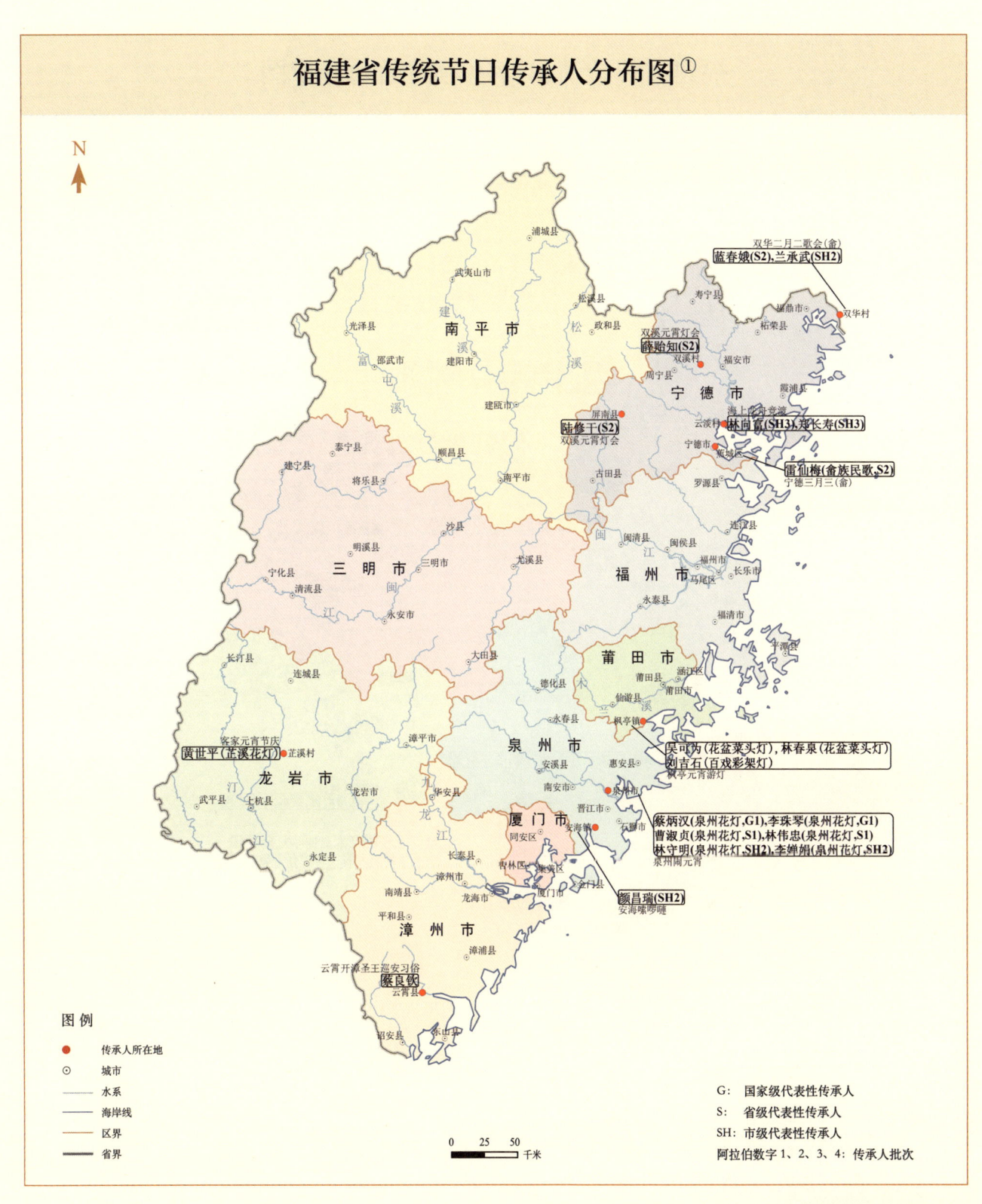

图 2-2-2-2 福建省传统节日传承人分布图

---

① 图中的传承人是指至 2012 年年底福建省被列入国家级、省级与各市区（县）级，以及部分具有较大社会影响的无级别传统节日传承人。

福建省传统节日特色习俗活动分布图

图 2-2-2-3 福建省传统节日特色习俗活动分布图

（二）福建省传统节日传承谱系图（选录）

1. 福建省仙游县枫亭镇兰友社区元宵游灯习俗林春泉传承谱系图

```
吴可为
  │ 师徒
林春泉
  │ 师徒
刘德明
  │ 兄弟
刘德清
```

图 2-2-2-4 福建省仙游县枫亭镇兰友社区元宵游灯习俗林春泉传承谱系图

2. 福建省仙游县枫亭镇兰友社区元宵游灯习俗刘吉石传承谱系图

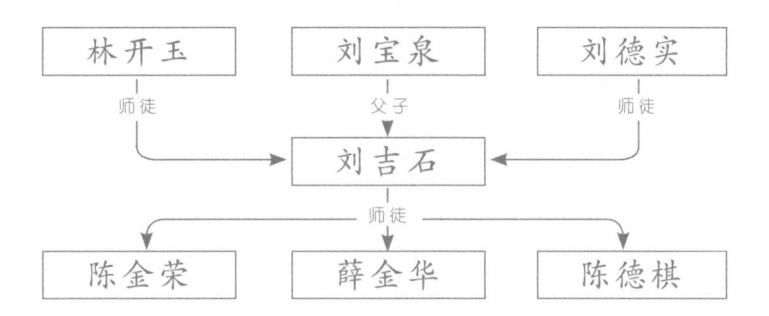

```
林开玉      刘宝泉      刘德实
  │师徒      │父子       │师徒
     ↘       ↓        ↙
          刘吉石
      ┌─────┼─────┐ 师徒
      ↓     ↓     ↓
    陈金荣  薛金华  陈德棋
```

图 2-2-2-5 福建省仙游县枫亭镇兰友社区元宵游灯习俗刘吉石传承谱系图

3. 福建省泉州市花灯李珠琴传承谱系图

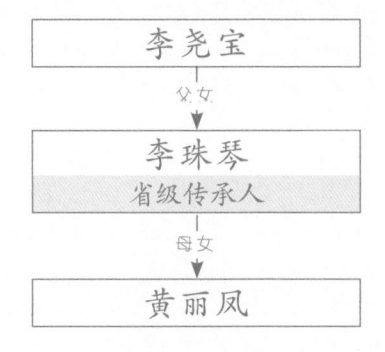

```
李尧宝
  │ 父女
李珠琴
省级传承人
  │ 母女
黄丽凤
```

图 2-2-2-6 福建省泉州市花灯李珠琴传承谱系图

4. 福建省漳州市云霄县元宵节开漳圣王巡安民俗传承人谱系图

```
┌─────────────┐
│   天 怀     │
│   清光绪    │
│ 漳州市云霄县 │
└──────┬──────┘
       ↓
┌─────────────┐
│   吴逢兴    │
│ 1873—1946   │
│ 漳州市云霄县 │
└──────┬──────┘
       ↓
┌─────────────┐
│   陈小玛    │
│ 1913—1985   │
│ 漳州市云霄县 │
└──────┬──────┘
       ↓
┌─────────────┐
│   黄东海    │
│ 1925年出生  │
│ 漳州市云霄县 │
└──────┬──────┘
       ↓
┌─────────────┐
│   蔡良钦    │
│ 1938年出生  │
│ 漳州市云霄县 │
└─────────────┘
```

图 2-2-2-7 福建省漳州市云霄县元宵节开漳圣王巡安民俗传承人谱系图

三 山西省

山西省地处华北，东以太行山作天然屏障，与河北省为邻；西、南以黄河为堑，与陕西省、河南省相望；北跨内长城，与内蒙古自治区毗连。山西省地形较为复杂，境内有山地、丘陵、高原、盆地、台地等多种地貌类型。山区、丘陵占总面积的三分之二以上，除太行山外，西有吕梁山，北亘恒山、五台山，南耸中条山，中立太岳山。有汾河、海河两大水系。境内有大小河流1000多条，其中流域面积大于100平方公里、河长在150公里以上的有240条，大于4000平方公里、河长在150公里以上的有汾河、沁河、涑水河、三川河、昕水河、桑干河、滹沱河、漳河等。

山西古时又称"并州"，春秋时期，大部分地区为晋国所有，战国初期，韩、赵、魏三家分晋，因而又称"三晋"。山西是中华民族发祥地之一，被誉为"华夏文明摇篮"。迄今为止有文字记载的历史达三千年之久，素有"中国古代文化博物馆"之美称。上古时代的三个帝王尧、舜、禹均在山西南部建都，分别为"尧都平阳（今临汾市）""舜都蒲坂（今永济市）""禹都安邑（今夏县）"。

山西作为华夏文明的发源地之一，蕴藏着十分丰富的非物质文化遗产资源。据2012年年底统计，山西省共有国家级非物质文化遗产项目105项、保护单位145个，省级项目353项、保护单位603个，市级项目1124项；国家级代表性传承人72人、省级传承人614人、市区（县）级传承人1548人。

由于文化生态的底色，山西省的传统节日多为汉民族节日，据2012年时统计，共有国家级及省级的传统节日类非遗项目10项，其中相当一部分呈现了古老的文化意蕴与鲜明的地方特色，例如永济背冰、云丘山中和节、宁武马营净身节、汾西添仓节等。中和思想是我国传统文化中重要的特征，添仓节体现农耕文化以食为天的思想，净身节则反映了古老送瘟神的民俗心理。除此以外，诸如柳林盘子会、怀仁旺火、刮街等，也同样体现了传统黄河文化的特征。

从传承机制上看，山西省的一部分节日具有较为完整的整体性节日传承体系，例如柳林盘子会、永济背冰、怀仁旺火、马营净身节、刮街等。这些项目的传承人大都具有较为全面的节日活动策划、组织、表演、展示能力，并具有较为完整的节日传承谱系，其他一些节日的传承方式则较多表现在节日中的某些具体的制作技艺方面，例如云丘山花馍、神池月饼、面食"寒燕儿"、相府蜜酒，等等。

目前，山西省的非遗保护工作稳步推进，四级名录体系不断完善、传承机制初步建立、文化生态保护区有序推进、非遗展示和传习所建设正逐步展开。随着项目申报、普查管理、专家评审、传承人保护、经费管理等各项工作的有序推进，山西省的非遗保护工作将取得更大的成效。

（一）山西省传统节日项目与相关信息分布图

山西省传统节日项目分布图

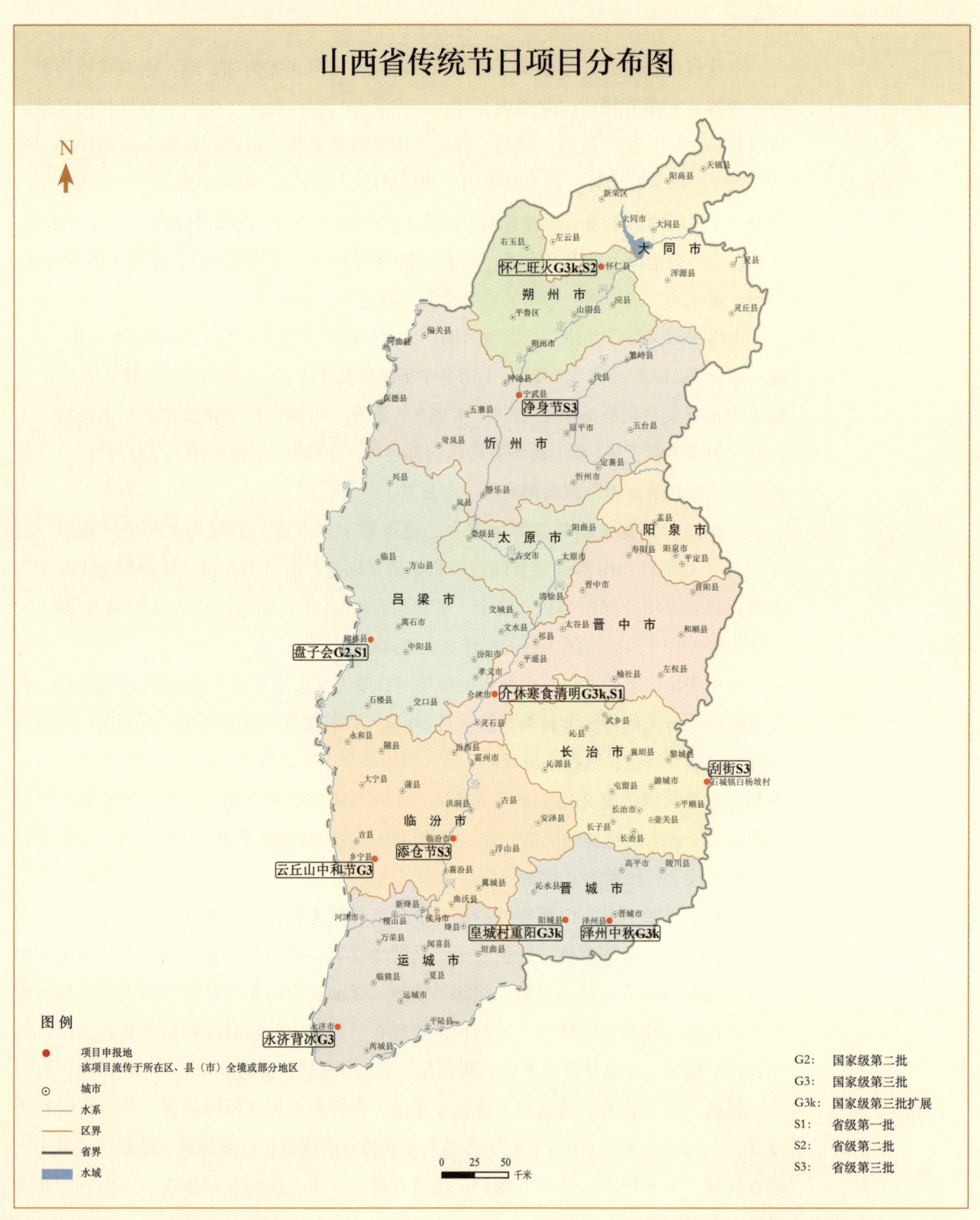

图 2-2-3-1 山西省传统节日项目分布图

山西省传统节日传承人分布图①

图例
- ● 传承人所在地
- ⊙ 城市
- ── 水系
- ── 区界
- ── 省界
- ▨ 水域

G：国家级代表性传承人
S：省级代表性传承人
SH：市级代表性传承人
阿拉伯数字1、2、3、4：传承人批次

图 2-2-3-2 山西省传统节日传承人分布图

① 本图中的传承人是指至2012年年底山西省被列入国家级、山西省省级与各市区（县）级，以及部分具有较大社会影响的无级别传统节日传承人。

传统节日卷
第二编 地区传统节日项目与资源图谱（选录）

山西省传统节日特色习俗活动分布图

图 2-2-3-3 山西省传统节日特色习俗活动分布图

（二）山西省传统节日传承谱系图（选录）

1. 山西省忻州市宁武县余庄乡马营村净身节传承人谱系图

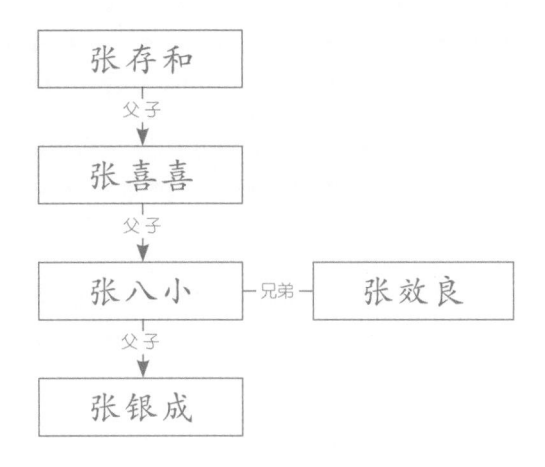

张存和
↓ 父子
张喜喜
↓ 父子
张八小 ——兄弟—— 张效良
↓ 父子
张银成

图 2-2-3-4 山西省忻州市宁武县余庄乡马营村净身节传承人谱系图

2. 山西省平顺县石城镇白杨坡村元宵节（刮街）传承人谱系图

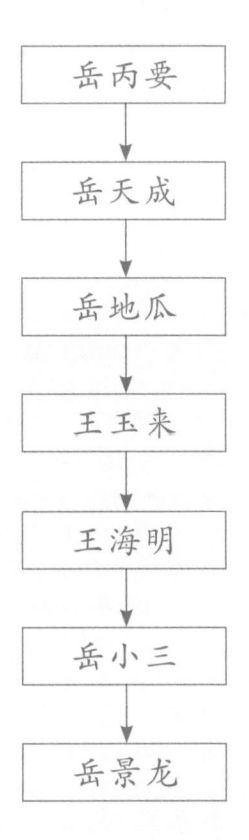

岳丙要
↓
岳天成
↓
岳地瓜
↓
王玉来
↓
王海明
↓
岳小三
↓
岳景龙

图 2-2-3-5 山西省平顺县石城镇白杨坡村元宵节（刮街）传承人谱系图

四 云南省

云南是我国西南地区省份，东与广西、贵州毗邻，北以金沙江为界与四川省隔江相望，西北隅与西藏相连，西部、南部和东南部分别与缅甸、老挝、越南接壤。云南地形极为复杂，大体上，西北部是高山深谷的横断山区，东部和南部是云贵高原。整个云南西北高、东南低，约94%的面积是山地，约6%的面积是坝子、湖泊之类。云南省自古就是中国连接东南亚各国的陆路通道，与泰国、柬埔寨、孟加拉、印度等国相距不远。云南省是我国多民族共居的典型地区，全国56个民族中，云南就有52个，其中人口在5000人以上的民族有26个，各民族分布呈大杂居、小聚居的特点。

云南是人类发祥地之一，其历史可以追溯到距今170万年的元谋人。另如昭通人、西畴人、丽江人、呈贡龙潭山人等旧石器时代遗址的发现以及在30多个地点发现的新石器时代文化遗址遗存，进一步说明了云南历史的久远。存在于春秋至三国时期的古滇文化、魏晋至唐中叶的爨文化、宋中叶至元初的南诏大理文化和元明清以来以汉文化为主体的各民族文化，构成了云南2000多年文明史的纵向脉络，使云南的历史文化资源雄浑而厚重。

多民族共居的特点，使云南省的非物质文化遗产资源极为丰富，并且呈现了鲜明的民族特色。也正因如此，云南省成为我国非物质文化遗产资源的集聚区域以及非物质文化遗产保护的重点示范省份。云南省的非遗资源不仅类型繁多、体系庞大，而且底蕴深厚，凝聚着各民族祖先卓越的智慧和创造才能，它们是中华民族文化多样性和创造性的重要表现，也是全人类非物质文化遗产宝库中的一份重要的民族文化遗产。

云南省至2012年时共有国家级与省级的传统节日类非遗项目28项，全部为少数民族传统节日，共涉及15个少数民族。其中大部分节日依然保留着鲜明的民族特色，并且在较为单一的民族群体以及较为有限的民族地域中流布传承。但是另外也有一部分节日随着历史的发展已经逐步演变成为多民族的节日，例如大理三月街，原来是一个在白族民众中流传的节日，但现在已经演变为各族人民共同参与欢庆的节日。从类型看，云南省的传统节日主要为社交娱乐性节日，如傣族的泼水节、火把节、卡雀哇节，傈僳族的刀杆节，德昂族的浇花节，白族的大理三月街，哈尼族的长街宴、石宝山歌会，拉祜族的葫芦节，苗族的花山节，景颇族的目瑙纵歌节、陇端节、赛装节、插花节、二月八节、特懋克节，等等。除此以外，云南省的另一种主要节日类型为祭祀性节日，如怒族的仙女节，白族的绕三灵，傣族的关门节、开门节，纳西族的转山节、女子太阳节、跳宫节、阿露窝罗节、哑巴节、阔时节、三多节等。从这些类型可以看出，云南省作为少数民族比较集中的地域，其节日具有较为鲜明的重信仰、重集体活动等特点。

（一）云南省传统节日项目与相关信息分布图

云南省传统节日项目分布图

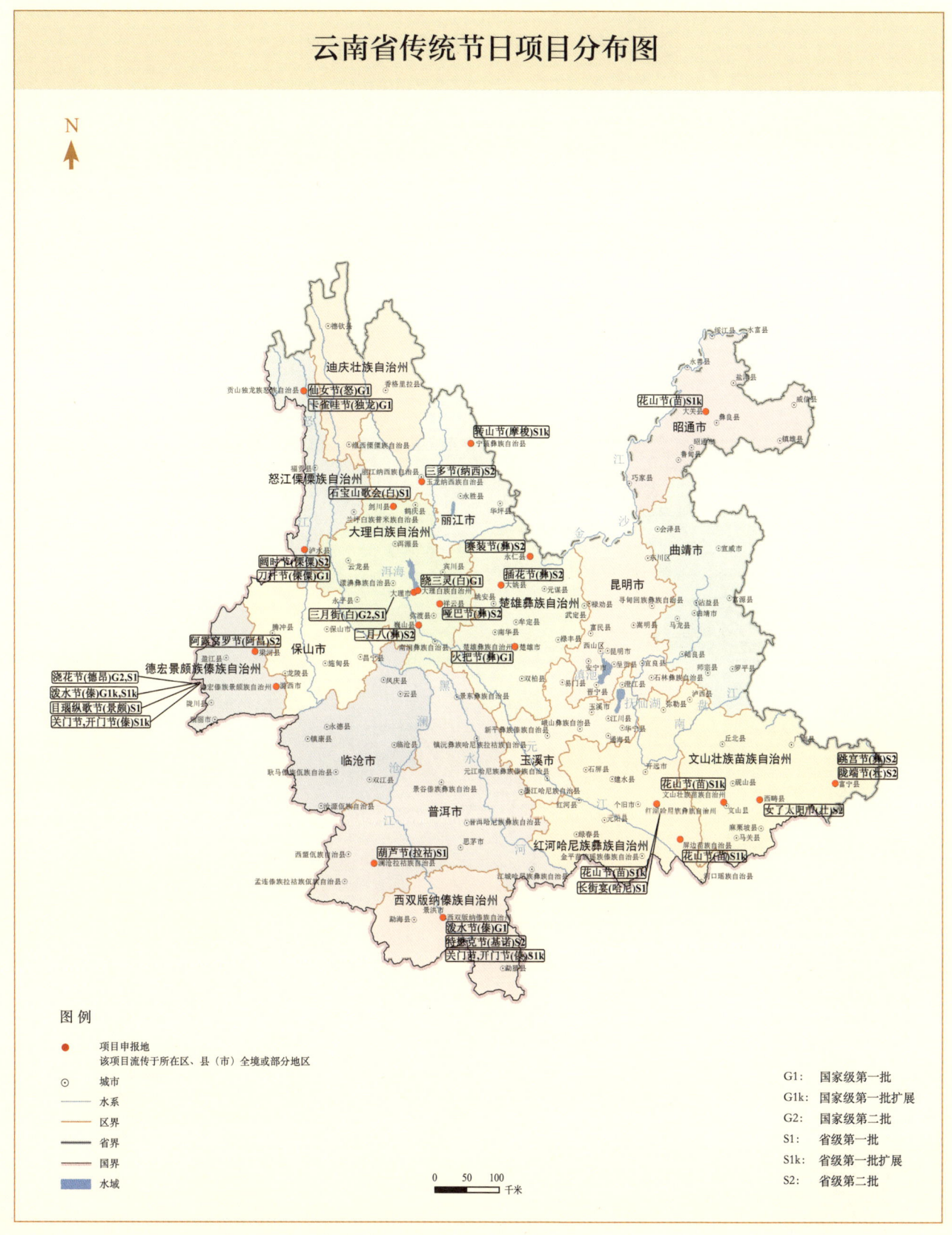

图 2-2-4-1 云南省传统节日项目分布图

云南省传统节日传承人分布图①

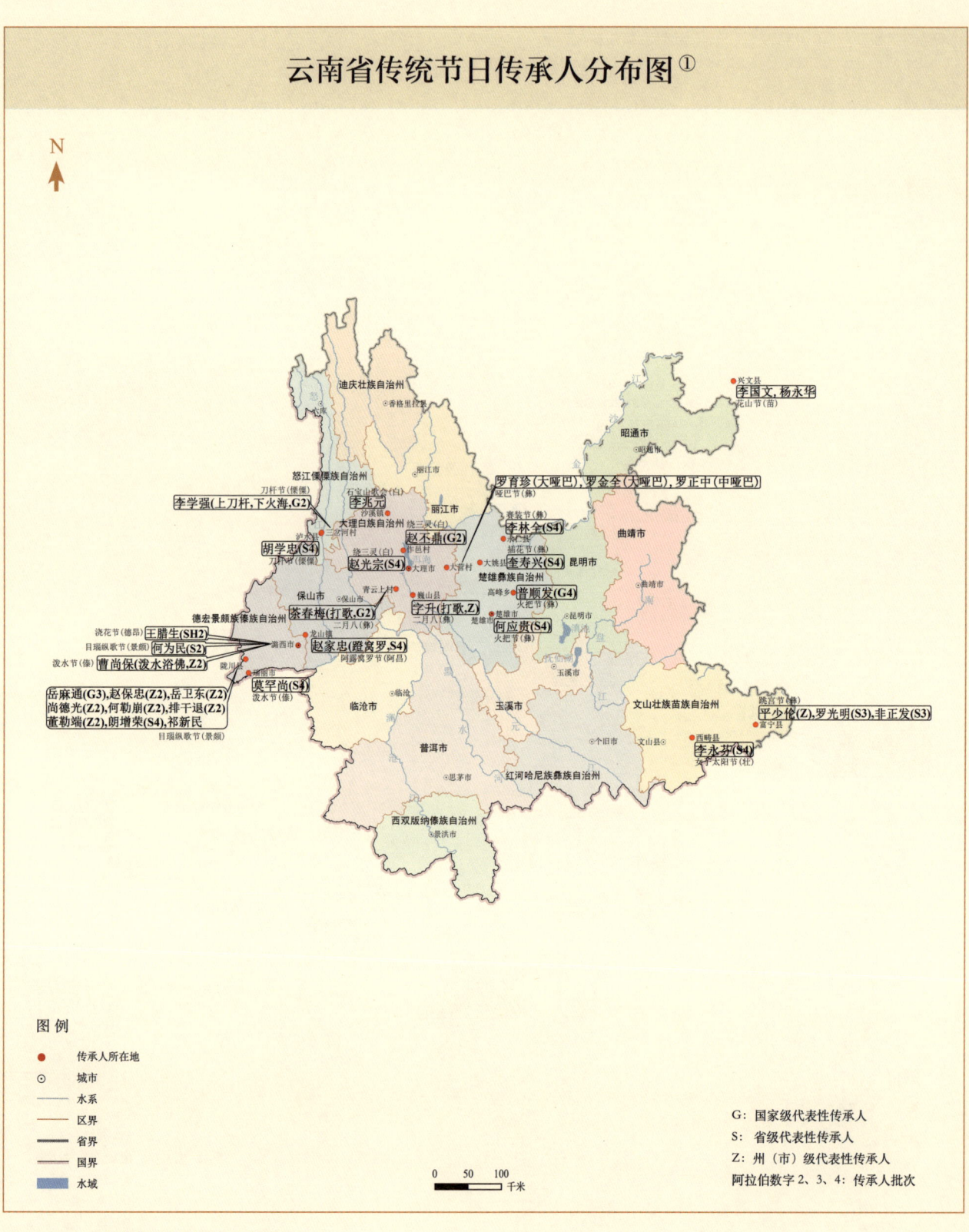

图 2-2-4-2 云南省传统节日传承人分布图

① 本图中的传承人是指至2012年年底云南省被列入国家级、省级与各州（市）级，以及部分具有较大社会影响的无级别传统节日传承人。

云南省传统节日特色习俗活动分布图

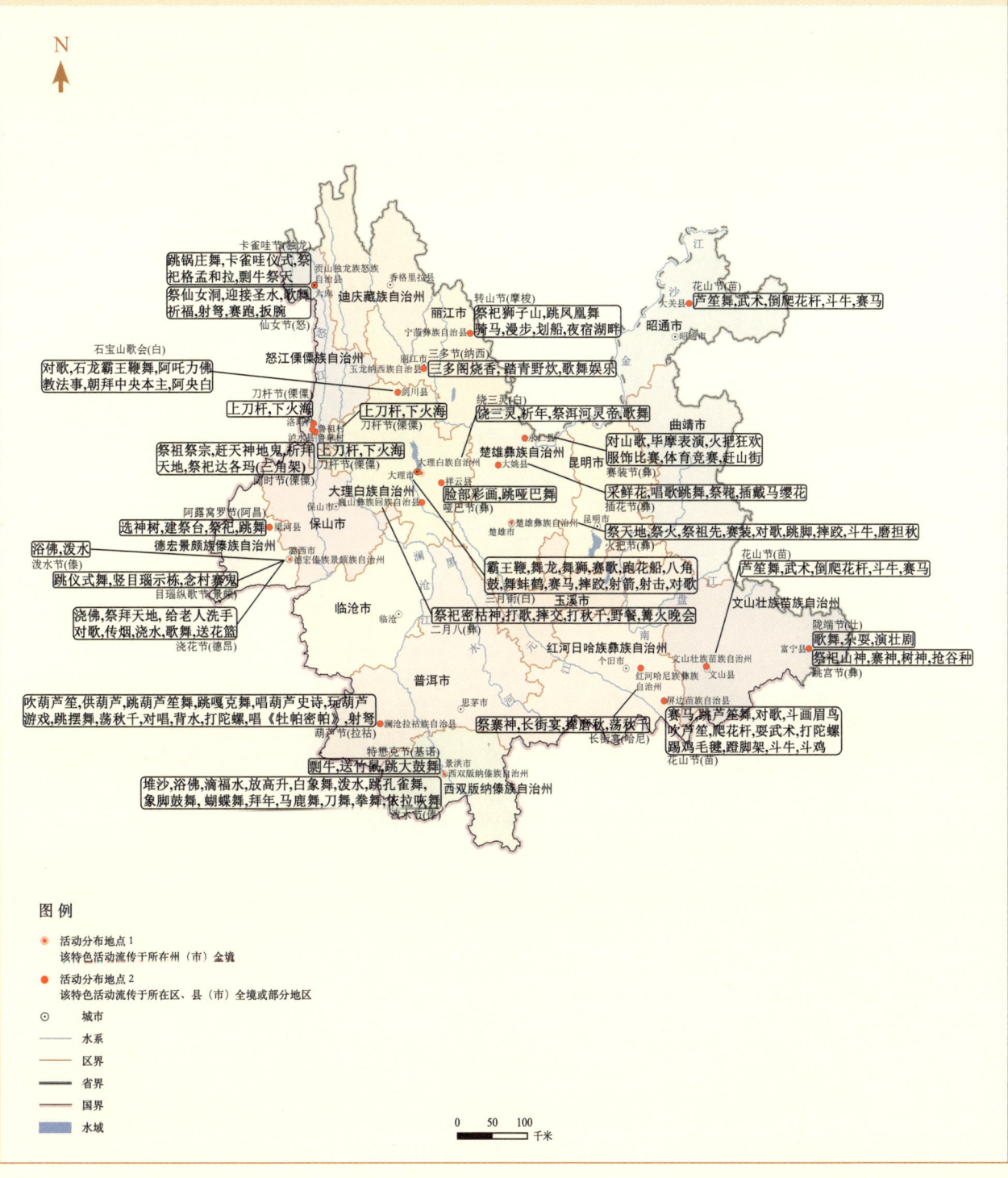

图 2-2-4-3 云南省传统节日特色习俗活动分布图

传统节日卷
第二编 地区传统节日项目与资源图谱（选录）

（二）云南省传统节日传承谱系图（选录）

1. 云南省泸水县鲁掌镇三岔河村傈僳族刀杆节"上刀杆，下火海"技艺李学强传承谱系图

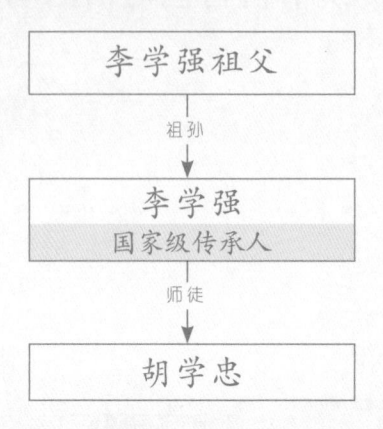

```
李学强祖父
   │ 祖孙
李学强
国家级传承人
   │ 师徒
胡学忠
```

图 2-2-4-4 云南省泸水县鲁掌镇三岔河村傈僳族刀杆节"上刀杆，下火海"技艺李学强传承谱系图

2. 云南省大理市喜洲镇白族绕三灵赵丕鼎传承谱系图

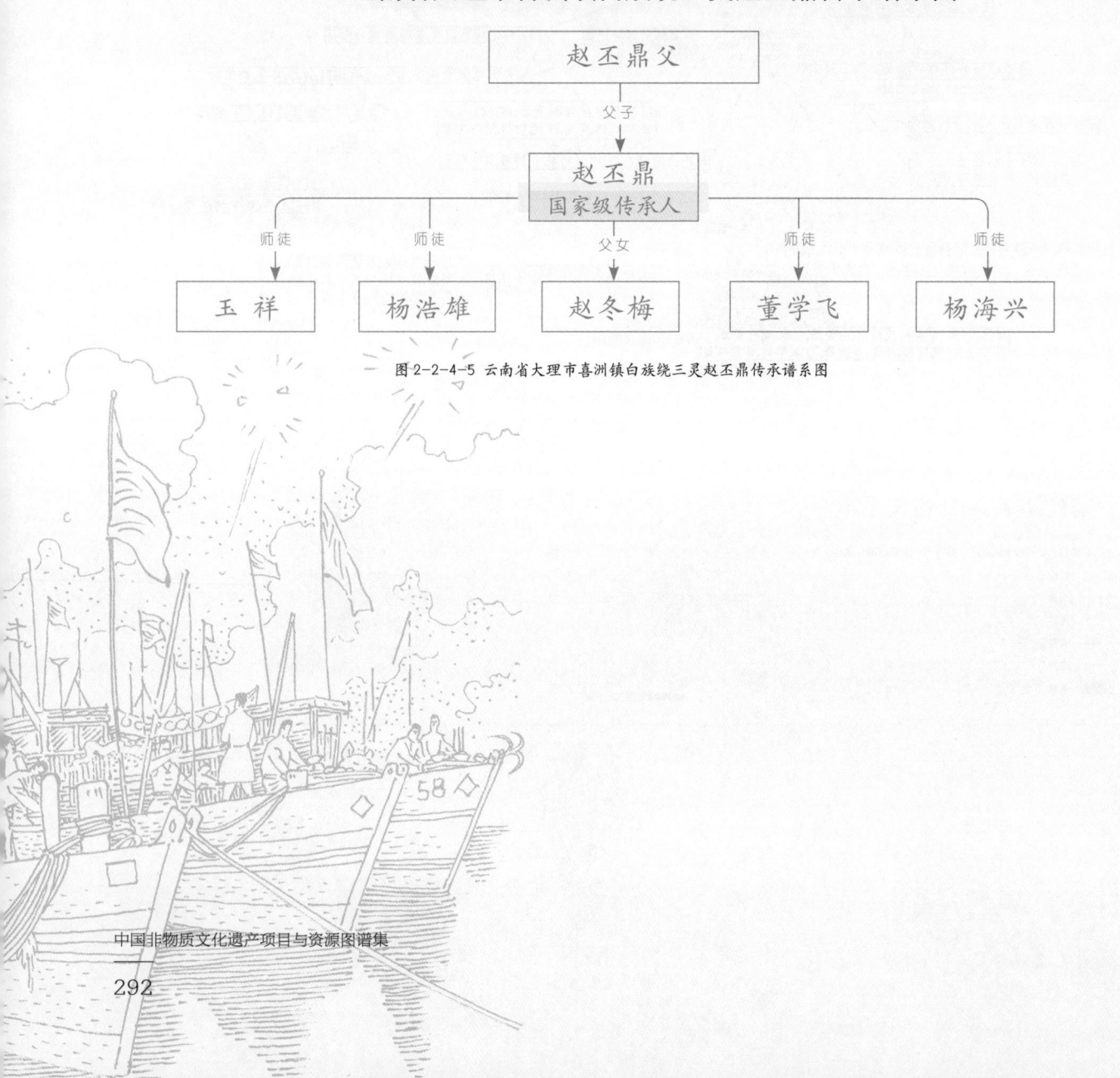

```
        赵丕鼎父
           │ 父子
        赵丕鼎
       国家级传承人
   ┌──────┬──────┼──────┬──────┐
  师徒   师徒   父女   师徒   师徒
   │     │     │     │     │
  玉祥  杨浩雄 赵冬梅 董学飞 杨海兴
```

图 2-2-4-5 云南省大理市喜洲镇白族绕三灵赵丕鼎传承谱系图

五　黑龙江省

黑龙江省是中国最东北的一个省份，北接俄罗斯，南接吉林省，西接内蒙古。地势大致是西北部、北部和东南部高，东北部、西南部低，主要由山地、台地、平原和水面构成。西北部为大兴安岭山地，北部为小兴安岭山地，东南部为张广才岭、老爷岭、完达山脉，山地约占全省总面积的24.7%。东北部的三江平原、西部的松嫩平原，是中国最大的东北平原的一部分，平原占全省总面积的37.0%。黑龙江省有黑龙江、松花江、乌苏里江三大水系，有兴凯湖、镜泊湖、连环湖和五大连池四处较大湖泊及星罗棋布的泡沼。全省流域面积在50平方公里以上的河流有1918条。少数民族有满族、朝鲜族、蒙古族、回族、达斡尔族、鄂伦春族、赫哲族、鄂温克族等。

黑龙江省保留着悠久的历史文化遗存，如昂昂溪遗址和新开流遗址、唐代渤海国上京龙泉府遗址、金代上京会宁府遗址等。以农耕为主的满族、朝鲜族，以捕鱼为生的赫哲族，以狩猎为生的鄂伦春族和以牧业为主的蒙古族、达斡尔族，这些民族保留着北方少数民族所特有的民俗风情，成为黑龙江省重要的民俗文化资源。该省地域文化主要由世居少数民族本土文化、中原文化以及以俄罗斯文化为主的外来文化多元汇聚而成，呈现了中西合璧、南北交融的特点，同时非物质文化遗产资源也较为丰富。

地域文化特征也反映在黑龙江省的传统节日方面，除了一部分源自中原的传统节日之外，少数民族节日在黑龙江省的非遗节日中占据了大部分比例，在黑龙江省现有的国家及省级非遗类的11项传统节日中，7项为少数民族节日，约占64%。从类别上，主要为社交娱乐性节日，包括鄂伦春族古伦木沓节、鄂温克族瑟宾节、赫哲族乌日贡大会、蒙古族那达慕大会、端午节（五大连池药泉会）、富拉尔基滚冰节、达斡尔族库木勒节、朝鲜族流头节等；另如祭祀性节日有山神节；纪念性节日有瑷珲上元节、满族颁金节等。作为以集体传承或社会传承为主的节日，其传承人脉络主要表现为摩苏昆、乌钦、伊玛堪、服饰、器具、弓箭、花灯等技能或制作的传承谱系。

至2012年，黑龙江省非遗传承机制已基本建立，共有13个国家级非遗项目代表性传承人、176个省级代表性传承人，2个省级文化生态保护实验区、18个省级非遗传习基地。通过非遗普查，众多具有地域特色的非遗项目浮出水面，许多几近濒危的少数民族非遗资源得到了及时保护。为了让非遗传承活动可持续发展，黑龙江省重点加强了对项目代表性传承人的保护，改善其生存状况与工作条件，并为其开展收徒传艺、教学和交流创造条件提供保障。以年轻人才为主要培养对象，通过培训、外送研修、组建研究课题组等方式，搭建可持续发展的非遗人才梯队，增强非遗科研队伍的活力和发展后劲。2011年11月23日，联合国教科文组织第六次缔约国大会审议批准将黑龙江省赫哲族伊玛堪说唱列入"急需保护的非物质文化遗产名录"，标志着黑龙江省非物质文化遗产保护工作取得了历史性的突破。

（一）黑龙江省传统节日项目与相关信息分布图

黑龙江省传统节日项目分布图

图 2-2-5-1 黑龙江省传统节日项目分布图

黑龙江省传统节日传承人分布图①

图 2-2-5-2 黑龙江省传统节日传承人分布图

---

① 本图中的传承人是指至2012年年底黑龙江省被列入黑龙江省省级，以及部分具有较大社会影响的无级别传统节日传承人。

传统节日卷
第二编 地区传统节日项目与资源图谱（选录）

黑龙江省传统节日特色习俗活动分布图

图 2-2-5-3 黑龙江省传统节日特色习俗活动分布图

（二）黑龙江省传统节日传承谱系图（选录）

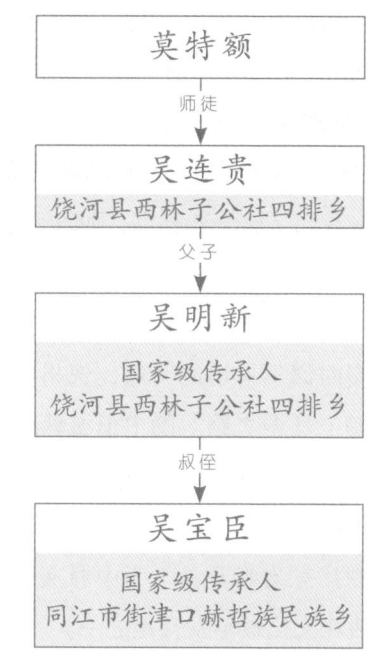

黑龙江省同江市赫哲族伊玛堪吴明新传承谱系图

```
莫特额
  │ 师徒
  ▼
吴连贵
饶河县西林子公社四排乡
  │ 父子
  ▼
吴明新
国家级传承人
饶河县西林子公社四排乡
  │ 叔侄
  ▼
吴宝臣
国家级传承人
同江市街津口赫哲族民族乡
```

图 2-2-5-4 黑龙江省同江市赫哲族伊玛堪吴明新传承谱系图

六 贺州市

贺州市位于广西壮族自治区东部，北挨湖南省永州市，东达广东省清远市，南邻梧州市，西靠桂林市，处于湘、粤、桂三省区的交会处，历史上有"三省通衢"之称。贺州市属亚热带季风气候，喀斯特地貌，拥有秀丽的风景、淳朴的民风。

贺州拥有2 100年悠久历史，是广西最早接受中原文化和楚文化的地区之一，曾长期为州府治地。在秦朝是属于桂林郡，西汉元鼎六年（前111）设临贺、封阳两县，属于苍梧郡，位于潇封水道的军事要冲上，湘江—潇水—贺江是古代一条很重要的南北交通要道，同时开辟两条陆上通道，一条是从湖南进富川接临贺，另一条从湖南进桂林接临贺。随着秦时潇贺古道的开通，贺州市成为中原与岭南经济文化往来的商业重镇，也是汉代"海上丝绸之路"的中枢城郭，伴随着军事活动和经济往来，大量的中原移民和客家人的迁入、瑶苗族等少数民族人口的迁入，使湘楚文化、百越文化和岭南文化等各种文化逐渐沉淀、积聚和交融，形成了独特的贺州文化。据专家考证，临贺、封阳以及广信（现广东省封开县）为中原文化和岭南文化最早交会处之一，也是作为珠江文化主干的西江文化最早发祥地之一。

贺州地区是多民族聚居的地区，民族风情浓郁，节庆类的非遗资源丰富，至2012年，共拥有1个国家级非遗保护项目，3个自治区级非遗保护项目，多个市级非遗保护项目。其中最有代表性的是瑶族盘王节。瑶族盘王节是2012年获批的国家级非遗保护项目，贺州市八步区黄洞瑶族乡黄洞村是盘王节的传承基地，该村村民赵有福是盘王节的国家级传承人。贺州瑶族盘王节仪式的丰富内容、基本特征及其传承历史，在中华民族节日文化中占有极其重要的地位，对其进行发掘、抢救和保护，不仅对丰富和完善中国民族节庆文化，乃至对世界民族（瑶族是个跨国民族，在亚、欧、美三大洲九个国家都有居住）节庆文化的丰富和完善，都将产生一定的推动作用。

浮山歌节是贺州市自治区级的非遗保护项目，每年在八步区贺街镇大鸭村浮山举行。该歌节融庙会游神、宗教崇拜、民歌、民间八音、传统戏曲等多种民族民间文化艺术于一体，具有浓郁的生活气息，形成了自身独特的艺术风格与特点。如今，浮山歌节歌唱能手代表人物主要有陶兰（贺州市八步区贺街镇白沙村）、张家宾（贺州市八步区莲塘镇炭冲村）、张贵珍（贺州市八步区贺街镇联东村）等。除此以外，流传于贺江两岸信都、铺门、仁义三镇的信都龙舟节和流传于黄姚古镇的放灯节等，也属于自治区级的非遗保护项目。而流传于贺州市黄田、贺街、莲塘、鹅塘等乡镇的"二月二"、黄田镇水岩坝的大庙山庙会、水口镇的安德庙会、富川的炸龙节等，虽然还未曾进入非遗保护名录之中，但在当地也都十分有名。

（一）贺州市传统节日项目与相关信息分布图

贺州市传统节日项目与资源分布图[①]

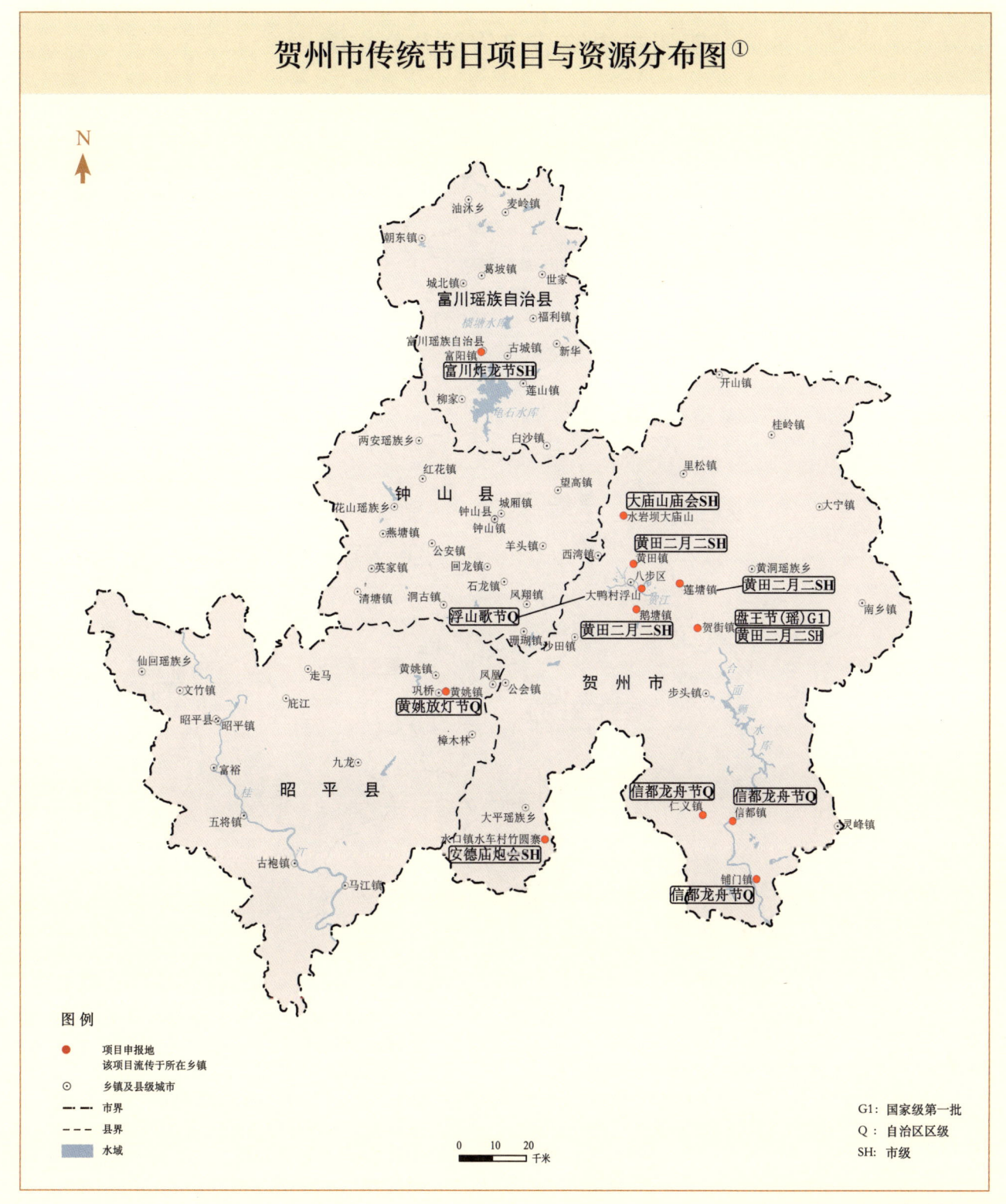

图 2-2-6-1 贺州市传统节日项目与资源分布图

[①] 本图中的项目与资源是指至2012年年底贺州市被列入国家级、广西壮族自治区区级、贺州市市级非物质文化遗产名录中的传统节日类非物质文化遗产项目，以及部分具有较大社会影响的无级别传统节日类非物质文化遗产资源。

传统节日卷
第二编 地区传统节日项目与资源图谱（选录）

贺州市传统节日传承人分布图

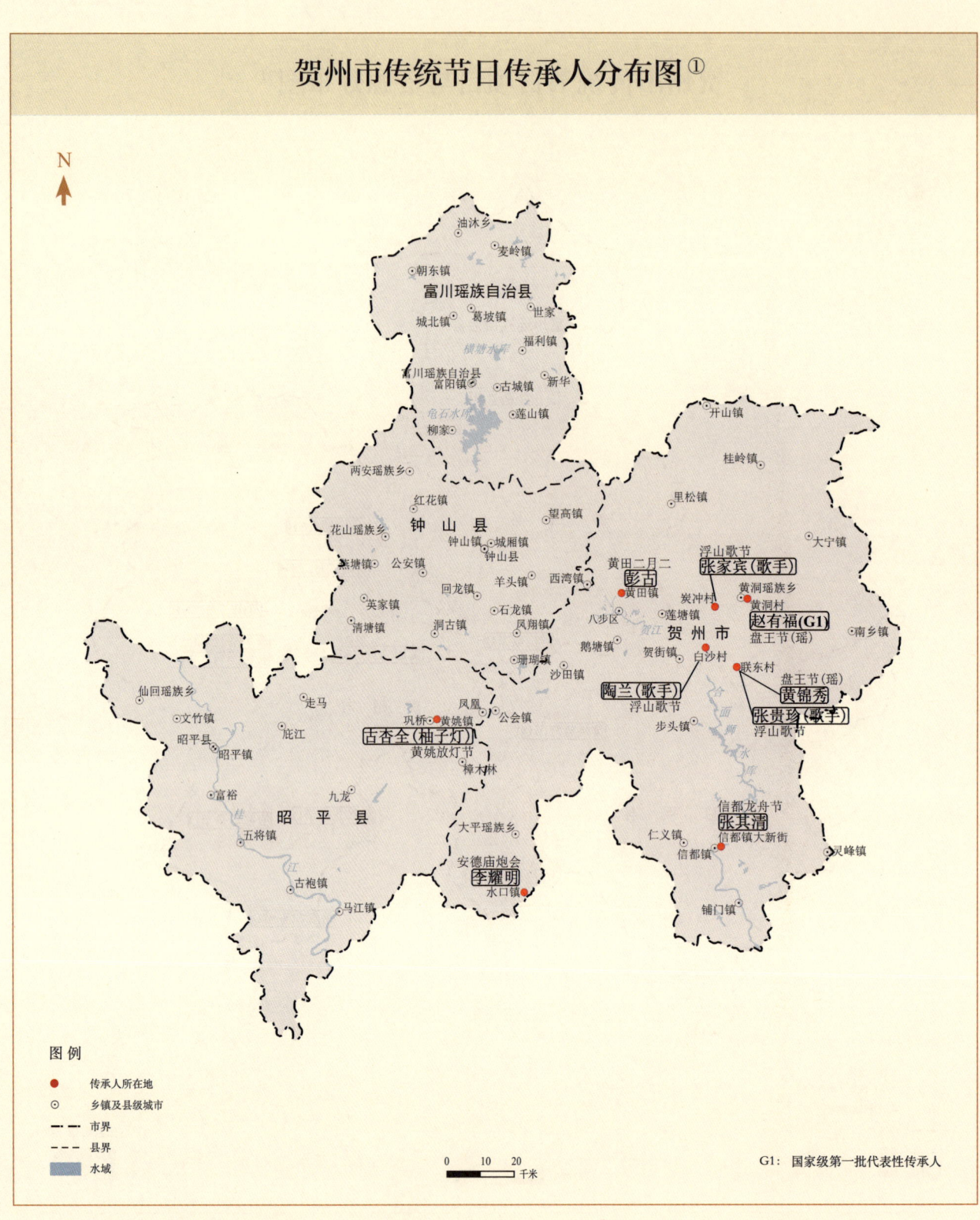

图 2-2-6-2 贺州市传统节日传承人分布图

① 本图中的传承人是指至 2012 年年底贺州市被列入国家级，以及部分具有较大社会影响的无级别传统节日传承人。

贺州市传统节日相关信息分布图（历史遗址类）

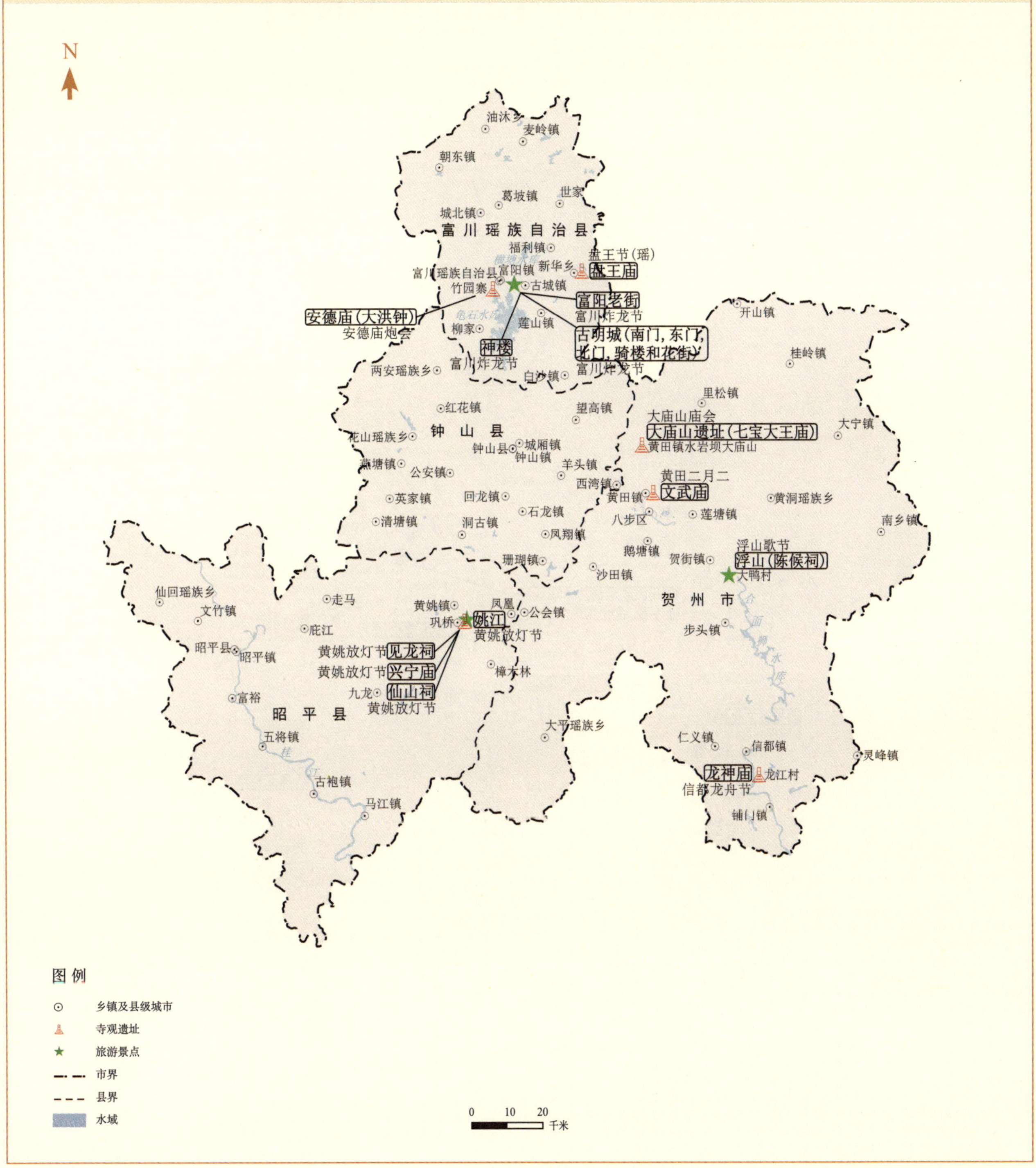

图 2-2-6-3 贺州市传统节日相关信息分布图（历史遗址类）

贺州市传统节日相关信息分布图
（陈列展示、传承保护、组织机构类）

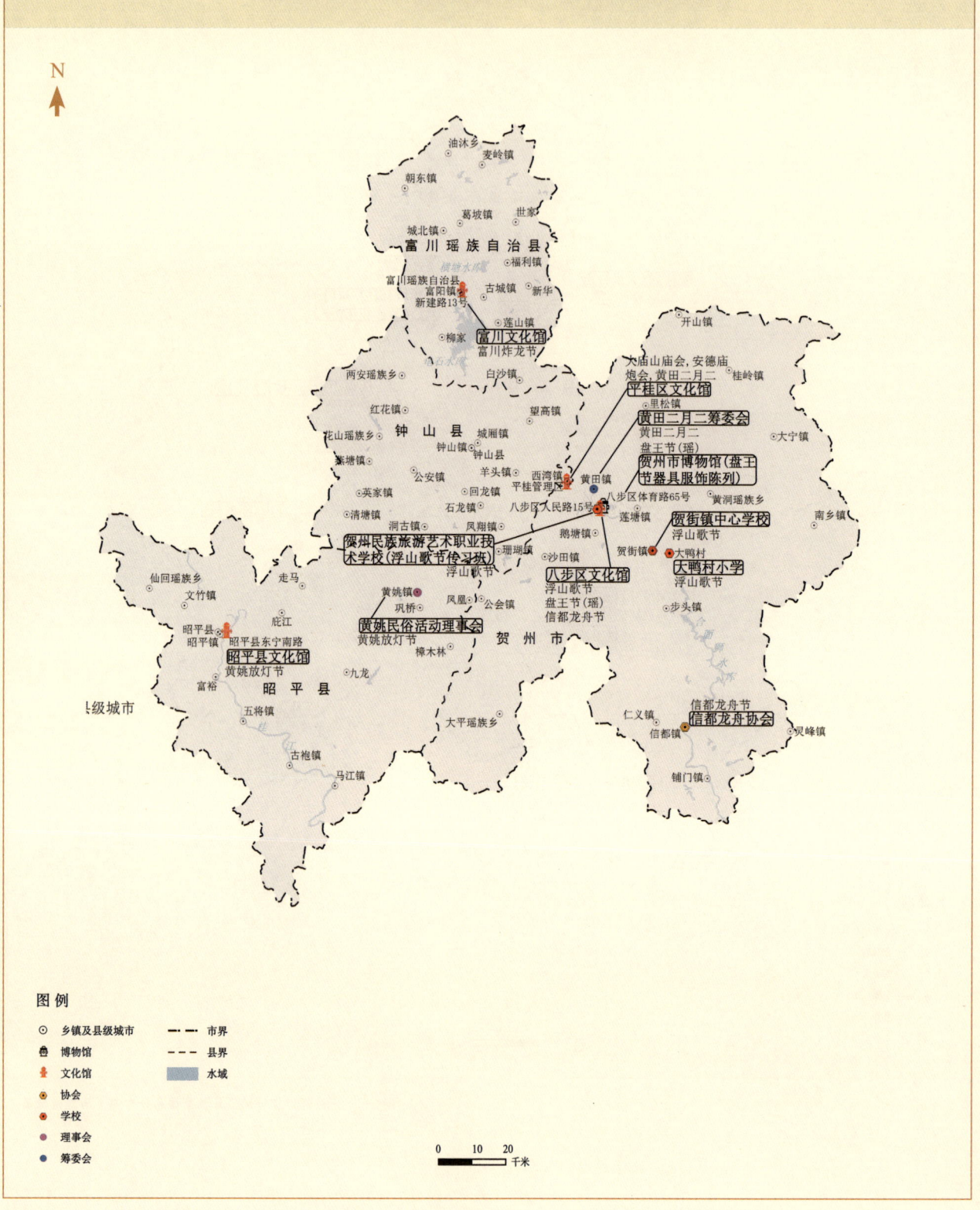

图 2-2-6-4 贺州市传统节日相关信息分布图（陈列展示、传承保护、组织机构类）

（二）贺州市传统节日传承谱系图（选录）

1. 贺州市八步区贺街镇瑶族"还盘王愿"祭仪黄锦秀传承谱系图

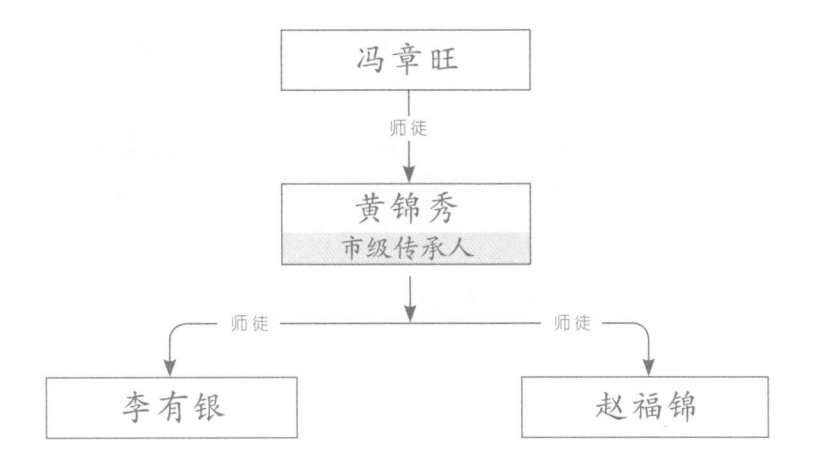

```
冯章旺
  │ 师徒
  ▼
黄锦秀
市级传承人
  │
  ├── 师徒 ──→ 李有银
  └── 师徒 ──→ 赵福锦
```

图 2-2-6-5 贺州市八步区贺街镇瑶族"还盘王愿"祭仪黄锦秀传承谱系图

2. 贺州市八步区黄洞乡瑶族"还盘王愿"仪式赵有福传承谱系图

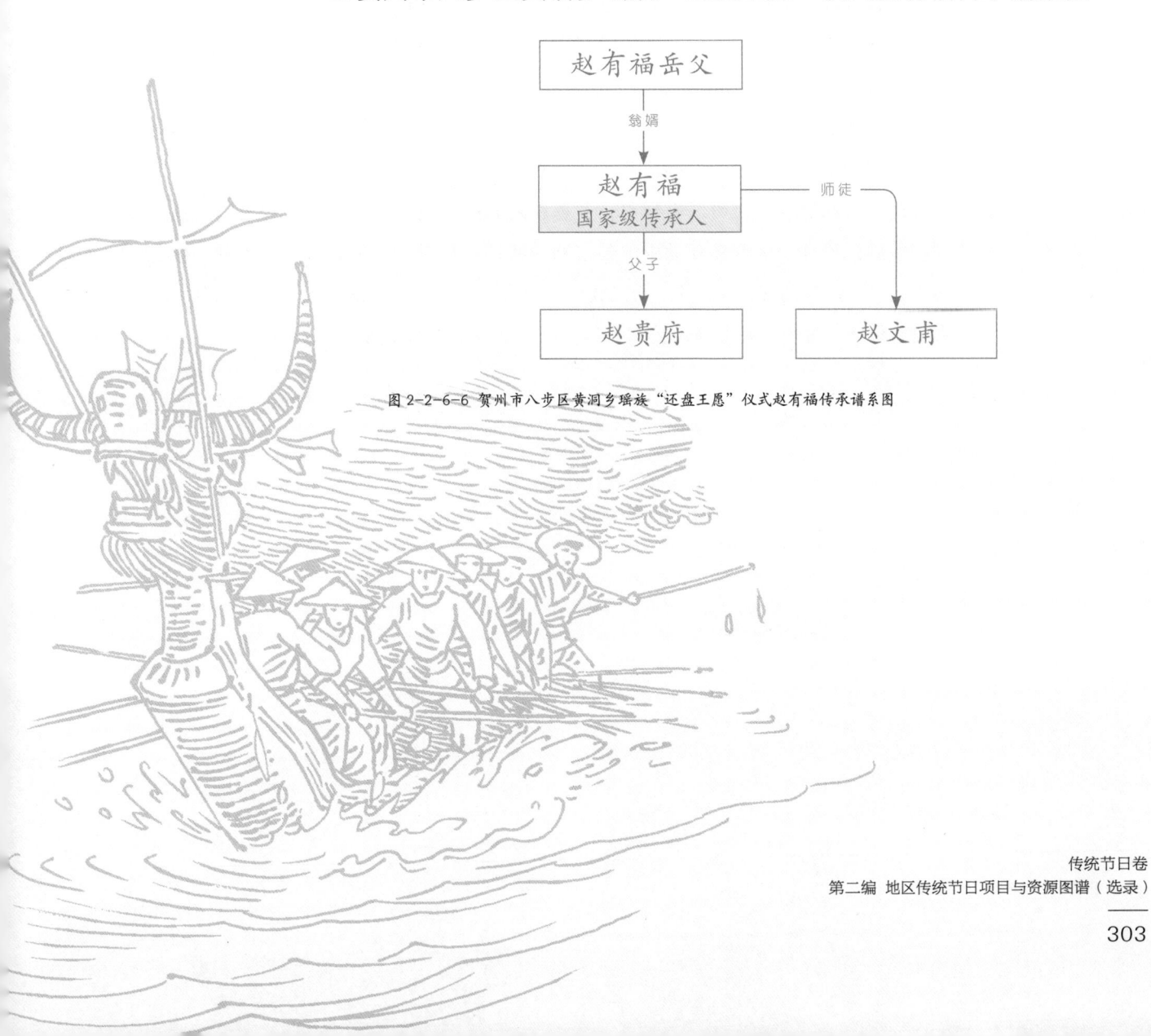

```
赵有福岳父
  │ 翁婿
  ▼
赵有福
国家级传承人 ── 师徒 ──→ 赵文甫
  │ 父子
  ▼
赵贵府
```

图 2-2-6-6 贺州市八步区黄洞乡瑶族"还盘王愿"仪式赵有福传承谱系图

七 恩施州

恩施土家族苗族自治州位于湖北省西南部，处于武陵山区北麓与长江三峡南岸之间，南北各有酉水和清江两大河流，以喀斯特地貌为主，多高山丘陵、森林覆盖较广，农业作物以水稻、玉米、茶叶、烟叶、马铃薯及高山蔬菜为主，温带气候，降雨充沛，动植物及自然资源丰富，有林海、药库、硒都之称。全州辖两市六县，有土家、苗、侗等少数民族，经济文化较为闭塞，但因为该区域是入川的重要走廊，历史移民和外来人口较多，民族汉化程度较高，近年来旅游发展较快，有铁路、高速公路和机场直通域外。

恩施节日类非遗资源较为丰富，至2012年，共有省级项目1项、州级项目2项、节日资源10项，大多是适应山区民众生产生活的特有习俗，其中主要以土家过赶年、女儿会、摆手节、龙船节为特色，包括苗族牛王节和椎牛节，其他如社日、端阳、六月六、过月半等均受汉文化影响较多。节日类型以祭祀还愿、驱邪祈福为主，具有强烈的自然或祖先崇拜意识，同时还有以男女恋爱为主题的节日。整个州的节日类非遗传承人较少，其传承方式以家缘、业缘传承为主，许多节日习俗属于自然传承状态，个别民俗资料和节日资源由地方文化精英传承。本州内民族特色古村寨较多，节日展演的文化空间较广，主要活动场所有恩施古城、恩施土司城、女儿城、柳州城、摆手堂、容美土司、唐崖土司、龙船调故里、鱼木寨、彭家寨、小溪村、枫香坡等。

恩施是古代巴文化遗存地，又是巴楚和巴蜀的文化交界地带，加之历史人口流动、土司治理和山区现代化的发展，其非遗面貌呈现出历史变迁的重叠特征，特别在节日资源的分布和展现上，可以看到节日形态和内涵的多元性，也可以看到不同的主体族群在民族杂居和山区现实互动中的丰富感。特别在涉及自然保育、祖先追溯、生态乡愁以及自由婚恋的现代观念上，从民族地方城市文化建构、区域生态走廊，到旅游拓展、古村落传承，都可以在非遗保护和节日资源的呈现中有所发现。

（一）恩施州传统节日项目与相关信息分布图

恩施州传统节日项目与资源分布图[①]

图 2-2-7-1 恩施州传统节日项目与资源分布图

[①] 本图中的项目与资源是指至2012年年底恩施州被列入湖北省省级、恩施州州级非物质文化遗产名录中的传统节日类非物质文化遗产项目，以及部分具有较大社会影响的无级别传统节日类非物质文化遗产资源。

传统节日卷
第二编 地区传统节日项目与资源图谱（选录）

恩施州传统节日传承人分布图①

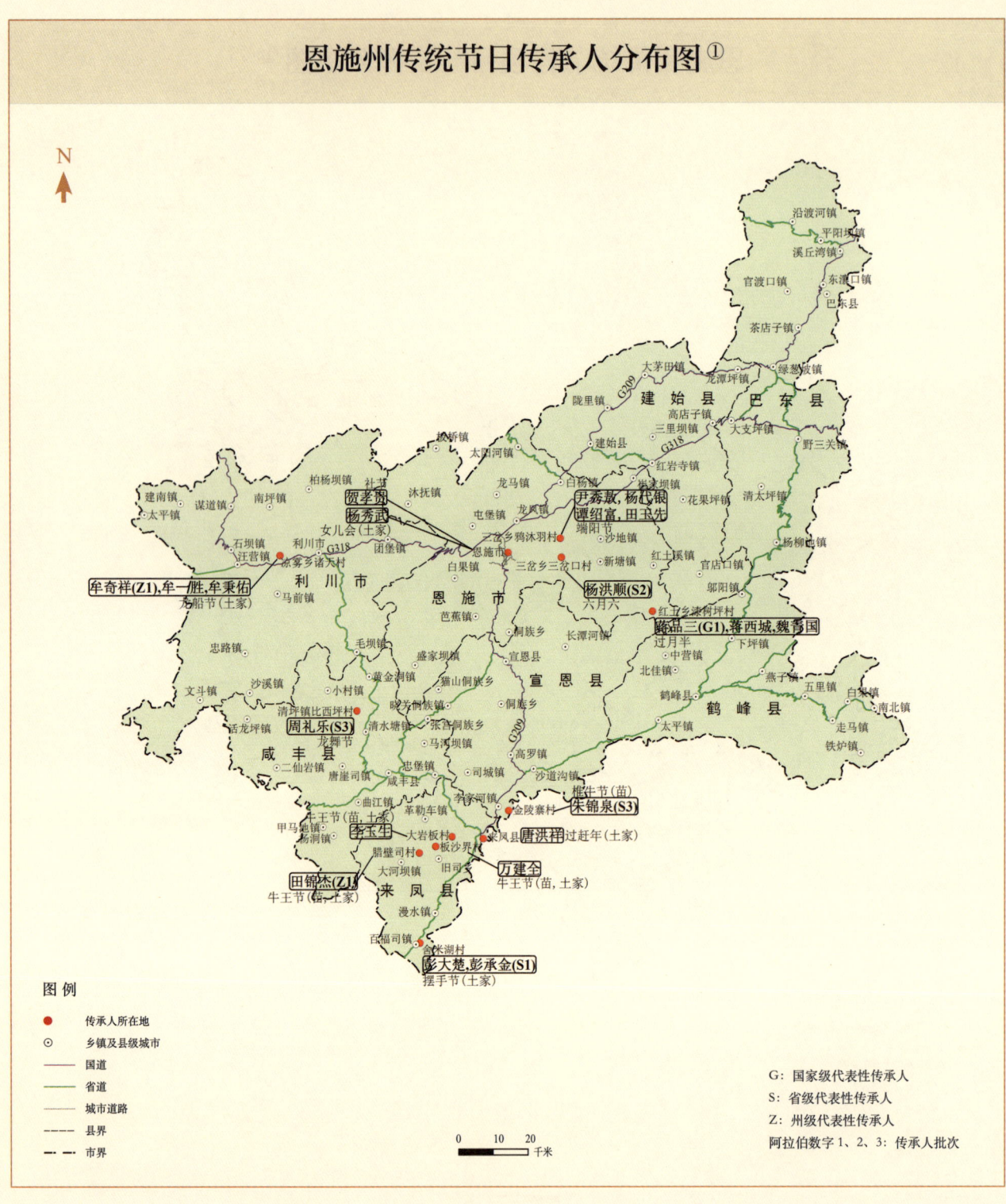

图 2-2-7-2 恩施州传统节日传承人分布图

---

① 本图中的传承人是指至2012年年底恩施州被列入国家级、湖北省省级、恩施土家族苗族自治州州级，以及部分具有较大社会影响的无级别传统节日传承人。

恩施州传统节日相关信息分布图（历史遗址类）

图 2-2-7-3 恩施州传统节日相关信息分布图（历史遗址类）

传统节日卷
第二编 地区传统节日项目与资源图谱（选录）

恩施州传统节日相关信息分布图（陈列展示、传承保护、组织机构类）

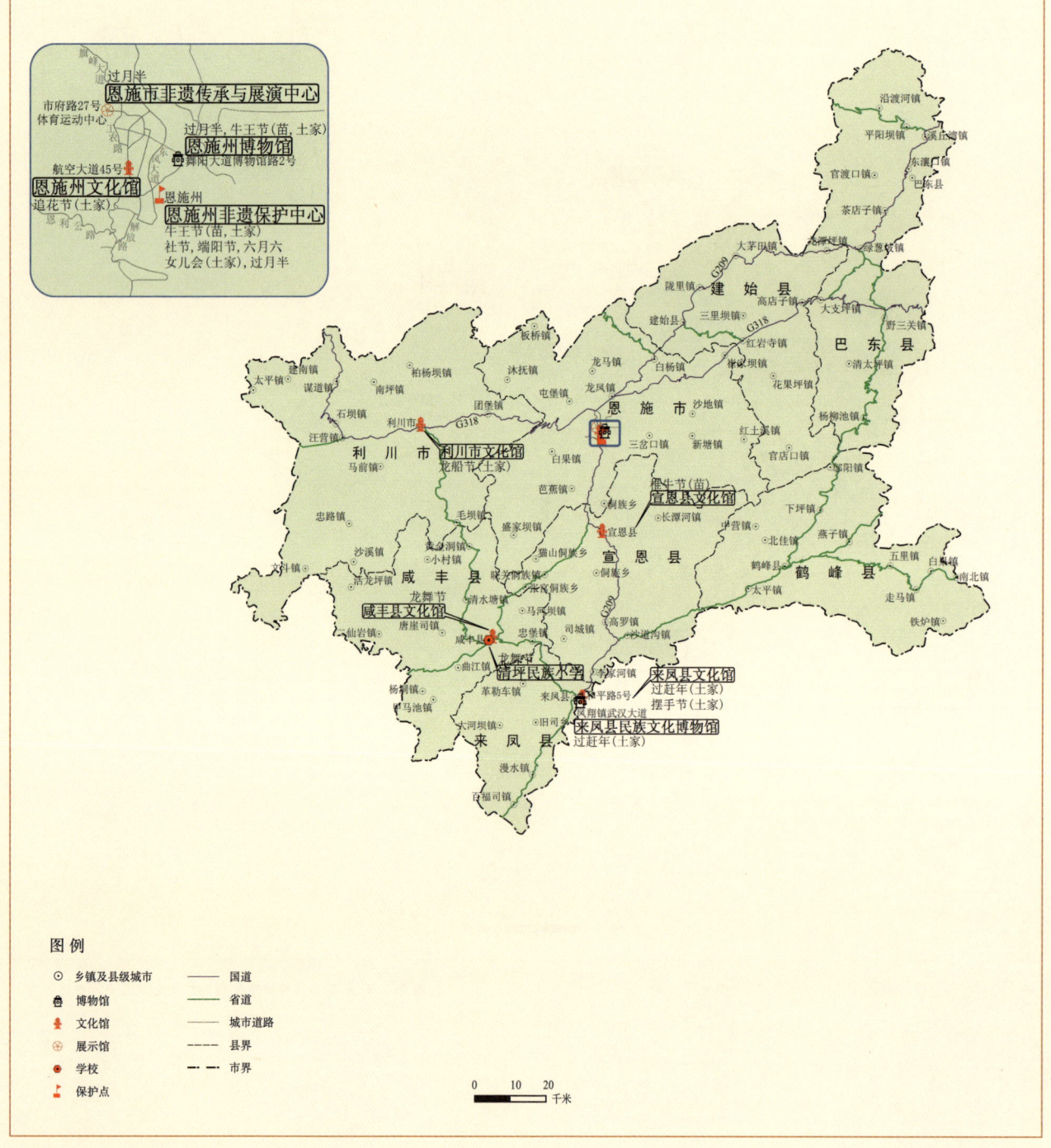

图 2-2-7-4 恩施州传统节日相关信息分布图（陈列展示、传承保护、组织机构类）

（二）恩施州传统节日传承谱系图（选录）

1. 恩施州来凤县摆手节传承人谱系图

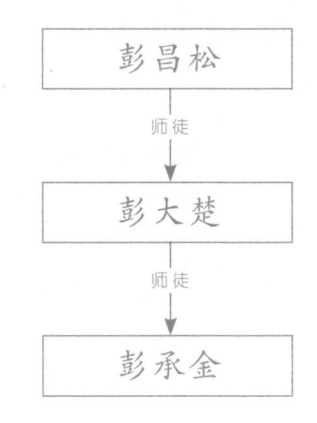

```
彭昌松
  │ 师徒
彭大楚
  │ 师徒
彭承金
```

图 2-2-7-5 恩施州来凤县摆手节传承人谱系图

2. 恩施州利川市龙船节传承人谱系图

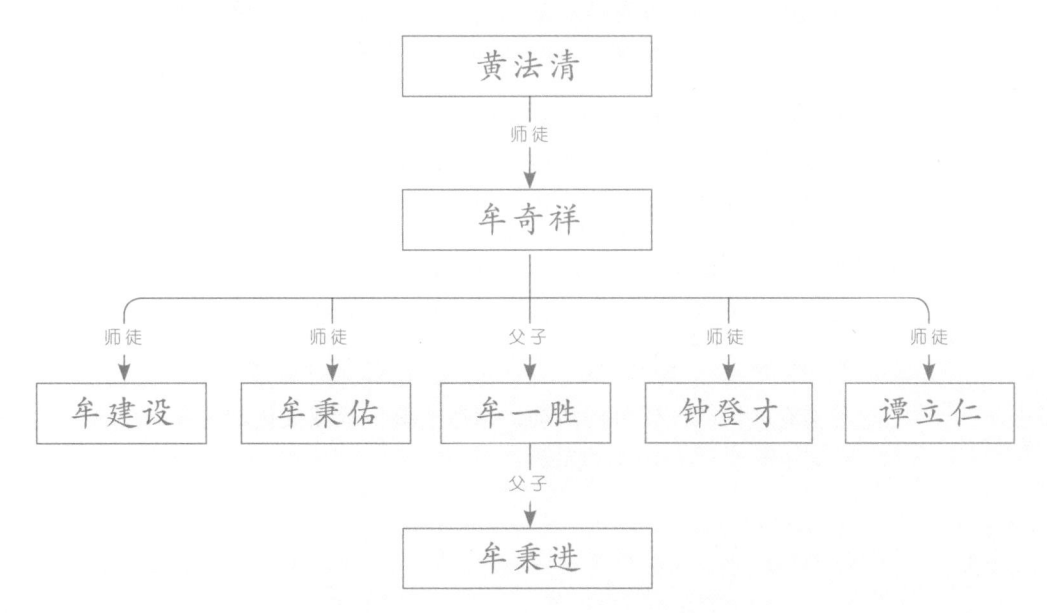

```
            黄法清
              │ 师徒
            牟奇祥
   ┌──────┬──────┼──────┬──────┐
 师徒   师徒   父子   师徒   师徒
   ↓      ↓      ↓      ↓      ↓
 牟建设  牟秉佑  牟一胜  钟登才  谭立仁
                  │ 父子
                牟秉进
```

图 2-2-7-6 恩施州利川市龙船节传承人谱系图

八　凯里市

　　凯里市是贵州省黔东南苗族自治州首府，位于云贵高原腹地，以山区丘陵地形和石灰岩地貌为主，冬暖夏凉，有巴拉河、清水江等水域，森林面积较广，出产水稻、玉米，有世界农业遗产稻鱼鸭生态系统，是苗族聚居区，同时有汉、仫佬等族群。

　　凯里素有"百节之乡"的称号，全市虽无任何政府命名的节日类非遗项目，但其实节日资源极其丰富，本图谱中仅选择了其中最为著名的13项民俗节庆习俗。所有节日之中，80%属于苗族特有，且大部分和自然节气的转换有关，在节日习俗中，又以斗牛、斗鸟、赛马、吹芦笙、跳舞、爬山游方、对歌为主要内容。除了鼓藏节属于民族祭祀仪式外，其他节日均属娱乐狂欢性质，且都集中在每年的上半年万物复苏、繁花盛开和自然生机勃勃的时节，节日活动以山头、苗寨或斗牛场为中心，以芦笙堂唱跳、吃新对歌为内容，并伴有与自然亲密的各类活动。该市的非遗传承人群体也主要集中在芦笙制作、斗牛艺人等行业，以地缘、业缘传承为主。全市有多处保存完好的苗寨及文物古迹，包括嘎囊香芦笙堂、新光村大寨、青曼苗寨、香炉山、摆底大寨新鼓藏场、湾水七仙女山、龙凤宫、凯棠乡斗牛场、南花苗寨、翁项苗寨、大阁山公园遗迹，以及州民族文化博物馆、凯里民族风情园等展示中心。

　　就节日传承主体来看，该市民间的斗牛组织、芦笙堂、游方和对歌队伍都已形成了较为固定的业缘群体，特别是在当前现代旅游节庆的整合下，传统节日资源及其文化空间具有客观的生存能力。综合来看，凯里的众多节日组成了一个整体节庆系统，这个系统内各个月份的个体节日并不是独立于其他民族、地方而存在的，具有很强的多民族共性特点。许多节日具有狂欢性、群众性和竞技性，参与广泛，和而不同，正是这种富有共性的民族节俗活动，塑造了凯里地域文化的时间感受模式，同时加强了各个民族对于自身历史的认同感。

（一）凯里市传统节日资源与相关信息分布图

凯里市传统节日资源分布图[1]

图 2-2-8-1 凯里市传统节日资源分布图

---

[1] 本图中的资源是指至2012年年底凯里市具有较大社会影响的无级别传统节日类非物质文化遗产资源。

凯里市传统节日传承人分布图[1]

图 2-2-8-2 凯里市传统节日传承人分布图

---

[1] 本图中的传承人是指至2012年年底凯里市被列入贵州省黔东南苗族自治州州级、凯里市市级，以及部分具有较大社会影响的无级别传统节日传承人。

凯里市传统节日相关信息分布图

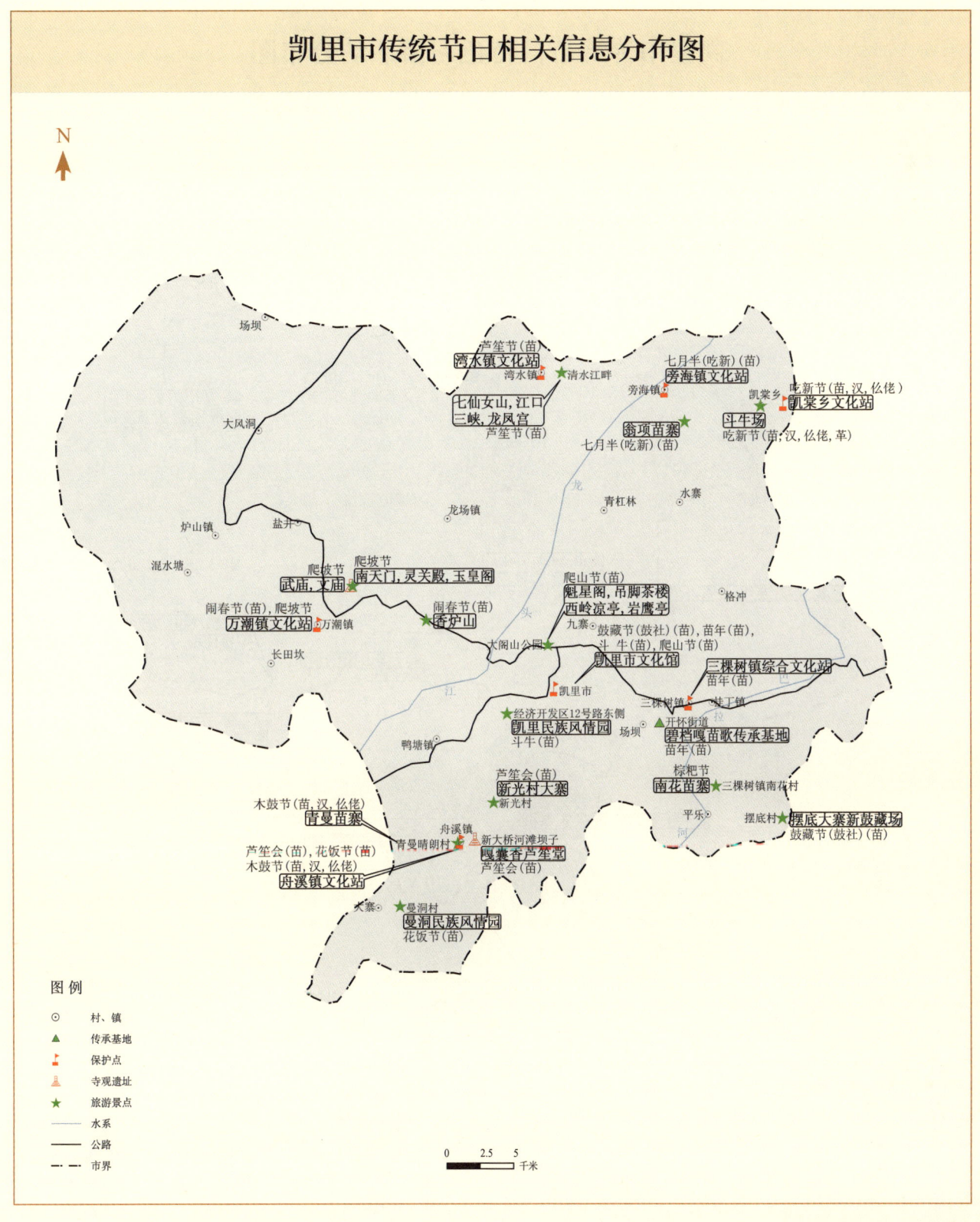

图 2-2-8-3 凯里市传统节日相关信息分布图

传统节日卷
第二编 地区传统节日项目与资源图谱（选录）

313

凯里市传统节日特色习俗活动分布图

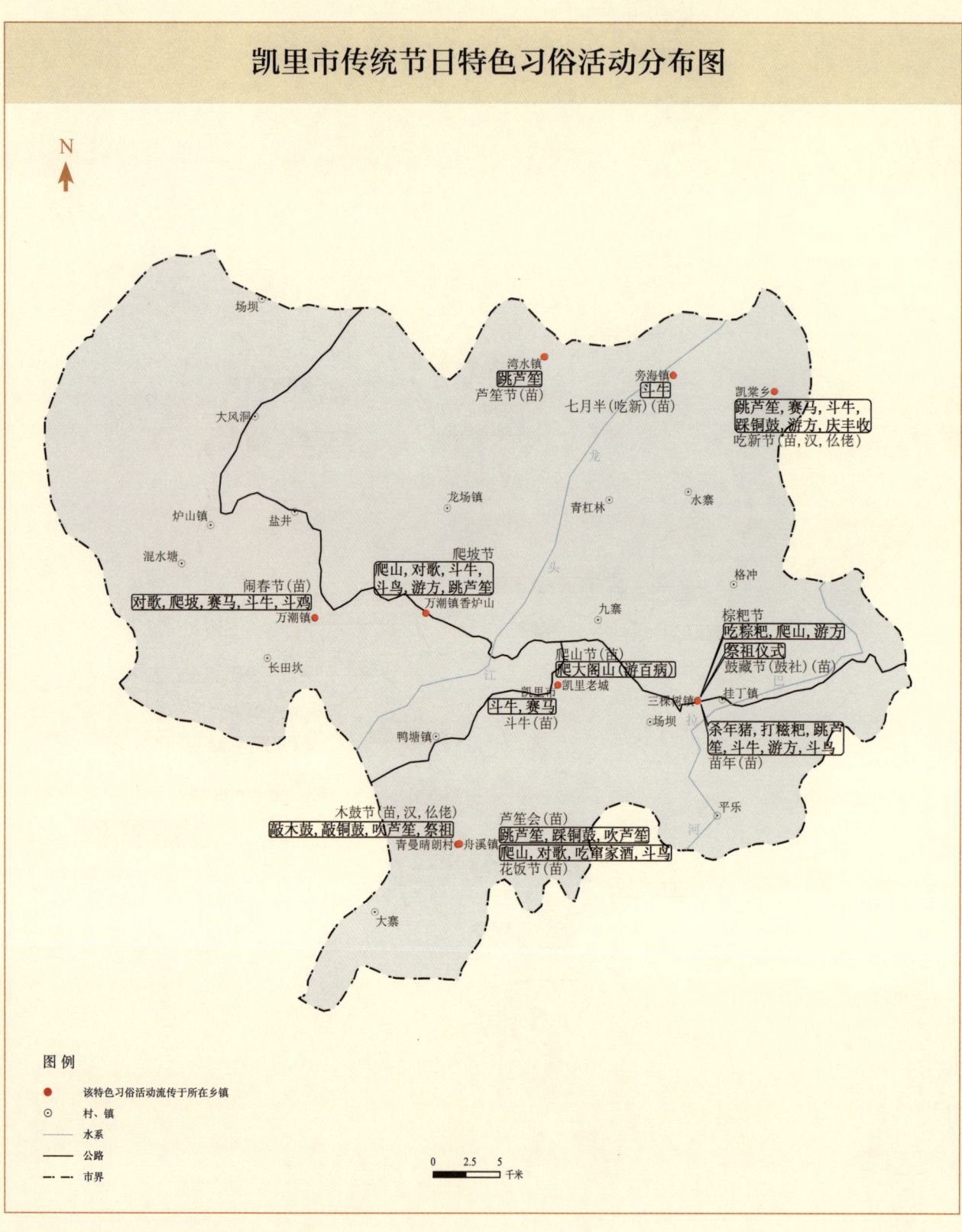

图 2-2-8-4 凯里市传统节日特色习俗活动分布图

（二）凯里市传统节日传承谱系图（选录）

1. 凯里市舟溪镇新光村芦笙会（芦笙制作技艺）传承人谱系图

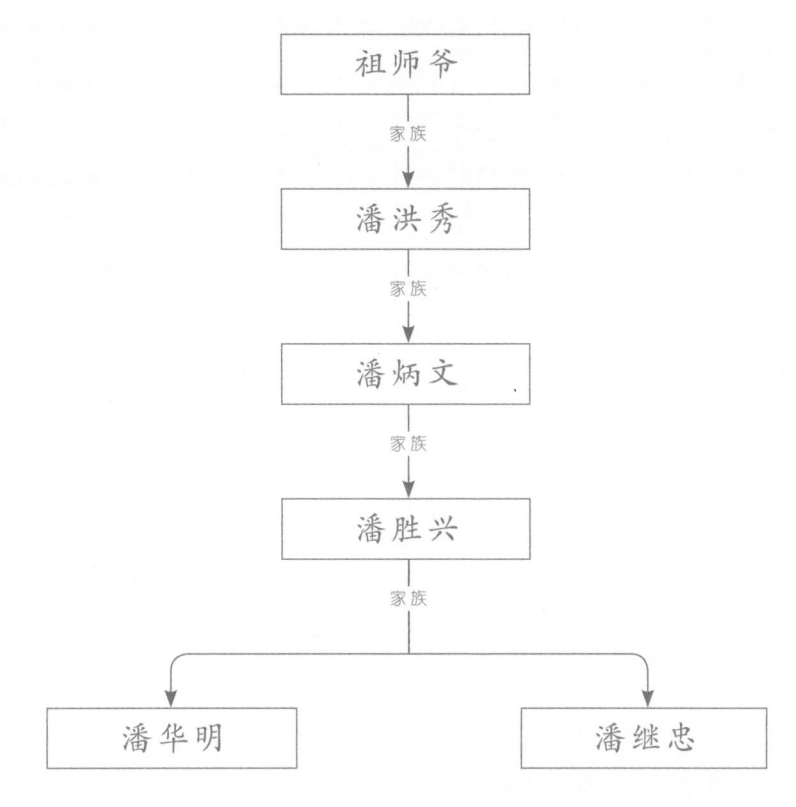

```
祖师爷
  │ 家族
  ▼
潘洪秀
  │ 家族
  ▼
潘炳文
  │ 家族
  ▼
潘胜兴
  │ 家族
  ├──────────┐
  ▼          ▼
潘华明      潘继忠
```

图 2-2-8-5 凯里市舟溪镇新光村芦笙会（芦笙制作技艺）传承人谱系图

2. 凯里市旁海镇青杠村七月半（苗族堆绣技艺）传承人谱系图

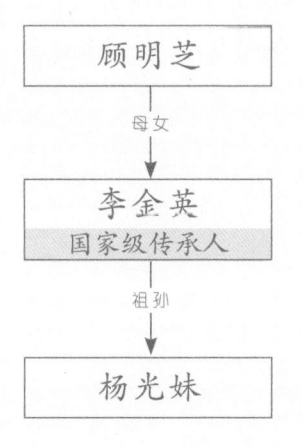

```
顾明芝
  │ 母女
  ▼
李金英
（国家级传承人）
  │ 祖孙
  ▼
杨光妹
```

图 2-2-8-6 凯里市旁海镇青杠村七月半（苗族堆绣技艺）传承人谱系图

九 香格里拉县

　　香格里拉县原称中甸县，隶属于云南省迪庆藏族自治州，为迪庆藏族自治州首府所在地。该县处于金沙江V形流域北端，横断山脉腹地、藏南高原与滇西高原的过渡地带，地形以高山草场为主，伴有山间河谷，地形复杂、垂直温差较大。该县北部有哈巴雪山和普达措国家公园，草场众多、四季寒冷，以畜牧业和林业为主；南部虎跳峡水流湍急，金沙江坝子肥沃，以水稻、玉米、蚕桑、烟叶等作物种植为主。

　　该县受藏文化和佛教影响较大，但同时属于民族聚居区，有藏、回、纳西、傈僳、彝、白等众多少数民族，自然和人文生态都呈现多元化状态，也正因为如此，该县的节日类非遗资源具有十分明确的地域性和族群性，并带有强烈的自然崇拜和宗教信仰色彩。在各民族聚居的乡镇中所形成的独具特色的民俗节庆，历史悠久，集中反映了当地民众在音乐、舞蹈、服饰和手工技艺方面的创造。目前该县共有州级节日类非遗项目3项，县级节日类非遗项目1项，另有10项节日资源。其中藏族有藏历新年、丹巴、俄仲花、格冬、达拉、转山等节日，纳西族有二月八和敬歌对酒节，傈僳族有盍什节，其他如赛马、情舞、龙潭节等属于多民族集中参与的节日，节日类型包括祭祀、歌舞、竞技等。现有传承人20余人，主要以地缘和业缘传承为主。展示该县节日类非遗的文化空间主要有独克宗古城、松赞林寺、云登寺、迪庆州民族文化博物馆、三坝白水台、金江黑龙潭以及相关雪域神山。

　　近年来，香格里拉县的非遗保护工作得到较好的开展，在迪庆州非遗中心的领导下，该县文化馆及各乡镇文化站均有人员负责非遗资料的搜集申报及传承人的保护工作，在全县开展的"一乡一品"工作中，也大量涉及节日类非遗的传承和保护工作。在香格里拉县的三坝纳西族聚居区，还有一个成立了15年的纳西族东巴文化传承学校，对非遗的传承保护也起到了较大的推进作用。另如该县的老人协会等民间组织、各中小学校、各风景区等，均是参与节日类非遗保护的主要力量。

（一）香格里拉县传统节日项目与相关信息分布图

香格里拉县传统节日项目与资源分布图[①]

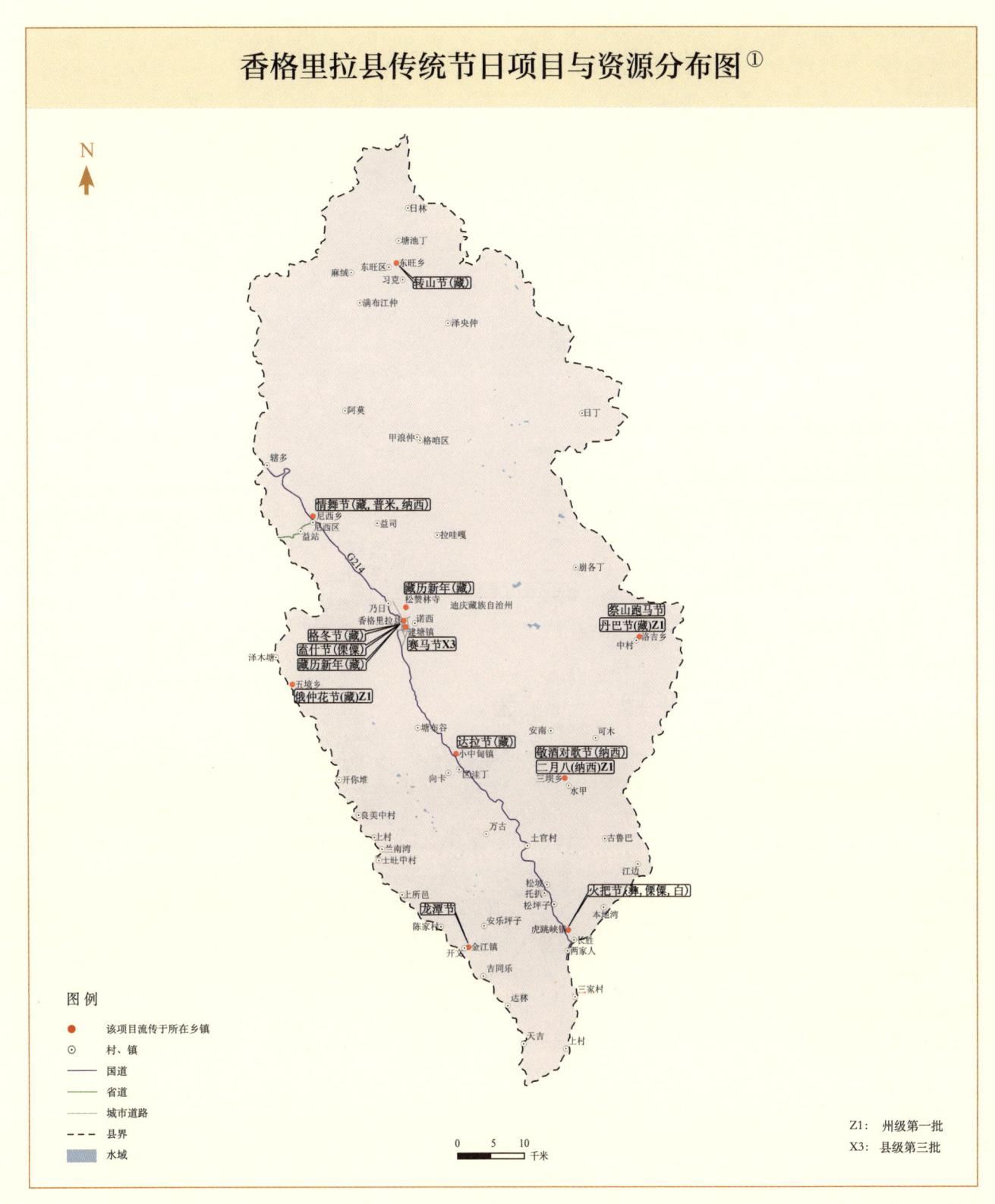

图 2-2-9-1 香格里拉县传统节日项目与资源分布图

[①] 本图中的项目与资源是指至2012年年底香格里拉县被列入云南省迪庆藏族自治州州级、香格里拉县县级非物质文化遗产名录中的传统节日类非物质文化遗产项目，以及部分具有较大社会影响的无级别传统节日类非物质文化遗产资源。

传统节日卷
第二编 地区传统节日项目与资源图谱（选录）

香格里拉县传统节日传承人分布图①

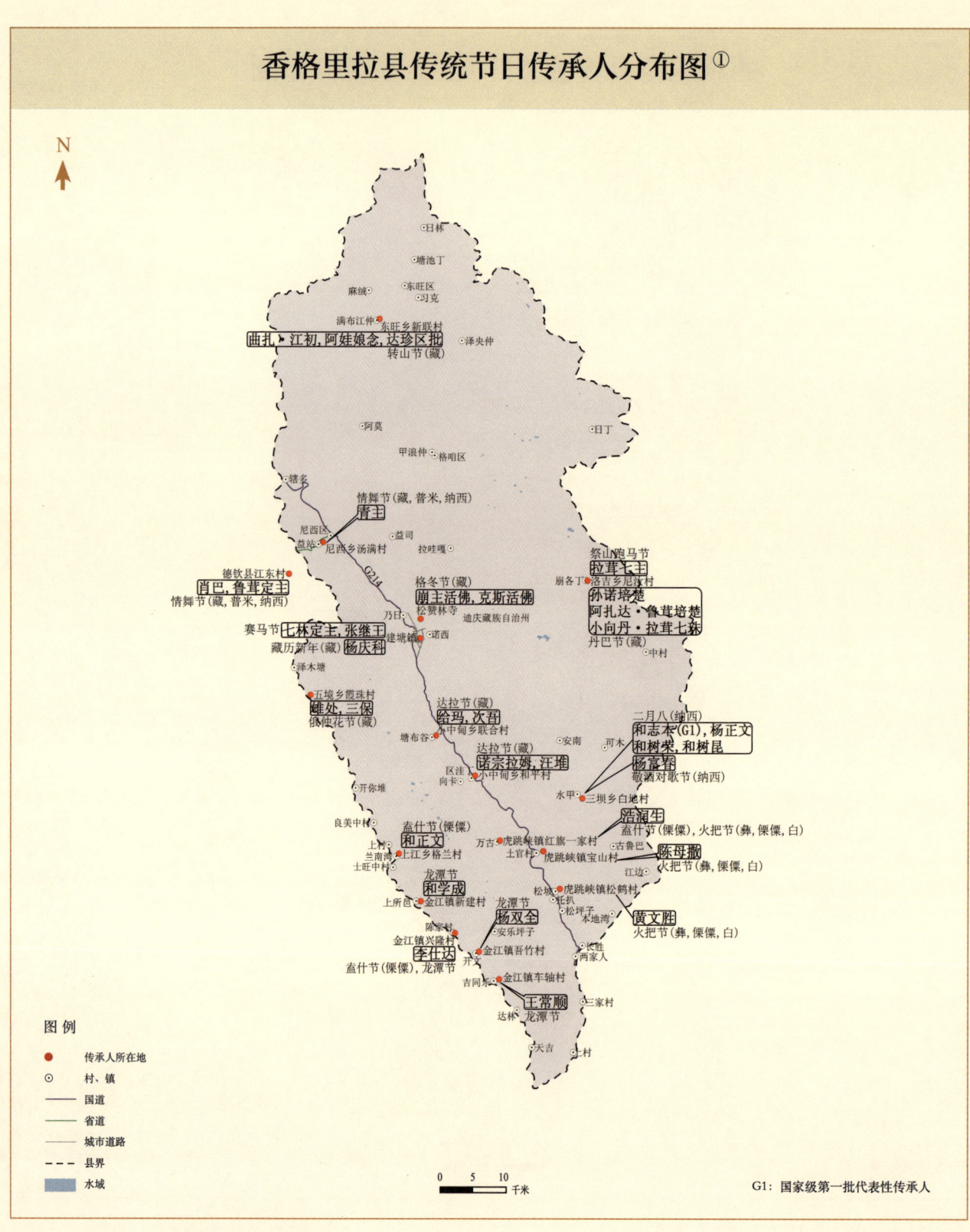

图 2-2-9-2 香格里拉县传统节日传承人分布图

---

① 本图中的传承人是指至 2012 年年底香格里拉县被列入国家级，以及部分具有较大社会影响的无级别传统节日传承人。

香格里拉县传统节日相关信息分布图（历史遗址类）

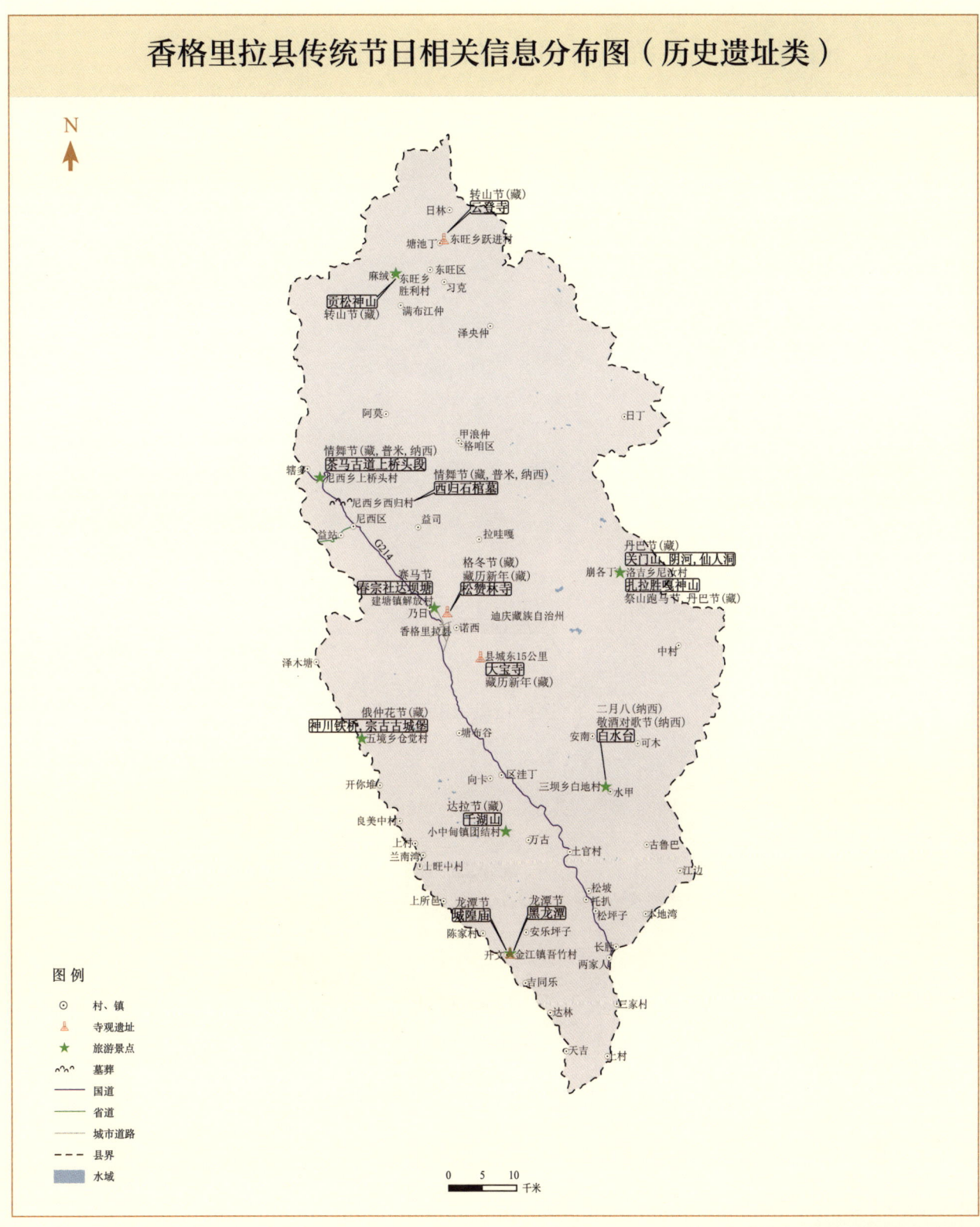

图 2-2-9-3 香格里拉县传统节日相关信息分布图（历史遗址类）

香格里拉县传统节日相关信息分布图（陈列展示类）

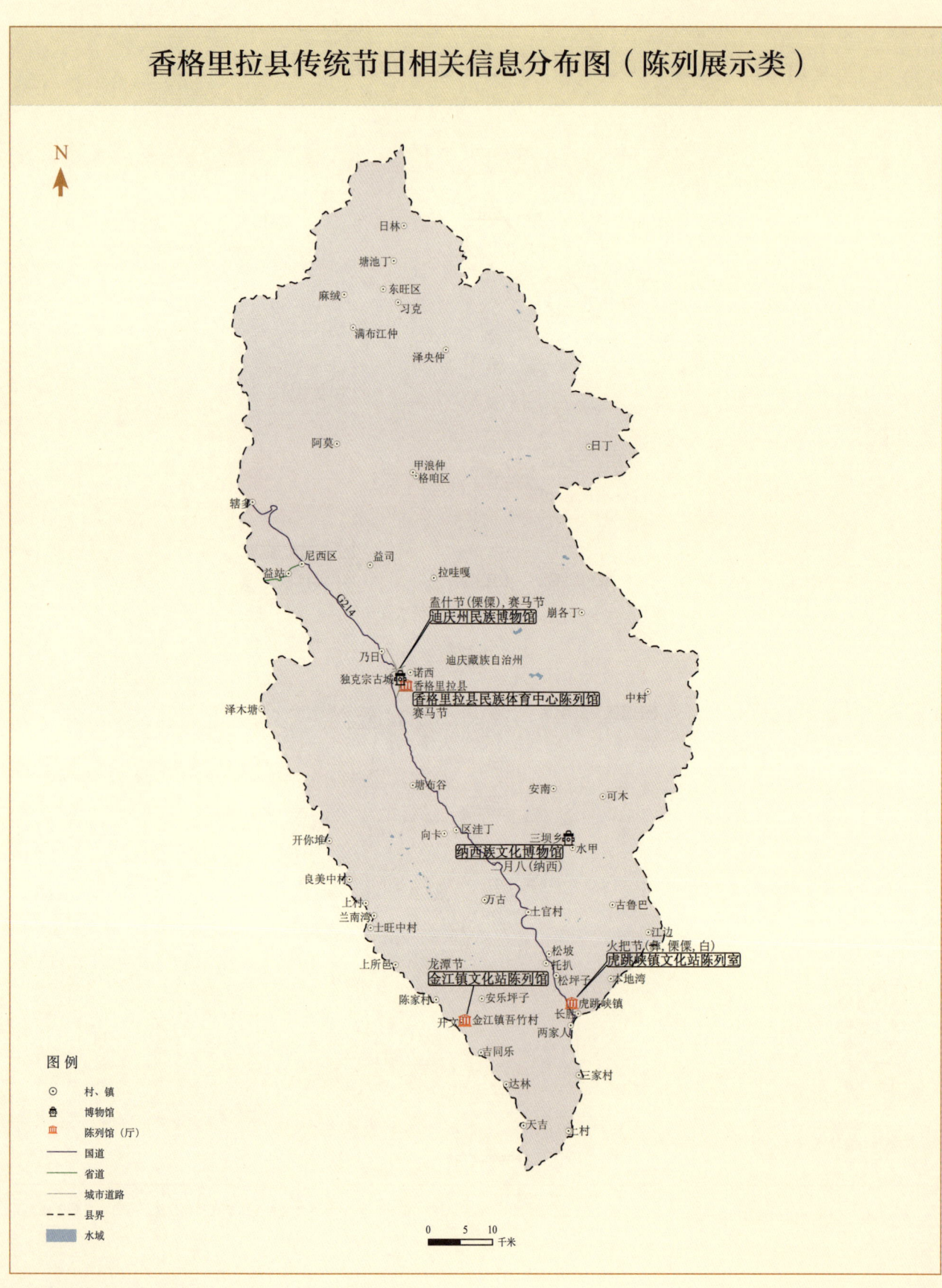

图 2-2-9-4 香格里拉县传统节日相关信息分布图（陈列展示类）

（二）香格里拉县传统节日传承谱系图（选录）

1. 香格里拉县纳西族"二月八"传承人谱系图（1）

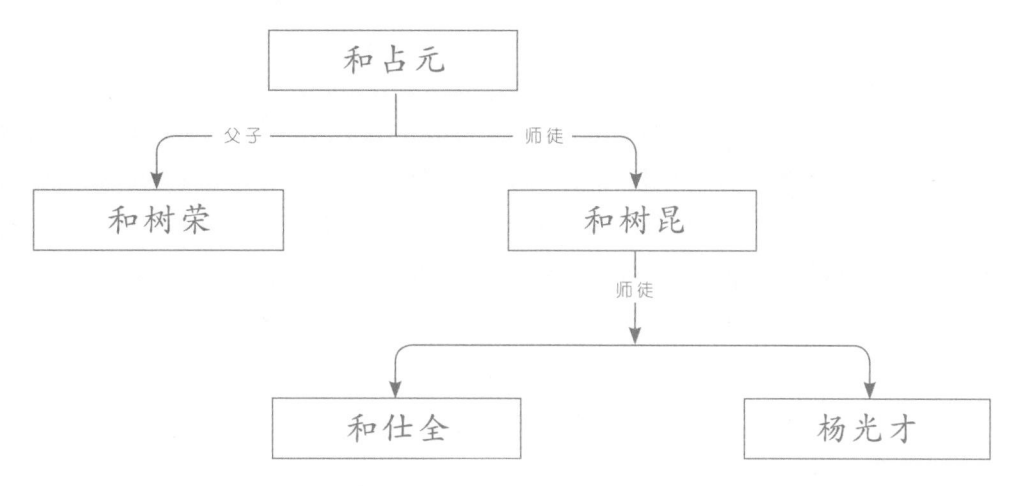

```
              和占元
         父子 ┃ 师徒
       ┌─────┴─────┐
     和树荣        和树昆
                     ┃ 师徒
                ┌────┴────┐
              和仕全      杨光才
```

图 2-2-9-5 香格里拉县纳西族"二月八"传承人谱系图（1）

2. 香格里拉县纳西族"二月八"传承人谱系图（2）

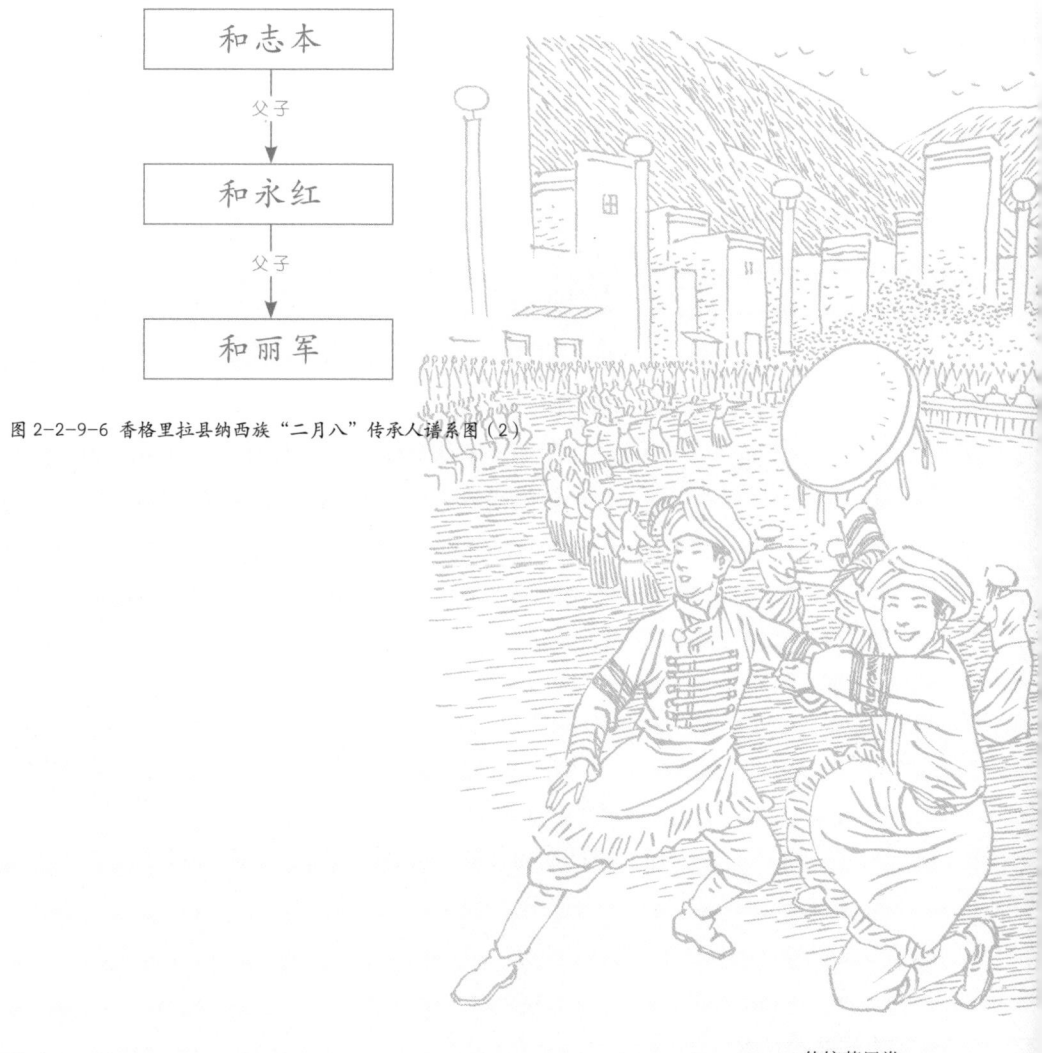

```
    和志本
      ↓ 父子
    和永红
      ↓ 父子
    和丽军
```

图 2-2-9-6 香格里拉县纳西族"二月八"传承人谱系图（2）

第三编　传统节日典型项目——中秋节图谱

中秋节时值农历八月十五，为仲秋之中，又称仲秋、秋夕、月夕、八月节、拜月节等。据《周礼》载，我国先秦时期已有帝王官吏祭月的传统，到了唐代，文人在中秋节中吟诗赏月已成习俗，中秋的民俗内涵也基本定型。宋代，市民社会发展使中秋节作为民间习俗更加盛行。明清之际，中秋节已和元旦（春节）一样，成为一年中最重要的节日，也是迄今为止中国、东亚乃至世界华人华侨的共同节日。

中秋节的内容主要围绕"月亮"和"团圆"这两个主题而展开，如民间口头传承已久的嫦娥奔月、玉兔捣药、吴刚伐桂等传说，已经成为拜月、祭月、赏月等仪式活动的脚本。此外，中秋节还有家庭团聚、吃月饼、赏灯、博饼、买兔儿爷、烧斗香、舞火龙等诸多富有文化想象的活动内容。

中秋节在我国各地还呈现出不同的特点，江南一带偏好赏月的乐趣，东南、华南地区强调拜月追远，而北方地区则回归农神祭祀，如福建的请月姑、拜天公，广东潮汕的拜祖先、吃芋头，江浙一带的烧斗香，北京的兔儿爷，山东的拜土谷神、祭祖等。除了汉族以外，在蒙古族、藏族、壮族、彝族、侗族等少数民族地区，也有类似的中秋节俗形式。另外，诸如韩国、日本、越南、马来西亚等东南亚国家，也都十分重视对于中秋节的庆祝。

中秋节因其独特的精神内涵而产生了广泛的社会影响，与其相关的书籍就有几百种，还有以"嫦娥奔月"为剧目的京剧、评剧、民族舞剧等。当今，全国各地日益复兴的节日习俗，如北京月坛的祭月、拜兔儿爷，福建厦门的中秋博饼，苏州、杭州的赏桂，江西的烧瓦塔，南京、上海的走月亮等活动，也都增添了中秋节的文化内涵。

当前，中秋节作为一个具有广泛社会影响的传统节日，已经受到了政府与文化保护部门的充分重视，2006年，中秋节被列入中国首批国家级非遗保护项目名录，2008年又被国务院定为国家的法定节假日。与中秋节相关的一些具有地方特色的习俗活动，如福建厦门的中秋博饼、广东佛山的秋色、吉林延边的秋夕、香港大坑的舞火龙、浙江杭州的中秋西湖赏月等，也先后被纳入国家级或省级非遗项目之中。以月饼为载体的月饼制作技艺以及吃月饼习俗，对中秋节的传承起到了重要作用。在北京、上海、广东、福建、云南等地区，至今仍有许多著名的月饼经营商店，对中秋文化的传承以及月饼产业的发展起到了很大的推动作用。如上海杏花楼的月饼，早已成为几代人的集体记忆，其制作技艺五代传承人的谱系十分完整。

一 中秋节历史演进图

唐以前，天子有秋分祭月之礼，民间则无相关习俗。

唐代八月十五，文人赏月吟诗为主要活动。

宋代，八月十五成为官方法定假日，以赏月为中心的节日习俗形成，家人团圆欢聚的节日意义出现。

明清时期，除了赏月之外，祭月、拜月开始成为中秋节的活动内容。吃月饼、赏花灯、烧斗香等特色节俗流行。

近代以来，中秋作为我国传统四大节日之一，成为家人团聚的重要日子。

2006年5月20日，中秋节被列入第一批国家级非物质文化遗产名录，自2008年起被列为国家法定节假日。

图 2-3-1-1 中秋节历史演进图

二 中秋节项目与资源分布图

中秋节非遗项目分布图

图 2-3-2-1 中秋节非遗项目分布图

中秋节主要习俗活动分布图

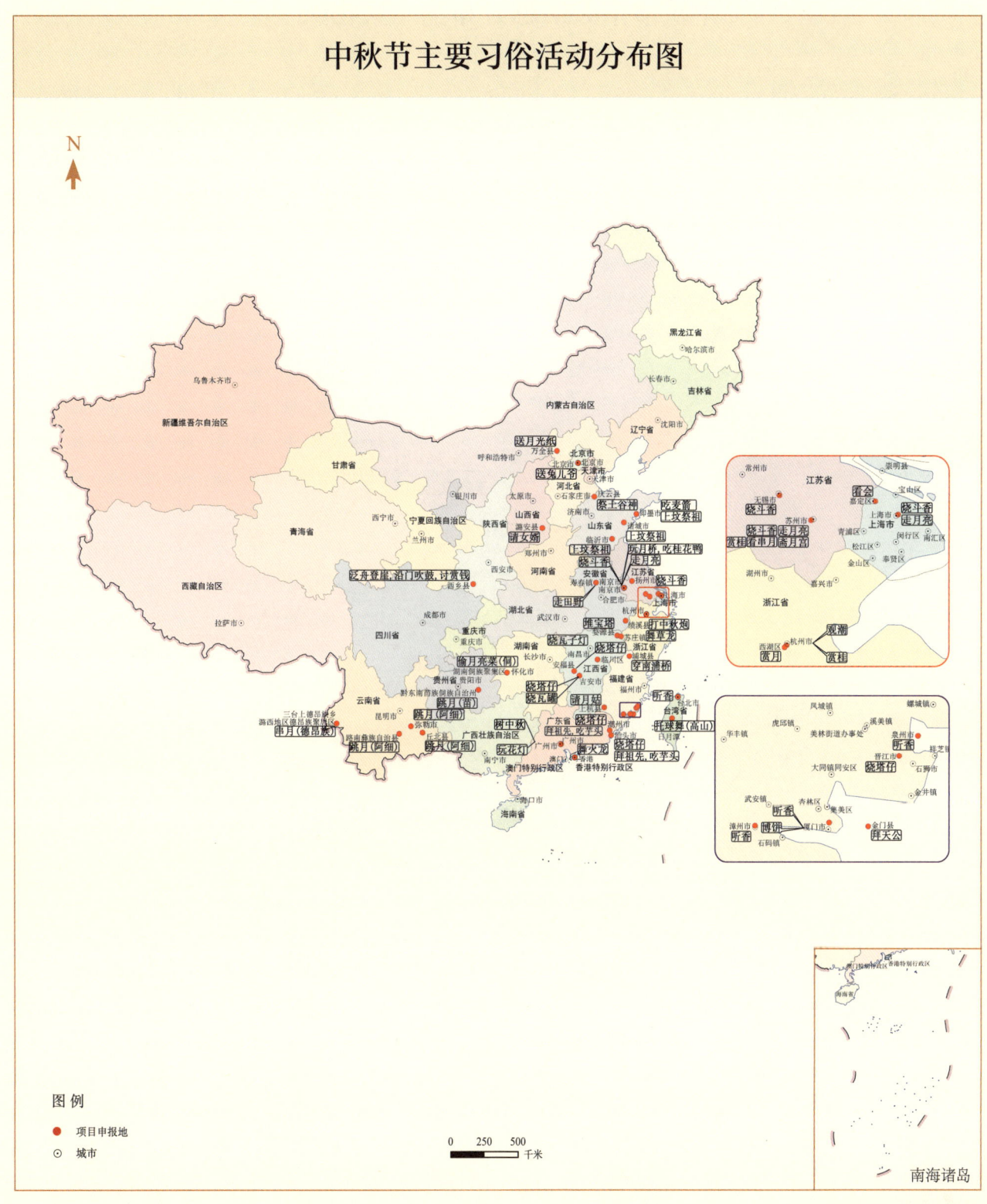

图 2-3-2-2 中秋节主要习俗活动分布图

传统节日卷
第三编 传统节日典型项目——中秋节图谱

325

中秋节相关信息分布图（文物类）

图 2-3-2-3 中秋节相关信息分布图（文物类）

中秋节相关信息分布图（模具收藏、月饼经营类）

图 2-3-2-4 中秋节相关信息分布图（模具收藏、月饼经营类）

中秋节相关信息分布图（传承保护类）

图 2-3-2-5 中秋节相关信息分布图（传承保护类）

三 中秋节内容标识图

1. 嫦娥奔月

嫦娥奔月神话的雏形约出自战国时期，至汉代时，已经形成了较为完整的故事情节。据《淮南子·览冥训》载：帝羿向西王母求不死药，而帝羿之妻姮娥窃食后成仙奔月，变成了蟾蜍，这就是我国最早的嫦娥奔月神话故事的起源。嫦娥奔月的故事流传广泛，尤其是在中国民间社会具有极大的影响。图为美丽的嫦娥衣带飘飘，向月飞升的情景，突出了中秋节那种清净的美感和神仙的气息。

图 2-3-3-1 嫦娥奔月

2. 玉兔捣药

《楚辞·天问》中即将月中暗影指为月中白兔，唐代月宫镜纹饰中即有白兔捣药图形。这一传统形象流传广泛，明清时期宫廷饰品亦有相关表现，主要形象为月中有兔直立，手抱药杵。

图 2-3-3-2 玉兔捣药

3. 吴刚伐桂

　　吴刚伐桂的神话约产生于唐代。相传在月亮上有一棵高五百丈的月桂树，即砍即生。汉朝时有个叫吴刚的人，醉心于仙道而不专心学习，因此天帝震怒，罚他砍桂树。吴刚受命伐桂，但吴刚每砍一斧，斧子砍开的树的伤口就马上愈合。日复一日，吴刚在月亮上常年伐桂，却始终砍不倒这棵树，因而后世的人得以见到吴刚在月中无休止砍伐月桂的形象。吴刚伐桂神话后来也与中国古老的月亮神话融为一体，成为中秋节月亮崇拜文化内涵中的一个组成部分。

图 2-3-3-3 吴刚伐桂

4. 拜月

相传古代齐国丑女无盐，幼年时曾虔诚拜月，长大后以超群品德入宫，但未被宠幸。某年八月十五赏月，天子在月光下见到她，觉得她美丽出众，后立她为皇后，中秋拜月由此而来。月中嫦娥以美貌著称，故少女拜月，愿"貌似嫦娥，面如皓月"。中秋拜月是古代妇女向月亮女神求取幸福与表达心愿的一种独特风俗形式，具有深厚的女性文化意义，故古代有"女不祭灶，男不拜月"之说。

图 2-3-3-4 拜月

5. 赏月

中秋之夜，正是金风送爽、玉露生凉、月色倍明、丹桂飘香的好时光，大户人家莫不登高楼，临水榭，开敞轩，迎月赏景，排宴高歌。"虽陋巷贫窭之人，解衣市酒，勉强迎欢，不肯虚度。"(《梦粱录》)。唐代，中秋赏月、玩月颇为盛行，许多诗人的名篇中都有咏月的诗句。待到宋时，更是形成了以赏月活动为中心的中秋民俗节日，并正式定为中秋节。宋人赏月更多的是感物伤怀，常以阴晴圆缺喻人情世态，即使中秋之夜，明月的清光也掩饰不住宋人的伤感。

图 2-3-3-5 赏月

6. 祭月

祭月是我国古代月亮崇拜的遗风，起始渊源十分悠久，具有一定的原始自然崇拜的特征，后逐渐融入中秋节习俗活动中。明刘侗《帝京景物略》云："八月十五日祭月，其祭果饼必圆，分瓜必牙错瓣刻之，如莲花。纸肆市月光纸，缋满月像，趺坐莲花者，月光遍照菩萨也。华下月轮桂殿，有兔杵而人立，捣药臼中，纸小者三寸，大者丈，致工者金碧缤纷。家设月光位，于月所出方，向月供而拜，则焚月光纸……"

图 2-3-3-6 祭月

7. 赏灯

中秋是我国三大灯节之一，中秋玩灯主要只是在家庭、儿童之间进行。早在南宋《武林旧事》中，就记载了中秋夜将"一点红"灯放入江中漂流玩耍的活动。中秋赏花灯，多集中在南方。如广东佛山秋色会上，就有各式各样的彩灯，如芝麻灯、蛋壳灯、刨花灯、稻草灯、鱼鳞灯、谷壳灯、瓜子灯及鸟兽花树灯等，令人叹为观止。

图 2-3-3-7 赏灯

8. 兔儿爷

中秋节买兔儿爷的习俗约起源于明末，原意是为了祭月。到了清代时，兔儿爷的功能已由祭月转变为儿童的中秋节玩具，制作也日趋精致，如有扮成武将头戴盔甲、身披战袍的，也有背插纸旗或纸伞的。《燕京岁时记》记载："每届中秋，市人之巧者，用黄土抟成蟾兔之像以出售，谓之兔儿爷。"

图 2-3-3-8 兔儿爷

9. 烧斗香

斗香是以前中秋节中常用的一种祈月焚香习俗形式，多以线香作斗形，外粘以彩画，斗内纳香屑。香斗内放一彩印之宫殿（形如三间四柱之牌楼）和印有三国故事（如"灞桥挑袍""三战吕布"）的三角形彩旗等。至中秋节时，僧俗咸买此物焚于月下，谓之烧斗香。清潘宗鼎《金陵岁时记》"中秋焚斗香"条云："中秋祀月陈列果实，如菱藕栗柿之属，扎香如宝塔形，上加纸斗，名曰'斗香'。"

图 2-3-3-9 烧斗香

10. 吃月饼

吃月饼的风俗唐代就已有之，《洛中见闻》中有唐僖宗在中秋节吃月饼的记载。后来，人们把中秋赏月与品尝月饼结合在一起，"吃月饼"逐渐发展成为中秋节中最为重要的礼仪习俗之一，寓意家人团圆。月饼最初是在家庭里制作的，清袁枚在《随园食单》中就记载有月饼的做法。到了近代，开始有了专门制作月饼的作坊，月饼的制作也越来越精细。长期以来，中华民族一直以月之圆兆人之团圆，以饼之圆兆人之常生，用月饼寄托人们思念故乡与亲人的情感，祈盼丰收与幸福的心愿。

图 2-3-3-10 吃月饼

四 中秋节月饼制作技艺传承谱系图（选录）

1. 上海杏花楼月饼制作技艺传承人谱系图

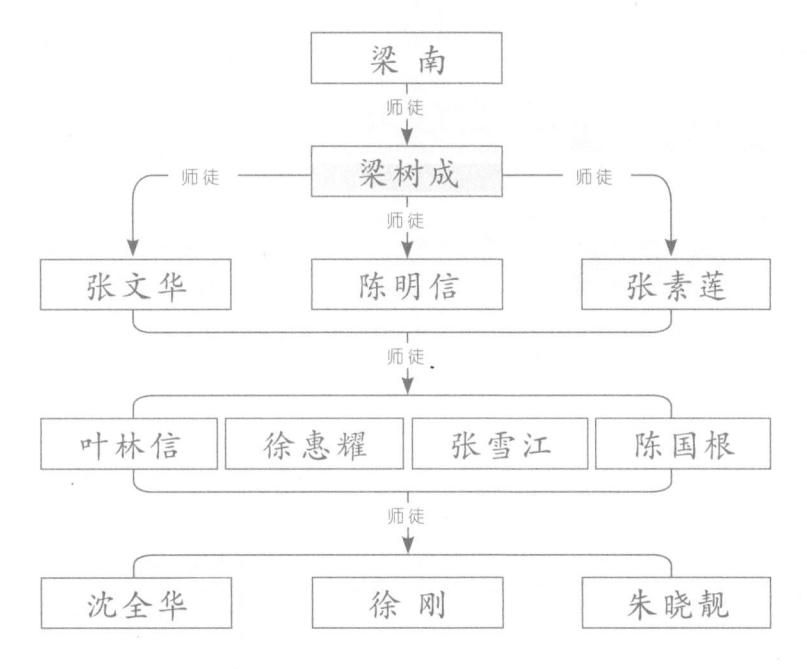

```
梁南
 │师徒
 ▼
梁树成 ──师徒──► 张素莲
 │师徒
 ├─师徒─► 张文华
 ▼
陈明信
 │师徒
 ▼
叶林信  徐惠耀  张雪江  陈国根
 │师徒
 ▼
沈全华   徐刚    朱晓靓
```

图 2-3-4-1 上海杏花楼月饼制作技艺传承人谱系图

2. 山西省忻州市神池县吕氏家族月饼制作技艺传承人谱系图

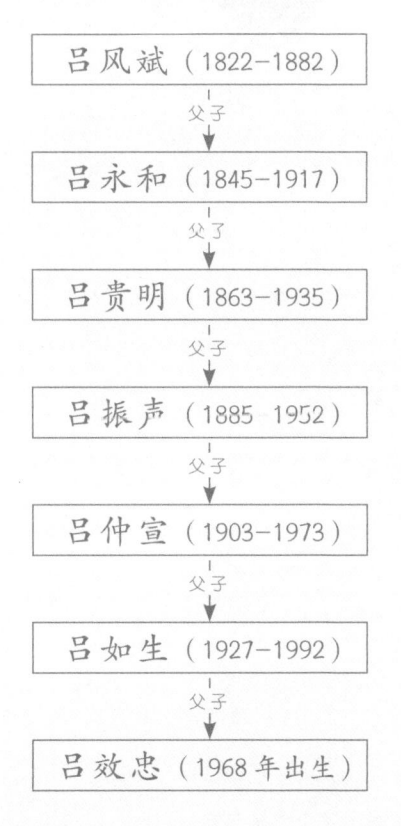

```
吕凤斌（1822—1882）
   │父子
吕永和（1845—1917）
   │父子
吕贵明（1863—1935）
   │父子
吕振声（1885—1952）
   │父子
吕仲宣（1903—1973）
   │父子
吕如生（1927—1992）
   │父子
吕效忠（1968 年出生）
```

图 2-3-4-2 山西省忻州市神池县吕氏家族月饼制作技艺传承人谱系图

五　中秋节社会影响图

1. 中秋节社会影响图（示意图）

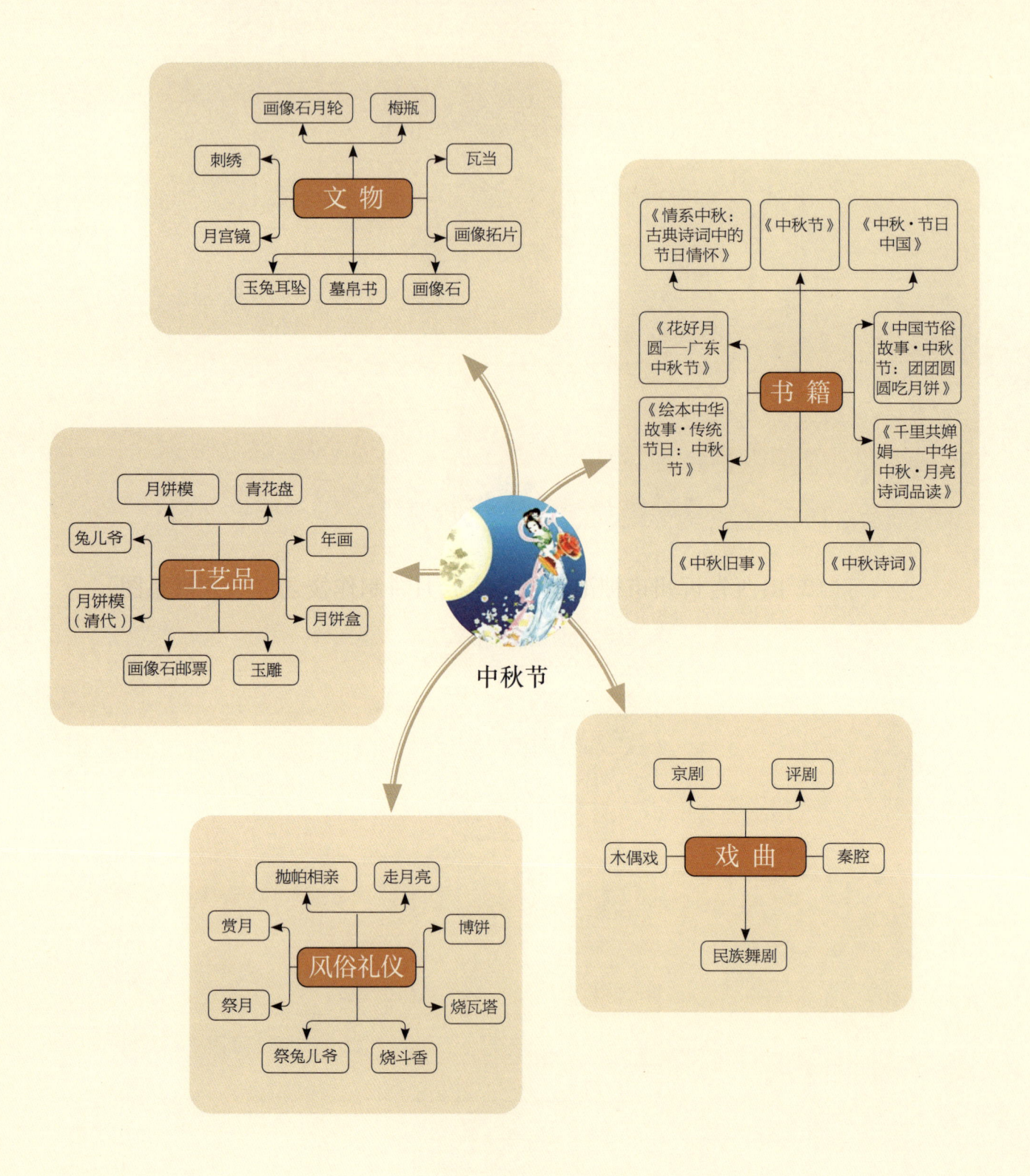

文物：画像石月轮、梅瓶、刺绣、瓦当、月宫镜、画像拓片、玉兔耳坠、墓帛书、画像石

书籍：《情系中秋：古典诗词中的节日情怀》、《中秋节》、《中秋·节日中国》、《花好月圆——广东中秋节》、《中国节俗故事·中秋节：团团圆圆吃月饼》、《绘本中华故事·传统节日：中秋节》、《千里共婵娟——中华中秋·月亮诗词品读》、《中秋旧事》、《中秋诗词》

工艺品：月饼模、青花盘、兔儿爷、年画、月饼模（清代）、月饼盒、画像石邮票、玉雕

风俗礼仪：抛帕相亲、走月亮、赏月、博饼、祭月、烧瓦塔、祭兔儿爷、烧斗香

戏曲：京剧、评剧、木偶戏、秦腔、民族舞剧

图 2-3-5-1　中秋节社会影响图（示意图）

2. 中秋节社会影响图（书籍类）

马琳琳《中秋节》　　黄涛《中秋·节日中国》　　韩养民《中秋旧事》

上海古籍出版社《中秋诗词》

冯沛祖《花好月圆——广东中秋节》

黄涛《中秋节》

刘丽《情系中秋：古典诗词中的节日情怀》

郑春华《中国节俗故事·中秋节：团团圆圆吃月饼》

郑勤砚《绘本中华故事·传统节日：中秋节》

陆坚《千里共婵娟——中华中秋·月亮诗词品读》

图 2-3-5-2 中秋节社会影响图（书籍类）

3. 中秋节社会影响图（戏曲类）

梅兰芳主演的京剧《嫦娥奔月》

民族舞剧《嫦娥奔月》

木偶戏《嫦娥奔月》

中秋节

评剧《嫦娥奔月》

秦腔《嫦娥奔月》

京剧《嫦娥奔月》

图 2-3-5-3 中秋节社会影响图（戏曲类）

4. 中秋节社会影响图（文物类）

明万历青花嫦娥仙人图梅瓶
（桂林博物馆藏）

清代月宫中捣药的兔子刺绣
（亚洲艺术博物馆藏）

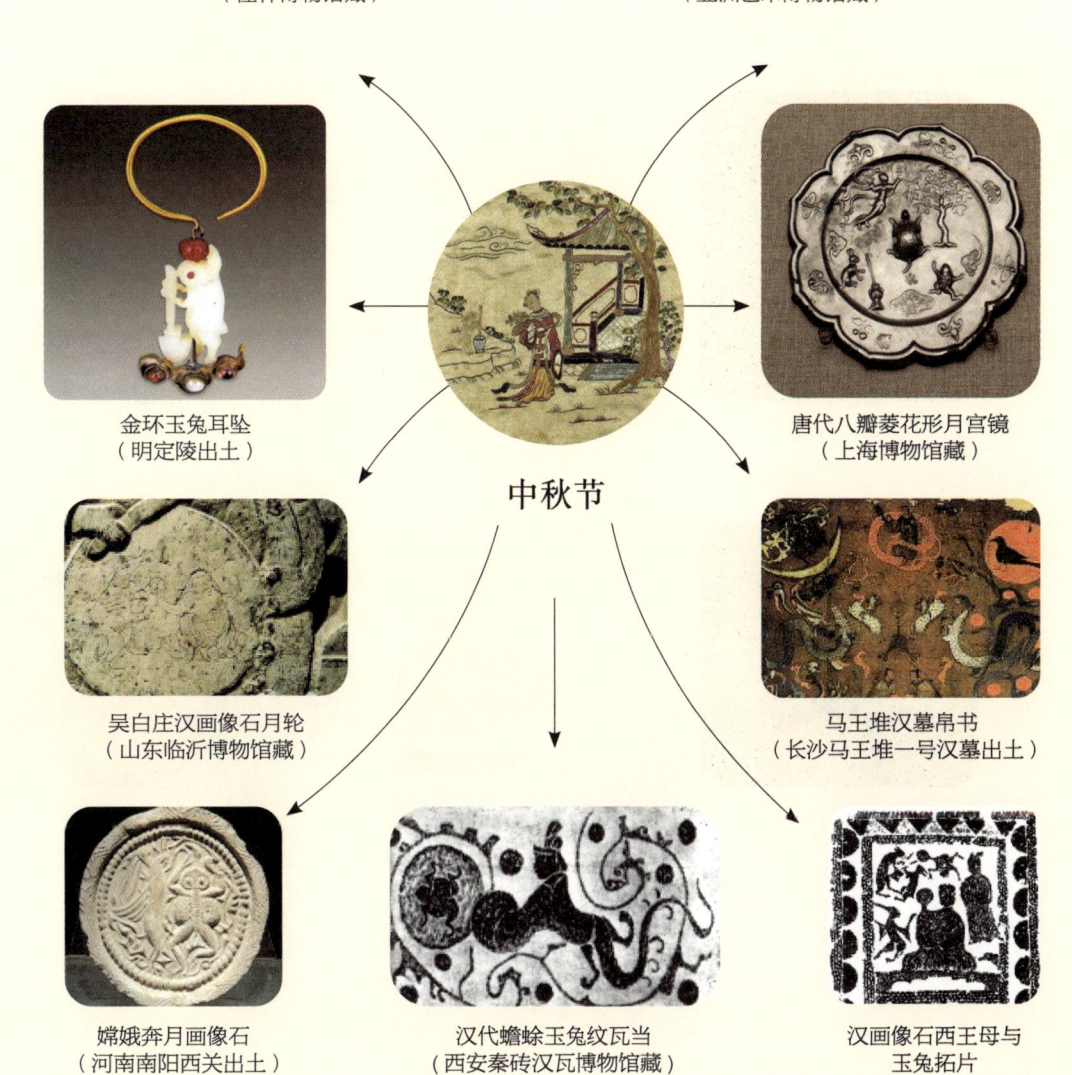

金环玉兔耳坠
（明定陵出土）

中秋节

唐代八瓣菱花形月宫镜
（上海博物馆藏）

吴白庄汉画像石月轮
（山东临沂博物馆藏）

马王堆汉墓帛书
（长沙马王堆一号汉墓出土）

嫦娥奔月画像石
（河南南阳西关出土）

汉代蟾蜍玉兔纹瓦当
（西安秦砖汉瓦博物馆藏）

汉画像石西王母与玉兔拓片

图 2-3-5-4 中秋节社会影响图（文物类）

5. 中秋节社会影响图（工艺品类）

月饼模

汉画像石嫦娥奔月邮票

明代青花嫦娥奔月图盘
（广东省博物馆藏）

嫦娥奔月玉雕

中秋节

嫦娥奔月年画

杏花楼月饼盒

兔儿爷

月饼模（清代）

图 2-3-5-5 中秋节社会影响图（工艺品类）

中国非物质文化遗产项目与资源图谱集

6. 中秋节社会影响图（风俗礼仪类）

赏月　走月亮（浙江）　烧斗香（江浙）　烧瓦塔（广东）　中秋节　祭月　祭兔儿爷（北京）　抛帕招亲（山东）　博饼（厦门）

图 2-3-5-6　中秋节社会影响图（风俗礼仪类）

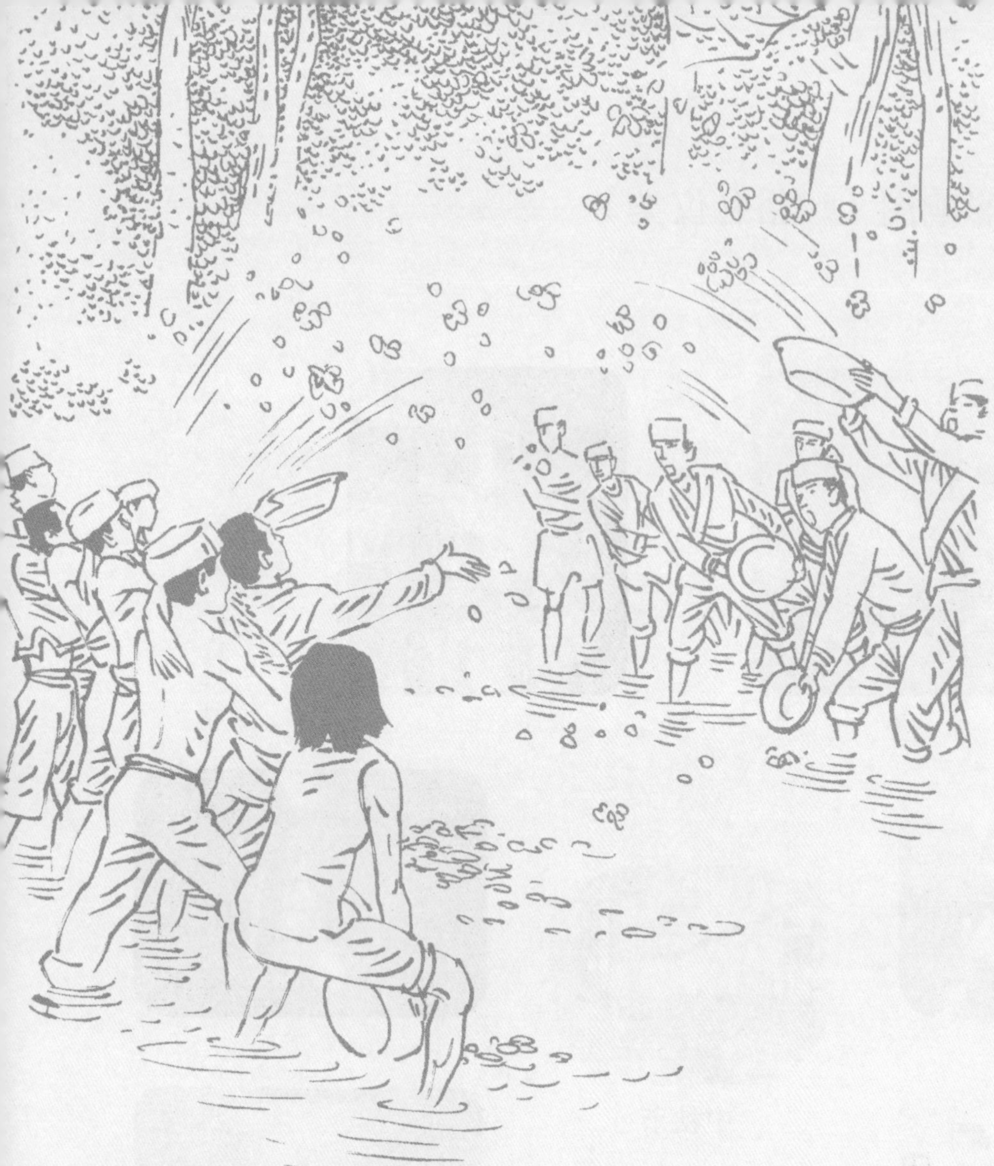

手工纺织技艺卷

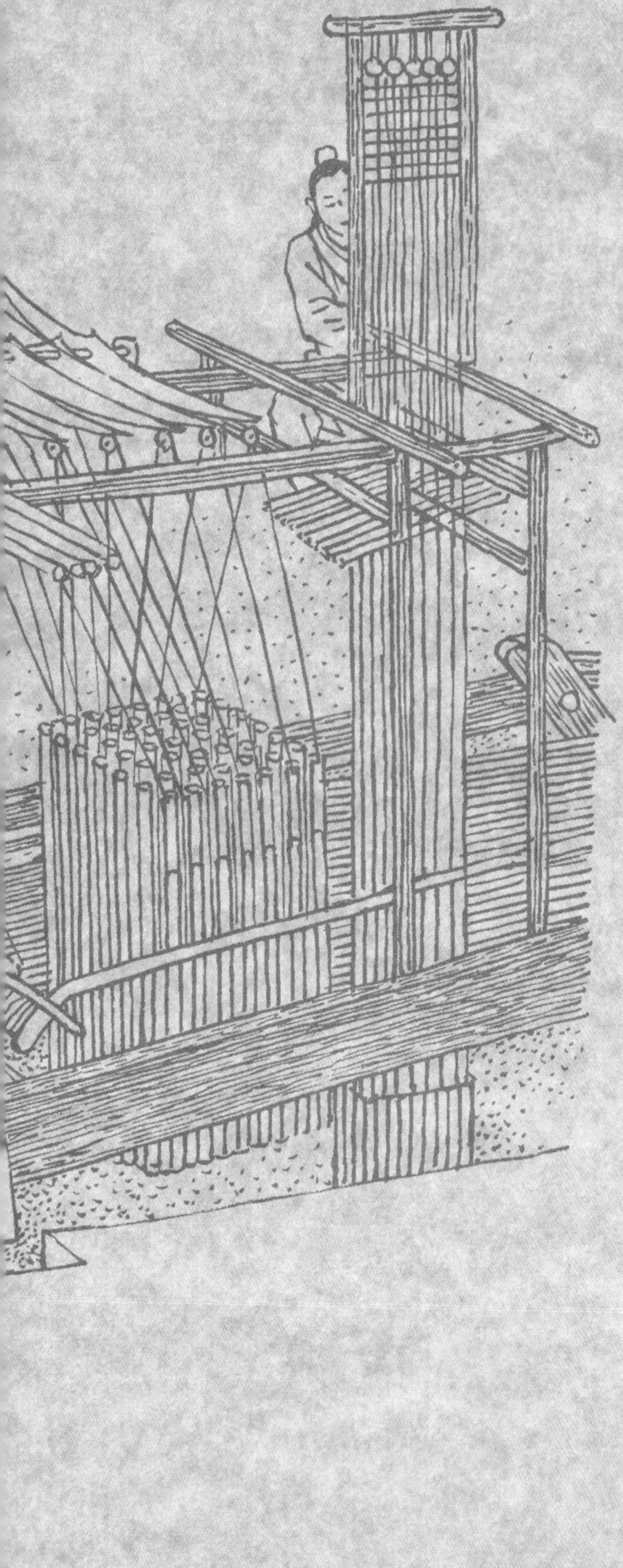

概 述

传统手工纺织技艺是我国传统文化的重要组成部分，在中国非物质文化遗产体系中占有举足轻重的地位。传统手工纺织技艺的门类，主要包括纺织、织绣、印染，等等。它们除了具有满足人们日常生活需要的实用价值以外，还具有重要的审美价值。

传统手工纺织技艺是与人们日常生活密切相关的非物质性的文化类型，由人民群众所创造、所共享。我国的传统手工纺织技艺在元明时期达到鼎盛，但到了晚清以后，由于机器生产的快速发展，土纱、土布逐渐被洋纱、洋布所取代，蕴含其中的手工纺织技艺也日渐式微。至20世纪末，我国的手工纺织技艺更是大部分处于濒危状态，面临失传与消亡的境地。直至21世纪初，随着非物质文化遗产保护工作的推进与深入，原本分散性的遗产资源得到了前所未有的重视与保护，才使许多地区的手工纺织技艺终于重现生机。

按照材料特点来看，我国传统手工纺织技艺主要可分为麻纺织技艺、丝纺织技艺、棉纺织技艺、毛纺织技艺等几大类型。麻布是我国最古老的纺织品种，其原料主要为麻和葛。根据经纬线的密度不同，麻布又有粗细之分，其细者堪与丝绸相媲美，爽滑透气，是制作夏季服装的理想衣料，所以亦称夏布。河姆渡遗址出土的腰机、半山文化遗址陶器上的布纹、江苏吴县（今已并入苏州市）草鞋山出土的葛布残片说明了早在六七千年前的新石器时期，人们已经能熟练地纺织麻布了。如江西省的夏布织造技艺历史悠久，唐宋以来，江西省为全国重要苎麻产地，苎麻资源十分丰富。丝绸是继麻布之后出现的纺织品种，最早可追溯到仰韶文化遗址中出土的陶蚕蛹。浙江吴兴钱山漾遗址出土的4800年前的丝带、绢片，说明那时长江下游地区已经开始养蚕、缫丝和织造。如余杭清水丝绵制作历史悠久，最早可追溯至周代。而南京云锦至今已有1500多年的历史。几乎与此同时，北方游牧地区开始用羊毛和兽毛捻纺成线，织成粗厚的毛织品。如新疆维吾尔族帕拉孜纺织技艺至今已有3800年的历史。棉纺织技艺是在宋末元初我国普遍引进棉花种植技术之后逐渐兴盛起来的，特别是在黄道婆对纺织工具和纺织技艺进行了革新之后，棉花种植和棉纺织技艺更是遍及大江南北，自此以后，棉织品不仅成为人们主要衣料来源，更成为沟通南北的重要商品，推动了经济贸易的发展。在棉织技艺方面，我国海南省的黎族传统纺染织绣技艺历史久远，而上海的乌泥泾手工棉纺织技艺虽然起源略晚，但是影响却十分深远。

按照技术特点来看，我国的传统手工纺织技艺主要可分为纺织、织绣、印染等几种类型。所谓纺织技艺，是指将原材料加工成纱和布坯的技艺形式。如江西夏布织造技艺、湖州双林绫绢织造技艺、河北魏县土纺土织技艺、藏族牛羊毛编织技艺、鲁锦织造技艺等，都属于纺织技艺的类型。所谓织绣技艺，是指将棉、麻、丝、毛等原料编织成具有较为精致的装饰花纹与图案的技艺形式，如南京云锦木机妆花手工织造技艺、苏州缂丝织造技艺、宋锦织造技艺、蜀锦织造技艺、土家族织锦技艺、壮族织锦技艺、侗锦织造技艺、苗族织锦技艺、傣族织锦技艺、地毯织造技艺等。所谓印染技艺，是指利用某些植物、矿物等自然资源作为原料，对布坯进行染色与印花的技艺，其中最具代表性的有彩印花布、蜡缬（蜡染）、绞缬（扎染）、夹缬、蓝印花布等技艺。如维吾尔族的印花布织染技艺、南通蓝印花布印染技艺、苗族蜡染技艺、白族扎染技艺、香云纱染整技艺、枫香印染技艺、蓝夹缬技艺等，都是我国一些较为著名的传统印染技艺形式。在各级传统手工纺织技艺类的非遗项目中，还有一些是综合性的纺织技艺，如黎族传统纺染织绣技艺、新疆维吾尔族艾德莱斯绸织染技艺等。

自我国开展非物质文化遗产保护工作以来，作为传统手工纺织技艺类非物质文化遗产的资源调查和项目申请受到各级政府重视。在目前已经建立起来的四级名录中，皆有手工纺织技艺的非物质文化遗产项目列入。至2012年年底，被列入国家级非物质文化遗产名录的传统手工纺织技艺项目共有27项（此数据按国务院公布的国家级名录项目名计算，不包含归入国家级名录项目总名录中的各省份项目，即打包项目以及后来颁布的各批扩展项目），省市级传统手工纺织技艺项目142项。在省级项目中，浙江、贵州、新疆各自拥有10个以上的手工纺织技艺项目，江苏、河北、云南、江西、四川、甘肃、海南、陕西各自拥有5个以上的项目，其余各省市各自拥有1个以上的项目。

我国传统手工纺织技艺项目与资源主要呈现这样几个特点：一是地域性。从传统手工纺织技艺的地域分布特点看，丝绸纺织类项目主要集中在浙江、江苏等省份中，另外广东、四川、新疆、山东、河南等省份也有一些传统手工丝绸纺织的项目。毛纺织类项目主要集中在新疆、西藏、内蒙古、青海等地区，夏麻布纺织类主要集中在江西、重庆、海南、河南、安徽等地区。手工棉纺织技艺是手工纺织技艺中拥有数量最多的非遗项目，遍及全国大多数省市，其中以上海、浙江、江苏、河北、山东、山西、河南、湖北、四川、云南、贵州、陕西、海南等省市较为丰富。二是民族性。千百年来，我国各族人民巧妙利用当地自然资源和文化资源，发挥聪明才智，创造性地发明了各具特色的手工纺织技艺。而且，越是有多种民族居住的省市，

其手工纺织技艺也越是丰富。例如四川是一个多民族大省，它拥有蜀锦织造技艺、自贡扎染技艺、彝族毛纺织及擀制技艺、苗族蜡染技艺等多项国家级非遗项目，以及隆昌夏布编织工艺、麻布制作技艺、傈僳族织布技艺等多项民族特色鲜明的省级项目。三是历史传承性。例如湖南省邵阳县蓝印花布源自远古时代苗族、瑶族人的"阑干斑布"和"蜡缬"，其历史可追溯至唐。邵阳人在苗瑶蜡染的基础上，首创以豆浆、石灰代蜡防染的印染法，目前主要分布于湖南省凤凰县沱江镇、邵阳县等地。蜀锦历史悠久，最早可追溯至秦汉末年，目前主要分布于成都及周边地区。

本图谱文本的编制，旨在通过图像化和谱系化的处理方式，形象展示我国作为非遗资源而存在的传统手工纺织技艺在类型特点、分布地域、保护手段、价值影响、传播范围、传承谱系等各个方面的现存状况与保护情况，以使人们更为系统地了解我国手工纺织技艺的整体状况，更好地实现对我国珍贵的手工纺织技艺资源的保护与研究。在本卷编写中，编者主要按照全国性图谱、地区性图谱、典型性图谱三大类别对手工纺织技艺类项目进行相关文本的编制。全国性的手工纺织技艺类非物质文化遗产项目图谱主要由三种图谱形式所构成：一是类型图谱，即按照手工纺织技艺类项目在材料与技艺方面的特点对其进行分类，然后用图表的形式进行形象化的绘制；二是分布图谱，主要注明了我国国家级手工纺织技艺类项目的分布情况、部分特色项目的分布情况，以及这些项目的数量、级别与批次；三是标识图谱，对列入国家级非遗名录体系中的传统手工纺织类项目进行了标识性的手工图绘，较为鲜明地展现了这些手工纺织技艺的形象特点。

在地区性的手工纺织技艺类非物质文化遗产项目部分，编者主要选择了江苏、浙江、贵州、云南、河北等五省，以及江苏省南通市、浙江省湖州市、海南省乐东县、河北省魏县等二市二县作为代表性文本。之所以选择这些省份与市县，主要是考虑到这些地区的手工纺织技艺资源比较丰富，并且具有较为鲜明的地域性特点。例如江苏、浙江、贵州、云南、河北等五个省份的手工纺织技艺项目，基本囊括了丝、麻、棉、毛等纺织、印染技艺的各种类型，在全国具有一定的代表性。又如海南省的乐东县和河北省魏县，前者的纺染织绣工艺主要分成棉纺织工艺、麻纺织工艺以及棉麻纺织工艺，历史悠久，传承至今，且遍及全县各镇，呈现出手工纺织技艺类非物质文化遗产保护的勃勃生机；后者则以传统棉纺织技艺为主，其特点是近年来当地政府对这些非遗资源非常重视，生产性保护进入稳定发展状态，并且制定出了较为实际的未来五年发展规划。

典型图谱的编制是我们在非遗图谱编制方面的一个重要创新之处，其样本主要选择上海地区的乌泥泾手工棉纺织技艺，具体内容包括乌泥泾手工棉纺织技艺历史源流图谱、乌泥泾手工棉纺织技艺标识图谱、乌泥泾手工棉纺织技艺流布图谱、乌泥泾手工棉纺织技艺传承人分布图谱、乌泥泾手工棉纺织技艺保护点分布图谱、乌泥泾手工棉纺织技艺传承谱系图谱、乌泥泾手工棉纺织技艺社会影响图谱，等等。之所以选择上海乌泥泾手工棉纺织技艺作为样本，是因为上海乌泥泾地区是元代著名纺织家黄道婆的故乡，由黄道婆发明的捍、弹、纺、织技术，对推动我国江南地区的传统纺织业的发展起到了极为重要的作用。曾几何时，上海地区的人民把黄道婆称为"衣被天下"的大恩人，而由黄道婆发明的手工纺织技艺，也永远留存在了我国纺织科学与纺织文化的光辉史册之中。我们希求通过这种典型图谱的编制方式，对我国非物质文化遗产名录中一些具体项目的图谱编制起到一个探索性与示范性的作用。

在乌泥泾手工棉纺织技艺非遗项目标识图中，我们主要根据当年黄道婆的棉纺技艺特点，将脱籽、弹花、擦条、纺纱（手摇纺车、三锭脚踏纺车）、发纱、染纱、浆纱、摇筒管、经纱、挽经、盘布、穿综、上机、织布等工序分别绘成标识图谱。在乌泥泾手工棉纺织技艺区域流布图中，我们通过对上海和长三角地区传统棉纺织流布情况的描绘，向读者清晰地展示乌泥泾手工棉纺织技艺的重点流传区域，以及技艺对于这些区域所产生的重要影响。在乌泥泾手工纺织技艺社会影响图谱中，我们则通过对与乌泥泾手工棉纺织技艺相关的各种作品、书籍、戏曲、电影、小说、连环画、纪念物及工艺品等的描绘，展现乌泥泾手工棉纺织技艺对于我国社会、文化、习俗等方方面面的影响。此外，诸如乌泥泾手工棉纺织技艺非遗项目分布图、乌泥泾手工棉纺织技艺传承人分布图、乌泥泾手工棉纺织技艺相关信息分布图等，也都是在汇集大量的原始资料基础上编制而成的，具有较高的资料价值与学术价值。

第一编　全国手工纺织技艺项目与资源图谱

传统手工纺织技艺类非物质文化遗产是我国非物质文化遗产中的重要组成部分，它们传承历史悠久，分布地域广泛，在生产技艺上各具特色。在本卷第一编中，我们将通过图谱的形式，对于全国范围内的传统手工纺织技艺类非物质文化遗产的类型划分、地域分布、技艺特点等方面的情况进行图像化与谱系化的展示，以使人们更清楚地了解我国手工纺织技艺类非物质文化遗产的基本面貌。

手工纺织技艺类型图谱是一种从纺织品的质地及其制作技艺的角度对传统手工纺织技艺类非物质文化遗产进行分类并将其图谱化的表现方式。根据我国手工纺织技艺的历史传统与生产特点，我们将我国手工纺织技艺类的非物质文化遗产主要分为七大类型：棉纺织技艺、丝纺织技艺、毛纺织技艺、麻纺织技艺、草纺织技艺、综合纺织技艺、印染技艺。在每一大类的下面，又分出了若干个小类。例如在棉纺织技艺中，分出了土布纺织、棉花加工、织带、织巾等一些技艺类型，在土布纺织技艺类型中，又分出了白坯土布、色织土布、印花土布、图案土布等类型。在丝纺织技艺中，分出了生丝加工、织绢、织罗、缂丝、织绸、织锦、丝毯、丝绒等一些技艺类型。在毛纺织技艺中，分出了织毯、擀毡、毛料编织等一些技艺类型。在织毯技艺中，又分出了地毯织造技艺、卡垫织造技艺等一些具体的类别，等等。

根据我国手工纺织技艺的产品——织物特点，编者又将其分为棉织物、丝织物、毛织物等不同类别。其中一些较大的门类，同样也分出了若干个小类。例如在棉织物中，分出了白布、条纹布、方格布、图案花色布、印花布等几个小类；在绢织物中，分出了耿绢、矾绢、素绢、画绢、帐绢、拷绢等几个小类；在缎织物中分出了花软、素软、织锦、古香等几个小类。锦则是一个涵盖了多种纺织材料、品种繁多的织物类型，其主要类别有云锦、宋锦、蜀锦、壮锦、黎锦、鲁锦等。其他如毛料、麻布等，类型也十分丰富。这种丰富多彩的纺织技艺类型，正是我国手工纺织类非遗资源丰富性和历史传承性的真实反映。

手工纺织技艺分布图谱是一种从地域分布的角度对传统手工纺织技艺类非物质文化遗产进行描述并将其图谱化的表现方式。从我国整体版图上来看，一方面是几乎每个省份、每个区域、每个民族都有自己的纺织技艺特色与纺织文化传统，呈现了鲜明的地方个性；另一方面是在相近的省份、区域与民族之间，又构成了一些范围更为广大的地域板块特色，呈现了鲜明的地域板块共性。例如，在我国的东南地区，主要盛产丝绸与棉布，具有悠久古老的丝织与棉织文明，尤其是湖州、嘉兴、苏州、松江一带，更是我国丝织品与棉织品的故乡，因此这些地区的丝绸纺织技艺与棉布纺织技艺十分发达。在我国的西北地区，主要盛产羊毛，具有悠久古老的毛织文明历史，诸如新疆、西藏、甘肃等地区，现已成为我国传统毛纺织技艺的重要传承地，其生产的毛纺织品门类极为丰富，诸如邦典、卡垫、帕拉孜等一些具有民族特色的毛织物及生产技艺，在我国传统手工纺织技艺类非遗项目中独树一帜，颇有影响。在我国的西南地区，除了具有棉纺、织锦等一些传统纺织技艺外，尤为值得重视与称道的是印染技艺。例如在云南、贵州、四川等地，至今还保留着蜡染、扎染、灰染（蓝印）、彩印、拼染、植物染色、捶草染色、豆花印染、枫香印染等许多古老的印染技艺方式，它们呈现了鲜明的地域特色与民族特色，充分地反映了当地社会的生产方式与生活方式。如今，这些古老的印染技艺已经成为我国重要的非物质文化遗产资源，被列入了保护名录之中。

手工纺织技艺标识图谱是一种从技艺特色的角度对传统手工纺织技艺类非物质文化遗产进行描述并将其图谱化的表现方式。我国作为一个纺织大国，在传统的手工纺织技艺方面可谓积淀丰厚，博大精深，几乎每一种纺织技艺门类，都涉及几十道甚至上百道工序与流程；几乎每一件纺织技艺产品，都有着令人叹为观止的技艺技巧与绝技绝活。它们是我国纺织文明发达兴旺的重要标志，也反映了我国古代人民在纺织文化上的伟大创造与无限智慧。例如南京云锦采用"挑花结本"织造工艺，织造时，机楼上拽花工提拉经线，机楼下织手根据提起的经线妆金敷彩。它既要求工艺高超精细，又要求内容富有创造性，其主要特点是通经断纬，挖花妆彩。所谓"通经断纬"，即经线是完整的，而纬线则由不定数的色段拼接而成。所谓"挖花妆彩"又称"过管挖花"，即用彩线或金线、银线、孔雀羽线分段局部挖织，它可以根据需要在纬向同一梭内配织丰富多彩的彩纬，一般织七八种色，多的可达十几种甚至几十种颜色。整匹的妆花织物中几十朵主花，甚至可以配织成完全不同的色彩。又如夏布是我国著名的麻纺织品之一，织造技艺历史久远。江西万载等地的夏布完全由手工制作而成，其生产工具主要有刮麻具、刮浆板、纺砖、绕线架、结纱钉杆、料缸、扒头、经纱架、刷子、刷机、扣、羊角、拖耙、分铰棒、搁凳、织布机、梭子、打纬刀、挑经刀、引纬杆、经纱导棍、卷布导棍、剔纱刀、撑杆、吊棕杆等。因其产品"柔软润滑，平如水镜，轻如罗绡"而深受广大民众喜欢。在本卷中，我们运用图谱化手段，将这些工艺流程具体形象地展现在人们的面前，使人们通过对于这些图谱的阅读，更为清晰地了解我国手工纺织技艺的形态及特点。

一、全国手工纺织技艺项目与资源类型图

（一）手工纺织技艺项目技艺类型图

一级类别	二级类别		代表性项目
棉纺织	棉花加工		潘永泰手工弹棉花技艺、永修杨氏弹花技艺
	织带		手工织带技艺
	织巾		全南蓝巾帕制作技艺
	土布纺织	白坯土布	老粗布织作技艺、东阳土布制作技艺
		色织土布	南通色织土布技艺、沛县色织土布技艺、布依族土布制作技艺
		印花土布	魏县花布染织技艺、渭北花袱子印染技艺、桐乡蓝印花布
		图案土布	沙河四匹缯布制作技艺、织字土布技艺
丝纺织	生丝加工		余杭清水丝绵制作技艺、辑里湖丝手工制作技艺
	织绢		湖州双林绫绢织造技艺、拷绢手工技艺
	织罗		杭罗织造技艺
	缂丝		苏州缂丝织造技艺
	织绸		柳疃丝绸技艺、鲁山绸织作技艺、濮绸织造工艺
	织锦		南京云锦木机妆花手工织造技艺、宋锦织造技艺、杭州织锦技艺、蜀锦织造技艺
	丝毯		如皋丝毯织造技艺、天水丝毯制作技艺
	丝绒		天鹅绒织造技艺
毛纺织	擀毡		彝族毛纺织及擀制技艺、东乡族擀毡技艺、哈萨克族花毡制作技艺
	织毯（毛）	地毯	加牙藏族织毯技艺、北京宫毯织造技艺、阿拉善地毯织造技艺、神木手工地毯制作技艺
		卡垫	藏族卡垫织造技艺
	毛料编织	毛绒布	维吾尔族驼毛切克曼布制作技艺
		毛粗布	裕固族织褐子
		邦典	藏族邦典织造技艺
		帕拉孜	维吾尔族帕拉孜纺织技艺

图 3-1-1-1 手工纺织技艺项目技艺类型图（1）

一级类别	二级类别	代表性项目
麻纺织	一般麻纺织	新山傈僳族织布技艺、纳西族传统纺麻技艺、岷县传统织麻布技艺、黎族麻纺织工艺
	苎布纺织	天台苎布制作技艺、畲族苎布织染缝纫技艺
	夏布纺织	进贤张公夏布制作技艺、袁州夏布制作技艺、隆昌夏布编织工艺、夏布织造技艺
草纺织	火草纺织	傈僳族火草织布技艺
综合纺织	织锦（棉、丝、麻）	壮族织锦技艺、苗族织锦技艺、傣族织锦技艺、侗锦织造技艺、土家织锦"西兰卡普"、景颇族织锦技艺
	织带（棉、丝、麻）	大悟织锦带制作技艺、舟曲县织锦带
	土布纺织（棉、麻）	布朗族传统纺织技艺
印染	蜡染	苗族蜡染技艺、黄平蜡染技艺
	扎染	白族扎染技艺、布依族扎染工艺
	灰染（蓝印）	南通蓝印花布印染技艺、药斑布印染技艺
	夹染	蓝夹缬技艺
	模戳印花	维吾尔族模戳印花布技艺
	靛染	蓝靛靛染工艺
	彩印	魏县花布染织技艺、羊毛花毡印染技艺、渭北花袱子印染技艺
	其他 - 拼染	黎族拼染技艺
	其他 - 植物染色	准格尔地毯植物染色技艺
	其他 - 捶草染色	中原棉布捶草印花技艺
	其他 - 豆花印染	中原棉布豆花印染技艺
	其他 - 枫香印染	枫香印染技艺
	其他 - 香云纱染整	广东香云纱染整技艺

图3-1-1-2 手工纺织技艺项目技艺类型图（2）

（二）手工纺织技艺项目织物类型图

织物	品　　种					代表性项目				
棉布	白布	条纹布	方格布	图案花色布	印花布	中原棉纺织技艺	沙河四匹缯布制作技艺	织字土布技艺	布依族土布制作技艺	维吾尔族模戳印花布技艺
绢	耿绢	砑绢	素绢	画绢	帐绢	拷绢	湖州双林绫绢织造技艺	拷绢手工技艺		
绫	素绫	花绫	锦绫			湖州双林绫绢织造技艺				
罗	横罗	直罗	花罗			杭罗织造技艺				
绸	素绸	花绸				新疆维吾尔族艾德莱斯绸织染技艺	柳疃丝绸技艺	中原养蚕丝绸技艺	濮绸织造技艺	
缎	花软缎	素软缎	织锦缎	古香缎		苏州缂丝织造技艺				
绒	天鹅绒	长葛绒	驼毛绒	羊毛绒		天鹅绒织造技艺	长葛绒制作技艺			
毯	地毯	宫毯	藏毯	卡垫		加牙藏族织毯技艺	北京宫毯织造技艺	阿拉善地毯织造技艺	天水丝毯制作技艺	濮绸织造技艺
锦	云锦	宋锦	蜀锦	壮锦	黎锦	鲁锦	南京云锦木机妆花手工技艺	宋锦织造技艺	杭州织锦技艺	蜀锦织造技艺
毡	擀花毡	印花毡	绣花毡			彝族毛纺织及擀制技艺	东乡族擀毡技艺	维吾尔族花毡织染技艺	哈萨克族花毡制作技艺	
毛料	毛绒	毛粗布	邦典	帕拉孜		甘肃省东乡族自治县藏族羊牛毛编织技艺	维吾尔族驼毛切克曼布制作技艺	藏族邦典织造技艺	维吾尔族帕拉孜纺织技艺	
麻布	苎麻	夏布				天台苎布制作技艺	畲族苎布织染缝纫技艺	进贤张公夏布制作技艺	隆昌夏布编织工艺	纳西族传统纺麻技艺
草布	火草布					傈僳族火草织布技艺	彝族火草纺织技艺			
带	素色带	图纹带	织字带			手工织带技艺				
巾	头巾	手巾	手帕			全南蓝巾帕制作技艺				

图 3-1-1-3 手工纺织技艺项目织物类型图

（三）手工纺织技艺项目保护级别类型图

1. 全国国家级手工纺织技艺项目数量与比例图

(1) 全国国家级手工纺织技艺项目数量与比例图（共27项）[①]

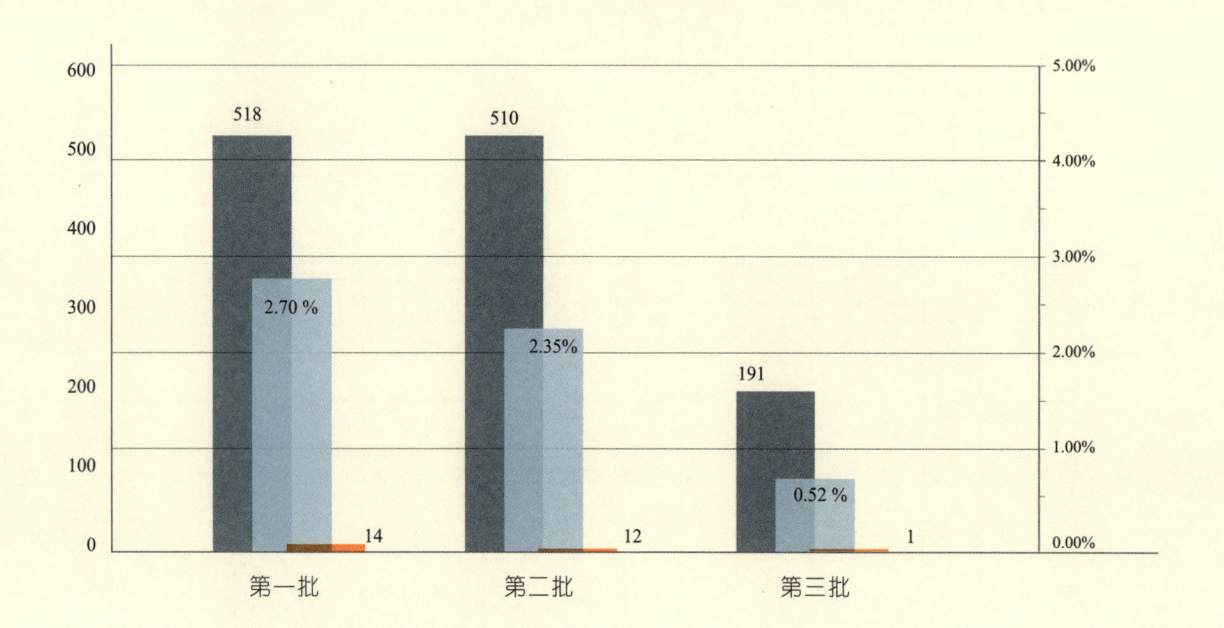

- 全国（国家级）非遗项目数
- 全国（国家级）手工纺织技艺非遗项目数
- 占全国（国家级）非遗项目数比例

图 3-1-1-4 全国国家级手工纺织技艺项目数量与比例图

[①] 本图中所有国家级扩展项目与打包项目均归并至国家级正项目中，不另作统计。

（2）全国国家级手工纺织技艺项目中各类型纺织技艺数量图 ①

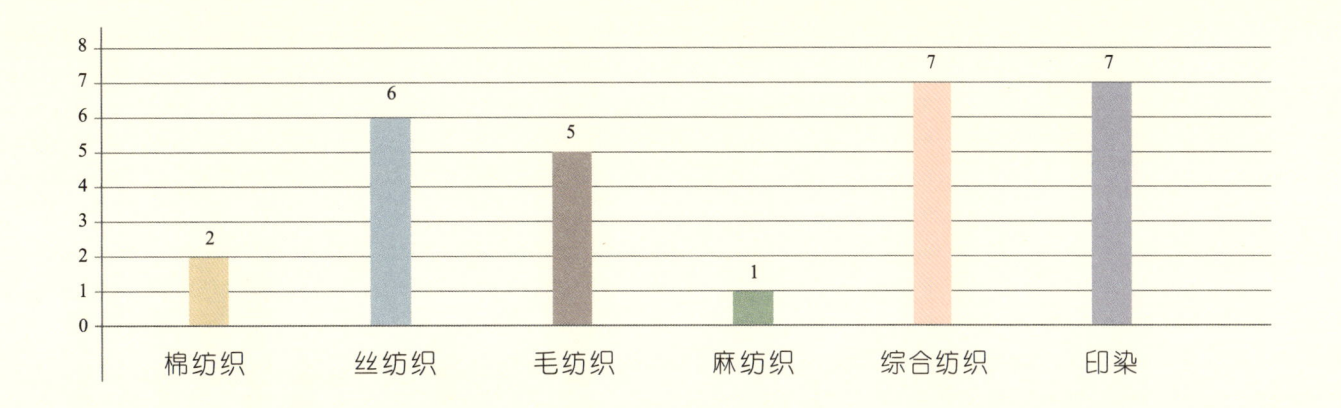

图 3-1-1-5　全国国家级手工纺织技艺项目中各类型纺织技艺数量图

（3）全国国家级手工纺织技艺项目中各类型纺织技艺比例图

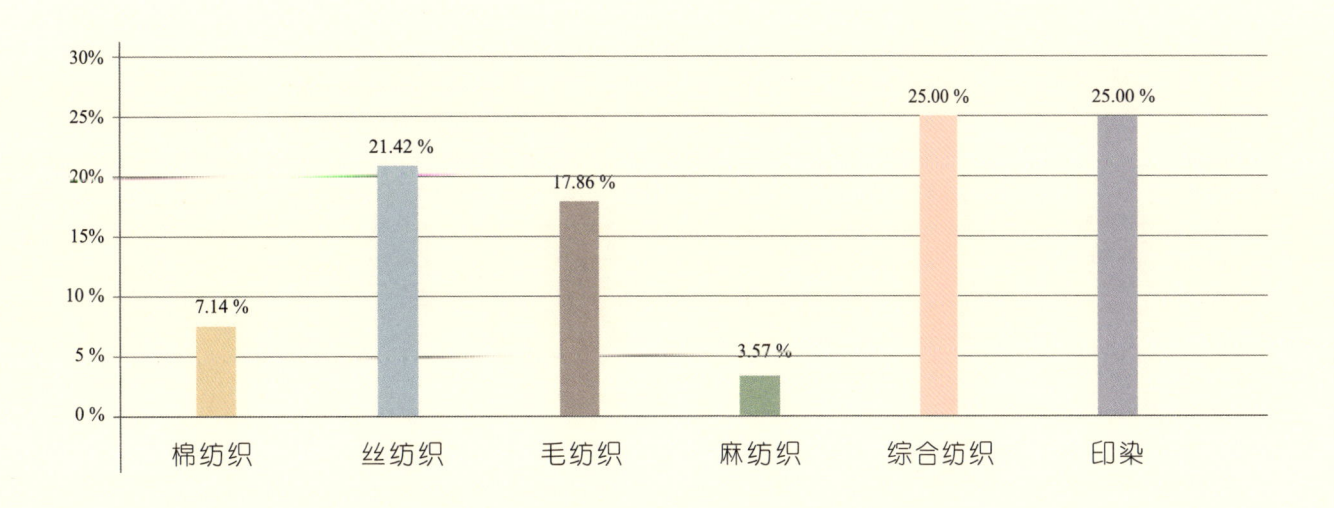

图 3-1-1-6　全国国家级手工纺织技艺项目中各类型纺织技艺比例图（占全国国家级纺织技艺项目总量的比例）

---

① 前三批国家级手工纺织技艺项目共为27项，其中国家级项目"维吾尔族花毡、印花布织染技艺"按花毡与印花布不同技艺类别计算共分为2项，故本图中的前三批国家级传统手工纺织技艺项目数为28项（下图同此）。

2. 全国省市级手工纺织技艺项目数量与比例图

（1）全国省市级手工纺织技艺项目数量图（共142项）

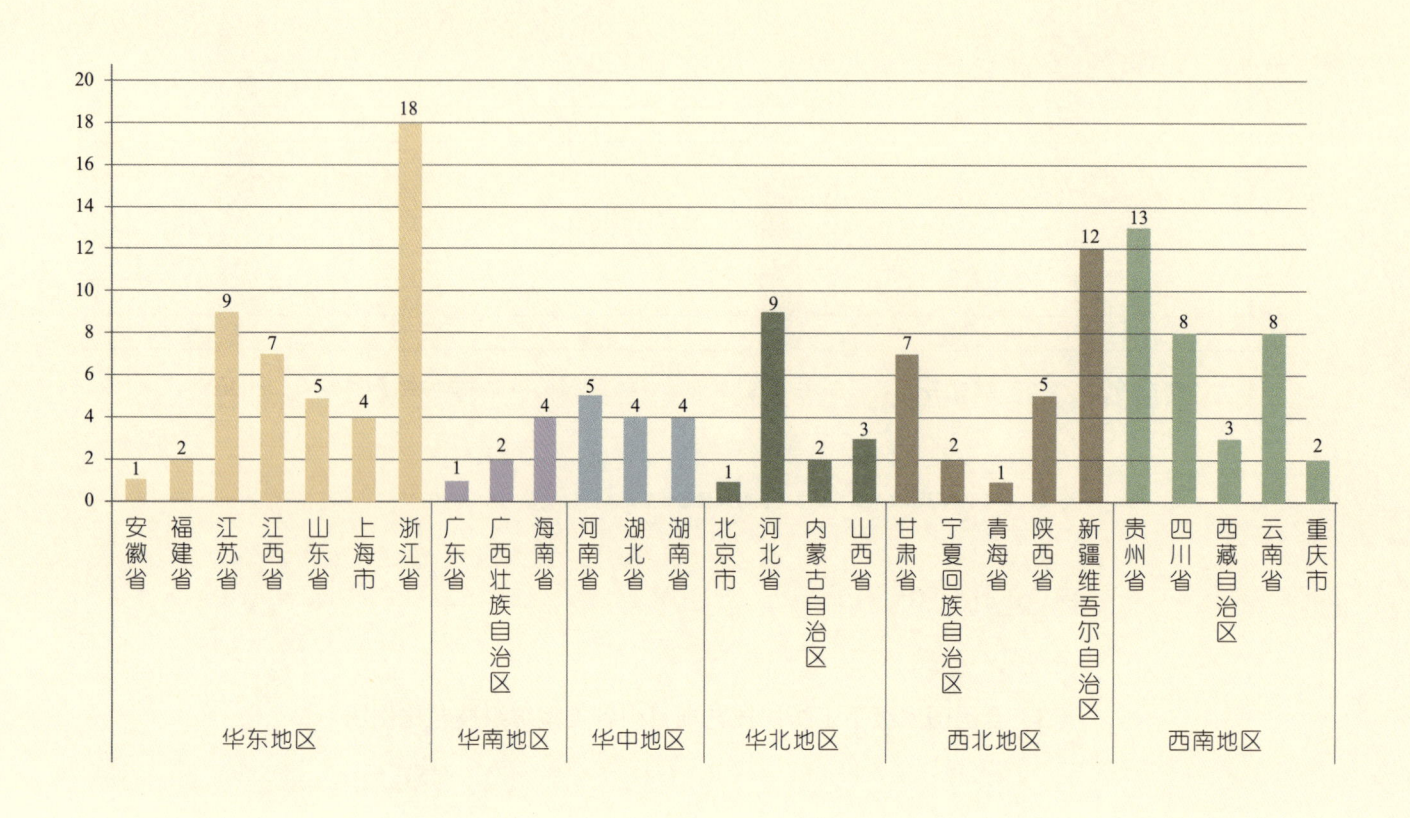

图3-1-1-7 全国省市级手工纺织技艺项目数量图

（2）全国省市级手工纺织技艺项目比例图

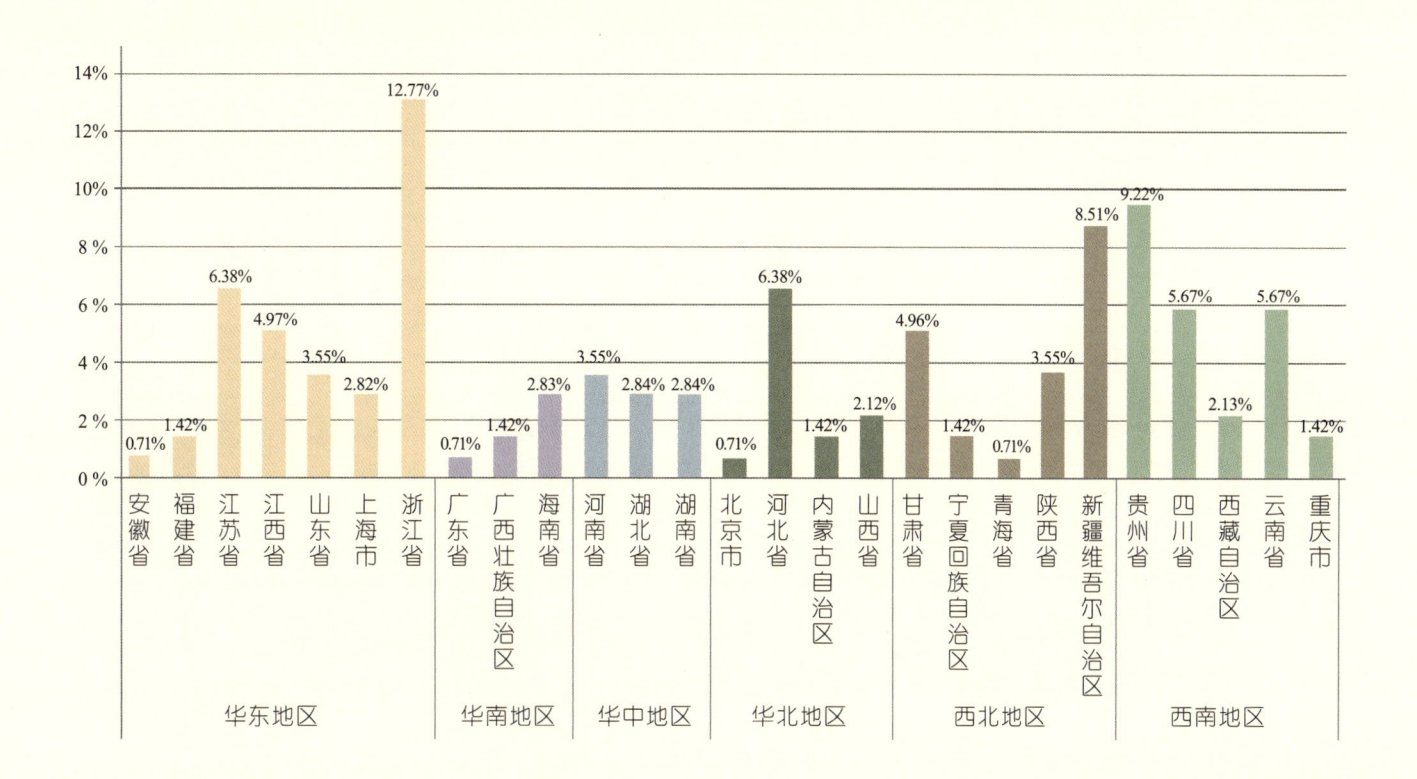

图 3-1-1-8 全国省市级手工纺织技艺项目比例图（占全国省市级手工纺织技艺项目总量的比例）

（3）全国省市级手工纺织技艺项目中各类型纺织技艺项目数量图

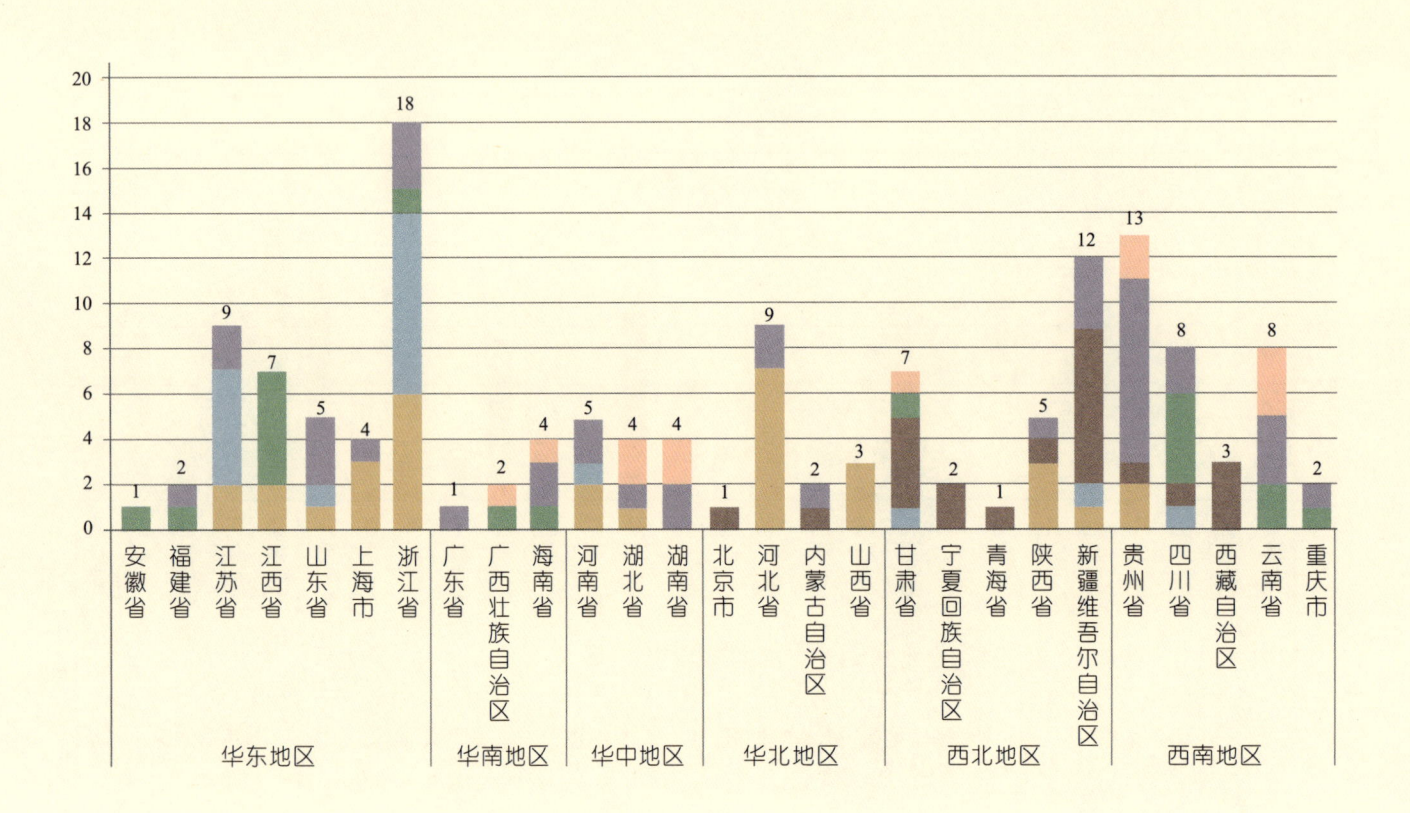

图 3-1-1-9 全国省市级手工纺织技艺项目中各类型纺织技艺项目数量图

二 全国手工纺织技艺项目与资源分布图

（一）全国国家级手工纺织技艺项目分布图

全国国家级手工纺织技艺项目分布图

图例
- 申报地1 该项目流传于所在市或自治州全境
- 申报地2 该项目流传于所在区、县（市）全境或部分地区

G1： 国家级第一批
G1k： 国家级第一批扩展
G2： 国家级第二批
G2k： 国家级第二批扩展
G3： 国家级第三批

图 3-1-2-1 全国国家级手工纺织技艺项目分布图

（二）全国特色手工纺织技艺项目分布图（选录）

手工织锦技艺分布图[1]

图 3-1-2-2 手工织锦技艺分布图

---

[1] 本图中的项目是指至 2012 年年底由国务院与各省市政府公布的国家级与省市级手工纺织技艺（织锦）类非物质文化遗产代表作名录项目，以及部分具有较大社会影响的无级别手工纺织技艺（织锦）类非物质文化遗产资源。

手工织麻技艺分布图①

图 3-1-2-3 手工织麻技艺分布图

① 本图中的项目是指至 2012 年年底由国务院与各省市政府公布的国家级与省市级手工纺织技艺（织麻）类非物质文化遗产代表作名录项目，以及部分具有较大社会影响的无级别手工纺织技艺（织麻）类非物质文化遗产资源。

手工织毯技艺分布图[1]

图 3-1-2-4 手工织毯技艺分布图

---

[1] 本图中的项目是指至2012年年底由国务院与各省市政府公布的国家级与省市级手工纺织技艺（织毯）类非物质文化遗产代表作名录项目，以及部分具有较大社会影响的无级别手工纺织技艺（织毯）类非物质文化遗产资源。

蜡染技艺分布图①

图 3-1-2-5 蜡染技艺分布图

---

① 本图中的项目是指至 2012 年年底由国务院与各省市政府公布的国家级与省市级手工纺织技艺（蜡染）类非物质文化遗产代表作名录项目，以及部分具有较大社会影响的无级别手工纺织技艺（蜡染）类非物质文化遗产资源。

手工纺织技艺卷
第一编 全国手工纺织技艺项目与资源图谱

蓝印花布印染技艺分布图①

图 3-1-2-6 蓝印花布印染技艺分布图

---

① 本图中的项目是指至 2012 年年底由国务院与各省市政府公布的国家级与省市级手工纺织技艺（蓝印花布印染）类非物质文化遗产代表作名录项目，以及部分具有较大社会影响的无级别手工纺织技艺（蓝印花布印染）类非物质文化遗产资源。

三　全国国家级手工纺织技艺项目内容标识图[①]

（一）全国第一批国家级手工纺织技艺项目内容标识图

1. 南京云锦木机妆花手工织造技艺（江苏南京市）[①]

南京云锦已有1500多年的历史，元以后一直是御用品，皇室、宫廷、寺庙为其发展提供了极大的空间。其木机妆花技艺是中国丝绸织造史中传统手工织造技艺之一。南京云锦中的"织金""库锦""库缎""妆花"等主要品种流传至今。南京云锦木机妆花手工织造技艺于2006年被列入我国第一批国家级非物质文化遗产名录。

图 3-1-3-1 南京云锦木机妆花手工织造技艺

图为古代云锦织工在大花楼木织机上相互配合进行云锦织造的情景。织造时，楼上拽花工根据花本提起经线，楼下织手对织料上的花纹妆金敷彩、抛梭织纬。

[①] 括号中的地区是指至2012年年底由国家或地方政府公布的该项目的保护地，下同。

2. 宋锦织造技艺（江苏苏州市）

宋锦在继承汉唐蜀锦特点的基础上创造了纬向抛道换色的独特技艺。织造技艺上主要采用"三枚斜纹"织法，即两经三纬，经线用底经和面经（故宋锦又称重锦），底经为有色熟丝，作地纹；面经用本色生丝，作纬线的结接经。经线和纬线同时显花是宋锦的主要特征。宋锦有大锦、合锦、小锦之分。大锦用于名贵书画及华丽服饰，合锦、小锦用于一般书画装裱及工艺品的装潢。宋锦织造技艺于 2006 年被列入我国第一批国家级非物质文化遗产名录。

图 3-1-3-2 宋锦织造技艺
图为古代宋锦织工在花织机上相互配合进行织锦的情景。织时，一人在花楼上提花，一人在地坑里投梭。

3. 蜀锦织造技艺（四川成都市）

蜀锦历史可追溯至秦汉末年，与花楼织机相融合的蜀锦织造技艺从纹样设计、挑花结本，到拽花工、织工合作生产，一直秉承传统技法。其后替代传统织机的有梭机械织机，其技艺原理与之相同。蜀锦的制作工艺包含初稿设计、定稿、点意匠、挑花结本、装机、织造等重要过程。打结、打竽儿、拉花、投梭、转下曲等是织手织造时必须掌握的一些基本技能。蜀锦织造技艺于2006年被列入我国第一批国家级非物质文化遗产名录。

图 3-1-3-3 蜀锦织造技艺
图为古代蜀锦织造师傅（拽花工和织工）在蜀锦大花楼木织机前手、脚、眼、耳并用，并在保持协调和熟悉织机构造及装置的情况下进行织造的情景。

4. 苏州缂丝织造技艺（江苏苏州市）

苏州缂丝织造技艺在明代尤为精湛，以御用缂丝龙袍和缂丝书画中的开相织品著称。苏州缂丝织造技艺主要是使用古老的木机及若干竹制的梭子和拨子，经过"通经断纬"技艺，将五彩的蚕丝线缂织成一幅幅色彩丰富、色阶齐备的织物。缂丝的制作工艺分为嵌经面、画样、织纬和整理等十多道工序。织纬的基本技法有勾、抢、绕、结、攒和长短梭等，另有盘梭、笃门闩、子母经、合花线等多种技法。苏州缂丝织造技艺于2006年被列入我国第一批国家级非物质文化遗产名录。

图 3-1-3-4 苏州缂丝织造技艺
图为缂丝织工在进行缂丝织造的情景。

5. 壮族织锦技艺（广西靖西县）

壮锦的技艺约形成于唐宋时代，明清时期进一步发展，在明代被列为贡品。历经千余年发展的壮锦，有自成体系的三大种类、二十多个品种和五十多种图案，以结实耐用、技艺精巧、图案别致、花纹精美著称。它是一种运用装有支撑系统、传动装置、分综装置和提花装置的手工织机，以棉纱为经，以各种彩色丝绒为纬，采用通经断纬的方法巧妙交织而成的艺术品。壮族织锦技艺于 2006 年被列入我国第一批国家级非物质文化遗产名录。

图 3-1-3-5 壮族织锦技艺
图为壮族妇女运用特色织具——竹笼机织造壮锦的情景。用竹笼机起花为壮锦纺织的最大特点。

6. 土家族织锦技艺（湖南湘西土家族苗族自治州）

土家族织锦技艺特色是用一种古老的木腰机，以棉纱为经，以五彩丝线、棉线、毛线为纬，完全手工织成。其工艺原始而复杂，传统的挑织方法使经纬线浮沉均匀，产品结实耐用。"西兰卡普"是一种代表性的土家织锦产品，它使用纯木质腰式斜织机织造，其技艺流程由纺捻线、染色、倒线、牵线、装筘、滚线、捡综、翻篙、捡花、捆杆上机、织布、挑织等工序组成，另以"反织法"挑织成图案花纹。土家族织锦技艺于2006年被列入我国第一批国家级非物质文化遗产名录。

图 3-1-3-6 土家族织锦技艺
图为土家族妇女在织锦过程中进行图案设计与配色的情景。土家族织锦在纹样与配色上的艺术特征是几何图案占着较大的比例，图案纹样富于变化，喜用吉利、喜庆的寓意和山区花草、鸟兽的母题。

7. 乌泥泾手工棉纺织技艺（上海）

乌泥泾手工棉纺织技艺的历史可追溯至元成宗元贞年间（1295—1296）。相传黄道婆把在崖州（今海南岛）学到的纺织技术进行改革，制成了一套"擀（搅车，即轧棉机）、弹（弹棉弓、椎弓）、纺（纺车、三锭脚踏纺车）、织（织机）之具"，提高了纺纱织布的效率，在当时具有极大的优越性。在织造方面，她用错纱、配色、综线、挈花等工艺技术，推动了松江一带棉纺织技术和棉纺织业的发展。"乌泥泾被"是其主要代表作品。乌泥泾手工棉纺织技艺于2006年被列入我国第一批国家级非物质文化遗产名录。

图 3-1-3-7 乌泥泾手工棉纺织技艺
图为当年的黄道婆使用三锭纺车进行纺纱的情景。

8.黎族传统纺染织绣技艺（海南五指山市、白沙县、保亭县、乐东县、东方市）

黎族传统纺染织绣技艺包括纺、染、织、绣四大工序。纺纱，即把棉花进行脱籽、抽纱，然后把纱绕成锭；染色，即运用植物染料、动物染料和矿物染料等对布匹进行染色；织布，即运用踞腰织机进行织布；刺绣，黎族的传统刺绣主要有单面刺绣和双面刺绣两种，刺绣的技术可根据针法、绣法和面料分为三个层次，把绣法、色彩、图案三者结合为一体。黎族传统纺染织绣技艺于2006年被列入我国第一批国家级非物质文化遗产名录。

图 3-1-3-8 黎族传统纺染织绣技艺
图为黎族妇女运用古老的腰机进行黎锦织作的情景。黎族"龙被"亦称"广幅布""崖州被""大被"，是代表黎族传统织锦技术的艺术珍品。

9. 加牙藏族织毯技艺（青海湟中县）

　　加牙藏族织毯采用连环编结法，毯面较厚，约在15毫米以上，保留着传统藏毯边缘不缠线的特点。其制作全部用手工编织完成。其产品以卡垫、马褥毯、炕毯、地毯为主，花样新奇，做工精致。其技艺流程是：1. 用橡壳、大黄叶根、槐米、板蓝根等天然植物染色的毛线环绕在绕线杆上；2. 用刀具将杆上的绕纱割开，使毯面上出现层层毛线的断面（又称手工连环结）；3. 用剪刀对整片藏毯进行打磨。加牙藏族织毯技艺于2006年被列入我国第一批国家级非物质文化遗产名录。

图 3-1-3-9 加牙藏族织毯技艺
图为藏族妇女在织毯机上织毯的情景，织毯机上方挂的是一根根绕线杆。

10. 藏族邦典制作技艺（西藏山南地区）

藏族人民常用的毛织围裙在藏语中称为"邦典"，其作为藏族妇女的藏装上的一种特殊标志，是一种五颜六色、细横线条的氆氇（藏袍原料），由系在腰间的装饰品逐渐演变成藏式围裙。杰德秀镇被誉为"邦典之乡"。其生产工序是先要将羊毛纺成线，再染色和刷毛，后织成条状，再缝合成围裙。制作工艺流程是：1.选取上好的羊毛；2.梳毛捻线（细捻为经，粗捻为纬）；3.上织机（经机梭打、编织等）；4.织图；5.着色；6.反复浆染；7.揉搓；8.晾晒。藏族邦典制作技艺于2006年被列入我国第一批国家级非物质文化遗产名录。

图 3-1-3-10 藏族邦典制作技艺
图为织工们在进行邦典织造中上织机（经机梭打、编织等）的情景。

11. 藏族卡垫制作技艺（西藏日喀则地区）

卡垫即藏式坐毯，需要运用传统卡垫织机进行织造，上经时根据活面宽窄的需要把织机两个立身柱平行地摆在地上，把它们的两端分别用两根枕木垫起，校正好宽度，再把上下梁放在定好宽度的立身柱上，在平机上上经。上完经线后，分别再在两个立身柱上的固定木喙上下加相同厚度的木楔，使经线紧到所需要的程度，把机子竖起斜靠在墙上，开始织作。织到一定高度，取出木楔，重新调整位置后再用木楔紧经线，依次重复上述操作。藏族卡垫制作技艺于2006年被列入我国第一批国家级非物质文化遗产名录。

图 3-1-3-11 藏族卡垫制作技艺
图为藏族妇女在进行卡垫整理工序的操作。

12. 维吾尔族花毡技艺（新疆吐鲁番地区）

新疆维吾尔族的织造、印染技艺最早可追溯至汉武帝元封三年（公元前108年）。在织造作品中，以花毡和印染花布最为著名。花毡是进行居室装饰的传统手工艺品之一，主要用于铺炕、铺地、拜垫和壁挂等。维吾尔族花毡在日常生活中使用十分普及，这就促成维吾尔族制花毡的艺匠们挖空心思创作出更加丰富的表现手法。维吾尔族花毡技艺（新疆吐鲁番地区）于2006年被列入我国第一批国家级非物质文化遗产名录。

图 3-1-3-12 维吾尔族花毡技艺（新疆吐鲁番地区）
图为制花毡的匠人将羊毛在毡基上摆成各种图案，然后进行擀花毡的情景。

13. 维吾尔族花毡技艺（新疆且末县）

根据制作技术的不同，维吾尔族的花毡主要分为绣花毡、补花毡、擀花毡、印花毡、彩绘花毡等品种。绣花毡是用彩丝线锁盘针法在色毡上绣出纹样；补花毡是用彩色布套剪成羊角、鹿角、骨、树枝、云等纹样缝绣贴绣到素毡上，正反对补，又称"贴绣花毡"；擀花毡是用原色羊毛和染色棉毛在黑色羊毛或白色羊毛为底的毡基上摆成各种图案擀制而成，也称"压花毡"或"嵌花毡"；印花毡是在素毡上用木图章（木印模）拓印出图案；彩绘花毡是用毛笔在素毡上绘出图案的花毡。维吾尔族花毡技艺（新疆且末县）于2006年被列入我国第一批国家级非物质文化遗产名录。

图 3-1-3-13 维吾尔族花毡技艺（新疆且末县）
图为新疆维吾尔族匠人在修饰花毡上的图案。

14. 南通蓝印花布印染技艺（江苏南通市）

蓝印花布古称"灰染"，最典型的是蓝底白花和白底蓝花两种图案。蓝底白花只需一块花版，构成的花纹互不连接。白底蓝花采用两块花版套印，分别称"头版"和"盖版"。"盖版"即把"头版"的连线部分遮盖起来，使纹样连接自然。这种蓝白底相交的传统工艺制作流程包括：挑选胚布、脱脂、裱纸、画样、替版、镂刻花版、上桐油、刮浆、染色、刮灰、清洗晾晒等。该技艺遍及南通地区各县，如如皋石庄、通州二甲和石港、海门三阳、启东汇龙及南通市区等。南通蓝印花布印染技艺于2006年被列入我国第一批国家级非物质文化遗产名录。

图 3-1-3-14 南通蓝印花布印染技艺
图为古代蓝印花布印染匠人在观察刚出缸的蓝印花布印染情况时的情景。

15. 维吾尔族印花布织染技艺（新疆吐鲁番地区）

维吾尔族印花布有刻版印花和模戳印花两种，流传至今的印花方式是木章戳印的方式，即在白棉布上用木章进行戳印。维吾尔族印花布曾被用作棉袍（棉袷袢）衬里、壁挂、窗帘、坐垫套、餐布等，后主要被用作墙围布或炕围布。其制作工艺流程包括选布、上浆、印花、漂洗等。关键技艺有两点，一是刻制木图章，工艺流程为选木料（一般是梨木）和加工坯料（刨平、打光、雕刻）；二是图案的拼合布排。维吾尔族印花布织染技艺于2006年被列入我国第一批国家级非物质文化遗产名录。

图 3-1-3-15 维吾尔族印花布织染技艺
图为维吾尔族老艺人手拿木章，在布料上模戳印花的情景。

16. 苗族蜡染技艺（贵州丹寨县）

苗族蜡染制作时先用草木灰滤水浸泡土布，脱去纤维中的脂质，使之易于点蜡和上色；再把黄蜡放入瓷碗，将瓷碗置于热木灰上，黄蜡受热熔化后，用蜡刀蘸蜡汁点画于布上；点好蜡花的布再用温水浸湿，放入已发好的蓝靛染缸；反复浸泡多次，确认布料已经染好，即可漂洗；然后放进锅里清水煮沸，使黄蜡熔化浮在水面上，黄蜡回收后以备再用。除上述步骤外，蜡染还有制作蓝靛和发染缸等工序，各道工序前后连接，构成一套完整的操作规程。苗族蜡染技艺于2006年被列入我国第一批国家级非物质文化遗产名录。

图 3-1-3-16 苗族蜡染技艺
图为苗族蜡染匠人在进行点蜡花的情景。苗族蜡染主要采用蓝靛染色的蜡染花布，有点蜡和画蜡两种技艺。

17. 白族扎染技艺（云南大理市）

白族扎染技艺主要步骤有画刷图案、绞扎、浸泡、染布、蒸煮、晒干、拆线、漂洗、碾布等。扎花即扎疙瘩，是以缝为主、缝扎结合的手工扎花方法。浸染，即将扎好"疙瘩"的布料用清水浸泡，放入染缸，或浸泡冷染，或加温煮热染，一定时间后捞出晾干，再将布料放入染缸浸染。如此反复浸染后捞出漂洗，晾干后拆去缬结，将"疙瘩"挑开，熨平整，即呈现蓝底白花的图案花纹。白族扎染技艺于2006年被列入我国第一批国家级非物质文化遗产名录。

图 3-1-3-17 白族扎染技艺
图为白族扎染匠人将扎成"疙瘩"的布料放在染缸中浸染的情景。

（二）全国第二批国家级手工纺织技艺项目内容标识图[①]

1. 杭罗织造技艺（浙江杭州市）

杭罗是罗类丝绸的代表品种，该生产技艺主要分为翻丝、纤经、摇纤、浸泡、水纤、上机织造等六道工序。其产品主要用于绣花成衣、丝绵制品、割绒装饰布等，深受民众喜爱。杭罗织造技艺于2008年被列入我国第二批国家级非物质文化遗产名录。

图 3-1-3-18 杭罗织造技艺
图为古代杭罗匠人在进行杭罗织造时的情景。

[①] 本部分包括列入全国第一批国家级手工纺织技艺扩展名录的项目。

2. 双林绫绢织造技艺（浙江湖州市）

双林绫绢织造技艺可追溯至东晋，主要分为耿绢、矾绢、花绫、素绢等品种，即古人所谓"花者为绫，素者为绢"。其生产工艺工序主要有：浸泡、翻丝、纤经、放纤、织造、炼染、研光、整理、检验成品等。绫绢是自然性桑蚕丝织物，主要特征是"薄如蝉翼，轻似晨雾"，被誉为"丝织工艺之花"。绫绢的用途很广泛，常用于工艺美术、装饰工艺等领域。双林绫绢织造技艺于 2008 年被列入我国第二批国家级非物质文化遗产名录。

图 3-1-3-19 双林绫绢织造技艺
图为绫绢制作匠人在"石元宝"上踩压绢料，使其平整光亮的情景。

3. 余杭清水丝绵制作技艺（浙江杭州市余杭区）

余杭清水丝绵制作历史可追溯至周代。清康熙年间，余杭清水丝绵远销日本。民国时余杭"老恒昌"清水丝绵享誉国内外。1929年，余杭苏晋卿制作的优质清水丝绵在西湖博览会上获得特等奖。其制作技艺需经六道工序：选茧、煮茧、漂洗、剥茧做"小兜"、扯绵撑"大兜"、晒干。在去除蚕丝外层丝胶的过程中，丝胶除去愈净，丝绵质量愈好。余杭清水丝绵制作技艺于2008年被列入我国第二批国家级非物质文化遗产名录。

图 3-1-3-20 余杭清水丝绵制作技艺
图为制作清水丝绵的妇女在进行扯绵撑"大兜"的工序。

4. 新疆维吾尔族艾德莱斯绸织染技艺（新疆洛浦县）

新疆维吾尔族艾德莱斯绸织染技艺产生于元末明初，随着和田、喀什吸收中亚人染织法的工匠回乡生产，开始传入新疆。艾德莱斯绸编织、染织工艺极其复杂，做工精细，所有工序全部由匠人手工操作完成。其生产工艺流程为：蚕茧煮沸抽丝、并丝、卷线、扎染、图案设计、捆扎、分线、上机、织绸、制成成品。新疆维吾尔族艾德莱斯绸织染技艺于2008年被列入我国第二批国家级非物质文化遗产名录。

图 3-1-3-21 新疆维吾尔族艾德莱斯绸织染技艺
图为新疆维吾尔族艾德莱斯绸编织过程中分线、上机的工序。

5. 传统棉纺织技艺（河北魏县、肥乡县）

河北省魏县土纺土织技艺历史可追溯至元代。魏县传统纺织技艺有搓花结、纺线、打线、染线、浆线、络线、经线、印布、掏缯、闯杼、绑机、织布等12道工序。决定纺织布条格、花纹的关键工序是经、纬色线的设计排列和缯的多少。缯有二页缯、三页缯、四页缯三种。河北省肥乡县土布纺织技艺有纺线、拐线、浆线、络线、经线、刷线、印线、掏缯、闯杼、上机、贴字模等工序。传统棉纺织技艺于2008年被列入我国第二批国家级非物质文化遗产名录。

图 3-1-3-22 传统棉纺织技艺
图为古代魏县妇女在织布机上编织土布的情景。

6. 鲁锦织造技艺（山东鄄城县、嘉祥县）

　　鲁锦的历史可追溯至春秋时期，其织造从采棉纺线到上机织布，先后要经过70多道工序。提花在鲁锦织造技艺中最具有代表性，也是鲁锦织造技艺成熟的标志。鲁锦的纹样主要有平纹、斜纹、缎纹、方格纹、枣花纹、水纹、狗牙纹、斗纹、芝麻花纹、合斗纹、鹅眼纹、猫蹄纹等。在色彩上，鲁锦通常是红绿搭配，黑白相间，蓝黄穿插。洁白的棉花经当地妇女灵巧的双手，便能纺染成20多种基本色线，织成1900多种绚丽图案。鲁锦织造技艺于2008年被列入我国第二批国家级非物质文化遗产名录。

图 3-1-3-23 鲁锦织造技艺
图为美丽如画的鲁锦作品。

7. 侗锦织造技艺（湖南通道侗族自治县）

侗锦主要分彩锦和素锦两种。彩锦即用彩线织成；素锦则用黑白线织成，主要用于老人的寿毯、祭祀挂单、祭师披的法毯等。编织侗锦要经过轧棉、纺纱、排纱、织锦等10多道复杂工序，图案多为几何形，以鸟、兽、虫、鱼、花、人、楼等为主体，用概括、抽象和夸张的手法构图，结构精密严谨，图案精美雅致，其内容大多反映自然化育的远古神话传说、图腾神话故事、山区日常生活场景，以及侗族人民对美好生活的向往。侗锦织造技艺于2008年被列入我国第二批国家级非物质文化遗产名录。

图 3-1-3-24 侗锦织造技艺
图为侗族织锦妇女在排纱、经纱时的情景。

8. 苗族织锦技艺（贵州麻江县、雷山县）

苗锦是苗族妇女将当地所产的蚕丝、苎麻、木棉等纤维染彩而织成的一种颇具民族特色的纺织品。苗族织锦有通经断纬法和通经通纬法两种。前者运用较为广泛，从东部苗族的湘西到西部苗族的楚雄一带都在使用。苗族织锦一般以细棉纱或丝纱为经，以粗棉、毛或丝纱为纬，多为通经断纬法织出的锦，有菱形、几何纹、字纹、团花等，一般用作被面，称为粗锦。以细彩丝线为经纬纱，按通经通纬法织出的花手帕、头巾等，称为细锦。苗族织锦技艺于2008年被列入我国第二批国家级非物质文化遗产名录。

图 3-1-3-25 苗族织锦技艺
图为苗族妇女运用古老的纺织工具——腰机进行织锦的情景。

9. 傣族织锦技艺（云南西双版纳傣族自治州）

傣族织锦的历史可追溯至唐代。傣锦多以白色或浅色为底色，以动物、植物、建筑、人物等为题材。傣锦的图案设计是通过熟练的纺织技巧创造出来的，多是单色面，用纬线起花，花纹组织非常严谨，织造时傣族妇女将花纹组织用一根根细绳系在"纹板"（花本）上，用手挡脚蹬的动作使经线形成上、下两层后开始投纬，如此反复循环便可织成十分漂亮的傣锦。傣族织锦技艺于2008年被列入我国第二批国家级非物质文化遗产名录。

图 3-1-3-26 傣族织锦技艺
图为傣族妇女在织机上进行织锦的情景。

10. 夏布织造技艺（江西万载县、重庆荣昌县）

夏布是我国著名的麻纺织品之一，织造技艺可追溯至南北朝时期。其织作技艺主要有三道工序，即苎麻处理、绩纱和织布。江西万载等地的夏布生产工具主要有刮麻具、刮浆板、纺砖、绕线架、结纱钉杆、料缸、扒头、经纱架、刷子、刷机、扣、羊角、拖耙、分铰棒、搁凳、织布机、梭子、打纬刀、挑经刀、引纬杆、经纱导棍、卷布导棍、剔纱刀、撑杆等。其产品"柔软润滑，平如水镜，轻如罗绡"。夏布织造技艺于2008年被列入我国第二批国家级非物质文化遗产名录。

图 3-1-3-27 夏布织造技艺
图为夏布编织匠人在进行绩纱的情景。

11. 北京宫毯织造技艺（北京）

宫毯即宫廷所用地毯，早期由各部落或地方政府贡奉，后来地毯织造工艺引进北京，设立官坊毯织作所。明清时期，官营织毯机构织造了一批高质量的官坊毯。民国初年，北京已成为中国地毯的主要产区之一。北京宫毯传统工艺流程为：（1）前期准备，包括剪毛、纺纱、染纱、绘制；（2）编织成型，包括上经、拴绞、打底、结扣、过纬、剪荒毛、下机；（3）美化整理，包括平毯、片毯、洗毯、剪活、修剪等。北京宫毯织造技艺于2008年被列入我国第二批国家级非物质文化遗产名录。

图3-1-3-28 北京宫毯织造技艺
图为宫毯编织匠人在对宫毯进行修剪整理的情景。修剪是宫毯美化整理工序中的一道重要工序。

12. 阿拉善地毯织造技艺（内蒙古阿拉善左旗）

内蒙古阿拉善地毯至今已有280多年的历史。阿拉善地毯的制作从设计到完成要经过构思设计、织作、平、剪、洗、造旧等工艺，主要工具有纺线车、染缸、织作架子、耙子、剪刀等。图案题材极为丰富，最多见的有龙、凤、八仙、文房四宝，以及云纹、回纹、卐字图案等。阿拉善地毯织造技艺于2008年被列入我国第二批国家级非物质文化遗产名录。

图 3-1-3-29 阿拉善地毯织造技艺
图为阿拉善地毯编织匠人在用剪刀耐心地修剪地毯图案中的毛边时的情景。

13. 维吾尔族地毯织造技艺（新疆洛浦县）

维吾尔族地毯又称东方地毯，在图案和设色方面具有鲜明的民族特点和浓厚的地方色彩，主要图案样式有开力肯（四瓣花纺）、卡其曼（散花图案）、阿娜古丽（石榴图案）、拜西其切克古丽（五枝花图案）、夏米努斯卡（麦加式图案）、博古图案（仿古图案）等。就用途而分，有铺毯、挂毯、坐垫毯、拜垫毯、褥毯等。维吾尔族地毯织造技艺于2008年被列入我国第二批国家级非物质文化遗产名录。

图 3-1-3-30 维吾尔族地毯织造技艺
图为新疆维吾尔族匠人在织毯机上聚精会神地织造地毯的情景。其品种主要有艾的亚鲁式、伊朗式、恰奇玛式、阿拉尔式等，大都花纹对称、整齐，线条粗犷，对比色彩强烈。

14. 彝族毛纺织及擀制技艺（四川昭觉县）

四川凉山彝族毛纺织及擀制技艺可追溯至其先祖阿约阿先时代。其技艺流程为：（1）把羊毛摊在竹席上并将其弹松。（2）用喷水方法将羊毛打湿。（3）用竹帘把羊毛裹起，几个人用双手滚动，使其形成雏形后，再移到竹席上，反复用力滚动，使羊毛凝结。（4）把竹帘打开，两边折起。（5）用双手滚动搓揉，反复擀制。（6）用毛制绳收领。彝族毛纺织及擀制技艺于2008年被列入我国第二批国家级非物质文化遗产名录。

图 3-1-3-31 彝族毛纺织及擀制技艺
图为制毡匠人将羊毛铺到竹席上，将其捶打弹松的情景，这是彝族羊毛擀制技艺中的一道重要工序。

15. 东乡族擀毡技艺（甘肃东乡族自治县）

东乡族民众素来擅长养羊，毛毡的使用极为普遍，因此，擀毡在东乡族中十分盛行。羊毡的特点是柔软、舒适、匀称、洁净、美观大方且经久耐用。擀毡工具主要有三件，分别是弹弓、竹帘、沙柳条。工具虽然简单，但制毡工序却很复杂，主要分为弹毛、擀毡、洗毡等。其中弹、洗、揉边技术性很强，尤其是最后一道工序揉弄毡边最为讲究，"擀毡把式高不高，就看最后一道道"就是例证。东乡族擀毡技艺于2008年被列入我国第二批国家级非物质文化遗产名录。

图 3-1-3-32 东乡族擀毡技艺
图为东乡族擀毡匠人将卷起来的毡毯用脚反复滚动搓揉，使其结实平整成型的情景。

16. 香云纱染整技艺（广东佛山市顺德区）

香云纱俗称"莨纱绸"，是目前世界纺织品中唯一用纯植物染料染色的真丝绸面料。香云纱主要利用植物薯莨块茎的液汁多次晒涂于练熟的坯绸上，使织物粘聚一层黄棕色的胶状物质，再用含有氧化铁成分的泥土均匀涂于织物表面，经反复多次晾晒、水洗后使胶状物变成黑色而成。其制作工艺独特，制作时间长，技艺要求精湛。香云纱染整技艺于2008年被列入我国第二批国家级非物质文化遗产名录。

图 3-1-3-33 香云纱染整技艺
图为香云纱编织匠人将植物薯莨块茎的液汁晒涂于练熟的坯绸上的情景。

17. 枫香印染技艺（贵州惠水县、麻江县）

枫香印染技艺已有120余年的历史。该技艺类似蜡染，但其描花时所使用的原料和工具不是蜡和蜡刀，而是枫香油和毛笔。枫香油是取百年以上老枫香树脂，掺上牛油，用文火煎熬过滤而成。其制作方法：（1）用毛笔蘸枫香油，在白布上描绘花、鸟、鱼、虫等图案；（2）浸入以蓝色为主的染靛靛缸中进行染色，然后取出布匹水煮脱脂，使其呈现白色花纹；（3）清水漂洗、晾干。枫香印染技艺于2008年被列入我国第二批国家级非物质文化遗产名录。

图 3-1-3-34 枫香印染技艺
图为枫香印染匠人用毛笔蘸着枫香油，在白布上描绘美丽图案的情景。

18. 蓝印花布印染技艺（湖南凤凰县、邵阳县）

蓝印花布源自远古时代苗族人、瑶族人的"阑干斑布"和"蜡缬"，其历史可追溯至唐。邵阳人在苗瑶蜡染的基础上，首创以豆浆石灰代蜡防染的印染法。该技艺主要分四部分进行，分别是制版、印花、浸染、退浆漂洗。其特点是做工精细、构图巧妙、寓意深刻。主要代表作品有《凤戏牡丹》《凤啄牡丹》《金鱼戏莲》《吉庆有余》《双鱼福寿》等。蓝印花布印染技艺于2008年被列入我国第一批国家级非物质文化遗产扩展名录。

图 3-1-3-35 蓝印花布印染技艺
图为古人在制作蜡版以供印花的情景。

19. 蜡染技艺（贵州安顺市）

安顺素有"蜡染之乡"的美誉，其蜡染技艺的工序是，先用草木灰滤水浸泡土布，脱去纤维中的脂质，然后把适量的黄蜡放在瓷碗里，将瓷碗置于热木灰上，黄蜡熔化成液体后，用蜡刀蘸蜡汁点画于布上。一般不打样，只凭构思绘画，也不用直尺和圆规，所画的中行线、直线和方圆图形，折叠起来也能吻合不差。蜡染技艺于2008年被列入我国第一批国家级非物质文化遗产扩展名录。

图 3-1-3-36 蜡染技艺
图为蜡染匠人在用蜡刀蘸蜡汁在布上进行点画的情景。现今北京故宫博物院陈列有清代皇家宫廷珍藏的一幅安顺市郊苗族蜡染背扇扇面。

20. 自贡扎染技艺（四川自贡市）

扎染约起源于秦汉时期。主要染色步骤有画刷图案、绞扎、浸泡、染布、蒸煮、晒干、拆线、漂洗、碾布等，技术关键是绞扎手法和染色技艺。自贡扎染技艺有绞、缝、扎、捆、撮、叠、缚、夹等数十种扎缬手法，形成了自贡扎染的独特工艺。自贡扎染工艺性强，以针代笔，作品色彩斑斓，款式多样，扎痕耐久。自贡扎染技艺于2008年被列入我国第一批国家级非物质文化遗产扩展名录。

图 3-1-3-37 自贡扎染技艺
图为当地妇女在用针缝扎布料的情景。缝是扎染技艺中的一道重要工序。

（三）全国第三批国家级手工纺织技艺项目内容标识图[1]

1. 蓝夹缬技艺（浙江温州市）

夹缬又称"夹染"，约起于秦汉，盛于唐宋。古时由朝廷中染制的丝织品传至民间。我国浙南地区以蓝草汁为染料，在丝织品或棉织品上染制的图案花样，称为"蓝夹缬"。其生产工序有：纺纱、上浆、织成、贴粉本、刻纹样、通水路、拓回粉本、浸泡、打花、过筛、沉淀、印染、染液发酵、坯布装版、下缸上色、漂洗晾晒等。蓝夹缬技艺于2011年被列入我国第三批国家级非物质文化遗产名录。

图 3-1-3-38 蓝夹缬技艺
图为蓝夹缬生产中最重要的一道工序——下缸上色。蓝夹缬是以靛青为染料，用两片纹样对称的木板夹住丝或棉料染制出各种图案的织品。

---

[1] 本部分包括列入全国第二批国家级手工纺织技艺扩展名录的项目。

2. 杭州织锦技艺（浙江杭州市）

杭州织锦历史可追溯至五代十国时期，吴越国王钱镠在杭州设立了官营丝绸作坊"织室"。明清时期"杭州织造局"是三大官办织造机构之一，产品专供宫廷使用。杭州织锦有58道传统手工织锦工序，其中，五彩锦绣织锦的织纹穿吊装造法以及盘梭（纬）法、换道（纬）法、抛梭（纬）法、通经回纬挖花法等织锦工艺技法，均为杭州织锦的特色。杭州织锦技艺于2011年被列入我国第二批国家级非物质文化遗产扩展名录。

图3-1-3-39.杭州织锦技艺
图为古代匠人在织机上织造杭州织锦的情景。

3. 辑里湖丝手工制作技艺（浙江湖州市南浔区）

"辑里湖丝"又称"辑里丝"，其流布地主要以南浔辑里村为中心，兼及练市、善琏、双林一带的农村。其制作技艺主要有：搭"丝灶"（专为缫丝所建的灶头）、烧水、煮茧、捞丝头（又称"索绪"）、缠丝窠（又称"添绪"）、绕丝轴、炭火烘丝（也称"出水干"）等。一般以家庭成员代代相传的方式传承，尤以女性传承人为多。辑里湖丝手工制作技艺于2011年被列入我国第二批国家级非物质文化遗产扩展名录。

图 3-1-3-40 辑里湖丝手工制作技艺
图为辑里湖丝制作过程中煮茧与捞丝头时的场景。

4. 余姚土布制作技艺（浙江余姚市）

余姚土布又称"越布""余姚杜布"，兴起于东汉，在南宋和元明清时期名噪一时。余姚土布样式品种繁多，有数十类，上百种花色。传统土布制作工艺复杂，分棉加工、纺纱、调纱、染色、浆纱、经布、织布等10多个环节、上百道工序，需用到50多项织布工具。余姚土布制作技艺伴随着许多相关的民俗民习，对研究江南一带的民俗文化、农耕文化和传统商业文化具有很高的参考价值。余姚土布制作技艺于2011年被列入我国第二批国家级非物质文化遗产扩展名录。

图 3-1-3-41 余姚土布制作技艺
图为余姚土布制作技艺中最重要的一道工序——织布。

5. 南通色织土布技艺（江苏南通市）

色织布古称"斑布"，其技艺特色是利用各种色纱经纬相间，织成不同形式的条子或格子棉布，最早可追溯至明代。手投梭机、脚踏手拉机和铁木机是该技艺的主要工具。芦纹、条纹、格子纹、提花织锦等是其主要织品图案。南通土布是反映我国织造技艺最全面的传统棉纺织染织工艺的代表，也是中国民间染织工艺的历史活标本。目前主要流传于南通市及周边地区。南通色织土布技艺于2011年被列入我国第二批国家级非物质文化遗产扩展名录。

图 3-1-3-42 南通色织土布技艺
图为当地妇女在手投梭机上辛勤织作土布的情景。

6. 维吾尔族帕拉孜纺织技艺（新疆拜城县）

"帕拉孜"是新疆维吾尔族古老的原生态土布纺织工艺，维吾尔语意为"平纹毛织品"，至今已有3800年的历史。该工艺包含择料、上色、络线、经线、纺织等流程。其作品的染色原料主要有沙棘根、鲜核桃外皮、鲜石榴皮、野山花、奥依丹、彩色矿石等，所染织物具有植物汁液的自然气息。维吾尔族帕拉孜纺织技艺于2011年被列入我国第二批国家级非物质文化遗产扩展名录。

图 3-1-3-43 维吾尔族帕拉孜纺织技艺
图为帕拉孜制作过程中的一道重要工序——经线。

7. 苗族织锦技艺（贵州台江县、凯里市）

贵州台江县、黄平县、剑河县一带以通经断纬法织出的彩锦图案十分丰富，有龙纹、舞人纹、鹭纹、鱼纹以及几何纹等，尤以台江县施洞、革东、五河一带织锦图最有特色，因其彩纬充分覆盖在织物表面，正面色彩艳丽，故深受当地民众喜爱。织锦一般用于头巾、围腰和衣被。苗族织锦技艺于2011年被列入我国第二批国家级非物质文化遗产扩展名录。

图 3-1-3-44 苗族织锦技艺
图为苗族妇女在为织锦设计图案时的情景。

8. 维吾尔族花毡制作技艺（新疆柯坪县）

擀花毡维吾尔语称"坦力玛特"，其制作技艺主要分为弹毛、拼纹样、擀制、晾晒四道工序。其中，拼纹样的图案纹样受伊斯兰文化的影响，主要是从植物花卉中提炼而成，一般没有动物、人物出现。阿不都瓦纹、阿娜古丽纹、牡丹纹、桑葚纹、塔吉纹、芝麻纹、团花纹、菊花纹、红花纹、爪牙纹、窗格纹、梳子纹、巴达姆纹、蔷薇纹、回形纹、双回形纹等是常见的品种。维吾尔族花毡制作技艺于2011年被列入我国第二批国家级非物质文化遗产扩展名录。

图 3-1-3-45 维吾尔族花毡制作技艺
图为维吾尔花毡制作者在进行拼纹样时的情景。

9. 苗族蜡染技艺（四川珙县）

川南珙县罗渡苗乡的蜡染主要用于其百褶裙、围腰、蚊帐、卧单、枕巾、帐沿、门帘等，其中的百褶裙蓝色彩带描绘了苗族先民的历史迁徙轨迹。苗族蜡染技艺于2011年被列入我国第二批国家级非物质文化遗产扩展名录。

图 3-1-3-46 苗族蜡染技艺
图为蜡染匠人在进行蜡版绘图设计时的情景。

10. 黄平蜡染技艺（贵州黄平县）

黄平亻革家（亻革家人系贵州的一个少数民族族群）蜡染在先秦两汉时期的史料中开始出现。工艺流程分为点蜡和浸染两个步骤。点蜡是先把白布平铺在一块平面光滑的方形木板上，再把盛有蜂蜡的土陶碗放在火盆旁，用火盆里的火使蜡熔化，然后用蜡刀蘸蜡作画，俗称"点蜡花"。浸染是把画好的蜡片放在蓝靛染缸里，一般要染三天，连续处理十多次后，煮沸水洗净，脱蜡现图。黄平蜡染技艺于2011年被列入我国第二批国家级非物质文化遗产扩展名录。

图 3-1-3-47 黄平蜡染技艺
图为亻革家妇女在绘制充满民族特色的蜡染图版的景象。

第二编　地区手工纺织技艺项目与资源图谱（选录）

一　浙江省

浙江省地处中国东部沿海东端，长江三角洲南翼，东临东海。地理特征丰富，浙北地区为水网密集的冲积平原，浙东地区多丘陵，浙南地区多山地。浙江是吴越文化、江南文化的发源地，境内已发现河姆渡文化、马家浜文化、良渚文化等100多处新石器时代遗址。

至2012年时，浙江省已拥有18项手工纺织技艺类非物质文化遗产项目，数量在全国所有省份中为最多。由于浙江省北部杭嘉湖地区是中国蚕桑生产的主产区，蚕桑丝织技艺发达，所以手工纺织技艺中以丝织技艺尤为丰富，有多达7个的省级以上项目，分别为：湖州市的辑里湖丝制作技艺、双林绫绢织造技艺，杭州的清水丝棉制作技艺、杭罗织造技艺、都锦生织锦织造技艺、台州的拷绢手工技艺以及桐乡濮绸织造工艺。除丝织外，浙江省的花布印染技艺也较有特色，如桐乡市以及仙居县的蓝印花布印染技艺、苍南县的蓝夹缬技艺等。

从分布情况来看，丝织技艺项目主要分布在北部杭州市、嘉兴市、湖州市，与这三个地区为蚕桑主产区有关。其他项目则多分布在东部沿海丘陵地区。

浙江省手工纺织技艺类项目的传承谱系较为有序，多为家族传承，其中杭罗织造技艺、辑里湖丝制作技艺、潘永泰棉花手工弹制技艺、仙居蓝印花布印染技艺均有三代以上的传承人，辑里湖丝制作技艺甚至有清晰明确的六代传承谱系。其他项目虽没有明晰的家族传承，却也有一定数量的手艺人在进行传承活动。

自21世纪初以来，浙江省采取了多种措施以更好地保护和传承这些传统手工纺织技艺，如建立与手工纺织技艺相关的博物馆、展示馆、传习所等。生产性保护是手工纺织技艺项目有效的传承方式，浙江省在这方面做了大量工作，例如在杭州市余杭区建有专门的蚕桑丝织文化生态保护区，以及丝棉生产基地。此外，许多民营的纺织企业、服装企业也成为传统技艺的传承与保护单位。

（一）浙江省手工纺织技艺项目与相关信息分布图

浙江省手工纺织技艺项目分布图

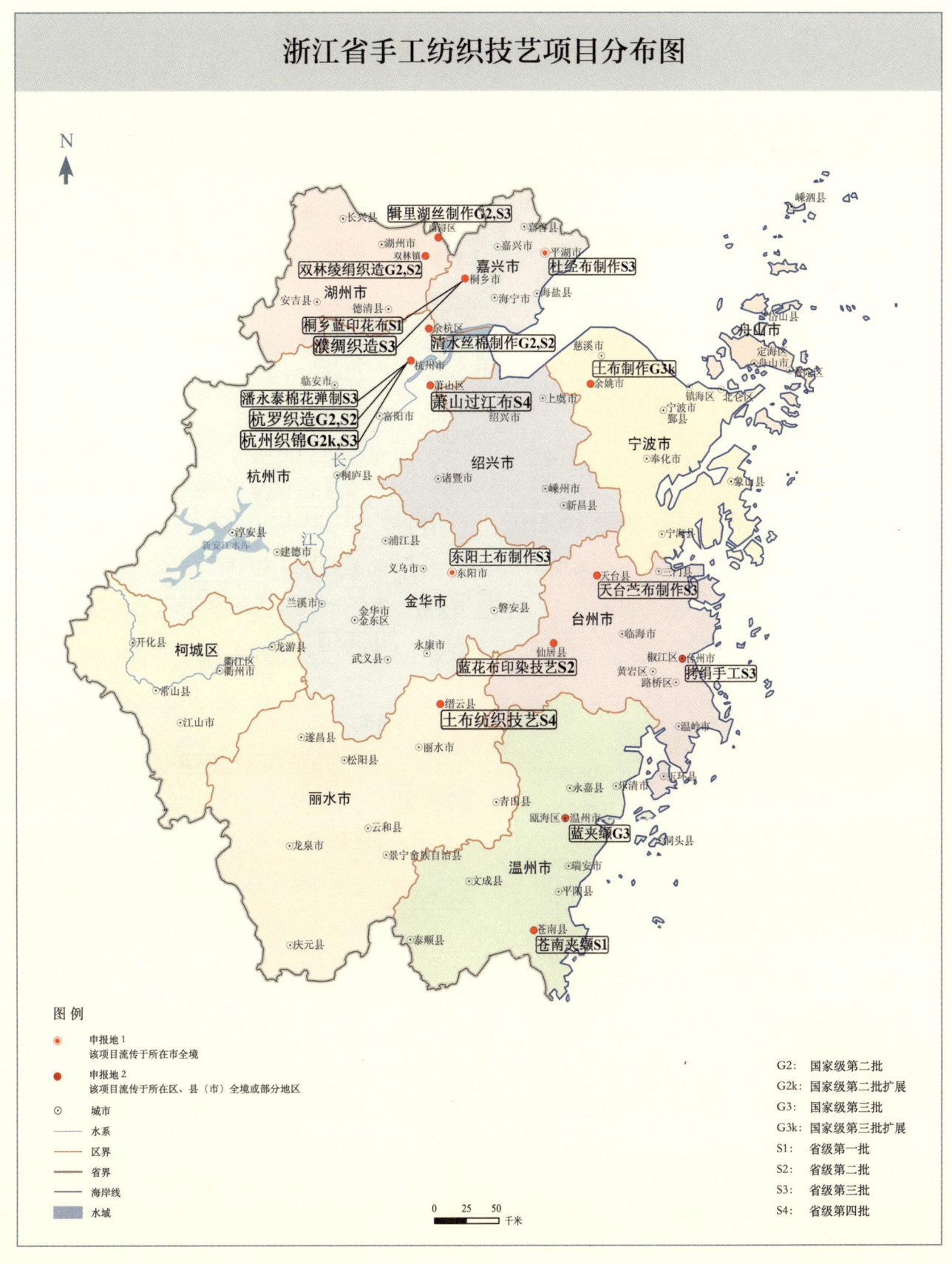

图例

- 申报地1 该项目流传于所在市全境
- 申报地2 该项目流传于所在区、县（市）全境或部分地区
- ⊙ 城市
- 水系
- 区界
- 省界
- 海岸线
- 水域

G2： 国家级第二批
G2k：国家级第二批扩展
G3： 国家级第三批
G3k：国家级第三批扩展
S1： 省级第一批
S2： 省级第二批
S3： 省级第三批
S4： 省级第四批

图 3-2-1-1 浙江省手工纺织技艺项目分布图

手工纺织技艺卷
第二编 地区手工纺织技艺项目与资源图谱（选录）

417

浙江省手工纺织技艺传承人分布图[①]

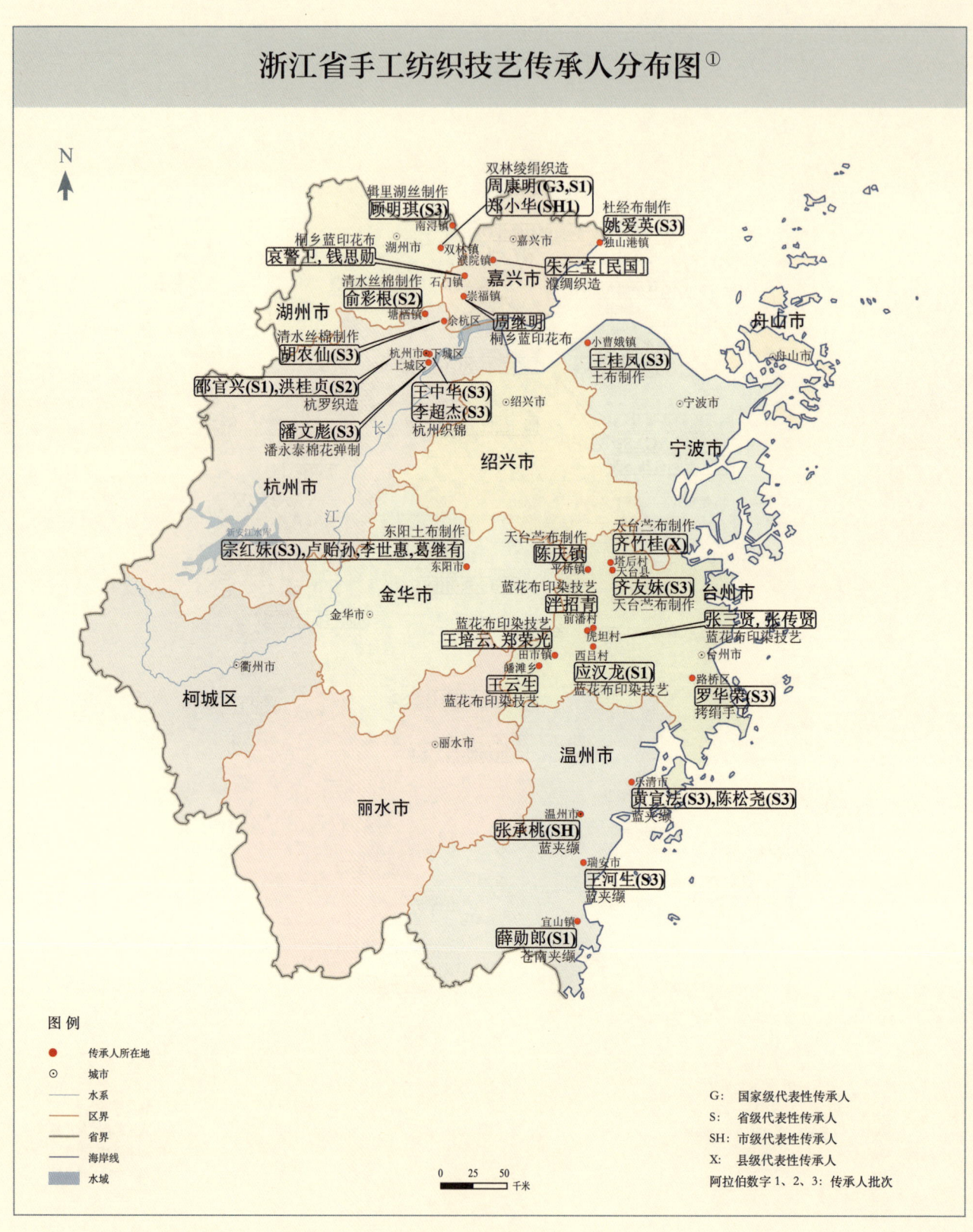

图 3-2-1-2 浙江省手工纺织技艺传承人分布图

[①] 本图中的传承人是指至2012年年底浙江省被列入国家级、浙江省省级与各市区（县）级，以及部分具有较大社会影响的无级别手工纺织技艺传承人。

浙江省手工纺织技艺相关信息分布图（陈列展示类）

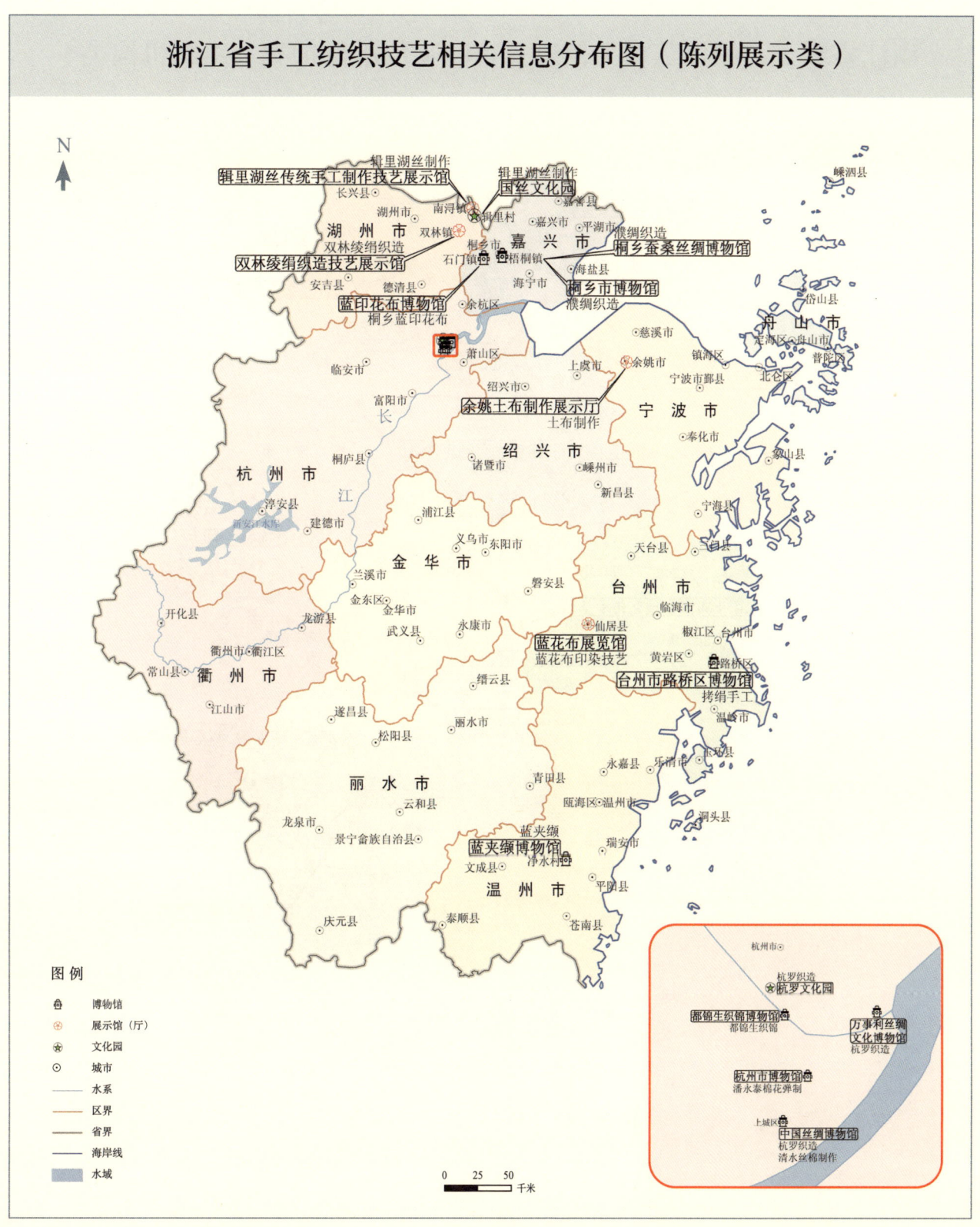

图 3-2-1-3 浙江省手工纺织技艺相关信息分布图（陈列展示类）

手工纺织技艺卷
第二编 地区手工纺织技艺项目与资源图谱（选录）

浙江省手工纺织技艺相关信息分布图（传承保护类、组织机构类）

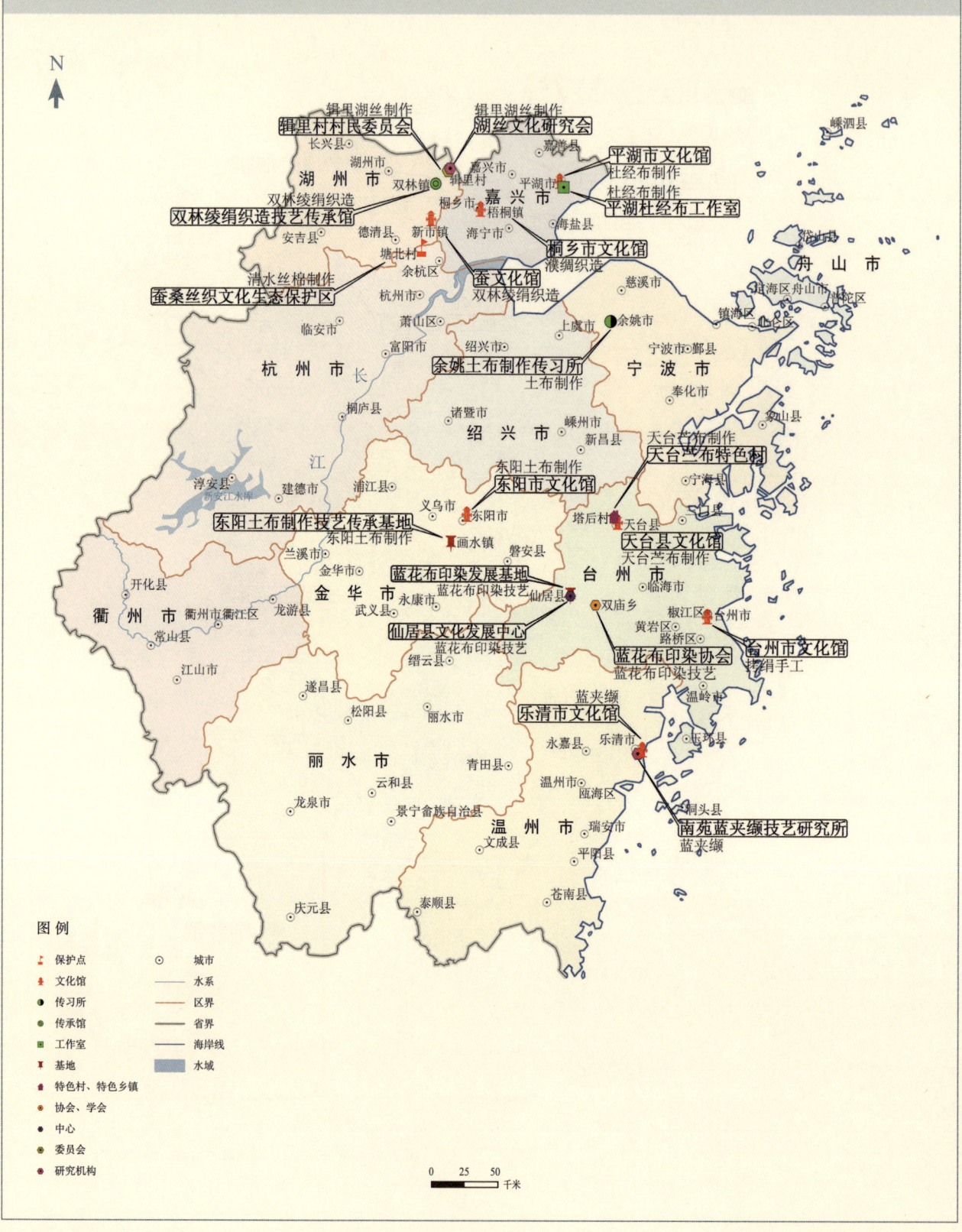

图 3-2-1-4 浙江省手工纺织技艺相关信息分布图（传承保护类、组织机构类）

浙江省手工纺织技艺相关信息分布图（生产经营类）

图 3-2-1-5 浙江省手工纺织技艺相关信息分布图（生产经营类）

（二）浙江省手工纺织技艺传承谱系图（选录）

1. 浙江省杭州市艮山门杭罗织造技艺邵官兴传承谱系图

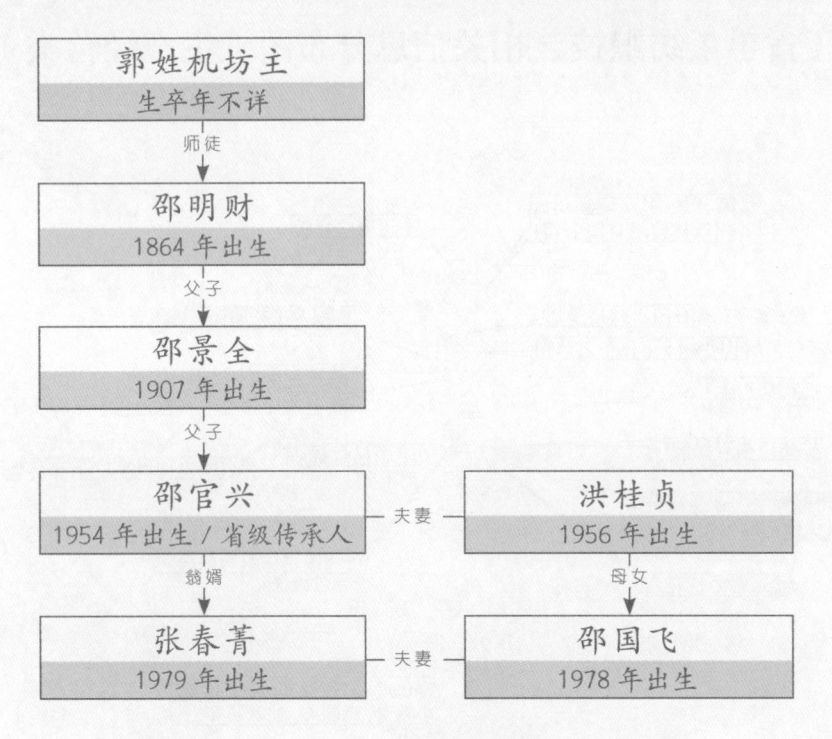

```
郭姓机坊主
生卒年不详
    │ 师徒
邵明财
1864年出生
    │ 父子
邵景全
1907年出生
    │ 父子
邵官兴 ──夫妻── 洪桂贞
1954年出生/省级传承人    1956年出生
    │ 翁婿              │ 母女
张春菁 ──夫妻── 邵国飞
1979年出生        1978年出生
```

图 3-2-1-6 浙江省杭州市艮山门杭罗织造技艺邵官兴传承谱系图

2. 浙江省杭州市上城区河坊街棉花手工弹制技艺潘文彪传承谱系图

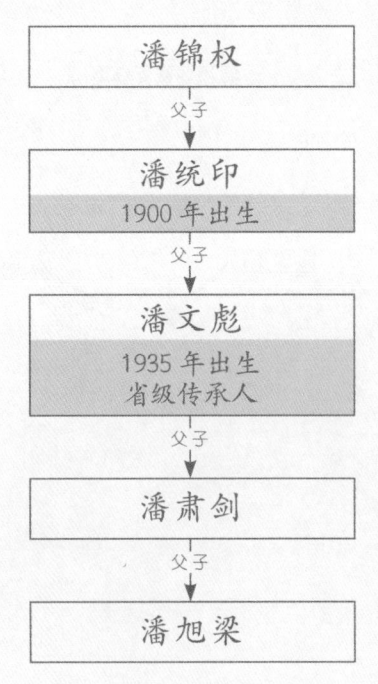

```
潘锦权
  │ 父子
潘统印
1900年出生
  │ 父子
潘文彪
1935年出生
省级传承人
  │ 父子
潘肃剑
  │ 父子
潘旭梁
```

图 3-2-1-7 浙江省杭州市上城区河坊街棉花手工弹制技艺潘文彪传承谱系图

二 江苏省

江苏省位于中国东部沿海地区中部、长江下游，东濒黄海，地形上以平原为主，水网密布，湖泊众多。地理上跨越南北地区，气候、植被也兼具南方和北方的特征。江苏历史悠久，吴文化、金陵文化、淮扬文化、徐淮文化等多元文化杂糅，使得江苏拥有极为丰富的物质与非物质文化遗产资源。

在江苏省的非物质文化遗产资源之中，传统手工纺织技艺是重要组成部分。其中，苏州缂丝织造技艺、南京云锦织造技艺作为中国传统桑蚕丝织技艺的代表，入选联合国教科文组织"人类非物质文化遗产代表作名录"；此外，以上两个项目连同苏州宋锦织造技艺、南通蓝印花布印染技艺、南通色织土布技艺，同时被列为我国国家级的非物质文化遗产名录。

从资源分布上看，江苏省重要手工纺织技艺资源主要分布在江苏中南部地区的南京、苏州、南通、镇江等地。在项目传承人的传承谱系方面，手工纺织技艺类项目传承方式一般为家族传承或师徒传承，有些手工纺织技艺项目有较为明确和详细的传承谱系，而且代际关系较长，如苏州缂丝织造技艺王建江一支，第一代传承人可追溯至清乾隆年间；王金山一支也已有4代传承人。另如南通蓝印花布印染技艺的吴元新一支，已经在家族内部传承了6代；王振兴一支从师徒传承转为家族传承，也已传承了6代；还有一支曹建雄、曹晓峰父女的家族传承，也已有5代传承人。有些项目则只有3代以内的代际传承，如南通扎染技艺、南通缂丝织造技艺等。而其他多数项目并无明显的代际传承，只有单独存在的同属一代的几位传承人，如"南京云锦木机妆花手工织造技艺"和"宋锦织造技艺"，其谱系已不可考。

近年来，江苏省在手工纺织技艺类非遗项目的保护方面做了大量工作，绝大多数项目都建有专门的博物馆、陈列馆、艺术馆等，以展示与技艺相关的文物、器具，并开展各式传习活动，如苏州丝绸博物馆、南通蓝印花布艺术馆、如皋市丝毯艺术博物馆、焦宝林扎染艺术陈列馆等。此外，江苏省部分手工纺织技艺项目的生产性保护工作成效显著，如苏州宋锦织造技艺保护点建有"中国宋锦开发应用基地"；苏州市技师学院专设"缂丝专业"；一些民营的纺织企业、服装企业在生产经营的同时进行着保护与传承工作。

（一）江苏省手工纺织技艺项目与相关信息分布图

江苏省手工纺织技艺项目分布图

图 3-2-2-1 江苏省手工纺织技艺项目分布图

江苏省手工纺织技艺传承人分布图①

图例
- 传承人所在地
- 城市
- 水系
- 区界
- 省界
- 海岸线

G: 国家级代表性传承人
S: 省级代表性传承人
SH: 市级代表性传承人
阿拉伯数字1、2、3、4：传承人批次

图 3-2-2-2 江苏省手工纺织技艺传承人分布图

① 本图中的传承人是指至2012年年底江苏省被列入国家级、江苏省省级与市区（县）级，以及部分具有较大社会影响的无级别手工纺织技艺传承人。

江苏省手工纺织技艺相关信息分布图（陈列展示类）

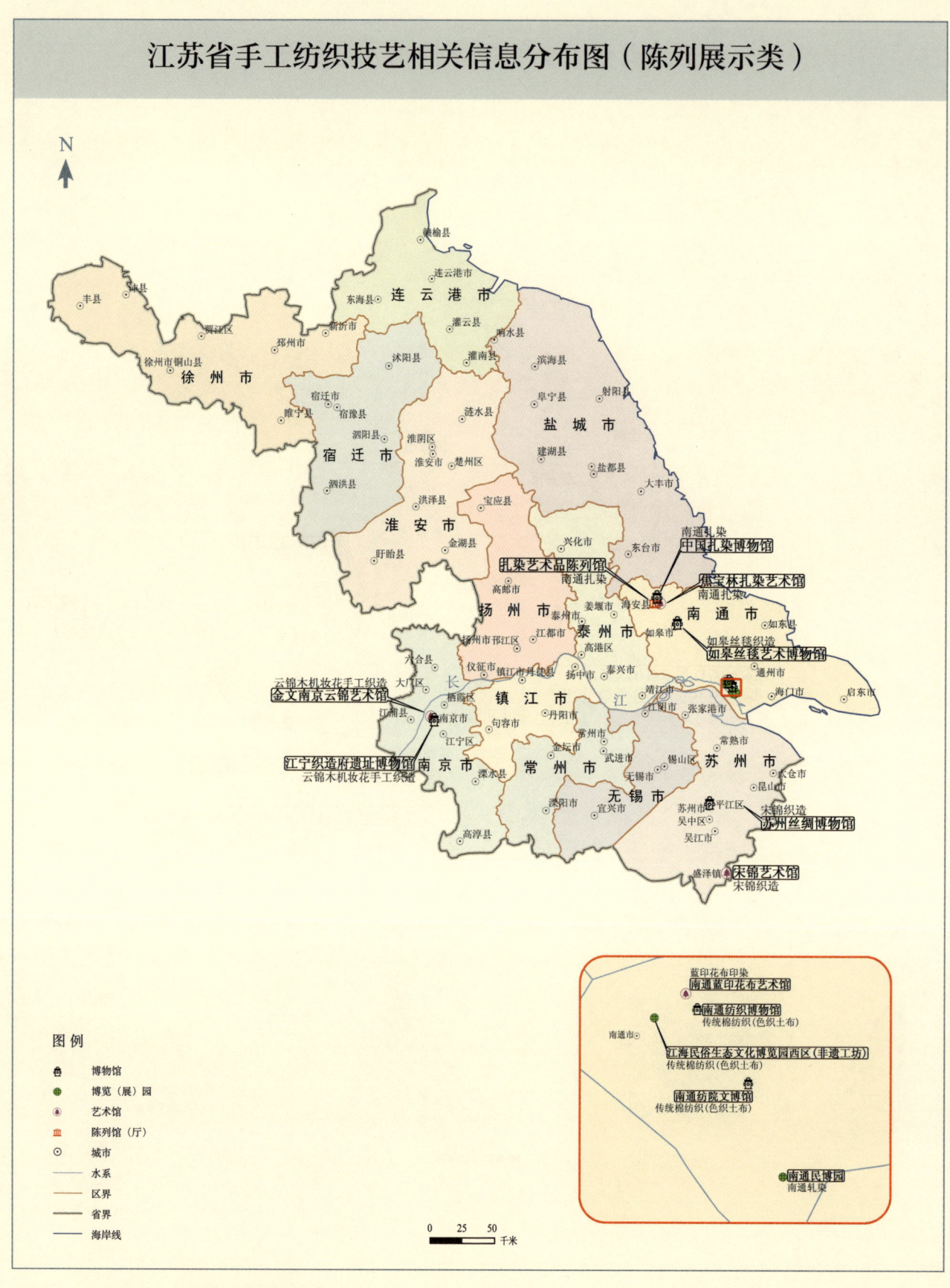

图 3-2-2-3　江苏省手工纺织技艺相关信息分布图（陈列展示类）

江苏省手工纺织技艺相关信息分布图（传承保护类、组织机构类）

图 3-2-2-4 江苏省手工纺织技艺相关信息分布图（传承保护类、组织机构类）

手工纺织技艺卷
第二编 地区手工纺织技艺项目与资源图谱（选录）

江苏省手工纺织技艺相关信息分布图（生产经营类）

图 3-2-2-5 江苏省手工纺织技艺相关信息分布图（生产经营类）

（二）江苏省手工纺织技艺传承谱系图（选录）

1. 江苏省苏州市缂丝织造技艺王金山传承谱系图

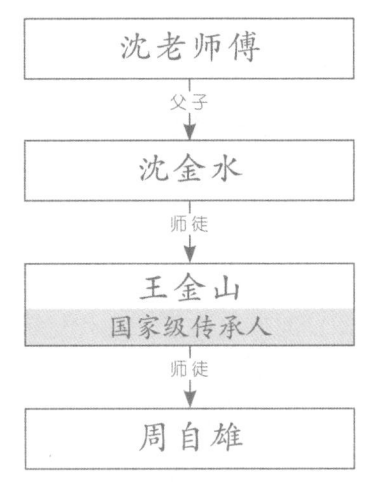

```
沈老师傅
  │ 父子
沈金水
  │ 师徒
王金山
国家级传承人
  │ 师徒
周自雄
```

图 3-2-2-6 江苏省苏州市缂丝织造技艺王金山传承谱系图

2. 江苏苏州市相城区缂丝织造技艺王嘉良传承谱系图

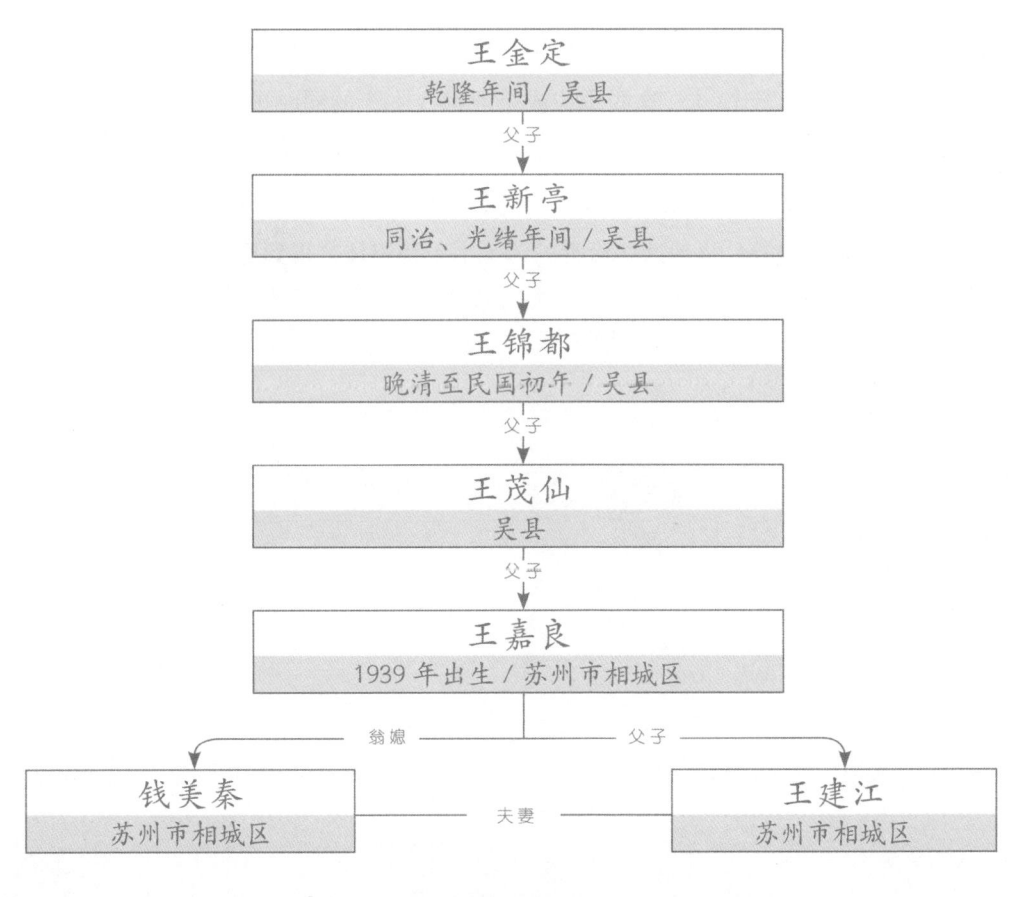

```
王金定
乾隆年间 / 吴县
  │ 父子
王新亭
同治、光绪年间 / 吴县
  │ 父子
王锦都
晚清至民国初年 / 吴县
  │ 父子
王茂仙
吴县
  │ 父子
王嘉良
1939 年出生 / 苏州市相城区
  ├─ 翁媳 ──────── 父子 ─┐
钱美秦 ──── 夫妻 ──── 王建江
苏州市相城区            苏州市相城区
```

图 3-2-2-7 江苏苏州市相城区缂丝织造技艺王嘉良传承谱系图

三 河北省

河北省地处华北，东临渤海，西部为太行山区，东北部是燕山山脉，西北部是军都山脉，最北部与内蒙古高原相接。河北省地形复杂，是中国兼有高原、山地、丘陵、平原、湖泊和海滨的省份。河北省是中华文明的发源地之一，战国时期河北大部分属于赵国和燕国，所以又被称为燕赵之地。作为京城通往外地的门户，河北省自古以来一直是京畿要地。

河北省手工纺织技艺类非物质文化遗产项目以传统棉布纺织、印染为主，如魏县土纺土织技艺、高阳民间染织技艺、织字土布技艺、魏县花布染织技艺、沙河四匹缯布制作技艺、广宗传统纺织技艺、威县土布纺织技艺等。其中以魏县土纺土织技艺等一些棉纺织技艺最具代表性，被列入国家级非物质文化遗产名录。

河北省手工纺织技艺资源丰富，主要分布在河北省南部的邢台市、邯郸市、保定市等地，其因与这些地区地处华北平原产棉区、百姓多从事棉花种植与纺织业有关。项目传承人的传承谱系方面，多数项目并无明显的代际传承，只有单独存在的同属一代的几位传承人，如魏县土纺土织技艺有5位，织字土布技艺有4位，但依据现有材料来看，其传承谱系已不可考。

河北省染织业表现形态多种多样，既有家庭作坊式的小型生产模式，也有工厂式的工商业生产模式，这些作坊或企业都在生产的同时进行着此类非物质文化遗产的保护与开发工作。此外，河北省建立了许多专门的手工纺织技艺类博物馆、展示馆、收藏馆，如魏县土纺土织收藏馆、魏县印花布收藏馆、高阳纺织博物馆、威县土布纺织技艺展览馆等，以使这些珍贵的传统手工纺织技艺得到更好的保护和传承。

（一）河北省手工纺织技艺项目与相关信息分布图

河北省手工纺织技艺项目分布图

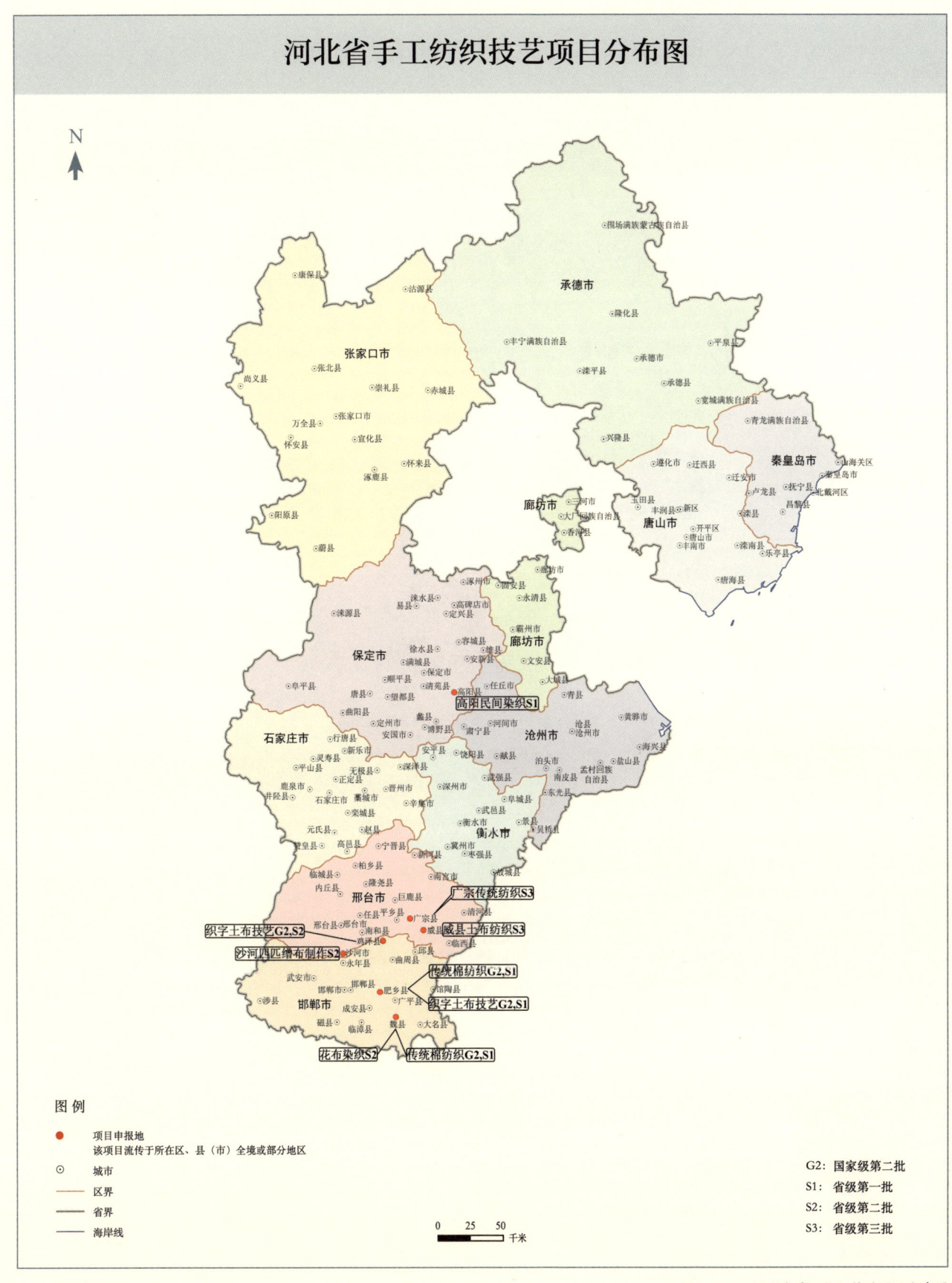

图 3-2-3-1 河北省手工纺织技艺项目分布图

手工纺织技艺卷
第二编 地区手工纺织技艺项目与资源图谱（选录）

河北省手工纺织技艺传承人分布图①

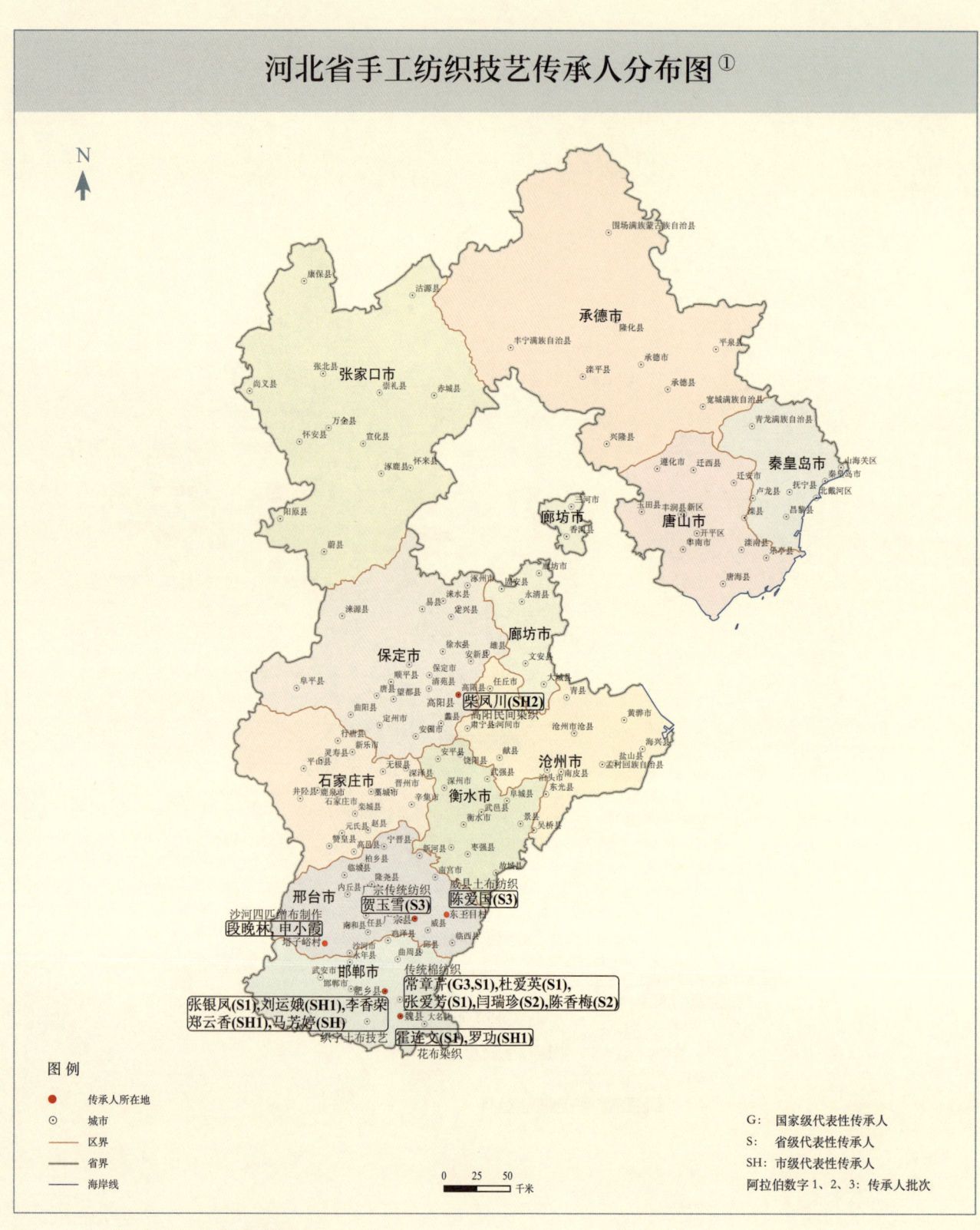

图 3-2-3-2 河北省手工纺织技艺传承人分布图

---

① 本图中的传承人是指至2012年年底河北省被列入国家级、河北省省级与市区（县）级，以及部分具有较大社会影响的无级别手工纺织技艺传承人。

河北省手工纺织技艺相关信息分布图（传承保护类、陈列展示类）

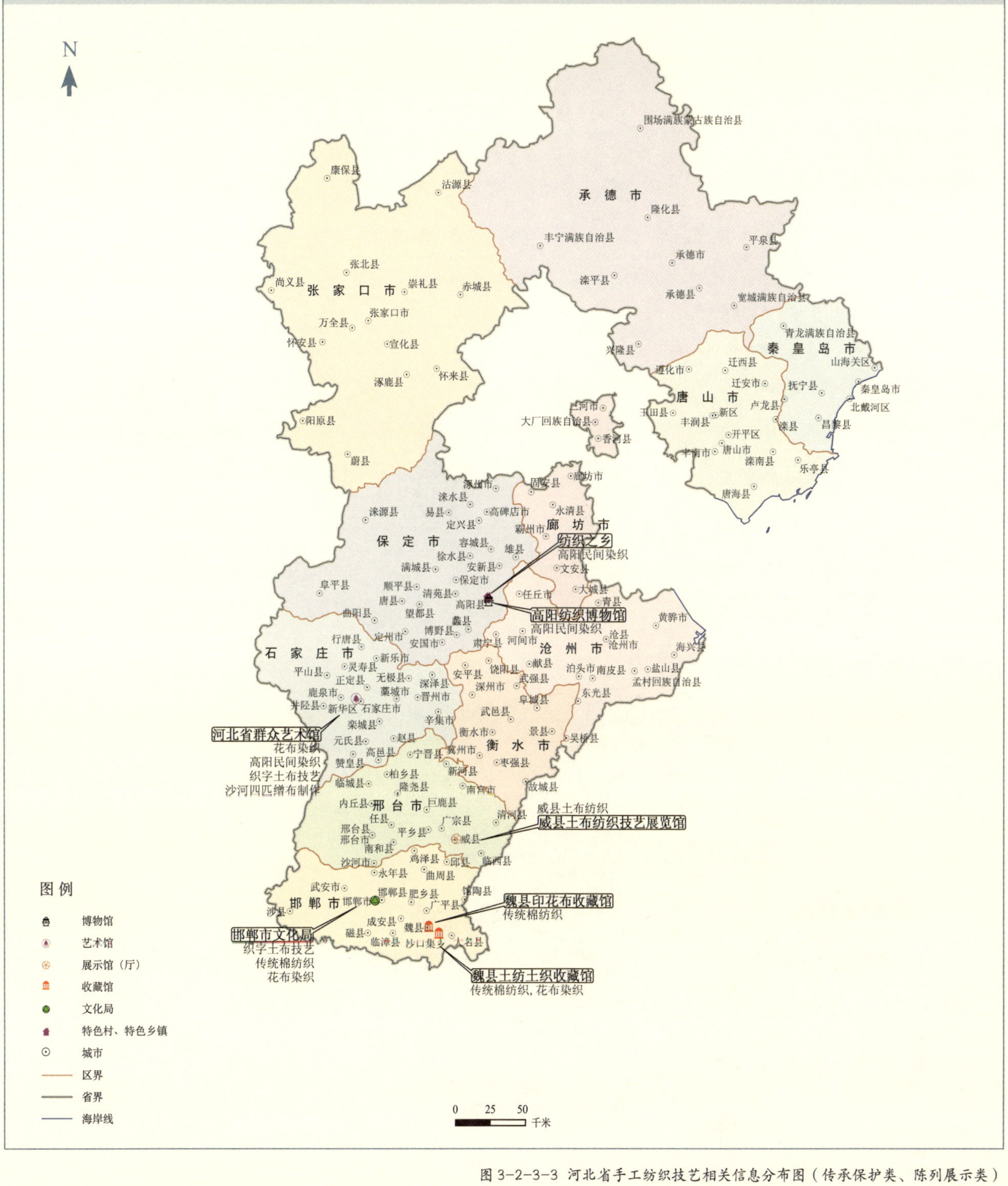

图 3-2-3-3　河北省手工纺织技艺相关信息分布图（传承保护类、陈列展示类）

河北省手工纺织技艺相关信息分布图（生产经营类）

图3-2-3-4 河北省手工纺织技艺相关信息分布图（生产经营类）

（二）河北省手工纺织技艺传承谱系图（选录）

1. 河北省魏县土布纺织技艺张爱芳传承谱系图

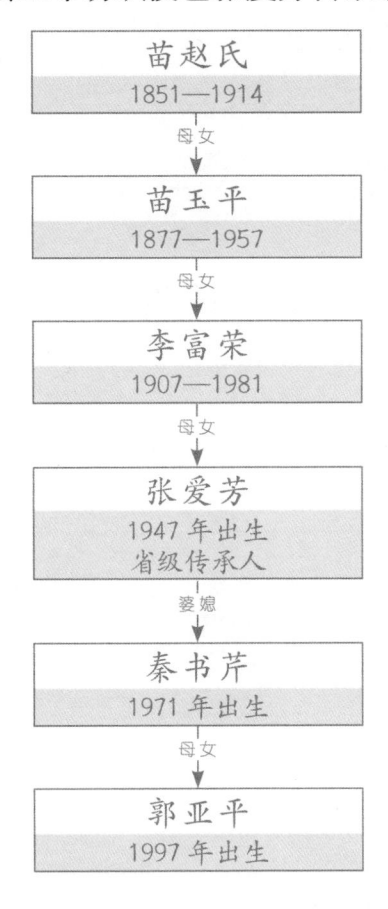

```
苗赵氏
1851—1914
   │ 母女
   ▼
苗玉平
1877—1957
   │ 母女
   ▼
李富荣
1907—1981
   │ 母女
   ▼
张爱芳
1947年出生
省级传承人
   │ 婆媳
   ▼
秦书芹
1971年出生
   │ 母女
   ▼
郭亚平
1997年出生
```

图 3-2-3-5　河北省魏县土布纺织技艺张爱芳传承谱系图

2. 河北省肥乡县土布纺织技艺郑云香传承谱系图

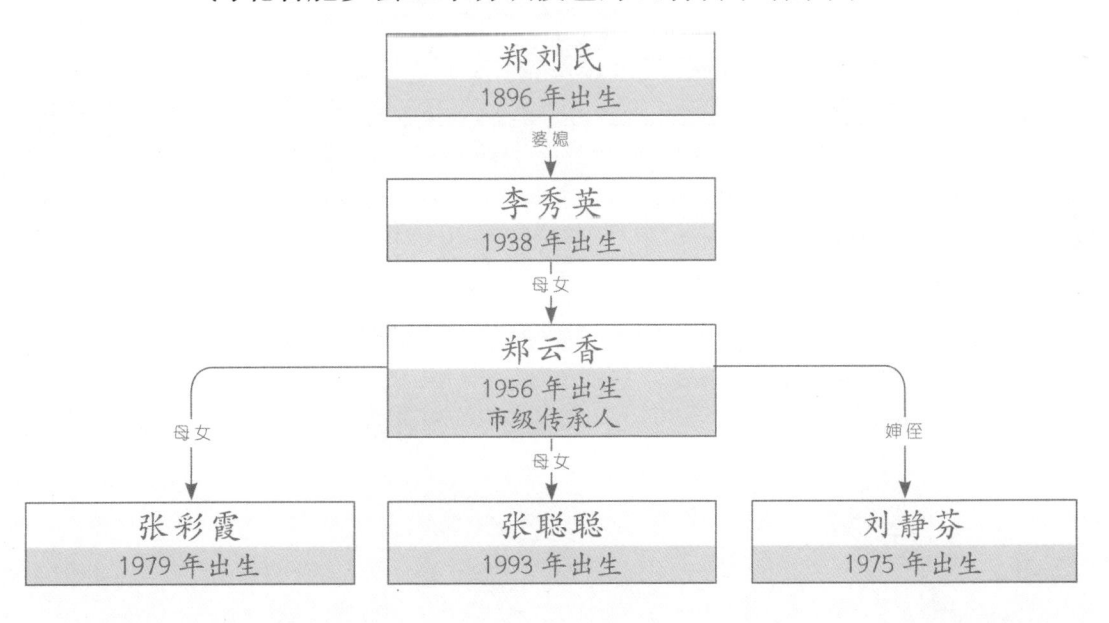

```
郑刘氏
1896年出生
   │ 婆媳
   ▼
李秀英
1938年出生
   │ 母女
   ▼
郑云香
1956年出生
市级传承人
  ┌────────┼────────┐
母女      母女      娰侄
  ▼        ▼        ▼
张彩霞   张聪聪   刘静芬
1979年出生 1993年出生 1975年出生
```

图 3-2-3-6　河北省肥乡县土布纺织技艺郑云香传承谱系图

3. 河北省威县土布纺织技艺陈爱国传承谱系图

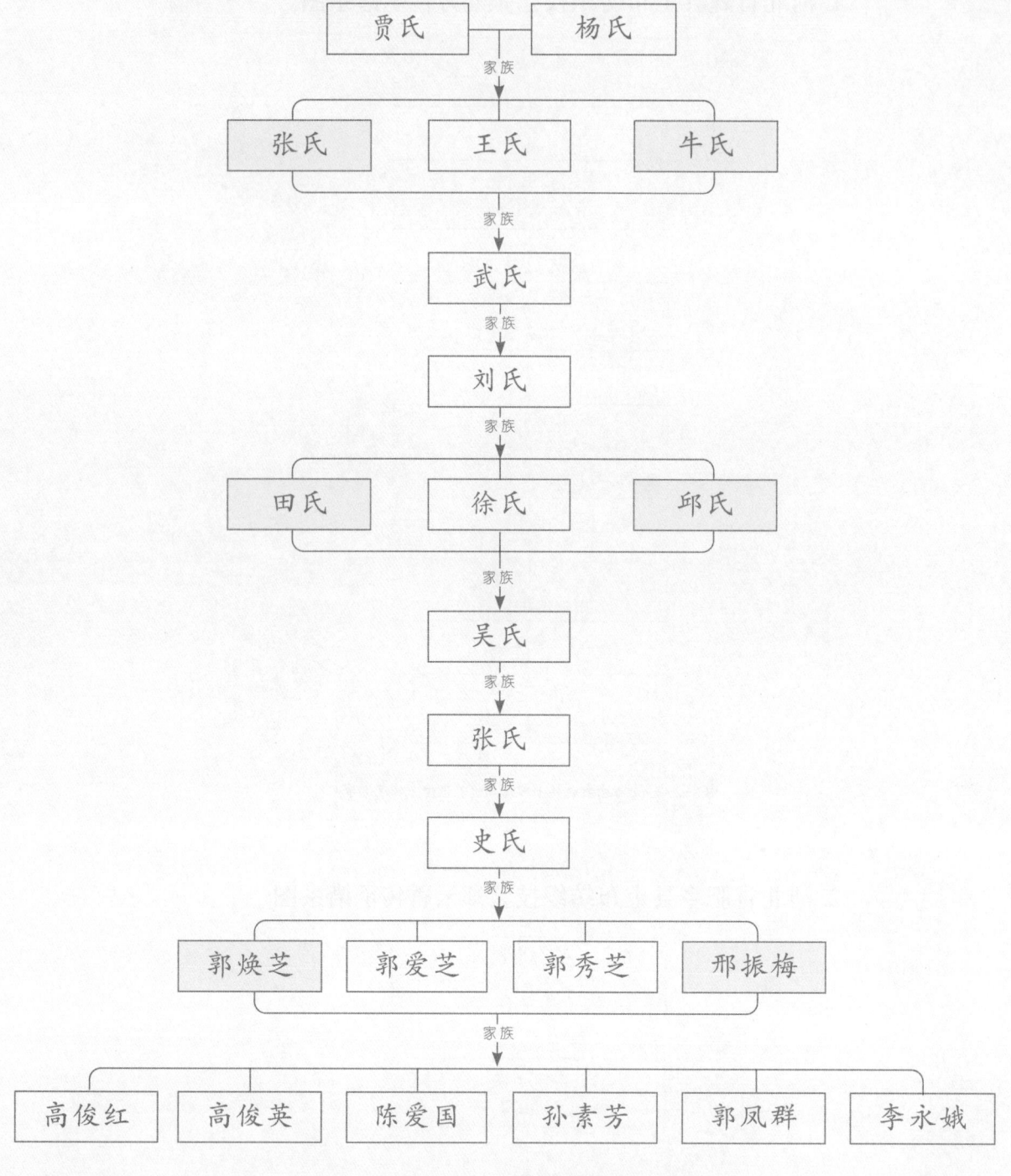

```
           贾氏 —— 杨氏
              │ 家族
      ┌───────┼───────┐
     张氏    王氏    牛氏
              │ 家族
             武氏
              │ 家族
             刘氏
              │ 家族
      ┌───────┼───────┐
     田氏    徐氏    邱氏
              │ 家族
             吴氏
              │ 家族
             张氏
              │ 家族
             史氏
              │ 家族
   ┌──────┬──────┬──────┐
  郭焕芝 郭爱芝 郭秀芝 邢振梅
              │ 家族
 ┌─────┬─────┬─────┬─────┬─────┐
高俊红 高俊英 陈爱国 孙素芳 郭凤群 李永娥
```

图 3-2-3-7 河北省威县土布纺织技艺陈爱国传承谱系图

四 贵州省

贵州省位于中国西南部，地貌属高原山地，地势西高东低，平均海拔在1100米左右，是全国唯一没有平原的省份。贵州省民族众多，少数民族人口占全省总人口的39%。贵州还是古人类发祥地之一，远古人类化石和文化遗址发现颇多。长期的多民族聚居生活方式，使得贵州省拥有丰富的非物质文化遗产资源。

贵州省的手工纺织技艺以印染工艺为主要特色，如苗族蜡染技艺、枫香印染技艺、黄平蜡染技艺、布依族土布扎染技艺、蓝靛染工艺、（印江县）印染工艺、长安布依族土布扎染制作技艺、安顺蜡染等。其中苗族蜡染技艺、枫香印染技艺、黄平蜡染技艺被列入国家级非物质文化遗产名录。

省内手工纺织技艺资源主要分布在南部地区，如凯里市、都匀市、安顺市、兴义市等，而且各少数民族聚居区都有本民族独有的手工纺织技艺。这些项目的传承方式一般为家族传承或师徒传承，有个别项目有较为明确和详细的传承谱系，如（印江县）印染工艺省级传承人任明武一支，有四代以上的师承脉络；布依族土布制作扎染工艺有三个不同的传承谱系，每个谱系都有三代传承人。

贵州省在保护和开发手工纺织技艺类资源方面做了大量工作。被称为"蜡染艺术之乡"的侗族自治州丹寨县，建立了"苗族蜡染技艺"传承基地；麻江县建立了"苗族织锦传承中心"，除此之外，手工纺织作坊较多的地区都建有专门性的展示馆、展示厅、博物馆等，以展示与技艺相关的文物、器具，并开展各式传习活动。

（一）贵州省手工纺织技艺项目与相关信息分布图

贵州省手工纺织技艺项目分布图

图 3-2-4-1 贵州省手工纺织技艺项目分布图

贵州省手工纺织技艺传承人分布图[①]

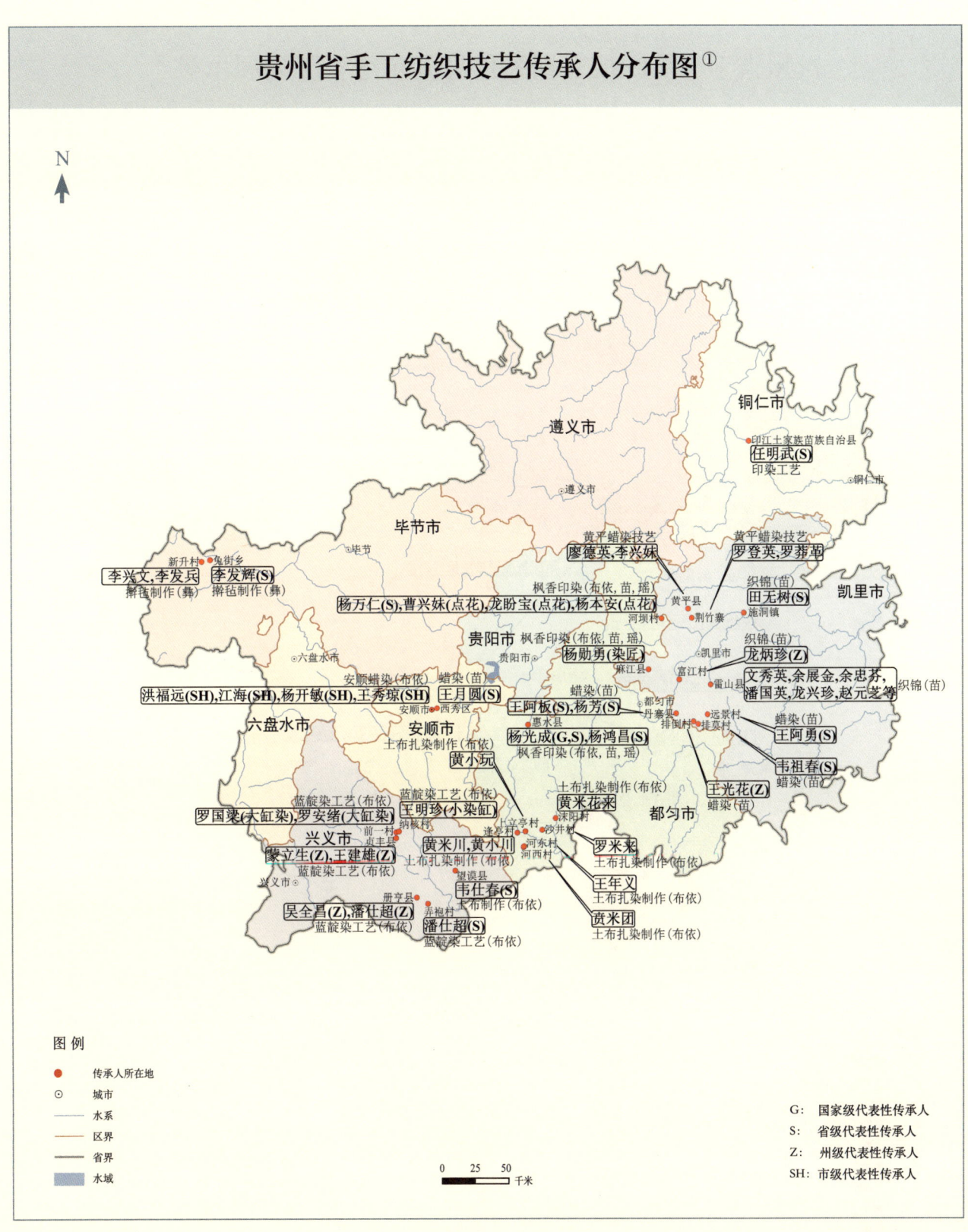

图 3-2-4-2 贵州省手工纺织技艺传承人分布图

[①] 本图中的传承人是指至2012年年底贵州省被列入国家级、贵州省省级与各州（市）级，以及部分具有较大社会影响的无级别手工纺织技艺传承人。

手工纺织技艺卷
第二编 地区手工纺织技艺项目与资源图谱（选录）

贵州省手工纺织技艺相关信息分布图（陈列展示类）

图 3-2-4-3 贵州省手工纺织技艺相关信息分布图（陈列展示类）

贵州省手工纺织技艺相关信息分布图（传承保护类）

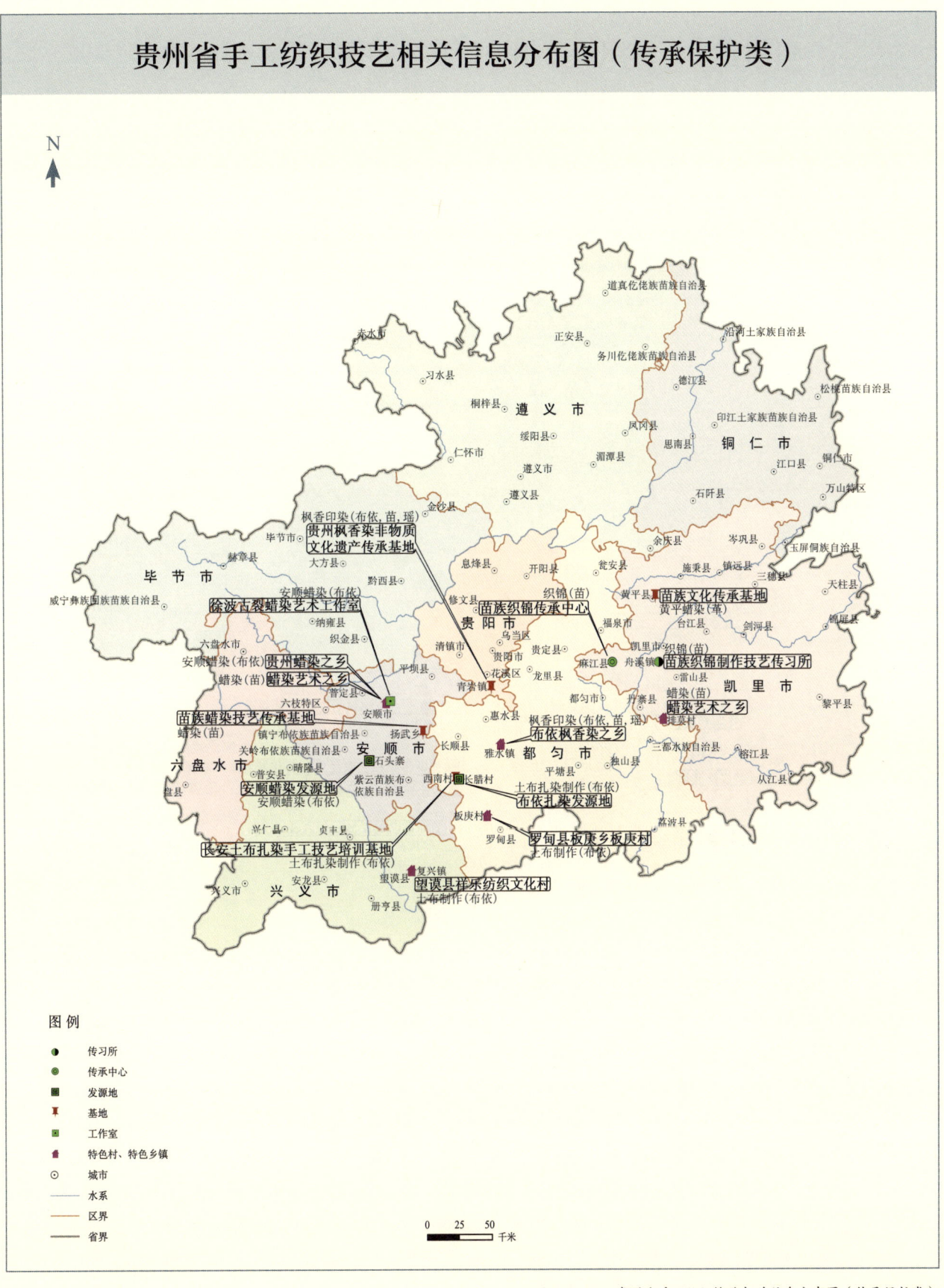

图 3-2-4-4 贵州省手工纺织技艺相关信息分布图（传承保护类）

贵州省手工纺织技艺相关信息分布图（生产经营类）

图 3-2-4-5 贵州省手工纺织技艺相关信息分布图（生产经营类）

（二）贵州省手工纺织技艺传承谱系图（选录）

1. 贵州省贞丰县前一村蓝靛染工艺大缸染罗国梁传承谱系图

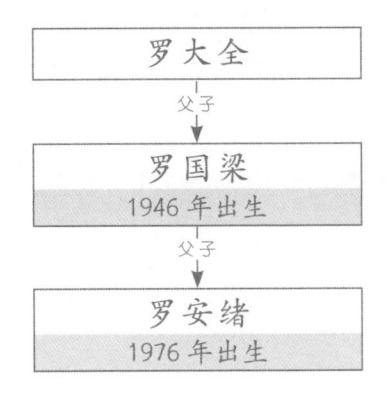

```
罗大全
 │ 父子
 ▼
罗国梁
1946年出生
 │ 父子
 ▼
罗安绪
1976年出生
```

图 3-2-4-6 贵州省贞丰县前一村蓝靛染工艺大缸染罗国梁传承谱系图

2. 贵州省印江县板溪镇坪底村印染工艺任明武传承谱系图

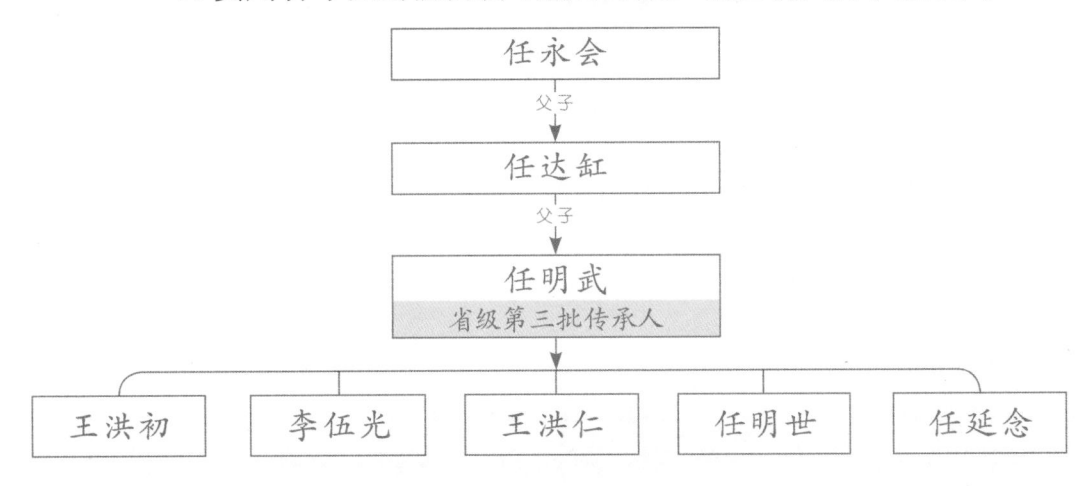

```
任永会
 │ 父子
 ▼
任达缸
 │ 父子
 ▼
任明武
省级第三批传承人
 │
 ├──────┬──────┬──────┬──────┐
 ▼      ▼      ▼      ▼      ▼
王洪初  李伍光  王洪仁  任明世  任延念
```

图 3-2-4-7 贵州省印江县板溪镇坪底村印染工艺任明武传承谱系图

3. 贵州省罗甸县逢亭镇逢亭村土布制作技艺黄米川传承谱系图

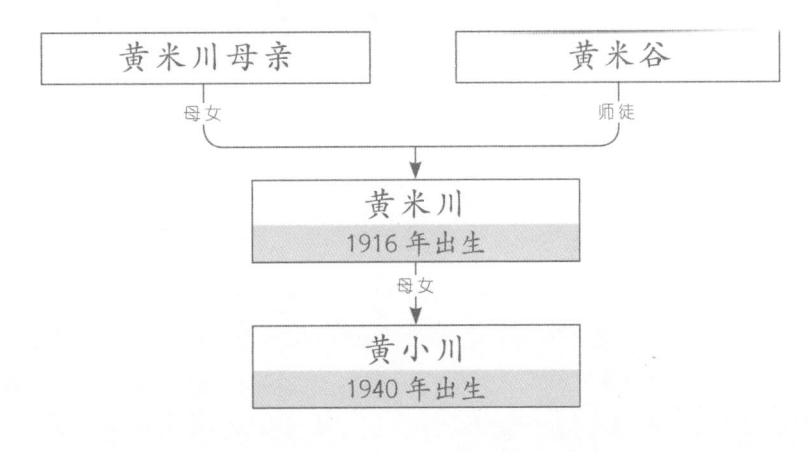

```
黄米川母亲        黄米谷
   │ 母女         │ 师徒
   └──────┬──────┘
          ▼
        黄米川
       1916年出生
          │ 母女
          ▼
        黄小川
       1940年出生
```

图 3-2-4-8 贵州省罗甸县逢亭镇逢亭村土布制作技艺黄米川传承谱系图

4. 贵州省罗甸县罗悃镇河西村土布制作技艺贲米团传承谱系图

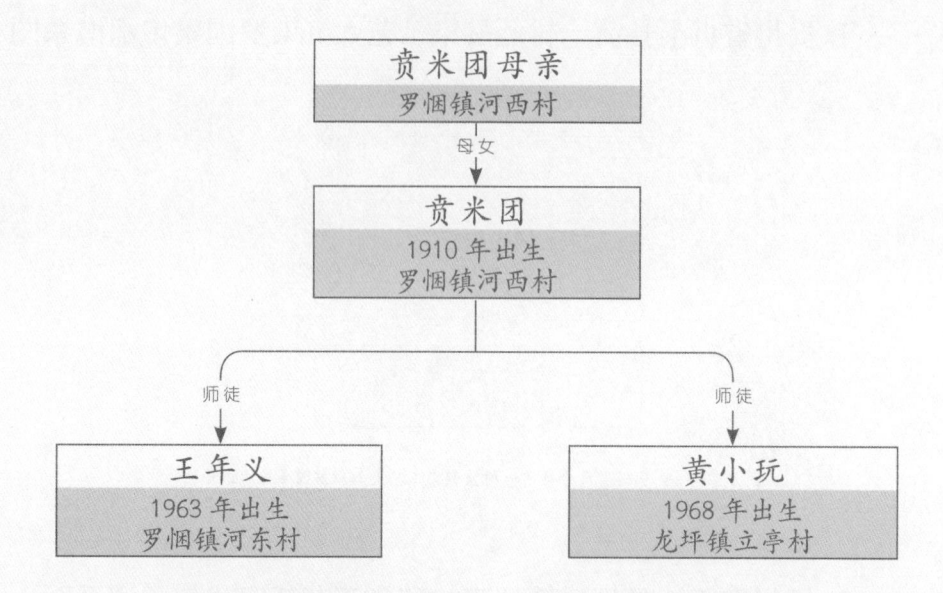

```
贲米团母亲
罗悃镇河西村
    │ 母女
    ▼
贲米团
1910年出生
罗悃镇河西村
    ├──师徒──┐         ├──师徒──┐
    ▼                           ▼
王年义                      黄小玩
1963年出生                  1968年出生
罗悃镇河东村                龙坪镇立亭村
```

图 3-2-4-9 贵州省罗甸县罗悃镇河西村土布制作技艺贲米团传承谱系图

5. 贵州省罗甸县龙坪镇沙井村土布制作技艺罗米来传承谱系图

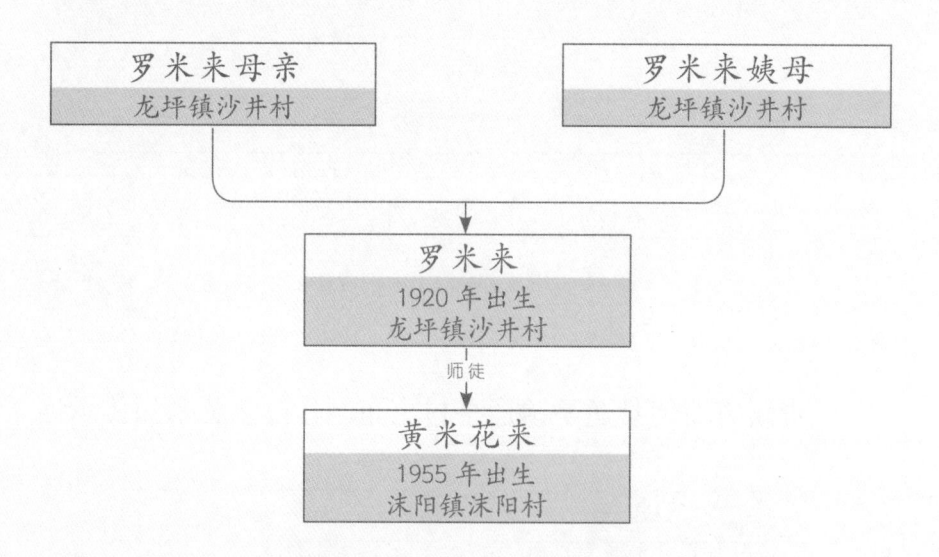

```
罗米来母亲              罗米来姨母
龙坪镇沙井村            龙坪镇沙井村
        └──────┬──────┘
               ▼
            罗米来
          1920年出生
         龙坪镇沙井村
               │ 师徒
               ▼
           黄米花来
          1955年出生
         沫阳镇沫阳村
```

图 3-2-4-10 贵州省罗甸县龙坪镇沙井村土布制作技艺罗米来传承谱系图

五 云南省

云南省位于中国西南边陲，属山地高原地形，山地高原约占全省土地总面积的94%。气候复杂，大部分地区冬暖夏凉，四季如春。云南省是人类文明重要发祥地之一，生活在距今170万年的云南元谋人，是迄今为止发现的我国和亚洲最早人类。云南的少数民族约占全省人口的三分之一，非物质文化遗产资源非常丰富。

云南省的手工纺织技艺项目多具民族特色。省内几个人口较多的民族，如傣族、白族、彝族、苗族等，都有本民族独特的纺织技艺，尤以棉纺、麻纺技艺为主。其中白族扎染技艺、傣族织锦技艺被列入国家级非物质文化遗产名录。

省内的手工纺织技艺项目在各地均有分布，其中如大理市、景洪市、保山市、丽江县（后改为丽江市）、香格里拉县（2014年撤县设市）、文山县（2010年撤县设市）等各少数民族聚居区，都有本民族独有的手工纺织技艺。这些项目的传承方式大多为家族传承，至今还保留着传统家庭作坊的形式，如"傣族织锦技艺"省级传承人玉儿甩从祖母和母亲那里习得技艺，之后又传授给4位玉姓同族的后辈；"火草纺织技艺"省级传承人兰贵祥，同样是经母亲教授技艺后再传至3个女儿，并带有10多个徒弟。这种类型的家族传承谱系可以说是云南省手工纺织技艺项目传承谱系的典型样式。

云南省采取了一定措施以更好地保护这些濒危的家庭传统手工纺织作坊，如建立同纺织技艺相关的博物馆、展示馆等。但总体而言，云南省的手工纺织技艺的保护、开发力度还亟待加强。

（一）云南省手工纺织技艺项目与相关信息分布图

云南省手工纺织技艺项目分布图

图 3-2-5-1 云南省手工纺织技艺项目分布图

云南省手工纺织技艺传承人分布图[①]

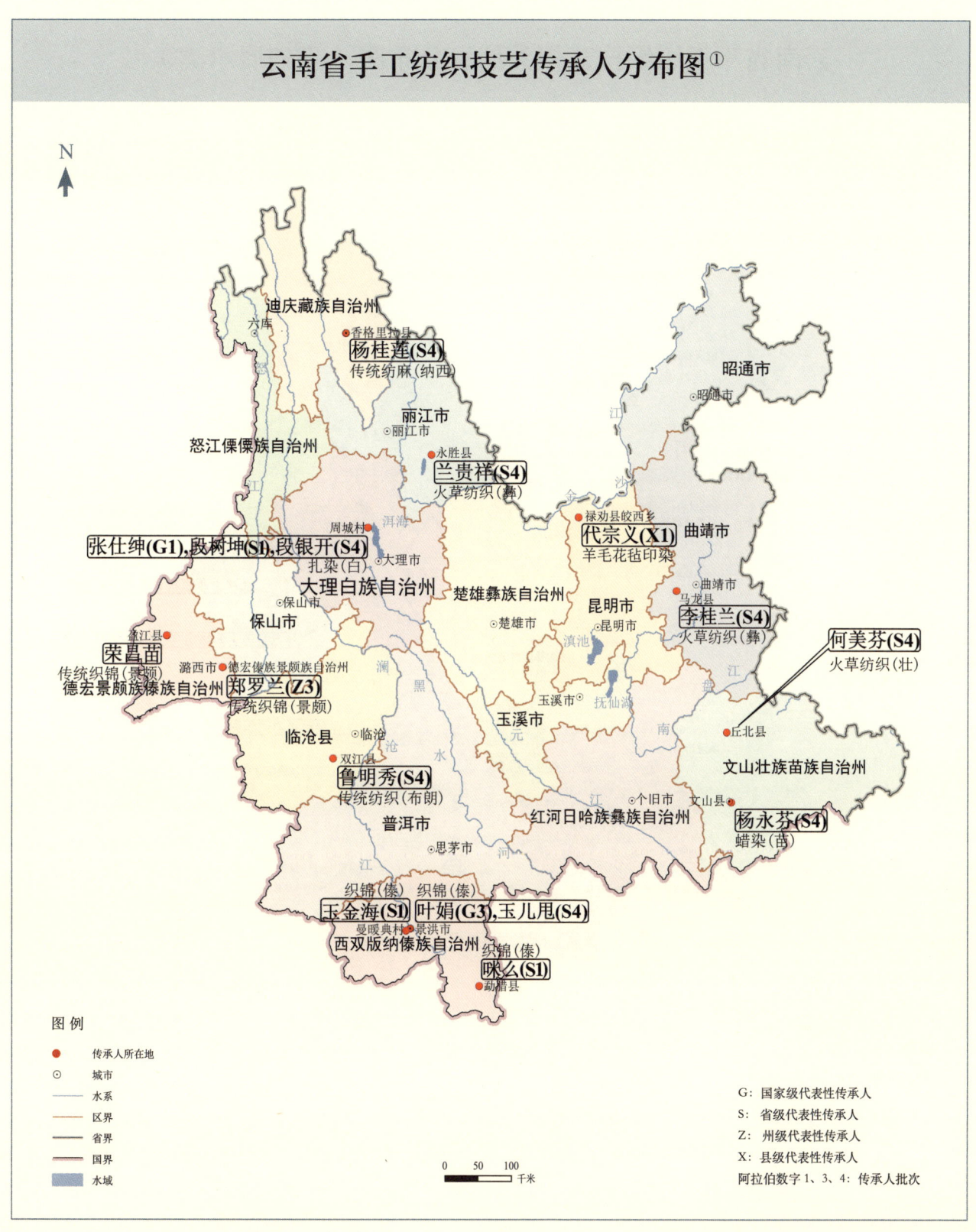

图 3-2-5-2 云南省手工纺织技艺传承人分布图

[①] 本图中的传承人是指至2012年年底云南省被列入国家级、云南省省级、州级与县级，以及部分具有较大社会影响的无级别手工纺织技艺传承人。

手工纺织技艺卷
第二编 地区手工纺织技艺项目与资源图谱（选录）

447

云南省手工纺织技艺相关信息分布图（陈列展示类）

图 3-2-5-3 云南省手工纺织技艺相关信息分布图（陈列展示类）

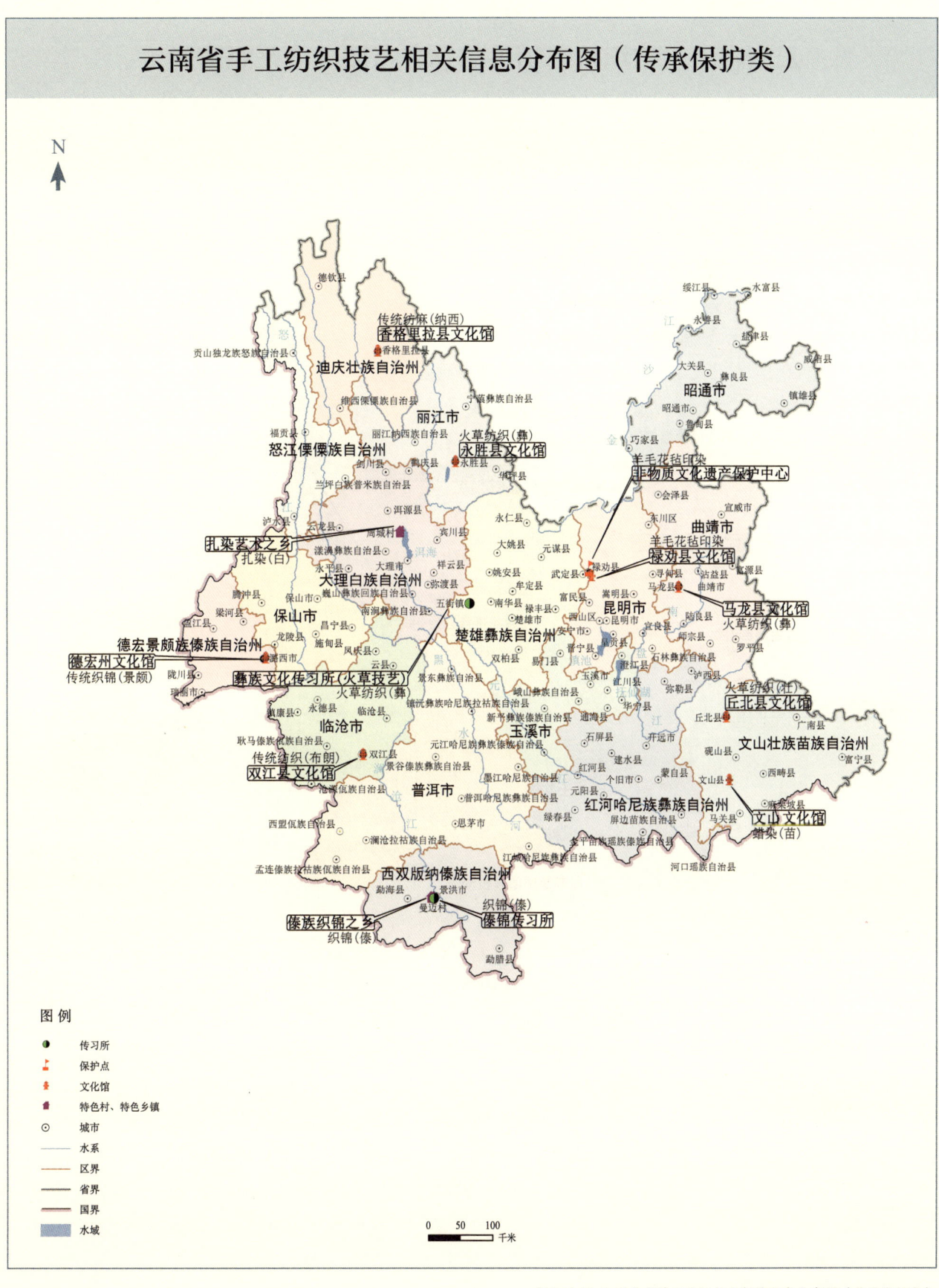

图 3-2-5-4 云南省手工纺织技艺相关信息分布图（传承保护类）

图 3-2-5-5 云南省手工纺织技艺相关信息分布图（生产经营类）

（二）云南省手工纺织技艺传承谱系图（选录）

1. 云南省大理市喜洲镇周城村白族扎染技艺张仕绅传承谱系图

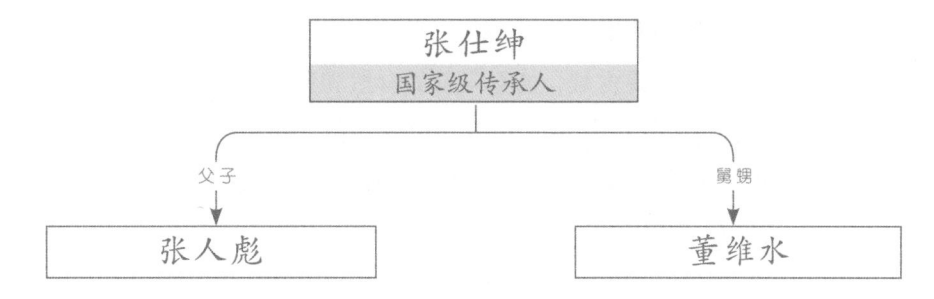

```
             张仕绅
           国家级传承人
          /          \
        父子          舅甥
        /              \
     张人彪           董维水
```

图 3-2-5-6 云南省大理市喜洲镇周城村白族扎染技艺张仕绅传承谱系图

2. 云南省西双版纳景洪市嘎洒镇曼迈村傣族织锦技艺玉儿甩传承谱系图

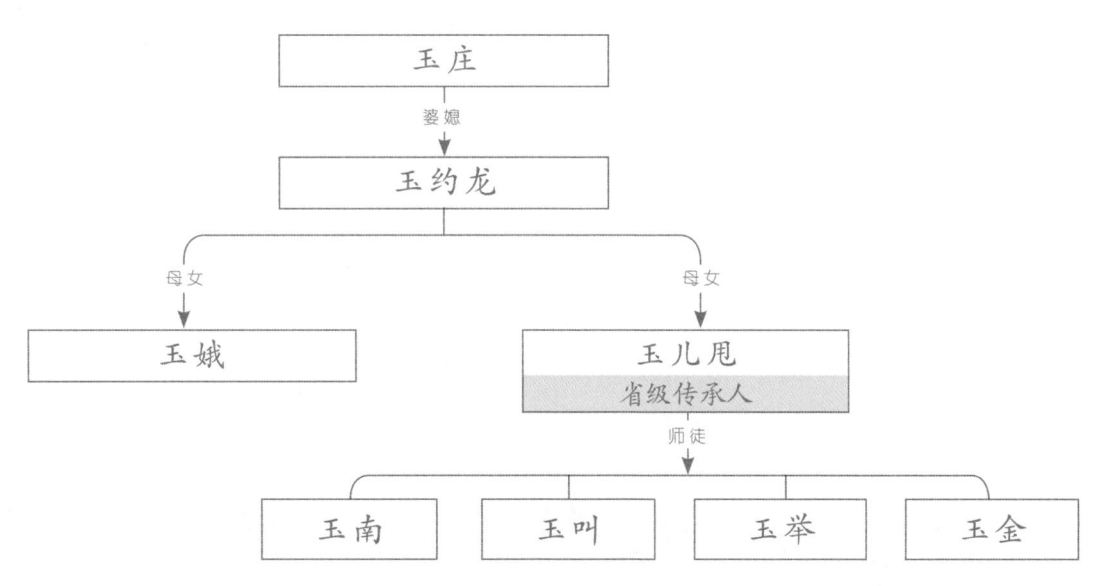

```
            玉庄
             │ 婆媳
            玉约龙
          /       \
       母女       母女
        /           \
      玉娥         玉儿甩
                  省级传承人
                     │ 师徒
        ┌────┬──────┼──────┬────┐
       玉南  玉叫   玉举   玉金
```

图 3-2-5-7 云南省西双版纳景洪市嘎洒镇曼迈村傣族织锦技艺玉儿甩传承谱系图

3. 云南省丽江市永胜县六德乡双河二村火草纺织技艺兰贵祥传承谱系图

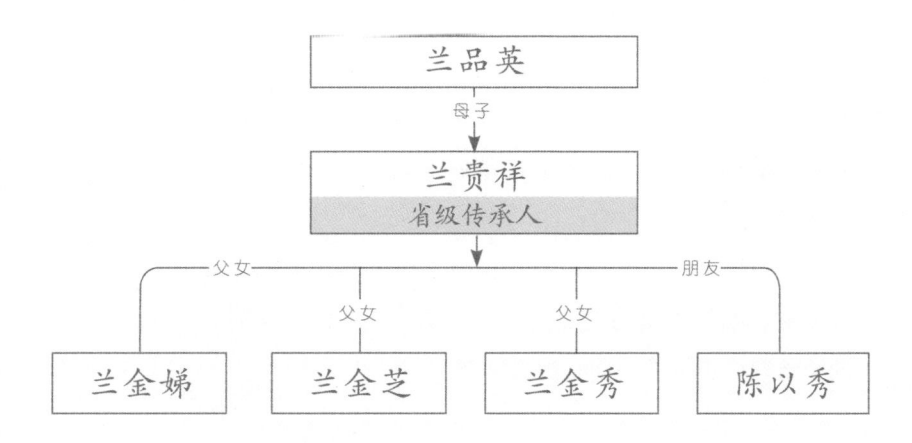

```
          兰品英
           │ 母子
          兰贵祥
         省级传承人
   父女    父女    父女    朋友
    │       │       │       │
  兰金娣  兰金芝  兰金秀  陈以秀
```

图 3-2-5-8 云南省丽江市永胜县六德乡双河二村火草纺织技艺兰贵祥传承谱系图

六 湖州市

湖州位于浙江北部，东邻嘉兴，南接杭州，西依天目山，北濒太湖，是一座具有两千多年历史的江南古城，拥有丰富的自然和历史人文景观。湖州历来崇文重教，人才辈出，既哺育了诗人孟郊、画家王蒙等一批历史文化名人，也吸引了古今风流雅士在湖州开宗立派，素有"中国书画史，半部在湖州"之说。

湖州素有"丝绸之府""中国绸都""湖丝衣天下"的美称，湖州市的手工纺织技艺较为集中分布在南浔区南浔镇的辑里村、双林镇、练市镇、善琏镇、菱湖镇、织里镇、千会镇一带。其中南浔区双林镇的双林绫绢织造技艺、南浔区辑里镇的辑里湖丝手工制作技艺现已入选第二批国家级非物质文化遗产名录。湖州是丝绸的发源地之一，吴兴钱山漾遗址出土了4700年前的纺织品实物，说明湖州丝绸历史十分悠久。双林镇的绫绢薄如蝉翼、质地绵软，素有"凤羽"之称。辑里湖丝又名"辑里丝"，简称辑丝，具有"细、圆、匀、坚"和"白、净、柔、韧"的特点，享誉世界。唐代，湖州丝绸进入鼎盛，被列为朝廷贡品。至明代，沿太湖一带，乡民兼营纺织，盛产绵、绸、绢、丝，统称"湖绉"。清咸丰元年（1851年），湖州丝绸作为中国唯一选送产品参加伦敦首届世界博览会并获大奖。1915年湖丝在巴拿马国际博览会获奖。

湖州丝绸技艺的发展离不开祖祖辈辈手工艺者的传承与创新。湖州丝绸的传承关系主要以家族传承方式为主。以南浔区双林绫绢纺织技艺传承人周康明的传承谱系来看，父子传承关系为4代。以南浔镇辑里湖丝手工制作技艺传承人顾明琪的传承谱系来看，其传承关系为7代。自20世纪20年代开始，顾明琪祖父一代就以养蚕缫丝技艺为生，其父母后来更是成为辑里村有名的养蚕缫丝技术能手。顾明琪中学毕业后，回家务农，向父母学习辑里湖丝的缫丝工艺。此后顾明琪收其儿子、儿媳为徒，把传统的湖丝技艺一代代传承下去。

湖州丝绸除了以"绫绢"和"辑里湖丝"为代表的传承和保护单位外，还有众多丝绸纺织工厂、博物馆和传习馆等丝织品经营与保护单位，如双林镇的双林绫绢厂、双林绫绢织造技艺展示馆和传承馆，新市镇的蚕文化馆，南浔镇的丝业会馆、顾丰盛丝行，菱湖镇的湖州永昌丝绸有限公司等。

在丝绸传承发展过程中，湖州地区还形成了丰富的蚕桑文化。比如，为了祈求蚕桑生产丰收，在每年的春节、元宵、清明期间，当地蚕农都要举行扫蚕花的仪式，并伴随着歌舞表演。德清县新市镇的蚕花庙会还列入了第二批国家级非物质文化遗产代表作名录。

近两年来，由于原材料的价格不断上涨，丝绸企业的利润空间被一步步压缩，直接影响了湖州丝绸的发展。如何在延伸产业链的同时，对传统产业进行升级改造，是湖州丝绸稳步发展所面临的大课题。

（一）湖州市手工纺织技艺项目与相关信息分布图

湖州市手工纺织技艺项目分布图[①]

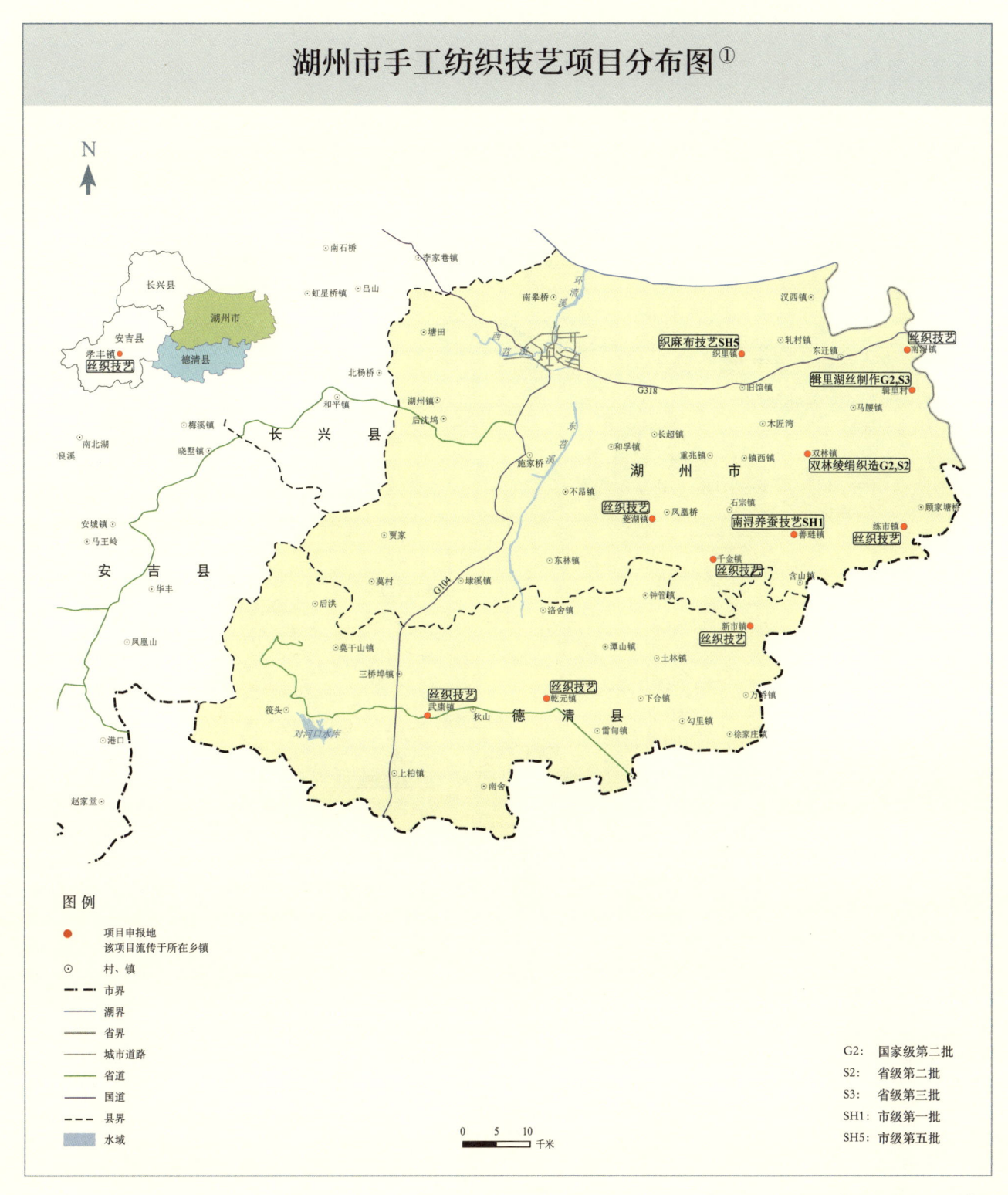

图 3-2-6-1 湖州市手工纺织技艺项目分布图

[①] 本图中的项目与资源是指至2012年年底湖州市被列入国家级、浙江省省级、湖州市市级非物质文化遗产名录中的手工纺织技艺类非物质文化遗产项目，以及部分具有较大社会影响的无级别手工纺织技艺类非物质文化遗产资源。

手工纺织技艺卷
第二编 地区手工纺织技艺项目与资源图谱（选录）

湖州市手工纺织技艺传承人分布图①

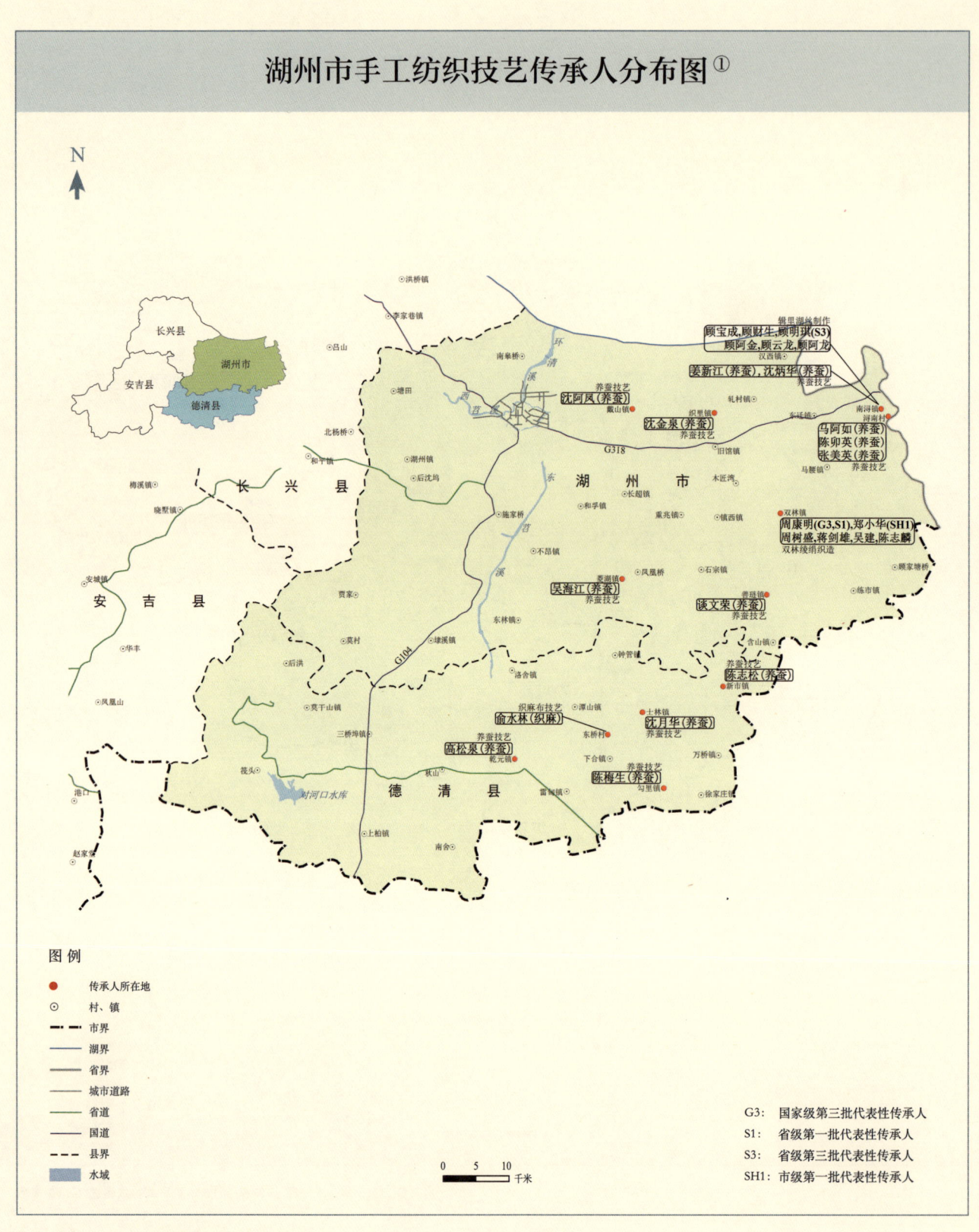

图 3-2-6-2 湖州市手工纺织技艺传承人分布图

① 本图中的传承人是指至2012年年底湖州市被列入国家级、浙江省省级、湖州市市级，以及部分具有较大社会影响的无级别手工纺织技艺传承人。

湖州市手工纺织技艺相关信息分布图

图 3-2-6-3 湖州市手工纺织技艺相关信息分布图

（二）湖州市手工纺织技艺传承谱系图（选录）

1. 湖州市南浔区双林镇绫绢纺织技艺周康明传承谱系图

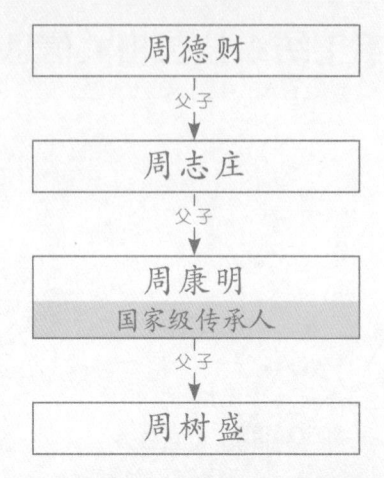

```
周德财
  │ 父子
  ▼
周志庄
  │ 父子
  ▼
周康明
国家级传承人
  │ 父子
  ▼
周树盛
```

图 3-2-6-4 湖州市南浔区双林镇绫绢纺织技艺周康明传承谱系图

2. 湖州市南浔区南浔镇湖丝手工制作技艺顾明琪传承谱系图

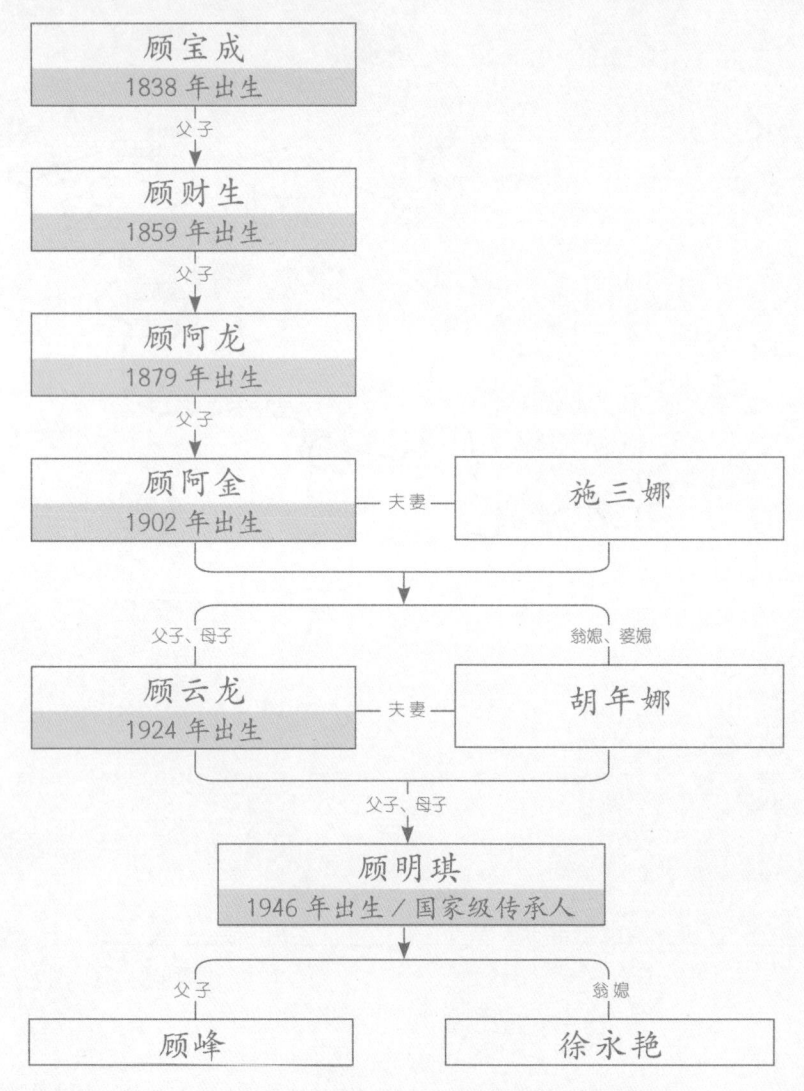

```
顾宝成  1838年出生
  │ 父子
  ▼
顾财生  1859年出生
  │ 父子
  ▼
顾阿龙  1879年出生
  │ 父子
  ▼
顾阿金  1902年出生 ── 夫妻 ── 施三娜
  │ 父子、母子                │ 翁媳、婆媳
  ▼                          
顾云龙  1924年出生 ── 夫妻 ── 胡年娜
  │ 父子、母子
  ▼
顾明琪  1946年出生／国家级传承人
  │ 父子                     │ 翁媳
  ▼                          ▼
顾峰                        徐永艳
```

图 3-2-6-5 湖州市南浔区南浔镇湖丝手工制作技艺顾明琪传承谱系图

七 南通市

南通市位于江苏省中部，长江三角洲北翼，东临黄海，南濒长江，长江文化与海洋文化在此交汇，地理位置得天独厚。南通为冲积平原，成陆至今已有5000多年历史，与上海及苏州隔江相望，为中国首批对外开放的沿海城市之一。

截至2012年，南通市共有市级以上手工纺织技艺类非物质文化遗产项目5项。其中，南通蓝印花布印染技艺为第一批国家级非遗项目；传统棉纺织技艺（南通色织土布技艺）为第三批国家级非遗项目；如皋丝毯织造技艺、南通扎染技艺为江苏省第三批非遗项目；南通缂丝织造技艺为南通市第二批非遗项目。这些项目保护点主要分布在南通的市区、启东市、如皋市和海安县，而有关的纺织技艺类的非物质文化遗产资源则广泛分布在整个南通地区。

南通的手工纺织技艺类非物质文化遗产既有集体传承，也有家族传承和师徒传承，或兼有集体传承、家族传承和师徒传承等几种方式。如南通蓝印花布印染技艺目前至少已有三支比较清晰的传承谱系。一支是以吴元新为代表的家族传承脉络，共6代；一支是以王振兴为代表的家族传承脉络，以师徒传承接续家族传承，共6代；还有一支是曹建雄、曹晓峰父女的家族传承脉络，共5代。

南通地区手工纺织技艺类的各项非遗项目均建有相应的博物馆或者陈列馆、陈列室，如南通纺织博物馆、南通蓝印花布博物馆、如皋市丝毯艺术博物馆、焦宝林扎染艺术陈列馆等。南通非物质文化遗产馆和南通非遗工坊坐落在南通江海民俗生态博览园的东、西两侧，位于南通狼山风景区。各项目还分别建有相应的传承基地，如南通蓝印花布博物馆被命名为中国蓝印花布传承基地，通州区二甲镇正兴染坊被命名为南通蓝印花布展示基地，南通无限装潢有限公司被命名为传统棉纺织技艺（南通色织土布技艺）传承基地，如皋市博艺丝毯有限公司被命名为如皋丝毯织造技艺传承基地，海安锦华服饰有限公司被命名为南通扎染技艺传承基地，宣和缂丝研制所被命名为南通缂丝织造技艺传承基地等。

在文物方面，南通市现已收藏整理明清以来的蓝印花布制品及图片资料1000多件，保存有近代扎染衣物——青底白花鹿纹腰裙，纺车、多综多蹑织机等纺织机具，日本江户时代的本缂丝木织机和100多年前的木制箱等。2009年，南通缂丝织造技艺作为"中国蚕桑丝织技艺"的组成部分，被列入世界非物质文化遗产名录。

近年来，南通市在手工纺织技艺传承传播方面还出版了相关著作，如《中国蓝印花布纹样大全》（吴元新）、《中国传统民间印染技艺》（吴元新）、《南通蓝印花布》（吴元新、吴灵姝）、《南通土布》（姜平）、《焦宝林扎染艺术》（焦宝林）等。

（一）南通市手工纺织技艺项目与相关信息分布图

南通市手工纺织技艺项目分布图①

图 3-2-7-1 南通市手工纺织技艺项目分布图

---

① 本图中的项目是指至 2012 年年底南通市被列入国家级、江苏省省级、南通市市级、通州区区级非物质文化遗产名录中的手工纺织技艺类非物质文化遗产项目。

南通市手工纺织技艺传承人分布图[①]

图 3-2-7-2 南通市手工纺织技艺传承人分布图

[①] 本图中的传承人是指至2012年年底南通市被列入国家级、江苏省省级、南通市市级与区（县）级，以及部分具有较大社会影响的无级别手工纺织技艺传承人。

南通市手工纺织技艺相关信息分布图
（历史遗迹类、陈列展示类、传承保护类）

图 3-2-7-3 南通市手工纺织技艺相关信息分布图（历史遗迹类、陈列展示类、传承保护类）

南通市手工纺织技艺相关信息分布图（生产经营类、组织机构类）

图例
- ⊗ 作坊
- ▲ 公司
- ⊕ 研究机构
- ⊙ 乡镇及县级城市
- —— 城市道路
- —— 国道
- —— 省道
- ---- 县界
- ---- 市界
- —— 海岸线
- 水域

图 3-2-7-4　南通市手工纺织技艺相关信息分布图（生产经营类、组织机构类）

手工纺织技艺卷
第二编　地区手工纺织技艺项目与资源图谱（选录）

（二）南通市手工纺织技艺传承谱系图（选录）

1. 南通市织染技艺吴元新传承谱系图

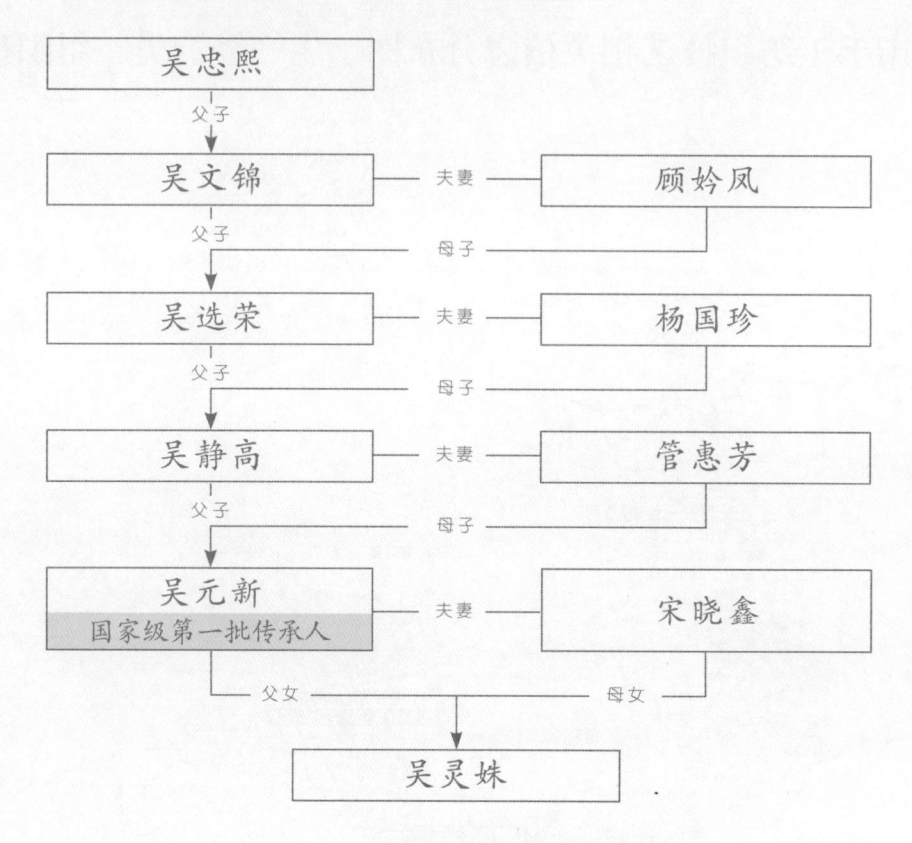

```
吴忠熙
 │父子
 ▼
吴文锦 ——夫妻—— 顾妗凤
 │父子            │母子
 ▼                ▼
吴选荣 ——夫妻—— 杨国珍
 │父子            │母子
 ▼                ▼
吴静高 ——夫妻—— 管惠芳
 │父子            │母子
 ▼                ▼
吴元新 ——夫妻—— 宋晓鑫
国家级第一批传承人
 │父女            │母女
 ▼                ▼
       吴灵姝
```

图 3-2-7-5 南通市织染技艺吴元新传承谱系图

2. 南通市通州区色织土布技艺毛素娟传承谱系图

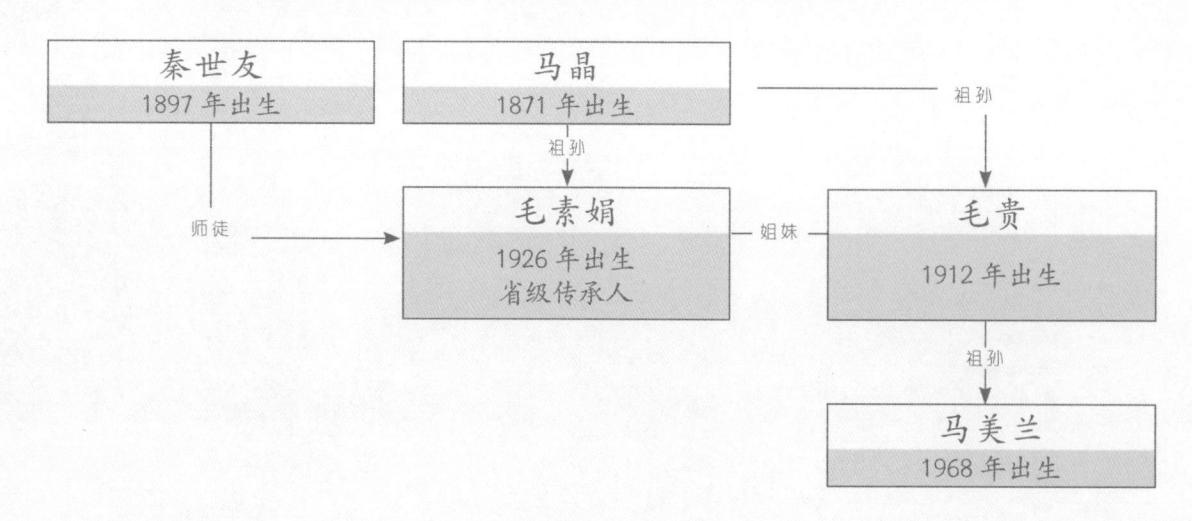

```
秦世友          马晶
1897年出生      1871年出生 ———祖孙———┐
   │师徒         │祖孙              │
   └──────→ 毛素娟 ——姐妹—— 毛贵
            1926年出生        1912年出生
            省级传承人            │祖孙
                                  ▼
                              马美兰
                              1968年出生
```

图 3-2-7-6 南通市通州区色织土布技艺毛素娟传承谱系图

3. 南通市如皋丝毯织造技艺李玉坤传承谱系图

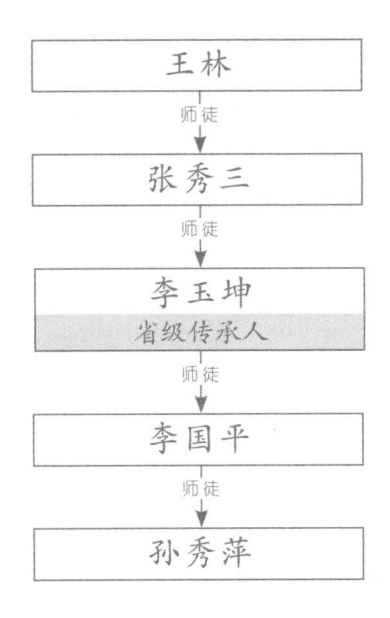

```
王林
 │ 师徒
 ▼
张秀三
 │ 师徒
 ▼
李玉坤
省级传承人
 │ 师徒
 ▼
李国平
 │ 师徒
 ▼
孙秀萍
```

图 3-2-7-7 南通市如皋丝毯织造技艺李玉坤传承谱系图

4. 南通市通州区二甲镇蓝印花布王振兴传承谱系图

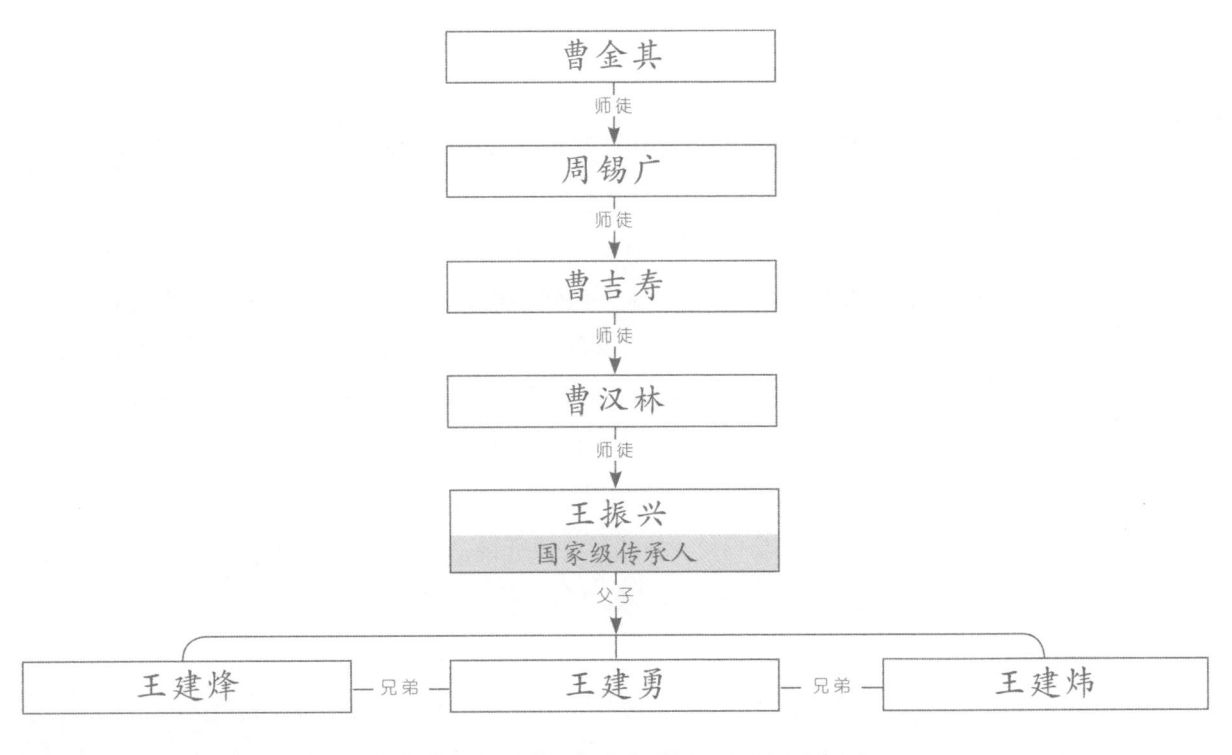

```
曹金其
 │ 师徒
 ▼
周锡广
 │ 师徒
 ▼
曹吉寿
 │ 师徒
 ▼
曹汉林
 │ 师徒
 ▼
王振兴
国家级传承人
 │ 父子
 ▼
王建烽 ─兄弟─ 王建勇 ─兄弟─ 王建炜
```

图 3-2-7-8 南通市通州区二甲镇蓝印花布王振兴传承谱系图

八 魏县

魏县隶属于河北省邯郸市，位于河北省南端，冀、豫两省交界处，华北平原腹地，邯郸、安阳、聊城、濮阳四市辐射中心地带。北邻广平，西接成安、临漳，东与大名相连，南与河南省安阳、内黄、清丰、南乐四县相望。相传在黄帝时期，魏县为黄帝子昌意的封地。夏为观户国的领地，商为畿辅之地。春秋时，先属卫，后属晋。战国为魏国都城，魏县之名由此而来。

魏县土纺土织历史悠久。元朝时，在黄道婆纺织机具和技术革新影响下，魏县土纺土织业得到了进一步发展，在民国时期和新中国成立初期达到了鼎盛。魏县的地理环境和气候特别适宜棉花种植，农村种植棉花现象十分普遍，民间土纺土织技术兴盛，家家都有木制的纺车和织布机，成年妇女都会摇车纺线、蹬机织布。老辈人身上穿的衣服，床上用的床单、被褥、包袱皮，闺女的嫁妆等，都来自农家的家织布。如今，由魏县、肥乡县申请的传统棉纺织技艺已被列入国家级第二批非遗名录，魏县土纺土织技艺被列入河北省第一批非遗名录，魏县花布染织技艺被列入河北省第二批非遗名录。2007年9月，魏县土纺土织印染花布收藏馆正式开馆。

截至2012年，魏县农家土布坊郭家坊共有传统棉纺织技艺国家级代表性传承人1名（常章芹），省级代表性传承人4名（张爱芳、杜爱英、严瑞英、陈香梅）。目前，魏县农家土布坊的开发项目已初具规模，共发展、组织农家织布能手和传承人400多人，主要传承人40多人，主要分布在魏县、成安、广平、大名、曲周县等五县，以及河南省南乐县、内黄县境内。另外还发展了加工户300多户，主要分布在魏县的沙口集乡、双井镇、大辛庄乡、大马村乡、边马乡等地。

魏县花布染织技艺项目现有省级第一批传承人霍连文、市级第一批传承人罗功等。花布染织技艺的传承方式主要以家族传承和师徒传承关系为主。

魏县土纺土织的生产单位有沙口集乡李家口村的郭家庄土布坊、玉泉南大街玉石胡同的合裕染坊、玉泉南大街玉石胡同的魏县彩印花布工作室等，经营单位有沙口集乡李家口村的魏县"郭家坊"土织布公司。魏县土布坊生产的特色土布产品有两页缯土布凉席、三页缯布、四页缯布，其花纹有水纹、升子底、井字、汉语对联等。

魏县政府为了大力发展魏县土纺土织业，2013—2017年间，在已有300多个加工户的基础上继续发展加工户，并对其进行严格的技术培训，确保能织出高质量的产品。在2015年摄录《魏县棉纺织技艺》视频资料，全面记录魏县棉纺织技艺传承历史、基本技艺、传承人传略，大力宣传魏县传统手工棉纺织技艺。

（一）魏县手工纺织技艺项目与相关信息分布图

魏县手工纺织技艺传承人分布图①

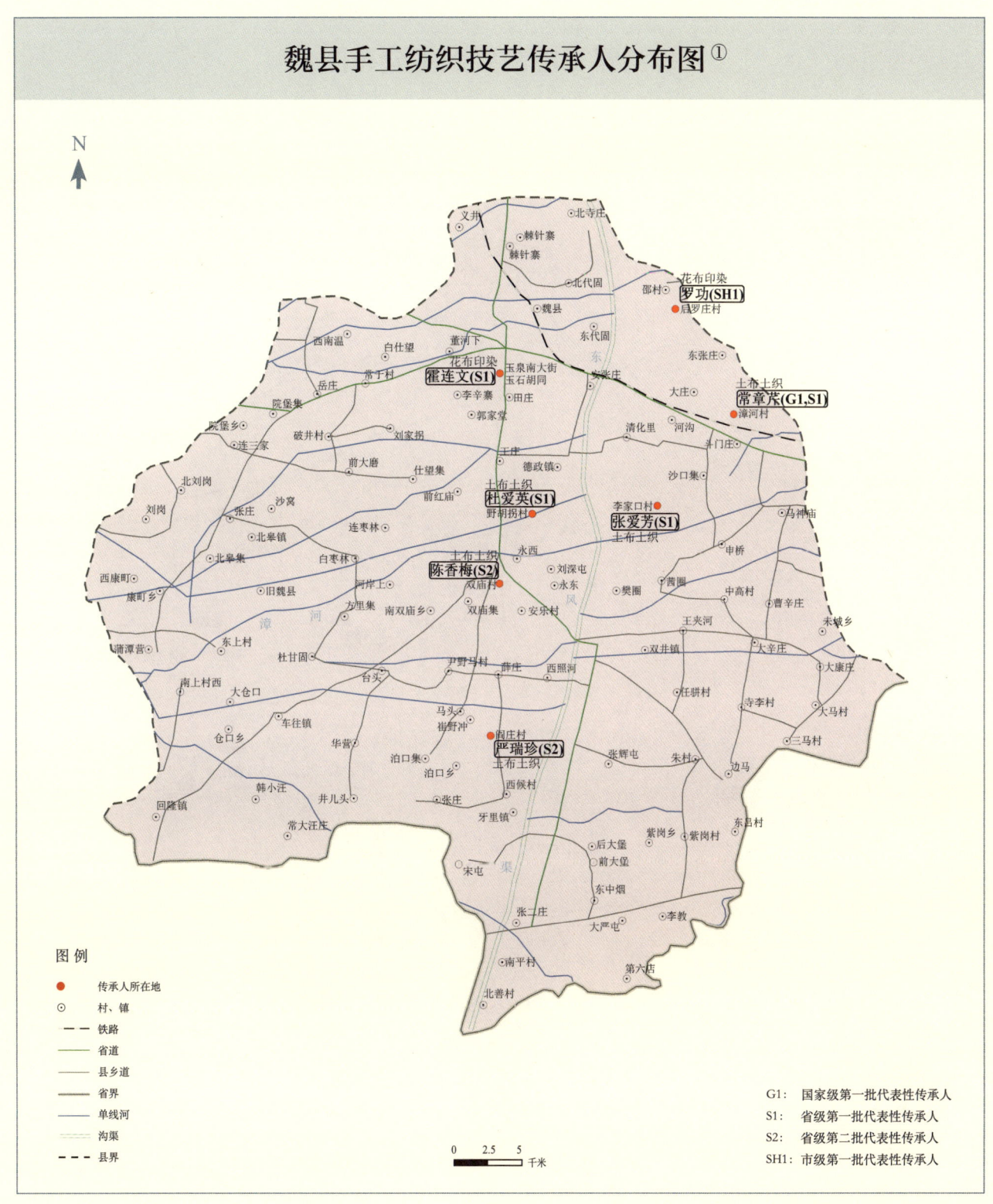

图 3-2-8-1 魏县手工纺织技艺传承人分布图

---

① 本图中的传承人是指至2012年年底魏县被列入国家级、河北省省级、邯郸市市级手工纺织技艺类非物质文化遗产传承人。

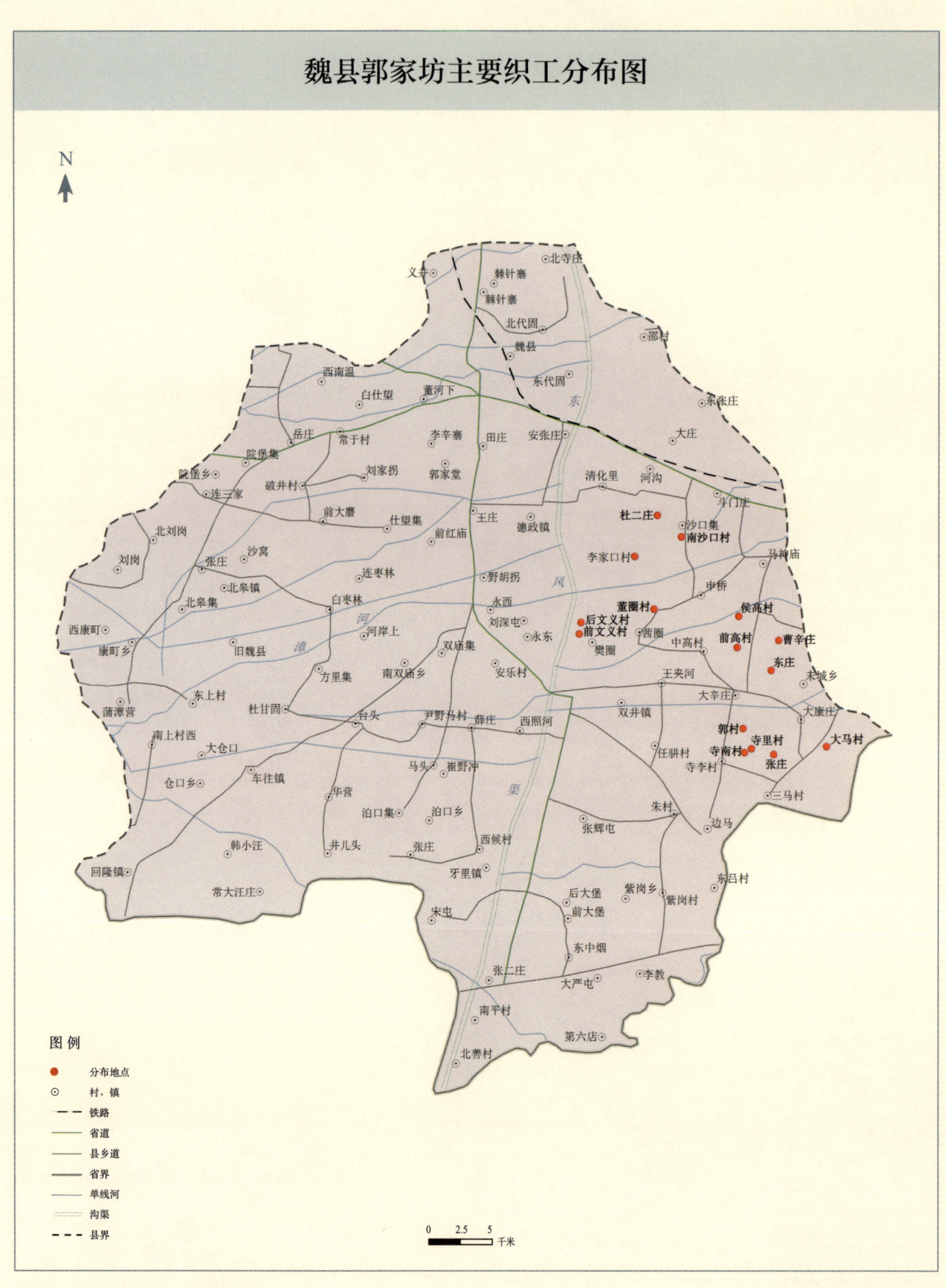

图 3-2-8-2 魏县郭家坊主要织工分布图

魏县手工纺织技艺相关信息分布图

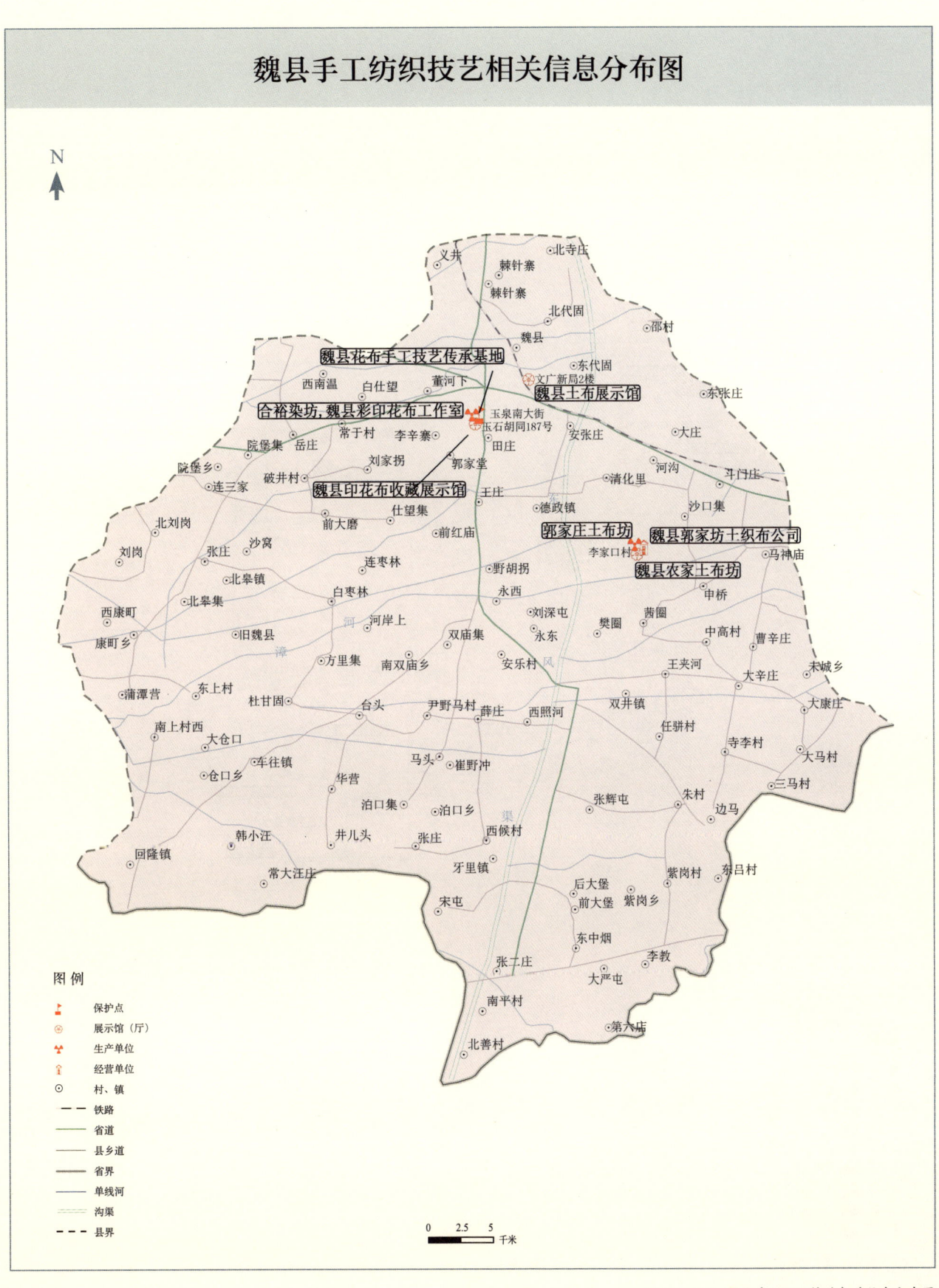

图 3-2-8-3 魏县手工纺织技艺相关信息分布图

手工纺织技艺卷
第二编 地区手工纺织技艺项目与资源图谱（选录）

467

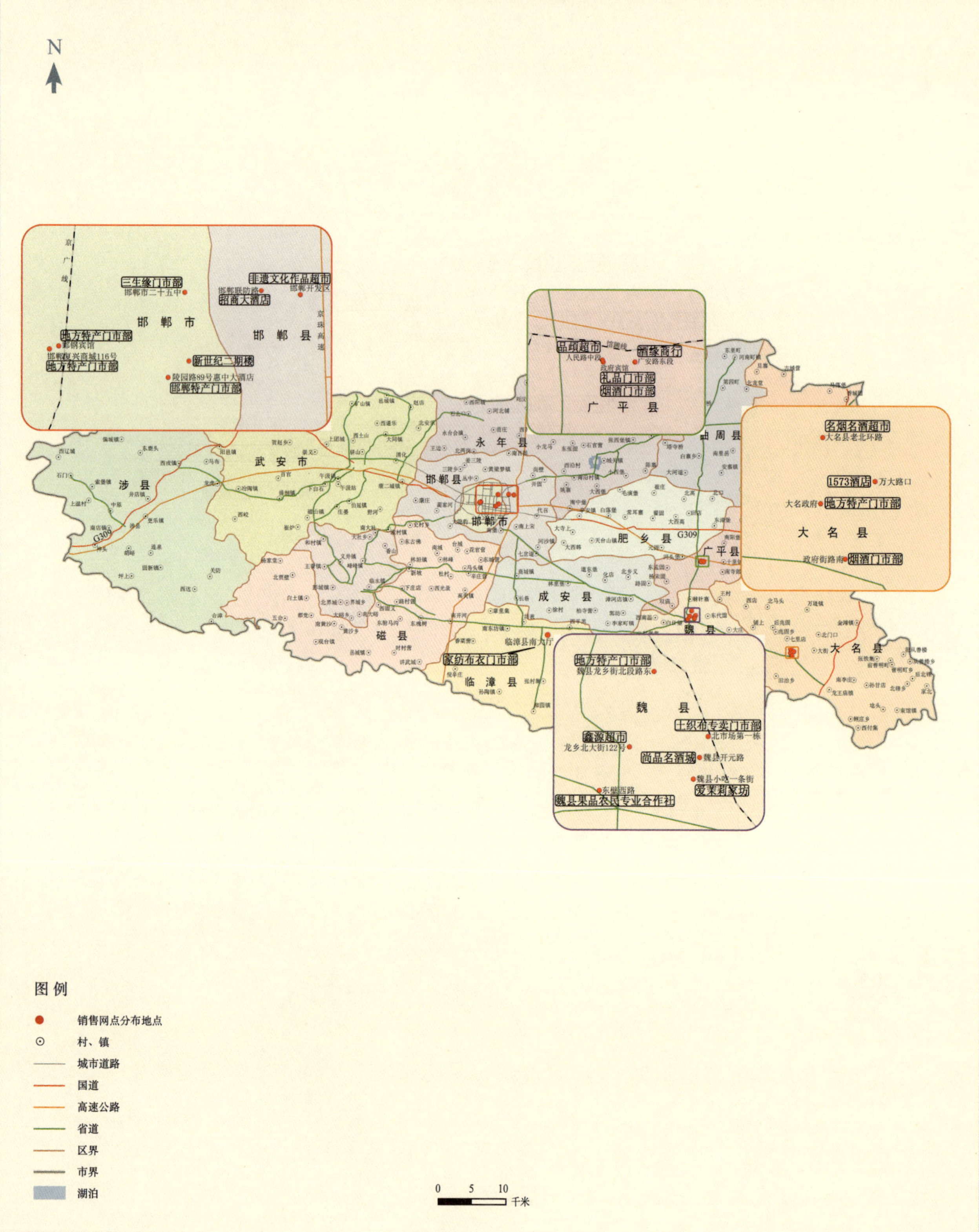

图 3-2-8-4 魏县郭家坊产品销售网点分布图

（二）魏县手工纺织技艺传承谱系图（选录）

1. 魏县花布染织霍连文传承谱系图

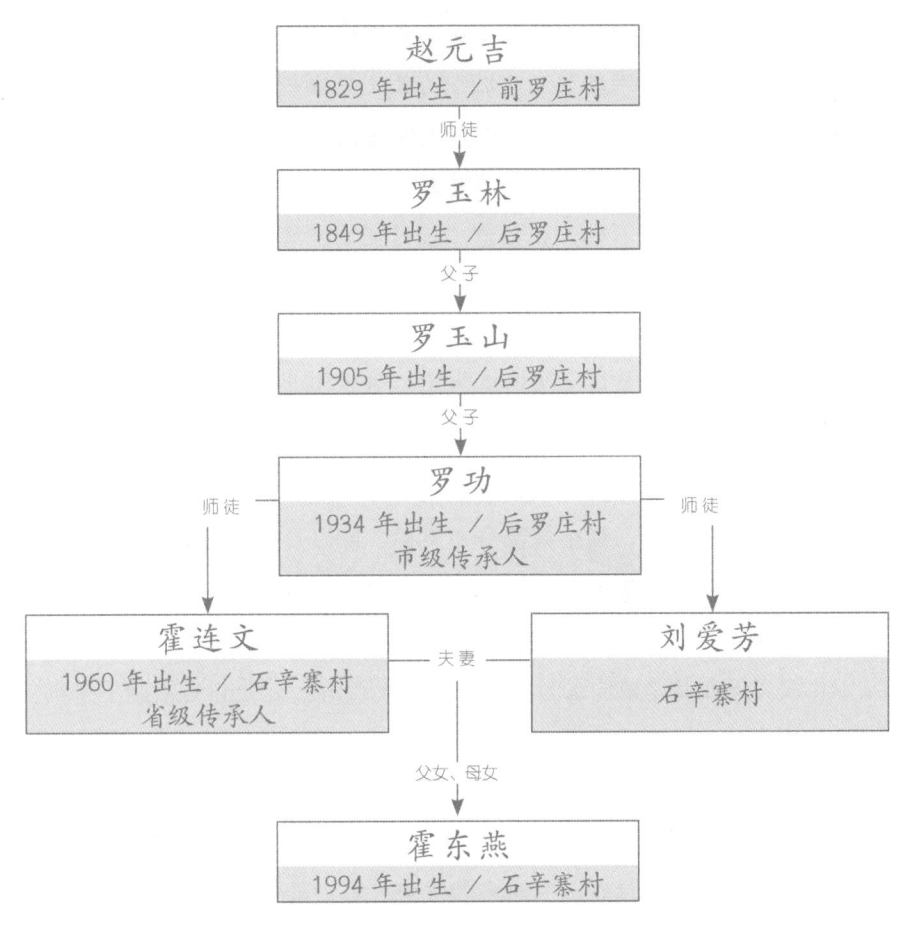

```
赵元吉
1829年出生 / 前罗庄村
    │ 师徒
    ▼
罗玉林
1849年出生 / 后罗庄村
    │ 父子
    ▼
罗玉山
1905年出生 / 后罗庄村
    │ 父子
    ▼
罗功
1934年出生 / 后罗庄村
市级传承人
   ┌──师徒──┐         ┌──师徒──┐
   ▼                            ▼
霍连文 ─────夫妻───── 刘爱芳
1960年出生 / 石辛寨村         石辛寨村
省级传承人
    │ 父女、母女
    ▼
霍东燕
1994年出生 / 石辛寨村
```

图3-2-8-5 魏县花布染织霍连文传承谱系图

2. 魏县刘琛屯村花布染织杨国富传承谱系图

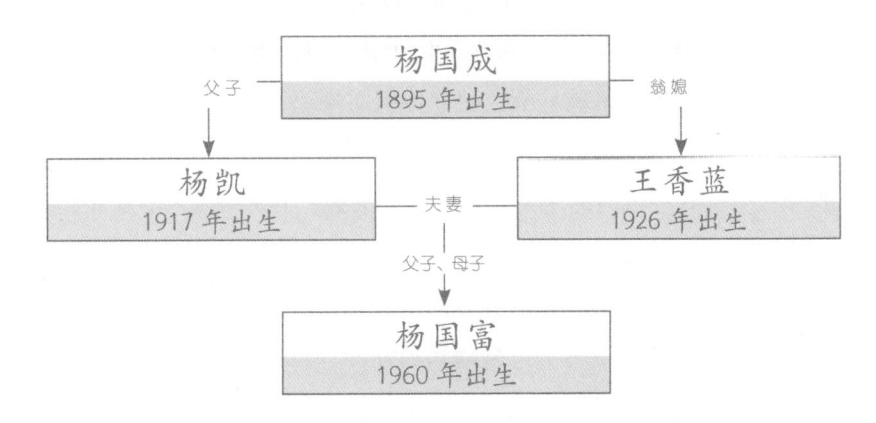

```
         杨国成
父子 ──  1895年出生  ── 翁媳
  │                        │
  ▼                        ▼
杨凯 ───── 夫妻 ───── 王香蓝
1917年出生              1926年出生
         │ 父子、母子
         ▼
       杨国富
       1960年出生
```

图3-2-8-6 魏县刘琛屯村花布染织杨国富传承谱系图

九　乐东黎族自治县

海南省乐东黎族自治县位于海南省西南部，靠山临海，东南与著名旅游胜地三亚市毗邻，西北靠海南新兴工业城东方市，总面积2747平方千米，人口50万人，是海南省少数民族自治县中人口最多、土地面积最大的县。乐东县现有黎族、苗族人口19万之多，由于历史、文化的渊源关系，乐东黎族、苗族中至今仍保留着很多质朴淳厚的民风民俗和生活习惯，如黎苗"三月三"、黎苗歌舞、黎家婚礼等，尤其是乐东的黎族工艺品、织锦刺绣、剪纸艺术等，均久负盛名。

乐东黎族自治县非物质文化遗产资源丰富，在乐东县非遗项目中，黎锦技艺尤佳。其中黎族麻纺织工艺已成为海南省第一批省级非遗项目，黎族棉纺织工艺为乐东县第一批县级非遗项目。纺染织绣工艺主要分成棉纺织工艺、麻纺织工艺以及棉麻纺织工艺。棉纺织工艺以千家镇为代表，麻纺织工艺以志仲镇为代表，棉麻纺织工艺则以万冲镇为代表。在乐东县，每个镇都分布有棉、麻以及棉麻纺织技艺，使用的纺织原料大都按照个人喜好和经验而定，没有特定的要求。

乐东县手工棉纺技艺类非遗项目的传承方式主要是家族传承和师徒传承，家族传承中又以母女和婆媳传承为主。首先是母女相传。这是自古沿袭下来的主要的传承方式，由母亲以口传身授的方式，手把手地把纺、染、织、绣四大绝活授予自己的女儿。其次是婆媳相传。女孩嫁入婆家后由婆婆将纺织技艺传授给儿媳妇。另外还有传习所传授。黎锦传习所是在政府的大力提倡和资助下建立起来，专门供传承人传授织锦技艺的场所。这种传承方式具有以一对多的优势，即一师可以教授多徒。2009年，千家镇永益村老艺人容亚美入选第一批国家级非物质文化遗产项目代表性传承人。容亚美从小就钟爱织锦，母亲张雪云是当地的织锦高手，从8岁那年起，母亲以口传身授的方式把纺、染、织、绣四大技艺传授予她。现在的容亚美为了把传承的工作做好，精心培养女儿吉少强、吉少飞，使之成为自己的接班人。

除了培养传承人之外，近年来乐东县政府还出资建造了一批手工纺织技艺传习所，如黎族传统纺染织绣传承所、黎族传统纺染织绣传习馆、白沙河谷本土文化园、海南省黎族传统纺染织绣技艺（麻纺）传承村以及海南省黎族传统棉纺织工艺保护工程试点单位等，这些机构的建立，对推动乐东县手工纺织技艺的发展起到了很好的作用。

随着时代的变迁，黎族人民生活水平逐步提高，与外界的联系由原先的封闭状态转变为开放状态，黎族人们原有的审美观、价值观也在改变。在现代纺织工业的冲击及现代生活方式的影响下，黎锦技艺部分失传，出现了后继乏人的问题。面对黎锦传承人培养过程中产生的众多问题，不仅需要黎锦传承人自身的努力，更需要政府正确的引导及各方面的配合。

（一）乐东黎族自治县手工纺织技艺项目与相关信息分布图

乐东黎族自治县手工纺织技艺项目分布图[①]

图 3-2-9-1 乐东黎族自治县手工纺织技艺项目分布图

[①] 本图中的项目是指至 2012 年年底乐东县被列入国家级、海南省省级、乐东黎族自治县县级非物质文化遗产名录中的手工纺织技艺类非物质文化遗产项目。

乐东黎族自治县手工纺织技艺传承人分布图①

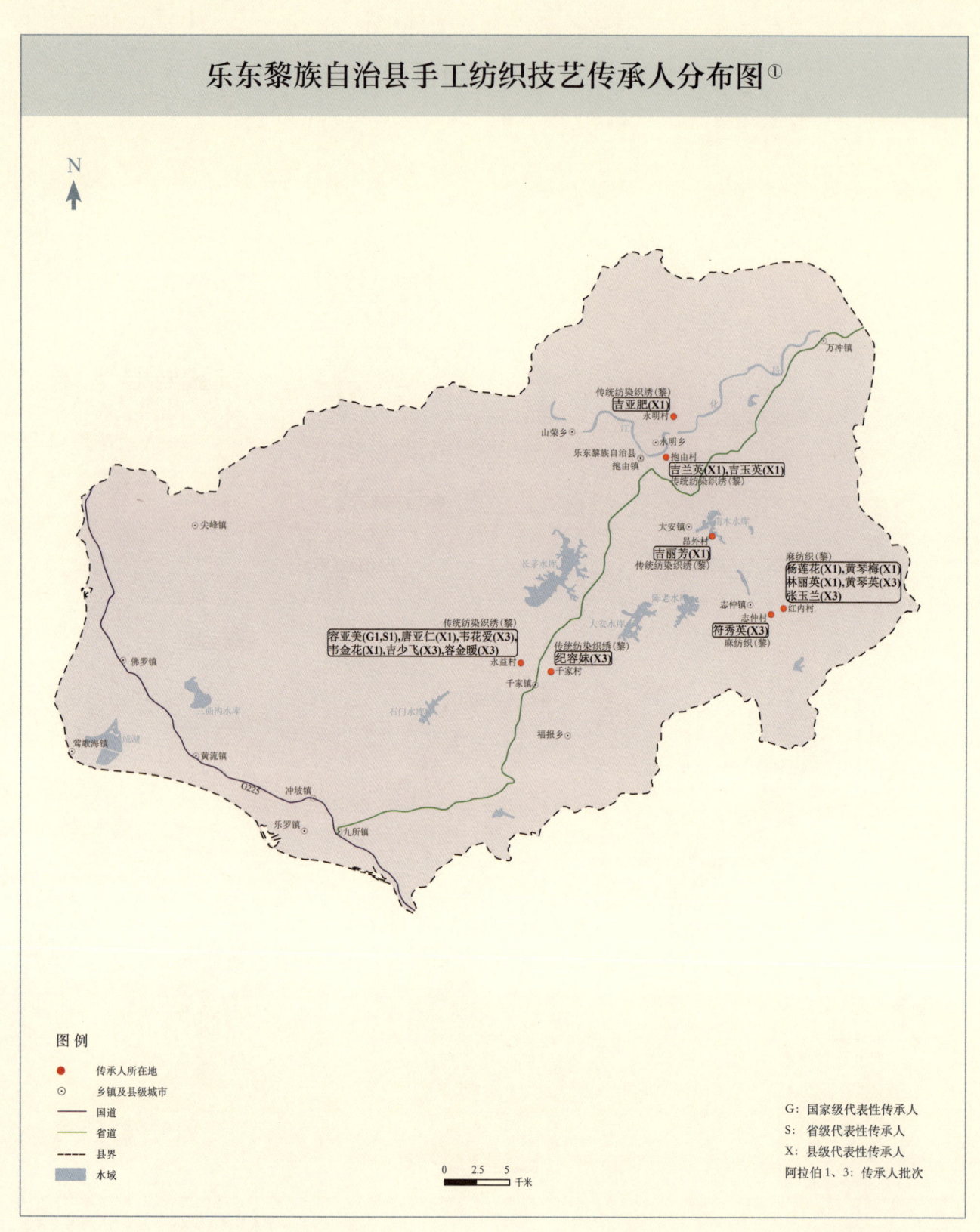

图 3-2-9-2 乐东黎族自治县手工纺织技艺传承人分布图

① 本图中的传承人是指至2012年年底乐东县被列入国家级、海南省省级、乐东黎族自治县县级手工纺织技艺类非物质文化遗产传承人。

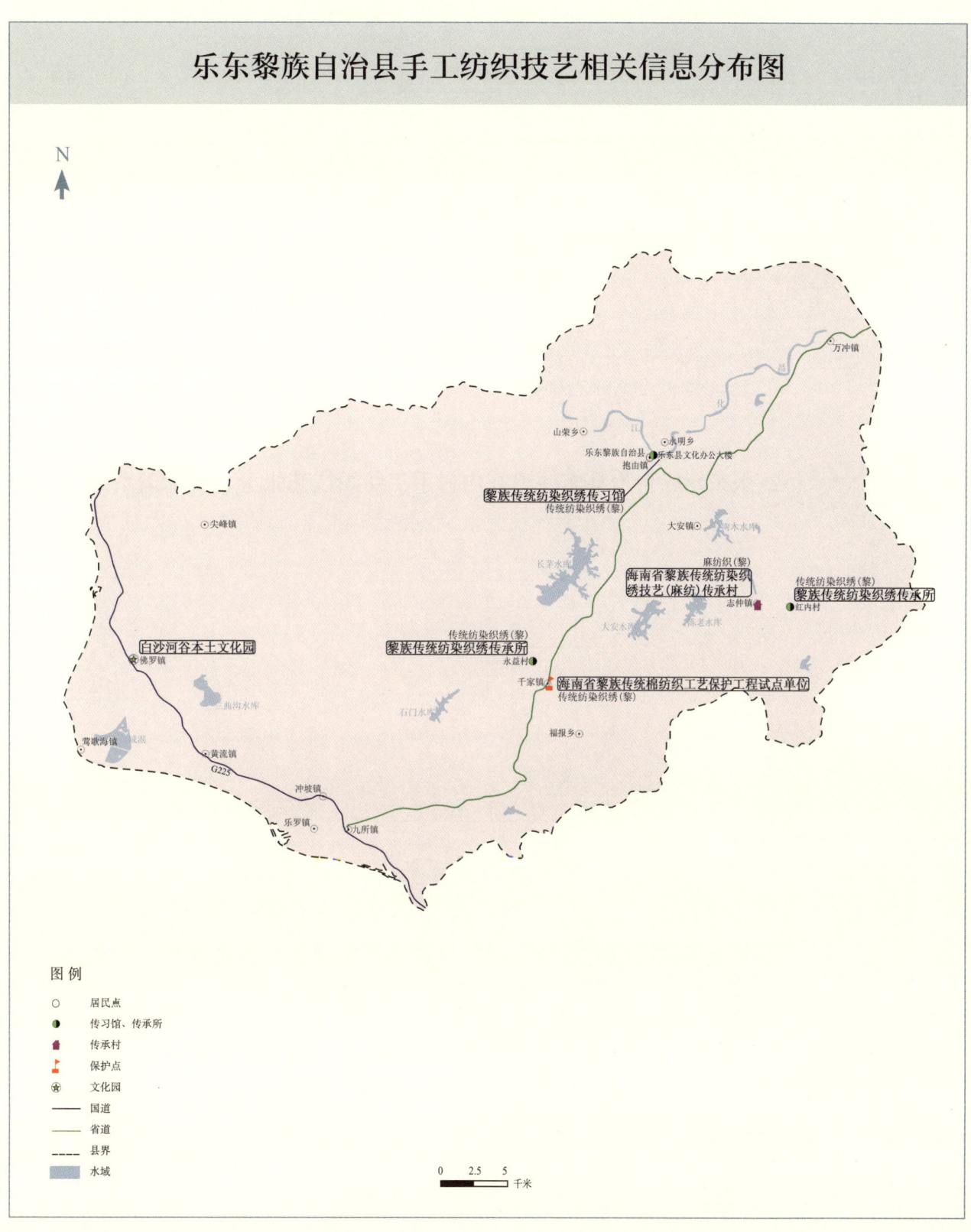

图 3-2-9-3 乐东黎族自治县手工纺织技艺相关信息分布图

（二）乐东黎族自治县手工纺织技艺传承谱系图（选录）

1. 乐东黎族自治县志仲镇红内村手工纺织技艺黄琴英传承谱系图

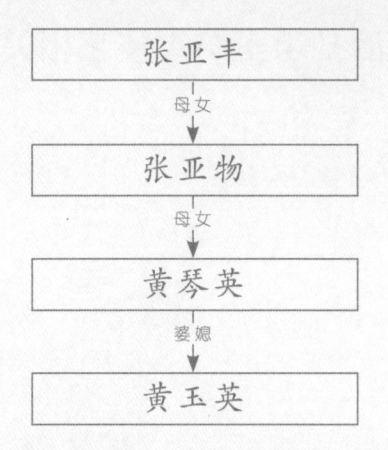

```
张亚丰
  │ 母女
张亚物
  │ 母女
黄琴英
  │ 婆媳
黄玉英
```

图3-2-9-4 乐东黎族自治县志仲镇红内村手工纺织技艺黄琴英传承谱系图

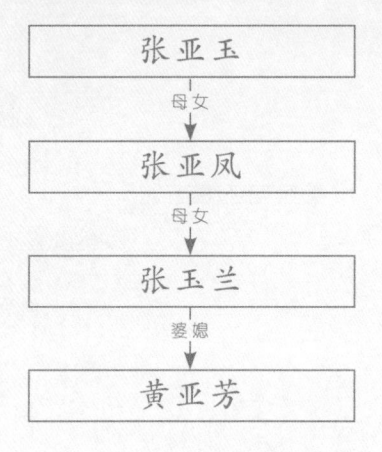

2. 乐东黎族自治县志仲镇红内村手工纺织技艺张玉兰传承谱系图

```
张亚玉
  │ 母女
张亚凤
  │ 母女
张玉兰
  │ 婆媳
黄亚芳
```

图3-2-9-5 乐东黎族自治县志仲镇红内村手工纺织技艺张玉兰传承谱系图

3. 乐东黎族自治县志仲镇志仲村手工纺织技艺符秀花传承谱系图

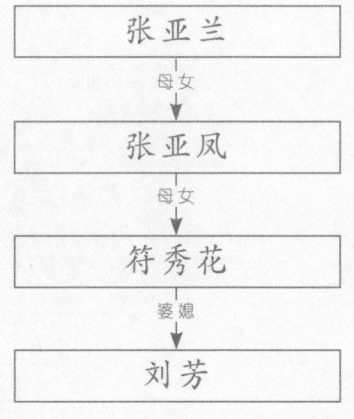

```
张亚兰
  │ 母女
张亚凤
  │ 母女
符秀花
  │ 婆媳
刘芳
```

图3-2-9-6 乐东黎族自治县志仲镇志仲村手工纺织技艺符秀花传承谱系图

4. 乐东黎族自治县千家镇永益村手工纺织技艺韦花爱传承谱系图

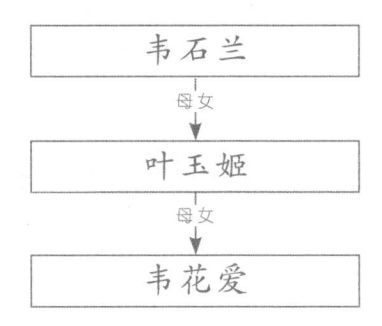

```
韦石兰
  │ 母女
  ▼
叶玉姬
  │ 母女
  ▼
韦花爱
```

图 3-2-9-7 乐东黎族自治县千家镇永益村手工纺织技艺韦花爱传承谱系图

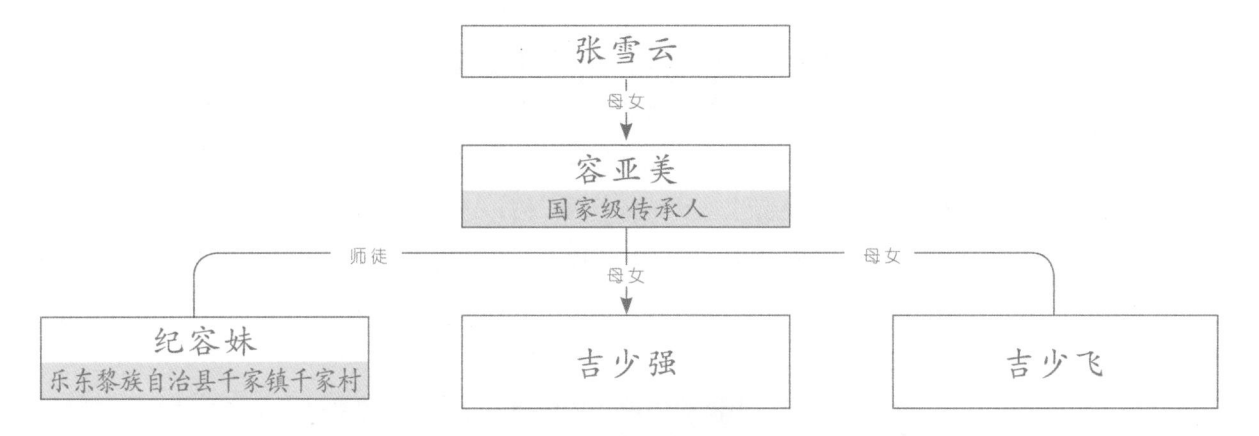

5. 乐东黎族自治县千家镇大益村手工纺织技艺容亚美传承谱系图

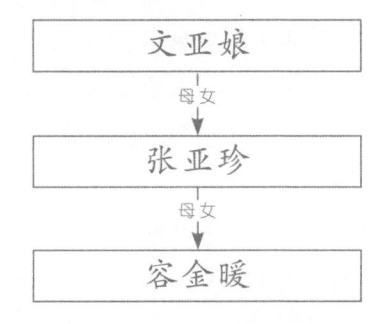

```
              张雪云
                │ 母女
                ▼
              容亚美
           国家级传承人
     ┌─────────┼─────────┐
   师徒       母女       母女
     ▼         ▼         ▼
   纪容妹     吉少强     吉少飞
乐东黎族自治县千家镇千家村
```

图 3-2-9-8 乐东黎族自治县千家镇大益村手工纺织技艺容亚美传承谱系图

6. 乐东黎族自治县千家镇大益村手工纺织技艺容金暖传承谱系图

```
文亚娘
  │ 母女
  ▼
张亚珍
  │ 母女
  ▼
容金暖
```

图 3-2-9-9 乐东黎族自治县千家镇大益村手工纺织技艺容金暖传承谱系图

第三编 手工纺织技艺典型项目
——乌泥泾手工棉纺织技艺图谱

乌泥泾手工棉纺织技艺是上海市第一批国家级手工技艺类非物质文化遗产项目。"乌泥泾"本是一条旧河道名，河道旁的乌泥泾镇是元明时期松江府上海县的一个古老市镇，旧址约在今上海市徐汇区华泾镇北、长桥街道南东湾村一带。

南宋末年，棉花种植传入江南，松江府成为最先引种棉花的地区。黄道婆在元元贞年间（1295—1296年）将海南的棉纺织技术引入家乡，与江南原有的麻纺和丝织技术相结合，形成了一套与棉花纺织相适应的手工纺织工艺与工具。至明代时，松江府已经成为全国最大的棉纺织业中心，并获得了"衣被天下"的美誉。

乌泥泾棉纺织技艺包括捍（轧棉去籽）、弹（开松棉花）、纺（纺棉纱）、织（织棉布）等多道工序。黄道婆革新了搅车，改变了用手剥籽的原始状态；她又将仅为一尺多长的弹棉小弓改成三尺多长的大弓（竹制），提高了棉花的蓬松度和弹棉的工作效率。她发明的三锭脚踏纺车，能够同时纺出三根同样支数且捻度均匀、条干又好的棉纱，使纺纱效率提高了两三倍，这是世界棉纺织史上的一次重大革新。同时，黄道婆又在崖州"挈花"（提花）技艺的基础上，通过改造松江本地的织麻布机、经架、纬车等工具的方式，开拓了棉织品种，织出了精美的"松江布"和"乌泥泾被"。

明清以后，乌泥泾棉纺织技艺传播分布区域逐渐扩大，先是以松江府乌泥泾为中心，在松江本地流传，然后又向南北扩展，直至长江北岸的启东、崇明地区，上海西北边的常州、昆山地区，西南边的嘉善、桐乡地区，以及杭州湾南岸的慈溪、余姚一带，甚至传播到朝鲜、日本和南洋各国。明末清初，松江府、上海县的棉布销售至福建、广东、陕西、甘肃等省份，还远销到英国、美国、意大利等国，为世界棉纺织业的发展作出了卓越贡献。

随着社会影响的扩大，以黄道婆为代表的乌泥泾手工棉纺技艺还逐渐演变成一种独特的手工棉纺文化，主要通过民间故事、传说、工艺品、戏曲、电影、纪念展示活动等方式表现出来。

至2012年时，上海市除了乌泥泾手工棉纺织技艺外，还设立了药斑布印染技艺、土布染织技艺、手工织带技艺等三个市级手工棉纺织技艺类非遗项目，浦东土布纺织技艺、三林标布纺织技艺、闵行土布纺织技艺等三个区级手工棉纺织技艺类非遗项目，它们最早都是从乌泥泾手工棉纺织技艺延伸出来的。上海在此类非遗方面有国家级传承人1位（康新琴），市级传承人4位（王元昌、盛金娟、冯亚芳、王梅芳）。自2005年我国开展非遗保护工程以来，上海先后成立此类非遗展示陈列馆（厅）14处，传承保护基地7处，在非遗进校园和非遗生产性保护等方面进行积极探索。

一 乌泥泾手工棉纺织技艺历史演进图

南宋末年：松江地区引种棉花。棉纺织技术十分原始且落后。

↓

元代初年：黄道婆回到家乡乌泥泾，改进了捍、弹、纺、织之具，革新了"错纱配色，综线挈花"等棉纺织技术。

↓

明代中叶：松江地区成为全国最大的棉纺织中心，获得了"衣被天下"的美誉。棉纺织业成为松江地区重要的支柱型产业。

↓

清代前中期：松江地区棉纺织业保持繁盛状态，但北方棉纺织业渐兴，松江地区棉纺织品的销售发生变化。

↓

鸦片战争后：松江地区手工棉纺织业先后受洋纱、洋布的冲击，逐渐走向衰落，但其制品仍有一定的市场。近代棉纺织工业兴起。

↓

中华人民共和国成立后：上海地区农村手工棉纺织仍然存在，但多为自织自用。现代棉纺织业成为城市重要的支柱型产业。

图 3-3-1-1 乌泥泾手工棉纺织技艺历史演进图

二 乌泥泾手工棉纺织技艺项目与相关信息分布图

乌泥泾手工棉纺织技艺项目分布图①

图 3-3-2-1 乌泥泾手工棉纺织技艺项目分布图

① 本图中的项目是指至 2012 年年底上海地区在乌泥泾手工棉纺织技艺基础上形成的各项国家级、市级与区级手工纺织技艺类非物质文化遗产项目。

乌泥泾手工棉纺织技艺传承人分布图①

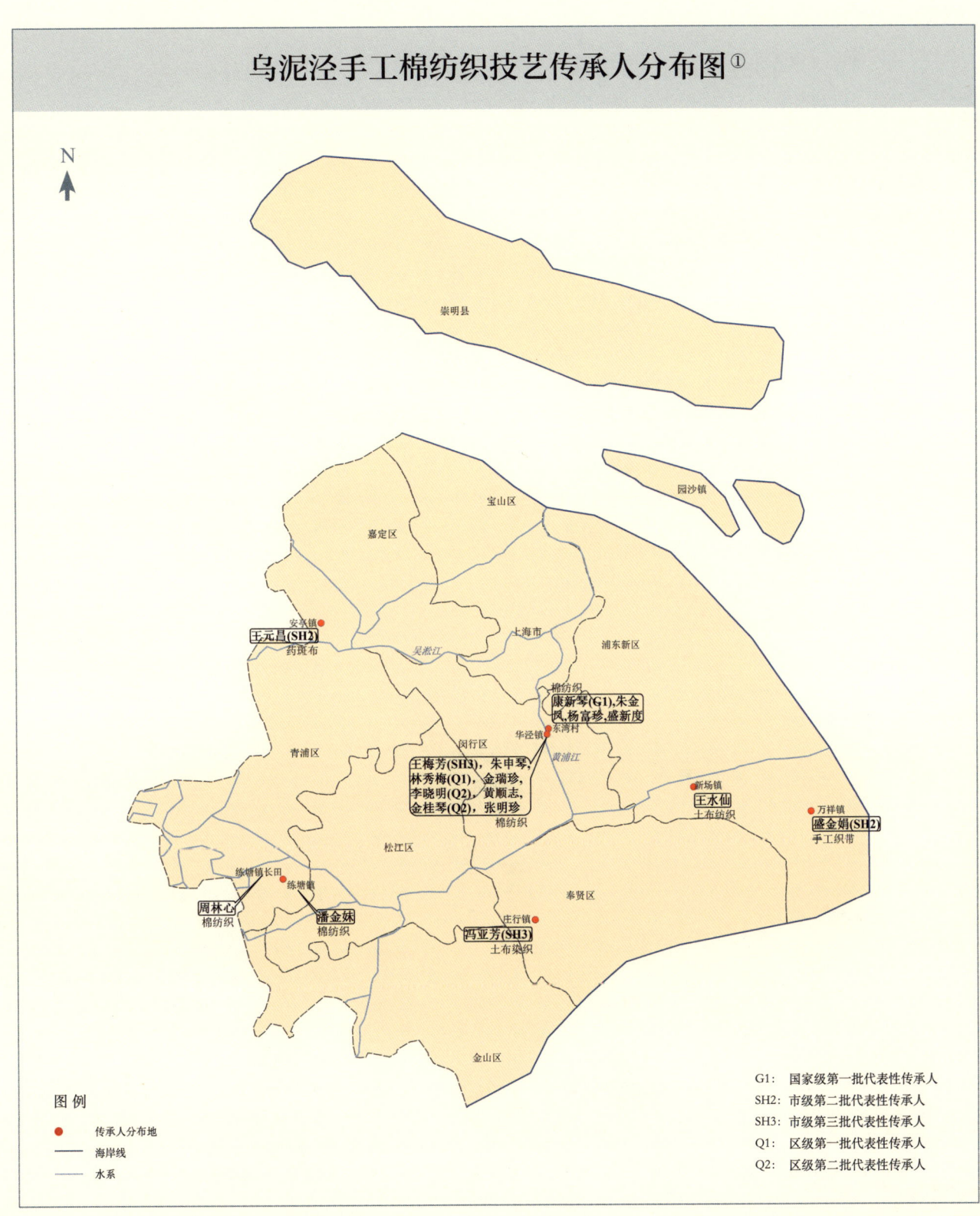

图例
- ● 传承人分布地
- 海岸线
- 水系

G1：国家级第一批代表性传承人
SH2：市级第二批代表性传承人
SH3：市级第三批代表性传承人
Q1：区级第一批代表性传承人
Q2：区级第二批代表性传承人

图 3-3-2-2 乌泥泾手工棉纺织技艺传承人分布图

---

① 本图中的传承人是指至2012年年底上海地区在乌泥泾手工棉纺织技艺基础上形成的各位国家级、市级与区级，以及部分具有较大社会影响的无级别手工纺织技艺传承人。

手工纺织技艺卷
第三编 手工纺织技艺典型项目——乌泥泾手工棉纺织技艺图谱

479

图 3-3-2-3 乌泥泾手工棉纺织技艺区域流布图（上海地区）

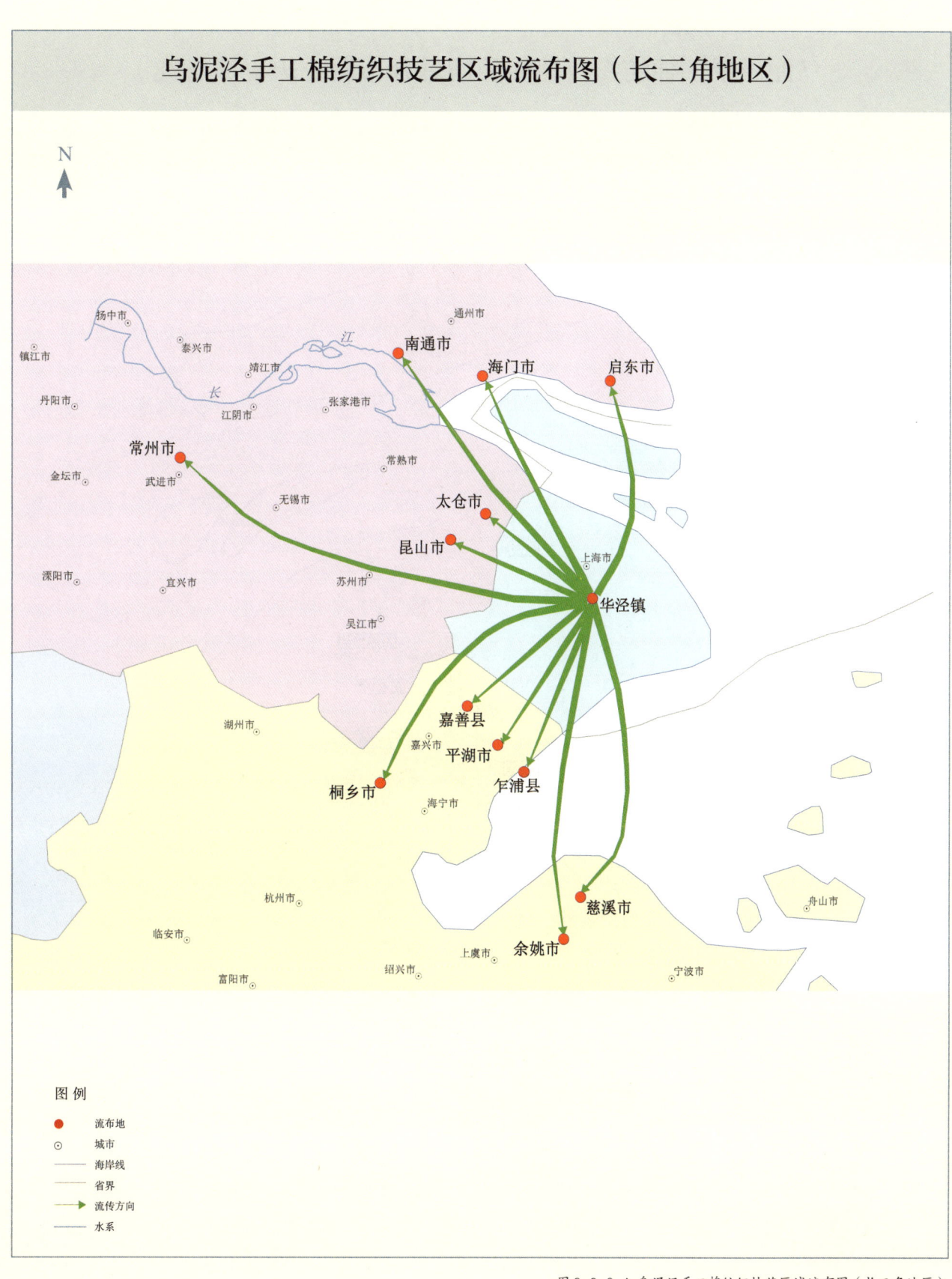

图 3-3-2-4 乌泥泾手工棉纺织技艺区域流布图（长三角地区）

乌泥泾手工棉纺织技艺相关信息分布图（历史遗迹类）

图3-3-2-5 乌泥泾手工棉纺织技艺相关信息分布图（历史遗迹类）

乌泥泾手工棉纺织技艺相关信息分布图（陈列展示类）

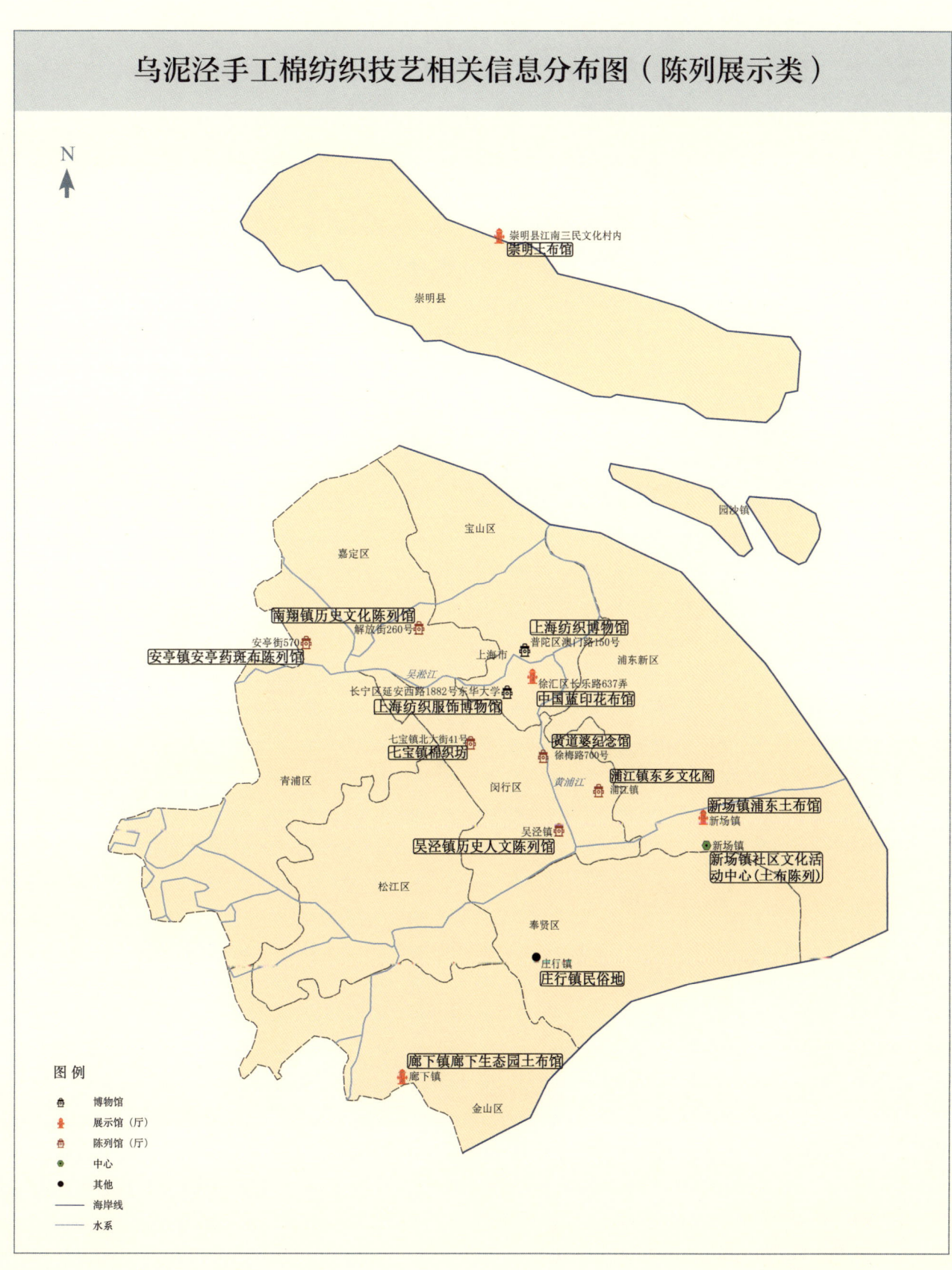

图 3-3-2-6 乌泥泾手工棉纺织技艺相关信息分布图（陈列展示类）

手工纺织技艺卷
第三编 手工纺织技艺典型项目——乌泥泾手工棉纺织技艺图谱

483

图 3-3-2-7 乌泥泾手工棉纺织技艺相关信息分布图（传承保护类）

三 乌泥泾手工棉纺织技艺流程标识图

（一）捍弹纺织流程标识图

1. 脱籽

脱籽是棉花纺织的第一道工序。13世纪末，黄道婆创制出了木棉搅车，其形制为四框落地、无足，上立两柱，利用杠杆、曲柄等构造摇动搅车，使棉与籽分离。搅车需2人摇柄，1人送入棉花，3人同时操作方能连续轧棉。搅车的出现是棉花初加工技术上的重大突破，大大提高了轧棉的生产效率。后来，又有人在搅车的基础上发展成脚踏轧车。

图 3-3-3-1 脱籽

2. 弹花

　　轧去棉籽的棉花，称净棉、皮棉或原棉。在纺纱或做絮棉之前，皮棉需要弹松，称为弹棉。弹棉工具是弹弓和弹椎，黄道婆改进弹弓的小竹弓为绳弦竹弧的大弓，并且发明了弹椎（槌）。弹棉时，在腰间系一绳，将一竹竿插于腰间，竹竿吊起竹弓，减轻左手握弓的重量，将弦置于皮棉中，右手用弹椎（槌）敲击绳弦，发出声响，此时"花衣惊散如雪"。弹松棉花的同时，奋力将杂质甩出，去除杂质。这项技术革新的优点在于弹弓加长，用弹椎（槌）代替以手拨弦，加大了弹棉的冲击力，弹出来的棉花既蓬松又洁净。

图 3-3-3-2 弹花

3. 擦条

纺纱前必须先将棉花制成棉条。方法是用无节细竹把弹松的棉絮整齐地平铺桌面上，然后用手将棉絮卷于竹条上，压紧形成约一尺长的管状棉条，称为"拼条"。明时又改用擦板制条。擦板为上安一抓手的薄木板。明徐光启《天工开物》称之为"擦条"。清方观承《御制棉花图》称之为"拘节"："其法，条棉置于几，用筵卷而扦之，出其筵成筒。缕缕如束，取以牵纺。"用棉条纺纱是纺纱工艺发展中的又一大进步，它使纺纱前的棉纤维排列较为整齐，有利于成纱条干的匀细。

图 3-3-3-3 擦条

4. 纺纱

（1）手摇单锭纺车纺纱

手摇纺车为单锭纺车，为全国各地普遍使用。自黄道婆创制三锭纺车后，上海地区仍然以使用单锭手摇纺车为主，而使用三锭手摇纺车的主要在浦东地区，包括原川沙县、南汇县和上海县部分地区。手摇单锭纺车是历史最为悠久的纺织工具，其形制由车座、车轮、手柄、锭子等部件组成。车座和车轴用硬木做成，车轮用竹片做成。车轮上用麻绳作为传动线，连接纺锭。锭子一般用熟铁做成，约一根筷子长短，套上一个芦苇秆做成的纡子，即可纺纱。纺纱时，操作者端坐在凳子上，右手摇手柄，带动纺锭转动，左手捻棉条头，棉条长的部分用小指钩住，徐徐拉出棉纱，随着纺锭的转动顺势将棉纱绕在纡子上。

图 3-3-3-4 纺纱（1）手摇单锭纺车纺纱

（2）脚踏三锭纺车纺纱

黄道婆棉纺织技艺中，最具代表性的是三锭纺车的创制。三锭纺车为脚踏纺车。脚踏纺车把右手解放了出来，从而能够辅助左手拉引棉条，为增加纺锭数量提供了可能性。东汉前已经有了脚踏纺车，供捻丝麻之用。黄道婆把用于纺麻的脚踏纺车改成三锭纺车，使纺纱效率提高了两三倍，且操作省力，很快便在松江一带推广开来。其最大的优点是以足代手，使双手投入引纱。三锭纺车与单锭纺车相比，其工效高出数倍，方观承在《御制棉花图》中说，"吴淞间日纺纱，以足运输，一手尝引三纱、五纱，用力较省"，而北方"单绪独引，四日而得一斤"。

图 3-3-3-5 纺纱（2）脚踏三锭纺车纺纱

5. 发纱

用纺车将棉条纺成棉纱锤之后，还需经过发纱，才能将棉纱锭上的纱绕成纱绞，便于染纱与浆纱。发纱方法有两种：一是用三锭纺车直接将纱锤绕成纱绞。操作者如纺纱时一样，端正地坐在纺纱凳子上，两脚分开踩在踏杆上，左手持纱锤，注意要握在竹管子上。右手在靠近纺轮的上方撑住棉纱，两脚上下踩踏，将棉纱从纱锤上拉出来后准确地绕在纺轮上。二是使用特制的副车将纱锤绕成纱绞。将手摇单锭纺车上的纺锤绕成纱绞，需要使用副车。副车形制类似于单锭手摇纺车，略小于纺车。发纱时，一手持纱锤，一手摇柄，手持纱锤需要靠近纱轮，在车轮的转动下将纱从纱锭绕到副车上。

图 3-3-3-6 发纱

6. 染纱

古代棉纺织的染色方法主要有两种：一是先染后织，一是先织后染。黎族妇女很早就掌握了棉线染色的方法，并用染过色的棉线织成绚丽多彩的黎锦。黄道婆结合黎锦与丝绸染色的特点，创造了全新的棉纺织全套工艺，并在松江地区推广。织物印染的传统染料有矿物染料和植物染料两种，江南一带的染料主要是植物染料。松江地区最有名的染料是靛青，又称蓝草，制作方法是先将靛青沤制提取蓝靛，再加入适量石灰、酒料调制。染纱时先在桶（缸）里把蓝靛或其他染料混合配制好，再把经过退浆处理的棉纱放进染液里浸泡（或煮染）三四个小时，捞出来滤干即可，如要加深颜色，反复浸染即可。

图 3-3-3-7 染纱

7. 浆纱

为棉纱上浆，主要是增加棉纱的牢度，织布时不易中断，织出的布比较光滑、无纱毛，色泽鲜亮。上浆的方法是先用面粉加冷水搅匀成生糨糊，浆水不可太稠，纱重一斤用四两面粉，并加入少许蜡油（也可用菜油），然后把生糨糊边搅匀边煮熟，再把纱绞放入木盆内，把煮熟的糨糊舀入，用双手反复搓、捏直至纱与浆全部混合，然后将纱捞起挂在竹竿上，用手抓住棉纱用力往下捋，反复多次，直至将棉纱上的浆捋光，挂在竹竿上晾干。在晾晒的过程中，还要勤于"抖"纱，"抖纱"是为了防止"并纱"，使纱绞松散。

图 3-3-3-8 浆纱

8. 摇筒管

摇筒管又称"做筒管",是为经纱做准备的一道工序。摇筒管也有两种方法:一种是使用三锭脚踏纺车摇筒管,一种是使用筒子车摇筒管。使用三锭纺车摇筒管是先将纺轮上的皮圈套好,再将一根细竹管套在三锭纺车中的一根铁锭子上,将染好的纱绞套在发纱车上,从中抽出纱头绕在竹管上。此时,操作者端坐在纺纱凳上,两脚上下踩踏杆,左手轻握发纱车上转出来的纱线,右手轻轻地牵住纱线,对着筒管左右来回滑动,使纱线均匀地绕在筒管上,使之成陀螺形,谓之"筒子"。另一种是使用筒子车摇筒管,这种方式在上海地区也比较普遍。筒子车形似单锭手摇纺车。

图 3-3-3-9 摇筒管

9. 经纱

经纱是上机织布前的一道重要工序。经纱前先要选择一块 30 至 100 米长的场地，室内或者室外皆可。将凳子倒放在场地两端，以便经纱时纱线缠绕在凳脚上。经纱时先将纱头从经车上穿出，将纱头组合系在前端的木架脚上，然后由一人一手提经车，一手虚握纱线，从前端走到末端，来回将纱线绕在凳脚上，每次绕到前端时要呈"八"字形交叉，并要将纱头剪断，与原先的纱头组相接，直到将所需纱线组数绕完。

图 3-3-3-10 经纱

10. 挽纱（挽经）

　　挽纱开始时，先要将纱线在"八"字形交叉处用一根红绳扎牢，使纱线在红绳与木架柱之间形成一个纱圈。挽纱之人把一只手套进纱圈中，然后轻轻地从木架柱子上拿下套住并打好接头的纱线，一人在前边拉住经纱，并不断往前移动，等达到一定的长度时，由挽纱之人将经纱套进纱圈中，并同时从经纱圈中拉出，拉出时又形成一个纱圈，再由前面的人拉紧经纱向前移动，达到一定长度时，由挽纱者再将经纱套进经纱圈中，如此环环相扣，直到挽毕。

图 3-3-3-11 挽纱（挽经）

11. 盘布

纱挽毕，即开始盘布。先将一根竹棍插进经纱末端，理出几组纱线，再将每组纱线按顺序放进布扣里。待全部纱线穿完后，再把布扣的横木安上去，形成完整的长方形布扣，纱线就被置于其中了，此时扎牢布扣两头以防松脱。然后把轴头（纱轴）固定在长凳上，将一根竹棍贴紧轴头扎牢，用布扣将纱线来回梳平。整个工序至少需要4人，其中2人盘跌花（轴头），在轴头两端转动轴头，将挽好的纱线绕在轴头上，1人挺布（纱），1名妇女拿匀箱像梳头一样地整纱，或用芦苇秆作为盘卷纱层的间隔，直到纱线全部绕在轴头上，此称为"盘布"。

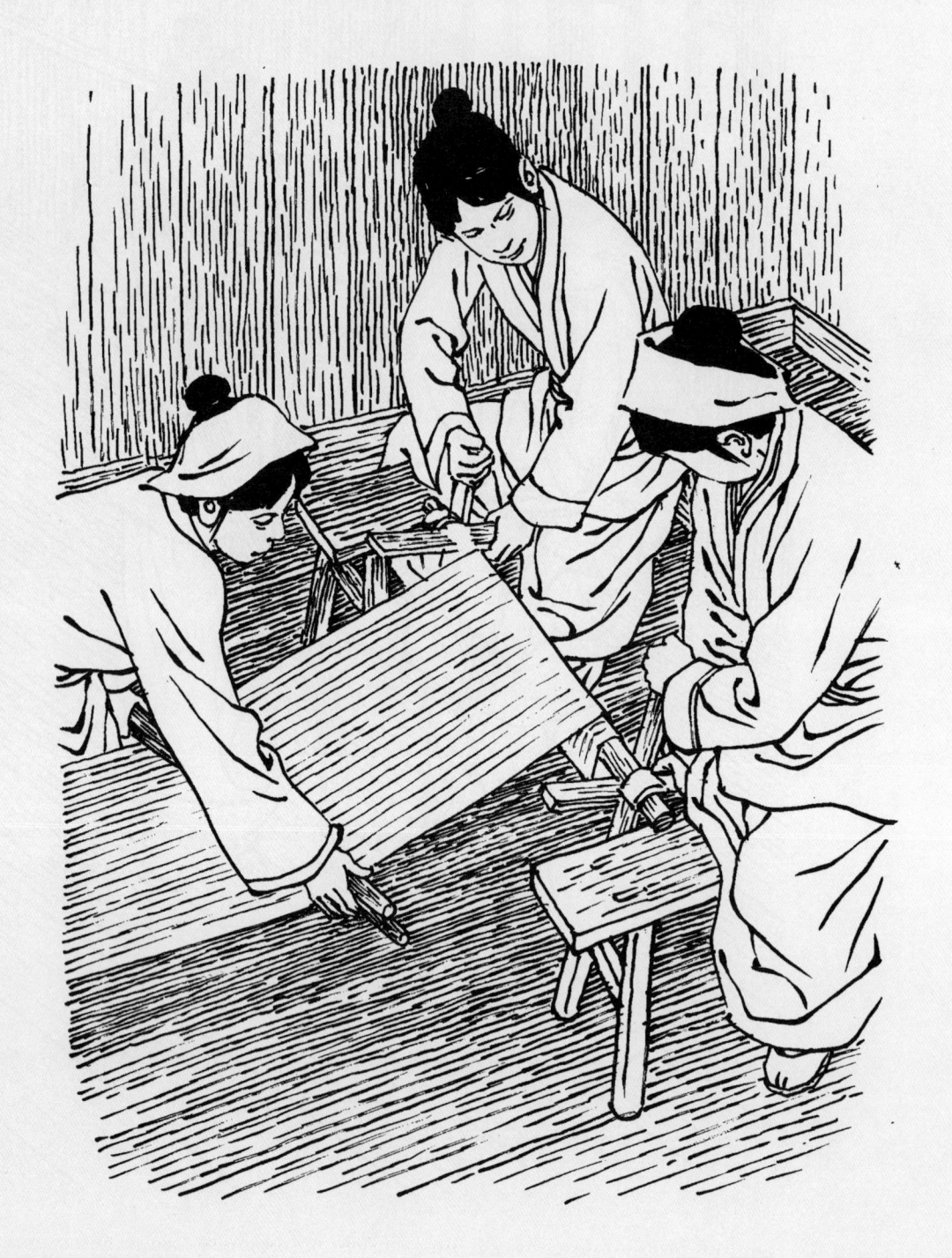

图 3-3-3-12 盘布

12. 穿综（接综头）

综是控制经线使其在织布过程中上下分开以便投梭的装置。织完一匹布，将布从织机上卸下来时需留有一段纱头。为了继续织布，需把综头取下来接综头。当把综头从布机上取下来时，综头的一边留有纱头，将此纱头与将要织就的下一匹布的纱头接起来，称"接综头"。所接纱头多少依门幅宽窄而定。接法是两手拇指和食指各捏住一根纱头，然后一根在下，一根在上地捏在左手拇指与食指之间，右手拿起压在下面的一根纱头绕一圈后从两根纱的中间绕过，形成一个圆扣，然后用一根根纱套进圆扣里，拉紧即可。

图 3-3-3-13 穿综（接综头）

13. 上机

综头接好之后，接着开始穿筘。穿筘前要把接好综头的经纱理顺梳通，然后把每两根纱穿进一个筘齿内。穿完后便可上布机。操作时，先将轴头装入布机轴槽内，将综与布机下面的踏板连接起来，同时将综、竹筘吊挂固定在布机上面的机架上。待全部吊挂、连接好之后，便要调机试织。试织前，需要将接好综头、穿过竹筘的纱绺分成数绞，与原布机卷布轴上剩下的经纱尾子互相打成结，并将卷布轴上的经纱卷实、压平。再逐一检查织机的开口、引纬、打纬、送经和卷取是否顺畅自如。检查完毕之后，便可开始织布了。

图 3-3-3-14 上机

14. 织布

经纱上机调试后，就可以开始织布了。织布过程包括开口、投纬、打纬、换梭、送经、补纡（纱衣锭）、卷布等。操作时，织造者端坐在机板上，双脚轻放在踏杆上，一手持梭，一手扶筘。凭感觉和经验，运用双脚操纵踏杆。左踏右放，右踏左放，在踏杆间灵活地上下踩动，控制经线开合。同时，双手密切配合：一只手在经线的开合间迅速推筘，抛梭引纬，将梭子投贯开口，随即回拉竹筘打纬；另一只手接过抛梭再投，再拉动竹筘打纬。为了保持布幅宽窄一致，还须用一竹制的布撑将布面两边绷紧，布撑置于布轴的前面。每织一段布，将布撑往前移动，同时将布卷在布轴上。

图 3-3-3-15 织布

15. 错纱配色

色织布是运用先染后织的技术，通过"错纱配色"，织出上千种不同的花色品种。所谓错纱，即是指在经纱时根据事先设计的花色将不同颜色的经纱在牵经时交错排列。所谓配色，即在织布时，用不同色彩的纬纱在织造时换梭交替织入，根据配色的种类，纬纱常用的颜色有大红、粉红、蓝、白等。黄道婆对于棉纺织技艺的改良，最突出的是对"错纱配色"的巧妙运用，正是由于这一技艺的发明，色织布后来独行天下。

图 3-3-3-16 错纱配色

16. 综线挈花

所谓综线挈花，即利用增加综页的数量，进行提花、挑花操作。黄道婆在汉族丝、麻织造工具的基础上，运用黎族人民的挑花技术创造出了"棋局字样、粲然若写"的棉纺织品。一般家庭常用的布机装有二个综页，可织出平纹色织布，斜纹色织布则需三综页，而提花布则要四个综页以上才能进行简单的提花操作。每增加一个综页就要增加一个踏杆，才能完成提降开合的作用，对操作者的技术要求也相当高。黄道婆革新发明的纺织技术，可以在家庭普通织布机上依靠增加综页数量的方法进行提花、挑花操作，织出的布具有丰富而复杂的花色品种。

图 3-3-3-17 综线挈花

（二）药斑布印染流程标识图

1. 挑选坯布

以前，上海地区的农家一般都要挑选绵质好的上等布料染制药斑布，普通坯布以染制纯蓝色为主。

图 3-3-3-18 挑选坯布

2. 脱脂

印染前要将所选布料放入含有大古油的水中浸泡，温度在 50~60 摄氏度之间，然后将布料放置清水中，待 2~3 天后取出，晒干待用。

图 3-3-3-19 脱脂

3. 画样、替版

药斑布印染需要花版。花版的制作工序是先用羊毛自制一把扫帚（直径为4~5厘米），一头包扎收紧，再用扫帚沾少许颜料粉把原样替下或重新设计新样稿。

图 3-3-3-20 画样、替版

4. 刻花版

刻花版一般用 2~3 层皮纸或高丽纸裱合在一起，先在纸上构图，再用刀刻。刻时刻刀须竖直，力求上下层花形一致。刻刀分斜口单刀、双刀、圆口刀（俗称"镜子"）三种类型。刻版时纸板下垫李青树板，因为它材质细嫩，不易伤刀口，刻画自如。

图 3-3-3-21 刻花版

5. 上油

上油是将刻好的花版正反面用卵石打磨平整，然后刷熟桐油，晾干，经过2～3次反复刷油，最后晾干压平待用。

图 3-3-3-22 上油

6. 刮浆

刮浆前先将白布平放在桌面上，将刻好的花版盖住，再刷防染浆。在民间，蓝花布防染浆料用过玉米粉、小麦粉、糯米粉等，后经过几代人的摸索与实践，最终选用了黏性适中的黄豆粉。但黄豆粉夏季容易变质，于是又在黄豆粉中掺和了石灰粉。加了石灰粉后不仅容易上浆，染好后也容易刮掉灰浆，故民间都用豆粉调石灰做防染浆，比例为1∶0.7。有时根据花形要求也有采用糯米粉和石灰粉为防染浆。调浆时厚薄（黏稠）要适中，黄豆粉越细，浆调得越透，黏性就越好。刮浆时用力要均匀。刮浆时接版更为重要，花形复杂时还要强调对版准确，排版自如。

图 3-3-3-23 刮浆

7. 染色

染布时，先将蓼蓝草叶渍坑中，过一夜后取出叶汁，放入水和石灰搅拌，然后沥去清水，制成蓝靛。再将蓝靛倒入小缸中，按5斤蓝靛配8斤石灰、10斤米酒的比例加适量水搅拌，等到蓝靛水变黄，水面上起靛沫（民间称"靛花"）后，即可倒入大缸中待染。然后是"看缸"，即随时观察缸中染料的变化。看缸时，还有许多行话，如"灰多"称"老"或"紧"，"酒多"称"软"或"松"等。然后把刮上浆的布松开放在水里浸泡，直至布浸湿到浆料发软后即可下缸染色。布料下缸浸浆充分后将布捞出，待氧化后再次下缸浸浆染色，这样反复浸染数次，直到颜色满意为止。

图 3-3-3-24 染色

8. 刮灰

染好的布匹要挂起晾晒，然后进行刮灰。如果出缸的布匹晒干后灰碱偏重，还要"吃"酸固色。刮灰的程序是等到布匹清洗晾干后，把布匹绷在支架上，然后用刮灰刀或家用菜刀倾斜45度刮去布上灰浆。刮灰时要注意力度，防止刮坏棉布。布料刮去灰浆后，便露出本色，灰浆块大的地方，灰层在染色的卷动中自然裂开，蓝靛随着裂缝渗透到坯布上，留下人工无法描绘的自然纹理。

图 3-3-3-25 刮灰

9. 清洗、晾晒

布匹经刮灰后需要2~3次清洗，把残留在布面的灰浆及浮色清洗干净，然后由染色师傅用长竹竿将湿布挂在7米高的晾晒架上晾晒。因受到刮浆、染色、晾晒等工艺因素的影响，药斑布的长度一般定在12米以下。最后用踹布石将布滚压平整。

图 3-3-3-26 清洗、晾晒

四 乌泥泾手工棉纺织技艺传承谱系图

1. 上海市徐汇区华泾镇东湾村手工棉纺织技艺康新琴传承谱系图

```
沈阿大
1875年出生
   │ 母女
   ▼
沈富男
1908年出生
   │ 母女
   ▼
康新琴
1932年出生
国家级传承人
   │
┌──师徒──┼──────师徒──┐
▼        ▼母女         ▼
沈惠芳   王梅芳        林秀梅
1962年出生  1962年出生  1952年出生
```

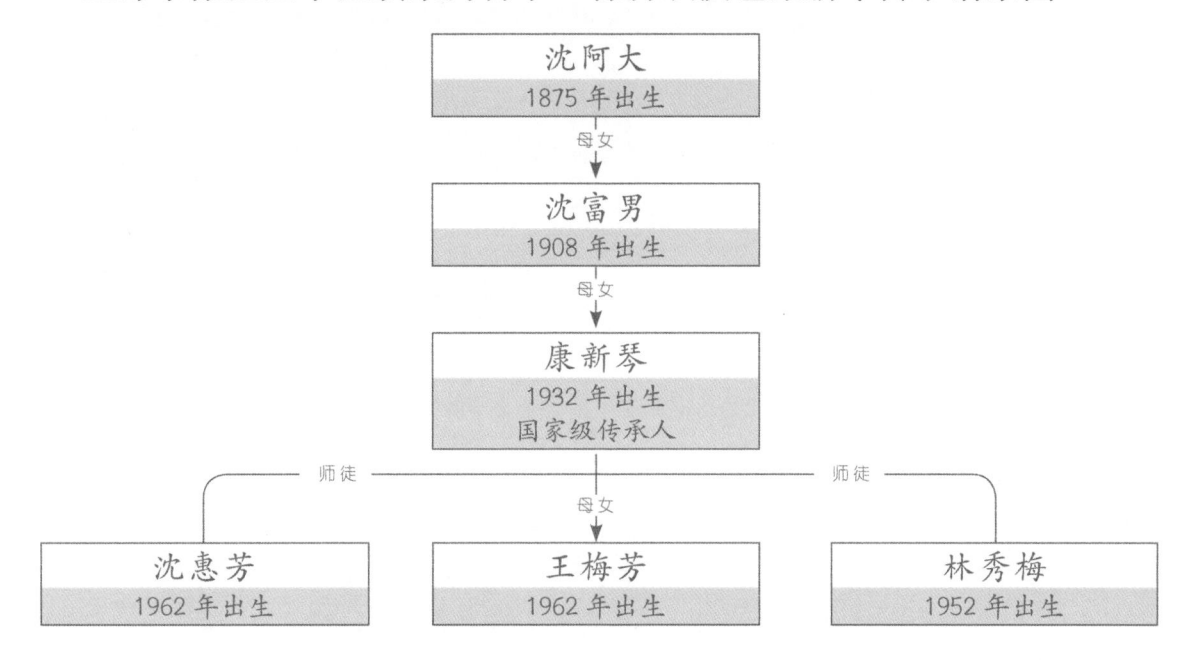

图 3-3-4-1 上海市徐汇区华泾镇东湾村手工棉纺织技艺康新琴传承谱系图

2. 上海市徐汇区华泾镇东湾村手工棉纺织技艺朱金凤传承谱系图

```
张新桂
  │ 婆媳
  ▼
陈大妹
  │ 母女
  ▼
朱金凤
```

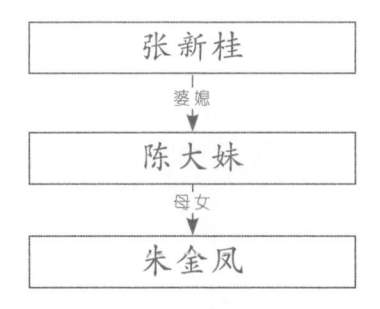

图 3-3-4-2 上海市徐汇区华泾镇东湾村手工棉纺织技艺朱金凤传承谱系图

3. 上海市徐汇区华泾镇东湾村手工棉纺织技艺杨富珍传承谱系图

```
杨秀珍
  │ 婆媳
  ▼
陆金珍
  │ 母女
  ▼
杨富珍
  │ 母女
  ▼
朱申琴
```

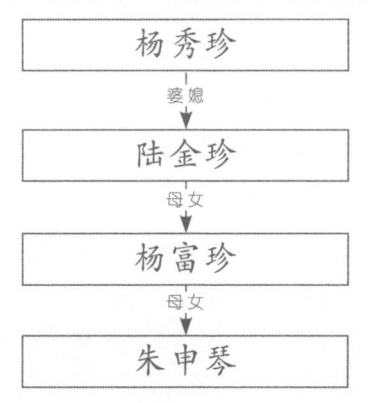

图 3-3-4-3 上海市徐汇区华泾镇东湾村手工棉纺织技艺杨富珍传承谱系图

4. 上海市徐汇区华泾镇华浦村手工棉纺织技艺盛新度传承谱系图

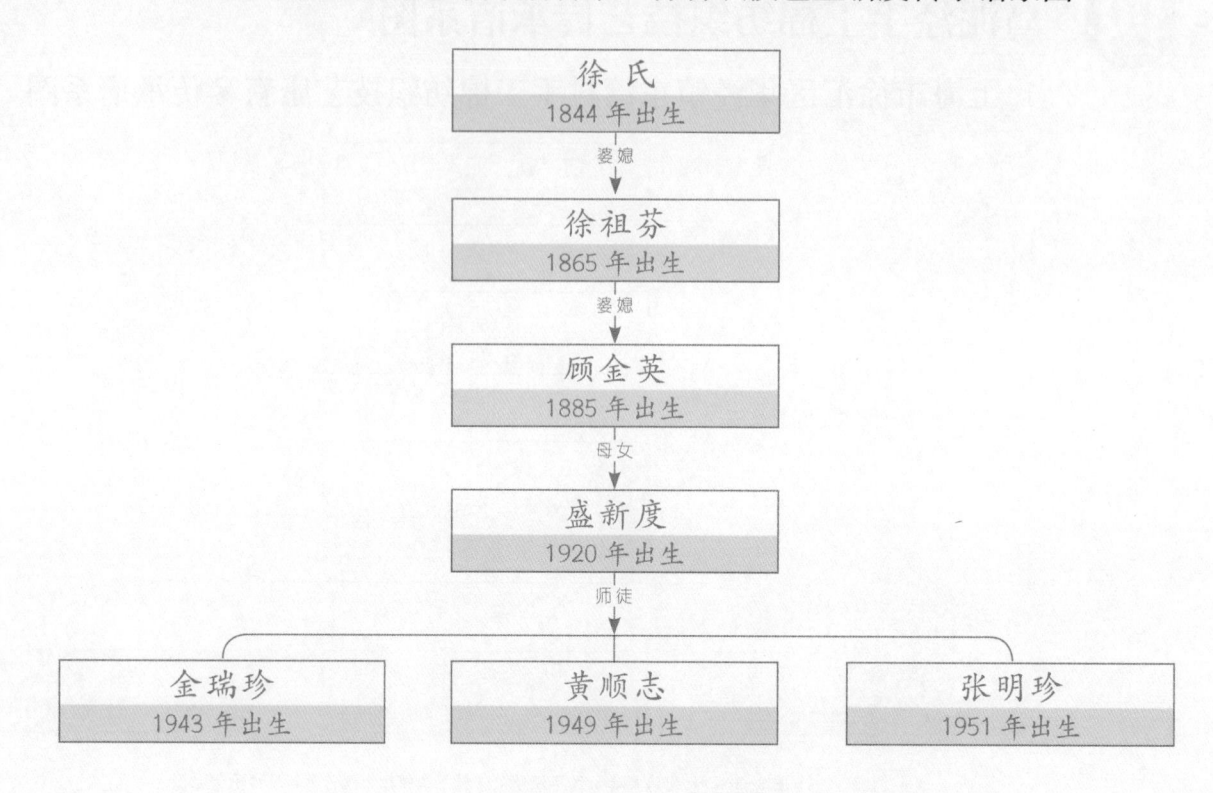

```
徐 氏
1844年出生
  │ 婆媳
徐祖芬
1865年出生
  │ 婆媳
顾金英
1885年出生
  │ 母女
盛新度
1920年出生
  │ 师徒
┌─────────┼─────────┐
金瑞珍    黄顺志    张明珍
1943年出生 1949年出生 1951年出生
```

图 3-3-4-4 上海市徐汇区华泾镇华浦村手工棉纺织技艺盛新度传承谱系图

5. 上海市奉贤区庄行镇土布染织技艺冯亚芳传承谱系图

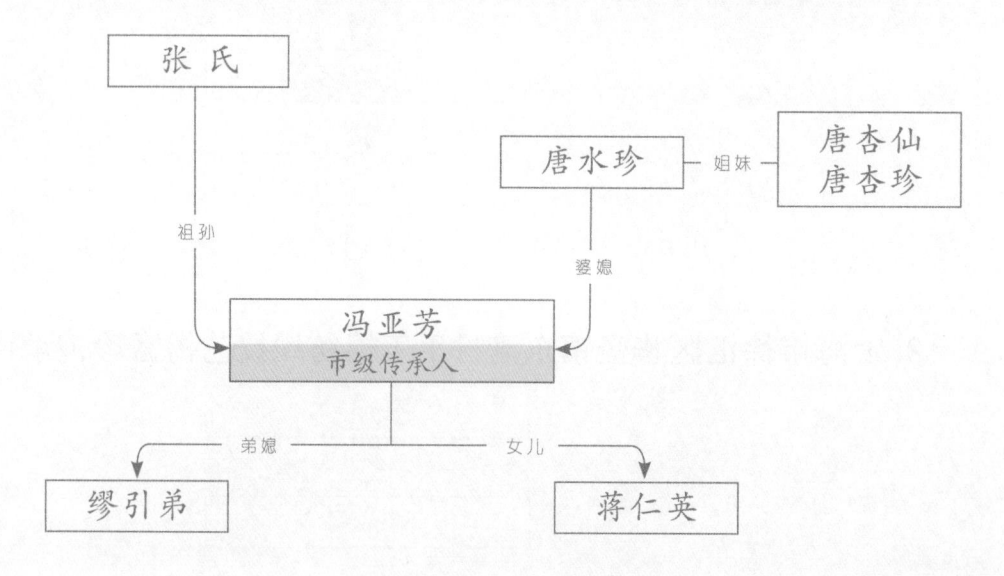

```
张 氏
  │                    唐水珍 ─姐妹─ 唐杏仙
  │                      │              唐杏珍
  │祖孙                  │婆媳
  └─────→ 冯亚芳 ←───────┘
          市级传承人
       ┌──弟媳──┴──女儿──┐
    缪引弟              蒋仁英
```

图 3-3-4-5 上海市奉贤区庄行镇土布染织技艺冯亚芳传承谱系图

6. 上海市嘉定区安亭镇药斑布染织技艺王元昌传承谱系图

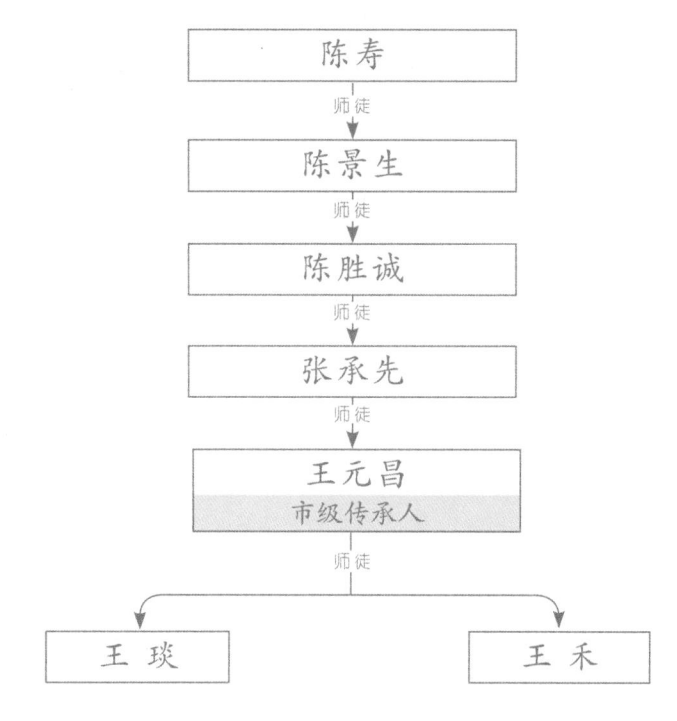

```
陈寿
 │ 师徒
 ▼
陈景生
 │ 师徒
 ▼
陈胜诚
 │ 师徒
 ▼
张承先
 │ 师徒
 ▼
王元昌
市级传承人
 │ 师徒
 ├──────────┐
 ▼          ▼
王琰        王禾
```

图 3-3-4-6 上海市嘉定区安亭镇药斑布染织技艺王元昌传承谱系图

7. 上海市南汇区万祥镇手工织带技艺传承人盛金娟传承谱系图

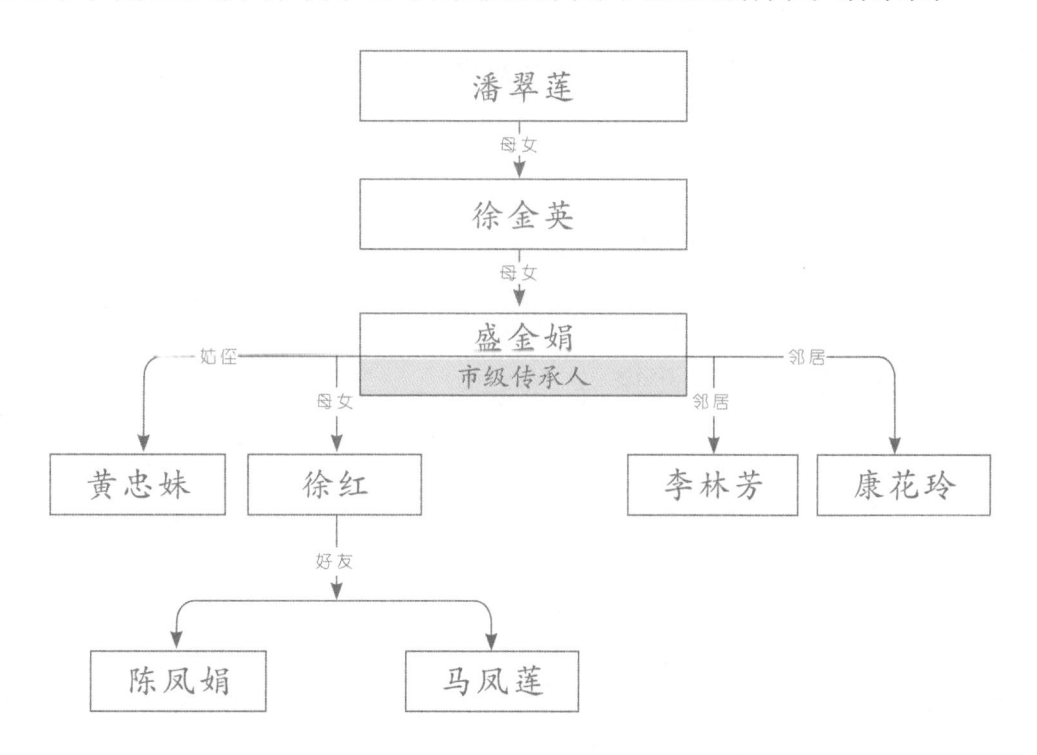

```
潘翠莲
 │ 母女
 ▼
徐金英
 │ 母女
 ▼
盛金娟
市级传承人
 ├─姑侄──▶ 黄忠妹
 ├─母女──▶ 徐红
 │         │ 好友
 │         ├──▶ 陈凤娟
 │         └──▶ 马凤莲
 ├─邻居──▶ 李林芳
 └─邻居──▶ 康花玲
```

图 3-3-4-7 上海市南汇区万祥镇手工织带技艺传承人盛金娟传承谱系图

五、乌泥泾手工棉纺织技艺社会影响图

1. 乌泥泾手工棉纺织技艺社会影响图谱（示意图）

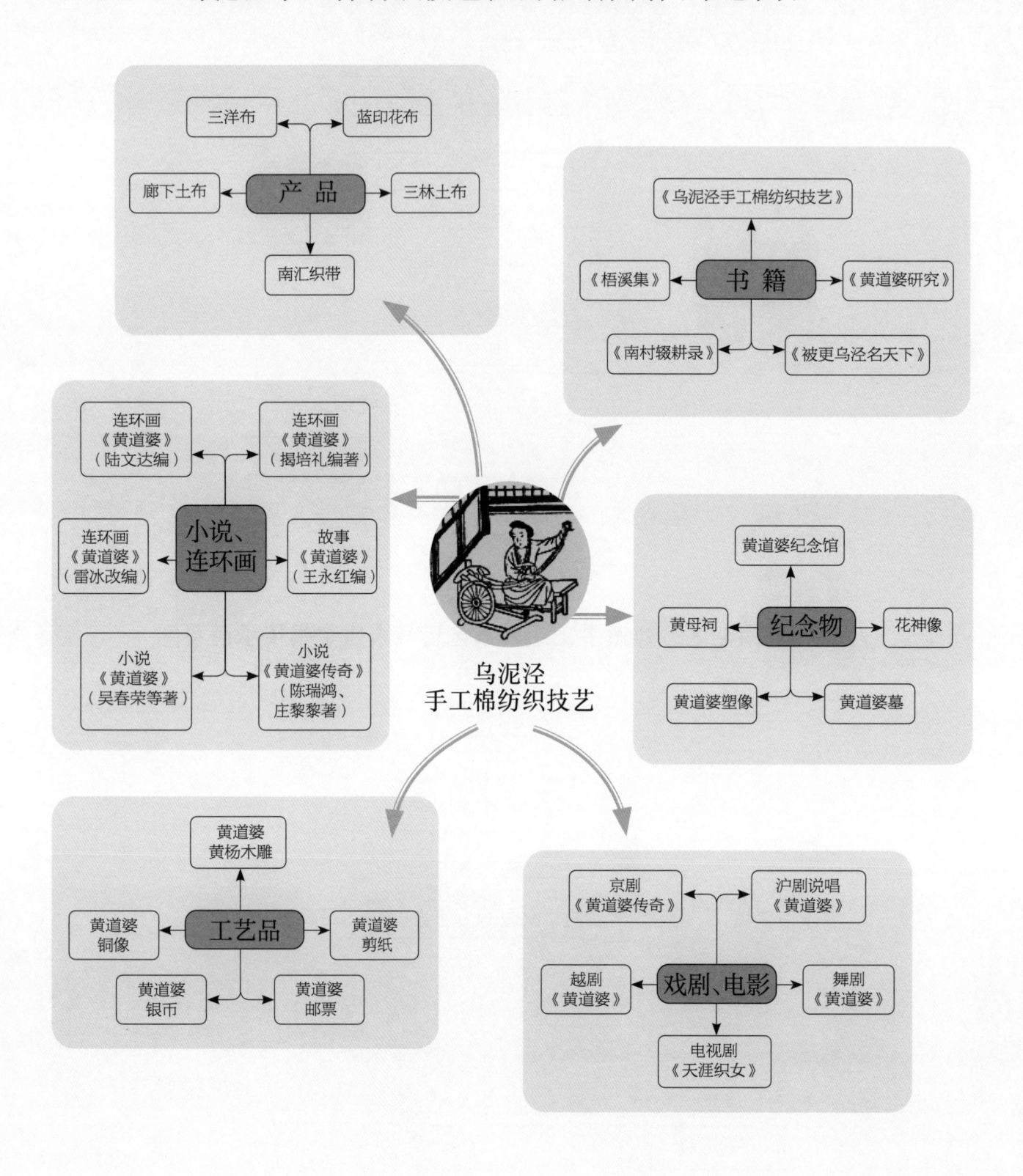

图 3-3-5-1 乌泥泾手工棉纺织技艺社会影响图谱（示意图）

2. 乌泥泾手工棉纺织技艺社会影响图谱（产品类）

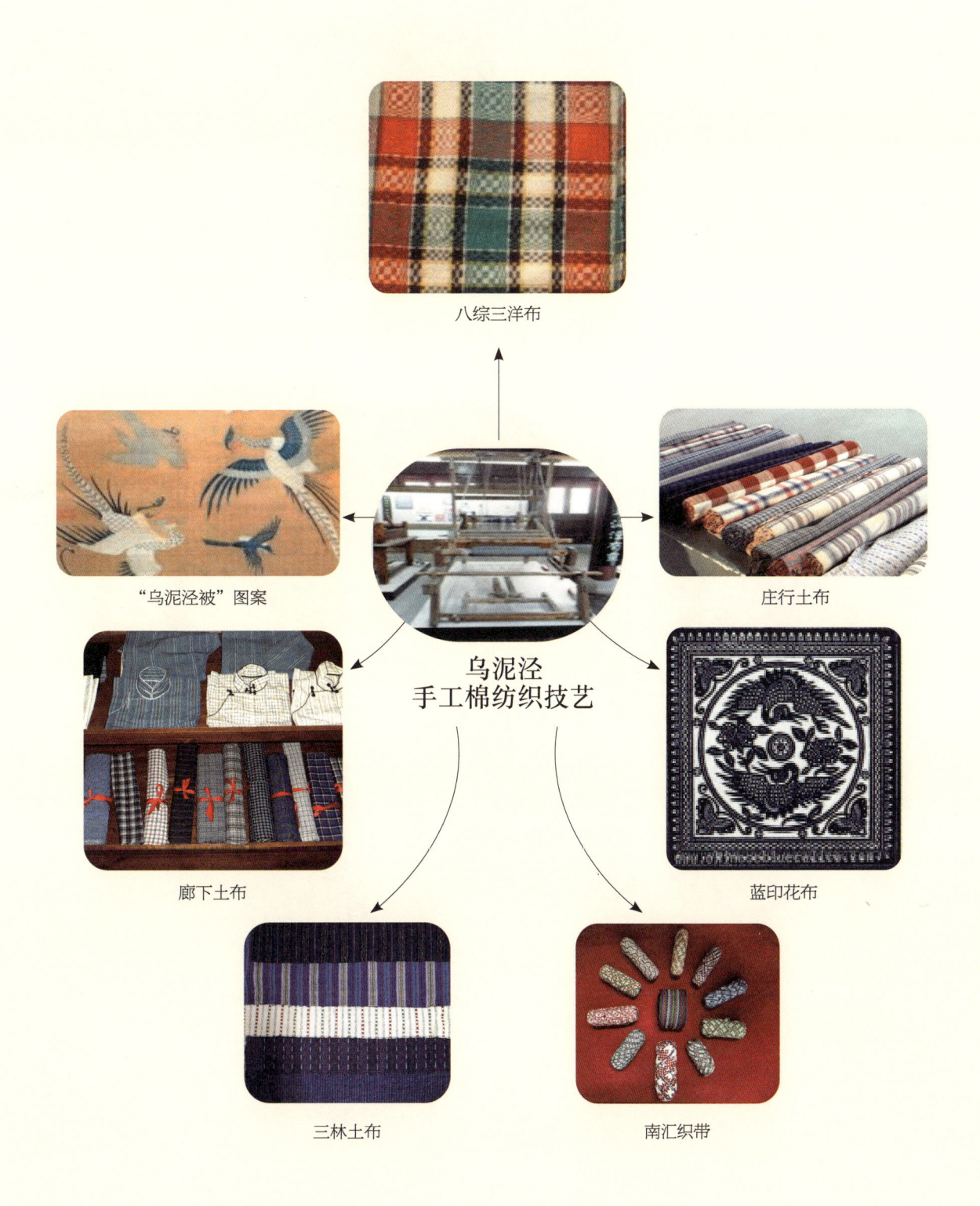

图 3-3-5-2　乌泥泾手工棉纺织技艺社会影响图谱（作品类）

3. 乌泥泾手工棉纺织技艺社会影响图谱（书籍类）

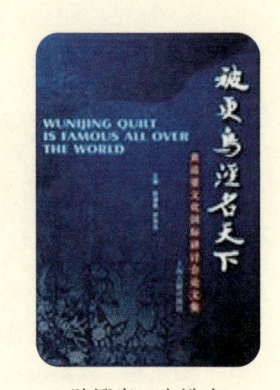

陈澄泉、宋浩杰
《被更乌泾名天下——黄道婆文化国际研讨会论文集》

张渊、王孝俭
《黄道婆研究》

乌泥泾
手工棉纺织技艺

王逢《梧溪集》

陈澄泉、宋浩杰
《乌泥泾手工棉纺织技艺》

陶宗仪《南村辍耕录》

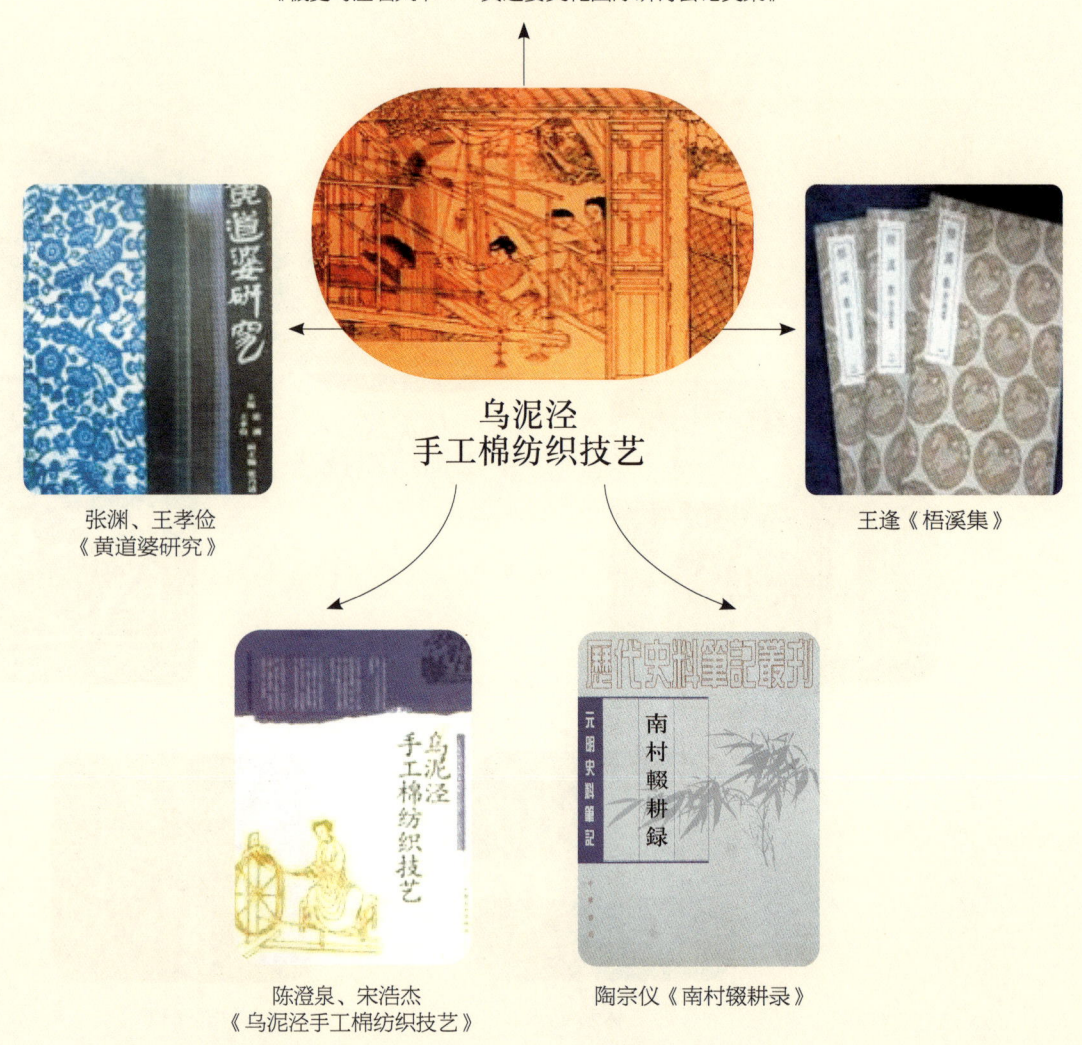

图 3-3-5-3 乌泥泾手工棉纺织技艺社会影响图谱（书籍类）

4. 乌泥泾手工棉纺织技艺社会影响图谱（戏剧、电影类）

电视剧《天涯织女》

沪剧说唱《黄道婆》

越剧《黄道婆》

乌泥泾
手工棉纺织技艺

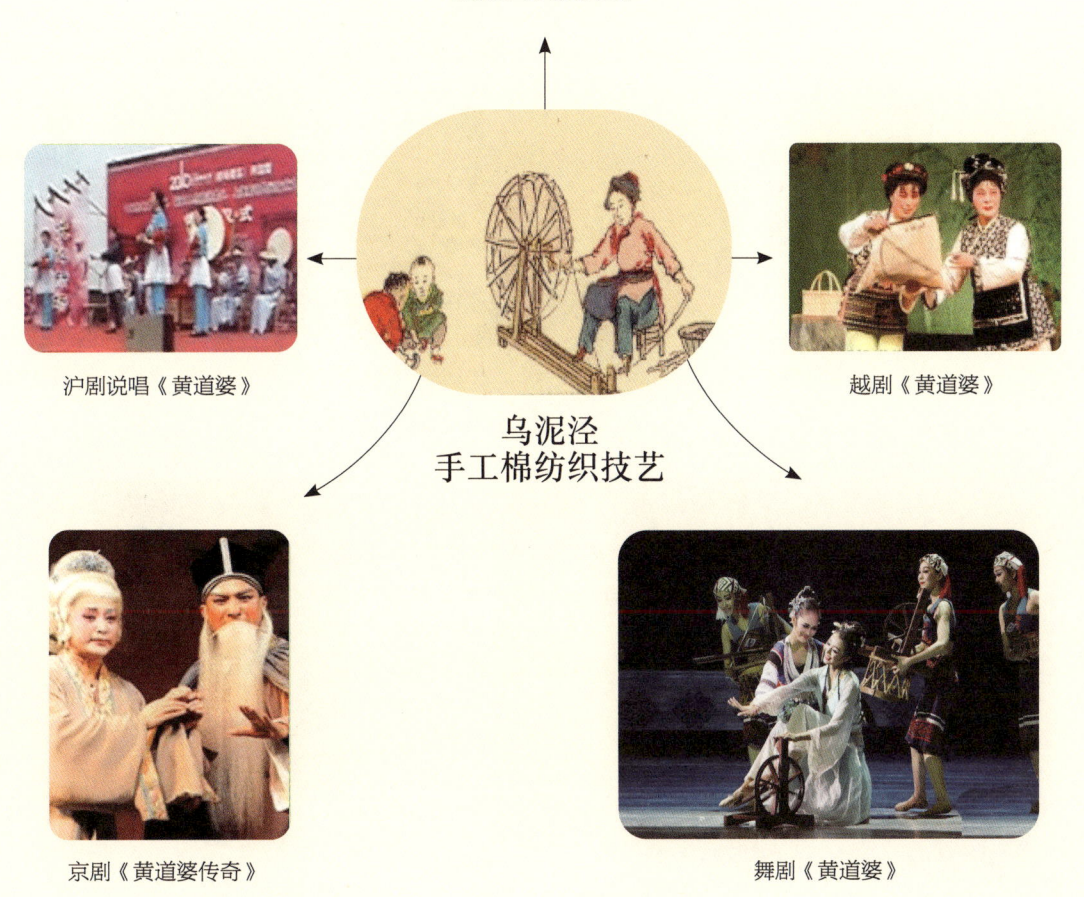

京剧《黄道婆传奇》

舞剧《黄道婆》

图 3-3-5-4 乌泥泾手工棉纺织技艺社会影响图谱（戏剧、电影类）

5. 乌泥泾手工棉纺织技艺社会影响图谱（小说、连环画类）

故事《黄道婆》（王永红编）

连环画《黄道婆》（雷冰改编）

连环画《黄道婆》（陆文达编）

乌泥泾手工棉纺织技艺

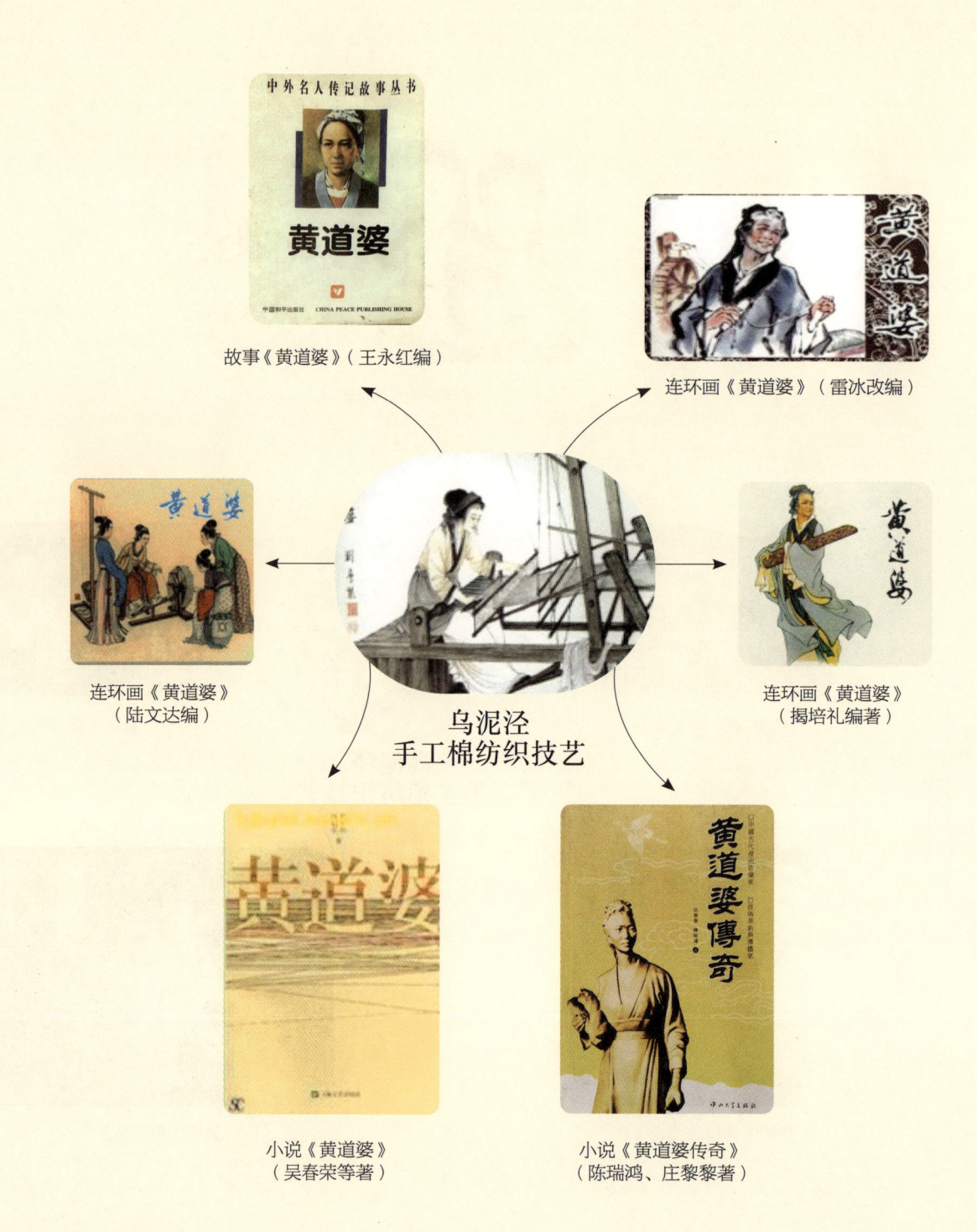

连环画《黄道婆》（揭培礼编著）

小说《黄道婆》（吴春荣等著）

小说《黄道婆传奇》（陈瑞鸿、庄黎黎著）

图 3-3-5-5 乌泥泾手工棉纺织技艺社会影响图谱（小说、连环画类）

6. 乌泥泾手工棉纺织技艺社会影响图谱（纪念物类）

黄道婆塑像　　　　　　　黄道婆塑像

黄道婆纪念馆　　　　　　乌泥泾手工棉纺织技艺　　　　　　黄道婆纪念墙

黄道婆墓　　　　　　花神像　　　　　　黄母祠

图 3-3-5-6　乌泥泾手工棉纺织技艺社会影响图谱（纪念物类）

7. 乌泥泾手工棉纺织技艺社会影响图谱（工艺品类）

黄道婆黄杨木雕

黄道婆剪纸

乌泥泾
手工棉纺织技艺

黄道婆银币

黄道婆铜像

黄道婆邮票

图 3-3-5-7 乌泥泾手工棉纺织技艺社会影响图谱（工艺品类）

民间剪纸卷

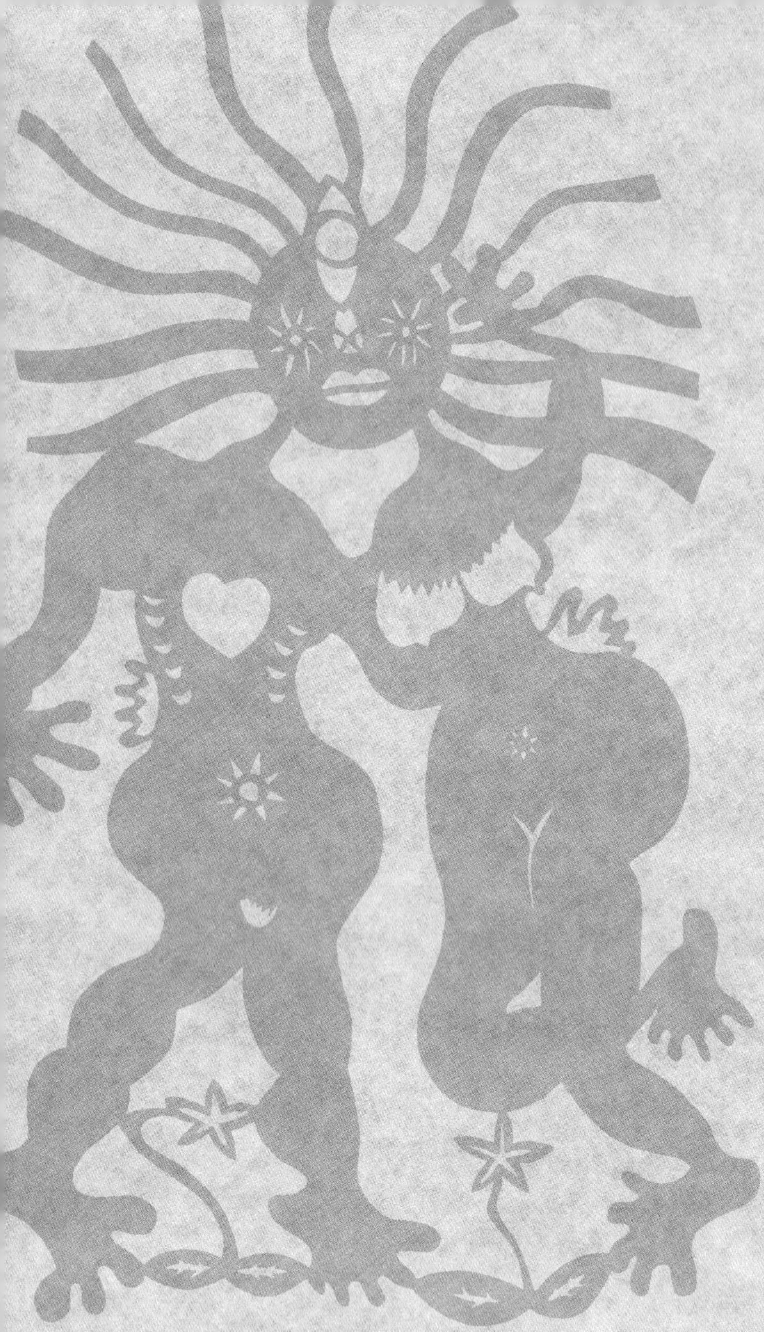

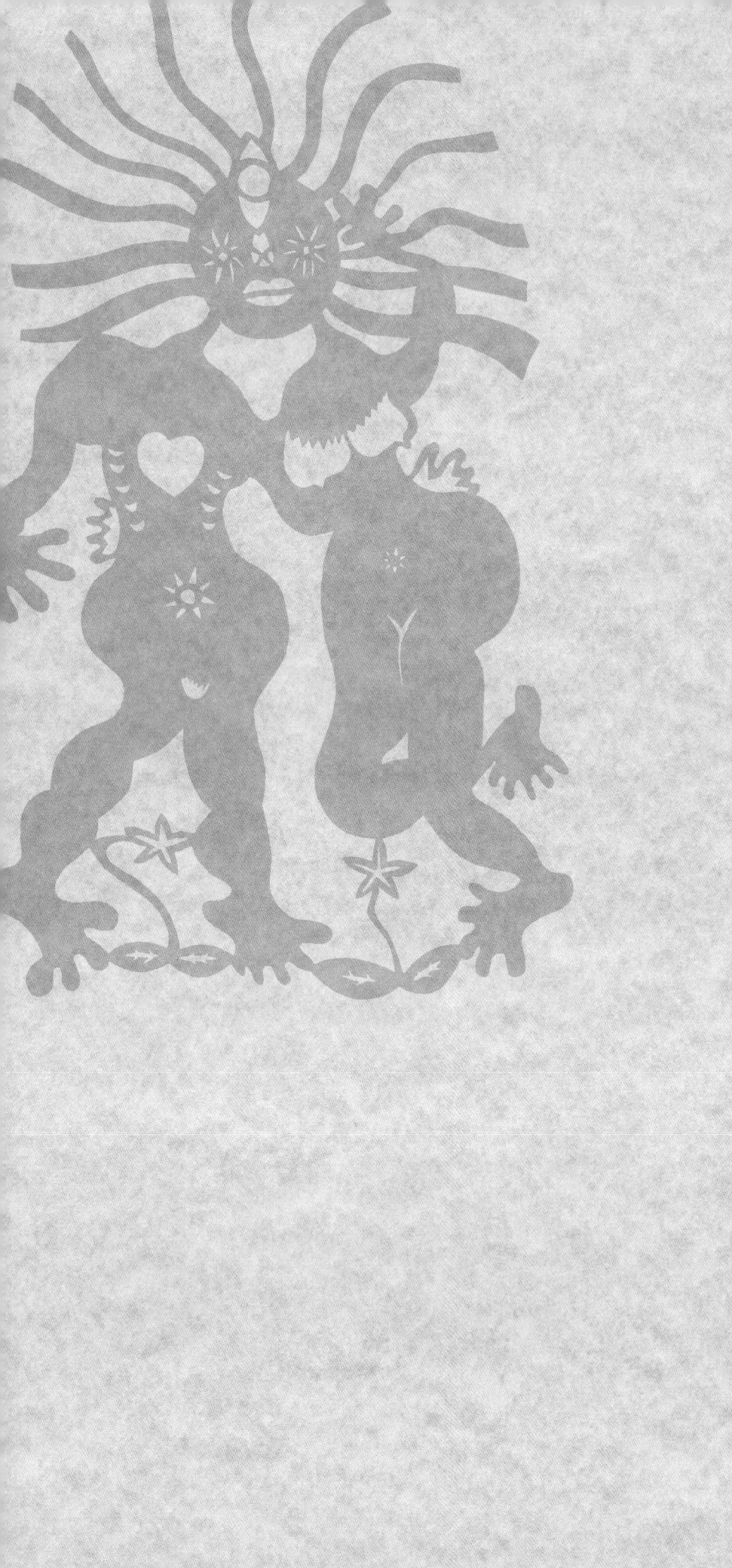

概 述

剪纸，又称"剪花""凿花""花样""纸样"，等等。作为中华传统民间艺术中的代表门类，剪纸充分反映了广大民众的文化理想和审美情趣，在我国民间生活和民俗活动中具有相当广泛、深刻的影响。

中国民间剪纸源远流长，早在原始社会，与剪纸相关的剪、刻技艺就已被华夏先祖运用于日常生活当中。《史记·晋世家》记述了西周初，成王削桐叶为圭形，赐予其弟叔虞的典故，俗称"桐叶封弟"，这是我国古代剪刻艺术最早见诸史册的记载。东汉时，蔡伦发明了纸张，为真正意义上的剪纸奠定了基础。魏晋南北朝时期，剪纸逐渐在民间节庆、俗信活动中占有一席之地。出土于新疆吐鲁番盆地北朝古墓的祭祀剪纸便是我国现存最早的剪纸形式。至隋唐五代，剪纸承袭"晋风"，流传于市井、乡间，为文人骚客多所吟咏。从现藏于大英博物馆的唐代剪纸可知当时的剪刻技艺已相当精湛。两宋时期，随着造纸业的发展和商品经济的兴起，剪纸在民间已成普及之势，它不仅同百姓日用、民俗生活密切交融，更是汴京、临安等城市手工艺市场中的重要交易物品，其技艺手法还被广泛运用于刺绣、陶瓷、雕刻、扎灯等艺术形态中。有元一代，文人剪纸兴起，俗信类剪纸也得到不断发展。明清时期，民间剪纸走向鼎盛。大江南北，无论婚丧嫁娶、生辰寿诞，还是节庆祈福、鬼神祭祀，抑或日用装饰、休闲玩赏，大抵少不了剪纸这一民间艺术形式。在此背景下，剪纸成为女红的必修技艺和摊贩的重要营生，由此也催生出颇多享有盛誉的民间剪纸艺师。正是通过他们的慧心巧手，我国民间剪纸艺术终臻于成熟。

在长期的历史发展过程中，中国民间剪纸累积了众多的样式和丰富的类型。从题材内容上看，可分为神话传说、历史故事、戏文人物、花卉草木、鸟兽虫鱼、风景名胜、器皿文字、民俗生活等；从文化功能上看，可分为美化环境类（如窗花）、礼仪喜庆类（如灯彩花）、刺绣底样类（如鞋花、帽花）、祭祀俗信类（如扫晴娘）等；从技艺方法上看，可分为剪、刻、镂、雕、剔、拼、折、扎、撕、烧等，剪、刻又有阴、阳二法及其他手艺讲究；从用色上看，可分为单色、多色（主要有点染、填彩、衬彩、套色）、分色等；从用料上看，不仅有狭义的普通纸、麻纸、宣纸，还包括广义的金、银、铜、锡料等；

从艺术风格上看，或精巧细腻，或金碧辉煌，或简洁明快，或古朴粗犷，不一而足；从族群归属上看，可分为汉族、满族、蒙古族、回族、苗族、傣族、多民族兼容等；从地域流派上看，总的来讲，有南北之分野，细言之，北派剪纸又可分为华北剪纸、西北剪纸、东北剪纸等，而南派剪纸亦有江南、岭南、荆楚、西南等舆地之别。

尽管不同角度的观照使得民间剪纸的分类有如上多种，但地域分野却是其中尤为重要的一种。在现实语境中，我国的民间剪纸艺术就是以地域流派的方式存在并传承、发展的，而民间剪纸的非遗资源化和项目化同样以其地域属性为依据。按所处地域之不同，截至2012年年底，我国已有乐清细纹刻纸、金坛刻纸、医巫闾山满族剪纸、安塞剪纸等45项国家级民间剪纸类非遗项目，平阳太平钿剪纸、宜兴刻纸、樟树剪纸、瓦房店东岗剪纸等151项省（自治区、直辖市）级民间剪纸类非遗项目，以及更多的市县级项目。2010年，"中国剪纸"被联合国教科文组织列入人类非物质文化遗产代表作名录。

在我国民间艺术的丰厚沃壤中，被列为非遗项目的民间剪纸具有相当的典型性和代表性，是我国民间美术类非遗资源的重要组成部分，也是我国非遗保护工作的重要对象，昭示着我国民间剪纸艺术的发展方向。从非遗图谱的角度分析，其总体特征有六。其一，在空间分布上，呈现东部较多，中部次之，西部较少的特点。东部地区的东北三省（黑龙江、吉林、辽宁）、山东、安徽、江苏、上海、浙江、江西、福建、广东等共有民间剪纸类国家级项目25个，省（自治区、直辖市）级项目48个；中部的内蒙古、山西、河北、河南、湖北、湖南以及中部偏西的陕西等共有民间剪纸类国家级项目16个，省（自治区、直辖市）级项目50个；西部的甘肃、贵州、云南等则仅有民间剪纸类国家级项目4个，省（自治区、直辖市）级项目8个，事实上，西部地区尚有不少的民间剪纸类非遗资源需作立项保护。其二，在技艺特色上，以剪为主，以刻、雕等技艺为辅。例如，直接以"刻""雕"命名的民间剪纸类国家级项目、省（自治区、直辖市）级项目分别为6个、3个，各占其总数的13.33%和2.83%。其三，在族群类别上，汉族剪纸流传最广，其次为满族、蒙古族、苗族和傣族剪纸等。在45个民间剪纸类国家级非遗项目中，满族、蒙古族、苗族和傣族剪纸分别为6项、3项、2项、1项，其他如鄂伦春族、赫哲族、彝族剪纸等，均为省（自治区、直辖市）级项目，其中西藏、新疆地区的少数民族剪纸都颇具特色（如哈密维吾尔族民间剪纸、拉卜楞藏族剪纸、西藏面具剪纸等），然其国家级、省（自治区、直辖市）级项目暂付阙如，有待及时关注和发掘。其四，在城乡分布上，以传统乡村剪纸为主，城市剪纸相对较少，却具有典型意义。为数不多的城市剪纸主要分布在南方，如国家级项目中的上海、南京、扬州、广东（佛山）剪纸等；有些传统乡村剪纸则面临着城市化的转型，如国家级项目"蔚县剪纸""广灵染色剪纸"等。研究这些项目可揭橥民间剪纸在城市场域中的生存境遇，从而有

效回应当代城市发展为我国民间剪纸类非遗资源保护带来的新情况、新问题。其五，这些项目各有其辨识度较强的鲜明特色。例如，国家级项目"乐清细纹刻纸"以所刻纹样纤细如丝著称于世；"医巫闾山满族剪纸"是萨满信仰文化的重要民俗符号；"上海剪纸"有着兼容并蓄、创新求变、都市形态突出的海派风格；"高密剪纸"的金石味使其作品独具一格。其六，这些项目代表了各自地域内的较高艺术水准。例如，国家级项目"踏虎凿花"、省级项目"大桥剪纸""梅山剪纸"集湖湘剪纸艺术之大成；国家级项目"傣族剪纸"、省级项目"彝族剪纸"则代表了云南少数民族地区剪纸艺术的最高成就。

民间剪纸类非遗项目的传承方式主要有家族传承、师徒传承、自发性集体传承和社会传承等。传统社会中，主要依靠家族传承、师徒传承、自发性集体传承，三者时有交织。旧时的佛山剪纸艺人通常以世代经营剪纸摊店的方式进行家族传承；历史上，徐州剪纸以群体间的口手相传和家族传承为主；中华人民共和国成立前的上海都市剪纸则多为师徒传承，如海派剪纸艺术大师王子淦即与另一位海派名剪万洪成一同师从武万恒。中华人民共和国成立以后，除家族传承、师徒传承、自发性集体传承以外，在政府、社会的主导下，通过设立专业机构，招收培训学员的社会传承现象逐渐增多，如佛山民间艺术研究社的传承、上海市颛桥镇颛溪五村剪纸班的传承、大同市广灵剪纸职业技术学校的传承等，皆属此类。以家族传承、师徒传承为主的剪纸项目多谱系完整、脉络清晰，例如河北蔚县南张庄村的剪纸传承多在三代以上，家族传承与师徒传承互相交合，构成庞大而又明确的树形及网状谱系，其他如左权剪纸、佳县剪纸等，皆传承有序。就身份而言，民间剪纸类非遗项目的传承人多乃村夫农妇、民间艺人或走卒摊贩出身，大部分文化程度不高，但也不乏知识阶层人士，有的甚至是名流巨擘，如海派剪纸艺术大师林曦明就是我国著名的国画艺术家。就性别而言，旧时，多数地方的剪纸传承人以女性为主，有些地方则"传男不传女"，如蔚县、佛山等地的剪纸也多为男性传承。如今，则逐渐地打破了性别的区隔与束缚。

与民间剪纸类非遗项目相关的资源信息主要包括特色分布区域、文物、遗址、陈列馆、保护组织、作品等。在传承人较为集中之处，往往形成以剪纸为特色的乡镇、村落或其他区域。如禅城区即为佛山剪纸的特色分布区域，洛川剪纸的特色乡镇则主要是陕西省级代表性传承人杨梅英所在的凤栖镇及永乡乡、旧县镇、杨舒乡、土基镇一带；另如蔚县南张庄村，现有包括国家级非遗代表性传承人周兆明在内的蔚县剪纸传承人有60多名，故该村被誉为"中国剪纸第一村"。可被称作文物的剪纸作品或工具以清代、民国遗物为主，如蔚县剪纸博物馆所藏王老赏等老一辈民间剪纸艺人的作品、周至路晓春家藏清代青花缠枝莲纹六池调色瓷盘等。与民间剪纸相关的遗址主要指剪纸老艺人的故居，如蔚县南张庄的王老赏故居、周瑶故居、周孝故居、宗大发故居、周永明故居等。民间剪纸类的专题陈列馆和包括剪纸在内的综合性陈列馆数量较多，绝大多数国家级、省（自治区、直辖市）级剪纸项目均有陈列馆或博物馆，如左权一江晚霞剪纸艺术馆、库淑兰剪纸艺术展览馆、金华剪纸博物馆、周至县博物馆等。民间剪纸类的保护组织亦遍地开花，俯拾即是，如桐庐民间剪纸研究会、中阳县剪纸协会、高密李金波剪纸艺术研究所、庄河剪纸学会、新宾永陵镇满族小学剪纸保护基地等。剪纸资源信息中还包括一些由剪纸传承人创作的代表作品。这些作品往往思想意蕴丰富，艺术水准较高，有些已成为艺林珍赏，流芳人间，如上海剪纸传承人林曦明的《牧歌》即为一例。

随着政府与社会各界对于非遗保护的日益重视，以及传统工艺美术固有价值在当代社会中的日益凸显，越来越多的民间剪纸类非物质文化遗产资源得到发掘、整理和保护，并在消费文化的现代性语境中逐步走向产业化，琳琅满目的剪纸工艺衍生品层出不穷。因此，如何破解有效保护、传承与合理开发、利用的内在矛盾，找寻两者之间的动态平衡，已成为当下非遗学界亟须深入思考的问题。

第一编　全国民间剪纸项目与资源图谱

我国剪纸类的非物质文化遗产数量众多，形式丰富，是全国各地民众喜闻乐见的艺术表达形式之一。据统计，至2012年年底，在已公布的国家级非物质文化遗产名录中，共有45项剪纸项目列入国家级名录，其中入选第一批国家级非物质文化遗产名录的9项，入选第一批国家级非物质文化遗产扩展名录的31项，入选第二批国家级非物质文化遗产扩展名录的5项，入选省（自治区、直辖市）级非物质文化遗产项目的多达151项。

剪纸是我国非物质文化遗产项目中分布最广、保护点最多的项目之一，充分体现了剪纸的民间性、自发性特点。传承至今的中国民间剪纸题材广泛，生活气息浓郁，眼中所见、心中所想皆可成为剪纸的表现对象。

从其涵盖的内容上来看，大致可分为动植物类（如花鸟鱼虫、飞禽走兽、瓜果菜蔬）、人物类（如戏曲人物、神仙佛道、英雄人物）、景物类（如亭台楼阁、名胜古迹、家什器皿）、艺文类（如神仙传说、历史故事、戏文故事、吉祥图案）、风俗类（如人生礼仪、宗教信仰、日常生活），等等。从功能类型来看，则可以分为用以美化环境的窗花、门笺、墙花、顶棚花，用于礼仪喜庆场合的礼花、灯花、供花、灯彩花，用以刺绣底样类的鞋花、帽花、肚兜花、腰带花，以及用于祭祀俗信活动的纸马、纸钱、祈福娃娃，等等。地处北方地区的陕西、山西、河北和山东地区的剪纸多以窗花形式出现，而江浙、广东和福建剪纸则多以刺绣花样的形式出现。剪纸绵延旺盛的生命力，就在于它深深地扎根于民众生活和民俗活动中，借生活中常见的事物，通过谐音、象征等手法，构成寓意性的艺术画面，反映了人们对生活的感受、企盼、寄托和对生命理想的追求。

从技法来看，剪纸主要以剪和刻这两种技法为主，兼具拼、凿、撕等辅助手段。其中陕西、山西、山东地区擅长剪，广东、福建、浙江和河北蔚县则以刻纸见长，而扬州民间剪纸又是刻剪结合的代表。从用色方式来看，则可大致分为彩色为主和单色为主，彩色又发展出染色、拼色、衬色、填色等不同技法。蔚县和广灵的染色工艺奇特，有点染、涂染、晕染、套染、渲染等技法，色彩明丽，极大地丰富了剪纸的艺术表现力。而佛山剪纸利用本地特产的铜箔、银箔，用剪、刻、凿等技法，套衬各种色纸和绘印上各种图案，形成色彩强烈、金碧辉煌的剪纸风格。基本纹样是剪纸图案构成的基础，体现了剪纸语言表达的特色。如适合表现毛发鳞甲的锯齿纹、表现衣纹花饰的月牙纹、表现云彩水浪的波浪纹等。

各地剪纸因地理环境、历史文化、审美情趣的差异而形成了迥异的风格类型，例如广东剪纸纤巧秀逸、浑厚苍劲；福建剪纸典雅秀丽、严谨精巧；陕西剪纸粗犷明朗、淳厚拙朴；山西剪纸既粗豪劲健，又不乏纤细秀丽；江浙剪纸玲珑剔透、精巧秀丽；湖北剪纸细腻流畅、形象洗练；河南剪纸厚重凝练、奔放热烈。即使是在同一地区，其剪纸的特点也会各有差异。例如胶东窗花精致细腻，鲁北窗花粗犷豪放，莒县门笺图案古朴，荣成纸斗花纹形象洗练，鲁西南的刺绣花样线条流畅。各地瑰丽鲜明的风格特点相映生辉，共同构成了中国剪纸多姿多彩的整体面貌。

在整体考察剪纸项目的基础上，本卷分别选取了门笺类剪纸、文字题材类剪纸、戏文人物题材类剪纸、原始崇拜题材类剪纸和少数民族特色剪纸等几种类型作为代表性的特色图谱剪纸形态，深入考察了全国特色剪纸的分布特点。

戏文人物是剪纸经常表现的题材，主要流行于东南沿海和陕西、山西等地方戏较为活跃的地区。各地戏曲剪纸风格和表现内容的不同，既与当地群众的审美趣味和表现技巧有关，也与戏曲的地方色彩有关。例如河北蔚县擅长将戏曲故事的情节与画面完整串联起来，个性化的脸谱、人物标志性的亮相和一招一式的形象刻画，绘声绘色；浦江戏曲人物剪纸在浦江乱弹的独特艺术效应下生发灵性，将情节、人物与场景融为一体，情景交融，结构精妙，内涵丰富，极具想象力；陕西戏曲人物造型生动，线条流畅，多用剜空和阳刻手法，受皮影戏造型影响较大，具有浓郁的装饰风味。

原始崇拜是剪纸的又一重要题材。剪纸往往与宗教信仰活动相伴相生，是祭祀、节庆活动不可缺少的文化符号。我国西北地区的抓髻娃娃、送病娃娃、疳娃娃、扫天婆和东北的嬷嬷神等题材就是巫术剪纸中的典型。其中代表性的东北满族剪纸产生已有三百多年，由萨满精神物化的剪纸，遍及生活各个方面，各种各样的动植物图腾和嬷嬷神剪纸，构成了满族剪纸的主旋律，表达了他们对自然神祇的敬畏、对始祖神的感恩情怀，以及对在祖先神的庇佑下繁衍昌盛的美好憧憬。陕北的剪纸则大量遗存了中华民族古老的造型纹样、民间风俗和历史文化，如鱼戏莲、蛇盘兔、鱼面人身等传统图案，鲜明地反映出黄河流域和黄土高原早期的图腾崇拜、阴阳哲学观念，因此被称为古老文化的"活化石"。

一、全国民间剪纸项目与资源类型图

（一）民间剪纸项目题材类型图

题材类别		代表性项目
动植物类	花鸟鱼虫	扬州剪纸、广灵染色剪纸、万荣剪纸、彝族剪纸
	飞禽走兽	蔚县剪纸、延川剪纸、辉县剪纸、永寿民间剪纸
	家禽家畜	辉县剪纸、蔚县剪纸、卢氏剪纸
	瓜果蔬菜	庆阳剪纸、丰宁满族剪纸
人物类	戏曲人物	浦江剪纸、会宁剪纸、蔚县剪纸、乐清细纹刻纸、朝邑剪纸
	吉祥人物	清水剪纸、苍南点色剪纸
	神仙佛道	延川剪纸、傣族剪纸、苍南点色剪纸
	英雄人物	开鲁剪纸、珲春满族剪纸、通榆李锐士剪纸
景物类	亭台楼阁	浦江剪纸、傣族剪纸、永寿民间剪纸、佳县剪纸、浮山剪纸
	山水风景	高密剪纸、广东剪纸、佳县剪纸、陵川剪纸、突泉剪纸
	名胜古迹	扬州剪纸
	家什器皿	柘荣剪纸、高密剪纸、烟台剪纸
	民间农舍	广灵染色剪纸、鄂尔多斯剪纸
艺文类	神话传说	延川剪纸、医巫闾山满族剪纸、高密剪纸、广东剪纸、赫哲族剪纸
	历史故事	左权剪纸、滨州民间剪纸、万荣剪纸、萧县剪纸
	戏文故事	滨州民间剪纸、靖边剪纸、孝义剪纸、新绛戏曲剪纸、梅山剪纸
	吉祥图案	广东剪纸、丰宁满族剪纸、安塞剪纸、亳州剪纸、威海剪纸
	艺术文字	平阳太平钿剪纸、金坛刻纸、岫岩剪纸、莒县过门笺、寿阳福寿剪纸
风俗类	婚丧嫁娶	建平剪纸、柳州剪纸、新绛戏曲剪纸、鄂伦春族剪纸
	生殖繁育	延川剪纸、浦江剪纸、庆阳剪纸、梅山剪纸
	生产劳作	庆阳剪纸、瑞昌剪纸、卢氏剪纸、鄂伦春族剪纸、绥德剪纸
	岁时节令	广灵染色剪纸、泉州刻纸、仙桃雕花剪纸、霍州剪纸、五莲剪纸
	宗教信仰	岫岩剪纸、傣族剪纸、和林格尔剪纸、苗族剪纸、彝族剪纸
	日常生活	包头剪纸、方正剪纸、广东剪纸、吉林宋氏民俗剪纸
	十二生肖	蔚县剪纸、卢氏剪纸、建平剪纸、五莲剪纸
	人生礼仪	包头剪纸、庆阳剪纸、中阳剪纸、广灵染色剪纸、滨州民间剪纸

图 4-1-1-1 民间剪纸项目题材类型图

（二）民间剪纸项目功能类型图

功能类别		代表性项目
美化环境类	窗花	灵宝剪纸、柘荣剪纸、高密剪纸、洛川剪纸、静乐剪纸
	门笺	莒县过门笺、金坛剪纸、泉州刻纸、岫岩剪纸、临海剪纸
	墙花	徐州剪纸、延川剪纸、滨州民间剪纸、威海剪纸、清水剪纸
	顶棚花	徐州剪纸、延川剪纸、滨州剪纸、威海剪纸、清水剪纸
	炕围花	灵宝剪纸、丰宁满族剪纸、庄河剪纸、五莲剪纸
礼仪喜庆类	礼花（家具、物件）	漳浦剪纸、平阳太平钿剪纸、浮山剪纸、五莲剪纸
	供花（供品、供具）	南京剪纸、烟台剪纸、清水剪纸
	灯花	泉州剪纸、桐庐剪纸、清水剪纸、宜兴刻纸、敦煌剪纸
	灯彩花	乐清细纹刻纸、漳浦剪纸、滨州民间剪纸、傣族剪纸
	节花	扬州剪纸、卢氏剪纸、阜阳剪纸、无极剪纸、梅山剪纸
刺绣底样类	鞋花	安塞剪纸、滨州民间剪纸、踏虎凿花、清水剪纸、临海剪纸
	帽花	踏虎凿花、卢氏剪纸、柘荣剪纸、滨州民间剪纸剪纸、彝族剪纸
	肚兜花	安塞剪纸、柘荣剪纸、威海剪纸、清水剪纸、临海剪纸
	包头花	彝族剪纸
	香囊花	扬州剪纸
	枕套花	卢氏剪纸、柘荣剪纸、清水剪纸、威海剪纸、彝族剪纸
	绢帕花	扬州剪纸、彝族剪纸、浮山剪纸
	腰带花	彝族剪纸
	围嘴花	阜阳剪纸
	衣裳花	仙桃雕花剪纸、彝族剪纸、柳林剪纸、黄陵剪纸、浮山剪纸
	玩具花	安塞剪纸、定边剪纸艺术
祭祀俗信类	纸钱	扬州剪纸、乐清细纹刻纸、金坛刻纸、泉州刻纸、浮山剪纸
	纸人纸马	扬州剪纸、乐清细纹刻纸、金坛刻纸、泉州刻纸、浮山剪纸
	纸幡	医巫闾山满族剪纸、傣族剪纸、浮山剪纸
	扫晴娘、扫天娃娃	丰宁满族剪纸、清水剪纸、西丰满族剪纸
	金银山	浮山剪纸
	生命树	医巫闾山满族剪纸、建平剪纸
	嬷嬷人	建平剪纸、珲春满族剪纸、辉发满族剪纸
	祈福娃娃	安塞剪纸、庆阳剪纸、清水剪纸、西丰满族剪纸

图 4-1-1-2 民间剪纸项目功能类型图

（三）民间剪纸项目风格类型图

风格特征	代表性项目
古朴典雅	闻喜剪纸、樟树剪纸
清新隽永	扬州剪纸、台湾剪纸
粗犷豪放	医巫闾山满族剪纸、新宾满族剪纸
含蓄婉约	左权剪纸、桐庐剪纸
浑厚质实	延川剪纸、关云德剪纸、柳林剪纸
纤巧秀丽	漳浦剪纸、桐庐剪纸
简洁明快	佳县剪纸、新绛戏曲剪纸
凝重洗练	岫岩剪纸
浪漫稚拙	建平剪纸、孝义剪纸、旬邑剪纸

图 4-1-1-3 民间剪纸项目风格类型图

（四）民间剪纸项目技艺类型图

技艺特色		代表性项目
技法	剪	漳浦剪纸、陕县剪纸、建平剪纸、高密剪纸
	刻	庄河剪纸、广灵染色剪纸、踏虎凿花、金坛刻纸、乐清细纹刻纸
	拼	南京斗香花、安塞剪纸
	凿	佛山剪纸
	撕	建平剪纸、浮山剪纸、台湾剪纸
颜色	单色	漳浦剪纸、辉发满族剪纸、北方民族剪纸
	染色	苍南点色剪纸、广灵染色剪纸、蔚县剪纸
	拼色	旬邑彩贴剪纸
	衬色	孝感雕花剪纸、左权剪纸、佛山剪纸
	填色	丰宁满族剪纸、阜阳剪纸
纹样	锯齿纹	徐州剪纸、建平剪纸、庆阳剪纸、靖边剪纸、清水剪纸
	月牙纹	徐州剪纸、安塞剪纸、和林格尔剪纸、庆阳剪纸、清水剪纸
	点纹	和林格尔剪纸
	花瓣纹	莒县过门笺、庆阳剪纸
	波浪纹	莒县过门笺、庆阳剪纸
	菱形纹	安塞剪纸、莒县过门笺
	网格纹	莒县过门笺
	纺锤纹	安塞剪纸
	云勾纹	安塞剪纸、庆阳剪纸
	城墙纹	安塞剪纸
	鱼鳞纹	莒县过门笺
	卐字纹	莒县过门笺、安塞剪纸
	蝙蝠纹	莒县过门笺
	孔钱纹	莒县过门笺
	富贵纹	安塞剪纸
	田禾纹	庆阳剪纸

图 4-1-1-4 民间剪纸项目技艺类型图

（五）民间剪纸项目保护级别类型图

1. 全国国家级民间剪纸项目数量与比例图（共 45 项）[①]

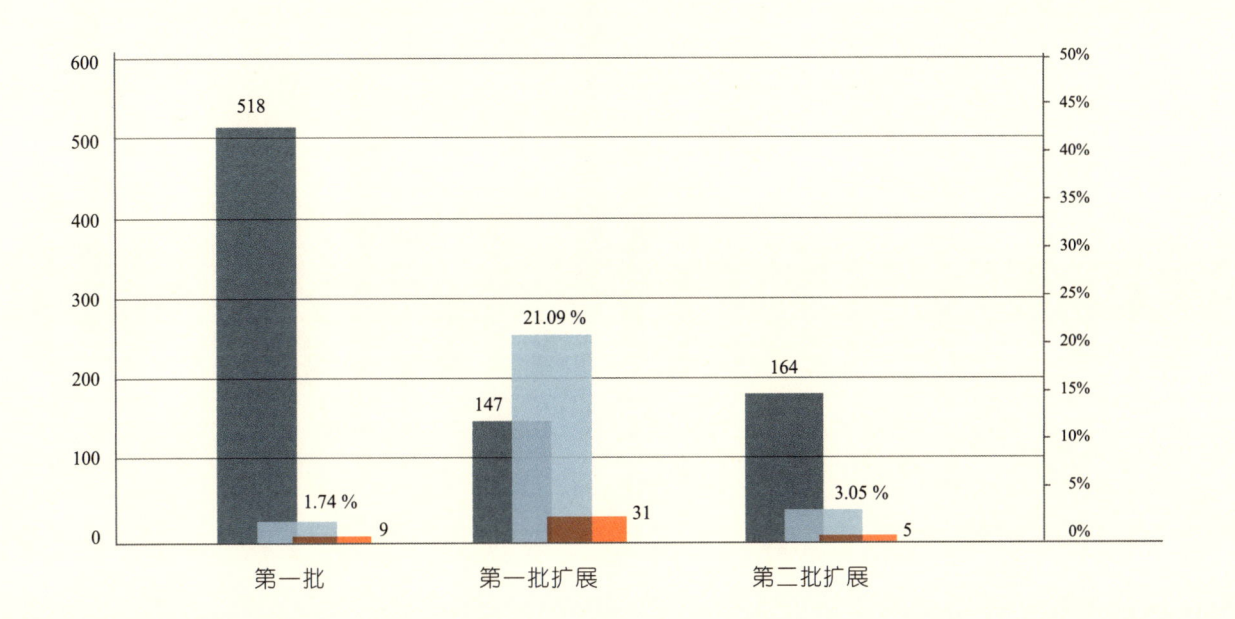

图例：
- 全国（国家级）非遗项目数
- 全国（国家级）民间剪纸非遗项目数
- 占全国（国家级）非遗项目数比例

批次	全国（国家级）非遗项目数	全国（国家级）民间剪纸非遗项目数	占全国（国家级）非遗项目数比例
第一批	518	9	1.74%
第一批扩展	147	31	21.09%
第二批扩展	164	5	3.05%

图 4-1-1-5 全国国家级民间剪纸项目数量与比例图

[①] 本图中所有国家级扩展项目与打包项目均归并至国家级正项目中，不另作统计。

2. 全国省市级民间剪纸项目数量与比例图

（1）全国省市级民间剪纸项目数量图（共151项）①

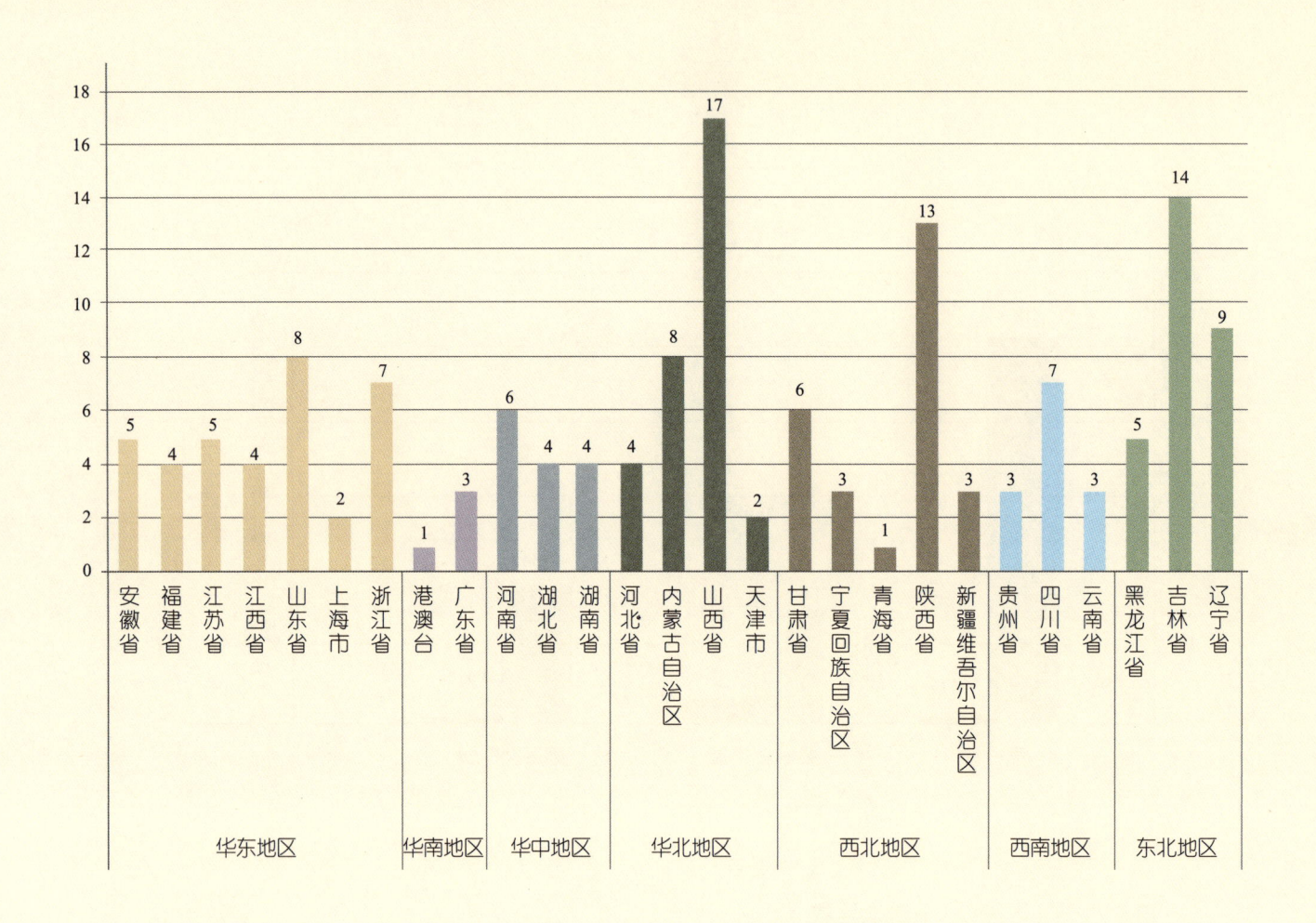

地区	省份	数量
华东地区	安徽省	5
华东地区	福建省	4
华东地区	江苏省	5
华东地区	江西省	4
华东地区	山东省	8
华东地区	上海市	2
华东地区	浙江省	7
华南地区	港澳台	1
华南地区	广东省	3
华中地区	河南省	6
华中地区	湖北省	4
华中地区	湖南省	4
华北地区	河北省	4
华北地区	内蒙古自治区	8
华北地区	山西省	17
华北地区	天津市	2
西北地区	甘肃省	6
西北地区	宁夏回族自治区	3
西北地区	青海省	1
西北地区	陕西省	13
西北地区	新疆维吾尔自治区	3
西南地区	贵州省	3
西南地区	四川省	7
西南地区	云南省	3
东北地区	黑龙江省	5
东北地区	吉林省	14
东北地区	辽宁省	9

图例：华东地区、华南地区、华中地区、华北地区、西北地区、西南地区、东北地区

图4-1-1-6 全国省市级民间剪纸项目数量图

---

① 湖北省的孝感剪纸、鄂州剪纸、仙桃剪纸在国家级项目名录体系中分列为3项（名"孝感雕花剪纸、鄂州雕花剪纸、仙桃雕花剪纸"），在省级项目名录体系中合并为1项（名"雕花剪纸"），本图中按照3项统计。广东省的佛山剪纸、潮州剪纸、潮阳剪纸在国家级项目名录体系中合并为1项（名"广东剪纸"），在省级项目名录体系中分列为3项（名"佛山剪纸、潮州剪纸艺术、潮阳民间剪纸"），本图中按照3项统计。

（2）全国省市级民间剪纸项目比例图

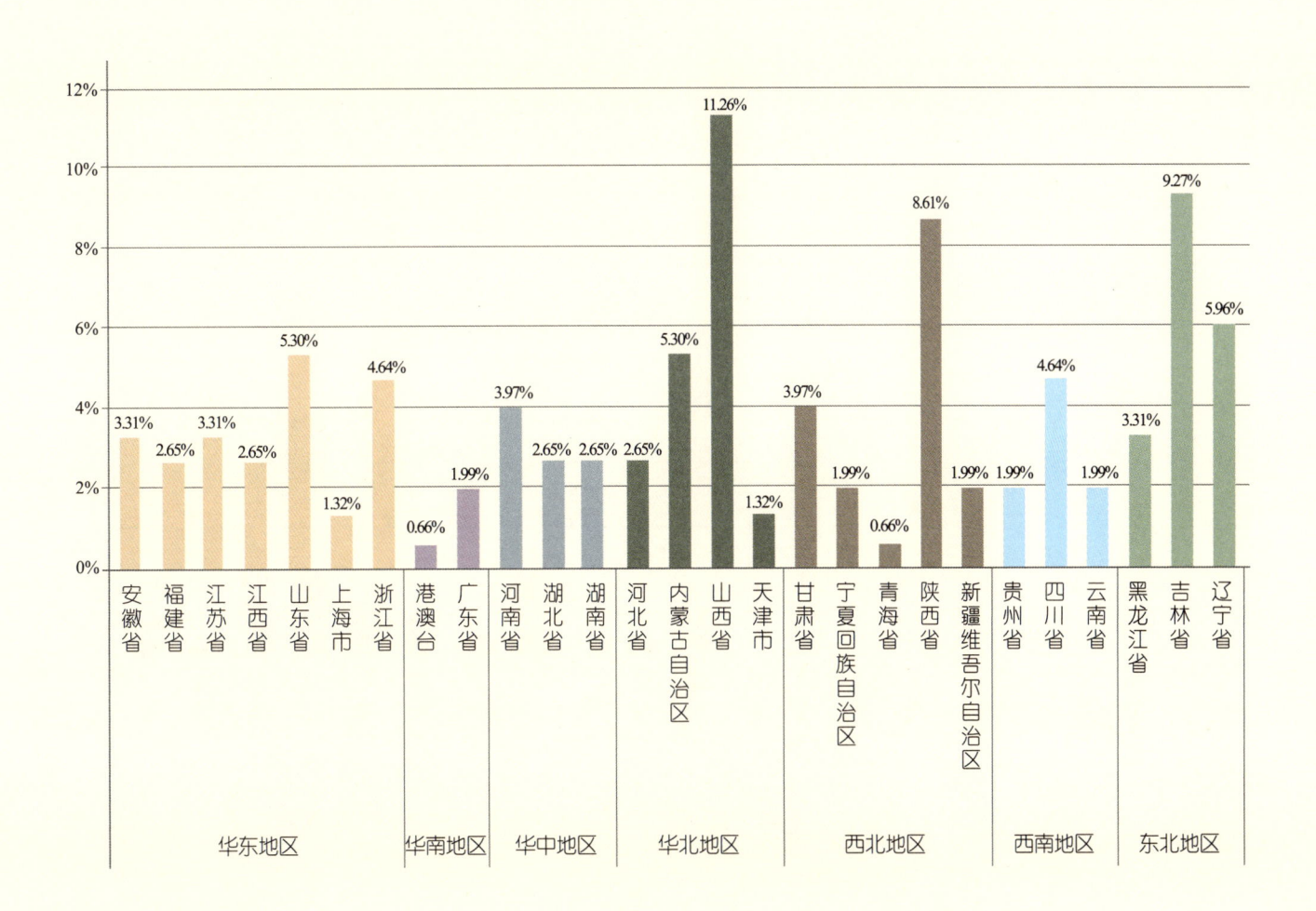

图 4-1-1-7 全国省市级民间剪纸项目比例图（占全国省市级民间剪纸项目总量的比例）

3. 全国省市级民间剪纸项目地域风格流派数量与比例图

（1）全国省市级民间剪纸项目地域风格流派数量图[①]

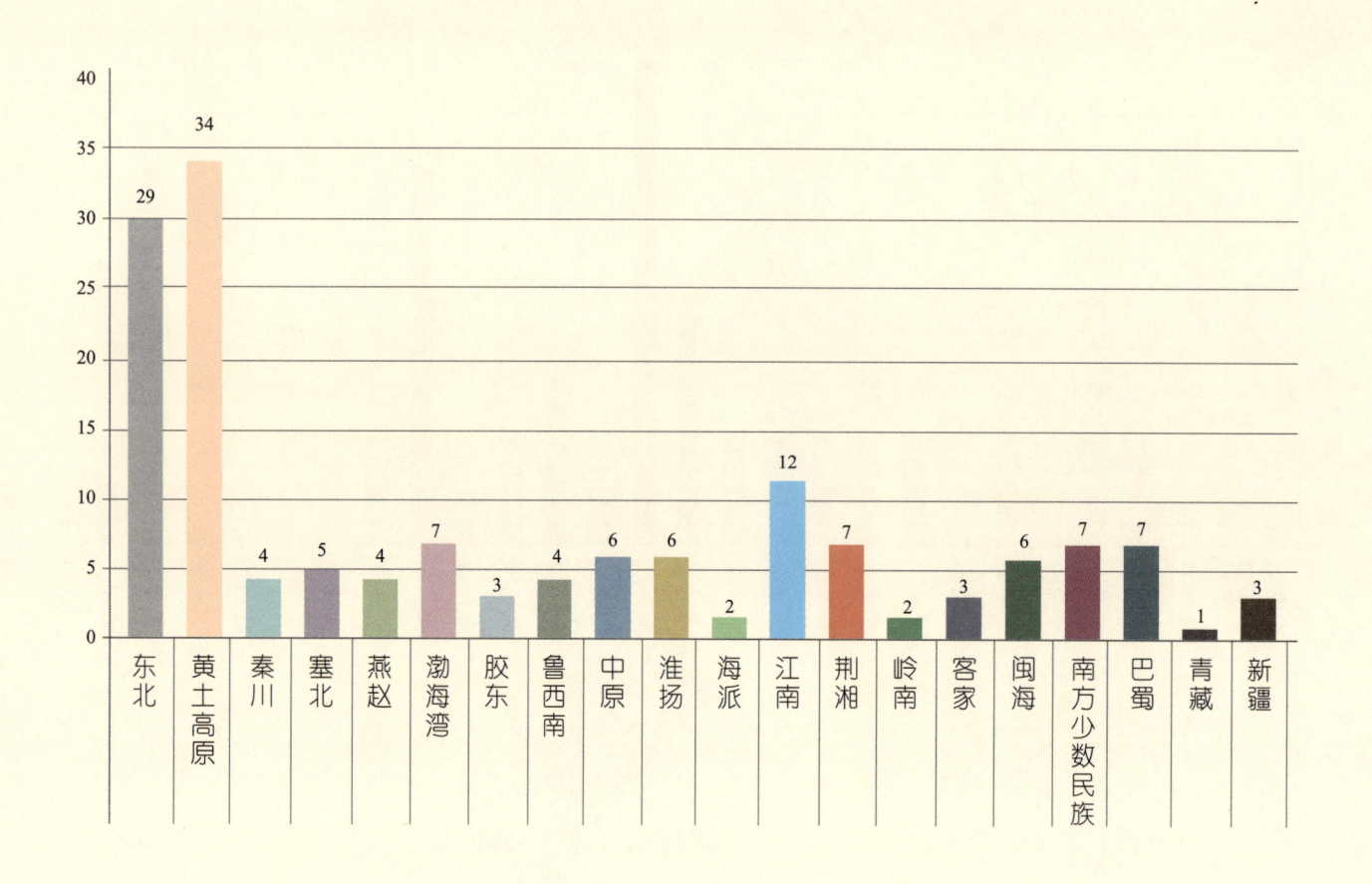

地域	数量
东北	29
黄土高原	34
秦川	4
塞北	5
燕赵	4
渤海湾	7
胶东	3
鲁西南	4
中原	6
淮扬	6
海派	2
江南	12
荆湘	7
岭南	2
客家	3
闽海	6
南方少数民族	7
巴蜀	7
青藏	1
新疆	3

图 4-1-1-8 全国省市级民间剪纸项目地域风格流派数量图

---

① 本图中的全国省市级民间剪纸项目地域风格流派数量是指编者按照一定的艺术风格标准对全国的省市级民间剪纸项目进行分类（共20类），然后将全国的省市级民间剪纸项目纳入这一分类标准体系中进行统计后的数量。本图对省市级（含后升格为国家级项目）的扩展项目与打包项目均按独立项目统计。甘肃省省级剪纸（打包）项目中因天水市清水县、定西市通渭县、白银市会宁县的剪纸在风格流派上属于黄土高原地区，而酒泉市瓜州县、酒泉市敦煌市的剪纸在风格流派上属于塞北地区，本图中将其拆分为两个项目来统计，故本图省级民间剪纸项目总数为152项。

中国非物质文化遗产项目与资源图谱集

（2）全国省市级民间剪纸项目地域风格流派比例图[①]

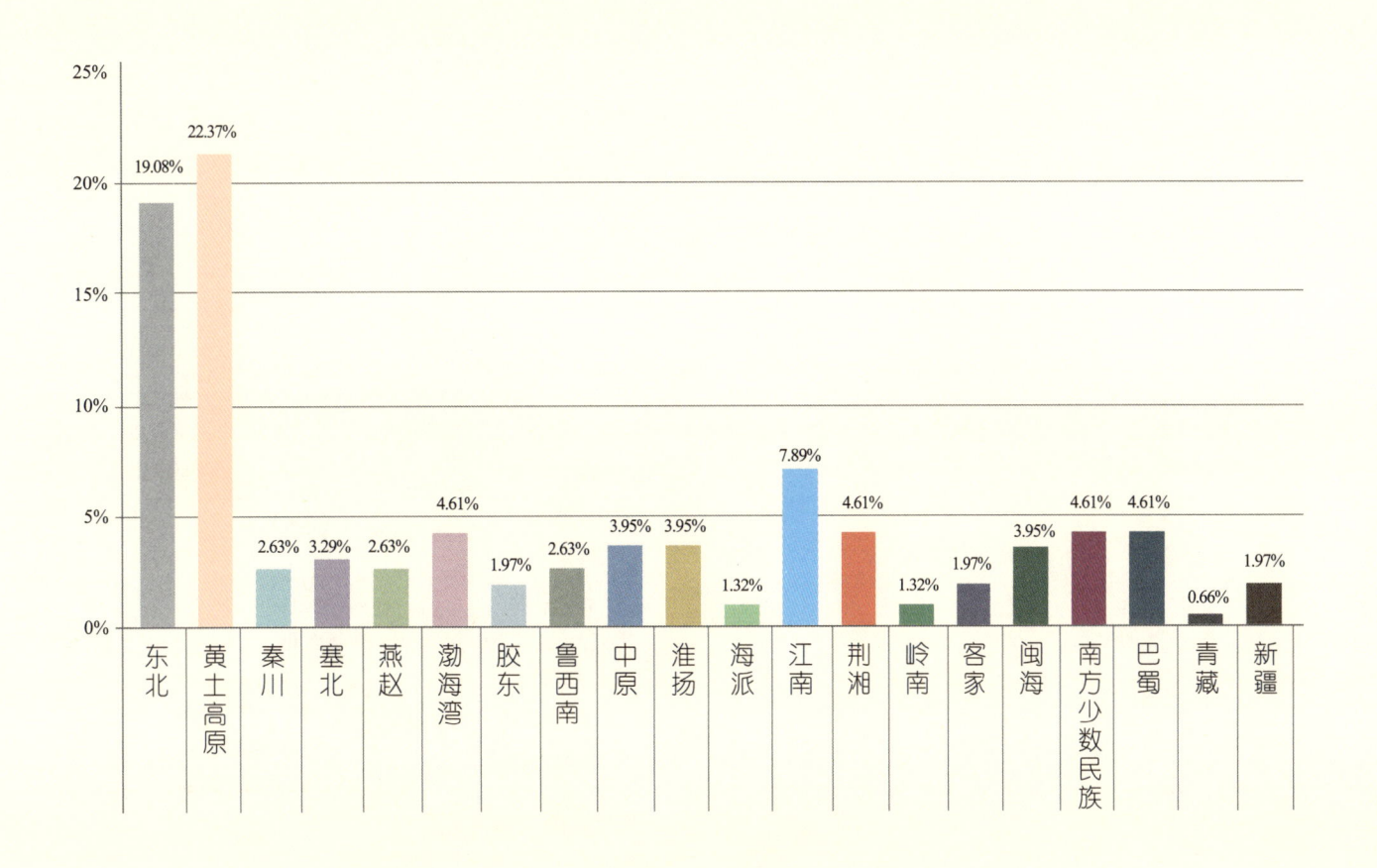

地区	比例
东北	19.08%
黄土高原	22.37%
秦川	2.63%
塞北	3.29%
燕赵	2.63%
渤海湾	4.61%
胶东	1.97%
鲁西南	2.63%
中原	3.95%
淮扬	3.95%
海派	1.32%
江南	7.89%
荆湘	4.61%
岭南	1.32%
客家	1.97%
闽海	3.95%
南方少数民族	4.61%
巴蜀	4.61%
青藏	0.66%
新疆	1.97%

图 4-1-1-9 全国省市级民间剪纸项目地域风格流派比例图 （占全国省市级民间剪纸项目总量的比例）

[①] 本图对省级（含后升格为国家级项目）的扩展项目与打包项目均按独立项目统计。甘肃省省级剪纸（打包）项目中因天水市清水县、定西市通渭县、白银市会宁县的剪纸在风格流派上属于黄土高原地区，而酒泉市瓜州县、酒泉市敦煌市的剪纸在风格流派上属于塞北地区，本图中将其拆分为两个项目来统计，故本图省级民间剪纸项目总数为152项。

二 全国民间剪纸项目与资源分布图

（一）全国国家级民间剪纸项目分布图

全国国家级民间剪纸项目分布图

图例

- 申报地1　该项目流传于所在市或自治州全境
- 申报地2　该项目流传于所在区、县（市）全境或部分地区

G1：国家级第一批
G1k：国家级第一批扩展
G2k：国家级第二批扩展

图 4-1-2-1 全国国家级民间剪纸项目分布图

中国非物质文化遗产项目与资源图谱集

（二）全国特色民间剪纸项目分布图（选录）

门笺类民间剪纸项目分布图[①]

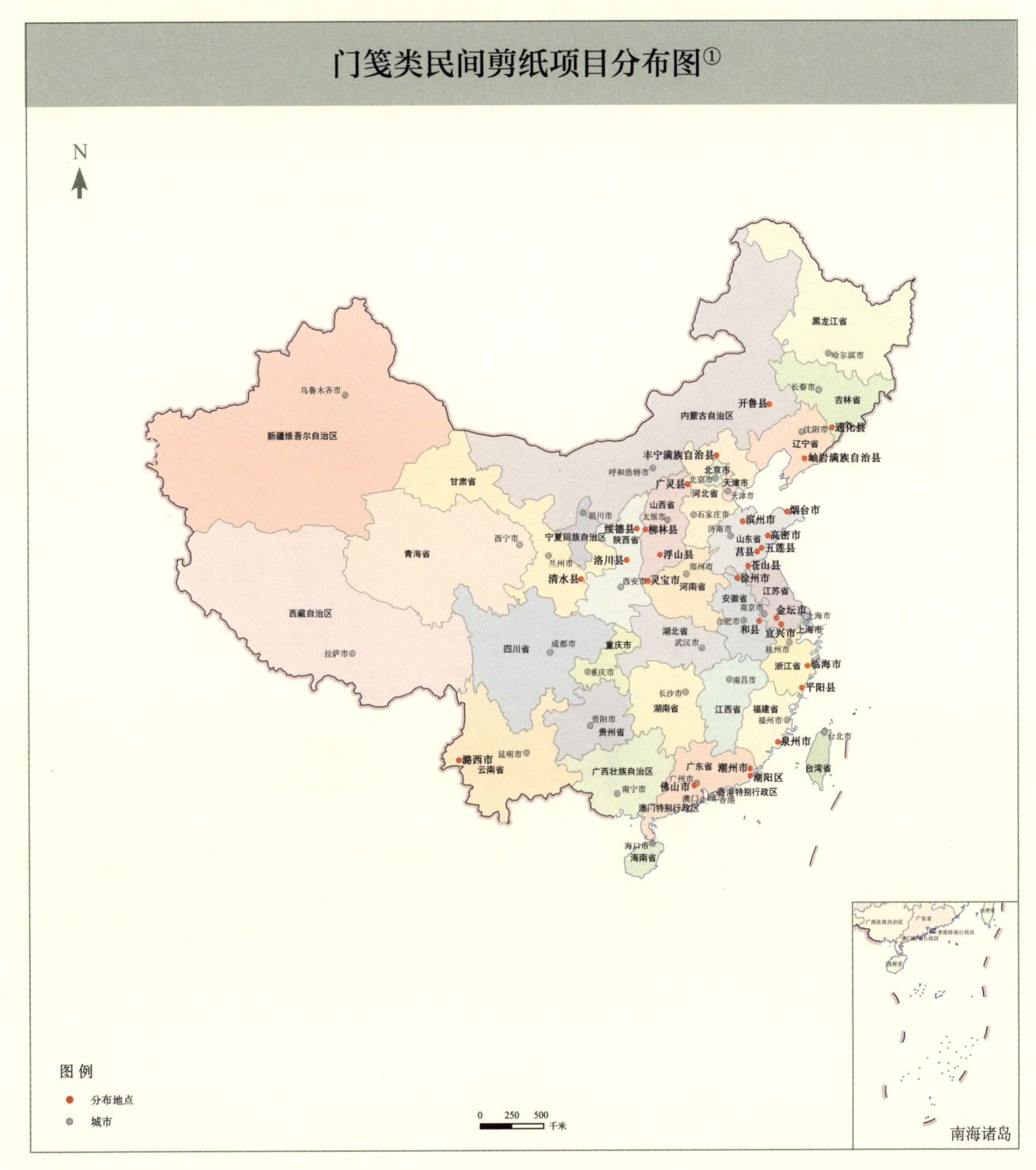

图 4-1-2-2 门笺类民间剪纸项目分布图

[①] 本图中的项目是指至 2012 年年底由国务院与各省市政府公布的国家级与省市级民间剪纸（门笺）类非物质文化遗产代表作名录项目，以及部分具有较大社会影响的无级别民间剪纸（门笺）类非物质文化遗产资源。

文字题材类民间剪纸项目分布图[1]

图例
- ● 分布地点
- ◎ 城市

图 4-1-2-3 文字题材类民间剪纸项目分布图

[1] 本图中的项目是指至 2012 年年底由国务院与各省市政府公布的国家级与省市级民间剪纸（文字题材）类非物质文化遗产代表作名录项目，以及部分具有较大社会影响的无级别民间剪纸（文字题材）类非物质文化遗产资源。

戏文人物题材类民间剪纸分布图[①]

图 4-1-2-4 戏文人物题材类民间剪纸分布图

[①] 本图中的项目是指至 2012 年年底由国务院与各省市政府公布的国家级与省市级民间剪纸（戏文人物题材）类非物质文化遗产代表作名录项目，以及部分具有较大社会影响的无级别民间剪纸（戏文人物题材）类非物质文化遗产资源。

民间剪纸卷
第一编 全国民间剪纸项目与资源图谱

原始崇拜题材类民间剪纸分布图①

图 4-1-2-5 原始崇拜题材类民间剪纸分布图

① 本图中的项目是指至2012年年底由国务院与各省市政府公布的国家级与省市级民间剪纸（原始崇拜题材）类非物质文化遗产代表作名录项目，以及部分具有较大社会影响的无级别民间剪纸（原始崇拜题材）类非物质文化遗产资源。

少数民族特色题材类民间剪纸分布图[①]

图 4-1-2-6 少数民族特色题材类民间剪纸分布图

[①] 本图中的项目是指至 2012 年年底由国务院与各省市政府公布的国家级与省市级民间剪纸（少数民族特色）类非物质文化遗产代表作名录项目，以及部分具有较大社会影响的无级别民间剪纸（少数民族特色）类非物质文化遗产资源。

民间剪纸卷
第一编　全国民间剪纸项目与资源图谱

三 全国国家级民间剪纸项目内容标识图

（一）全国第一批国家级民间剪纸项目内容标识图

1. 乐清细纹刻纸（浙江乐清市）①

乐清细纹刻纸源自乐清民间剪纸"龙船花"，可追溯至元大德年间，迄今已有700多年的历史，被誉为"中国剪纸的南宗代表"。元宵节时，乐清乡间有龙船灯巡游，细纹刻纸即用于灯彩装饰。其刀法精细健拔，图案以纹样纤细如丝著称。乐清细纹刻纸于2006年被列入第一批国家级非物质文化遗产名录。

图 4-1-3-1 乐清细纹刻纸
图为陈余华作品《连年有余》②。作品中，童子手持莲花坐于金鱼背身。汉字"莲""鱼"和"连""余"同音，作者以"连年有余"寄寓了年有财余、生活富足的美好愿望。

---

① 括号中的地区是指至2012年年底由国家或地方政府公布的该项目的保护地，下同。
② 见张雁洲、南碎开《乐清细纹刻纸》，浙江摄影出版社2008年版，第82页。

2. 扬州剪纸（江苏扬州市）

扬州早在唐宋时期就有"剪纸报春"之俗，即于立春之日，裁剪花卉、春蝶、春线、春胜等，"或悬于佳人之首，或缀于花下"，供人观赏。至清代，扬州剪纸类型以绣品底样为主，剪制技艺臻于鼎盛。今日之扬州剪纸赓续传统而来，主要以扬州为中心区域传播流行，用纸以安徽手抄宣为上，题材以四时花卉为佳，未剪而先有粉本。多代表文人士大夫及市民的情调旨趣，是中国南派民间剪纸艺术的重要代表，其精品被誉为"剪纸艺术中的观止之作"。扬州剪纸于2006年被列入第一批国家级非物质文化遗产名录。

图 4-1-3-2 扬州剪纸

图为张秀芳作品《鹤舞云霄》[①]。作品设计成传统的团花形状，用阳线剪成的祥云，线条细若银丝，回环往复，相互勾连，50只白鹤在祥云中飞舞，集中表现了扬州剪纸精致、细腻的特点。

[①] 见季培均、颜志林《扬州非物质文化遗产》，广陵书社2015年版，第23页。

3. 医巫闾山满族剪纸（辽宁锦州市）

医巫闾山满族剪纸是数百年以来，流传于医巫闾山地区的北镇市、凌海市、阜新市、义县等地的少数民族剪纸。医巫闾山地区的满族人有原始图腾崇拜的萨满文化传统，常使用树皮、兽皮等物件剪刻神偶形象。这种以造像为中心的原始崇拜活动逐渐发展为表现满族人自然崇拜、祖先崇拜、生殖崇拜及满族民情风俗的剪纸艺术，其隐喻奥古，构型质朴，纹线粗放，恢宏大气，是研究东北地区民族民间文化，特别是萨满文化的重要文化符号。医巫闾山满族剪纸于2006年被列入第一批国家级非物质文化遗产名录。

图4-1-3-3 医巫闾山满族剪纸
图为汪秀霞作品《柳树妈妈》[1]。满族地区的人们将柳树奉为始祖母神，作品中，柳树妈妈领着自己的孩子，以此表现对柳树的崇拜和对族群繁衍生息的美好祝愿。

---

[1] 见王光《医巫闾山满族剪纸传承人——汪秀霞》，民族出版社2011年版，第17页。

4. 安塞剪纸（陕西安塞县）

安塞剪纸是陕北剪纸的典型代表之一。该地剪纸主要采用双铰、单铰和零铰等剪法，多以锯齿纹、月牙纹、纺锤纹、云勾纹、卐字纹、砖包城等作装饰纹样，常见于节庆、婚嫁、丧葬、祭祀等当地民俗活动之中，或用作刺绣、布偶的底样，题材丰富，线条明快、造型简练、风格淳朴，讲究象征寓意。安塞境内有四条河川，故剪纸风格亦有相应区分：化子坪的延河川剪纸讲究含蓄凝练；高桥、砖窑湾的西河川剪纸线面结合，纹饰较繁；沿河湾的杏子河川剪纸线条简洁，概括性强；郝家坪至王家湾的坪桥川剪纸以块为主，颇似石刻山像。而与靖边邻近的乡镇，剪纸风格则类于三边。安塞剪纸于2006年被列入第一批国家级非物质文化遗产名录。

图 4-1-3-4 安塞剪纸

图为曹佃祥作品《捻线线》[1]。作者塑造了一位盘腿而坐、捻棉成线的农家巧妇形象，通过寻常的生活细节体现出陕北农村平凡朴实而又安静祥和的生活氛围。

---

[1] 见陈山桥《曹佃祥剪纸》，金盾出版社2014年版，第50页。

5. 中阳剪纸（山西中阳县）

中阳剪纸可溯源于其地出土的汉墓画像，承袭于唐宋，普及、繁兴于明清，闪耀于20世纪40年代晋绥边区的新文化运动，是古老黄河文化和红色吕梁文化的结合。作品以大红单色为主，反映出热烈、奔放的文化性格和喜庆、淳朴的民俗风情，主要流传于该县境内南川河流域、刘家坪地区和西山边远山区，在农村地区的劳动妇女间代代传承。其中，南川河流域的剪纸古雅细腻，为中阳剪纸之主流；刘家坪剪纸清刚朴健；西山边远山区的剪纸则以雄浑粗豪见长。中阳剪纸于2006年被列入第一批国家级非物质文化遗产名录。

图 4-1-3-5 中阳剪纸
图为王计汝作品《五月初五过端午》[1]。作品上半部分表现了人们在端午之日于门楣上悬挂艾草、菖蒲的情景，下半部分则是缀有五毒图案的聚宝盆，寓意辟邪驱瘟。

---

[1] 见周佳《中国最美剪纸》，湖北美术出版社2013年版，第37页。

中国非物质文化遗产项目与资源图谱集

6. 蔚县剪纸（河北蔚县）

蔚县剪纸是我国北派剪纸中的代表性流派之一。19世纪中叶以前，蔚县地区主要流行单色窗花。到20世纪初，随着点彩窗花的出现，刻刀代替剪子成为蔚县剪纸的主要工具。20世纪30年代，蔚县剪纸进入成熟阶段，发展成为以阴刻为主、阳刻为辅、着色点彩的蔚县染色刻纸。如今，蔚县剪纸以内容丰富、主题吉利、构图富态雍容、线条清润自然、造型生动活泼、色彩浓艳强烈而享誉民间艺坛，堪称华北剪纸乃至北派剪纸当之无愧的典型代表。蔚县剪纸于2006年被列入第一批国家级非物质文化遗产名录。

图 4-1-3-6 蔚县剪纸

图为王老赏作品《烈火旗——双阳公主》[1]。这是蔚县地区典型的戏曲剪纸。作品中，身着盔甲、手持朴刀的双阳公主尽显巾帼风韵，可谓形神兼备，显示出作者在构图造型、刻画线条和点染色彩等方面的高超技艺。

---

[1] 见贺宝贵、郝志熹、席红延《王老赏剪纸》，金盾出版社2014年版，第16页。

7. 傣族剪纸（云南潞西市）

傣族剪纸可溯源于古时傣族祭祀仪式上常见的纸幡。在上座部佛教及中原文化的影响下，傣族剪纸逐渐丰富、完善，日臻成熟。技法上剪与凿结合，剪时不打底稿，信手剪出，凿时则需依照稿样，率以精细工巧为能。主要形式有扎、董、板、佛幡、挂灯、吊幢等，多作祭祀、赕佛、节庆、婚嫁、丧葬、装饰之用。其内容有花鸟虫鱼、几何纹样以及佛经典故、民族传说和边地风物等。傣族剪纸现主要流行于云南省德宏傣族景颇族自治州潞西市一带。傣族剪纸于2006年被列入第一批国家级非物质文化遗产名录。

图 4-1-3-7 傣族剪纸

图为樊涌作品《水龙情》[1]。作品中表现的是傣族民众欢欣鼓舞制作龙舟的民俗场景，画面饱蘸着浓郁的民族风情。泼水节是傣族最为隆重的传统节日，傣族人在节日里不仅互泼"吉祥水"，还要载歌载舞，并以龙舟竞渡。

---

[1] 见张春颖、聂景华《中国金剪刀·剪纸精品选》，金盾出版社2007年版，第56页。

8. 广东剪纸（广东佛山市、潮州市、汕头市潮阳区）

广东剪纸是中国南派剪纸的重要一翼，也是岭南民间文化的精粹所在，其代表性流派又可分为佛山剪纸、潮州剪纸和潮阳剪纸等。佛山剪纸肇兴于宋元时期，至清代乾隆间臻于鼎盛，擅长以夸张的用色描绘南国风物，塑造金碧辉煌的视觉感受。潮州剪纸明代时已流传于当地民间，至清光绪年间蔚为大观，技艺有单色、多色、阳剪、阳刻、阴刻诸类型。潮阳剪纸的肇兴与东晋永嘉之乱后中原移民徙居潮汕的历史背景相关，技艺上以阳剪为主、阴剪为辅，其"花中套花"的布局方式最是独具一格。广东剪纸于2006年被列入第一批国家级非物质文化遗产名录。

图4-1-3-8 广东剪纸（佛山市）

图为清代作品《丁财贵》[①]（佛山剪纸）。作品为佛山特有的铜凿剪纸，绘孔子站立其中，身旁为"万世称夫子，五族仰素王"五言对一副。寓意麒麟得子，读书学礼，登科晋爵，万世昌盛，反映人们的美好祈愿。

[①] 见周佳《中国最美剪纸》，湖北美术出版社2013年版，第101页。

图 4-1-3-9 广东剪纸（潮州市）

图为《金麒麟》①（潮州剪纸）。麒麟是祥瑞之兽，象征太平、长寿和富贵。这幅剪纸作为祭祀品，以麒麟为题材，满足了民众祈福求祥、驱灾避邪的心理需求。

图 4-1-3-10 广东剪纸（汕头市潮阳区）

图为许遵英作品《鱼身花》②（潮阳剪纸）。作品采用阳剪为主、阴剪为辅的技艺，突出层次感。鱼的头部用阴剪手法，鱼身、鱼尾则采用阳剪技法，将鱼戏莲花、"寿"字等图案以"花中套花"的构图方式镶嵌其中，寄寓了民众祈求连年有余、福寿绵延的美好心愿。

---

① 见广东省美术工作室、广州人民美术社编《广东民间剪纸集》，华南人民出版社 1953 年版，第 1 页。
② 见《广东省汕头市许遵英剪纸作品赏析》，"快资讯"，2021 年 12 月 7 日访问。

9. 丰宁满族剪纸（河北丰宁县）

丰宁满族剪纸初步形成约在清代康熙年间，至乾隆时，其风格趋于成熟，清末民初发展至鼎盛。丰宁满族剪纸采取刻剪结合、阳刻为主、阴刻为辅的技艺手法，以单色（红、白、黑等）、点染、填色、复色组合等多种用色方式，艺术地呈现出满族宗教信仰、民俗风情和塞北边地风物，其风格或细腻生动，或洗练传神。现今的凤山镇、大阁镇是丰宁满族剪纸的繁盛之地，两镇作坊有数百处，制售剪纸者近千人。每逢腊月，两镇的窗花市场都会如期而至。丰宁满族剪纸于2006年被列入第一批国家级非物质文化遗产名录。

图 4-1-3-11 丰宁满族剪纸

图为王秀莲作品《金陵十二钗·探春》[1]。作品采取阴刻与阳刻相结合的手法，刀法细腻，表现出探春削肩细腰、顾盼神飞的外貌，以玫瑰花相衬，刻画出探春精明能干的性格特点。

---

[1]《丰宁满族剪纸》，秀莲剪纸艺术馆印刷品。

（二）全国第一批国家级民间剪纸扩展项目内容标识图

1. 金坛刻纸（江苏金坛市）

金坛刻纸的传统最早可追溯至隋唐时期。逮至明清二代，刻纸已盛行于金坛民间，类型主要有辟邪迎福的门笺、绣品底样、窗花及各式纸扎装饰等。金坛刻纸现流传于该市金城镇及其他城乡，大致由手工绘稿、镂空刻制两大工序构成，总体上可析为两大流派：一则承袭传统，其作品繁茂精细，古意盎然，具有浓郁的江南水乡气息；一则勇于创新，其作品更多地将刻纸工艺和当下的绘画技巧与装饰理念结合起来，赋予作品清新的格调及较强的时代感。金坛刻纸于2008年被列入第一批国家级非物质文化遗产扩展项目名录。

图 4-1-3-12 金坛刻纸

图为佚名作品①，作品以传统的辞旧迎新为创作题材，表现了中国传统新年前夕家家户户贴春联、挂灯笼的民俗生活场景。作品构图饱满平稳，线条精细匀称，造型活泼生动，人物形象逼真，极富生活气息和艺术感染力。

---

① 见百度百科"剪纸（金坛刻纸）"词条。

2. 南京剪纸（江苏南京市）

据清道光年间甘熙《白下琐言》等史料所记，明代初期，剪纸已兴盛于南京，民间艺人云集，工艺精进，传袭至今，形成了六朝古都特有的剪纸艺术传统。南京剪纸以剪为主，兼用刀刻，多不打底稿，以心运剪，剪随心转，一气呵成，追求"花中有花，题中有题，粗中有细，拙中见灵"的艺术境界，观赏价值颇高。"斗香花"刻纸是南京剪纸的独特类型，七彩的"斗"形刻纸饰于香火之上，堪称中国剪纸大观园中的一朵奇葩。南京剪纸于2008年被列入第一批国家级非物质文化遗产扩展项目名录。

图 4-1-3-13 南京剪纸
图为张吉根作品《百鸟朝凤》[1]。作品中，争奇斗艳的花卉和形态各异的鸟儿簇拥着一只展翅翱翔、高贵华美的凤凰，象征着坚强奋发与喜庆吉祥，寄寓了人们对幸福生活的向往。

---

[1] 见张方林《张吉根剪纸》，金盾出版社2014年版，第72页。

3. 徐州剪纸（江苏徐州市）

徐州剪纸广泛分布于邳州、新沂、沛县等地，兼有北方剪纸的豪放浑厚和南方剪纸的细腻清秀。其类型既包括常见的鞋花、窗花、顶棚花、盆花等，也包括门吊子（又称门笺）等实用型作品。其刀法主要有"锯齿型""月牙儿型"等。其创作风格可分为两派：一派以邳州剪纸为代表，作品构图密实，结构粗犷浑厚，艺术风格朴实无华；另一派以其市区剪纸为代表，作品风格灵秀俊美、细腻流畅。论其传承方式，历史上以群体传承、家族传承为主，如今以师徒传承为主。徐州剪纸于2008年被列入第一批国家级非物质文化遗产扩展项目名录。

图4-1-3-14 徐州剪纸

图为王桂英作品《洗晒被单》[1]。作品中，两位妇女各自在洗晒被单，两旁是悠闲散步的雄鸡，生活气息跃然纸上。其线条粗犷，造型古拙，沉稳浑实，自然流畅。

---

[1] 见朱世平《徐州非物质文化遗产·传统美术和技艺作品集锦（上）》，群言出版社2015年版，第2页。

4. 浦江剪纸（浙江浦江县）

浦江剪纸，相传南宋时已盛行民间，元明之际始有文献可考，其时，浦江大文豪宋濂《哀王御史》诗中有"剪纸难招御史魂"之句。至清代，浦江地方戏曲"浦江乱弹"形成，戏曲人物、戏曲故事遂成为浦江剪纸最具特色和影响的题材，代表作有《断桥》《白蛇传》《孙悟空借扇》《拾玉镯》等。流传于浦江各地，风格娟秀细腻，惟妙惟肖又不失质朴，以其较强的叙事性和趣味性在民间剪纸界独树一帜，成为中国南派剪纸的重要代表之一。浦江剪纸于2008年被列入第一批国家级非物质文化遗产扩展项目名录。

图 4-1-3-15 浦江剪纸

图为佚名作品《花田错》[1]。以浦江地方戏曲"浦江乱弹"中的人物、故事为题材进行创作，是浦江剪纸清代以来形成的独特传统，这幅剪纸表现的就是地方戏曲《花田错》中的一个场景。

---

[1] 见洪国荣《浦江剪纸》，浙江摄影出版社2012年版，第37页。

5. 岫岩剪纸（辽宁岫岩满族自治县）

岫岩剪纸约肇始于明末清初，盛行于清乾隆年间，已有300多年的历史。岫岩地区满族农妇是岫岩剪纸的创作主体；通过镂空、成片的工艺处理，夸张、变形的技艺手法等，塑造朴拙写意、浑厚有神的艺术形象是岫岩剪纸的追求所在。挂笺是满族人剪纸独有的艺术形式，类似于汉族的门笺，采用五色彩纸剪制，中间镂刻带云纹的吉祥字画，下端有犬牙穗头，贴挂在门楣、梁檐等处，用于贺年祈福。岫岩剪纸于2008年被列入第一批国家级非物质文化遗产扩展项目名录。

图 4-1-3-16 岫岩剪纸
图为白世云作品《天人合一》[1]。作品将太阳、男人、女人以夸张、变形的形象呈现，生动地展现出人与自然和谐相处和生生不息的现代精神，也流露出少数民族的原始崇拜和传统文化中生根、繁衍的民族民俗意识。

---

[1] 见高明东主编《岫岩满族民间剪纸艺术》，沈阳出版社2004年版，第61页。

6. 庄河剪纸（辽宁庄河市）

明清时期，庄河剪纸已在民间妇女中流行。庄河剪纸多恪守传统样式和原有工艺，以单色剪纸居多，主要类型有窗花、棚花、团花、墙花（包括角花、炕围边花等）、喜花等多种，技法上多用阳刻，阴刻兼之，讲究线条流畅，造型大方，意趣生动。其题材内容注重表现当地的习俗风情，描摹民间的历史传说，寄托民众的美好愿望。如《抓髻娃娃》《凤凰牡丹》等，皆为庄河民间剪纸的代表作品。庄河剪纸已跻身中国北派剪纸艺术之林。庄河剪纸于2008年被列入第一批国家级非物质文化遗产扩展项目名录。

图 4-1-3-17 庄河剪纸
图为韩月琴作品《双龙汇》[1]。作品取材于庄河当地的标志性景观——双龙汇，以双龙聚首的祥瑞图景反映出对家乡风物的热爱，表达了庄河百姓对幸福生活的祈愿。

---

[1] 见滕贞甫《韩月琴》，大连出版社2015年版，第117页。

7. 建平剪纸（辽宁建平县）

建平地处辽宁、河北、内蒙古三省（区）交界之地，蒙古族、满族、回族、汉族等民族长期杂居于此，故其剪纸既受蒙古族萨满文化的影响，亦能融合北方多民族的艺术风格，以粗犷、浪漫、奔放、质朴为特点，多表现民俗生活和原始崇拜，具有重要的文化人类学价值。其在剪制有关萨满信仰或原始崇拜的神、人、动物类造型时，除采用剪、刻、撕等技法外，常用香头来点烫其眼睛部位，以起到画龙点睛、赋予灵性的效果。建平剪纸于2008年被列入第一批国家级非物质文化遗产扩展项目名录。

图 4-1-3-18 建平剪纸

图为佚名作品《十二生肖·虎》[1]。萨满文化中有崇虎习俗，作品中虎的线条粗犷，造型古朴，既有牛河梁遗址出土的动物形玉器造型生动的特点，又有萨满面具文化神秘夸张的风格特征。

---

[1]《建平剪纸》，印刷品。

中国非物质文化遗产项目与资源图谱集

560

8. 新宾满族剪纸（辽宁新宾满族自治县）

　　新宾满族剪纸多以满族的萨满文化、生活习俗、民间故事、神话传说和花虫鸟兽等为表现题材，剪法自然，注重意出心胸，一气呵成，风格简洁明快、粗犷朴拙而不失神韵，传承至今已有200多年的历史。新宾满族剪纸主要有五大特点：第一，常将满文融入图案造型；第二，常运用鲜明、强烈的朱白对比；第三，常用香头、木炭、烟头等物烧烫点、线；第四，剪、说、唱三位一体；第五，其吊线剪纸、立体组合剪纸独具风韵。新宾满族剪纸于2008年被列入第一批国家级非物质文化遗产扩展项目名录。

图 4-1-3-19 新宾满族剪纸

图为金雅贞作品《农家乐》[①]。作品具有东北满族地域特色，在处理复杂的构图时，人物与背景互不遮挡，形成了粗犷、质朴的自然美，将满族风情表现得淋漓尽致。

[①] 见乔晓光《中国民间剪纸天才传承者的生活和艺术》，山西人民出版社2004年版，第276页。

9. 广灵染色剪纸（山西广灵县）

广灵染色剪纸溯源于唐，正式形成于明代，至清道光年间日臻成熟。如今的广灵染色剪纸由"天皮亮"等当地窗花发展而来，融合了河北武强的木版水印窗花，用宣纸替代麻纸，刀刻为主，辅以剪制，阴刻为主，阴阳结合，刀工考究，在刻制的基础上品色点染。多取材于戏文、民俗和花鸟，呈现出细腻、流畅的风格特征。作为华北剪纸的重要代表，广灵染色剪纸主要依靠家族、师徒传承，传承人多分布在该县焦山乡等地。广灵染色剪纸于2008年被列入第一批国家级非物质文化遗产扩展项目名录。

图 4-1-3-20 广灵染色剪纸
图为张太明原创、张民锦刻制作品《戏剧人物》[1]。作品色彩鲜艳明亮，搭配和谐自然，人物的神态、手势、衣饰、发冠等细节处皆有细微表现。

---

[1] 见梅述《广灵剪纸》，《人民日报》（海外版）2007年9月7日。

10. 上海剪纸（上海徐汇区）

近代以来，上海剪纸艺术逐渐从江南民间剪纸中脱胎而出，在长期的城市化进程中不断传承、发展，形成了兼容并蓄、创新求变，都市形态鲜明的海派风格，并出现了王子淦、林曦明等一些著名的剪纸艺术大师。王子淦改进了江南剪纸相对简单的刺绣花样，并将北方剪纸的粗犷奔放融入其中，形成了简洁秀拔、神韵独具的艺术风格，成为海派剪纸开宗立派式的人物。林曦明则以国画家的身份创作剪纸，有意识地将汉代石刻和砖刻中的造型，文人画中的书卷气，山水画中的大写意及夸张、神形兼备风格，以及现代艺术中的粗犷、联想悉数化入传统剪纸，显示出富有开创性的文人化特征。上海剪纸于2008年被列入第一批国家级非物质文化遗产扩展项目名录。

图 4-1-3-21 上海剪纸

图为李守白作品《上海童谣》[1]（局部）。整部作品共搜集上海童谣39首，刻制人物152位、动物46只、文字1757字，描绘了当年上海小囡（儿童）们在石库门弄堂尽情嬉闹、玩耍的场景。

---

[1] 见沈嘉豪、钟嵩《李守白用17米的剪纸"剪"出39首老上海童谣》，上观新闻，2016年8月8日。

11. 瑞昌剪纸（江西瑞昌市）

瑞昌剪纸的雏形可追溯至当地出土的西晋墓砖纹饰，以口传心授的方式在民间递相承袭，不断发展壮大，当地历来有"无户不剪纸，无女不绣花"之说。20世纪60年代以来，瑞昌剪纸既注重表现当地的民间生活和传统民俗，亦富有时代气息和现代意趣，红色革命题材为其最大特色。技法上则多采取阴阳结合，并善于反常道而行之，通过"非镂空"的手法以增强作品的表现力。由于该地处长江中下游南岸，故其剪纸风格能集南方的柔美和北方的旷放于一身。瑞昌剪纸于2008年被列入第一批国家级非物质文化遗产扩展项目名录。

图 4-1-3-22 瑞昌剪纸
图为佚名作品《一唱雄鸡天下白》[1]。作品摒弃一切渲染和衬托，仅仅抓取了金鸡报晓这一瞬间加以着力刻画。作品线条粗犷，笔力浑厚，遒劲有力，显示出了深沉、质朴、强健、豪放的阳刚之美。

---

[1] 见《江西九江非遗展示 | 传统美术：传承千年的文化之美——瑞昌剪纸》，"快资讯"平台，2021年12月25日访问。

12. 卢氏剪纸（河南卢氏县）

卢氏剪纸，相传肇迹于先秦，发展于唐宋。明代时期，在山西等地民间剪纸艺术的影响下，卢氏剪纸得以不断丰富、充实，该县瓦窑沟乡代柏村的灯笼剪纸即形成于彼时。有清一代，卢氏剪纸日益深入民间，成为当地民俗活动中的一项重要内容。卢氏剪纸题材内容广泛，讲究愿景寄寓，民俗意味浓厚，作品多以大红单色为主。按地域分为两大风格流派：黄河流域的卢氏剪纸以奔放粗犷见长，长江流域的则以流转婉约为擅。卢氏剪纸于2008年被列入第一批国家级非物质文化遗产扩展项目名录。

图4-1-3-23 卢氏剪纸
图为廉正义作品《单雄信》[1]。作品采用夸张变形的表现手法，将三角形、梯形、圆形等几何图形运用于剪纸技艺之中，块面刚毅，线条柔和，虚实交错，塑造了单雄信豪侠仗义、刚柔相济的英雄形象。

---

[1] 见马迈方、何晓婉《廉正义隋唐人物剪纸》，中国图书出版社2011年版。

13. 灵宝剪纸（河南灵宝市）

灵宝剪纸的渊源可追溯至先秦时期。相传老子骑青牛过函谷关，以青牛所吐牛黄医治当地瘟疫患者，药到病除。此后，每逢正月二十三日，当地民户为避邪祈福，皆以黄棱纸剪金牛图贴于门，故有民谣云："新春正月二十三，太上老君散仙丹。家家门上贴金牛，一年四季保平安。"金牛图即灵宝剪纸之雏形。灵宝剪纸主要依靠广大农村妇女心手相传，形成了内容形式多样、寓意象征性强、反映民俗生活广泛等鲜明特点。灵宝剪纸于2008年被列入第一批国家级非物质文化遗产扩展项目名录。

图 4-1-3-24 灵宝剪纸

图为王蓬草作品《娃娃戏瓜》[1]。作品中，花叶同生，瓜大娃娃小，娃娃拿着大鼎倒立在瓜上，娃娃的头、胸、背、腿、脚全是云子勾式的纹饰。

---

[1] 见盛夏《"传承千年的豫西剪纸"系列之五：仰溪蓬草皆"国宝"》，《大河报》2007年2月15日。

14. 辉县剪纸（河南辉县市）

作为中原剪纸的典型代表，辉县剪纸形成于明末清初，发展至今，尤以其西部山区最为兴盛，如薄壁镇等地。盖因此区域与山西省接壤，故受山西剪纸影响深远。辉县剪纸喜用热烈、奔放的红色，且题材繁多，花鸟虫鱼、飞禽走兽、山水形胜、戏文传说皆在其内。辉县剪纸具有很强的生活性，与当地百姓生活内容息息相关，为当地群众所喜闻乐见。民间、民俗文化大量呈现于剪纸当中，成为辉县剪纸最鲜明的标记。辉县剪纸于2008年被列入第一批国家级非物质文化遗产扩展项目名录。

图 4-1-3-25 辉县剪纸
图为李爱荣作品《吉祥兔》[1]。作品以兔为题材，一双红色的大眼睛活泼灵动，兔子身上有朵朵花纹，且有鸟儿、花草簇拥，寄寓着平安祥瑞、快乐美好的愿望，情感朴实而真挚。

---

[1] 见张宏江《太行深处剪花娘》，《北京晚报》2011年2月3日。

15. 阜阳剪纸（安徽阜阳市）

阜阳剪纸历史悠久，清代当地民间艺人剪制的鞋面、袜底绣样作品《兰桥会》《牧笛》《祭塔》等现藏于阜阳博物馆。阜阳剪纸以传统的民间乡土题材为主，艺术表现形式上讲究线条粗细交替，阴阳结合，构图丰满，注重象征性和装饰性，或精细，或写意，兼南北剪纸之长，有单色、填色和染色等诸类型。代表作有《两个孔雀》《三顾茅庐》《八仙过海》《植保员》等。颍州区是阜阳剪纸最重要的流传区域。阜阳剪纸于2008年被列入第一批国家级非物质文化遗产扩展项目名录。

图 4-1-3-26 阜阳剪纸

图为程建礼作品《花木兰》[1]。作品中，花木兰身着战袍、腰挂长刀、头顶凤鸟，古拙而不失韵味的造型既展现了花木兰的英姿飒爽，又揭示了她的女性特征。

---

[1] 见程兴红、陈子才《程建礼剪纸》，金盾出版社2014年版，第54页。

16. 和林格尔剪纸（内蒙古和林格尔县）

和林格尔剪纸可在北魏鲜卑古墓出土的金银箔透雕饰物和游牧毡帐上缀缝的图纹上找寻其原型，作品在反映北方少数民族与汉民族的文化融合方面，具有重要的历史文化价值。当地各民族民众的民间、民俗生活是其作品力图表达的重要题材；大轮廓的写意表达，以及对锯齿纹、月牙纹、雨点纹等装饰纹样的灵活运用，呈现出"大胆落墨，细心收拾"的技艺特征。广大劳动妇女的代代相传，是其主要传承方式。和林格尔剪纸于2008年被列入第一批国家级非物质文化遗产扩展项目名录。

图 4-1-3-27 和林格尔剪纸

图为张花女作品《蒙人进城》[1]。作品既保留了传统民俗文化观念的花草纹饰，也表现了蒙古族人真实的生活状态。

---

[1] 见段建珺《中国民间剪纸集成·和林格尔卷》，河北教育出版社2014年版，第233页。

17. 长白山满族剪纸（吉林通化县）

早在后金皇太极时期以前，长白山区的满族先民就经常利用动物毛皮、植物叶片、麻布等制作剪纸。其作品已经成为满族民间文化的重要标志，与满族的宗教信仰、民俗生活、神话传说等息息相关，例如龟、蛙图腾等常见的表现对象。多用于宗教祭祀，如"佛头""白挂签"等。作品形象古拙自然、文字与图案应和，酷似岩画。综合剪、刻、撕、烧、熏等诸多技法，尤其是运用长白山松明子点烧、熏染作品中动物的眼睛和纹羽，为其最大特色。长白山满族剪纸于2008年被列入第一批国家级非物质文化遗产扩展项目名录。

图 4-1-3-28 长白山满族剪纸

图为倪友芝作品《挖参》①。作品以长白山区满族人传统的生活与劳作为主题，用剪、刻相结合的手法，表现了"挖参"的劳作画面。风格粗犷、豪放，充满着远古、深邃的意蕴。

———

① 见中剪会《中国美术馆的民间剪纸收藏系列——东北剪纸》，站酷网，2023年8月24日访问。

18. 方正剪纸（黑龙江方正县）

　　方正剪纸大致形成于清康熙年间，是满族、汉族等多民族文化交织、融合的产物。方正地区自辽金以来就是女真族部落的栖息地，清康熙以后，随着满族、汉族民众的不断徙居，以"嬷嬷神"形象为代表的萨满剪纸和寓意吉祥的中原剪纸在此交融，形成今天的方正剪纸。其总体构图简明粗犷、不拘小节，局部工艺则细腻隽美，体现了作为传承主体的当地劳动妇女对于艺术的独特理解，更反映出东北"黑土地"人民质朴、奔放又不失秀润的文化性格。方正剪纸于2008年被列入第一批国家级非物质文化遗产扩展项目名录。

图 4-1-3-29 方正剪纸
图为倪秀梅作品《山风》[①]系列之一。作品中的少女面容恬静，山风吹起的秀发与鸟儿一同蹁跹、与山头的绿树一同婆娑，展现了白山黑水间的风物美好，表达了作者对故土的眷恋和赞美。

[①] 深圳美术馆、中国艺术研究院、黑龙江省美术家协会、黑龙江省方正县政府联合主办的"倪秀梅剪纸艺术展"展出作品（2007年2月2日至3月11日）。

19. 漳浦剪纸（福建漳浦县）

唐宋以来，漳浦剪纸一直在当地民间流传。刺绣底样是其最原初形态，后在北方窗花文化的影响下，出现了猪脚花、饼花、灯彩剪纸等与民俗生活联系紧密的类型。《漳浦县志》载："元夕自初十放灯至十六夜，乃祀神祠家庙，或用鳌山运傀儡，张灯烛，剪采为花，备极工巧。"明清以后，其逐渐摆脱刺绣之附庸，发展成为一门独立的民间艺术。如今的漳浦剪纸以单色阳剪为主，辅以阴剪，追求纤巧细腻的装饰效果。其最具特色的"排剪"手法，可将羽毛、花瓣等物象表现得细致入微。漳浦剪纸于2008年被列入第一批国家级非物质文化遗产扩展项目名录。

图 4-1-3-30 《漳浦剪纸》生命的延续

图为陈燕榕作品《生命的延续》[1]。作品采用了"排剪"手法，将生命之树上的花蕊与叶脉细细裁出，显示出纯熟的技艺。作品中的男人、女人、孩子和花草等细节生动，展现出作者对生命延续的认知。

---

[1] 见《漳图·记艺 | 第二期·巧手随心 亲子剪纸趴》，搜狐网，2023年8月24日访问。

20. 泉州刻纸（福建泉州市）

泉州刻纸相传肇于唐代，兴于宋代，初时多为春节时贴于厅门上楣或春联上端，用以祈福避邪的"红笺""福符""长金"。后来，泉州刻纸又多用于泉州花灯的装饰衬托。近代，泉州民间的刺绣、花边、陶瓷、纸笺制作等均需使用刻纸。20世纪中叶，当地著名艺人李尧宝将绘画艺术融入刻纸，使刻纸技艺得到了更大程度的发展和更广领域的运用，流丽秀雅、精致细巧的泉州刻纸因此而成为闽南民间文化苑囿中的一朵奇葩。泉州刻纸于2008年被列入第一批国家级非物质文化遗产扩展项目名录。

图 4-1-3-31 泉州刻纸

图为黄丽凤作品《惠安女·渔歌》[1]。作品中，惠安女头戴遮阳的斗笠和防风的花巾，上身穿着紧窄短小的衣服，下身穿着宽松肥大的裤子，线条优美，精巧细腻，极具闽地风韵。

---

[1] 见王鸿彬《黄丽凤：青出于蓝别于蓝》，东南网，2014年7月25日访问。

21. 柘荣剪纸（福建柘荣县）

柘荣剪纸流行于福建柘荣一带，按其功能来分，主要有窗花、礼花、刺绣底样等多种类型。从其传承方式看，柘荣剪纸主要依靠民间妇女群体在潜移默化的习得中心手相传。不同于其他南派剪纸的是，剪镂结合的柘荣剪纸在秀巧细腻中更展现出北方剪纸的质朴古拙与自然浑厚，并多以意趣盎然者为胜。柘荣剪纸于2008年被列入第一批国家级非物质文化遗产扩展项目名录。

图 4-1-3-32 柘荣剪纸

图为吴秋凤作品《舞狮》[1]。作品以中国优秀传统民间艺术——舞狮为题材，将舞狮表演中的精彩瞬间定格其中。线条细腻，造型精美，形象逼真，动感十足，喜庆气氛跃然纸上，极具审美价值。

---

[1] 见《文化柘荣》系列丛书编委会编《柘荣剪纸获奖作品集》，海峡书局2017年版，第89页。

22. 莒县过门笺（山东莒县）

过门笺，是一种中国民间在传统春节时用以表示吉祥喜庆、祈福驱邪的剪纸作品。鲁南地区的过门笺通常为大红、绿、黄、粉红、蓝紫色，俗谓"三红加黄绿"。莒县过门笺是鲁南剪纸艺术的典型代表，该地民间贴过门笺的习俗不晚于明代。其主体部分一般为寓意吉祥的镂空图案或文字，周边则饰以蝙蝠纹、鱼鳞纹、水波纹、花瓣纹、菱形纹、孔钱纹、网格纹等各式纹样，形制繁多，特色鲜明，折射出生动、鲜活的鲁南民俗风情。莒县过门笺于2008年被列入第一批国家级非物质文化遗产扩展项目名录。

图 4-1-3-33 莒县过门笺

图为何乃磊、于永胜作品《麒麟送子》[1]。麒麟送子，是中国祈子风俗。年节时，人们将手工剪刻的"麒麟送子"悬于门楣，寓意和瑞吉祥。作品中，童子手持莲花、如意，骑在麒麟上，象征着喜庆祥和，生气勃勃。

---

[1] 见刘继成《中国当代剪纸家》，今日中国出版社1993年版，第222页。

23. 滨州民间剪纸（山东滨州市）

滨州民间剪纸以剪为主，剪、刻并用，根植于农耕文明时代的齐鲁大地，蕴藏着黄河流域劳动人民质朴、率真、乐观、醇厚的思想情感。滨州一带的地方戏吕剧是滨州民间剪纸题材的独特来源。构图简洁明朗，造型夸张大方，讲求装饰、象征和雅俗共赏等特点，是滨州民间剪纸的主要艺术特色。而家族传承和师徒传承则是滨州民间剪纸生生不息、延衍至今的重要传承方式。滨州民间剪纸于2008年被列入第一批国家级非物质文化遗产扩展项目名录。

图 4-1-3-34 滨州民间剪纸

图为兰福梅作品《荷花鸳鸯》[1]。作品为传统喜庆题材。鸳鸯戏水，荷花绽放，象征多子多孙的莲蓬位于鸳鸯尾翼之上，表达了人们对美好生活的憧憬。

---

[1] 见潘鲁生《中国民俗剪纸图集》，北京工艺美术出版社1999年版，第129页。

24. 高密剪纸（山东高密市）

高密剪纸是胶东剪纸的典型代表之一。随着时代更迭和人口迁徙，高密剪纸在秉承胶东剪纸固有传统的基础上，又逐渐吸收河北、山西、江南等地剪纸艺术的特点，形成了自己独特的风格。高密剪纸精于构思，其传统作品中以窗花为最多，构图、形制则由不同的窗户形状而定。颜色多用玄黑底色，技法上则多以刚劲柔韧的线条、稚拙夸张的造型、对比统一的手法取胜。各地常见的传统"八仙"题材在高密剪纸中呈现浓厚的金石味。高密剪纸于2008年被列入第一批国家级非物质文化遗产扩展项目名录。

图 4-1-3-35 高密剪纸
图为范祚信作品《先师孔子行教像》①。作品中，以金石味十足的高密剪纸妙手重塑"先师孔子行教像"，表达了对这位齐鲁先贤的尊崇和纪念。

---

① 见《在册人才·范祚兴》，非遗潍坊·经典工美网，2018年6月7日访问。

25. 烟台剪纸（山东烟台市）

据《招远县志》《莱阳县志》记载，烟台剪纸在民间形成时间应不晚于元代，如今在烟台流布广泛，许多稿样世代相传，如窗花、窗裙、斗香花、供花，以及用于刺绣的底样，斗鸡、织纸、灯花等玩具类剪纸、受书画影响较深的文人剪纸等。总体风格上，烟台剪纸构图紧凑、线条挺拔。具体而言，莱州、招远剪纸偏于细巧；荣成、文登剪纸偏于粗犷，多以乌黑的胶皂纸剪制的鸟兽虫鱼饰其器物；蓬莱、龙口、福山剪纸则多讲究阴阳结合、虚实对比。烟台剪纸于2008年被列入第一批国家级非物质文化遗产扩展项目名录。

图 4-1-3-36 烟台剪纸

图为栾淑荣作品《花扇·菊花》①。栾淑荣与"剪花娘子"库淑兰并称为中国两代剪纸艺术家中代表性的人物，获"中国神剪"的赞誉，栾淑荣剪纸以"打毛"见长。作品构思巧妙，花草生机盎然，鸟虫活泼有趣，"打毛"处细如毫发，令人叹为观止。

---

① 见欧有才、李伟《中国神剪——栾淑荣》，新星出版社2005年版，第111页。

26. 孝感雕花剪纸（湖北孝感市）

雕花为湖北民间剪纸代表性门类之一，孝感雕花剪纸以刻为主，大致成熟于清代。传承较为有序，既有传艺四五代的剪纸世家，也有逾百户人家的剪纸村落。用色上，有单色、套色、分色、衬色和点色；用料上，常以布帛、金箔、银箔等为入剪良材；用刀上，强调"握刀要正，下刀要顺，行刀要匀，开片要严"。造型方面，讲究"图外有形，形中有景，线条圆润，对比分明，花中有花，粗中有细，均衡对称，大胆夸张"等。孝感雕花剪纸于2008年被列入第一批国家级非物质文化遗产扩展项目名录。

图 4-1-3-37 孝感雕花剪纸
图为佚名作品《孝感八景·凤台赏月》[1]。作品通过独特的雕花剪纸手法，再现了"凤台赏月"这一古老的人文景观。画面中，近处树木葱茏，远处凤台耸立，夜空中繁星点点，明月高挂，两名游客漫步赏景，悠闲自得。作品构图精巧，疏密得当，层次分明，情景交融。

---

[1] 见《孝感雕花剪纸》编委会编《孝感雕花剪纸》，湖北省孝感雕花剪纸研究所印刷品，第26页。

27. 鄂州雕花剪纸（湖北鄂州市）

鄂州雕花剪纸主要指民间流行的刺绣底样，如帽花、兜花、鞋花、围涎花等多种剪纸形式，当地人俗称为"花样"。据《鄂州档案存真》记载，其初兴于公元1600年前后，至20世纪30年代达到鼎盛。鄂州雕花剪纸具有较强的实用价值及消费属性。据《武昌县志》（旧时鄂州为武昌县）记载，早在1885年，当地业已形成以带徒学艺的方式专事雕花剪纸制售的行业。民国期间，此类流动商贩颇为多见。在商业竞争的促动下，作品日趋精妙，技艺上主要以刻镂为主，辅之以剪，构图匀称，造型细腻。鄂州雕花剪纸于2008年被列入第一批国家级非物质文化遗产扩展项目名录。

图 4-1-3-38 鄂州雕花剪纸

图为佚名作品《儿童围涎》[1]。作品是绣制儿童围涎的刺绣底样，以花草的形象作围涎套在婴儿的脖子上，寓意幼小的生命有勃勃生机，起到美好祈愿的作用。

---

[1] 见周佳《中国最美剪纸》，湖北美术出版社2013年版，第83页。

28. 仙桃雕花剪纸（湖北仙桃市）

　　仙桃雕花剪纸亦称"沔阳刻纸"（旧时仙桃名沔阳），俗谓"花样子"。其原型可追溯至沔阳越舟湖出土的新石器时期石铲上的穿孔和陶器上的刻纹，而当地自古尊奉"西陵圣母"为雕花与刺绣之祖。按《沔阳县志》记载，仙桃雕花剪纸初创时间大致在明末清初。技法上以构图丰满、线条流转著称，题材上以表现江汉水乡风俗为主。传承群体主要有制售剪纸的民间艺人和心灵手巧的广大农村妇女。当地的长埫口镇新口村、石剅湾村等一些村镇为"剪纸之乡"。仙桃雕花剪纸于2008年被列入第一批国家级非物质文化遗产扩展项目名录。

图 4-1-3-39 仙桃雕花剪纸
图为佚名作品《仙桃》[1]。作品以寓意吉祥的桃为雕花剪纸题材，巧妙地将仙桃的地名传说与仙桃的地方象征联系起来，寄托了作者对美好生活的追求和向往。作品线条简洁有力，刀法遒劲流畅，装饰意味浓厚。

---

[1] 见《中国仙桃雕花剪纸》，印刷品。

29. 踏虎凿花（湖南泸溪县）

据《泸溪县志》记载，踏虎凿花最早源自清乾隆年间的泸溪踏虎乡（今合水镇踏虎村），故名"踏虎凿花"。"凿花"在苗语中或称"压本"，"压"即"凿"，"本"意为"花""花样"。踏虎凿花以刻代剪，多以阴阳结合的方式呈现具有苗家图腾和乡土审美意趣的图案纹样，主要用作苗族服饰绣花的底样，以及节庆、祭祀的饰品，喜事用红纸，丧事用白、黄、蓝纸。踏虎凿花制售曾是老辈苗族人赖以生存的活计，也是此技艺世代相传的外在动力。踏虎凿花于2008年被列入第一批国家级非物质文化遗产扩展项目名录。

图 4-1-3-40 踏虎凿花
图为杨桂军作品《哭嫁》[1]。作品再现了湘西少数民族传统的哭嫁婚俗。

---

[1] 见吴卫、洪山《不用剪刀的剪纸——湘西踏虎杨桂军民俗凿花》，设计在线·中国，2013年10月27日访问。

30. 苗族剪纸（贵州剑河县）

　　苗族剪纸又谓"剪花""花纸""绣花纸"，苗语称作"西给港"和"西给榜"，分别意为"动物剪纸"和"花卉剪纸"。苗族剪纸兴行于贵州省剑河县域，或在家族女性成员间递相传承，或通过集市买卖进行广泛传布，主要用作苗家服饰刺绣底样。就类型可分为革东型和新民、新合型，均以剪、刻、扎等诸法反映苗地自然风物、神话传说和图腾崇拜等。苗族各支使用不同的刺绣纹样即意味着不同的文化传统和身份归属，总体上反映了原始部族的自我认知方式和社会组织观念。苗族剪纸于2008年被列入第一批国家级非物质文化遗产扩展项目名录。

图 4-1-3-41 苗族剪纸

图为《姜央造人》①。苗民尊奉姜央，以其为造人始祖，作品以姜央造人典故为题材，作品的左上角是天神，天神的右下侧是嘴长喙、头顶冠的问天之鬼，左下角捏泥人的便是姜央。

---

① 见钟涛《苗族剪纸》，贵州民族出版社2010年版，第26页。

31. 庆阳剪纸（甘肃镇原县）

庆阳剪纸历经长期发展，民国间臻于成熟。现今的庆阳剪纸流布在以镇原县为中心的甘肃庆阳城乡，是西北剪纸的重要代表。用色以红、绿单色为主，此外尚有套色、染色等。剪法以阴阳结合为主，题材纷繁多样，寄寓丰富，意趣自现，龙、鹿、鱼、蛇等人类原始图腾，均为其重要表现对象。庆阳剪纸主要依靠广大劳动妇女心手相授，还通过珍藏剪纸底样的方式来实现家族传承。当地民间有"二八闺秀学针线，巧剪花样百家传"之说。庆阳剪纸于2008年被列入第一批国家级非物质文化遗产扩展项目名录。

图 4-1-3-42 庆阳剪纸

图为祁秀梅作品《生命树》[1]。作品中，巨大的生命树枝叶茂盛，郁郁葱葱，神鸟绕树飞舞，神鹿驻足生命树下，展示着强盛的生命力与欣欣向荣的景象。

---

[1] 见王光普、王博颖《祁秀梅剪纸》，金盾出版社2014年版，第11页。

（三）全国第二批国家级民间剪纸扩展项目内容标识图

1. 旬邑彩贴剪纸（陕西旬邑县）

旬邑彩贴剪纸是在旬邑单色剪纸的基础上，通过剪、贴、衬三道工序将多色彩纸拼贴而成，是传统与现代相结合的民间剪纸艺术形式。其题材内容常与民间歌谣相呼应，既烙刻着原始图腾文化的印记，又能生动反映当下民众的思想观念和日常生活，主要在广大农村妇女中传承，具有重要的民俗学、人类学价值。旬邑彩贴剪纸于2011年被列入第二批国家级非物质文化遗产扩展项目名录。

图 4-1-3-43 旬邑彩贴剪纸
图为库淑兰作品《剪花娘子》[①]。作品中，温润甜美的剪花娘子端坐于画面中间，左上角的太阳里还包裹着一位神秘的女性。民俗的意蕴和隐喻的造型，反映了当地百姓最原初的信仰形态。

[①] 见韩靖《中国最美剪纸：库淑兰剪纸艺术》，金盾出版社2014年版，第9页。

2. 延川剪纸（陕西延川县）

陕北黄土高原是中国民间剪纸艺术最为集中和丰富的地区，延川则是其中的典型代表。乡土气息浓厚的延川剪纸是农耕社会基础上产生的以妇女为传承主体的民间艺术，类型主要有窗花、墙花、顶棚花、灯花和礼花等，内容丰富多彩，包括神仙佛像、农事耕作、节令习俗、故事传说、飞禽走兽、风景花卉等，常以其造型简练、粗犷浑厚、热情奔放、大气磅礴的风格特点展现着当地民众的审美情趣和社会心理，是老百姓贴在心坎上、喜在心窝里的艺术品。延川剪纸于2011年被列入第二批国家级非物质文化遗产扩展项目名录。

图 4-1-3-44 延川剪纸
图为高凤莲作品《春》①。春回大地，万物复苏。作品中，鲜花盛开，绿草如茵，燕子归来，牛羊欢腾。妇女纺纱织布，孩童嬉戏游玩。人们走出窑洞，开始了一年忙碌的生活。作品采用夸张变形的艺术手法，表现出了陕北农村一片生机勃勃的景象。

---

① 见中剪会《大河之魂——记陕北剪纸大师高凤莲》，站酷网，2022年10月27日访问。

3. 新干剪纸（江西新干县）

新干为江西十八古县之一，剪纸是新干传统民间艺术中的典型代表。长期以来，新干剪纸主要依靠家族传承和社会传承的方式，在以七琴镇为中心的新干县域内延衍、发展。如今的新干剪纸既注重以传统手法表现传统题材，又能顺应时代潮流，在技艺风格和主题内容上不断开拓丰富。常利用大红单色纸料的强烈表现力来诠释原生态的民间审美意趣，成为表述赣文化、客家文化传统的重要艺术符号。新干剪纸于2011年被列入第二批国家级非物质文化遗产扩展项目名录。

图 4-1-3-45 新干剪纸

图为彭许平作品《金猪闹囍》[1]。作品将象征财富和福气的金猪与中国传统吉祥图案之一的喜鹊登梅组合起来，在梅花的衬托下，金猪与喜鹊彼此呼应，洋溢着喜庆祥和的气氛。

---

[1] 见王一凡《新干彭许平：沉醉在剪纸王国里的民间艺人》，央广网，2022年10月27日访问。

4. 包头剪纸（内蒙古包头市）

包头剪纸的原型可追溯至该市九原区麻池镇、召湾镇、西壕口镇等地汉墓中出土的动物金箔饰物，其现实形态主要源自晋陕剪纸。明中期至今，从走西口到建设包钢，晋陕两地的移民将原籍地的民间剪纸艺术携至包头，并与当地固有的游牧民族文化联姻，形成了如今的包头剪纸。当代的包头剪纸内容既反映了当地各民族的图腾信仰，又显示出其鲜活的民俗事象，不仅能赓继与农耕、游牧文化相关的传统题材，亦能及时反映当下的现实社会生活。包头剪纸于2011年被列入第二批国家级非物质文化遗产扩展项目名录。

图 4-1-3-46 包头剪纸

图为要红霞作品《天生一对——十二生肖》[1]。作品中将每一生肖属相与一位孩童相配，动物、人物相互嬉戏，造型稚拙可爱，富有童真，颇有创意。

---

[1] 见《当代内蒙古剪纸作品选》编委会编《当代内蒙古剪纸作品选》，远方出版社2016年版，第154页。

5. 会宁剪纸（甘肃会宁县）

汉唐时期，会宁剪纸已在民间流传，至明清而臻于鼎盛，广泛使用于婚丧嫁娶等各类场合。会宁剪纸并剪、刻之法，博采花木鸟兽、山水形胜、戏文人物、日常民俗等诸多题材，反映农耕文化的原生形态，政治革命类的"红色剪纸"亦为其主要题材。线条劲拔坚韧，构图匀称饱满，以真朴醇厚、旷放大气为主要风格特征。广大劳动妇女和部分手巧的男子是会宁剪纸的创作主体，更是推动会宁剪纸艺术不断传承与发展的中坚力量。会宁剪纸于2011年被列入第二批国家级非物质文化遗产扩展项目名录。

图 4-1-3-47 会宁剪纸
图为曹秀英作品《争鸣》[1]。雄鸡争鸣，寓意勤劳勇敢、奋斗向上的精神。作品中，雄鸡昂首高吭，花草灵动多姿。立意新颖，质朴纯真，秀丽中不乏厚重，单纯中可见富丽，充满了生活气息。

---

[1] 见文化部社会文化图书馆司编《中国民间艺术之乡概览》，中国摄影出版社2004年版，第741页。

第二编　地区民间剪纸项目与资源图谱（选录）

一　陕西省

　　陕西省位于中国西北部，纵跨黄河、长江两大流域，承东启西，地理位置关键，简称"陕""秦""三秦"。作为中华文明重要发祥地之一的陕西历史悠久，人文荟萃，传为炎、黄二帝的诞生之所，省会西安更是周、秦、汉、唐等朝代所在地。三秦文化的灿烂辉煌不仅体现在赫然入目的史书记载和文物古迹上，亦浸润于民间，多姿多彩的民俗文化同样是这幅文明长卷中不可或缺的一部分。

　　陕西剪纸是三秦民俗文化与民间工艺中的一朵奇葩。从黄土高原到关中平原，再到八百里秦川，整个秦陕大地都能见到剪纸的身影。但就目前正式立项的民间剪纸类国家级与省（含直辖市）级非物质文化遗产项目而言，则主要分布于陕北和关中。这两个地域的剪纸亦皆堪称中国北派剪纸艺术的重要代表。陕西剪纸赓续北方传统，题材内容多样，类型以窗花为多，常采用提炼概括、夸张变形的艺术手法，风格厚重简朴，质直奔放，亦不乏细巧。然而陕西剪纸又呈现了同中有异的特点，如陕北的剪纸多描摹动物花草，关中的剪纸以戏曲题材为主体特色，延安的剪纸偏于粗犷，靖边、定边剪纸粗中带细，关中及秦巴剪纸则更添细巧。

　　综观陕西民间剪纸类非物质文化遗产的传承情况，主要有三大突出特征。其一，传承人数量众多。如"安塞剪纸""旬邑彩贴剪纸""延川剪纸"等几项国家级非遗项目，"定边剪纸艺术""永寿民间剪纸"等十多项省级非遗项目，均拥有数量可观的传承人队伍。其二，在传承机制上，既有家族传承，也有师徒传承与社会传承。其三，传承代数较多。如"延川剪纸""洛川剪纸""佳县剪纸"等非遗项目的传承代数均达到四代以上。当然，部分项目传承人也有着代际关系不明确的情况。

　　陕西省不但有丰富的民间剪纸类非遗项目存量，而且与其相关的各类文化资源也较为丰富。例如在以剪纸为传统特色的村落、乡镇方面，有安塞县茶坊村，定边县定边镇、安边镇等。在专题性剪纸陈列馆、博物馆方面，有旬邑县库淑兰剪纸艺术展览馆、延川民间剪纸展览室等。尤值一提的是，陕西省境内至今还留有一些与剪纸相关的历史文物。例如周至剪纸传承人路晓春之母蒲玉花，就藏有一件清嘉庆年间剪纸点染之用的"青花缠枝莲纹六池调色瓷盘"。作为中国北方剪纸艺术的典型代表，陕西剪纸已成为三秦民间工艺与民俗活动的重要文化符号，并与皮影、秦腔、眉户、社火等民间文艺形式交相融合，共生出憨直劲倔的西北文化生态。

（一）陕西省民间剪纸项目与相关信息分布图

陕西省民间剪纸项目分布图

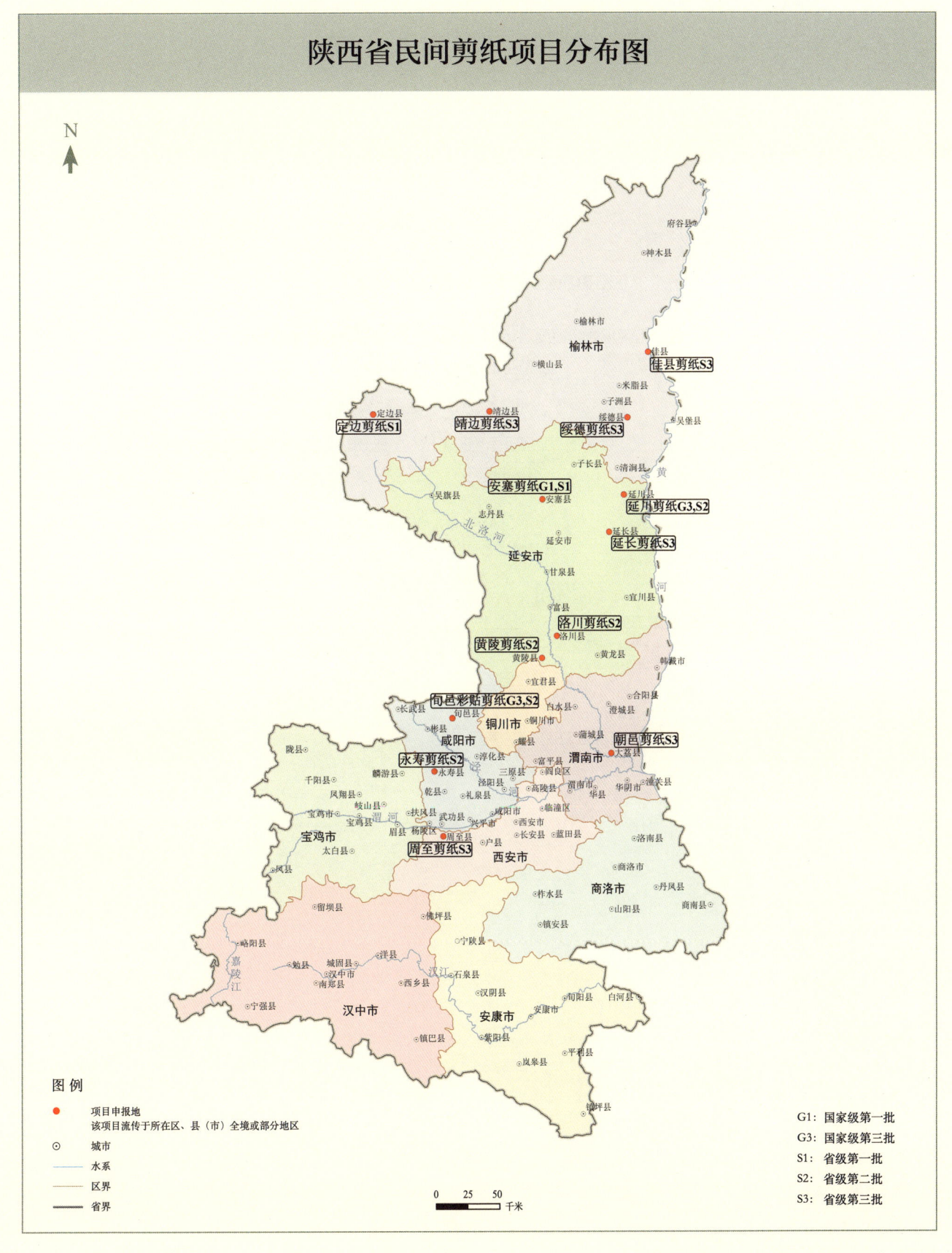

图 4-2-1-1 陕西省民间剪纸项目分布图

陕西省民间剪纸传承人分布图①

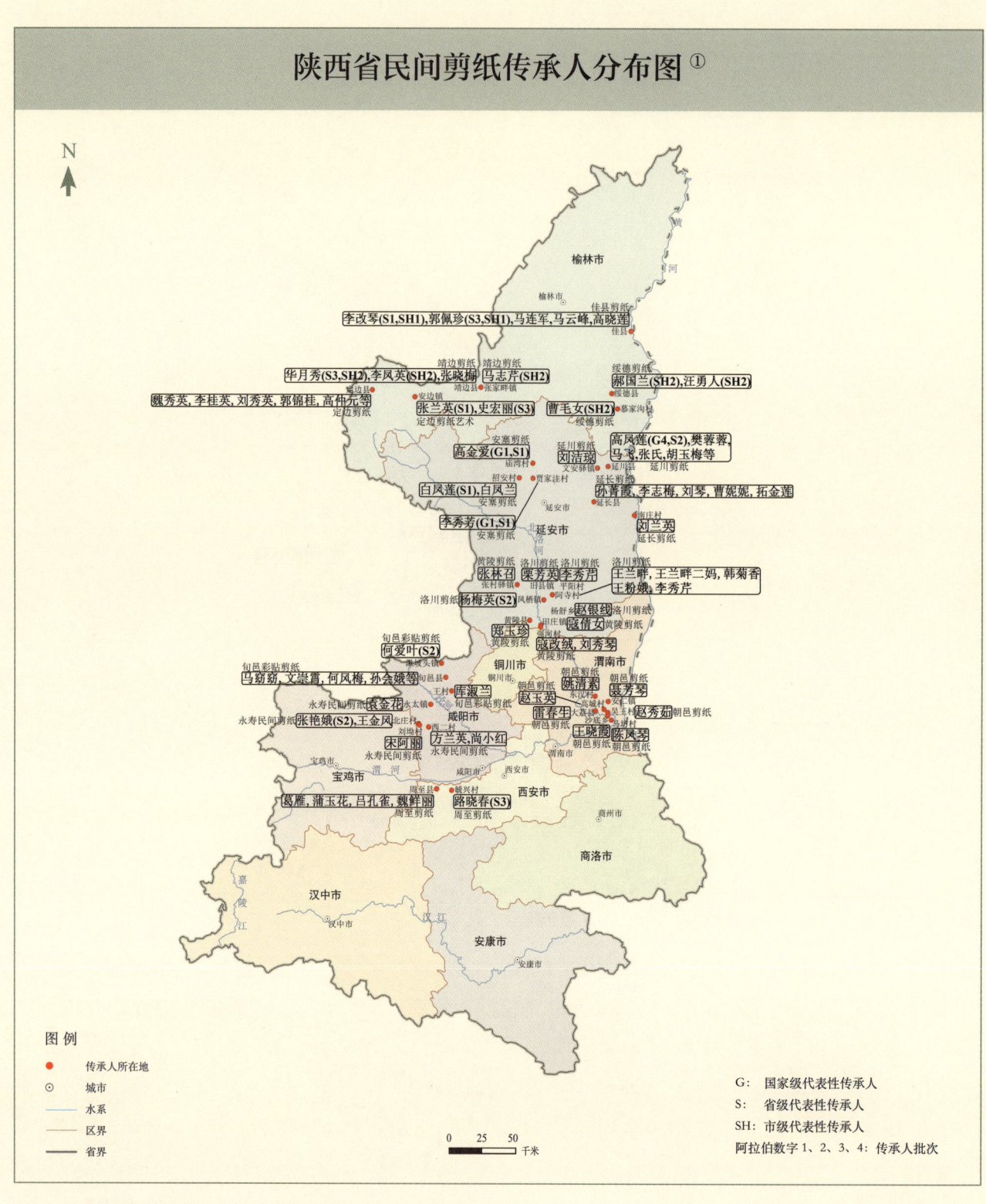

图4-2-1-2 陕西省民间剪纸传承人分布图

① 本图中的传承人是指至2012年年底陕西省被列入国家级、陕西省省级与市级，以及部分具有较大社会影响的无级别民间剪纸传承人。

陕西省民间剪纸相关信息分布图（陈列展示类）

图 4-2-1-3 陕西省民间剪纸相关信息分布图（陈列展示类）

陕西省民间剪纸相关信息分布图（传承保护类）

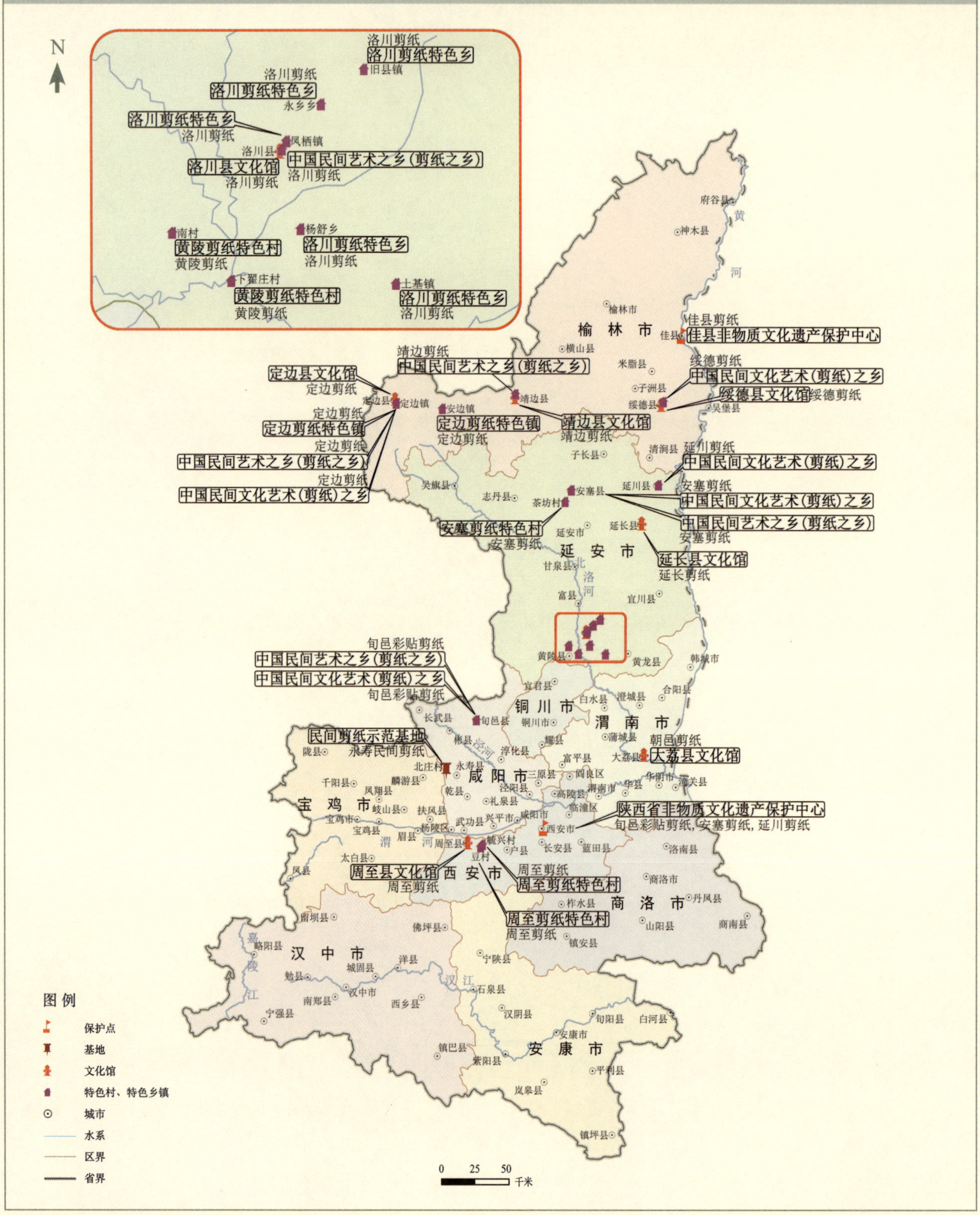

图 4-2-1-4 陕西省民间剪纸相关信息分布图（传承保护类）

陕西省民间剪纸相关信息分布图（组织机构类）

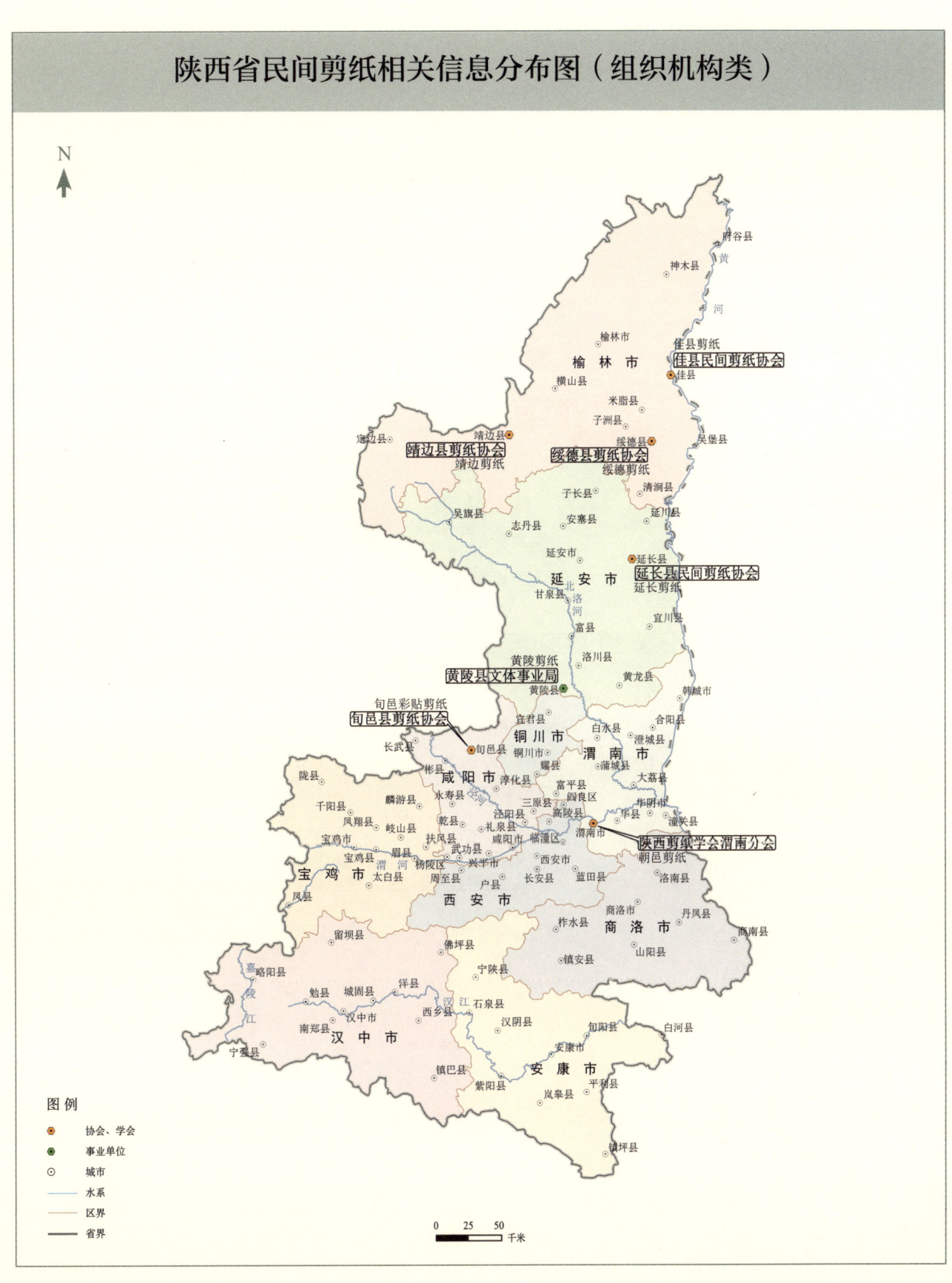

图例
- 协会、学会
- 事业单位
- 城市
- 水系
- 区界
- 省界

图 4-2-1-5 陕西省民间剪纸相关信息分布图（组织机构类）

民间剪纸卷
第二编 地区民间剪纸项目与资源图谱（选录）

陕西省重要民间剪纸作品分布图

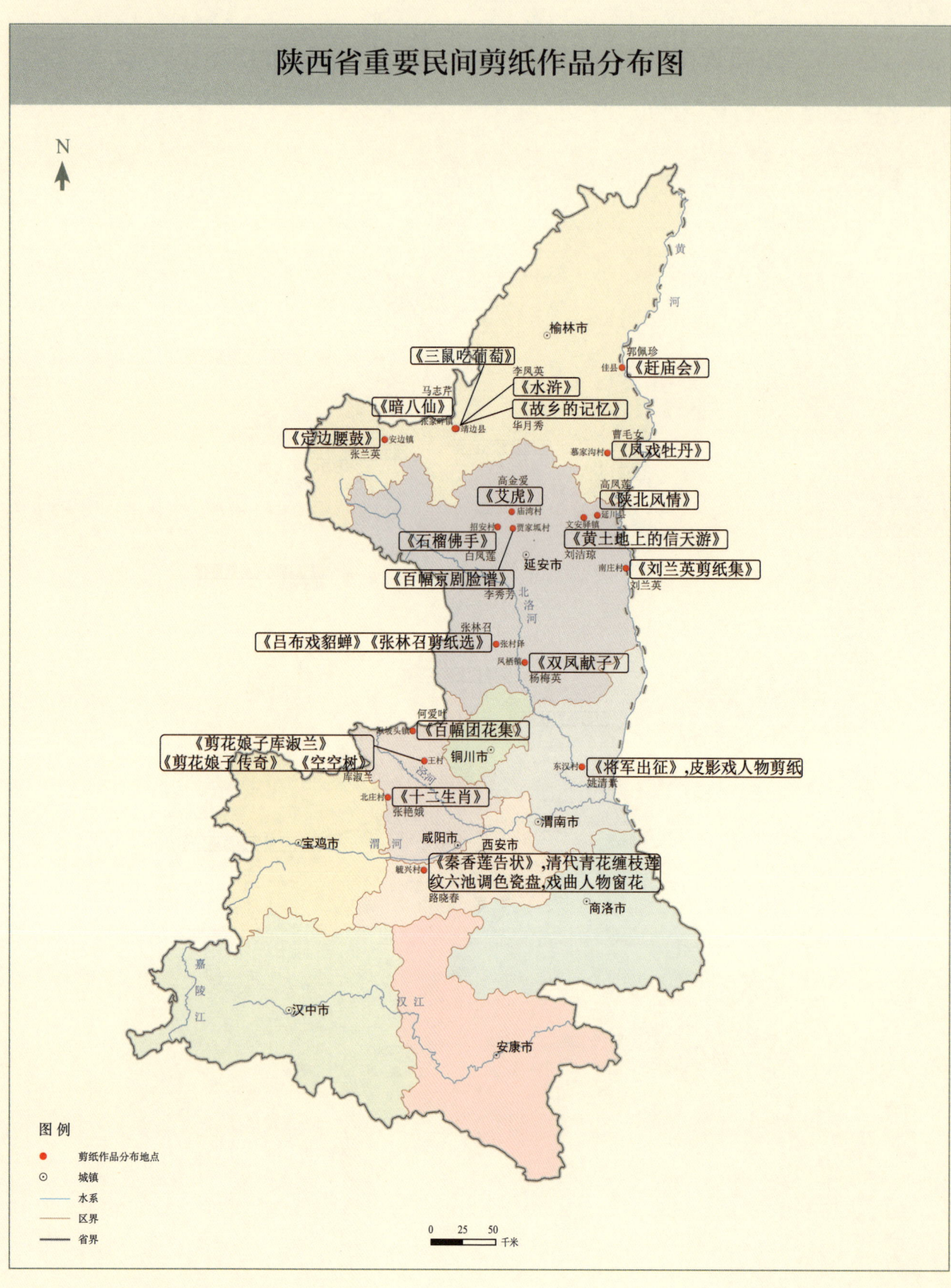

图 4-2-1-6 陕西省重要民间剪纸作品分布图

（二）陕西省民间剪纸传承谱系图（选录）

1. 陕西省永寿县甘井镇剪纸传承人谱系图

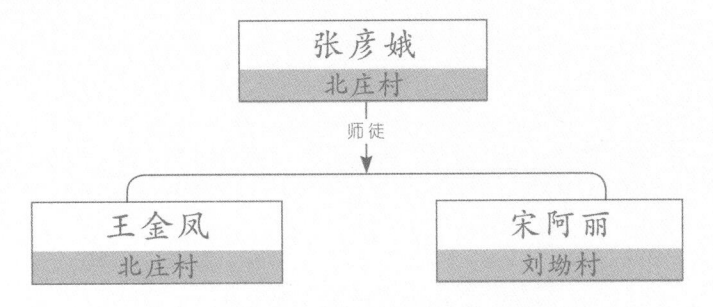

```
            张彦娥
            北庄村
              │
             师徒
         ┌────┴────┐
       王金凤      宋阿丽
       北庄村      刘坳村
```

图 4-2-1-7 陕西省永寿县甘井镇剪纸传承人谱系图

2. 陕西省洛川县剪纸传承人谱系图

（1）陕西省洛川县剪纸北派传承人谱系图

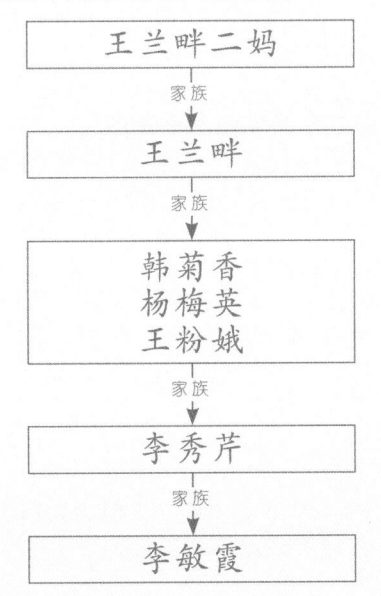

```
    王兰畔二妈
       │ 家族
       ↓
     王兰畔
       │ 家族
       ↓
    韩菊香
    杨梅英
    王粉娥
       │ 家族
       ↓
     李秀芹
       │ 家族
       ↓
     李敏霞
```

图 4-2-1-8 陕西省洛川县剪纸北派传承人谱系图

（2）陕西省洛川县剪纸南派传承人谱系图

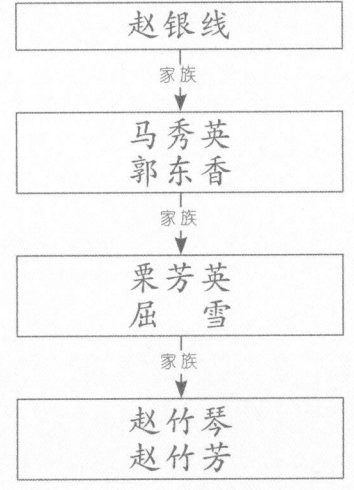

```
     赵银线
       │ 家族
       ↓
    马秀英
    郭东香
       │ 家族
       ↓
    栗芳英
    屈 雪
       │ 家族
       ↓
    赵竹琴
    赵竹芳
```

图 4-2-1-9 陕西省洛川县剪纸南派传承人谱系图

3.陕西省佳县剪纸传承谱系图

(1) 陕西省佳县剪纸郭佩珍传承谱系图

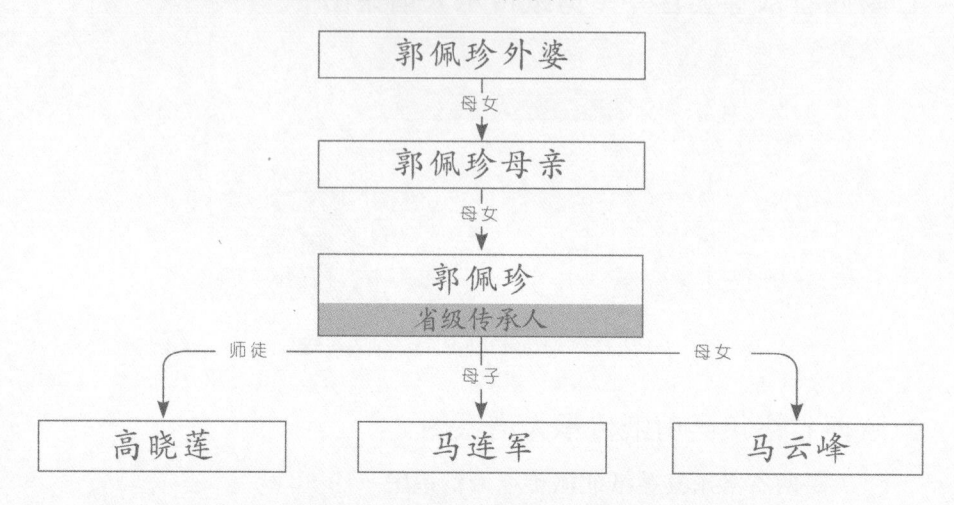

```
郭佩珍外婆
   │ 母女
   ▼
郭佩珍母亲
   │ 母女
   ▼
郭佩珍
省级传承人
  ├──师徒──┬──母子──┬──母女──┐
  ▼        ▼        ▼
高晓莲    马连军    马云峰
```

图 4-2-1-10 陕西省佳县剪纸郭佩珍传承谱系图

(2) 陕西省佳县剪纸李改琴传承谱系图

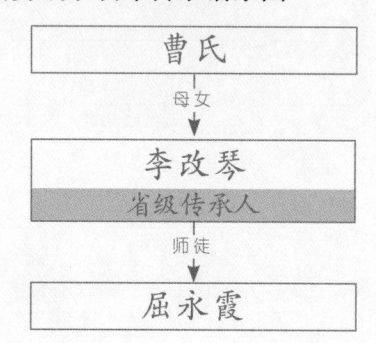

```
曹氏
 │ 母女
 ▼
李改琴
省级传承人
 │ 师徒
 ▼
屈永霞
```

图 4-2-1-11 陕西省佳县剪纸李改琴传承谱系图

二 山东省

山东省地处中国东部沿海、黄河下游，京杭大运河中北段，东临黄海，北濒渤海，其文化风格既有内陆地区的厚重和沉稳，又具半岛海岸地区的开放和豁达。作为中国儒家文化发源地，山东具有悠久的历史与丰厚的文化底蕴，名人辈出，风物众多，齐鲁文化对中华文化的形成和发展具有重要影响。

山东省是我国剪纸的主要发祥地之一，在现已公布的三批国家级非遗剪纸项目中，山东省滨州市的滨州民间剪纸、烟台市的烟台剪纸、潍坊市的高密剪纸、日照市的莒县过门笺列入其中；而该省的胶州剪纸、五莲剪纸、茌平剪纸、威海剪纸则被列入省级非物质文化遗产代表性项目名录。

按照功能分类，山东民间剪纸大致可分为三大类型：一是节日剪纸。如春节时的门笺、窗花、墙花，正月十五的灯笼花，等等。二是礼俗仪式剪纸。如新屋里的顶棚花，纸斗、笸箩花，送礼用的礼花、喜花，等等。三是日用剪纸。如刺绣底样的鞋花、兜兜花、枕头花、衣花，等等。

山东民间剪纸在艺术表现风格上因地而异，地域特色鲜明独特。例如滨州地区的剪纸结构严谨、古朴浑厚、拙中蕴灵、题材广泛，多豪放粗犷之作，与黄河流域的文化遗产一脉相承；茌平地区的剪纸以其豪放、朴拙的独特风格和浓厚的乡土气息在民间剪纸艺术中自成一派；高密一带的剪纸常用锯齿纹和挺拔的线条相结合来构成形象；胶东沿海地区的剪纸秀美精巧、玲珑剔透、线面结合，与山东汉代画像石刻细密繁缛的风格一脉相承，用花样密集的装饰手段，使单纯爽快的外形更饱满丰富。

山东各种不同风格的地方性剪纸艺术，大都是在适应当地生活方式与习俗特点的基础上形成的。例如"剪金银箔"作为胶东地区一种独有的剪纸艺术形式，主要是在适应当地住宅特点的基础上产生的。以前胶东地区的窗户多为细长条形的格子，一般只能贴一些小花。后来当地妇女运用化整为零的方法把大的构图分割成条形剪出，再贴到窗上组合成一个完整的画面。这种称为"窗越"的剪纸一般贴在"窗心"。另有"窗角花""窗旁花"以及悬挂在窗前会活动的"斗鸡花"等，构成了系列性的"棂间文化"。

进入21世纪以后，为了保护本地区的剪纸，山东相关工作人员通过普查工作挖掘了不少民间剪纸艺术家，形成了传承有序的剪纸梯队。山东省各地区还分别成立了剪纸协会，对剪纸活动的组织开展进行指导。当地一些文化馆还开设剪纸展示馆，经常在此开展剪纸培训活动，因此这些文化馆成为剪纸普及传承的主要阵地。1993年，茌平县被国家文化部命名为"中国民间（剪纸）艺术之乡"。1994年，高密市被评为"中国民间（剪纸）艺术之乡"。2011年，荣成市获得"中国民间文化艺术（剪纸）之乡"称号。

（一）山东省民间剪纸项目与相关信息分布图

山东省民间剪纸项目分布图

图 4-2-2-1　山东省民间剪纸项目分布图

山东省民间剪纸传承人分布图①

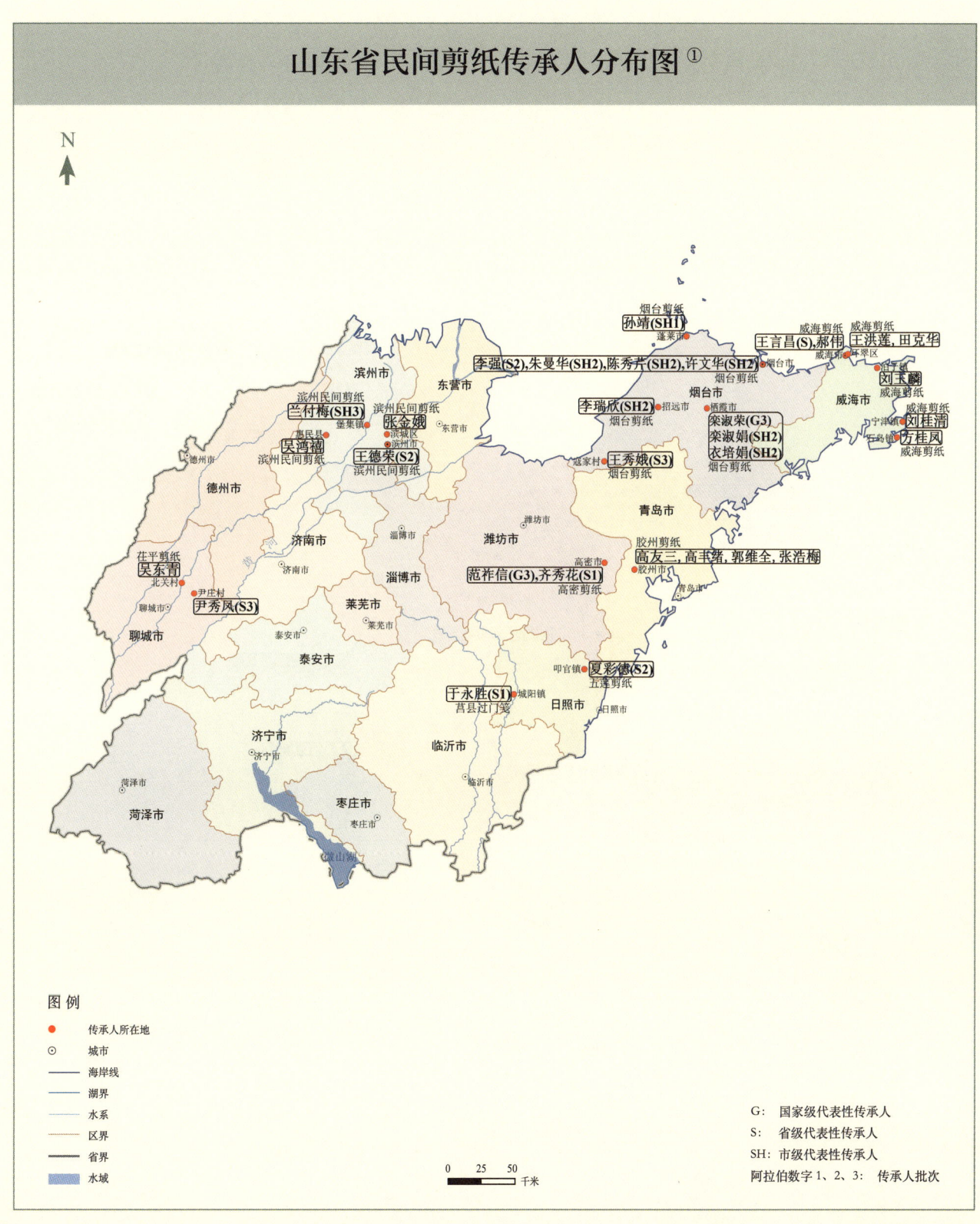

图 4-2-2-2 山东省民间剪纸传承人分布图

图例：
- 传承人所在地
- 城市
- 海岸线
- 湖界
- 水系
- 区界
- 省界
- 水域

G: 国家级代表性传承人
S: 省级代表性传承人
SH: 市级代表性传承人
阿拉伯数字1、2、3: 传承人批次

① 本图中的传承人是指至2012年年底山东省被列入国家级、山东省省级与市级，以及部分具有较大社会影响的无级别民间剪纸传承人。

民间剪纸卷
第二编 地区民间剪纸项目与资源图谱（选录）

601

山东省民间剪纸相关信息分布图（陈列展示类）

图4-2-2-3 山东省民间剪纸相关信息分布图（陈列展示类）

山东省民间剪纸相关信息分布图（传承保护类）

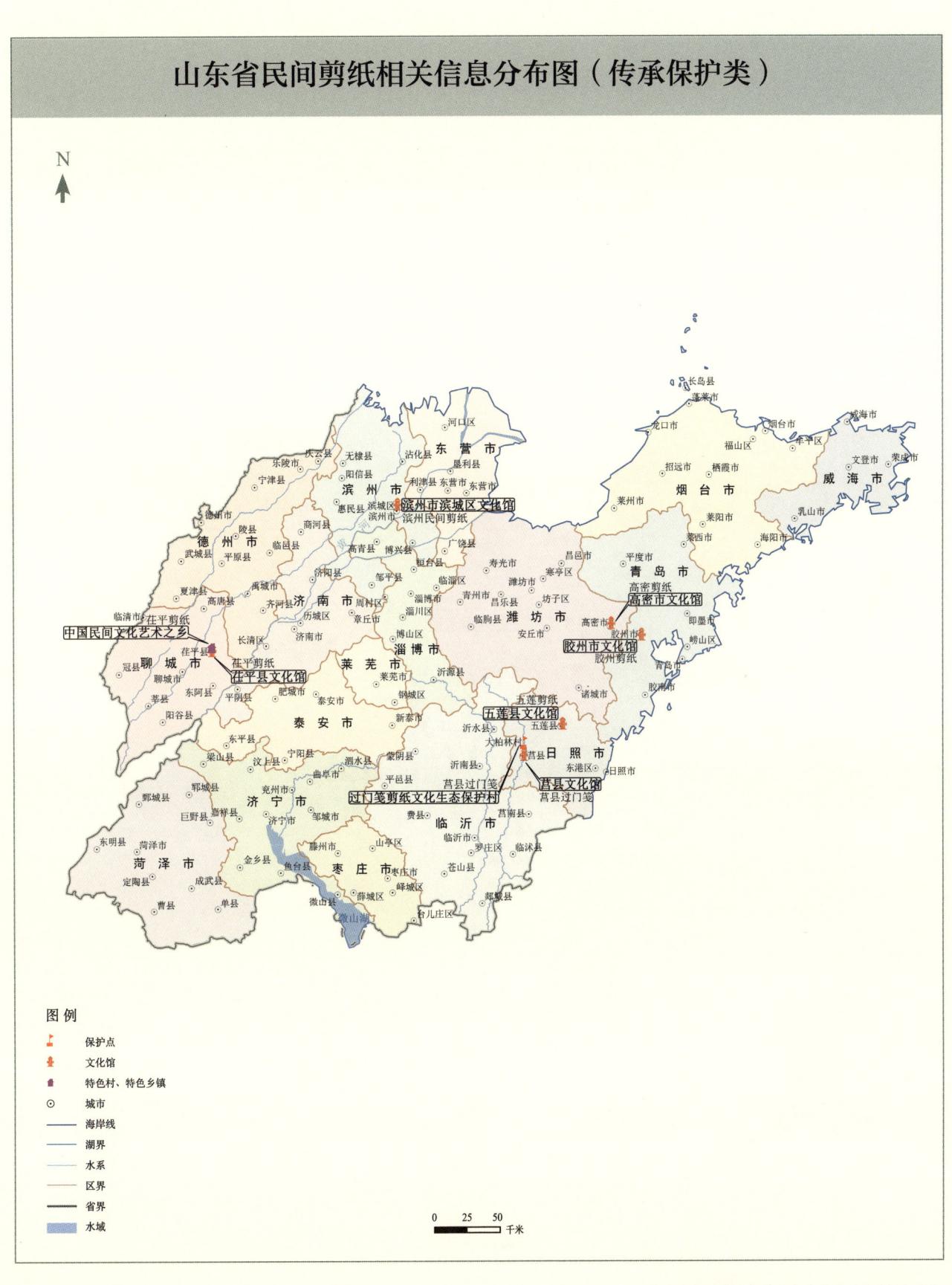

图 4-2-2-4 山东省民间剪纸相关信息分布图（传承保护类）

民间剪纸卷
第二编 地区民间剪纸项目与资源图谱（选录）

603

山东省民间剪纸相关信息分布图（组织机构类）

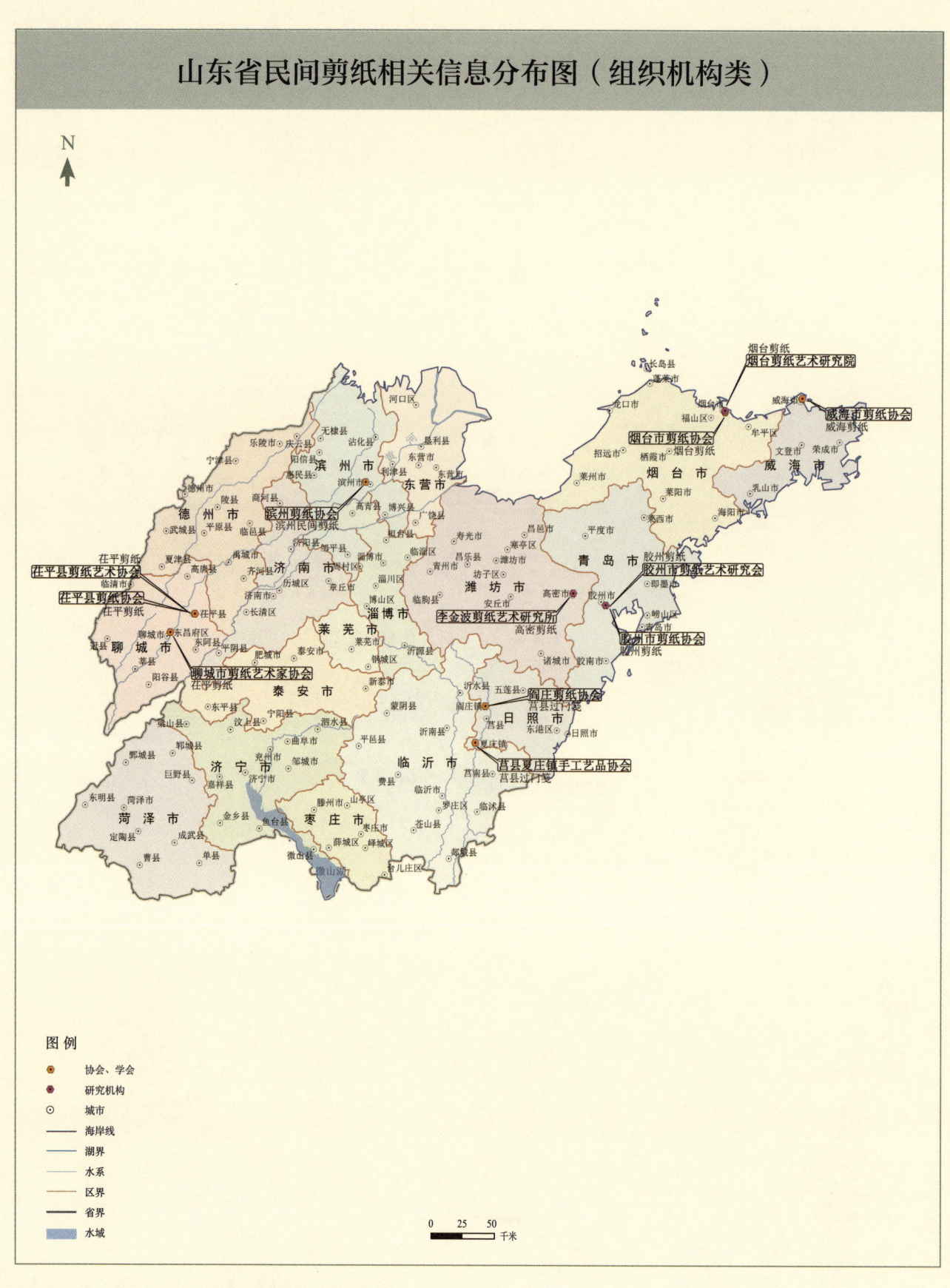

图 4-2-2-5 山东省民间剪纸相关信息分布图（组织机构类）

（二）山东省民间剪纸传承谱系图（选录）

1.山东省威海市剪纸王言昌传承谱系图

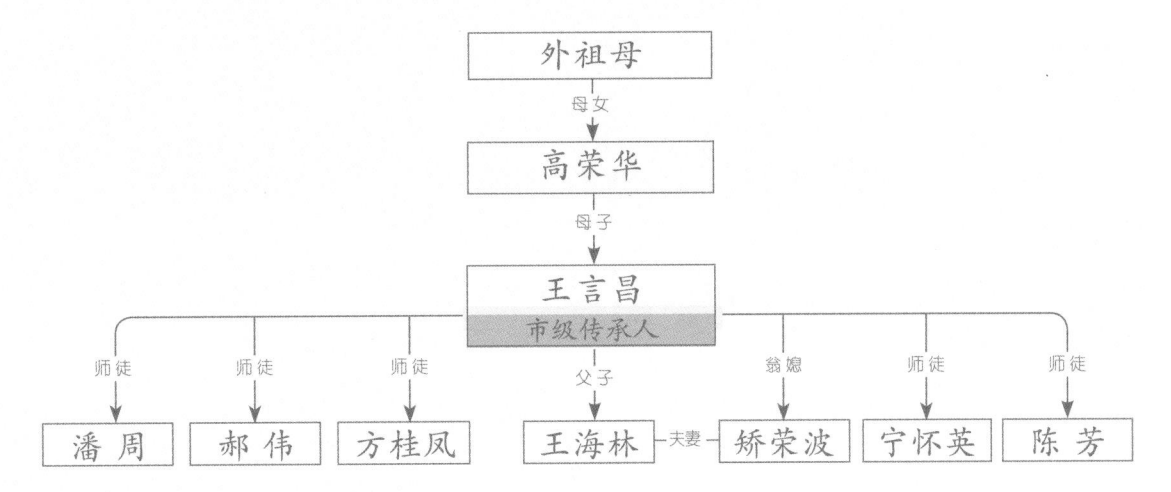

图 4-2-2-6 山东省威海市剪纸王言昌传承谱系图

2.山东省茌平县胡屯乡剪纸尹秀凤传承谱系图

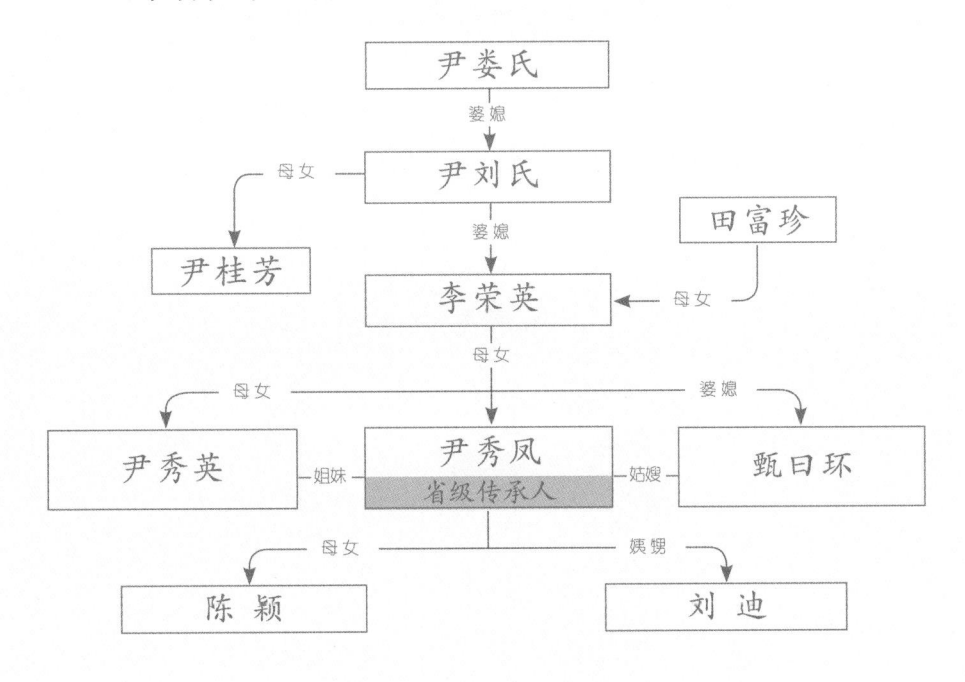

图 4-2-2-7 山东省茌平县胡屯乡剪纸尹秀凤传承谱系图

3. 山东省茌平县博平镇剪纸吴东青传承谱系图

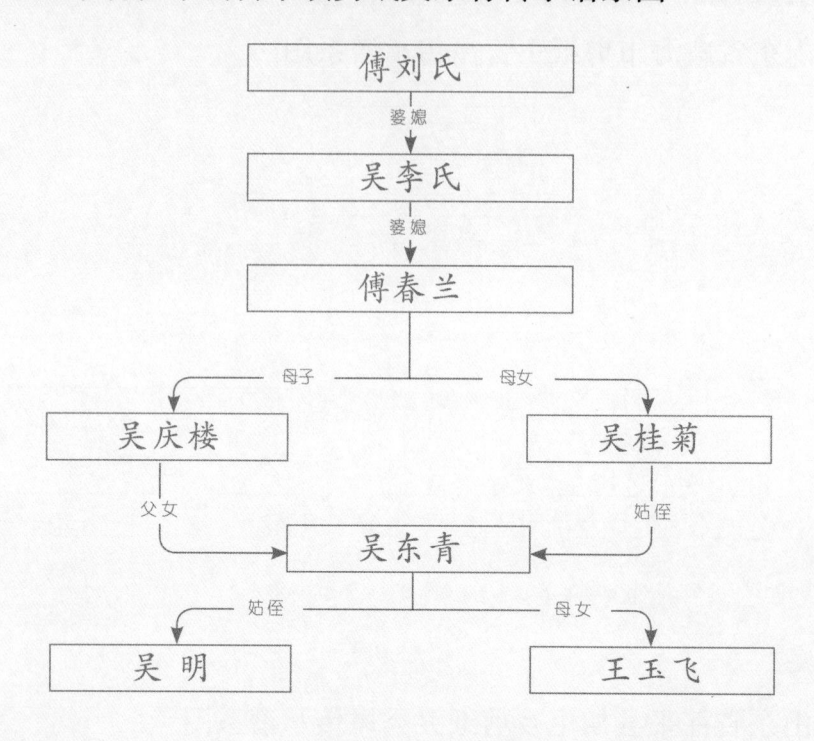

图 4-2-2-8 山东省茌平县博平镇剪纸吴东青传承谱系图

4. 山东省高密市剪纸范祚信传承谱系图

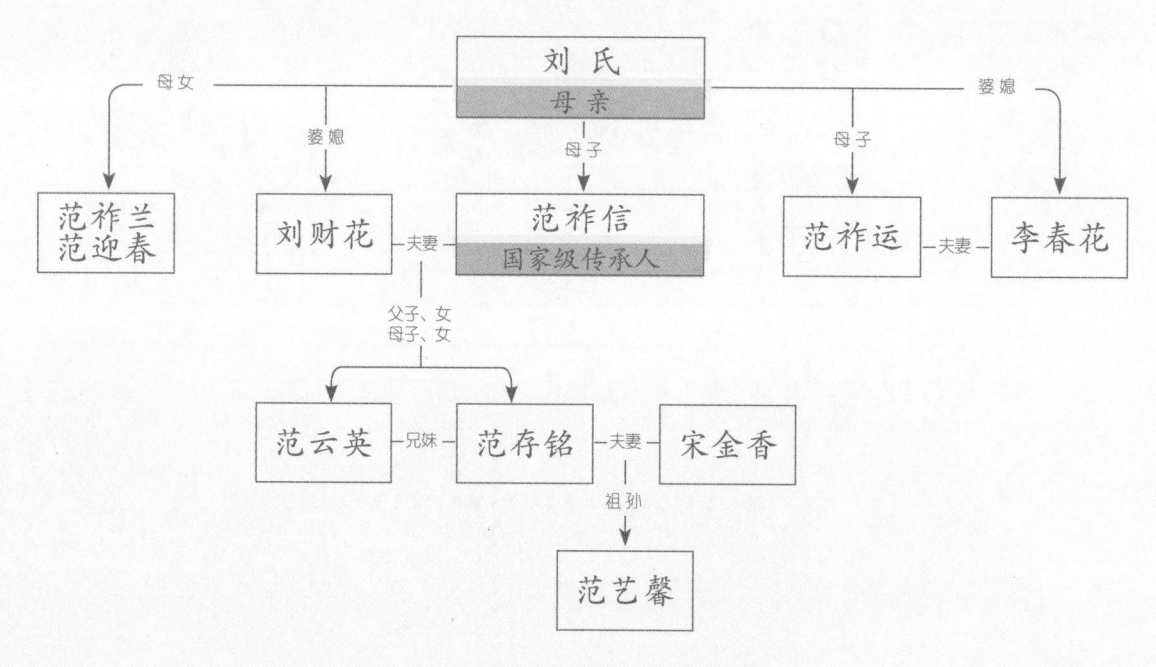

图 4-2-2-9 山东省高密市剪纸范祚信传承谱系图

三 浙江省

浙江省地处中国东部沿海最东端、长江三角洲南翼，东临东海，南接福建，西与江西、安徽相连，北与上海、江苏接壤。浙江是中国古代文明的发祥地之一，早在5万年前的旧石器时代，这里就有原始人类"建德人"活动，境内有距今7000年的河姆渡文化、距今6000年的马家浜文化和距今5000年的良渚文化。浙江也是吴越文化、江南文化的发源地，尤其是自唐代以后，这里经济繁荣，工商业发达，被称为"丝绸之府""鱼米之乡""文物之邦"。

浙江民间剪纸历史源远流长，《武林梵志》记载："吴越王于行吉之日……城外百户，不张悬锦缎，皆用彩纸剪人马以代。"说明五代时这里已有较为发达的剪纸文化。如今，浙江剪纸主要分布在浦江、缙云、乐清、永康、桐庐、象山、玉环、平阳、苍南、仙居、临海、瑞安、磐安、东阳、遂昌等地，其中最具特色的是金华浦江的戏曲窗花和乐清的细纹刻纸。金华市浦江县的戏曲人物剪纸在浦江乱弹的独特艺术效应下应运而生，造型古朴、生动形象，阴刻出丰满柔美的线条，尽显精巧富丽特色；而乐清的刻纸则随南宋的"龙船灯"相辅而生，黑白分明、纹样工细、以繁衬简、雅致精巧，细若发丝，此二者已经成为浙江省的国家级非物质文化遗产项目。此外，如温州平阳的剪纸刚健豪放；缙云剪纸以戏曲为题材，精致工整，在剪纸艺苑中独树一帜；桐庐剪纸汲取了套色木刻、国画渲染及民间美术的斗色手法，创作出套色剪纸、染色剪纸和斗色剪纸；苍南点色剪纸利用明矾的功用，开创了"水点色"的创新技法；临海剪纸严谨中见灵秀，精细中见匠心……这些各具特色的剪纸，现在均已成为浙江省省级非物质文化遗产项目。学者何璟先生曾评价浙江剪纸"凝练概括、厚中见秀、玲珑剔透、含蓄华丽"，十六个字概括了浙江剪纸特有的风神气韵。

浙江民间剪纸的传承至今保持了较为有序的状态，大部分地区仍有较为完整的传承梯队，其中既有家族传承、师徒传承，也有群体互传。当前，当地政府对于剪纸予以了相当重视，各保护单位也都采取了多种保护措施，如确立较为全面的保护规划，通过剪纸艺术馆、博物馆等场馆集中展示各地剪纸的风貌，在学校、街道开设剪纸传承基地，积极开办展览、比赛、活动，等等，大大扩展了浙江剪纸的影响力。部分地区还通过开办剪纸研究所与公司的方式，积极推动剪纸的产业化进程。

1993年，浙江省浦江县被国家文化部命名为"中国民间艺术（剪纸）之乡"。2000年，浙江省乐清市象阳镇被评为"中国民间艺术之乡"。2003年，浙江省桐庐县被国家文化部命名为"中国民间艺术之乡"。

（一）浙江省民间剪纸项目与相关信息分布图

图 4-2-3-1　浙江省民间剪纸项目分布图

浙江省民间剪纸传承人分布图[①]

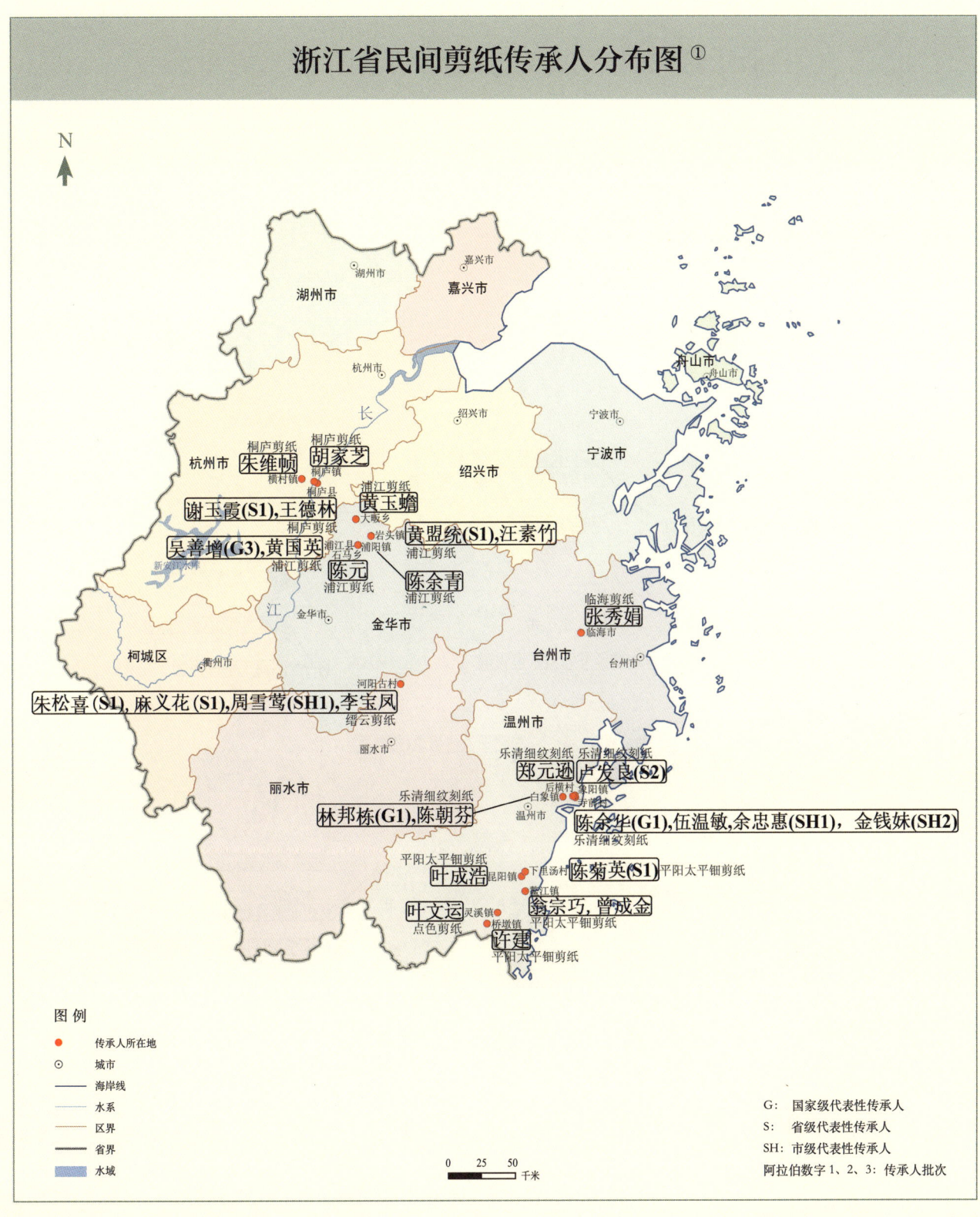

图 4-2-3-2 浙江省民间剪纸传承人分布图

① 本图中的传承人是指至2012年年底浙江省被列入国家级、浙江省省级与市级，以及部分具有较大社会影响的无级别民间剪纸传承人。

民间剪纸卷
第二编 地区民间剪纸项目与资源图谱（选录）

浙江省民间剪纸相关信息分布图（陈列展示类）

图 4-2-3-3 浙江省民间剪纸相关信息分布图（陈列展示类）

浙江省民间剪纸相关信息分布图（生产经营类、传承保护类）

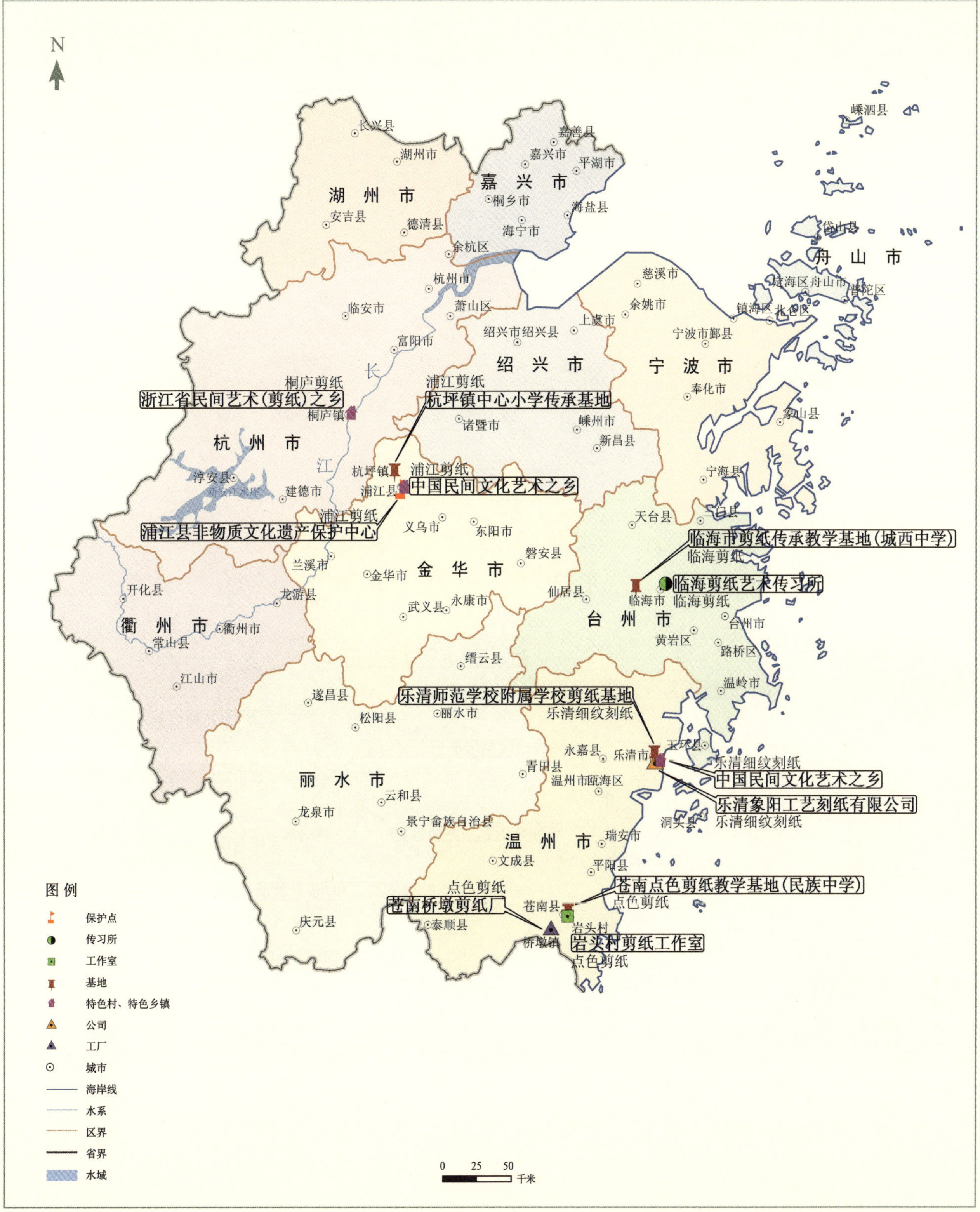

图 4-2-3-4 浙江省民间剪纸相关信息分布图（生产经营类、传承保护类）

浙江省民间剪纸相关信息分布图（组织机构类）

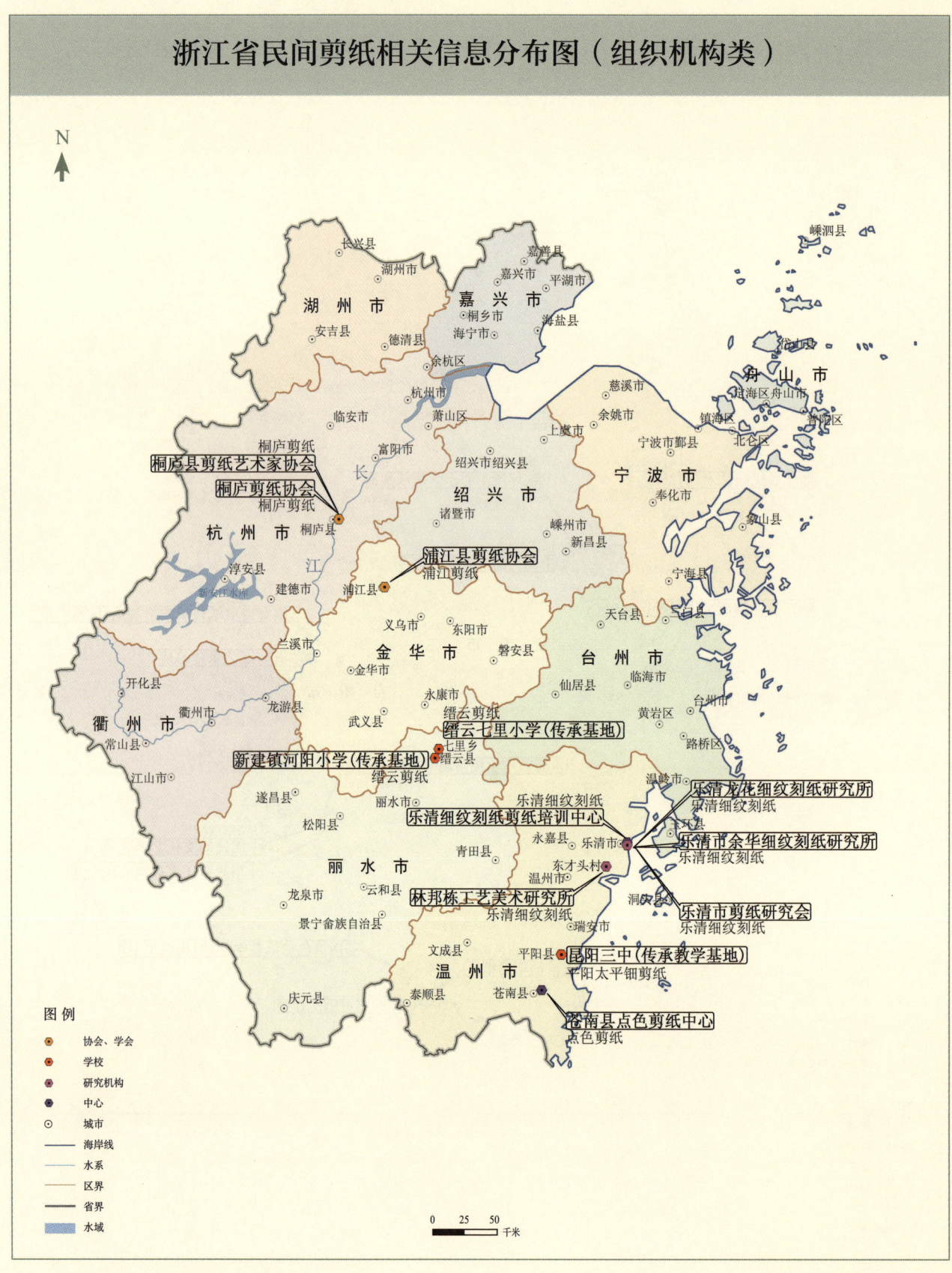

图 4-2-3-5　浙江省民间剪纸相关信息分布图（组织机构类）

（二）浙江省民间剪纸传承谱系图（选录）

1.浙江省浦江县岩头镇剪纸汪素竹传承谱系图

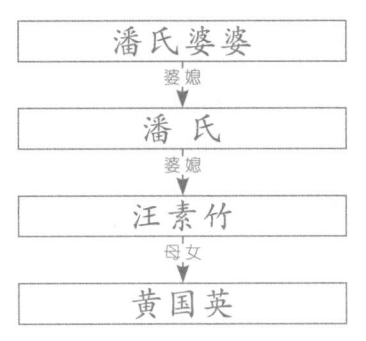

```
潘氏婆婆
  │ 婆媳
潘氏
  │ 婆媳
汪素竹
  │ 母女
黄国英
```

图 4-2-3-6 浙江省浦江县岩头镇剪纸汪素竹传承谱系图

2.浙江省乐清县北白象镇剪纸林邦栋传承谱系图

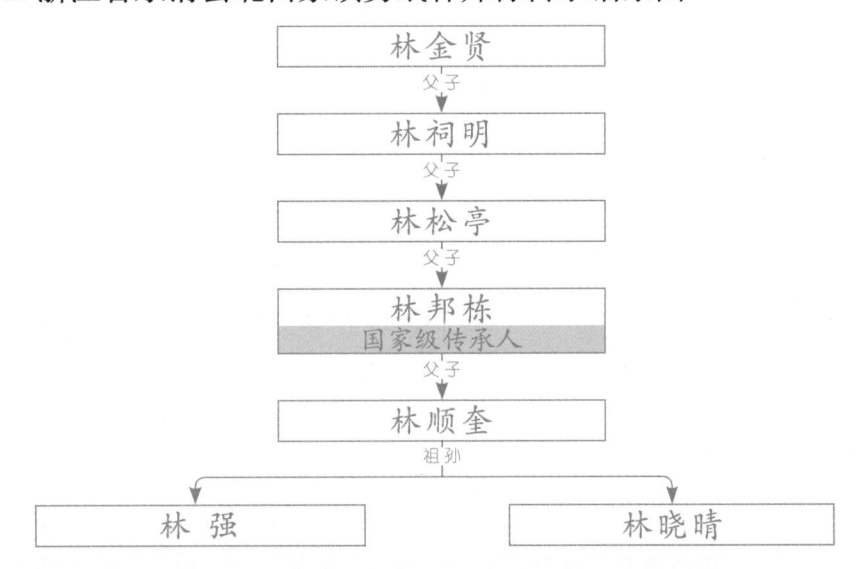

```
林金贤
  │ 父子
林祠明
  │ 父子
林松亭
  │ 父子
林邦栋（国家级传承人）
  │ 父子
林顺奎
  │ 祖孙
┌─────┴─────┐
林强         林晓晴
```

图 4-2-3-7 浙江省乐清县北白象镇剪纸林邦栋传承谱系图

3.浙江省乐清县象阳镇寺前村剪纸陈余华传承谱系图

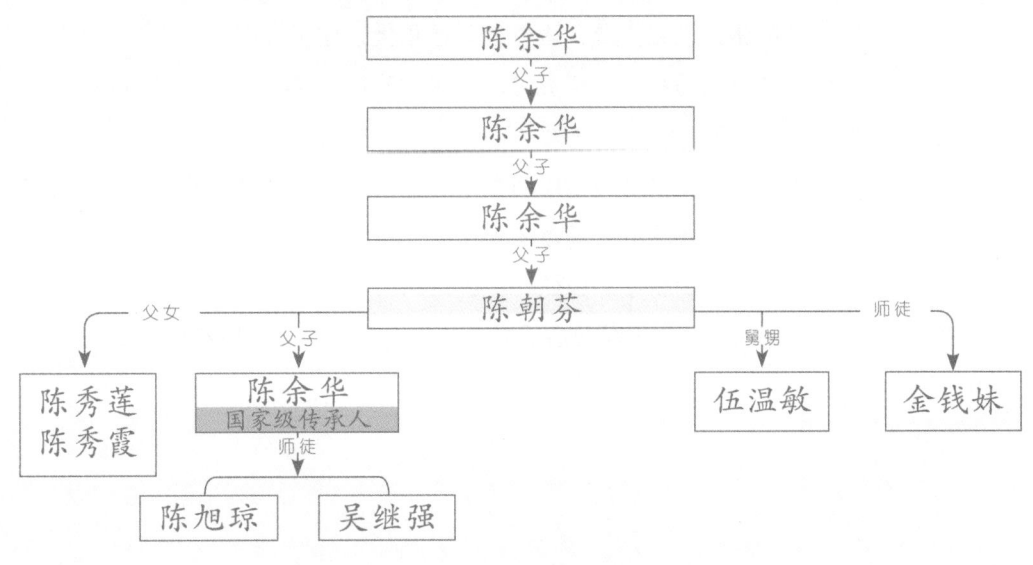

```
陈余华
  │ 父子
陈余华
  │ 父子
陈余华
  │ 父子
陈朝芬 ──父女── 陈秀莲/陈秀霞
        ──父子── 陈余华（国家级传承人）──师徒── 陈旭琼、吴继强
        ──舅甥── 伍温敏
        ──师徒── 金钱妹
```

图 4-2-3-8 浙江省乐清县象阳镇寺前村剪纸陈余华传承谱系图

四 山西省

山西省地处黄河中游东岸，华北平原西面，因境内大部分位于太行山之西而得名。该省东靠河北，以太行山为界；西、南与陕西、河南毗邻，以黄河为堑；北接内蒙古自治区，以长城为障。地势东北高，西南低，地形以山地、丘陵为主，山多川少。山西是中华民族的发祥地之一，有文字记载的历史达3000年之久。上古时，为梁州、雍州之地。春秋时期，其地主要为晋国所有，山西遂以"晋"为简称；战国初期，韩、赵、魏三家分晋，故山西又称"三晋"。悠长的历史，使山西积淀了丰厚的三晋文化遗产，在中华5000年文明，特别是黄河流域文明的绵延、传承中占有重要地位。

民间剪纸类非物质文化遗产资源遍及三晋大地，已成为山西传统民间工艺的代表和标志。总体上看，山西的民间剪纸多与晋地百姓，特别是农村人的生活起居息息相关，类型、题材主要沿袭传统，具有质简粗放又不失韵味的北派风格，但地区之间也有差异。不同于其他地区的单色剪纸，雁北地区广灵等地的剪纸有染色的传统，风格也较为富丽婉媚。另如新绛、高平、永济等地以戏曲题材的剪纸为特色，襄汾流行人物窗花，十二月"桥花"是浮山剪纸特有的艺术形式，寿阳剪纸则多以福寿为主题。

在山西，几乎各地都有闻名乡里的民间剪纸艺人，他们主要以所在村落、乡镇，或某个区域为范围进行技艺传承，家族传承居多，师徒传承为辅。旧时传承主体多为农村妇女，现在男性数量渐增。由于师徒传承的自发性、随意性较强，因此这类传承方式的谱系脉络往往较为模糊，而较为清晰、有序的传承谱系则主要是体现在家族传承的传承方式中。如"广灵染色剪纸"张多堂、张咏堂家族的传承，"陵川剪纸"田东方家族的传承，"左权剪纸"杨宪江家族的传承等，都有较为清晰的传承谱系。

山西省有多处以剪纸为传统特色的村落、乡镇，形成了活态的文化景观，这也是因以农民为主体的剪纸艺人传承范围有限而造成的。例如，中阳县刘家坪村、新绛县北苏村、沁源县郭道镇郭道村、左权县原庄村等，均为剪纸特色村落。为保护山西民间剪纸的相关文化资源，该省各地还积极兴建了许多专题性剪纸陈列馆与博物馆，如中阳民俗剪纸博物馆、广灵剪纸艺术博物馆、孝义晋商剪纸博物馆、浮山县洪峨剪纸博物馆、沁源剪纸馆、左权一江晚霞剪纸艺术馆等。

山西剪纸不仅是当地民间美术的重要门类，更是植根于三晋大地上的一项普遍性的民俗活动。要想深入解读山西文化、晋商文化，领略中国北派剪纸艺术的精髓，皆无法绕开山西的剪纸。因此，广袤山西所富藏的民间剪纸类非物质文化遗产资源远远不是现有的一些非遗项目所能囊括，尚有待于进一步探察和发掘。

（一）山西省民间剪纸项目与相关信息分布图

山西省民间剪纸项目分布图

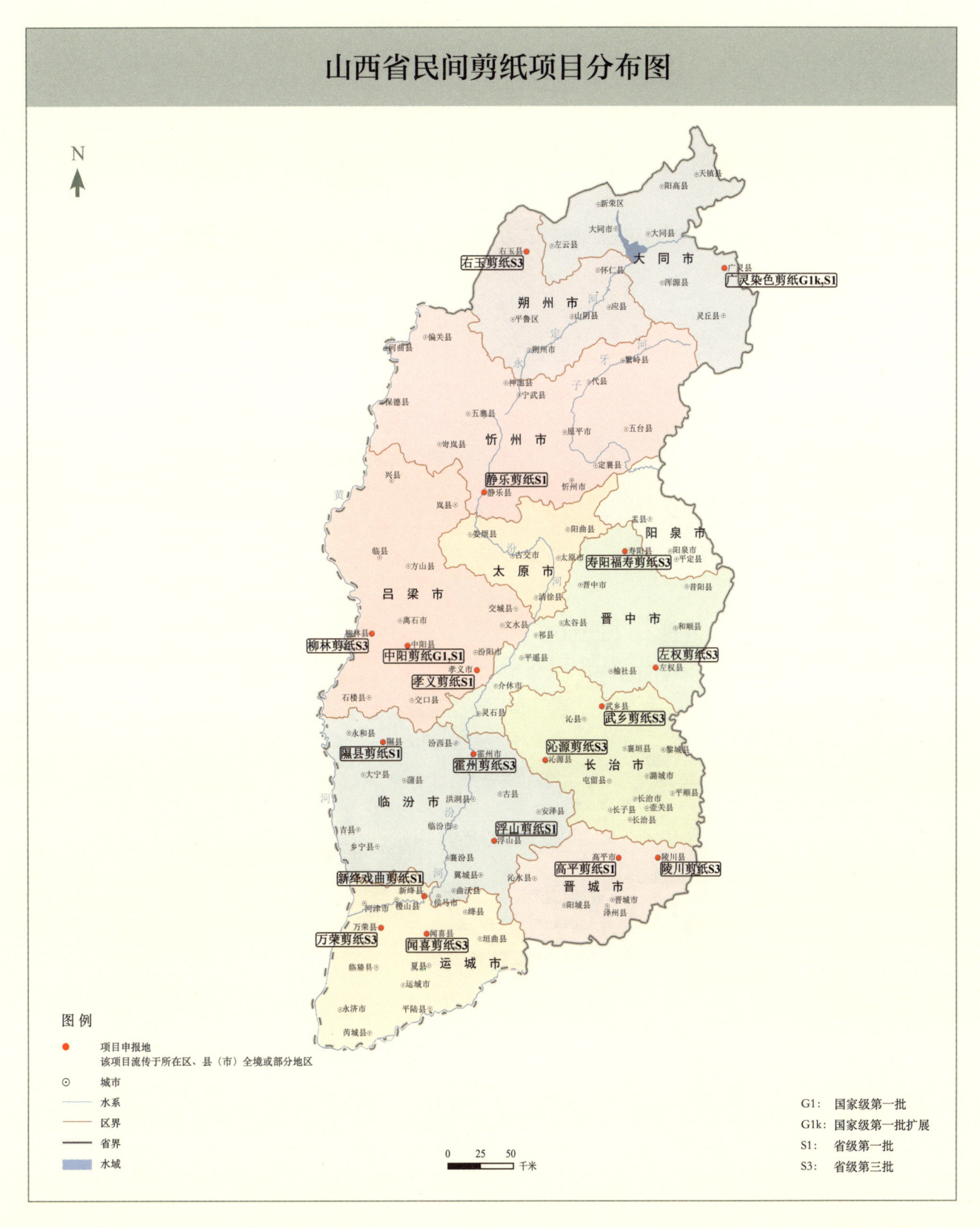

图 4-2-4-1 山西省民间剪纸项目分布图

山西省民间剪纸传承人分布图①

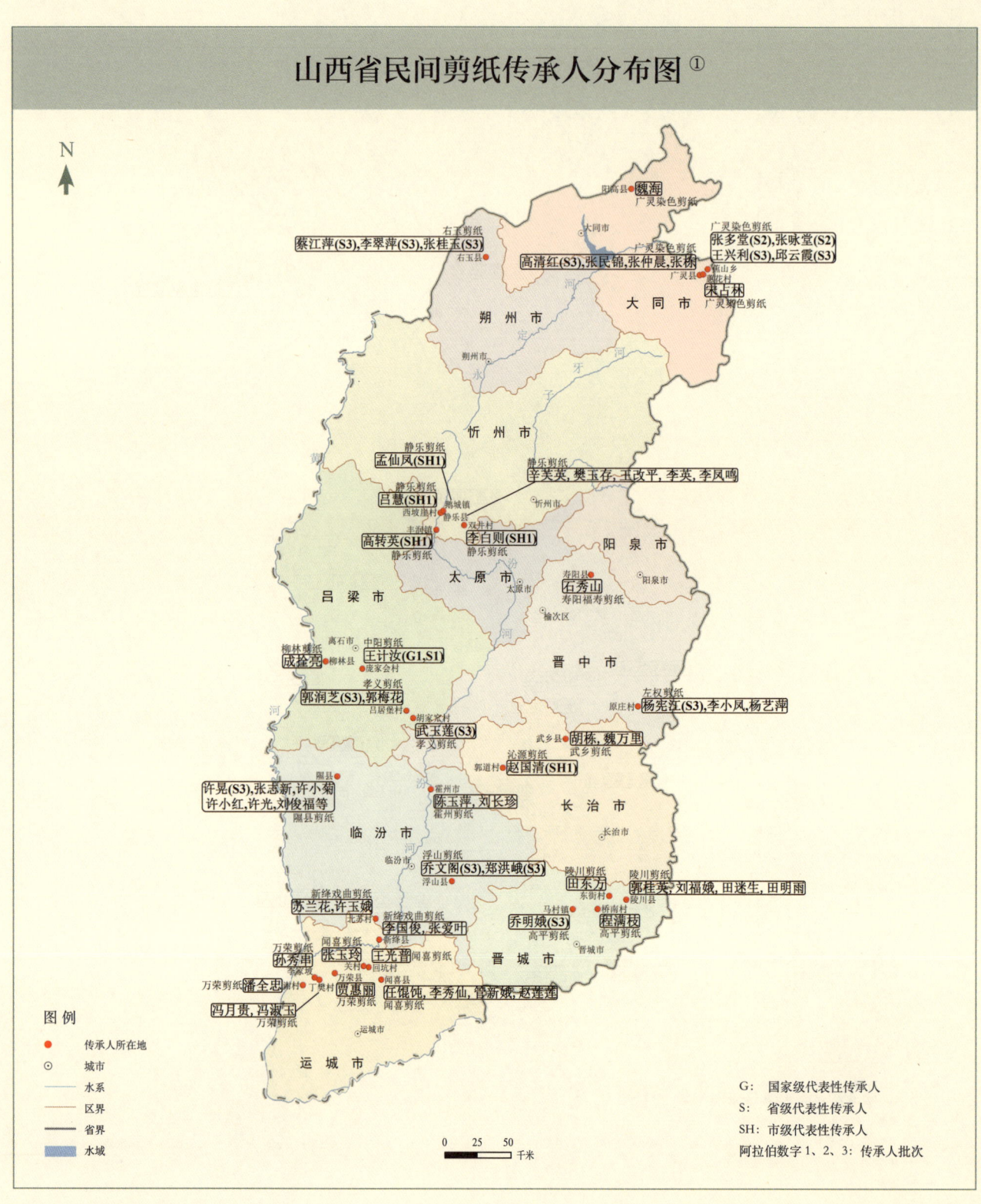

图 4-2-4-2 山西省民间剪纸传承人分布图

---

① 本图中的传承人是指至2012年年底山西省被列入国家级、山西省省级与市级，以及部分具有较大社会影响的无级别民间剪纸传承人。

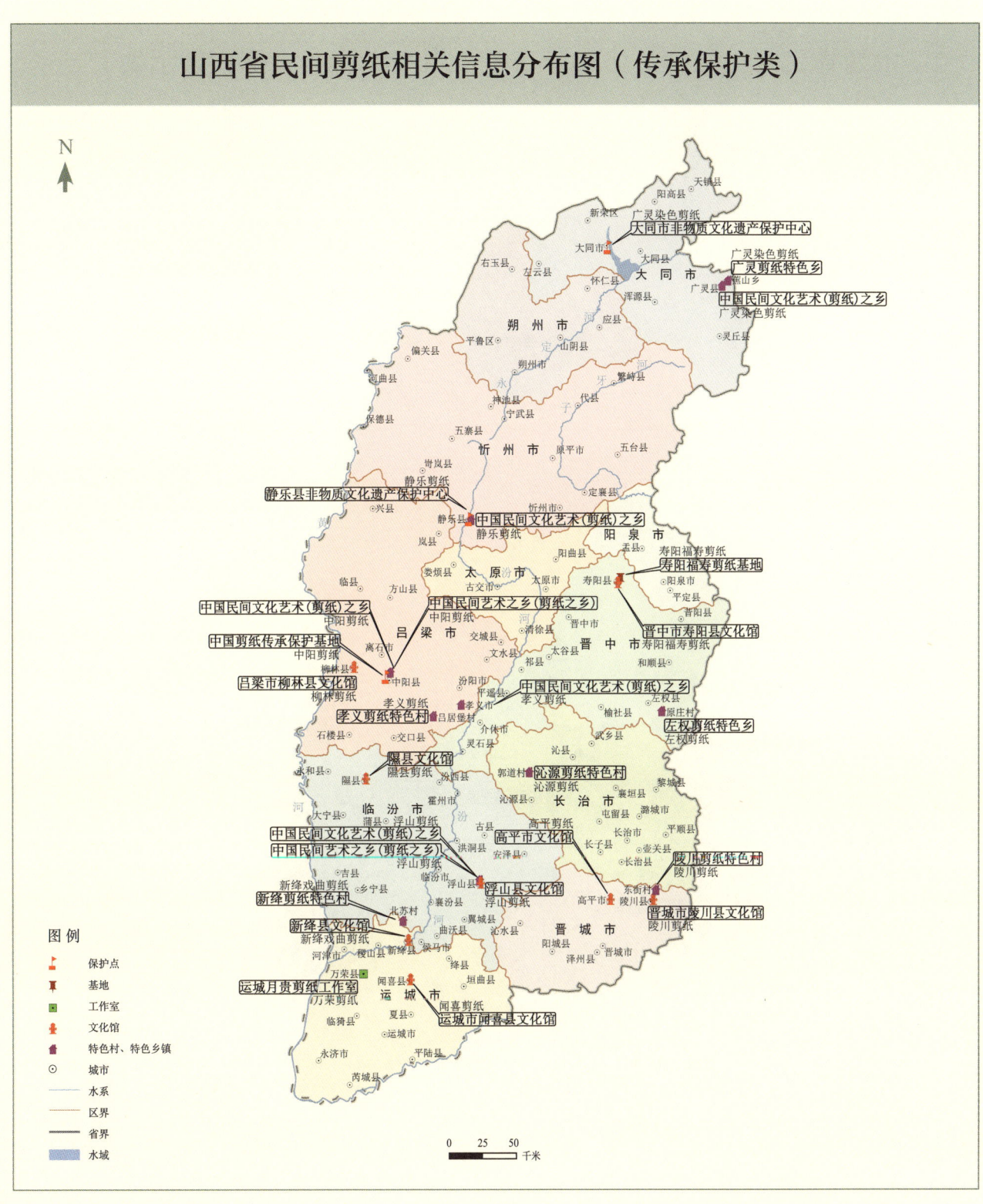

图 4-2-4-3 山西省民间剪纸相关信息分布图（传承保护类）

民间剪纸卷
第二编 地区民间剪纸项目与资源图谱（选录）

山西省民间剪纸相关信息分布图（生产经营类、陈列展示类）

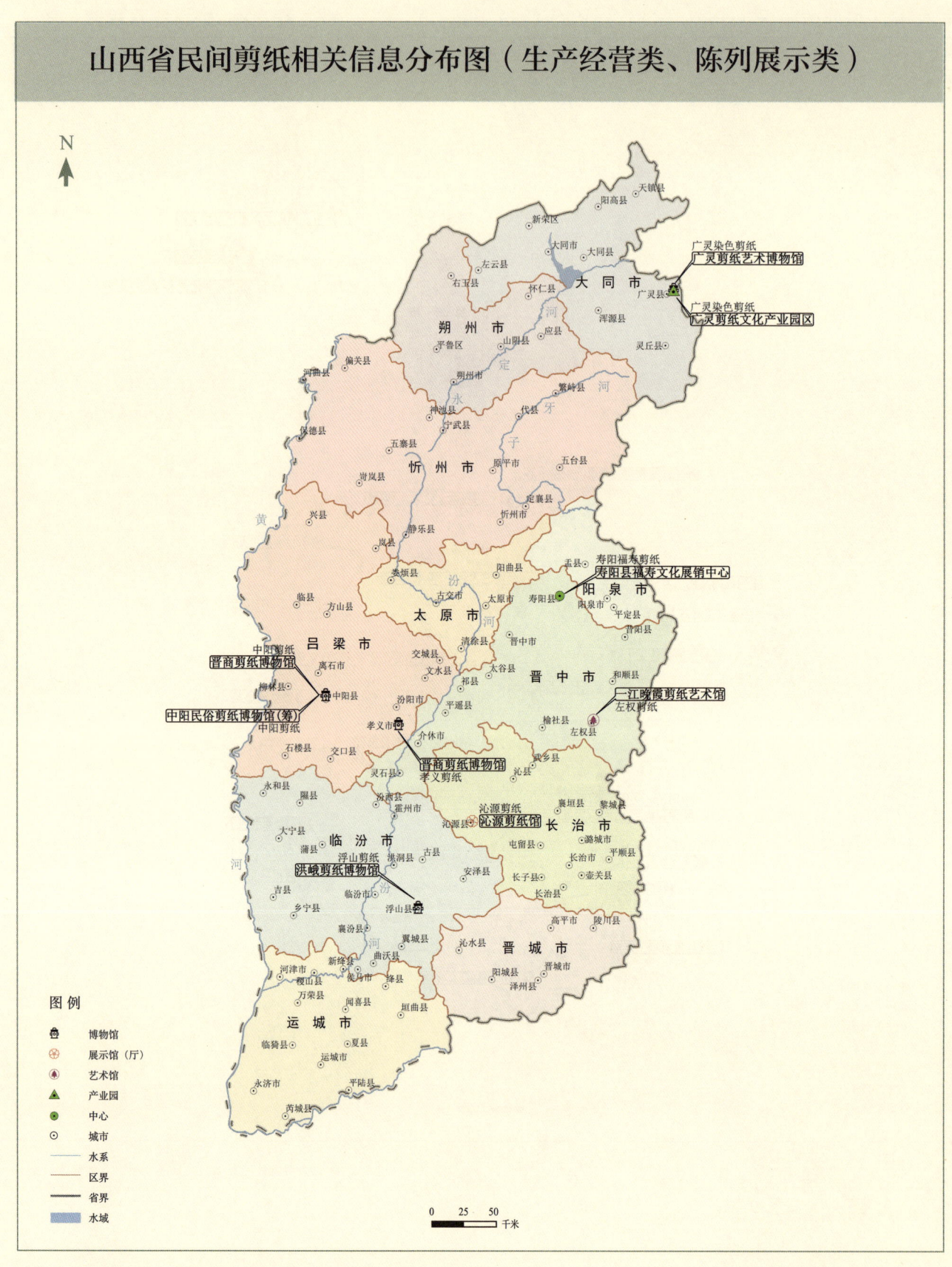

图 4-2-4-4　山西省民间剪纸相关信息分布图（生产经营类、陈列展示类）

山西省民间剪纸相关信息分布图（组织机构类）

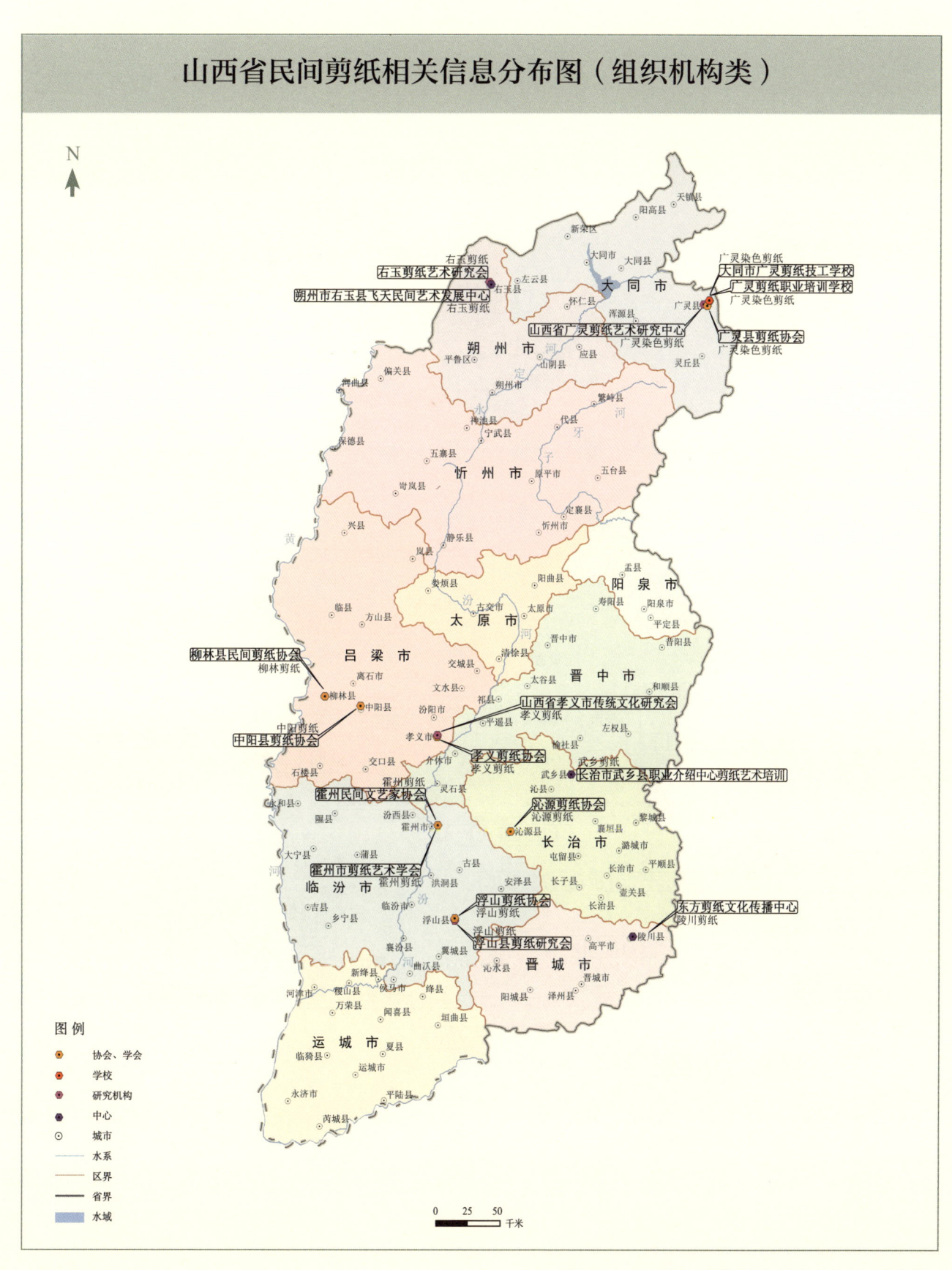

图 4-2-4-5 山西省民间剪纸相关信息分布图（组织机构类）

山西省民间剪纸代表作品分布图

图 4-2-4-6 山西省民间剪纸代表作品分布图

（二）山西省民间剪纸传承谱系图（选录）

1. 山西省陵川县礼义镇剪纸田东方传承谱系图

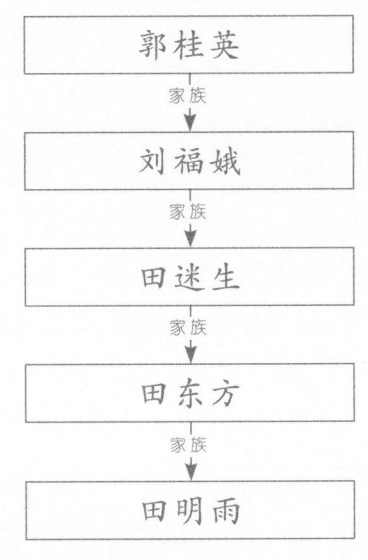

```
郭桂英
  │ 家族
  ▼
刘福娥
  │ 家族
  ▼
田迷生
  │ 家族
  ▼
田东方
  │ 家族
  ▼
田明雨
```

图 4-2-4-7 山西省陵川县礼义镇剪纸田东方传承谱系图

2. 山西省左权县原庄村剪纸杨宪江传承谱系图

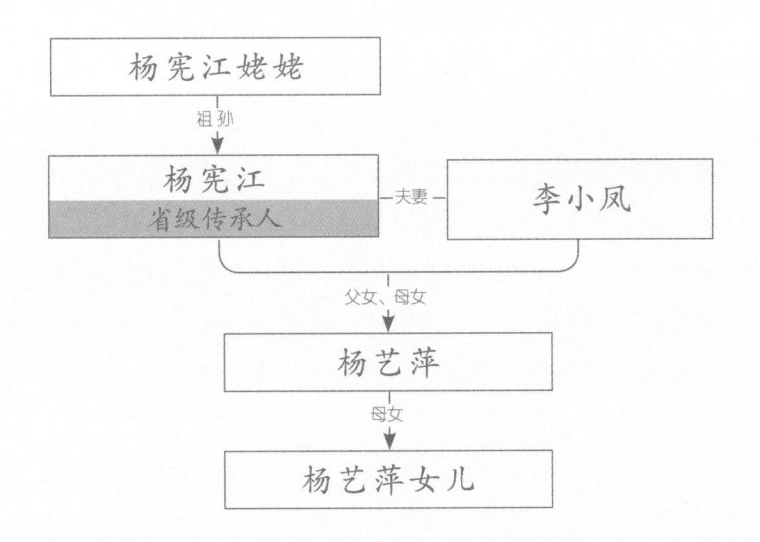

```
杨宪江姥姥
   │ 祖孙
   ▼
杨宪江 ── 夫妻 ── 李小凤
省级传承人
   │ 父女、母女
   ▼
杨艺萍
   │ 母女
   ▼
杨艺萍女儿
```

图 4-2-4-8 山西省左权县原庄村剪纸杨宪江传承谱系图

五 辽宁省

辽宁历史源远流长，早在四五十万年以前，这里已是古人类活动的场所。地处现今辽宁省境内的营口金牛山猿人遗址，可与北京周口店猿人遗址并驾齐驱。新石器时代，这里居住的族群除了汉族以外，还有东胡、肃慎等民族的先人。辽宁是汉族、满族、蒙古族、朝鲜族等多民族聚居区，历史上又接纳了来自山东、河北等各地的移民，形成了不同民族、不同地域文化多元共存、融会贯通的局面。其文化风格既有我国中原文化的共性，又有自己独特的北方文化特点。独特的历史因素与地理因素，致使辽宁地区在历史上受外来文化的冲击相对较小，而作为当地传统民间文化之一的民间剪纸艺术也能够较为原汁原味地保存至今，成为古老的满族民间文化的活化石。

辽宁民间剪纸艺术形式丰富，地域特色鲜明。其中如大连市的"庄河剪纸"、锦州市的"医巫闾山满族剪纸"、朝阳市的"建平剪纸"、抚顺市的"新宾满族剪纸"、鞍山市的"岫岩剪纸"等，现在均已成为我国国家级非物质文化遗产代表性项目；而沈阳市的"初春枝满族剪纸"、铁岭市的"西丰满族剪纸"、大连市瓦房店的"东岗剪纸"、阜新市的"彰武民间剪纸"等，则被列入了省级非物质文化遗产项目。形式众多的辽宁各地区剪纸，充分展现了满汉融合的特征，充满了浓郁的地域文化风情。

在历史上，辽宁满族剪纸艺术主要靠口口相传的方式传承，当地民间每逢节日，各家各户便都要用五彩斑斓的窗花和墙花来张贴墙面，装饰自己的居室；在许多礼仪习俗的场合，也经常要使用各种剪纸形式，如嫁奁、喜花、挂签、纸扎花、供花等来增添喜气；除此以外，在当地民间举行萨满宗教仪式时，也经常要用剪纸作品来趋吉避凶。辽宁民间剪纸在表现艺术上也颇具自己的特色，除了色彩鲜艳、对称考究、线条丰富的汉族剪纸之外，更具有地方特色和文化价值的是线条简约、充满抽象和象征意味的满族剪纸。满族剪纸主要以满族的民间习俗、宗教信仰以及神话传说为表现对象，内容题材主要涉及植物、动物、神话及传说人物、戏曲人物、民俗生活、吉祥纹样等各个方面。古朴简洁、追求神似、内涵丰富的辽宁民间剪纸，是一种建立在中国民间传统信仰和剪纸文化艺术基础上的文化载体，鲜明地呈现了满族的文化观念、价值追求和生活情趣。

如今，辽宁省对剪纸保护十分重视，在该省剪纸协会的指导下，各地区的剪纸活动蓬勃开展，展览、比赛、交流活动十分频繁。作为当地文化的一张名片，辽宁地区涌现了不少剪纸陈列馆、展示馆，部分剪纸名家已建立个人剪纸陈列馆，如金雅贞剪纸陈列馆、初春枝满族剪纸展示馆、韩月琴家族剪纸传承基地，等等。以前，当地的民间剪纸多为家族传承和自发传承，如今，很多地区已经建立了学校传承基地，方便在文化馆、街道、学校多方位开展剪纸普及传承活动，培养后继传承人。

辽宁的剪纸是依附于满族民间特定的文化背景和生活环境而形成的，具有特定语言和风格的民间艺术，在我国众多剪纸流派中，满族剪纸以其独有的魅力占有一席之地，并展现出强大的生命力。

（一）辽宁省民间剪纸项目与相关信息分布图

图 4-2-5-1 辽宁省民间剪纸项目分布图

辽宁省民间剪纸传承人分布图 ①

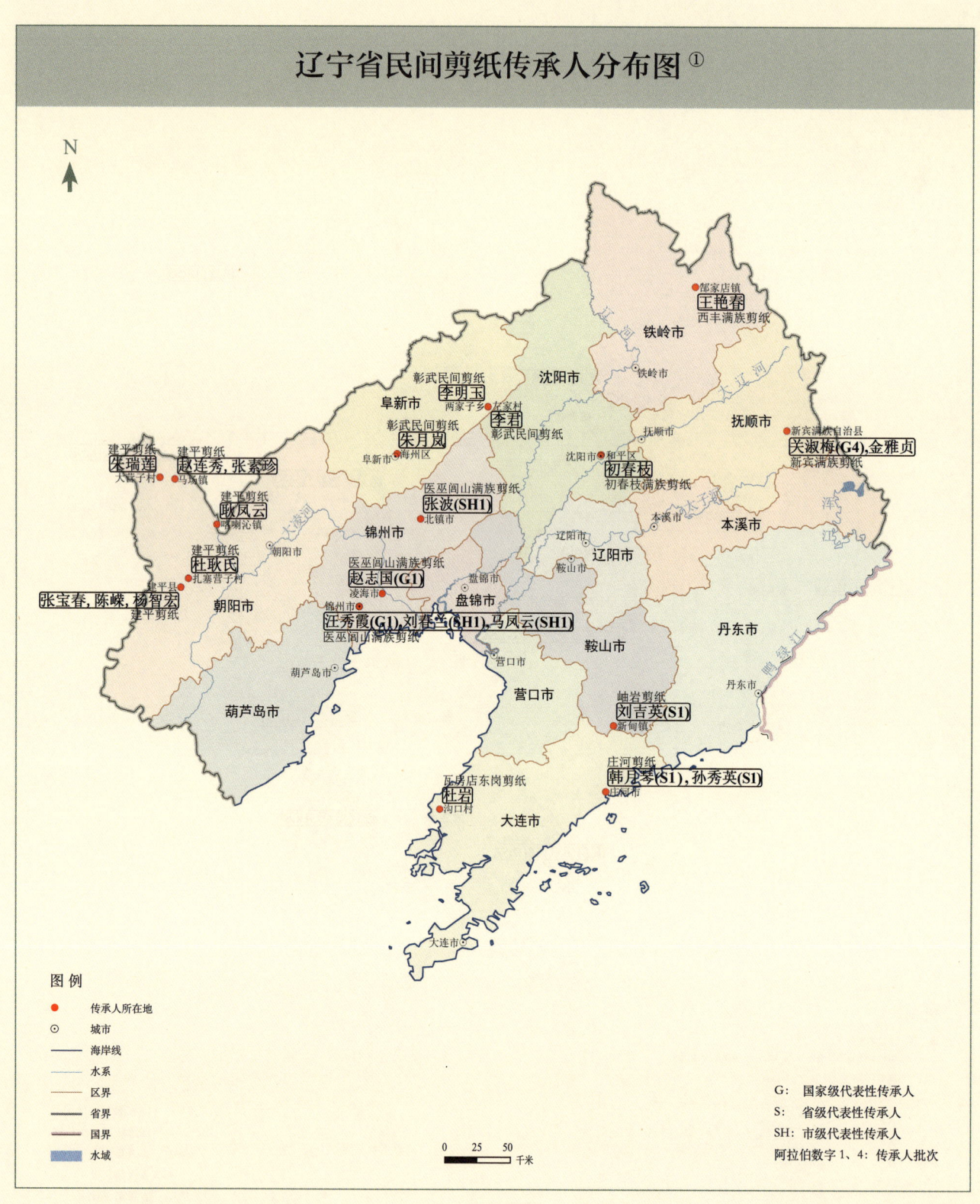

图 4-2-5-2 辽宁省民间剪纸传承人分布图

---

① 本图中的传承人是指至2012年年底辽宁省被列入国家级、辽宁省省级与市级，以及部分具有较大社会影响的无级别民间剪纸传承人。

辽宁省民间剪纸相关信息分布图（陈列展示类）

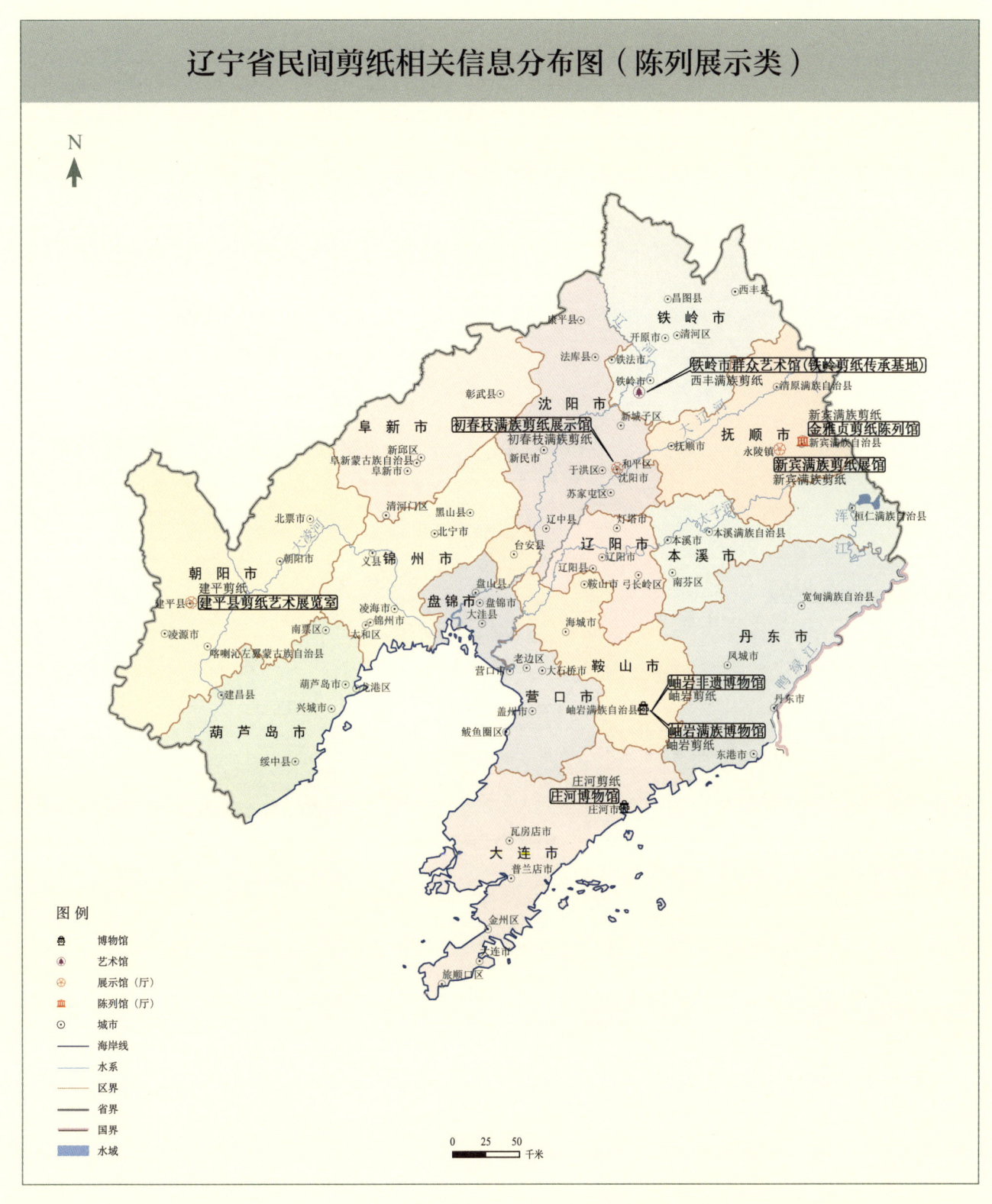

图 4-2-5-3 辽宁省民间剪纸相关信息分布图（陈列展示类）

民间剪纸卷
第二编 地区民间剪纸项目与资源图谱（选录）

辽宁省民间剪纸相关信息分布图（传承保护类）

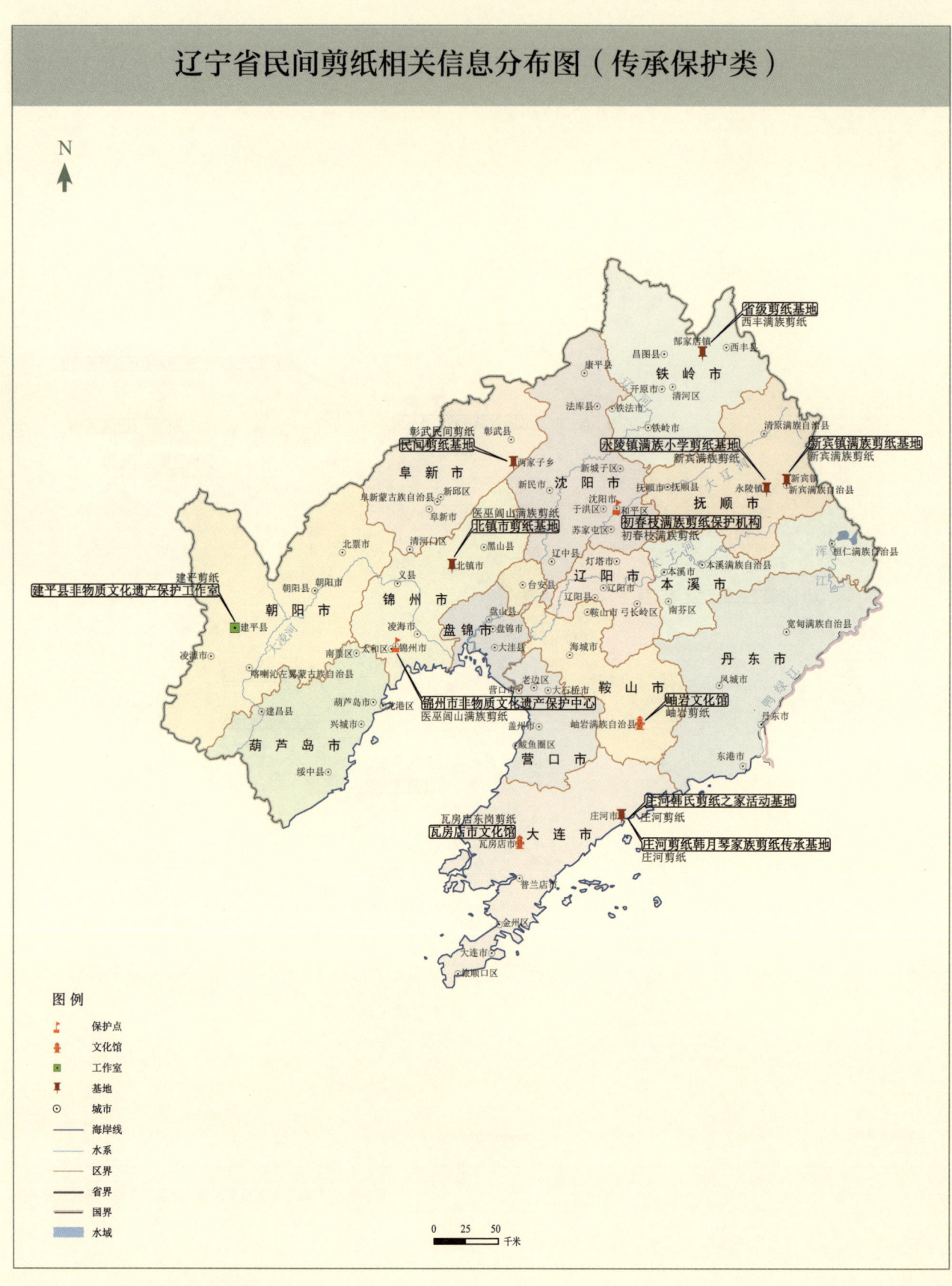

图4-2-5-4 辽宁省民间剪纸相关信息分布图（传承保护类）

图 4-2-5-5 辽宁省民间剪纸相关信息分布图（组织机构类）

（二）辽宁省民间剪纸传承谱系图（选录）

1.辽宁省庄河市剪纸韩月琴传承谱系图

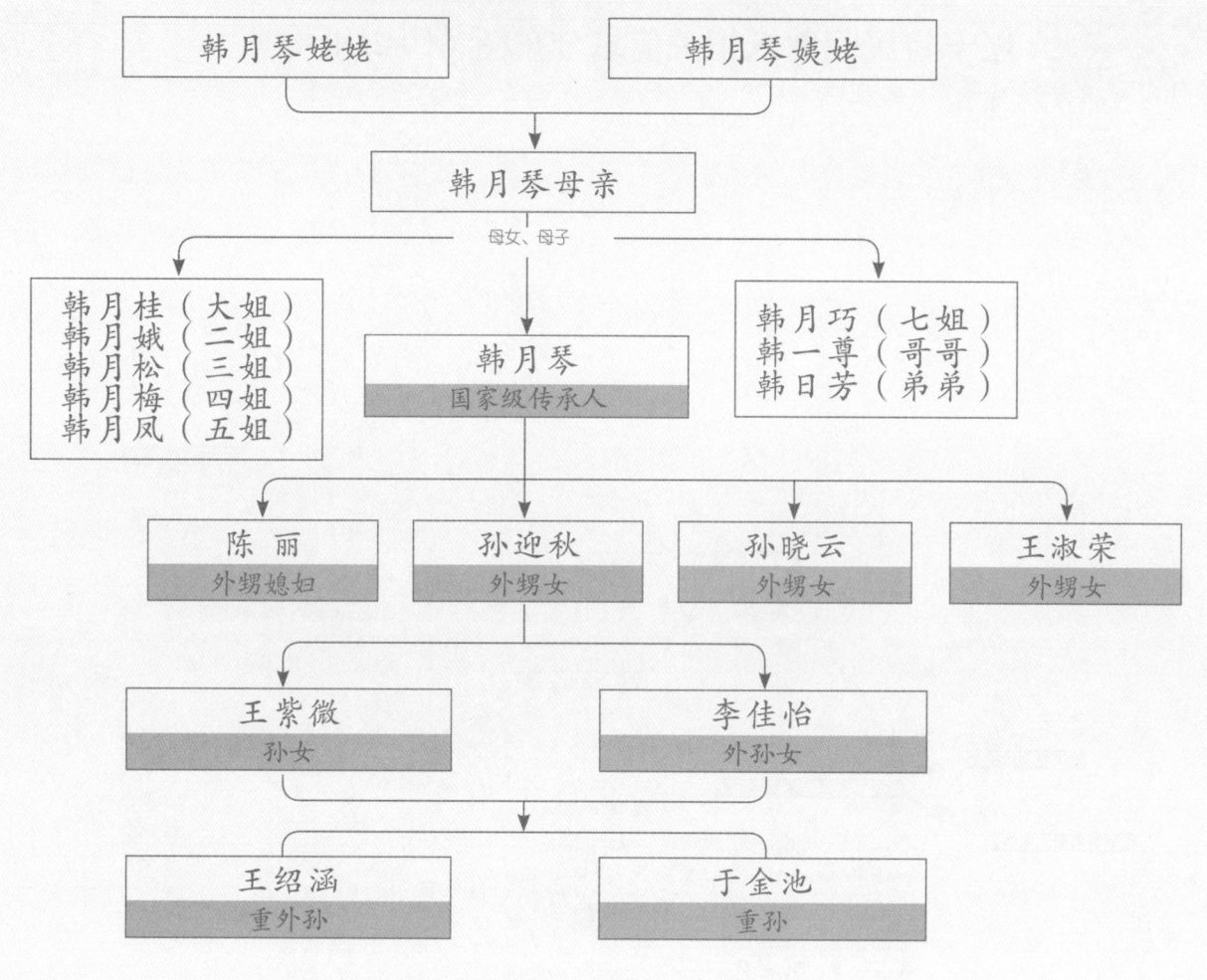

图 4-2-5-6 辽宁省庄河市剪纸韩月琴传承谱系图

2.辽宁省彰武县两家子乡剪纸李明玉传承谱系图

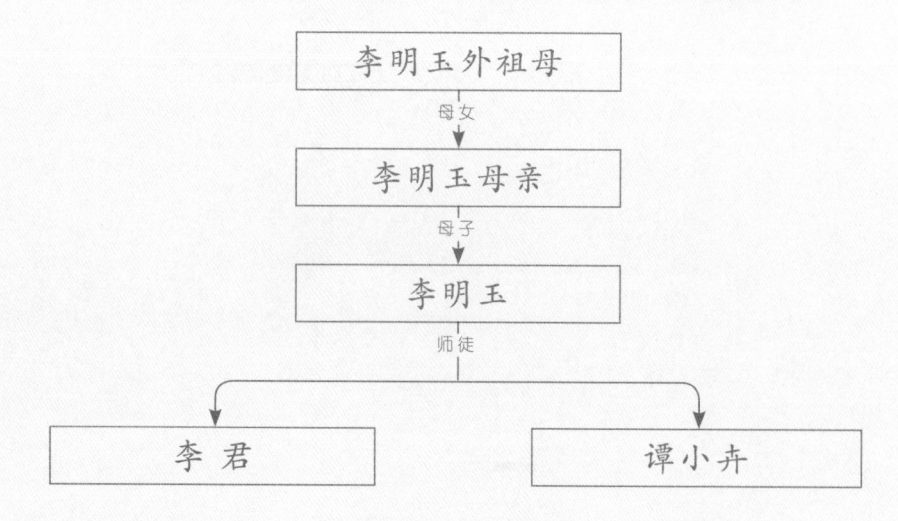

图 4-2-5-7 辽宁省彰武县两家子乡剪纸李明玉传承谱系图

3. 辽宁省岫岩县新甸镇中合村剪纸刘吉英传承谱系图

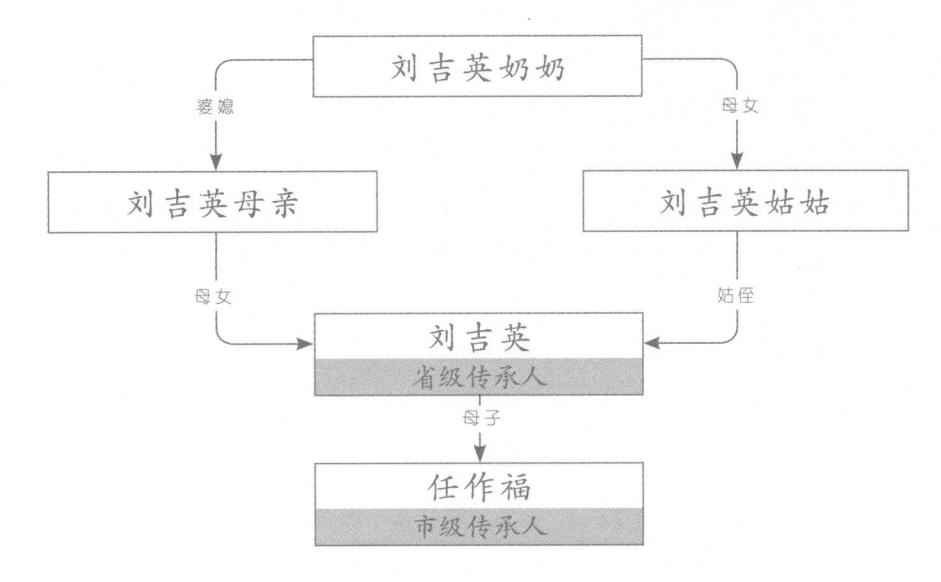

```
           刘吉英奶奶
      婆媳 ↓        ↓ 母女
   刘吉英母亲      刘吉英姑姑
      母女 ↓        ↓ 姑侄
           刘吉英
          省级传承人
            ↓ 母子
           任作福
          市级传承人
```

图 4-2-5-8 辽宁省岫岩县新甸镇中合村剪纸刘吉英传承谱系图

4. 辽宁省锦州北镇市医巫闾山满族剪纸汪秀霞传承谱系图

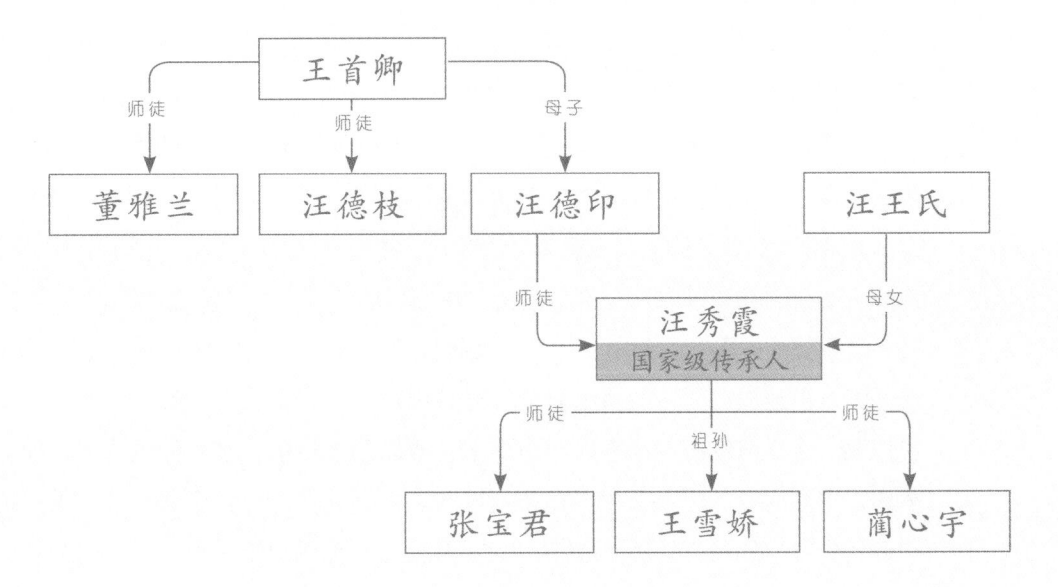

```
              王首卿
     师徒 ↓    师徒 ↓    母子 ↓
   董雅兰    汪德枝    汪德印        汪王氏
                        师徒 ↓        ↓ 母女
                           汪秀霞
                         国家级传承人
              师徒 ↓    祖孙 ↓    师徒 ↓
            张宝君    王雪娇    蔺心宇
```

图 4-2-5-9 辽宁省锦州北镇市医巫闾山满族剪纸汪秀霞传承谱系图

六 徐州市

徐州古称彭城，"东襟黄海，西接中原，南屏江淮，北扼齐鲁"，素有"五省通衢"之称。徐州有悠久的历史，曾为华夏九州之一，自古便是北国锁钥、南国门户、兵家必争之地和商贾云集中心。徐州是两汉文化的发源地，为彭祖、项羽、孙权、朱元璋等帝王故里，自古有"九朝帝王徐州籍"之说。徐州文化底蕴深厚，历史胜迹浩繁，尤以"汉代三绝"——汉兵马俑、汉墓、汉画像石为代表的两汉文化最为夺目。徐州的民间艺术有着悠久的历史，如香包、泥塑、风筝、糖人、汉王石刻等流传至今。

徐州剪纸广泛分布于邳州、新沂、沛县等地，剪纸技艺在当地世代相传。徐州剪纸可分为两种：一种是装饰剪纸，主要内容反映戏剧人物、历史人物、民间传说、花草鱼虫、田园风光等，具体形式有鞋面花、窗花、顶棚花、盆花、枕花、帐花、灯花等；另一种是套色刻纸，主要作品是门吊子，又称门笺。

徐州剪纸在创作风格上既融入了北方剪纸豪放、粗犷、浑厚的特色，又糅合了南方剪纸细腻、清秀的艺术特色，具有很高的艺术价值和人文价值。具体而言，主要可划分为两派，一派以邳州市剪纸为代表，其作品构图密实，结构粗犷浑厚，艺术风格朴实无华，表现形式夸张多样，处理手法大胆泼辣，给人以强烈的视觉冲击及心灵震撼，富有北方人淳朴、明朗、豁达的气质。20世纪末以来，邳州的剪纸作品在全国各种展赛中获得奖项一百多个，1993年，邳州市被文化部命名为"中国民间艺术（剪纸）之乡"。邳州市的剪纸艺人王桂英、曹瑞兰、张桂英被联合国教科文组织、中国民间文艺家协会联合授予"中国民间工艺美术家"称号。另一派则以徐州市区吴国本、张丽君、孟宪云、刘毅及沛县敬安镇剪纸为代表，作品风格灵秀俊美、细腻流畅、精雕细琢。1993年，沛县敬安镇被文化部命名为"中国民间艺术（剪纸）之乡"。

徐州剪纸民间基础深厚，拥有一大批剪纸民间艺人。20世纪80年代，为了保护剪纸艺术，当地成立了民间剪纸协会，对剪纸进行调查、收集、整理，并建立了剪纸艺术档案。徐州剪纸的传承方式在历史上主要以群体传承、家族传承为主，如今师徒传承成了主要途径。传承人大多在文化馆和老年大学进行教学培训，带出了一批新生代的剪纸艺人。当地还有部分剪纸艺人注册成立了专业的剪纸公司，在打响徐州剪纸品牌、开发具有徐州本土特色的旅游纪念品方面进行了较多探索。

（一）徐州市民间剪纸项目与相关信息分布图

徐州市民间剪纸传承人分布图[①]

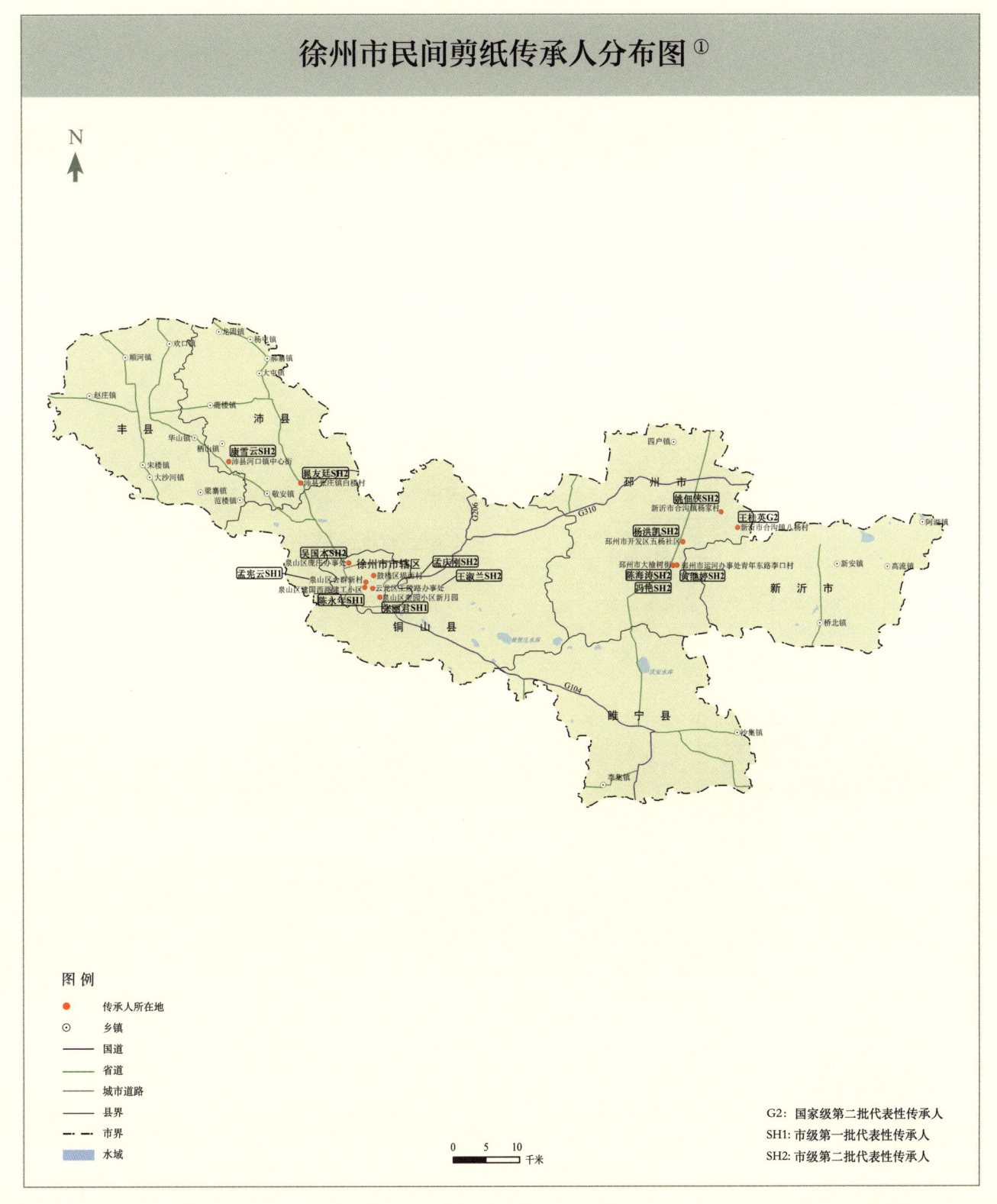

图 4-2-6-1 徐州市民间剪纸传承人分布图

[①] 本图中的传承人是指至 2012 年年底徐州市被列入国家级、徐州市市级，以及部分具有较大社会影响的无级别民间剪纸类传承人。

徐州市民间剪纸相关信息分布图

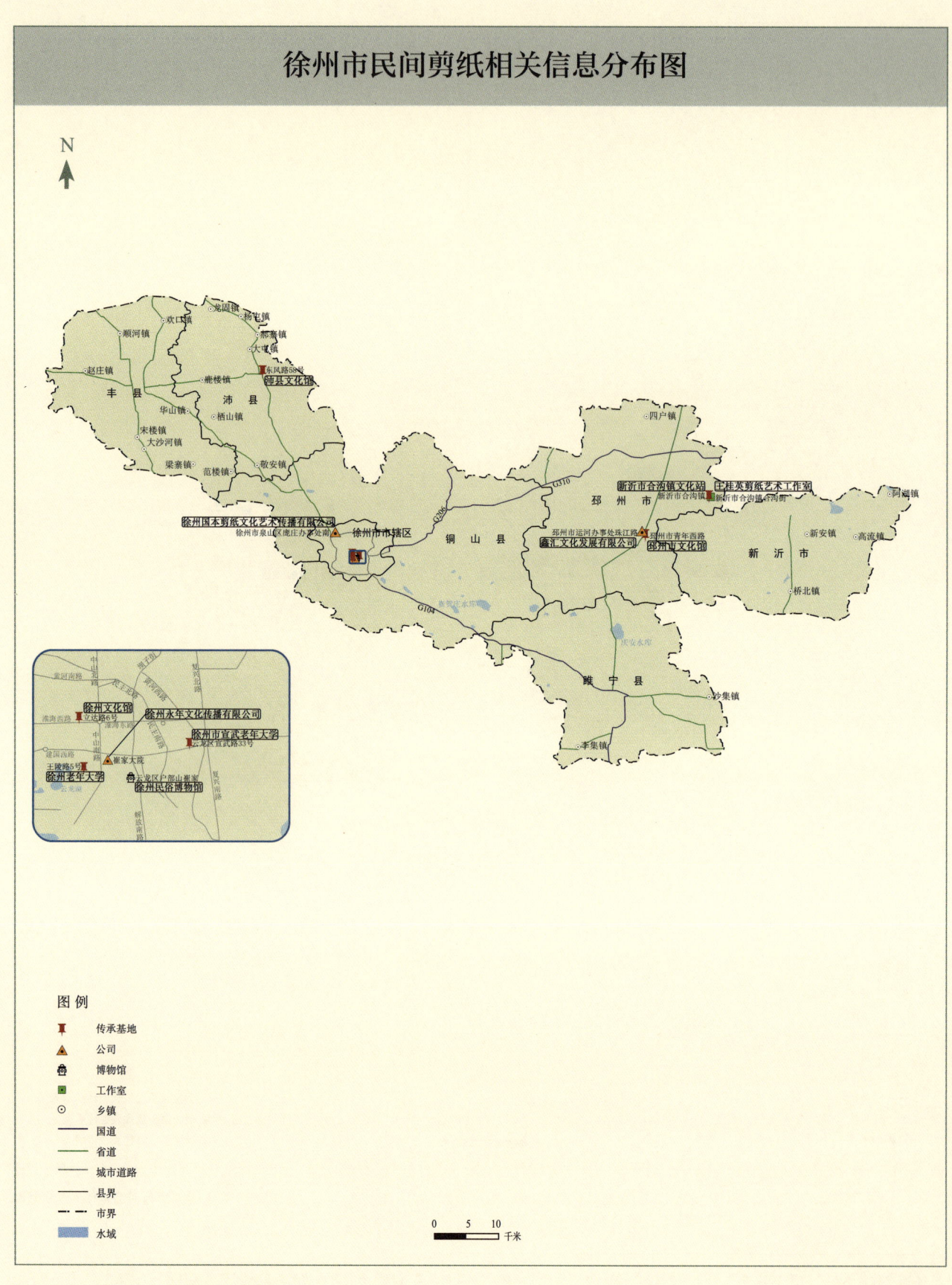

图 4-2-6-2 徐州市民间剪纸相关信息分布图

（二）徐州市民间剪纸传承谱系图（选录）

1. 徐州新沂市合沟镇八杨村五组剪纸王桂英传承谱系图

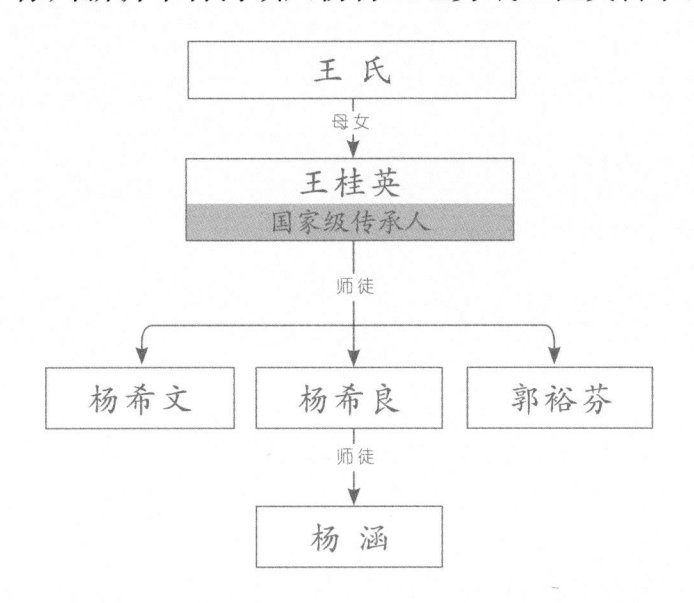

图 4-2-6-3 徐州新沂市合沟镇八杨村五组剪纸王桂英传承谱系图

2. 徐州市泉山区建国西路剪纸陈永年传承谱系图

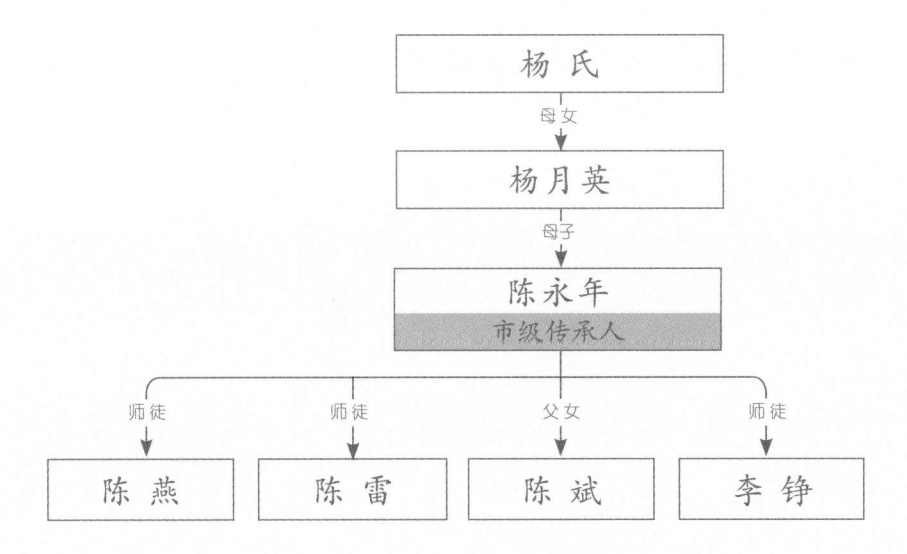

图 4-2-6-4 徐州市泉山区建国西路剪纸陈永年传承谱系图

3. 徐州市泉山区合群新村剪纸孟宪云传承谱系图

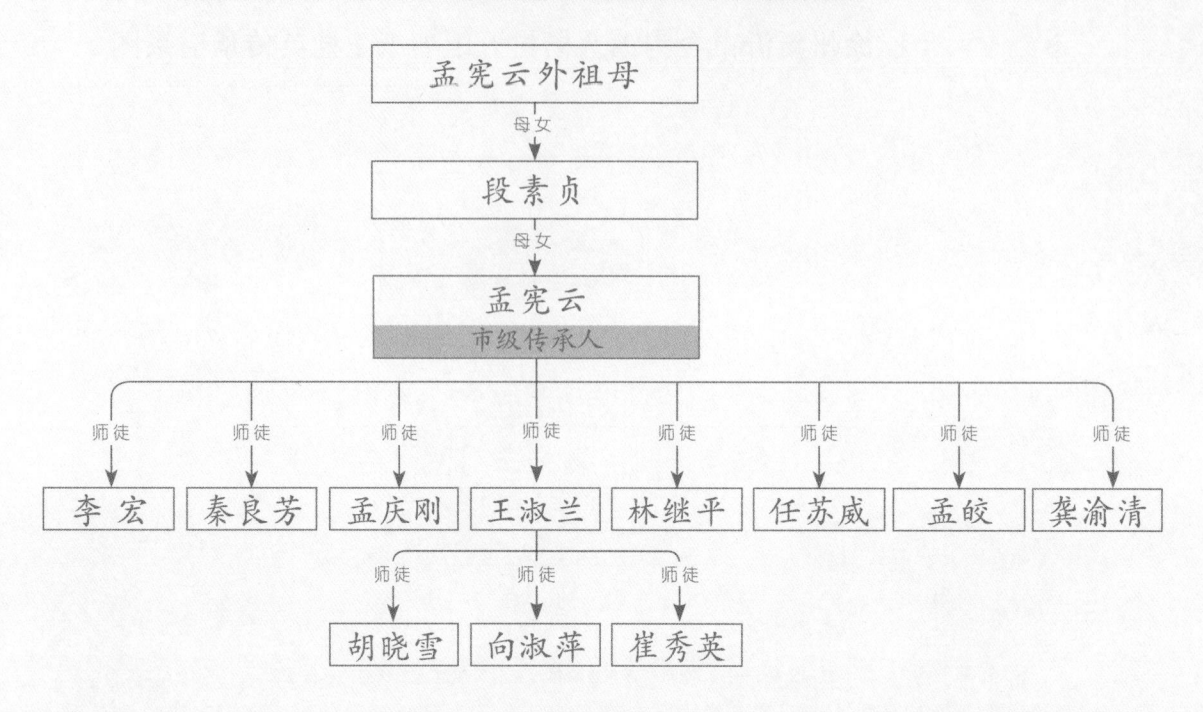

```
           孟宪云外祖母
              │ 母女
              ▼
            段素贞
              │ 母女
              ▼
            孟宪云
           市级传承人
   ┌────┬────┬────┬───┴─┬────┬────┬────┐
  师徒  师徒  师徒  师徒  师徒  师徒  师徒  师徒
   ▼    ▼    ▼    ▼    ▼    ▼    ▼    ▼
  李宏 秦良芳 孟庆刚 王淑兰 林继平 任苏威 孟皎 龚渝清
                  ┌────┼────┐
                 师徒  师徒  师徒
                  ▼    ▼    ▼
                胡晓雪 向淑萍 崔秀英
```

图 4-2-6-5 徐州市泉山区合群新村剪纸孟宪云传承谱系图

4. 徐州市泉山区奎园小区剪纸张丽君传承谱系图

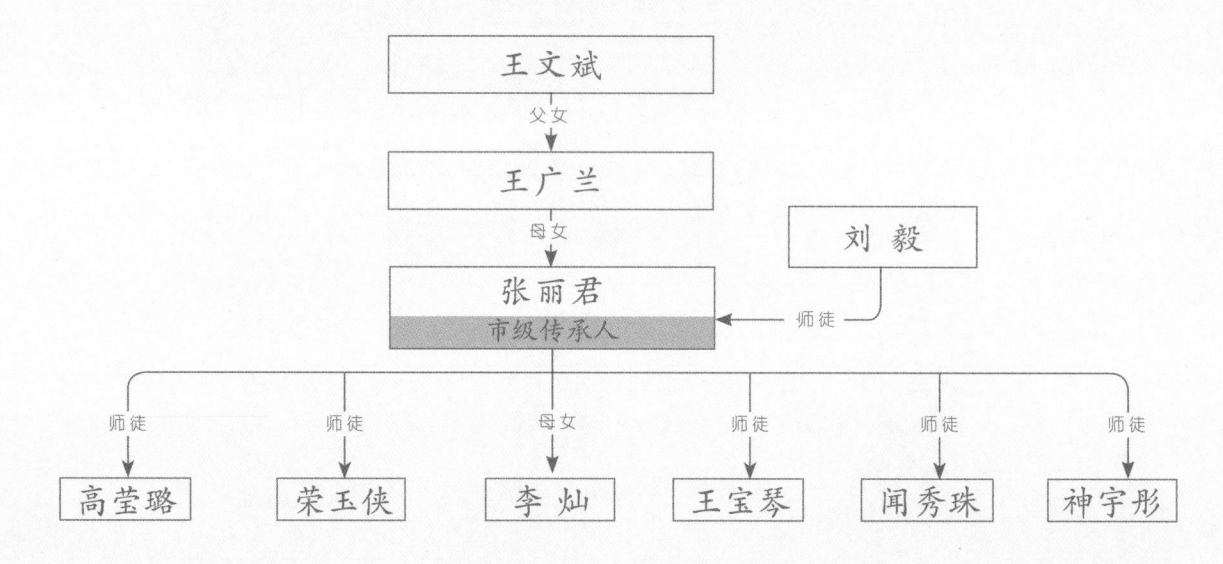

```
            王文斌
              │ 父女
              ▼
            王广兰
              │ 母女
              ▼
            张丽君 ◀──师徒── 刘毅
           市级传承人
   ┌────┬────┬──┴─┬────┬────┐
  师徒  师徒  母女  师徒  师徒  师徒
   ▼    ▼    ▼    ▼    ▼    ▼
 高莹璐 荣玉侠 李灿 王宝琴 闻秀珠 神宇彤
```

图 4-2-6-6 徐州市泉山区奎园小区剪纸张丽君传承谱系图

七 佛山市

佛山市位于广东省中南部，地处珠江三角洲腹地，东靠广东省省会广州，现下辖禅城、南海、顺德、三水、高明五区。佛山历史悠久，肇迹于晋，得名于唐。明清时，发展成岭南重镇，商贾辐辏，百业兴旺，尤以陶瓷、纺织、铸造、医药四大行业为盛，为当时的四大名镇之一，又与北京、汉口、苏州并称"天下四聚"。文化底蕴深厚，素以崇文尚武为其地人文精神之内核，是岭南文化、广府文化的重要发源地和兴盛之地，誉称"粤剧之乡""南国陶都""武术之城"。清末以来，佛山得风气之先，为中国近代民族工业发展贡献良多，并成为著名的侨乡。

作为国家级历史文化名城，佛山拥有众多的非物质文化遗产。其中，传统美术类非遗项目"佛山剪纸"在2006年入选第一批国家级非物质文化遗产名录。宋元时期，佛山的民间剪纸已有流传，伴随着传统手工艺买卖的兴盛，在明清两代得到长足发展，至清代乾隆间达到鼎盛。经过长期的历史积淀，佛山剪纸形成了鲜明的岭南风格，多用富丽夸张的色彩描绘秀丽绚烂的南国风物，塑造金碧辉煌的视觉感受，表达苍古雄放的内在意趣。佛山地区的剪纸种类相当丰富，按材料不同，可分为纯色、衬料（金、银、铜、纸）、写料（金、银、铜、锡、纸）、木刻套印料、染色料、铜凿料等多种样式，与此相应的是，佛山剪纸技艺繁细，常以刻、剪、凿、印、写、衬等技艺并用，善于将制作材料和表现手法有机结合，极具地方特色。

20世纪50年代以前，佛山剪纸主要依靠艺人世代经营剪纸摊店的方式进行传承，传承人多为男性。其时，剪纸艺人聚集的"剪纸一条街"福禄路、公正路、福贤路，以及分散在当时郊区张槎、叠滘、横滘一带的剪纸加工家庭作坊等，皆为佛山剪纸主要的传承区域。1956年，佛山民间艺术研究社成立，当地民间剪纸艺人梁朗生、林森加入该社。随后50年间，佛山剪纸主要依托于佛山民间艺术研究社这家国营专业机构，以梁朗生、林森招收学徒，大学徒带小学徒，并积极吸纳学院派艺术人才进行集体传承。佛山剪纸国家级传承人陈永才、省级传承人何燕、市级传承人吴子洲、饶宝莲、邓春红、茹新梅、赵丽达等，皆出自该民间艺术研究社。近年来，佛山民间剪纸艺人还通过开办艺术文化公司、艺术工作室，或以学校、社区为载体进行师徒传承，少数艺人还重新延续了佛山剪纸最原初的家族传承；传承区域则以民间艺术研究社所在的禅城区及南海区为中心，并向顺德、三水、高明等地辐射。

由于佛山剪纸传承久远，积蕴深厚，当地迄今尚存一些与该非遗项目相关的文化资源。如位于佛山市祖庙路5号的佛山民间艺术研究社旧址仁寿寺、"剪纸一条街"福禄路等。在佛山民间艺术研究社的佛山民间艺术博览中心、佛山祖庙人口文化剪纸坊，以及佛山博物馆佛山非物质文化遗产展厅里，还陈列着清末民初至今名家剪刻的剪纸艺术精品。特别值得一提的是，佛山剪纸传统的拜师授徒仪式幸得保存下来，而作为佛山剪纸姊妹艺术的"佛山彩灯"等国家级非遗项目也借此而得到了大力弘扬。

（一）佛山市民间剪纸项目与相关信息分布图

佛山市民间剪纸传承人分布图①

图 4-2-7-1 佛山市民间剪纸传承人分布图

---

① 本图中的传承人是指至 2012 年年底佛山市被列入国家级、广东省省级、佛山市市级，以及部分具有较大社会影响的无级别民间剪纸类传承人。

图 4-2-7-2 佛山市民间剪纸相关信息分布图（历史遗迹类）

民间剪纸卷
第二编 地区民间剪纸项目与资源图谱（选录）

图 4-2-7-3 佛山市民间剪纸相关信息分布图（陈列展示类、社团组织类）

佛山市民间剪纸传承保护点分布图

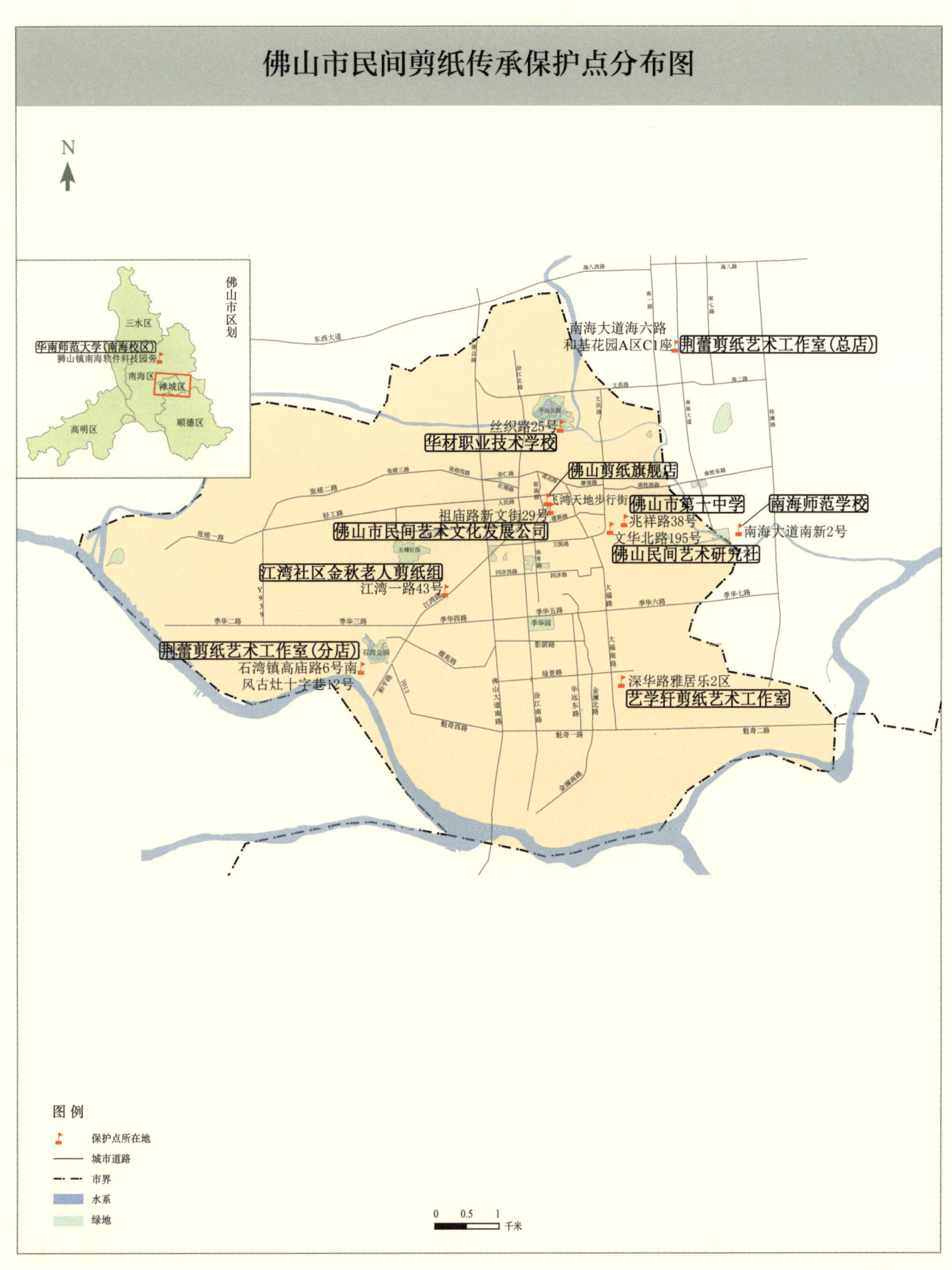

图 4-2-7-4 佛山市民间剪纸传承保护点分布图

民间剪纸卷
第二编 地区民间剪纸项目与资源图谱（选录）

佛山市民间剪纸代表作品分布图

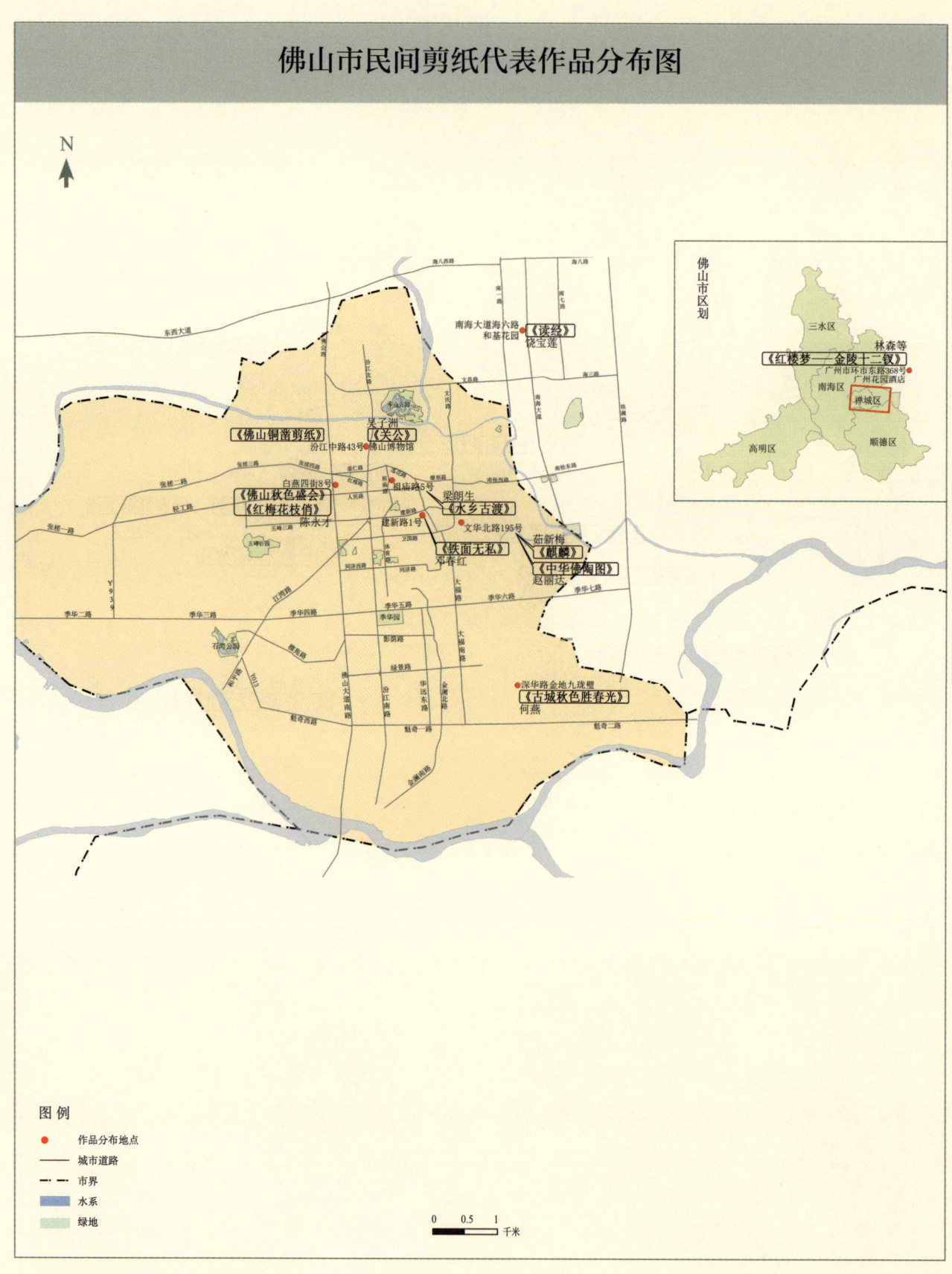

图 4-2-7-5 佛山市民间剪纸代表作品分布图

（二）佛山市民间剪纸传承谱系图（选录）

1. 佛山市民间剪纸陈永才传承谱系图

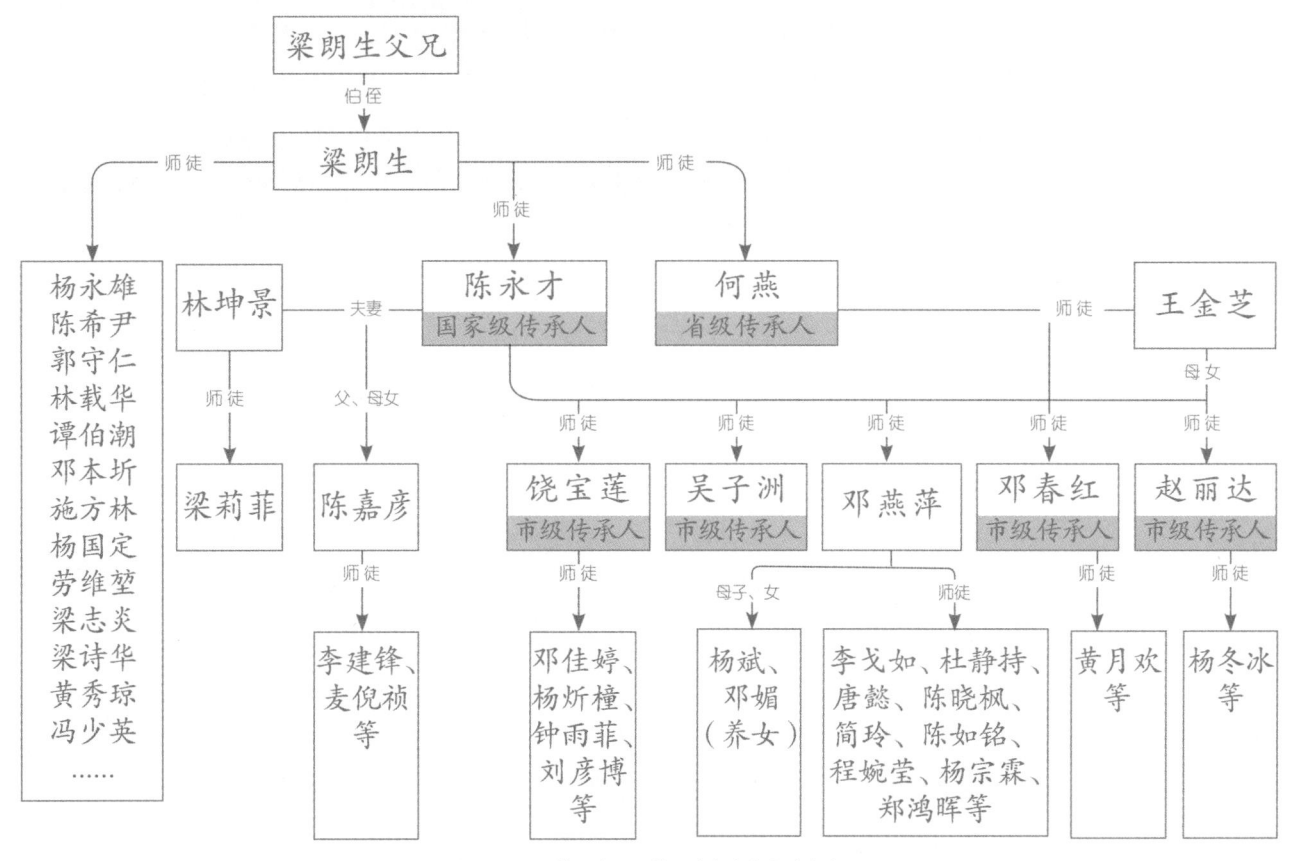

图 4-2-7-6 佛山市民间剪纸陈永才传承谱系图

2. 佛山市民间剪纸何燕传承谱系图

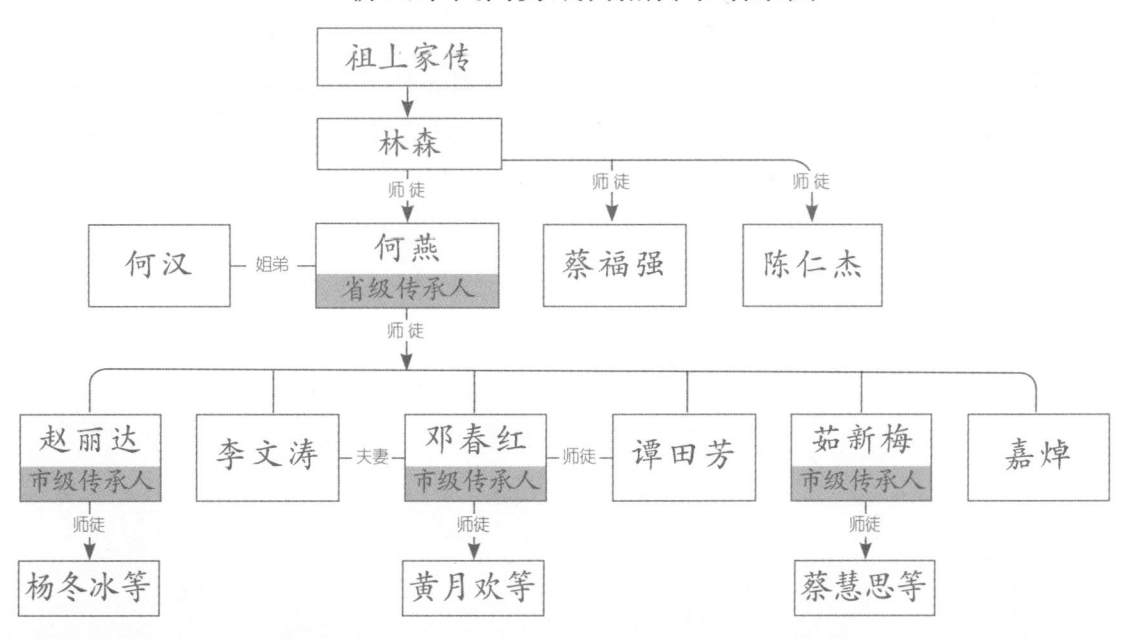

图 4-2-7-7 佛山市民间剪纸何燕传承谱系图

八 延川县

延川县位于陕西省北部,延安市东北部,东临黄河,与山西省永和县隔河相望,北与榆林市清涧县接壤,西北与子长县毗邻,西接宝塔区,南靠延长县,相传是人类文明的鼻祖——伏羲的故里。延川县建于隋开皇三年(583年),至今已1400多年历史,素有"文化之乡"的誉称。剪纸、布堆画、大秧歌、说书、道情等民间艺术独具魅力,形成了独具特色的黄土文化风貌。

陕北黄土高原是中国民间剪纸艺术集中的地区,而延川是其中的代表之一。延川剪纸艺术是农耕社会基础上产生的以妇女为主体的民间艺术,体裁主要有窗花、墙花、顶棚花、灯花和礼花等,内容丰富多彩,主要有神仙佛像、吉祥事物、农事耕作、节令习俗、故事传说、飞禽走兽、风景花卉等,具有造型简练纯朴、粗犷浑厚、热情奔放、大气磅礴之特点。代表人物高凤莲、郭如林、刘洁琼、高河晓等屡屡在全国比赛中获奖。

延川地处偏僻、经济闭塞、交通不便,在相对封闭的环境中,此地产生了很多与黄土高原生产生活密切相关的古老剪纸作品,它们的形式和含义都被相当完整地保留了下来。延川传统民间剪纸的动物主题纹样十分丰富,如蛇、鱼、龟等,它们是6 000年前黄河流域母系氏族社会早期渔猎经济的反映,也是历史上广泛存在的动物图腾崇拜的遗存。而诸如"拉手娃娃""扫天媳妇""抓髻娃娃"等剪纸题材则主要源自祈福驱祸的民间风俗,是典型的祖先崇拜与生殖崇拜等原始信仰的形象反映。

延川剪纸起源早、发掘晚,长期以来一直埋没于民间。20世纪80年代以来,延川县文化馆的艺术指导老师冯云山采取开办学习班、师傅带徒等方法开展形式多样的培训,挖掘出一大批剪纸爱好者和中青年剪纸能手,提高他们的创作水平。2002年,中国民间剪纸研究会年会在延川召开。2004年,"长征计划"普查出全县1.5万多份剪纸作者档案,随后精选1万名剪纸艺人的1万多幅作品参加了"上海国际双年展"和"台北国际双年展"。同年,黄河边上的土岗乡小程民间艺术村被文化部命名为"全国民族民间文化保护试点工程"。全村妇女大都是剪纸能手,村子里专门建了一座窑洞当剪纸活动室。2004年,小程民间艺术村被省文化厅命名为"民间剪纸之乡"。

延川剪纸艺术以其独特的地域风格和浓郁的乡土气息,朴实地展现了普通民众的审美情趣和社会心理,是老百姓贴在心坎上、喜在心窝里的艺术形式。

（一）延川县民间剪纸项目与相关信息分布图

延川县民间剪纸传承人分布图[①]

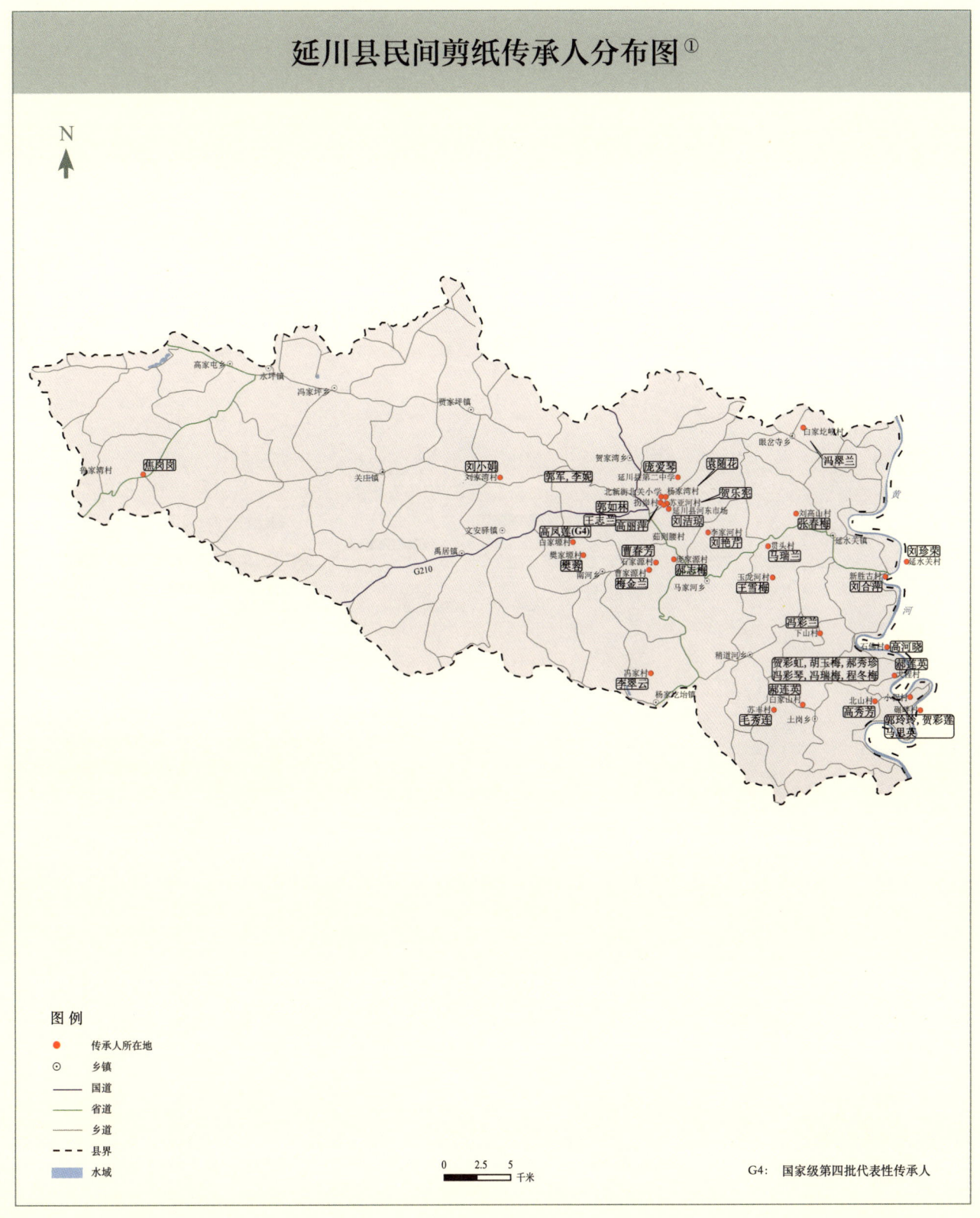

图例
- ● 传承人所在地
- ⊙ 乡镇
- ── 国道
- ── 省道
- ── 乡道
- ---- 县界
- 水域

G4：国家级第四批代表性传承人

图 4-2-8-1 延川县民间剪纸传承人分布图

[①] 本图中的传承人是指至 2012 年年底延川县的国家级及部分具有较大社会影响的无级别民间剪纸类传承人。

民间剪纸卷
第二编 地区民间剪纸项目与资源图谱（选录）

延川县民间剪纸相关信息分布图

图 4-2-8-2 延川县民间剪纸相关信息分布图

（二）延川县民间剪纸传承谱系图（选录）

1. 延川县民间剪纸高河晓传承谱系图

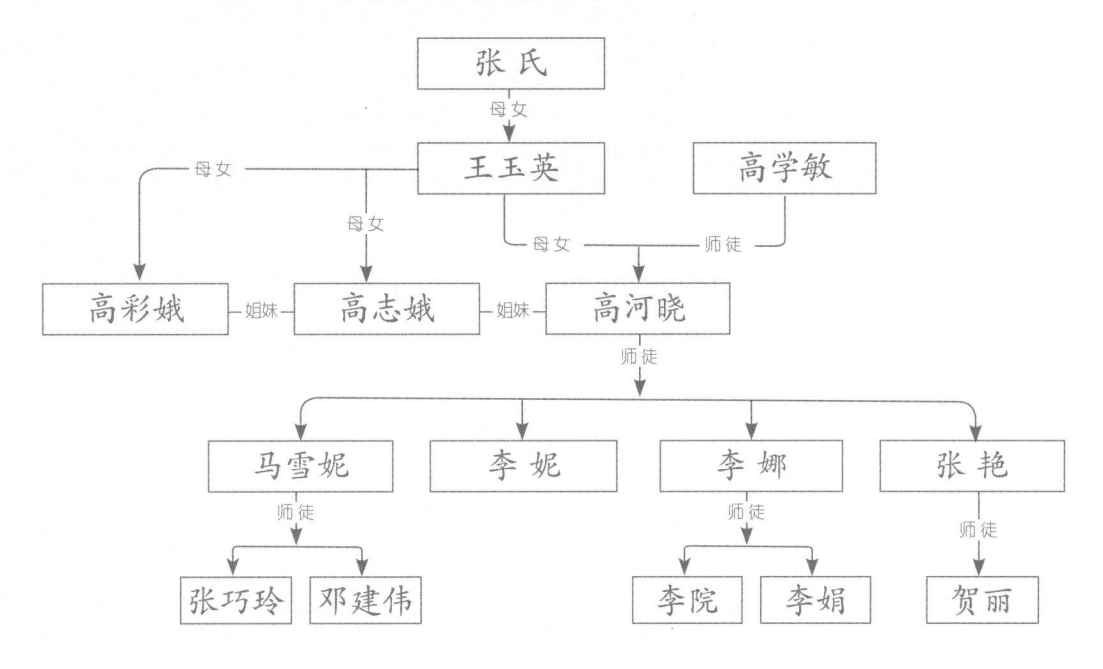

```
                    张氏
                     │母女
                     ▼
    ┌────母女────王玉英────师徒────高学敏
    │      ┌母女──┤
    ▼      ▼      ▼
  高彩娥─姐妹─高志娥─姐妹─高河晓
                           │师徒
        ┌──────────┬────────┼──────────┐
        ▼          ▼        ▼          ▼
      马雪妮      李妮      李娜       张艳
        │师徒                │师徒       │师徒
    ┌───┴───┐            ┌──┴──┐       │
    ▼       ▼            ▼     ▼       ▼
  张巧玲  邓建伟         李院   李娟    贺丽
```

图 4-2-8-3 延川县民间剪纸高河晓传承谱系图

2. 延川县民间剪纸高凤莲传承谱系图

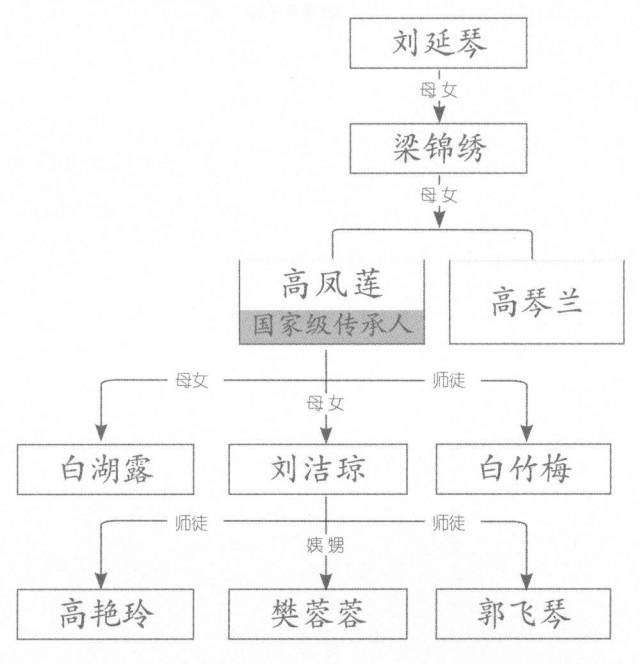

```
           刘延琴
            │母女
            ▼
           梁锦绣
            │母女
       ┌────┴────┐
       ▼         ▼
   高凤莲      高琴兰
  国家级传承人
       │
   ┌母女┼母女────师徒────┐
   ▼   ▼                ▼
 白湖露 刘洁琼          白竹梅
   │师徒  │姨甥          │师徒
   ▼     ▼              ▼
 高艳玲  樊蓉蓉         郭飞琴
```

图 4-2-8-4 延川县民间剪纸高凤莲传承谱系图

3. 延川县民间剪纸郭如林传承谱系图

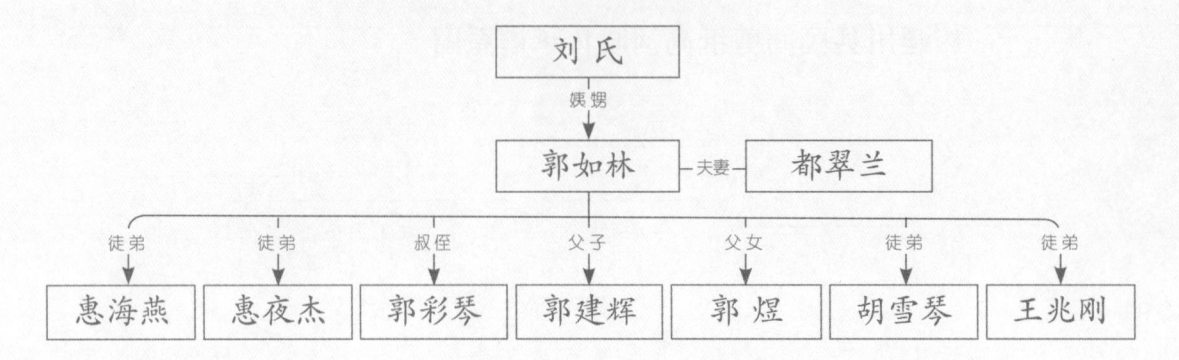

```
                    刘 氏
                     │ 姨甥
                     ▼
         郭如林 ─夫妻─ 都翠兰
    ┌──────┬──────┬──────┼──────┬──────┬──────┐
   徒弟   徒弟   叔侄   父子   父女   徒弟   徒弟
    ▼      ▼      ▼      ▼      ▼      ▼      ▼
  惠海燕 惠夜杰 郭彩琴 郭建辉 郭 煜  胡雪琴 王兆刚
```

图 4-2-8-5　延川县民间剪纸郭如林传承谱系图

4. 延川县民间剪纸刘小娟传承谱系图

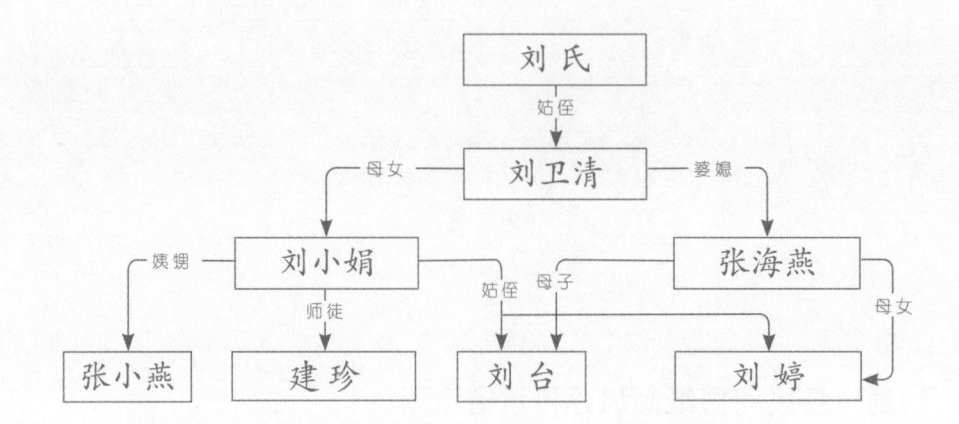

```
                  刘 氏
                   │ 姑侄
                   ▼
        母女  ── 刘卫清 ──婆媳──  张海燕
         │                         │
         ▼                         │
   刘小娟 ──姨甥── 张小燕            │
    │ 师徒         姑侄  母子       母女
    ▼              ▼      ▼         ▼
   建 珍         刘 台   刘 婷
```

图 4-2-8-6　延川县民间剪纸刘小娟传承谱系图

九 颛桥镇

颛桥镇位于上海市闵行区中南部，地处长江三角洲冲积平原的古冈身地带，东倚梅陇镇、吴泾镇，西接马桥镇，南连江川路街道，北通莘庄镇。镇跨六磊塘，有众安石拱桥，俗称"砖桥"，后讹为"颛桥"，地因桥名。颛桥是典型的江南水乡，其地明代置市，清乾隆间设镇，嘉庆时复为市。历史上，这里交通便利，百业俱全，每逢庙会，更是街市繁华，人烟阜盛。改革开放后，随着上海的城市建设，颛桥镇也得到了极大发展，获有"上海市民间文化活动特色区域""中国民间文化艺术之乡"等称号。

颛桥剪纸作为上海市级第二批非物质文化遗产项目，地域特色鲜明。传统形态的颛桥剪纸主要以刻为主，俗称"刻纸""花样"，注重画、刻、转、挑等基本技法的运用，一般为对称剪纸和图案剪纸，彰显精细灵秀的江南风致。清代至民国时期，颛桥剪纸已广泛流行于当地民间，除了作为喜事、节庆、丧祭及日常之用外，还时常作为装点图案附丽于当地特制的伞灯之上，留下了"颛桥灯越出越细（巧）"的美名。21世纪以来，颛桥剪纸中表现水乡新貌、城市生活、现代交通、环保意识等时代主题的作品纷纷涌现，艺术应用的形式也更加多样。为了顺应题材表达与形式运用的需要，颛桥剪纸逐渐形成了以刻为主（如杜伟秋的剪纸）与以剪为主（如周若妹的剪纸）两种主要流派，艺术风格日趋多元。

中华人民共和国成立前，颛桥剪纸主要依靠师徒传承，传承主体多为女性。20世纪60—90年代，其艺人多从事灯彩扎制，仍以师徒传承为主，传承人则多为男性。21世纪以来，在沪上剪纸名家林曦明、万洪成、奚小琴等人的指导下，主要由杜伟秋、周若妹、李振华等人通过颛桥镇文化体育事业发展中心举办剪纸培训班，并借颛溪五村、颛桥镇社区学校等平台进行师徒传承，培养了王建军、高红娟等多位剪纸新秀。与此同时，杜伟秋、周若妹、周婉娣等还积极进行家族传承，如颛桥镇区级第二批传承人张红，即为周若妹之女。

历史上存留的与颛桥剪纸有关的文化资源、文化景观虽已难觅踪迹，但现时期当地的剪纸活动却进行得如火如荼。自21世纪以来，该镇文化体育事业发展中心先后建立各种形式的剪纸机构与组织。镇社区学校也开展面向小学生的剪纸传习活动。在颛桥镇每年举办的"九九颛桥"重阳民俗文化系列活动中，颛桥剪纸一直深受欢迎。2010年10月，"颛桥杯"创意剪纸全国邀请展成功举办，颛桥剪纸艺术的影响遍及神州。

上海颛桥剪纸的特色和价值主要在于它极强的普及性，以及与社区生活、社区群众之间水乳交融的密切关系。目前，基层社区已经成为这项来自民间的传统剪纸艺术的生存土壤，紧紧依托社区民众，逐步实现对颛桥剪纸进行有效保护与传承的目的。

（一）颛桥镇民间剪纸项目与相关信息分布图

颛桥镇民间剪纸传承人分布图[①]

图 4-2-9-1 颛桥镇民间剪纸传承人分布图

[①] 本图中的传承人是指至2012年年底上海市闵行区颛桥镇被列入上海市市级、闵行区区级，以及部分具有较大社会影响的无级别民间剪纸类传承人。

颛桥镇剪纸班分布图

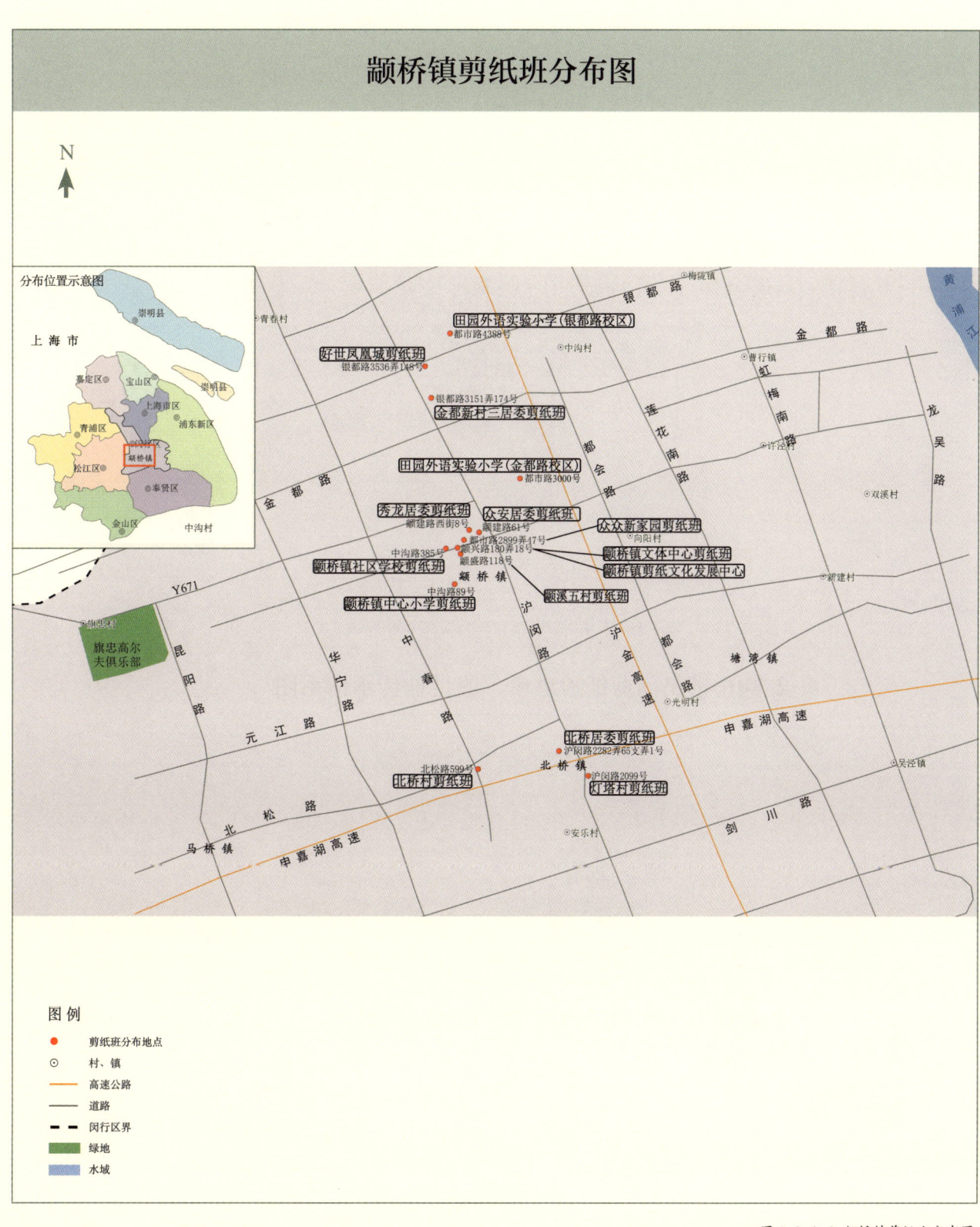

图 4-2-9-2 颛桥镇剪纸班分布图

（二）颛桥镇民间剪纸传承谱系图（选录）

1. 颛桥镇民间剪纸杜伟秋、周若妹传承谱系图

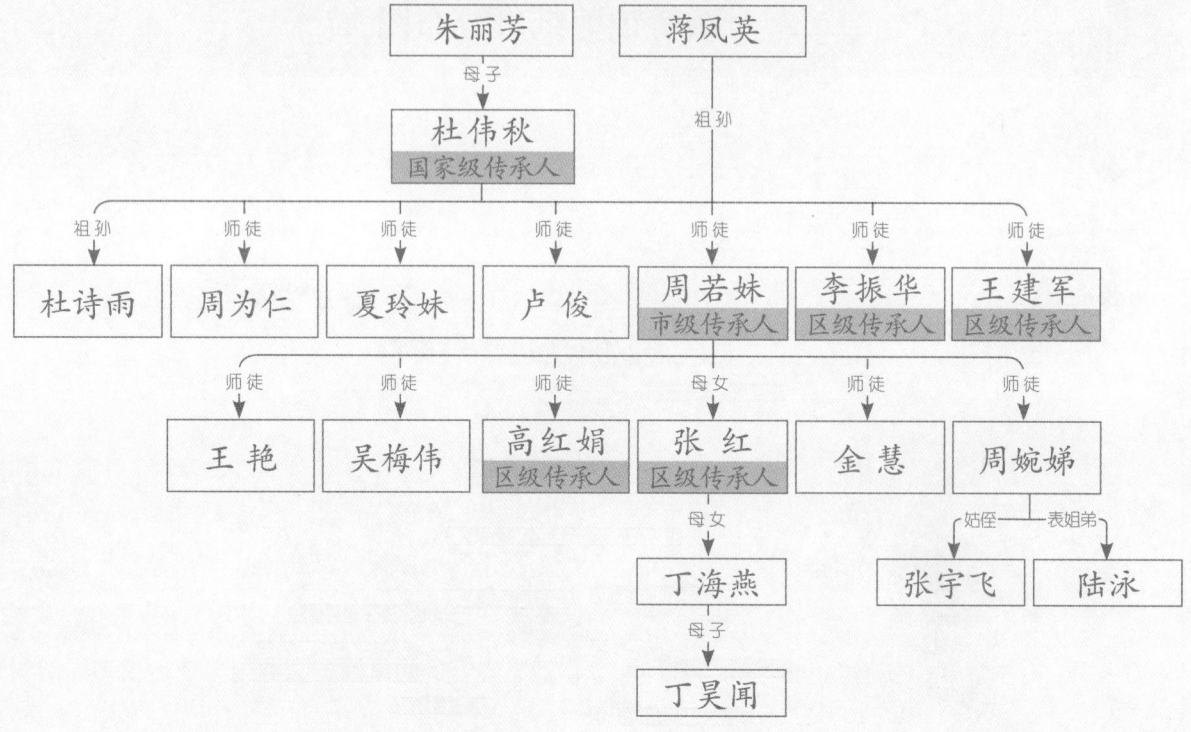

图 4-2-9-3 颛桥镇民间剪纸杜伟秋、周若妹传承谱系图

2. 颛桥镇民间剪纸殷世珍、殷世仙传承谱系图

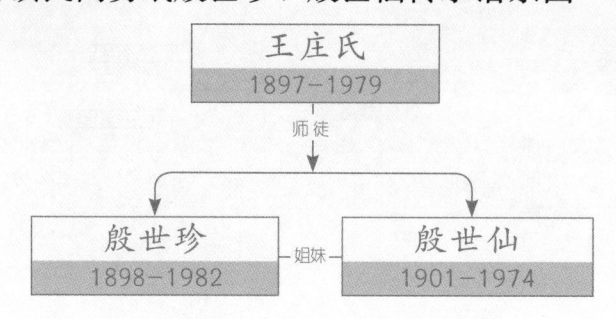

图 4-2-9-4 颛桥镇民间剪纸殷世珍、殷世仙传承谱系图

3. 颛桥镇民间剪纸何国兴传承谱系图

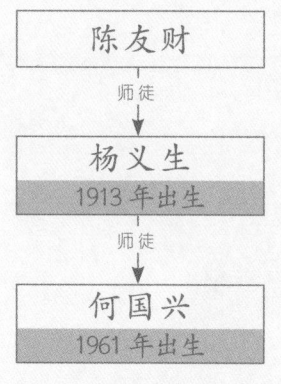

图 4-2-9-5 颛桥镇民间剪纸何国兴传承谱系图

第三编　民间剪纸典型项目——蔚县剪纸图谱

在全国品类繁多的民间剪纸中，蔚县剪纸是唯一以阴刻（雕刀刻制）为主的点彩剪纸形式。据传，蔚县剪纸最早始于清朝道光年间，迄今已有150多年的历史。在当地民间，剪纸被称为"窗花"，贴窗花被称为"挂喜"。

蔚县剪纸由草创到成熟，逐渐形成了以"阴刻"和"品色点染"为主的工艺特点，故有"三分刀工七分染"之说。蔚县剪纸题材内容主要可分为花卉、戏曲人物和脸谱三大类，另外还有对农村现实生活的描绘等。作品构图饱满，富态雍容，造型活泼，色彩浓艳，对比强烈。无论是反映人们的纳福心理，还是表现喜闻乐见的历史故事、民间传说题材，都充满了热烈欢快、喜气洋洋的色彩，体现了当地民众祈福纳吉的文化心理，以及高超的技艺和丰富的想象。

蔚县剪纸的艺术特色主要有四个方面。第一，喜气洋洋的主题。蔚县窗花的题材没有悲剧，无论是翎毛花卉、草虫鱼兽还是戏曲人物、传说故事等题材，都充满了热闹和喜气。第二，富态雍容的构图。蔚县剪纸善于运用不同的物象，通过实多于虚、黑大于白、面强于线的组合方式，构成饱满充实、和谐富态的画面。第三，生动活泼的造型。蔚县剪纸的造型，以写实为基础，并进行一定程度上的夸张变形。作品有对物象的真实描摹，也注重捕捉物象的动态，使得整个构图造型妙趣横生、生动活泼。第四，浓艳强烈的色彩。"三分刀工七分染"，且以阴刻为主、实大于虚、面多于线等为作品点色提供了便利。蔚县剪纸强调热闹，作品往往以红色为主色调，以绿色进行对比，红绿相间，色彩对比强烈，冷暖交错。为了破开这两种主色过分强调的紧张感，蔚县剪纸多用莲青、纯黄、桃红、淡蓝等色调进行协调，在线或小面上进行点染间隔，使得整个画面色感不仅和谐，且更为浓艳亮堂。

蔚县剪纸著名代表人物有王老赏、周兆明等，蔚县剪纸艺人的分布和传承具有明显的姻亲性和村落性。改革开放以来，蔚县剪纸在保持传统的同时开拓了与现代艺术相结合的道路，创建了诸如"新写实主义剪纸"等不同的剪纸风格，并逐步形成剪纸产业。2006年，蔚县剪纸被列入第一批国家级非物质文化遗产名录；2007年，蔚县的周兆明被列为第一批国家级非物质文化遗产项目代表性传承人；2009年，蔚县剪纸又被列入联合国教科文组织颁布的人类口头与非物质文化遗产行列，在全世界获得了美好的声誉。

一 蔚县剪纸历史演进图

19世纪中叶前：
单色窗花，色彩单调，线条较粗笨，以具有吉祥意义的动物、植物图案为主。

19世纪中叶至20世纪初（刘老布时期）：
点彩窗花出现，刻刀开始代替剪子成为蔚县剪纸的主要工具。

20世纪初至20世纪20年代（草创时期）：
以吕家和翟家剪纸为代表，主要表现为"口袋戏"（刀工粗糙，人物呆板，像个口袋）和"五大色"（点色简陋，配搭不匀，只有红、黄、青、黑、白五色）。

20世纪30年代（成熟时期）：
以王老赏为代表。他改造和润色了窗花戏曲人物和花卉图案，在造型、构图和色彩上都有了长足进步，最终发展成了以阴刻为主，阳刻为辅，着色点彩的具有鲜明地域特色的蔚县点彩剪纸。

20世纪40年代至1979年（发展时期）：
专业美术工作者和民间艺人相结合，大胆革新，突破原有题材的局限，改进了传统戏曲人物，开发了戏曲脸谱、独幅的古装人物等题材，出现了反映社会现实生活的作品。

改革开放以来（繁荣时期）：
在保持传统同时，与现代艺术相结合，出现了诸如"新写实主义剪纸"等不同的剪纸风格，并逐步形成剪纸产业。

图 4-3-1-1 蔚县剪纸历史演进图

二 蔚县剪纸项目与资源分布图

蔚县剪纸区域流布图

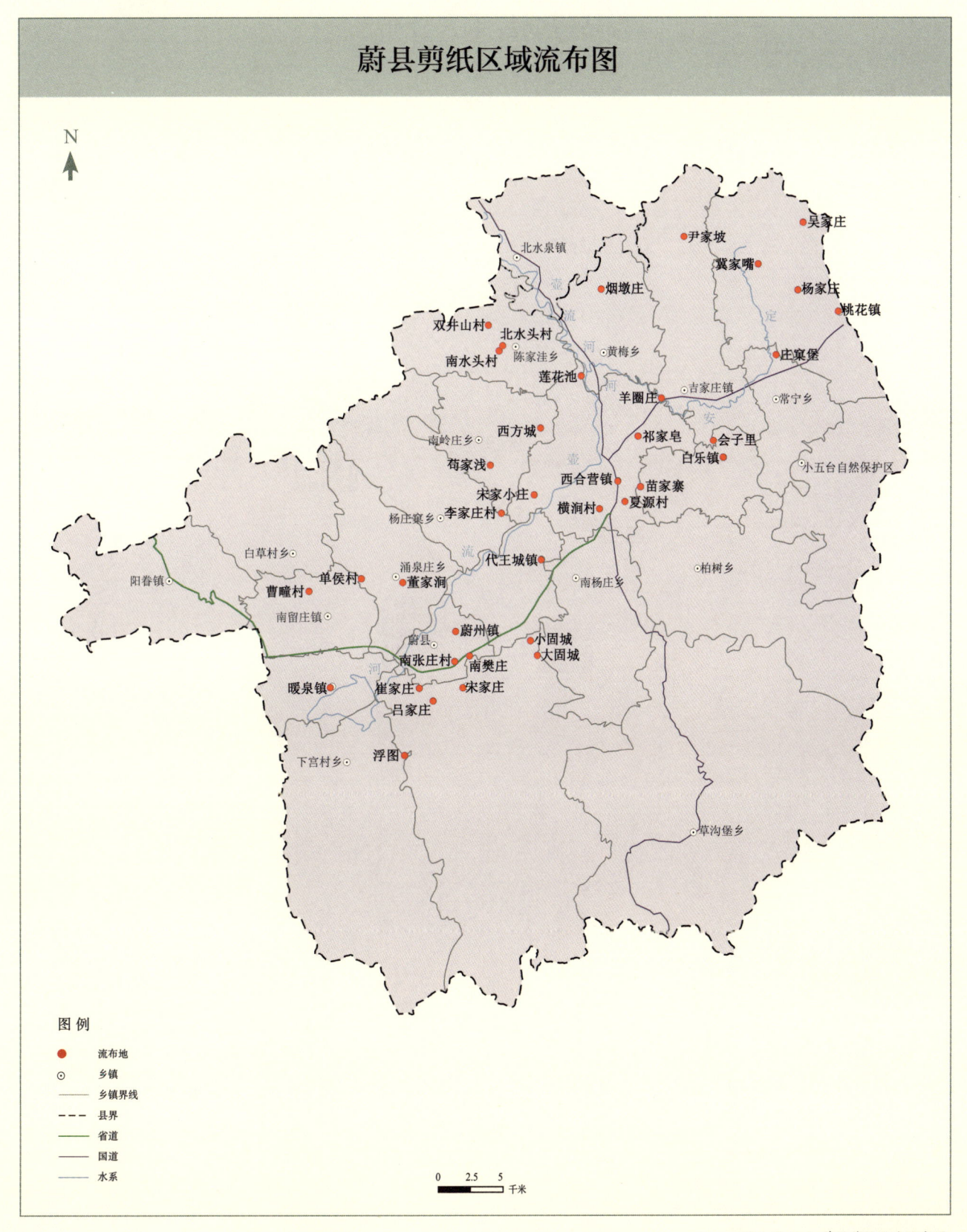

图例
- ● 流布地
- ⊙ 乡镇
- —— 乡镇界线
- ---- 县界
- —— 省道
- —— 国道
- —— 水系

图 4-3-2-1 蔚县剪纸区域流布图

民间剪纸卷
第三编 民间剪纸典型项目——蔚县剪纸图谱

蔚县剪纸传承人分布图①

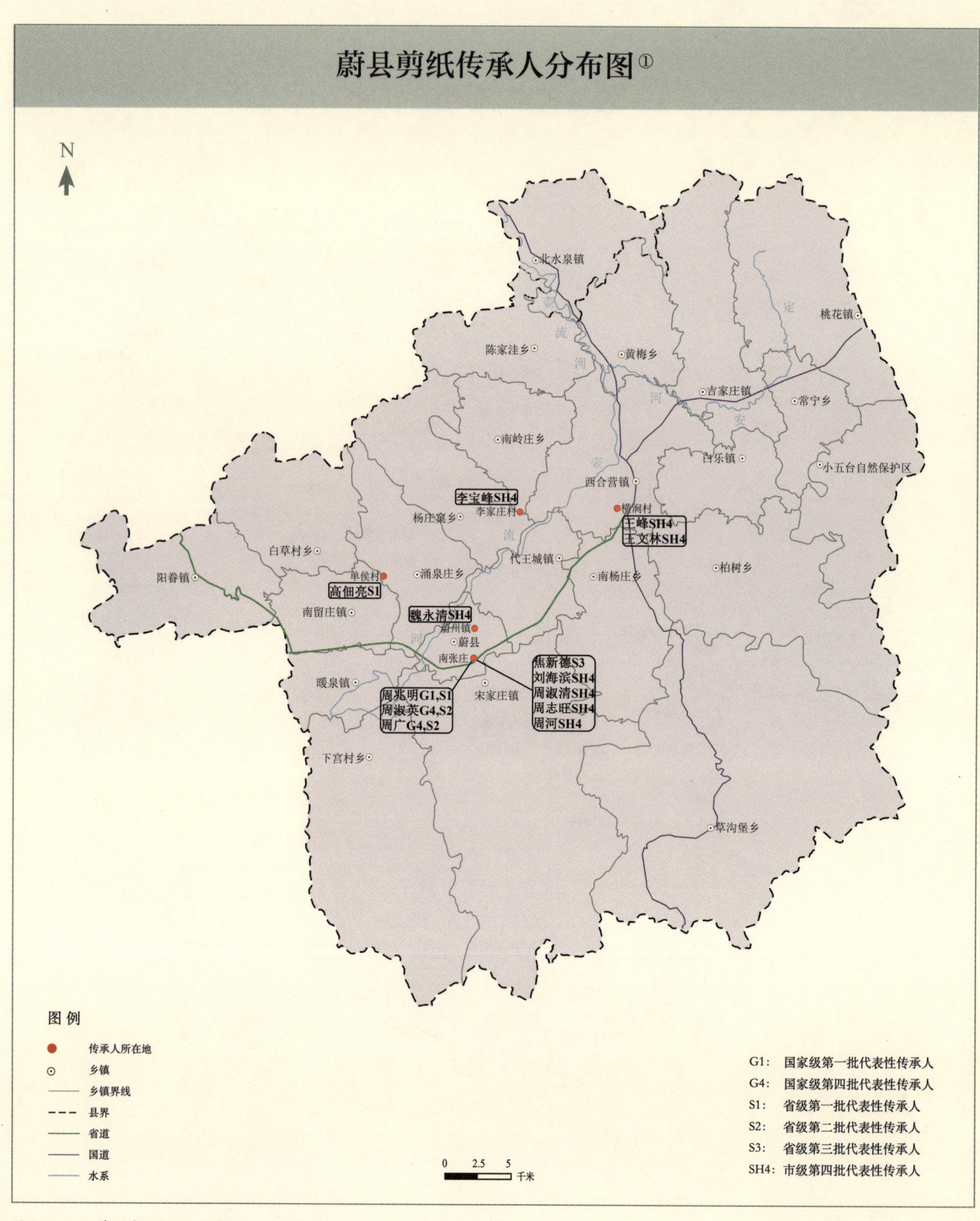

图 4-3-2-2 蔚县剪纸传承人分布图

① 本图中的传承人是指至2012年年底蔚县被列入国家级、河北省省级、张家口市市级非物质文化遗产代表性传承人名录中的民间剪纸类传承人。

蔚县剪纸各乡镇艺人数量分布图

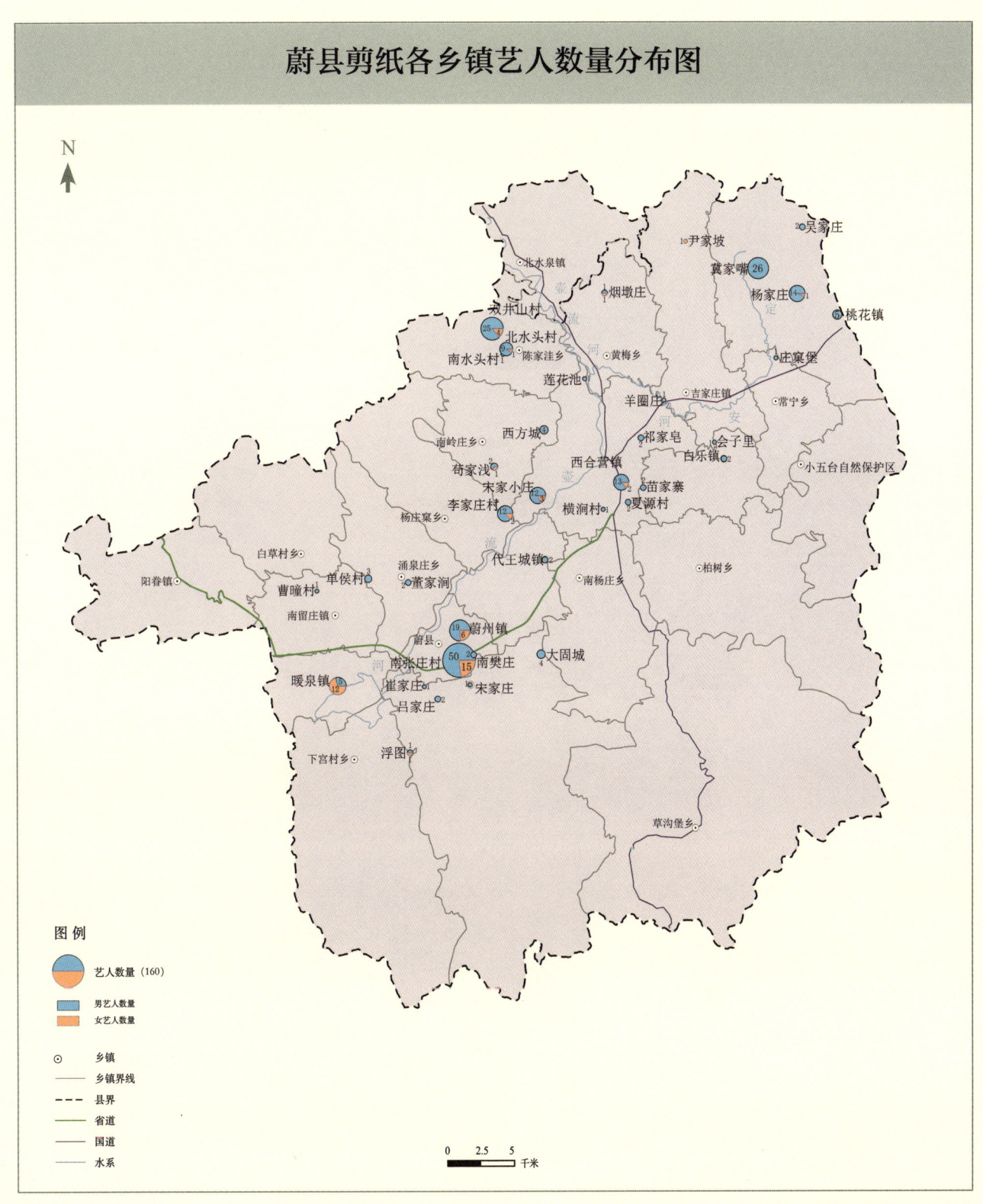

图 4-3-2-3 蔚县剪纸各乡镇艺人数量分布图

民间剪纸卷
第三编 民间剪纸典型项目——蔚县剪纸图谱

655

蔚县剪纸相关信息分布图(艺人住宅或故居)

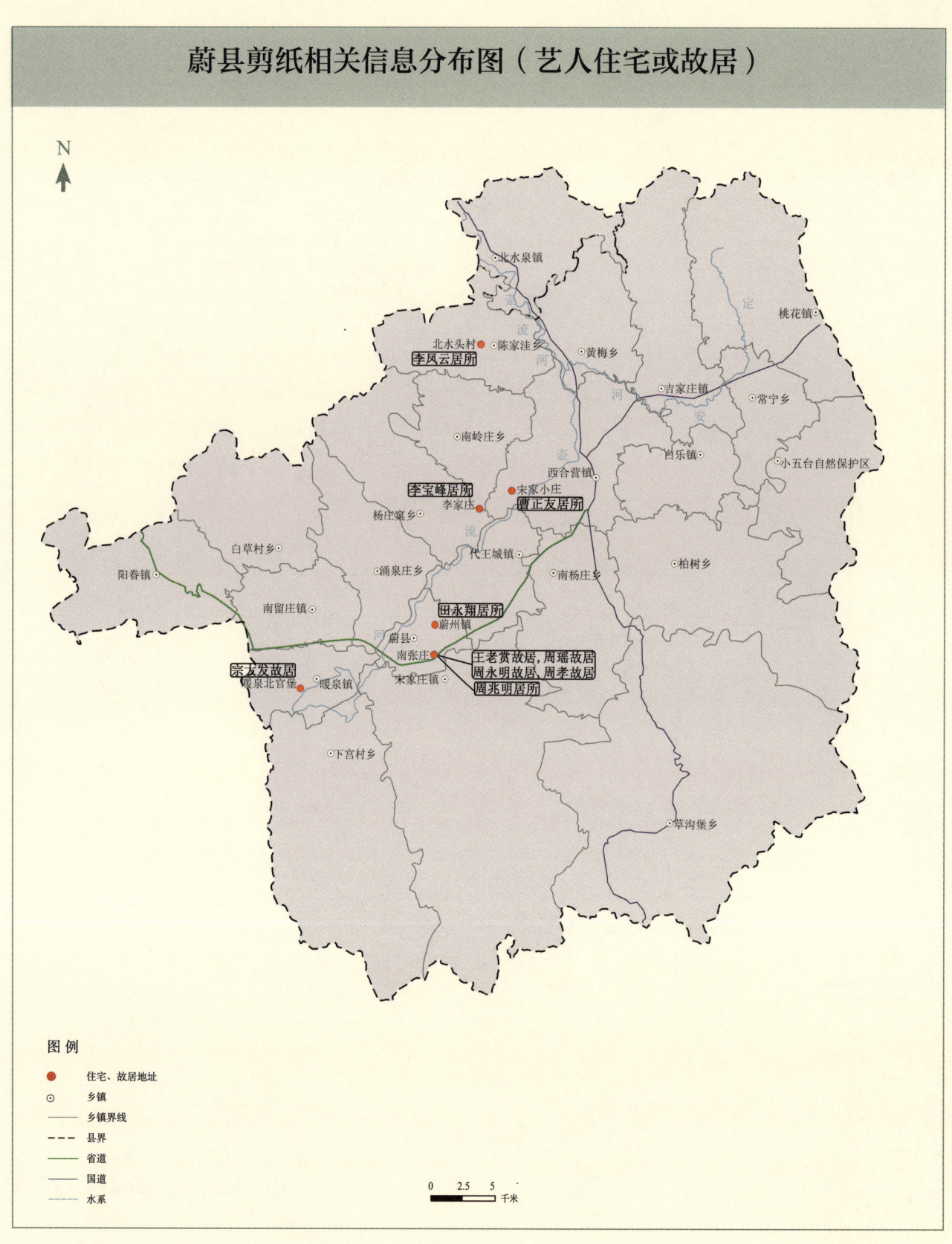

图 4-3-2-4 蔚县剪纸相关信息分布图(艺人住宅或故居)

蔚县剪纸相关信息分布图（重要遗址类）

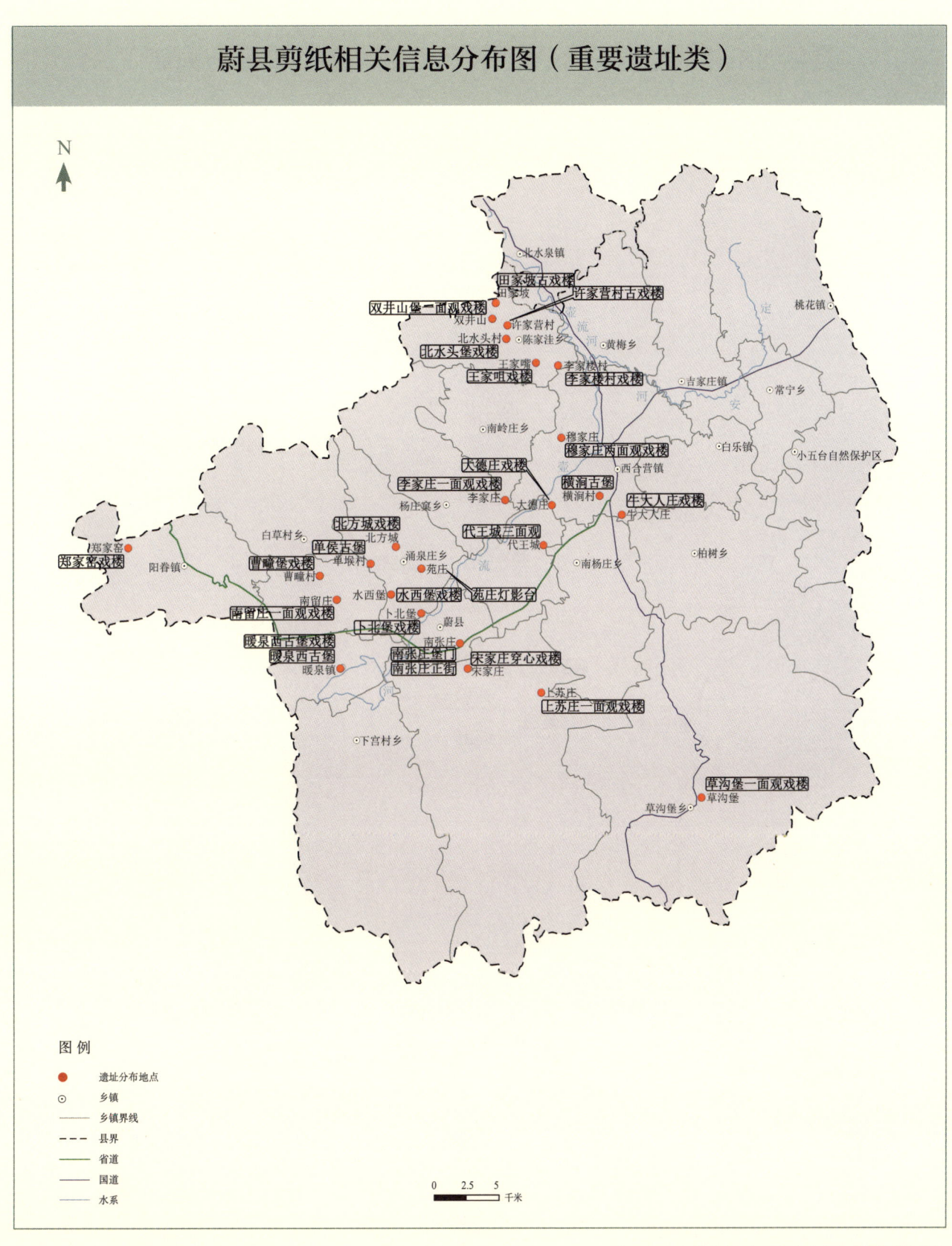

图 4-3-2-5 蔚县剪纸相关信息分布图（重要遗址类）

蔚县剪纸相关信息分布图（著名剪纸村落、街道与商店）

图 4-3-2-6 蔚县剪纸相关信息分布图（著名剪纸村落、街道与商店）

三 蔚县剪纸内容标识图

1. 花鸟鱼虫剪纸

　　蔚县剪纸花鸟鱼虫系列，技法多样，风格鲜明，简括奔放，似图案而不呆板，像绘画而带有装饰性，刀工细腻，色彩鲜艳。在表现手法上重视"求全"，色彩以借鉴工笔花鸟和写意花鸟见长。作品构图突出主体，讲求虚实对比和顾盼呼应。花卉、灵兽或文字经常组合出现在图案中，体现出吉祥、喜庆的主题含义。

图 4-3-3-1 花鸟鱼虫剪纸

2. 十二生肖剪纸

在蔚县十二生肖剪纸中，有"春牛图"等寓意着人勤春早。龙是英勇、尊贵的象征，蔚县剪纸中龙的图案经常与凤相结合，组合成"龙凤吉祥"的寓意。猪被隐喻为福气，在剪纸构图中常常驮着聚宝盆，寓意为"招财进宝"等。

图 4-3-3-2 十二生肖剪纸

3. 戏曲人物剪纸

戏曲人物剪纸是蔚县传统窗花剪纸中艺术造诣较高，具有浓厚地方特色的一种剪纸作品形式。蔚县剪纸中的戏曲人物大多选自京剧、山西梆子、河北梆子和蔚县当地秧歌等剧种中群众喜闻乐见的剧目。人物原型源于历史故事、神话传说和民间故事。蔚县剪纸中的戏曲人物为适应窗花粘贴之需要，分为大戏曲人物和小戏曲人物。大戏曲人物一般只刻一人或两人，常见双幅或四幅，着重刻画人物形象；小戏曲人物则由诸多人物形象构成，表现的是完整的戏曲故事，成套出品，有四幅、八幅、十二幅或十六幅不等。

图 4-3-3-3 戏曲人物剪纸

4. 戏曲脸谱剪纸

　　蔚县戏曲脸谱剪纸作品主要取材于晋剧中的角色形象，但强化了晋剧角色的化妆，在构图上有整脸、六分脸、三块瓦、十字门等多种形式，歪脸、碎脸则较少，使得整个构图给人一种花而不乱、粗壮大方的感觉。蔚县脸谱剪纸色彩明快、鲜亮，把黑色为主调的人物脸谱改用灰色代替。蔚县脸谱剪纸线条简练、粗犷。根据不同人物的个性特点，着力刻画眉、眼、鼻窝及嘴型。蔚县脸谱剪纸还较注重晋剧脸谱中额部和两颊图形的刻画，单流云、双流云、单火焰、双火焰、日、月等具有象征意义的图案亦时有出现。

图 4-3-3-4 戏曲脸谱剪纸

5. 社会风俗剪纸

蔚县的社会风俗剪纸反映了蔚县人的风俗、信仰，诸如红喜事、迎喜神、挂红灯、祭祖、舞狮、打树花、推彩车、抬灯官等风俗习惯，及人民对福禄寿喜等的美好愿望。

图 4-3-3-5 社会风俗剪纸

四 蔚县剪纸工艺流程图

1. 画样

画样即画出剪纸所用的"底样",也称"画稿",这是蔚县剪纸创作的第一道工序。

图 4-3-4-1 画样

2. 拨样

拨样即把绘好的画样用刀刻下来，也是对画稿的第二次创作。

图 4-3-4-2 拨样

3. 捋纸和撒粉子

捋纸即将一刀纸放好，用手捋平，以防止纸面上有沙子，并将纸面起折的地方抚平。撒粉子，也叫"打粉子"，取一刀纸，每隔5—6张在上面撒一层白粉，以便在染色时将其分开。

图 4-3-4-3 捋纸和撒粉子

4. 熏样

熏样即把拔好的样子平放在一张白纸上，用水蘸湿，然后放在油灯或蜡烛上熏，使烟透过镂空的地方，把窗花样子的形状全部完整地熏印到纸坯上。

图 4-3-4-4 熏样

5. 钉活儿

钉活儿即把熏好的窗花底样用剪子剪去多余的边角，把一刀纸放齐摆正，再根据要刻制窗花底样的大小，一张接一张地摆放在上面，然后用锥子锥进每张底样的四角，一直穿透纸底样下面的纸张，接着将穿好的纸捻穿过锥好的小孔，以将底样与下面的纸张固定起来形成整体。

图 4-3-4-5 钉活儿

6. 裁活儿

裁活儿即用剪子或裁刀将钉好的纸张按照窗花底样的大小分别裁开，使其成为一个个纸坯。

图 4-3-4-6 裁活儿

民间剪纸卷
第三编 民间剪纸典型项目——蔚县剪纸图谱

7. 闷活儿

闷活儿即从底面往纸坯上略撩些水，或用湿毛巾把纸坯的中间、背面等部位全部打湿，再把湿纸坯放平，用毛巾或布覆在其上面，用双手直压，以挤去过多的水分，之后再将一沓纸铺平，把湿纸坯夹于其中，然后用脚蹬踏或用石头等重物覆压，以将纸坯充分压实，同时再次挤出多余的水分。

图 4-3-4-7 闷活儿

8. 晒活儿

晒活儿即将纸坯压实后,再用铁夹子夹起来挂在铁丝上放在通风的地方阴干。纸坯不能完全晾干,稍稍保持一点潮湿,以便下一步的刻制。

图 4-3-4-8 晒活儿

9. 刻制

刻制即将纸坯放在专门用于刻纸的黄蜡板上，然后用各种不同规格的刻刀在纸坯上刻制图案。刻时要求刀与纸面垂直，下刀要求刚劲有力，走刀要求流畅圆活，刻出来的图案不能留下半点纸毛或毛边，也不能刻断一根细线。

图 4-3-4-9 刻制

10. 染色

染色又叫"上色"或"点色"。每一刀活儿在染色前，先要在纸边上试色，再开始染。点染时常用的颜色是红、粉（深粉、浅粉）、杏黄、蓝色、紫色、雪青、黄色。上色的顺序一般是由浅到深，先暖后冷，先上面积大的，再配其他色。此外，染色还讲究细处轻染，宽处重染；色与色之间要岔开配搭。染完正面，再染背面，以保证每张纸都能染周全。

图 4-3-4-10 染色

11. 揭活儿

揭活儿即把染好色的剪纸一张一张揭开。在揭样之前，必须先将刻好并染好的纸样轻轻揉动，使纸张互相脱离，然后依次一张一张地揭开。

图 4-3-4-11 揭活儿

五 蔚县剪纸传承谱系图

1. 蔚县剪纸艺人传承谱系图之一

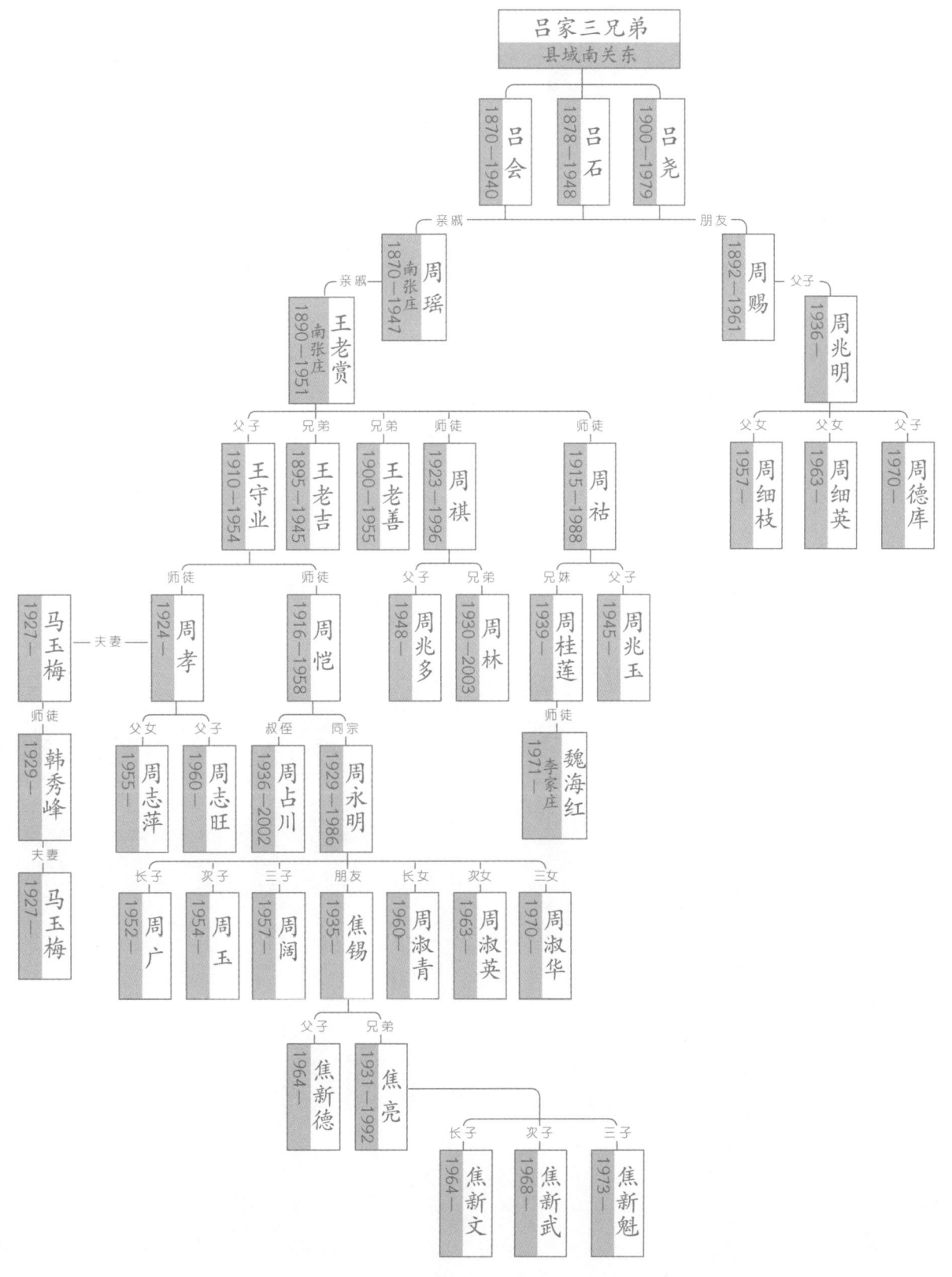

图 4-3-5-1 蔚县剪纸艺人传承谱系图之一

2. 蔚县剪纸艺人传承谱系图之二

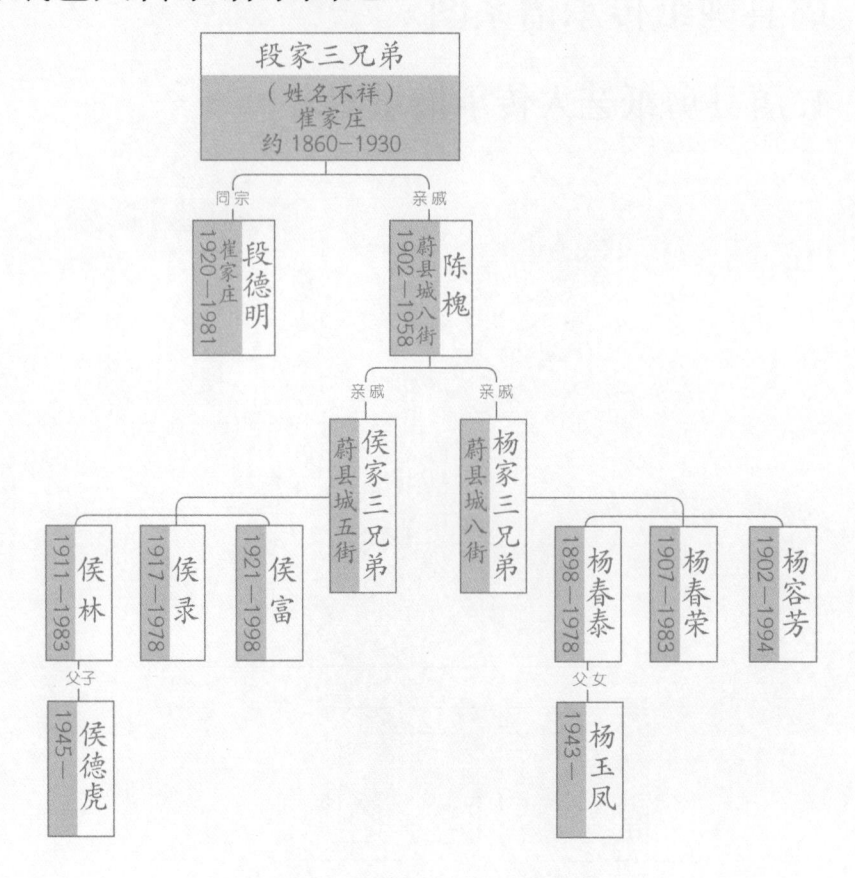

图 4-3-5-2 蔚县剪纸艺人传承谱系图之二

3. 蔚县剪纸艺人传承谱系图之三

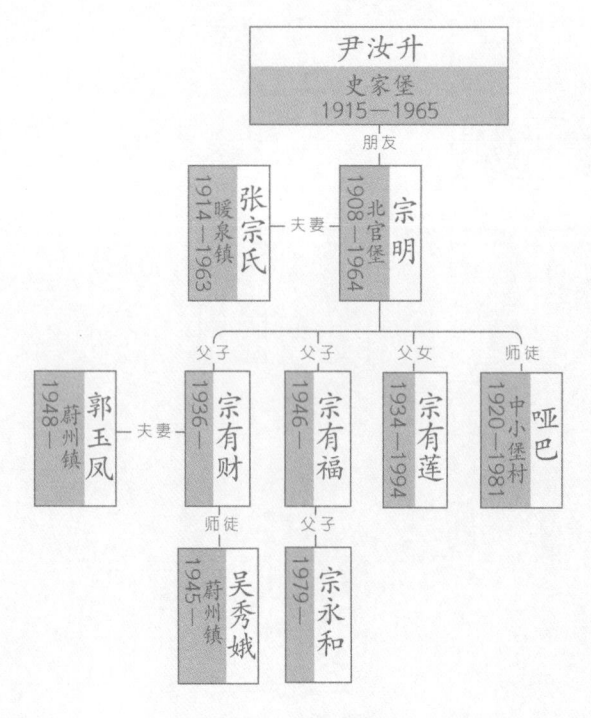

图 4-3-5-3 蔚县剪纸艺人传承谱系图之三

4. 蔚县剪纸艺人传承谱系图之四

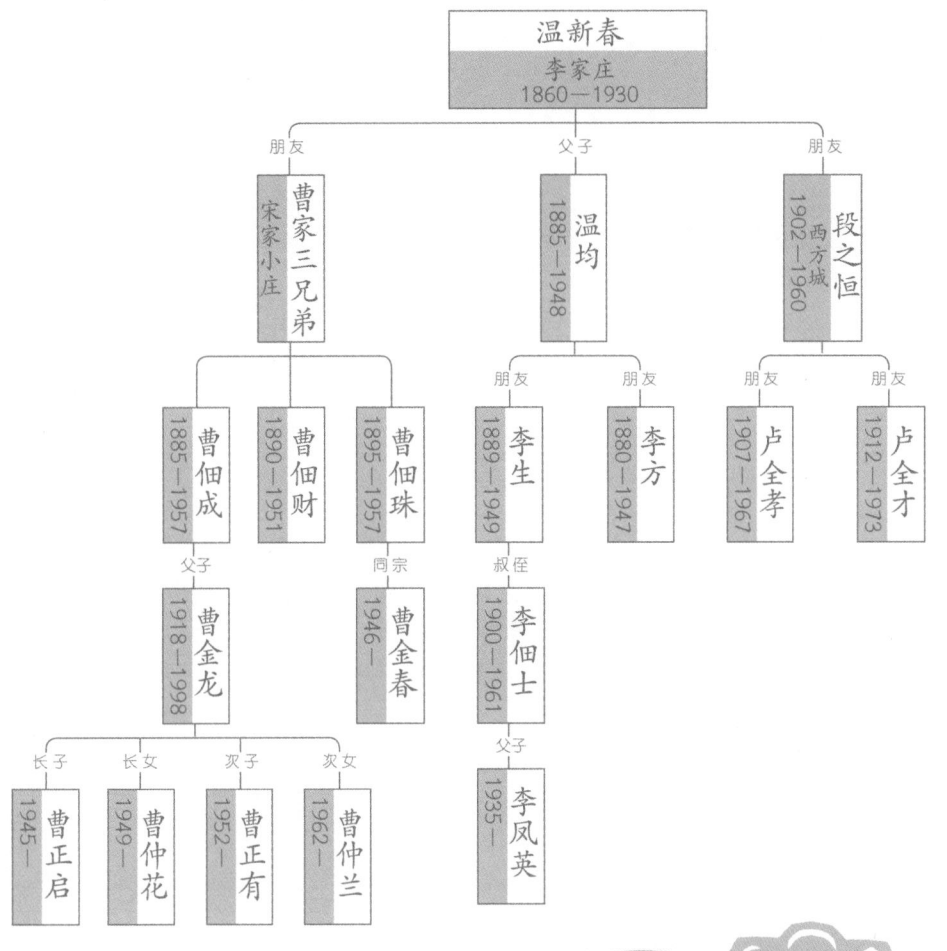

图 4-3-5-4 蔚县剪纸艺人传承谱系图之四

5.蔚县剪纸艺人传承谱系图之五

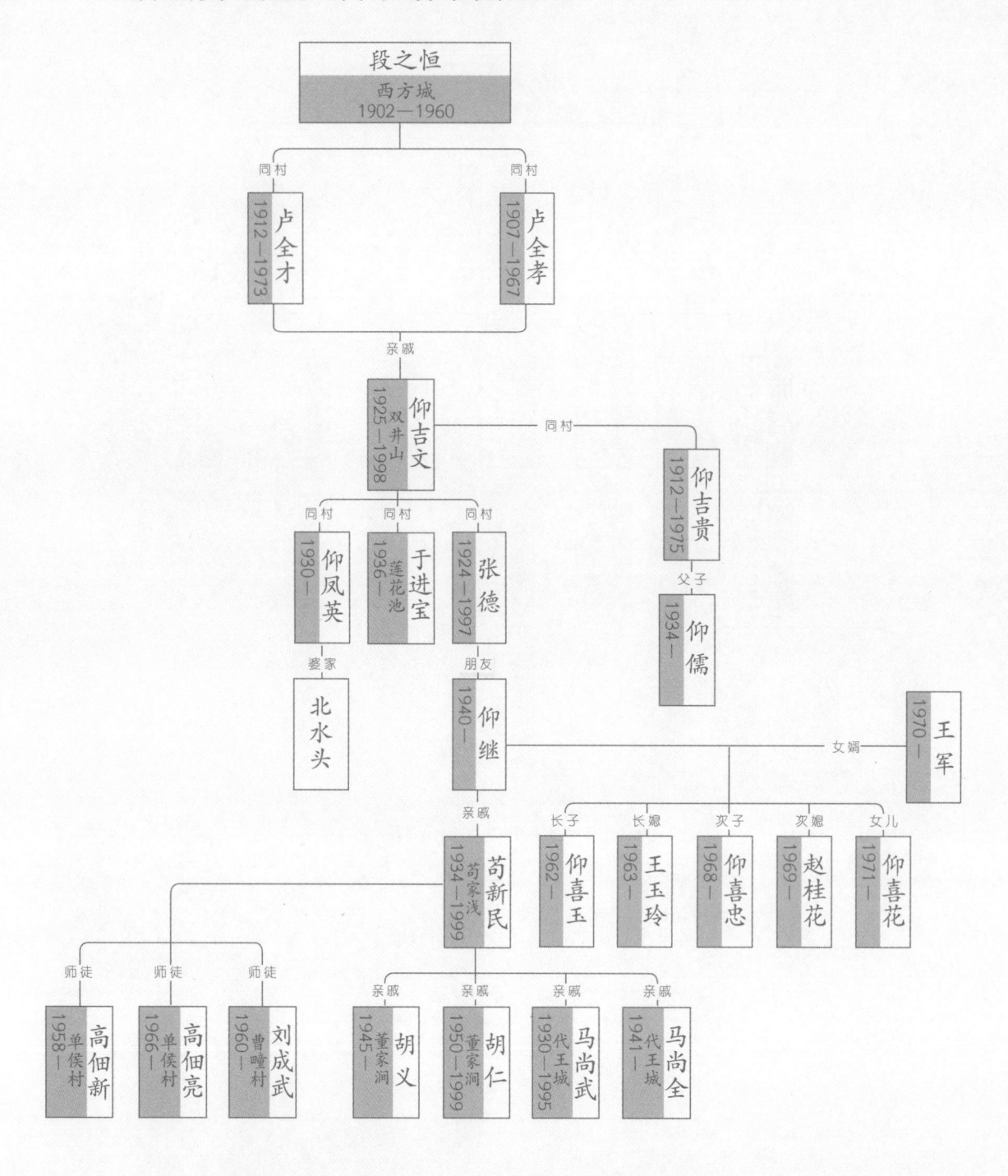

图 4-3-5-5 蔚县剪纸艺人传承谱系图之五

六 蔚县剪纸社会影响图

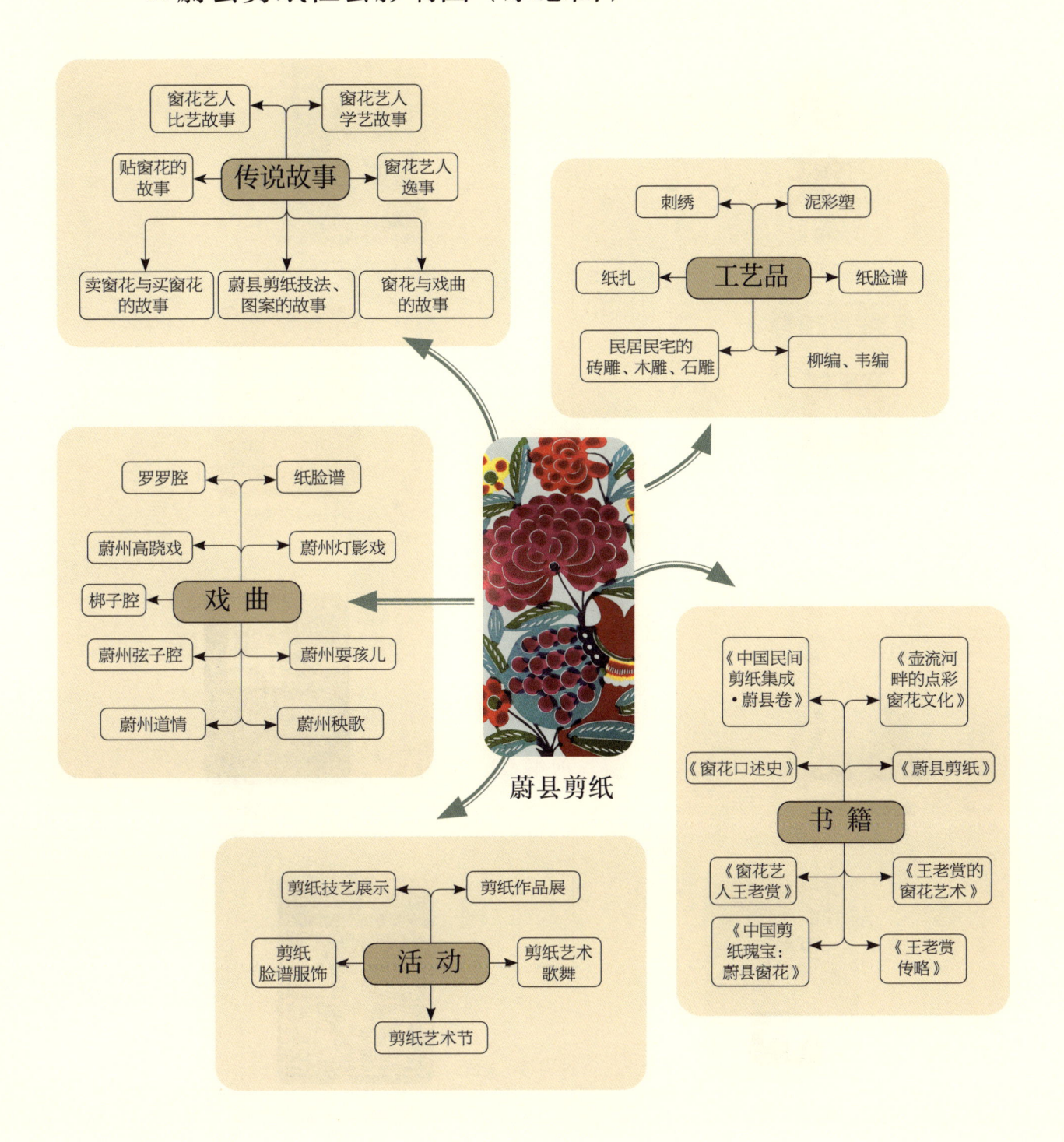

1. 蔚县剪纸社会影响图（示意图）

传说故事
- 窗花艺人比艺故事
- 窗花艺人学艺故事
- 贴窗花的故事
- 窗花艺人逸事
- 卖窗花与买窗花的故事
- 蔚县剪纸技法、图案的故事
- 窗花与戏曲的故事

工艺品
- 刺绣
- 泥彩塑
- 纸扎
- 纸脸谱
- 民居民宅的砖雕、木雕、石雕
- 柳编、苇编

戏曲
- 罗罗腔
- 纸脸谱
- 蔚州高跷戏
- 蔚州灯影戏
- 梆子腔
- 蔚州弦子腔
- 蔚州耍孩儿
- 蔚州道情
- 蔚州秧歌

书籍
- 《中国民间剪纸集成·蔚县卷》
- 《壶流河畔的点彩窗花文化》
- 《窗花口述史》
- 《蔚县剪纸》
- 《窗花艺人王老赏》
- 《王老赏的窗花艺术》
- 《中国剪纸瑰宝：蔚县窗花》
- 《王老赏传略》

活动
- 剪纸技艺展示
- 剪纸作品展
- 剪纸脸谱服饰
- 剪纸艺术歌舞
- 剪纸艺术节

蔚县剪纸

图 4-3-6-1 蔚县剪纸社会影响图（示意图）

2. 蔚县剪纸社会影响图（书籍类）

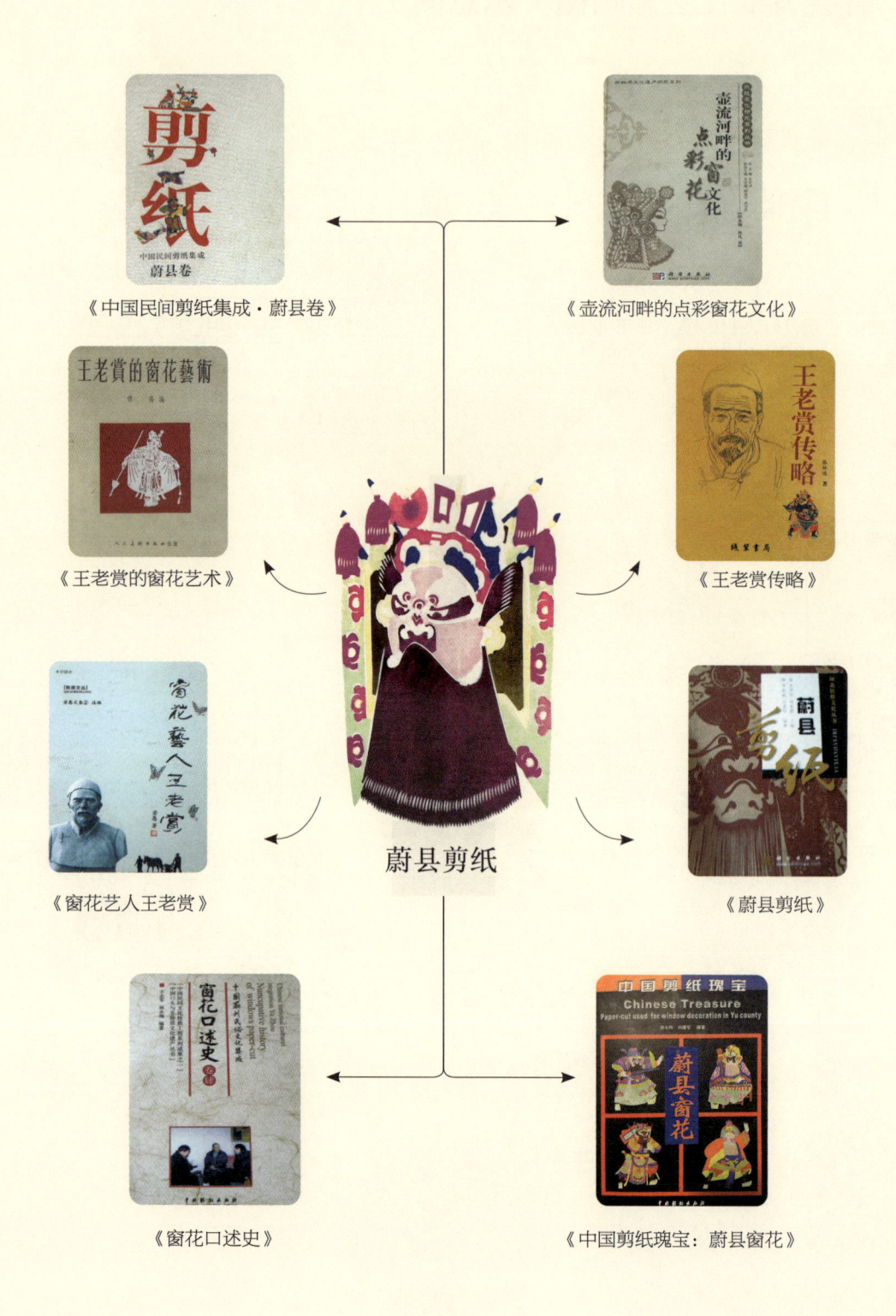

《中国民间剪纸集成·蔚县卷》

《壶流河畔的点彩窗花文化》

《王老赏的窗花艺术》

《王老赏传略》

《窗花艺人王老赏》

《蔚县剪纸》

《窗花口述史》

《中国剪纸瑰宝：蔚县窗花》

蔚县剪纸

图 4-3-6-2 蔚县剪纸社会影响图（书籍类）

3. 蔚县剪纸社会影响图（工艺品类）

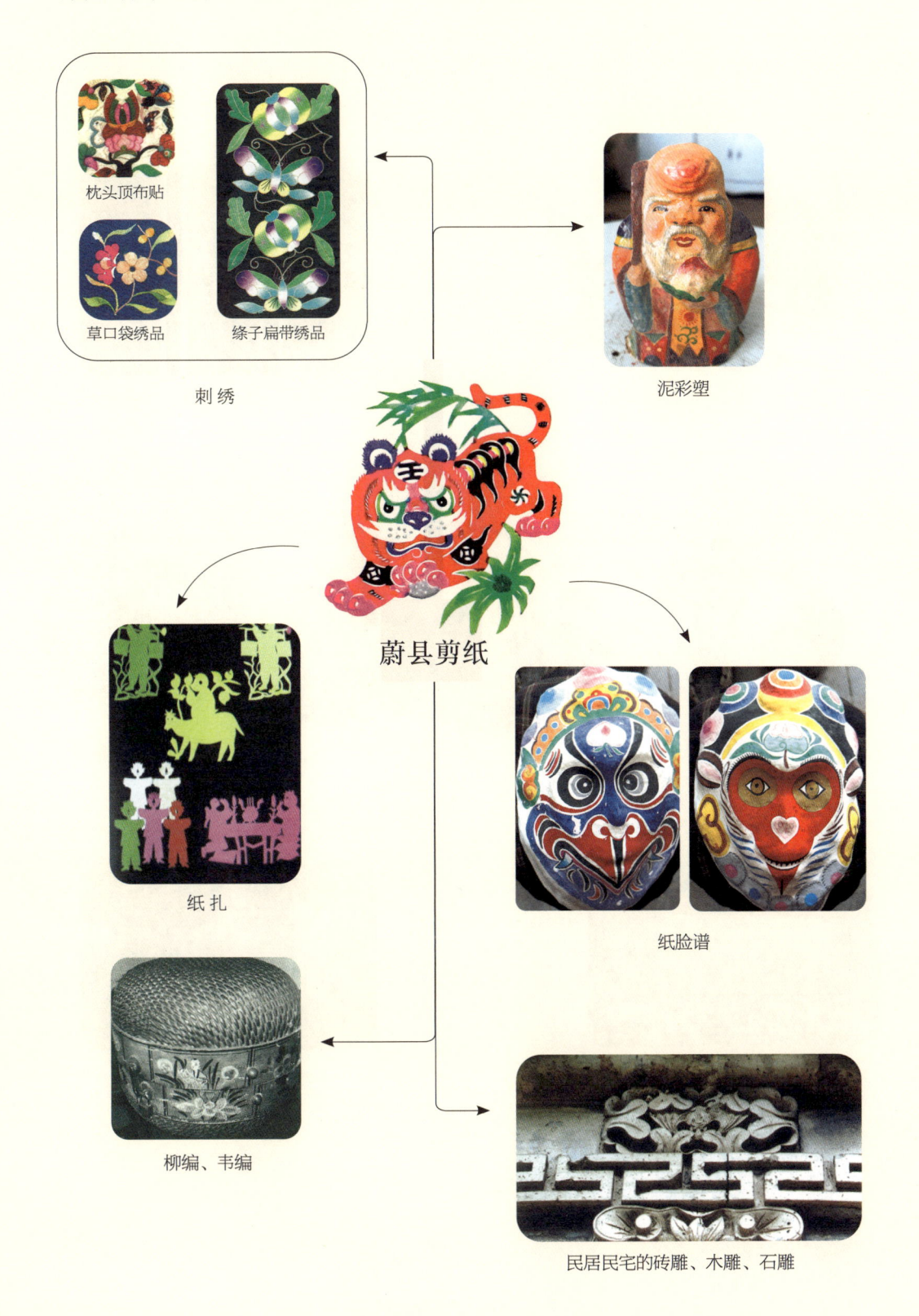

枕头顶布贴

草口袋绣品　绦子扁带绣品

刺　绣

泥彩塑

蔚县剪纸

纸扎

纸脸谱

柳编、苇编

民居民宅的砖雕、木雕、石雕

图 4-3-6-3　蔚县剪纸社会影响图（工艺品类）

4. 蔚县剪纸社会影响图（活动类）

剪纸技艺展示

剪纸作品展

剪纸脸谱服饰

蔚县剪纸

剪纸艺术节歌舞

第三届中国剪纸艺术节

第四届中国剪纸艺术节

图 4-3-6-4 蔚县剪纸社会影响图（节日类）

《国务院关于公布第一批国家级非物质文化遗产名录的通知》，国发〔2006〕18号。

《国务院关于公布第二批国家级非物质文化遗产名录和第一批国家级非物质文化遗产扩展项目名录的通知》，国发〔2008〕19号。

《国务院关于公布第三批国家级非物质文化遗产名录的通知》，国发〔2011〕14号。

《文化部关于公布第一批国家级非物质文化遗产项目代表性传承人的通知》，文社图发〔2007〕21号。

《文化部关于公布第二批国家级非物质文化遗产项目代表性传承人的通知》，发文号不详。

《文化部关于公布第三批国家级非物质文化遗产项目代表性传承人的通知》，文非遗发〔2009〕6号。

《文化部关于公布第四批国家级非物质文化遗产项目代表性传承人的通知》，文非遗发〔2012〕51号。

《陕西省人民政府关于公布陕西省第一批非物质文化遗产名录的通知》，陕政发〔2007〕15号。

《陕西省人民政府关于公布陕西省第二批非物质文化遗产名录的通知》，陕政发〔2009〕42号。

《关于公布陕西省第二批省级非物质文化遗产项目代表性传承人的通知》，陕文非遗〔2010〕6号。

《陕西省人民政府关于公布第三批非物质文化遗产名录的通知》，陕政发〔2011〕31号。

《省政府关于公布第一批省级非物质文化遗产名录的通知》，苏政发〔2007〕28号。

《省政府关于公布第二批省级非物质文化遗产名录和第一批省级非物质文化遗产扩展项目名录的通知》，苏政发〔2009〕94号。

《省政府关于公布第三批省级非物质文化遗产名录的通知》，苏政发〔2011〕124号。

《关于命名第二批江苏省非物质文化遗产代表性传承人的通知》，苏文社〔2008〕49号。

《关于命名第三批江苏省非物质文化遗产代表性传承人的通知》，苏文非遗〔2010〕8号。

《关于命名第四批江苏省非物质文化遗产代表性传承人的通知》，苏文非遗〔2014〕2号。

《湖南省人民政府关于公布第一批省级非物质文化遗产名录的通知》，湘政发〔2006〕18号。

《湖南省人民政府关于公布第二批省级非物质文化遗产名录的通知》，湘政发〔2009〕9号。

《河南省人民政府关于公布第一批河南省省级非物质文化遗产名录的通知》，豫政〔2007〕11号。

《河南省人民政府关于公布第二批河南省省级非物质文化遗产名录的通知》，豫政〔2009〕45号。

《河南省人民政府关于公布第三批河南省省级非物质文化遗产名录的通知》，豫政〔2011〕88号。

《河南省文化厅关于公布第三批省级非物质文化遗产项目代表性传承人名单的通知》，豫文非遗〔2012〕24号。

《河北省人民政府关于公布第一批省级非物质文化遗产名录的通知》，冀政函〔2006〕77号。

《河北省人民政府关于公布第二批省级非物质文化遗产名录的通知》，冀政函〔2007〕94号。

《河北省人民政府关于公布第三批省级非物质文化遗产名录的通知》，冀政函〔2009〕59号。

《河北省人民政府关于公布第四批省级非物质文化遗产名录的通知》，冀政函〔2012〕2号。

《河北省人民政府关于公布第五批省级非物质文化遗产名录的通知》，冀政函〔2013〕133号。

文件

《河北省文化厅关于公布第一批省级非物质文化遗产项目代表性传承人的通知》，发文号不详。

《河北省文化厅关于公布第二批省级非物质文化遗产项目代表性传承人的通知》，冀文社字〔2010〕24号。

《河北省文化厅关于公布第四批省级非物质文化遗产项目代表性传承人的通知》，冀文社字〔2015〕6号。

《张家口市文化广电新闻局关于公布第一批市级非物质文化遗产名录及代表性传承人的公告》，发文号不详。

《张家口市人民政府关于公布第一批市级非物质文化遗产名录的通知》，政字〔2009〕70号。

《张家口市人民政府关于公布第二批市级非物质文化遗产名录的通知》，政字〔2010〕108号。

《张家口市文化广电新闻局关于公示第三批张家口非物质文化遗产保护项目及第四批张家口市非物质文化遗产项目代表性传承人的通知》，发文号不详。

《张家口市人民政府关于公布张家口市第四批市级非物质文化遗产名录及张家口市第四批非物质文化遗产项目扩展传承人的通知》，政字〔2014〕43号。

《蔚县人民政府关于公布第一批蔚县非物质文化遗产代表作名录的通知》，政字〔2008〕56号。

《浙江省人民政府关于公布第一批浙江省非物质文化遗产名录的通知》，浙政发〔2005〕26号。

《浙江省人民政府关于公布第二批浙江省非物质文化遗产名录的通知》，浙政发〔2007〕33号。

《浙江省人民政府关于公布第三批浙江省非物质文化遗产名录和第一批、第二批浙江省非物质文化遗产扩展项目名录的通知》，浙政发〔2009〕35号。

《浙江省人民政府关于公布第四批浙江省非物质文化遗产名录的通知》，浙政发〔2012〕55号。

《浙江省文化厅关于公布第一批浙江省非物质文化遗产项目代表性传承人的通知》，浙文社〔2008〕3号。

《浙江省文化厅关于公布第二批浙江省非物质文化遗产项目代表性传承人的通知》，浙文非遗〔2008〕26号。

《浙江省文化厅关于公布第三批浙江省非物质文化遗产项目代表性传承人的通知》，浙文非遗〔2009〕65号。

《山西省人民政府关于公布山西省第一批省级非物质文化遗产名录的通知》，晋政发〔2006〕46号。

《山西省人民政府关于公布第二批省级非物质文化遗产名录的通知》，晋政发〔2009〕12号。

《福建省人民政府关于公布第一批省级非物质文化遗产代表作名录的通知》，闽政文〔2005〕495号。

《福建省人民政府关于公布第二批省级非物质文化遗产名录的通知》，闽政文〔2007〕291号。

《福建省人民政府关于公布第三批省级非物质文化遗产名录的通知》，闽政文〔2009〕151号。

《福建省人民政府关于公布第四批省级非物质文化遗产名录的通知》，闽政文〔2011〕105号。

《福建省人民政府关于公布福建省第一批省级非物质文化遗产项目代表性传承人的通知》，闽政文〔2008〕189号。

《福建省人民政府关于公布福建省第二批非物质文化遗产项目代表性传承人的通知》，闽政文〔2010〕323号。

《福建省人民政府关于公布福建省第三批非物质文化遗产项目代表性传承人的通知》，闽政文〔2014〕158号。

《云南省人民政府关于公布云南省第一批非物质文化遗产保护名录的通知》，云政发〔2006〕75号。

《云南省人民政府关于公布云南省第二批非物质文化遗产名录和第一批非物质文化遗产扩展项目的通知》，云政发〔2009〕152号。

《云南省人民政府关于公布云南省第三批非物质文化遗产名录的通知》，云政发〔2013〕148号。

《关于命名云南省民族民间音乐、舞蹈、美术艺人的决定》，云文社〔2002〕119号。

《关于命名云南省非物质文化遗产传承人的决定》，云文社〔2007〕16号。

《关于命名云南省第四批非物质文化遗产项目代表性传承人的决定》，云文非遗〔2010〕10号。

《迪庆藏族自治州各级别非遗项目总表》，云南省迪庆藏族自治州非遗中心斯那顿主提供，2013年。

《香格里拉县非遗代表性传承人名录》，香格里拉县文化馆和丽娟提供，2013年。

《黑龙江省人民政府关于公布第一批省级非物质文化遗产名录的通知》，黑政发〔2007〕22号。

《黑龙江省人民政府关于公布第二批省级非物质文化遗产名录和第一批省级非物质文化遗产扩展项目名录的通知》，黑政发〔2009〕49号。

《黑龙江省人民政府关于公布第三批省级非物质文化遗产名录和省级非物质文化遗产扩展项目名录的通知》，黑政发〔2011〕48号。

《黑龙江省人民政府关于公布第四批省级非物质文化遗产名录和省级非物质文化遗产扩展项目名录的通知》，黑政发〔2013〕8号。

《关于公布第一批省级非物质文化遗产名录保护单位和代表性传承人的通知》，黑文发〔2008〕121号。

《关于公布第二批省级非物质文化遗产项目代表性传承人和保护单位的通知》，黑文发〔2009〕205号。

《关于公布第三批省级非物质文化遗产项目代表性传承人和保护单位的通知》，黑文发〔2012〕196号。

《广西壮族自治区人民政府关于公布第一批自治区级非物质文化遗产名录的通知》，桂政发〔2007〕1号。

《广西壮族自治区人民政府关于公布第二批自治区级非物质文化遗产名录和第一批自治区级非物质文化遗产扩展项目名录的通知》，桂政发〔2008〕46号。

《广西壮族自治区人民政府关于公布第三批自治区级非物质文化遗产名录和第一批第二批自治区级非物质文化遗产扩展项目名录的通知》，桂政发〔2010〕25号。

《广西壮族自治区人民政府关于公布第四批自治区级非物质文化遗产代表性项目名录的通知》，桂政发〔2012〕48号。

文件

《贺州市人民政府关于公布第二批市级非物质文化遗产名录的通知》贺州市人民政府文件，贺政发〔2009〕47号。

《贺州市人民政府关于公布第三批市级非物资文化遗产项目及代表性传承人的通知》，贺政发〔2011〕68号。

《湖北省人民政府关于公布第一批省级非物质文化遗产名录的通知》，鄂政发〔2007〕38号。

《湖北省人民政府关于公布第二批省级非物质文化遗产名录和第一批省级非物质文化遗产扩展项目名录的通知》，《湖北省人民政府公报》，2009年第12期。

《湖北省人民政府关于公布第三批省级非物质文化遗产名录的通知》，鄂政发〔2011〕33号。

《省文化厅关于公布第二批省级非物质文化遗产项目代表性传承人的通知》，鄂文化办〔2010〕320号。

《省文化厅关于公布第三批省级非物质文化遗产项目代表性传承人的通知》，鄂文化文〔2012〕225号。

《恩施州第一批州级非物质文化遗产名录》，恩施州政发〔2006〕53号。

《恩施州第二批州级非物质文化遗产名录》，恩施州政函〔2009〕2号。

《恩施州第二批州级非物质文化遗产扩展项目名录》，恩施州政发〔2011〕4号。

《恩施州第三批州级非物质文化遗产名录》，恩施州政发〔2011〕4号。

《恩施州第四批州级非物质文化遗产名录》，恩施州政发〔2013〕14号。

《恩施州第一批省级非物质文化遗产项目代表性传承人名单》，鄂文化文〔2008〕234号。

《恩施州第二批省级非物质文化遗产项目代表性传承人名单》，鄂文化办〔2010〕320号。

《恩施州第三批省级非物质文化遗产项目代表性传承人名单》，鄂文化文〔2012〕225号。

《恩施州第一批非物质文化遗产项目代表性传承人名单》，恩施州政函〔2010〕64号。

《恩施州第二批州级非物质文化遗产项目代表性传承人名单》，恩施州政函〔2010〕64号。

《恩施州第三批非物质文化遗产项目代表性传承人名单》，恩施州政发〔2012〕12号。

《贵州省人民政府关于公布首批省级非物质文化遗产代表作名录的通知》，黔府发〔2005〕27号。

《贵州省人民政府关于公布第二批省级非物质文化遗产代表作名录的通知》，黔府发〔2007〕16号。

《贵州省人民政府关于公布第三批省级非物质文化遗产代表作名录的通知》，黔府发〔2009〕30号。

《凯里市第一批非物质文化遗产代表名录》，凯府办发〔2006〕140号。

《凯里市第二批非物质文化遗产代表名录》，凯府办发〔2009〕41号。

《凯里市第三批非物质文化遗产代表名录》，凯府办发〔2013〕226号。

《凯里市国家级、省级、州级、市级非物质文化遗产项目保护情况一览表》，凯里市非遗中心提供。

《山东省人民政府关于公布第一批省级非物质文化遗产名录的通知》，鲁政发〔2006〕149号。

《山东省人民政府关于公布第二批省级非物质文化遗产名录和第一批省级非物质文化遗产扩展项目

名录的通知》，鲁政字〔2009〕232号。

《山东省人民政府关于公布第三批省级非物质文化遗产名录和省级非物质文化遗产扩展项目名录的通知》，鲁政字〔2013〕90号。

《关于公布山东省第二批省级非物质文化遗产项目代表性传承人名单的通知》，鲁文群〔2009〕14号。

《辽宁省人民政府关于公布第一批省级非物质文化遗产名录的通知》，辽政发〔2006〕23号。

《辽宁省人民政府关于公布第二批省级非物质文化遗产名录的通知》，辽政发〔2007〕24号。

《辽宁省人民政府关于公布第三批省级非物质文化遗产名录的通知》，辽政发〔2009〕15号。

《关于批准并公布广东省第一批省级非物质文化遗产代表作名录的通知》，粤府〔2006〕53号。

《关于批准并公布广东省第二批省级非物质文化遗产代表作名录的通知》，粤府〔2007〕57号。

《关于批准并公布广东省第三批省级非物质文化遗产代表作名录的通知》，粤府〔2009〕112号。

《关于批准并公布广东省第四批省级非物质文化遗产名录的通知》，粤府〔2012〕20号。

《关于公布广东省第一批省级非物质文化遗产项目代表性传承人名单的通知》，粤文非遗〔2008〕19号。

《关于公布广东省第二批省级非物质文化遗产项目代表性传承人名单的通知》，粤文非遗〔2011〕2号。

《关于公布广东省第三批省级非物质文化遗产项目代表性传承人名单的通知》，粤文非遗〔2012〕65号。

《关于批准并公布佛山市第一批市级非物质文化遗产名录的通知》，佛府〔2007〕38号。

《关于批准并公布佛山市第二批市级非物质文化遗产名录的通知》，佛府〔2009〕27号。

《关于批准并公布佛山市第三批市级非物质文化遗产名录的通知》，佛府〔2011〕61号。

《关于公布佛山市第四批市级非物质文化遗产名录的通知》，佛府办〔2013〕28号。

《关于公布佛山市第一批市级非物质文化遗产项目代表性传承人名单的通知》，发文号不详。

《关于公布第二批市级非物质文化遗产项目代表性传承人的通知》，佛文物〔2011〕3号。

《佛山市文化广电新闻出版局关于公布佛山市第三批市级非物质文化遗产项目代表性传承人的通知》，佛文物〔2013〕12号。

《佛山市文化广电新闻出版局关于公布佛山市第四批市级非物质文化遗产项目代表性传承人的通知》，佛文物〔2015〕81号。

《上海市人民政府关于公布第一批上海市非物质文化遗产名录的通知》，沪府发〔2007〕18号。

《上海市人民政府关于公布第二批上海市非物质文化遗产名录的通知和第一批上海市非物质文化遗产扩展项目名录的通知》，沪府发〔2009〕27号。

《上海市人民政府关于公布第三批上海市非物质文化遗产名录的通知和上海市非物质文化遗产扩展项目名录的通知》，沪府发〔2011〕41号。

图书

《广东省非物质文化遗产名录图典》编辑委员会：《广东省非物质文化遗产名录图典》（一），世界图书出版公司2010年版。

福建省文化厅主编，福建省艺术馆、福建省非物质文化遗产保护中心编：《福建非物质文化遗产名录》，海峡文艺出版社2008年版。

湖南省文化厅编：《湖南省非物质文化遗产名录》，湖南人民出版社2009年版。

嘉兴市文化广电新闻出版局编：《嘉兴市非物质文化遗产名录集成》，浙江摄影出版社2010年版。

康新民主编：《白蛇传文化集粹》（异文卷），江苏文艺出版社2007年版。

刘振兴、杭维立、周明磊主编：《吴风楚韵：镇江非物质文化遗产图文集》，江苏大学出版社2011年版。

刘振兴主编：《白蛇传文化集粹》（工艺卷），江苏文艺出版社2007年版。

陕西省非物质文化遗产保护中心编：《陕西省第一批非物质文化遗产名录图典》，陕西美术出版社2008年版。

陕西省文化厅、陕西省非物质文化遗产保护中心编：《陕西省第一批非物质文化遗产项目代表性传承人图典》，陕西人民美术出版社2011年版。

戴不凡等著，陶玮选编：《名家谈白蛇传》，文化艺术出版社2006年版。

陶雨芳编：《宁夏非物质文化遗产名录》，宁夏人民出版社2012年版。

田兆元、敖其主编：《民间文学概论》，华东师范大学出版社2009年版。

张明亮编：《山西省非物质文化遗产名录图典》，山西教育出版社2009年版。

周和平主编：《第一批国家级非物质文化遗产名录图典》（上、下），文化艺术出版社2006年版。

中国艺术研究院、中国非物质文化遗产保护中心编著：《第二批国家级非物质文化遗产名录简介》，文化艺术出版社2010年版。

王文章主编：《第三批国家级非物质文化遗产名录图典》（上、下），文化艺术出版社2012年版。

陈曦：《云南26个民族的经典节庆》，云南人民出版社2005年版。

高占祥主编：《论节日文化》，文化艺术出版社1991年版。

高占祥主编：《中国民族节日大全》，知识出版社1993年版。

韩养民、韩小晶：《节日长安　中秋节》，西北大学出版社2007年版。

韩养民：《中秋旧事》，河北大学出版社2009年版。

何兰香编：《中秋节》，吉林文史出版社2011年版。

胡起望、项美珍编：《中国少数民族节日》，商务印书馆1996年版。

黄涛：《中秋节》，中国社会出版社2006年版。

姜志军、郭崇林：《松花江畔的民俗与旅游（黑龙江卷）》，旅游教育出版社1996年版。

廖平主编：《贺州市非物质文化遗产名典》，广西人民出版社2011年版。

林新乃编：《中华风俗大观》，上海文艺出版社1991年版。

刘竹编：《中国少数民族节会大观》，江西教育出版社1989年版。

陆家骥编：《中秋》，台湾商务印书馆1992年版。

马琳琳编：《中秋节》，吉林出版集团有限公司2013年版。

莫福山主编：《中国民间节日文化辞典》，职工教育出版社1990年版。

图书

彭国梁编：《中秋》，三晋出版社 2010 年版。

余时佑编：《中国节日》，华文出版社 2005 年版。

宋兆麟、李露露编著：《中国传统节日》，世界图书出版公司 2006 年版。

唐祈等编：《中国民族传统节日辞典》，四川辞书出版社 1990 年版。

陶立璠：《民俗学概论》，中央民族学院出版社 1987 年版。

王子华编：《绚丽多彩的民俗风情——云南民族节日》，云南教育出版社 2000 年版。

乌丙安：《民俗学原理》，辽宁教育出版社 2001 年版。

萧放等：《话说中秋》，上海古籍出版社 2008 年版。

徐万邦：《中国少数民族节日与风情》，中央民族大学出版社 1999 年版。

杨琳：《中国传统节日文化》，宗教文化出版社 2000 年版。

叶大兵、乌丙安主编：《中国风俗辞典》，上海辞书出版社 1990 年版。

迪庆藏族自治州文化馆、迪庆藏族自治州非物质文化遗产保护中心编著：《迪庆藏族自治州非物质文化遗产保护名录》，云南民族出版社 2010 年版。

云南省文化厅编著：《云南省非物质文化遗产传承人名录》，云南大学出版社 2009 年版。

张宪周、张泽琪主编：《中外节庆大观》，江西高校出版社 1996 年版。

《中国少数民族民俗大辞典》编写组编：《中国少数民族民俗大辞典》，内蒙古人民出版社 1995 年版。

钟敬文主编：《民俗学概论》，上海文艺出版社 1998 年版。

周鸣琦、李人凡主编：《中国各民族年节祭会大事典》，陕西人民教育出版社 1995 年版。

严中平：《中国棉纺织史稿》，商务印书馆 2011 年版。

童书业编著：《中国手工业商业发展史》，齐鲁书社 1981 年版。

季如迅编著：《中国手工业简史》，当代中国出版社 1998 年版。

王宝林：《南京云锦》，文化艺术出版社 2012 年版。

孙琳、陆剑编著：《双林绫绢织造技艺》，浙江摄影出版社 2014 年版。

顾希佳、王曼莉编著：《杭罗织造技艺》，浙江摄影出版社 2012 年版。

上海市文化广播电视局编著：《乌泥泾手工棉纺织技艺》，上海文化出版社 2010 年版。

上海市徐汇区华泾镇社区教育委员会编著：《传承之路——乌泥泾（黄道婆）手工棉纺织技艺》，2013 年编印本。

王子淦：《王子淦剪纸艺术》，上海人民美术出版社 2004 年版。

王建中、朱振华：《王建中海派剪纸艺术》，同济大学出版社 2006 年版。

赵子平、蔡剑明：《赵子平剪纸技艺》，东华大学出版社 2006 年版。

上海文化广播电视管理局编：《上海剪纸》，上海文化出版社 2012 年版。

袁家勤：《颛桥剪纸》，华晖出版社 2009 年版。

梁根祥：《佛山剪纸》，岭南美术出版社 2007 年版。

佛山市文化广播新闻出版局、佛山市非物质文化遗产保护中心：《佛山非物质文化遗产名录图典》，世界图书出版公司 2009 年版。

图书

冯骥才总主编，郑一民主编：《中国民间剪纸集成·蔚县卷》，河北教育出版社2006年版。

冯骥才总主编，王光主编：《中国民间剪纸集成·医巫闾山卷》，河北教育出版社2011年版。

冯骥才总主编，倪宝诚主编：《中国民间剪纸集成·豫西卷》，河北教育出版社2009年版。

贺宝贵、郝志熹、任智广：《中国剪纸王——蔚县剪纸艺术史话》，百花文艺出版社2006年版。

邬勇：《浙江民间剪纸》，中国美术学院出版社2011年版。

洪国荣：《浦江剪纸》，浙江摄影出版社2012年版。

乔晓光：《中国民间剪纸天才传承者的生活和艺术》，山西人民出版社2004年版。

张多堂、张栋：《中国广灵剪纸》，山西教育出版社2009年版。

张多堂：《中国广灵剪纸风采录》，山西教育出版社2015年版。

孙秀串：《笑对人生：万荣笑话剪纸》，山西经济出版社2012年版。

王金明、李广洁：《中阳剪纸》，山西人民出版社2009年版。

宋兆麟：《图说中国传统熏画与剪纸》，世界图书出版公司2006年版。

陈山桥：《陕北剪纸》，陕西人民美术出版社2012年版。

陈山桥：《关中陕南剪纸》，陕西人民美术出版社2012年版。

韩靖：《韩靖现代剪纸艺术》，陕西人民美术出版社2011年版。

宋如新：《陕西民间剪纸释要：民间剪纸艺术的记录与传播》，陕西人民教育出版社1998年版。

高晋民：《陕西民间剪纸赏析》，陕西人民美术出版社2003年版。

黑建国：《陕北信天游与剪纸》，外文出版社2003年版。

王贵生：《剪纸民俗的文化阐释》，北京大学出版社2009年版。

左汉中：《樊晓梅剪纸技法》，湖南美术出版社2006年版。

左汉中：《湖湘剪纸》，湖南美术出版社2008年版。

王光：《大山的神灵：医巫闾山满族剪纸》，学苑出版社2006年版。

杨智宏：《中国民间美术丛书·萨满剪纸》，辽宁美术出版社2010年版。

岳文义：《关东剪纸》，辽宁美术出版社2003年版。

韩月琴：《韩月琴吉祥剪纸》，辽宁大学出版社2009年版。

王光：《医巫闾山满族剪纸传承人：汪秀霞》，民族出版社2011年版。

乔晓光：《空花：剪纸研究与创作》，山东美术出版社2010年版。

颜明霞、谢奕锋：《剪出春秋：广东剪纸》，广东教育出版社2009年版。

张小军、罗学光、冯少行：《林载华剪纸艺术》，岭南美术出版社2008年版。

高佃亮：《蔚县剪纸的创新与发展》，北京工艺美术出版社2010年版。

王雪：《高密剪纸传承人：范祚信》，宁夏人民出版社2008年版。

郭万祥：《胶东剪纸》，广西美术出版社2010年版。

陈竟：《中国民间剪纸艺术研究》，中国轻工业出版社1992年版。

王伯敏：《中国民间剪纸史》，中国美术学院出版社2006年版。

浙江省海盐县非物质文化遗产保护中心（实地采访人：毕旭玲、张秋红等，采访对象：本中心负责人，访谈日期：2013年5月）

浙江省嘉兴市非物质文化遗产保护中心（实地采访人：毕旭玲、张秋红等，采访对象：本中心负责人，访谈日期：2013年5月）

浙江省绍兴市非物质文化遗产保护中心（实地采访人：毕旭玲、张秋红等，采访对象：本中心负责人，访谈日期：2014年8月）

浙江省湖州市文化馆（实地采访人：黄江平、周奥扬、凌凡子，访谈日期：2015年6月）

浙江省湖州市非物质文化遗产保护中心（实地采访人：蔡丰明，访谈日期：2014年9月）

浙江省湖州市农业科学研究院（实地采访人：蔡丰明，访谈日期：2014年9月）

浙江省湖州市南浔区文化体育局（实地采访人：黄江平、周奥扬、凌凡子，访谈日期：2015年6月）

浙江省湖州市德清县文化馆（实地采访人：蔡丰明，访谈日期：2014年9月）

江苏省镇江市非物质文化遗产保护中心（实地采访人：毕旭玲、张秋红等，采访对象：本中心负责人，访谈日期：2014年8月）

江苏省镇江市民间文化艺术馆（实地采访人：余红艳，访谈日期：2014年10月）

江苏省镇江市非遗保护中心（实地采访人：余红艳，访谈日期：2014年10月）

江苏省南通市非物质文化遗产保护中心（实地采访人：黄江平、周奥扬、凌凡子，访谈日期：2014年9月）

江苏省南通市蓝印花布博物馆（实地采访人：黄江平、周奥扬、凌凡子，访谈日期：2014年9月）

江苏省南通市通州区二甲镇正兴染坊（实地采访人：黄江平、周奥扬、凌凡子，访谈日期：2014年9月）

江苏省南通市海安县海安锦华服饰有限公司（实地采访人：黄江平、周奥扬、凌凡子，访谈日期：2014年9月）

江苏省南通市如皋博艺丝毯有限公司（实地采访人：黄江平、周奥扬、凌凡子，访谈日期：2014年9月）

江苏省徐州市非物质文化遗产保护工程中心（电话访谈，采访人：林静，采访对象：本中心负责人，访谈日期：2014年10月）

四川省峨眉山市文化馆（实地采访人：余红艳，访谈日期：2014年10月）

四川省峨眉山市非遗保护中心（实地采访人：余红艳，访谈日期：2014年10月）

河南省鹤壁市淇滨区文化馆（实地采访人：余红艳，访谈日期：2015年2月）

广西壮族自治区贺州市文化局（实地采访人：苏长鸿、王蕾，访谈日期：2014年9月）

广西壮族自治区贺州市八步区文化馆（实地采访人：苏长鸿、王蕾，访谈日期：2014年9月）

广西壮族自治区贺州市平桂文化馆（实地采访人：苏长鸿、王蕾，访谈日期：2014年9月）

广西壮族自治区贺州市群众艺术馆（实地采访人：苏长鸿、王蕾，访谈日期：2014年9月）

广西壮族自治区贺州市平桂区文体局（实地采访人：苏长鸿、王蕾，访谈日期：2014年9月）

广西壮族自治区贺州市炮会理事会（实地采访人：苏长鸿、王蕾，访谈日期：2014年9月）

广西壮族自治区贺州市富川文体局（实地采访人：苏长鸿、王蕾，访谈日期：2014年9月）

广西壮族自治区贺州市信都龙舟协会（实地采访人：亓明曼、韦明杏等，访谈日期：2015年2月）

广西壮族自治区贺州市昭平县文化馆（实地采访人：亓明曼、韦明杏等，访谈日期：2015年2月）

访谈

广西壮族自治区贺州市黄姚民俗活动理事会（实地采访人：亓明曼、韦明杏等，访谈日期：2015年2月）

湖北省恩施州文体局非物质文化遗产保护中心（实地采访人：亓明曼、韦明杏等，访谈日期：2014年10月）

湖北省恩施州图书馆（实地采访人：亓明曼等，访谈日期：2014年10月）

湖北省恩施州民间文艺家协会（实地采访人：亓明曼、韦明杏等，访谈日期：2014年10月）

贵州省黔东南州非物质文化遗产保护中心（实地采访人：苏长鸿、王蕾，访谈日期：2014年10月）

贵州省黔东南州凯里市文化馆（实地采访人：亓明曼、韦明杏等，访谈日期：2014年10月）

云南省迪庆藏族自治州非物质文化遗产保护中心（实地采访人：苏长鸿、王蕾，访谈日期：2014年10月）

云南省迪庆藏族自治州香格里拉县文化馆（实地采访人：苏长鸿、王蕾，访谈日期：2014年10月）

云南省迪庆藏族自治州香格里拉县金江镇文化站（实地采访人：苏长鸿、王蕾，访谈日期：2014年10月）

云南省迪庆藏族自治州香格里拉县三坝纳西东巴学校（实地采访人：苏长鸿、王蕾，访谈日期：2014年10月）

山西省自永和食品有限公司（实地采访人：苏长鸿，访谈日期：2014年8月）

陕西省延川县文化馆（实地采访人：林静，访谈日期：2014年10月）

中国国家艺术研究院（实地采访人：蔡丰明，访谈日期：2015年5月）

北京西城区非物质文化遗产保护中心（实地采访人：王海冬，访谈日期：2014年10月）

北京市地毯五厂（实地采访人：王海冬，访谈日期：2014年10月）

河北省蔚县文化馆（实地采访人：李柯、曾澜，访谈日期：2013年5月）

河北省石家庄市民间文艺家协会（实地采访人：李柯、曾澜，访谈日期：2013年5月）

河北省魏县郭家庄土布坊（电话采访人：蔡丰明，访谈日期：2015年12月）

河北省魏县土布展示馆（电话采访人：蔡丰明，访谈日期：2015年12月）

河北省魏县花布手工技艺传承基地（电话采访人：蔡丰明，访谈日期：2015年12月）

河北省魏县印花布收藏展示馆（电话采访人：蔡丰明，访谈日期：2015年12月）

海南省乐东黎族自治县文化馆（实地采访人：吴雯婷，访谈日期：2013年8月）

海南省乐东黎族自治县非物质文化遗产保护中心（实地采访人：吴雯婷，访谈日期：2013年8月）

海南省乐东黎族自治县千家镇、万冲镇、大安镇、尖峰镇、抱邮镇（实地采访人：吴雯婷，访谈日期：2013年8月）

辽宁省锦州市非物质文化遗产保护中心（电话采访人：林静，访谈日期：2015年1月）

山东省非物质文化遗产保护中心（电话采访人：林静，访谈日期：2014年12月）

广东省佛山市文广新局（实地采访人：李柯，访谈日期：2015年3月）

广东省佛山市非物质文化遗产保护中心（实地采访人：李柯，访谈日期：2015年3月）

广东省佛山市博物馆（实地采访人：李柯，访谈日期：2015年3月）

广东佛山民间艺术社（实地采访人：李柯，访谈日期：2015年3月）

广东佛山市民间艺术文化发展有限公司（实地采访人：李柯，访谈日期：2015年3月）

广东佛山荆蕾艺术工作室、艺学轩剪纸艺术工作室（实地采访人：李柯，访谈日期：2015年3月）

上海市非物质文化遗产保护中心（实地采访人：黄江平、周奥扬、凌凡子，访谈日期：2014年12月）

上海市徐汇区非物质文化遗产保护办公室（实地采访人：黄江平、周奥扬、凌凡子，访谈日期：2014年12月）

上海市徐汇区华泾镇文化中心（实地采访人：黄江平、周奥扬、凌凡子，访谈日期：2014年12月）

上海市奉贤区庄行镇社会事业服务中心（实地采访人：黄江平、周奥扬、凌凡子，访谈日期：2014年9月）

上海市嘉定区安亭镇文化体育服务中心（实地采访人：黄江平、周奥扬、凌凡子，访谈日期：2014年10月）

上海市黄道婆纪念馆（实地采访人：黄江平、周奥扬、凌凡子，访谈日期：2014年10月）

上海市纺织博物馆（实地采访人：黄江平、周奥扬、凌凡子，访谈日期：2014年10月）

上海市浦东新区新场镇浦东土布馆（实地采访人：黄江平、周奥扬、凌凡子，访谈日期：2014年10月）

上海市徐汇区非物质文化遗产保护中心办公室（电话采访人：林静，访谈日期：2014年10月）

上海工艺美术研究所（电话采访人：林静，访谈日期：2014年8月）

上海市徐汇区枫林路街道办事处（实地采访人：蔡丰明，访谈日期：2014年8月）

上海市闵行区颛桥镇文化体育事业发展中心（实地采访人：蔡丰明、李柯，访谈日期：2015年3月）

上海市闵行区颛桥镇社区学校（实地采访人：李柯，访谈日期：2014年10月）

上海市闵行区颛桥镇中心小学（实地采访人：李柯，访谈日期：2014年10月）

上海守白文化艺术有限公司（实地采访人：蔡丰明，访谈日期：2014年10月）

鸣谢单位

广西壮族自治区贺州市文化局
广西壮族自治区贺州市八步区文化馆
广西壮族自治区贺州市平桂文化馆
广西壮族自治区贺州市群众艺术馆
广西壮族自治区贺州市平桂区文化体育局
广西壮族自治区贺州市炮会理事会
广西壮族自治区贺州市富川文化体育局
广西壮族自治区贺州市信都龙舟协会
广西壮族自治区贺州市昭平县文化馆
广西壮族自治区贺州市黄姚民俗活动理事会
湖北省恩施州文体局非物质文化遗产保护中心
湖北省恩施州图书馆
湖北省恩施州民间文艺家协会
贵州省黔东南州非物质文化遗产保护中心
贵州省黔东南州凯里市文化馆
云南省迪庆州非物质文化遗产保护中心
云南省迪庆州香格里拉县文化馆
云南省迪庆州香格里拉县金江镇文化站
云南省迪庆州香格里拉县三坝纳西东巴学校
浙江省嘉兴市非物质文化遗产保护中心
浙江省绍兴市非物质文化遗产保护中心
浙江省海盐县非物质文化遗产保护中心
浙江省湖州市文化馆
浙江省湖州市非物质文化遗产保护中心
浙江省湖州市农业科学研究院
浙江省湖州市南浔区文化体育局
浙江省湖州市德清县文化馆
江苏省镇江市非物质文化遗产保护中心
江苏省镇江市民间文化艺术馆
江苏省南通市非物质文化遗产保护中心
江苏省南通市蓝印花布博物馆
江苏省南通市通州区二甲镇正兴染坊
江苏省南通市海安县海安锦华服饰有限公司
江苏省南通市如皋博艺丝毯有限公司
江苏省徐州市非物质文化遗产保护工程中心
北京市西城区非物质文化遗产保护中心
北京市地毯五厂
四川省峨眉山市文化馆
四川省峨眉山市非遗保护中心
河南省鹤壁市淇滨区文化馆
河北省魏县郭家庄土布坊
河北省魏县土布展示馆
河北省魏县花布手工技艺传承基地
河北省魏县印花布收藏展示馆
河北省蔚县文化馆
河北省石家庄市民间文艺家协会
海南省乐东县文化馆
海南省乐东县非物质文化遗产保护中心
海南省乐东县千家镇、万冲镇、大安镇、尖峰镇、抱邮镇
上海市非物质文化遗产保护中心
上海市徐汇区非物质文化遗产保护办公室
上海市徐汇区华泾镇文化中心
上海市奉贤区庄行镇社会事业服务中心
上海市嘉定区安亭镇文化体育服务中心
上海市黄道婆纪念馆
上海市纺织博物馆
上海市浦东新区新场镇浦东土布馆
上海工艺美术研究所
上海市徐汇区枫林路街道办事处
上海市闵行区颛桥镇文化体育事业发展中心
上海市闵行区颛桥镇社区学校
上海市闵行区颛桥镇中心小学
上海守白文化艺术有限公司
陕西省延川县文化馆
辽宁省锦州市非物质文化遗产保护中心
山东省非物质文化遗产保护中心
广东省佛山市文化广电新闻出版局
广东省佛山市非物质文化遗产保护中心
广东省佛山市博物馆
广东省佛山民间艺术社
广东省佛山市民间艺术文化发展有限公司
广东省佛山荆蕾艺术工作室、艺学轩剪纸艺术工作室

后 记

2023年，我人生最为重要的一件大事，就是本书的付梓。本书是我承担的国家重大社科基金项目——我国非物质文化遗产名录体系与资源图谱研究的一项重要成果，自2013年启动至今，已经整整10年。10年的时间对于有些人来说，也许一晃而过，然而对于我本人以及本书的许多作者来说，却是一段难以忘怀的历程。尤其记得当初我从北京领取这项光荣的国家任务回来时，满怀喜悦，信心满满，但是此后的研究却经历了曲折的过程。好在时至今日，这项经过我和课题组同仁多年努力的成果——《中国非物质文化遗产项目与资源图谱集》终于杀青了，也算是对国家、社会，以及所有关心、支持我们这项工作的人有了一个交代。就像是一个已经在娘胎中孕育了10个月的宝宝一样，今天终于来到世间了，它带给我们的，不仅有劳有所获的欣慰、终成正果的喜悦，同时也有一种如释重负的快感。

10年走过的路，真可谓历尽艰辛。整个研究与成书的过程，我觉得可以用"开天辟地""筚路蓝缕""不负初心"十二个字概说。

先说"开天辟地"。开天辟地本是我国创世神话中一则著名的神话故事，在此借用来表现本书中对于一种新的学术境界的探索与追求。本书主要研究的对象是"非遗图谱"，但是对于什么是"非遗图谱"，非遗图谱的概念、内涵、特点究竟是什么，以及应该如何编制非遗图谱等问题，却很少有人做过探讨。在开展此项研究的过程中，就曾有很多人问过我类似的问题："你们研究的图谱到底是什么呢？是不是就是像当前市面上已经十分多见的那些图录、图集一样，把一堆图放在一起做个集子而已？"由此可见，图谱作为一种文献样式虽然很早就进入了我国古人的视野，但是对于今人来说，却依然是比较陌生的。至于"非遗图谱"这个概念，那就更加具有开拓性与创新性意义了。非遗作

为一个时至20世纪末才被提出来的学术概念,本身时间并不长,在此以后的二三十年间,虽然有关非遗研究的著作、论文数不胜数,多如牛毛,可是有关非遗图谱方面的研究成果却寥寥无几。本书就是本着这样一种开拓一个新领域的愿望,通过实践性的非遗图谱编制形式,对于有关非遗图谱的概念、内涵、特点,以及如何编制非遗图谱方法等问题作了具体的回答,为非遗研究开辟出一个全新的领域。

有感于以往的许多非遗研究大多是偏重在理论阐释而缺乏实践操作,大多有着"只闻其声不见其人"的缺陷,本书独辟蹊径地建立起了一套有利于非遗图谱编制的操作体系,这套体系概括地来说就是"以图为本,以类为目,逐级推衍,总分结合"。所谓"以图为本",就是以图像、图形、地图与图表等可视化、图像化的手段,实现对非遗项目与资源的形象转换与图谱编制;所谓"以类为目",就是以我国非遗图像资源的类别作为纲目来设定图谱的结构,编制非遗项目谱系;所谓"逐级推衍",就是根据我国非遗图像资源的具体特点将它们分为"国家非遗项目图谱""地方非遗项目图谱"与"典型非遗项目图谱"三个层级,由总到分,逐级延伸;所谓"总分结合",就是指总集与分集可以互相映证,在总集中包含了一定的分集中的内容,而各个分集的相关信息则又可为总集中某些图谱对象进行说明与解释。

为了更好地指导非遗图谱编制的实践,开辟非遗图谱编制的实践路径,加强非遗图谱编制的可操作性,本书特意设计了四个具体的编制样本,分别选取民间传说、传统节日、手工纺织技艺、民间剪纸这四种典型的非物质文化类别作为样本对象,并从历史渊源、内容情节、形态特点、地域分布、传承脉络、功能价值、社会影响等多个方面对其进行图谱化编制,由此而形成一套具有较强创新性特色的非遗图谱编制样本。从以前"只闻其声不见其人"的理论阐述,到现在成为一种实实在在、可视可感的图谱实物展现,这就是本书所欲达到的目的,也是本书所想实现的创新之处。

再说"筚路蓝缕"。著书的辛苦不言而喻,自承担此书的写作任务以后,整个课题组就好像置身于一场大战役之中,个个都处于紧张状态。尤其是作为本书主编的我,将全身心投入了此项课题的研究、思考与运作之中,甚至在好多时间里会辗转反侧,夜不能寐。"衣带渐宽终不悔,为伊消得人憔悴",这句古诗中所描述的情境对于形容当时我的那种状态是十分贴切的。

开展本书研究中的一项重要任务是资料的搜集、整理与整合。由于我国非遗资源浩如烟海,体量巨大,要想实现对于这些非遗资料全方位的搜集、整理、整合具有相当的难度。为此我们不但开展了大量的文献查阅、网上搜索等基础性的资料搜集工作,而且还进行了大量的实地调查。在2013年到2015年的几年中,我们先后组织了10多支调研队伍,奔赴全国10多个省市和20多个地区进行了实地调查。我们在地处偏远的海南,挖掘了可贵的黎族手工染织绣技艺资料;在号称全国剪纸第一县的河北蔚县,寻访了大量的剪纸艺人与剪纸工场;在人杰地灵的江苏镇江、无锡,追寻了大量有关白蛇传传说的历史线索与异文作品;在民族文化资源极为丰富的湖南恩施与贵州凯里,采录了大量颇有特色的土家族苗族的节日与舞蹈……虽然调研工作十分辛苦,但是所采访到的却是大量来自生活的第一手资料，也是非遗图谱编制最为重要的基础性资料。如此一想，所有花费的时间与精力也算物有所值了。

当然，编撰本书最为重要的工作，还是大量资料与信息的图谱化过程。究竟哪些非遗资料需要图谱化？如何实现图谱化？如何凸显非遗图谱化的特点？这些都是本书编撰所必须思考的问题。为此，我带领着课题组进行了深入的非遗图谱化设计研究，从信息采集、数据统计到图形制作、图表绘制、地图标识，这些对于我们来说几乎都是全新的工作。要想较好地实现这些方面的任务需要倾注极大的精力，仅就数据统计一项，其工作量之大就很难想象。本来以为数据的统计依靠计算机等现代化工具比较容易做到，但事实却并非如此。由于我国国家级与省市级的非遗项目数量极大，而且又总是处在变动的状态之中，因此要对这些数据真正做到准确无误地输入电脑并进行汇总统计，实非易事，只要其中有一个数字错了，就必须全部推倒重来。

作为一种现代非遗图谱的编制方式，需要有诸多新型的、先进的科技绘制手段的运用，这对于我们一些长期以来主要以文字作为写作工具的研究人员来说，的确有点强人所难。为此，我们请来了李仁杰教授领衔的河北师范大学资源与环境科学学院地理信息科学系团队帮助我们完成了400多幅GIS非遗地学图谱的制作，请来了刘为民、殷恩光等上海一些著名的连环画画家帮助我们承担了200多幅非遗标识图谱的手工绘制工作，除此以外，我们还请来了夏蔚晨、牛颖颖、王家铭等上海社会科学院文学所的一些年轻科研人员承担了200多幅软件图表的设计与制作。正是依靠了各路人马的勤力同心，共同奋战，此书的撰写任务才终于得以顺利完成。

最后说说"不负初心"。一分耕耘，一分收获。经过10年的努力，这部凝聚着整个课题组无数心血的《中国非物质文化遗产项目与资源图谱集》如今终于要出版了，尽管还不能够做到尽善尽美，但是作者原来对于编撰此书的一些基本愿望与目的也总算达到了。本书的出版，首先是让我们获得了一种崇高的荣誉感。如今，作为20世纪以来在世界范围内进行的具有保护人类文化多样化意义的非遗事业，正在我国如火如荼地开展与推进，全国有大量的专家学者投入了这一巨大的学术洪流之中，为非遗保护与非遗研究事业作出了重要的贡献。在这样的背景下，本书能够作为一束浪花投入其中，并从非遗图谱编制这一独特的角度出发建立起一套有关非遗图谱编制的方法体系，也算是为我国非遗保护与非遗研究事业作出了一份添砖加瓦的贡献。或许在整个中国的学术研究格局之中，"非遗图谱"研究可能还算不上一门显学，但是其所具有的学术价值却并不亚于其他一些重大文化研究工程项目。我曾经在一篇文章中这样写道："非遗资源图谱的编制具有重要的文化认同价值。从国家层面看，在提倡中国文化大繁荣大发展，强调文化核心竞争力、文化创新、塑造民族自我形象的社会大背景下，非遗资源图谱作为一种庞大丰富而博大精深的文化资源典籍，必将成为文化认同的一种重要工具。我们甚至可以将非遗资源图谱的编制看成一项文化的创世纪工程，其成就绝不在《永乐大典》《四库全书》之下。通过非遗图谱的编制而使大量的文化遗产载入文化史册，彪炳于世界文化之林，并以此为据，培养全民族的文化认同感，或许正是非遗图谱编制事业最为深刻

同时也是最为重要的价值所在。"

本书的出版，也是我们对于现代实学道路的一种探索。现代的学风大多比较偏重于理论阐释，一个题目，一个问题，可以作出几万甚至几十万字的阐释，这种研究方式固然也是十分需要的，但是有时也会产生大而无当、虚空缥缈的弊病。而所谓实学研究的学风，就是一切从实际出发，根据客观实际的材料去进行整理、提炼、归纳与判断。我国古代的许多学问，都是在实学的基础上做成的，尤其是考据学、文献学、目录学等，都是典型的实学研究方式。而图谱研究，也是一种实学研究的代表。我国南宋目录学大家郑樵是提倡图谱实学的典型人物，他将图谱视为"成天下之事业"之必备条件，认为"天下之事，不务行而务说，不用图谱可也。若欲成天下之事业，未有无图谱而可行于世者"。在当前的情况下，积极开展有关非遗资源图谱编制理论与实践的探索，并在此基础上建立起一个相对完善的非遗资源图谱编制体系是非常重要的，它不但有利于我国非遗保护工作向着更为科学、深入、系统的方向发展，也有利于现代人文科学领域"实学研究精神"的弘扬与倡导。作为一项系统工程，非遗资源图谱的编制与建构涉及众多的学科与领域，诸如历史学、文艺学、文化人类学、民俗学、文化遗产学、工艺美术学、信息技术科学、地理学、测绘学等，它们都将在这一研究领域中担当重要的责任。

作为个人而言，本书的出版也是我学术事业上的一个重要的里程碑。我长期以来一直从事民俗学、民间文学的研究，21世纪以来，我将自己的精力主要集中于非物质文化遗产的保护与研究工作之中，并从这项工作中寻找到了无穷的乐趣。我国非物质文化遗产博大精深，内涵丰富，是我国传统文化的一个重要组成部分。对我国的非物质文化遗产进行深入研究，不但是一种时代的需要，而且也是一种拓展个人学术境界的需要。正是从这样的认识出发，我欣然领受了这样一项具有很强挑战性的学术任务，并且以倾全力的方式，投入了本书的研究、探索与写作之中。对我而言，本书的撰写并不仅仅是为了完成一项工作任务或者一个研究课题，而是一种对于人生目标的追求，一种重要的责任担当，所以虽有困难与艰辛，却仍然锲而不舍，砥砺前行。

当然，本书的完成并不是依靠我一个人的力量，而是仰仗了许多人的努力、支持与帮助，在此，首先需要感谢的是我们整个课题组成员。在这个课题组里，汇聚了许多来自高校和社会科学院的精英人才，他们都是学业有成的教授、副教授，有的更是在当今我国民俗学、非遗学研究方面颇有名气的学者。为了本书的撰写，他们都作出了许多无私的奉献，不计名利，不计得失，其精神令人十分敬佩与感动。在此，我要特别感谢课题组中的一些中坚力量，包括毕旭玲、黄江平、李宏利、林静等，他们不仅出色完成了自己本人的研究任务，而且还起到了重要的带头人作用，在课题研究最需要的时候迎难而上，敢挑重担，使得课题最终得以顺利完成。在课题组中，也有许多来自各个学校的硕士生、博士生，他们兢兢业业地为课题做好铺路石的工作，在资料的搜集、整理、统计等方面发挥了很好的作用。

在此，同样需要感谢的是从多方面给予我们支持、帮助与指导的专家学者。华东师范大学教授田兆元作为子课题的负责人，不但对整个课题的构思与设计提出许多重要的建议，而且还参加了课题的许多具体研究工作，并且派出了多名得力的研究生支持本课题的写作。我国一些著名的民俗学家，包括刘魁立、朝戈金、贺学君、叶涛、陶思炎、林继富、陈连山、高有朋、何彬，以及人类学专家彭兆荣、现代文学专家杨剑龙等，也对本课题的完成提供了许多有益的建议。这里特别需要感谢的，是河北师范大学资源与环境科学学院地理信息科学系的李仁杰教授，以及刘为民、殷恩光等一些上海著名的连环画画家，在2013—2015年期间，李仁杰教授带领着他的团队帮助我们完成了400多幅GIS非遗地学图谱的制作，解决了我们制图技术上的许多难题，李教授还经常用电话、微信等方式，与我们多次探讨制图过程中的各种问题，提出解决方案。刘为民、殷恩光等一些上海著名的连环画画家，则是帮助我们承担了200多幅非遗标识图谱的手工绘制工作，为本书图像化、图谱化的实现作出了重要的贡献。

在此还要特别感谢在本书撰写和实地调研过程中，为我们热情提供资料的人员，他们中既有对于当地民俗与非遗深有研究的地方专家，也有对于当地风土人情了如指掌的父老乡亲，既有对于民俗与非遗充满热爱的文化单位工作人员，也有组织协调能力很强的领导干部。正是靠着这些来自各个层面的热心人士的指点、支持与帮助，才使我们的调研取得了显著的效果，才使我们在较短的时间中掌握了大量有价值的信息与资料。在本书的最后，我还列出了部分单位的名单，一并向他们表示由衷的感谢！

最后，我们还要衷心感谢上海社会科学院出版社的陈如江编审以及邱爱园、周清华编辑。他们在接受了这部书稿以后，投入了极大精力，从文稿审读、文字校对到版式设计、资料查询，每个环节都进行了严格认真的把关。可以说，如果没有他们的认真负责与辛勤努力，就不会有今天这部完美精致的图谱集的诞生。

2023 年 1 月 28 日

图书在版编目（CIP）数据

中国非物质文化遗产项目与资源图谱集 / 蔡丰明主编 . – 上海：上海社会科学院出版社，2023
ISBN 978-7-5520-3825-5

Ⅰ. ①中… Ⅱ. ①蔡… Ⅲ. ①非物质文化遗产 — 图谱 — 编制 — 中国 — 图谱 Ⅳ. ① G122-64

中国版本图书馆 CIP 数据核字 (2022) 第 034110 号

审图号：GS（2021）7665 号

中国非物质文化遗产项目与资源图谱集

主　　编：	蔡丰明
责任编辑：	陈如江　邱爱园
装帧设计：	周清华
技术编辑：	裘幼华
出版发行：	上海社会科学院出版社
	上海顺昌路 622 号　　　邮编：200025
	电话总机：021-63315947　销售热线：021-53063735
	http://www.sassp.cn　　E-mail: sassp@sassp.cn
印　　刷：	浙江海虹彩色印务有限公司
开　　本：	635 毫米 × 960 毫米　1/8
印　　张：	90
插　　页：	4
字　　数：	990 千
版　　次：	2023 年 10 月第 1 版　2023 年 10 月第 1 次印刷

ISBN 978-7-5520-3825-5 /G·1176　　定价：398.00 元

版权所有　翻印必究